GRANDS • REPÈRES / **MANUELS**

Sous la direction de
Guibourg Delamotte
Cédric Tellenne

Géopolitique et géoéconomie du monde contemporain

Puissance et conflits

La Découverte

Remerciements. Les directeurs et auteurs souhaitent remercier tout particulièrement Marieke Joly pour son travail colossal et minutieux, ainsi que Pascal Combemale pour sa confiance sans réserve.

Composé par Facompo à Lisieux
Dépôt légal : octobre 2021

ISBN : 978-2-348-07003-7

Sommaire

AVANT-PROPOS 7

INTRODUCTION / PUISSANCE ET GÉOPOLITIQUE 9

PREMIÈRE PARTIE / ***La puissance dans un monde en mutation (XXe-XXIe siècles)***

I / GÉOPOLITIQUE ET RELATIONS INTERNATIONALES 33

1. Tableau géopolitique du monde et de la France au premier XXe siècle 35
2. Géopolitique de la guerre froide, 1947-1991 66
3. Des empires coloniaux à l'émergence du tiers monde : conflits et recompositions 86
4. Tableau géopolitique du monde au début du XXIe siècle : un nouvel ordre mondial ? 104
5. Recherche de gouvernance et de paix dans le monde depuis 1945 121
6. Les mutations de la guerre. Géostratégie et conflits armés dans le monde 136

II / AUX FONDEMENTS DE LA GÉOÉCONOMIE : CROISSANCE, DÉVELOPPEMENT ET MONDIALISATION 157

7. Croissance et crises, XXe-XXIe siècles : une histoire de temps long 159
8. Le développement. Stratégies et inégalités de développement dans le monde 182
9. De l'internationalisation à la « globalisation » de l'économie 204
10. La mondialisation financière : de l'efficience à l'instabilité 222
11. Géopolitique du développement durable et du réchauffement climatique 243

III / Acteurs, territoires et enjeux de la géopolitique mondiale 257

12. Les États et leurs frontières : puissance et souveraineté dans la mondialisation 259
13. Les grandes firmes dans la mondialisation : enjeux géoéconomiques et géopolitiques 275
14. Le poids des acteurs non étatiques dans le système mondial : des humanitaires aux gangsters 292
15. Nouveaux espaces et nouvelles frontières de la mondialisation 305
16. Les compétitions et rivalités pour les ressources naturelles dans un monde globalisé 350

SECONDE PARTIE / ***Un monde de puissances***

IV / La France : les recompositions d'une puissance moyenne aux ambitions mondiales 399

17. La France, un modèle entre héritages, crises et transformations depuis 1945 401
18. La France, une puissance en Europe 423
19. La France, puissance mondiale et maritime 438

V / Géopolitique des puissances dans le monde actuel 455

20. Europe : le besoin de puissance ? 457
21. Bassin méditerranéen : espace de crises et de rivalités internationales 471
22. Russie : la puissance revendiquée 484
23. États-Unis : entre triomphe et lassitude, quel avenir pour la puissance américaine ? 496
24. Amérique latine : continent sous influence 510
25. Asie : continent en expansion 524
26. Chine : l'ambition de Xi Jinping et le retour de la bipolarité 546
27. Inde : la voie étroite de l'autonomie stratégique 556
28. Afrique : maillon faible de la mondialisation ou puissance en puissance ? 569
29. Moyen-Orient : une région en transition forcée 586

Annexe / Méthodologie de la dissertation 605

Avant-propos

Guibourg Delamotte et Cédric Tellenne

Ce livre sert un objectif immédiat qui est de préparer aux examens et concours. Il a également une ambition intellectuelle que traduisent la qualité et la diversité de ses contributions. Une mention préalable s'impose toutefois, concernant les notions de géopolitique et de géoéconomie que retient ce livre pour aborder certains aspects des relations internationales contemporaines.

La géopolitique est amplement définie dans l'Introduction. On rappellera toutefois qu'elle naît, au tournant du XIXe et du XXe siècle, dans une période marquée par une vision des relations internationales désormais dépassée, centrée sur les relations entre États dans une logique exclusive de rapports de force et d'affrontements militaires pour le contrôle des territoires (Carl von Clausewitz, Friedrich Ratzel). Cet ouvrage prend ses distances avec cette géopolitique des origines, et ses directeurs et auteurs font du territoire non pas la variable exclusive, mais une variable relative, plus ou moins pertinente et déterminante selon les thématiques. Cet ouvrage vise l'étude des relations internationales sous l'angle de la puissance, considérée dans toutes ses dimensions, sans négliger les rivalités et stratégies de pouvoir à l'intérieur des États. Il ne s'intéresse pas seulement à la puissance étatique, mais explore également la puissance des acteurs non étatiques — organisations non gouvernementales (ONG), mouvements criminels ou terroristes, multinationales ou organisations internationales — en opposition avec les États, ou dans leur prolongement. À ce titre, dans la lignée des travaux de Bertrand Badie, il cherche à mettre en avant des relations « inter-sociales » et non plus strictement « interétatiques », et s'inscrit dans un vaste courant de renouvellement de la géopolitique. De même, au-delà de la souveraineté, il se penche sur la question de la gouvernance mondiale — tous champs d'études qui sont au cœur des enjeux internationaux du monde contemporain et sans lesquels on ne peut le comprendre.

La notion de géoéconomie appelle à son tour des précisions. Rudolf Kjellen (le premier à avoir utilisé le terme « géopolitique ») estimait en 1905 dans *Les Grandes Puissances* que l'analyse géopolitique trouvait son prolongement dans la géoéconomie, dans la mesure où le territoire fournit les ressources économiques nécessaires à la puissance de l'État. Dans cette conception, le territoire restait donc le cadre de référence. Or cette conception n'est plus en accord avec ce qu'est devenue l'économie, sous l'influence d'acteurs et de réseaux transnationaux. Dans la mondialisation contemporaine, l'économie internationale est analysée sous l'angle des rapports de puissance qui mobilisent les États dans le champ économique, associant des acteurs comme les grandes firmes, les marchés et les investisseurs (« guerre » et « paix » économiques). C'est cette acception que cet ouvrage retient : il met en relation économie, spatialité et puissance.

Quant à la relation entre la puissance politique et militaire d'un côté et la puissance économique de l'autre (géopolitique et géoéconomie dans leurs sens retenus aujourd'hui non par les théoriciens, mais dans le débat public), un courant de pensée venu d'outre-Atlantique et mené par Edward Luttwak voyait une concurrence : il affirmait que la géopolitique cédait la place à la géoéconomie, du fait d'un glissement supposé des conflits du terrain militaire vers le terrain économique dans le contexte post-guerre froide. Trois décennies plus tard, on voit qu'il n'en est rien : comment expliquer la dégradation des relations économiques entre États-Unis et Chine depuis quelques années si ce n'est par une lutte pour l'hégémonie politique et stratégique ?

Le point commun de ces deux notions est la puissance, axe retenu pour aborder les relations internationales dans cet ouvrage, paramètre pertinent quels que soient le cadre théorique et les époques. Il doit permettre au lecteur intéressé par le monde contemporain de mieux le comprendre, sous différentes facettes et à travers ses différents enjeux.

Après l'Introduction générale questionnant la notion de puissance, chaque chapitre a pour ambition de donner une vision problématisée et complète d'un thème ou d'une aire géographique. Partant, la lecture pourra aussi bien s'effectuer dans l'ordre des chapitres qu'au gré de l'intérêt du lecteur, sans pour autant que la compréhension d'ensemble en pâtisse.

Introduction / Puissance et géopolitique

Frédéric Munier

« Les dieux d'après notre opinion, et les hommes d'après notre connaissance des réalités tendent, selon une nécessité de leur nature, à la domination partout où leurs forces prévalent. »

Voici comment Thucydide rapportait, au ve siècle avant notre ère, un échange entre les Athéniens et les habitants de Mélos, une colonie de Sparte. Celui que Raymond Aron considérait comme le « Père de l'Histoire » voyait dans l'exercice de la puissance le principal moteur de l'histoire, de la guerre des dieux contre les titans à celle de Sparte contre Athènes. On comprend alors pourquoi la question de la puissance est à la fois le cœur et le fil rouge de la géopolitique, une discipline qui peut être définie en première approche comme l'étude des « dimensions géographiques de la puissance » [Storey, 2009]*, ou encore comme l'analyse des « rivalités de pouvoirs ou d'influences sur des territoires et des populations qui y vivent » [Lacoste, 2006].

Assez paradoxalement, peu d'ouvrages de géopolitique prennent le temps de définir nettement la notion de puissance et d'en faire le préalable à leur propos. Parfois même, notamment chez les auteurs anglo-saxons liés au courant de la « géopolitique critique », l'analyse des rapports de puissance cède la place à celle des discours sur les rapports de puissance [Tuathail, 1998 ; Dodds, 2014], considérant que la géopolitique n'existe pas en soi, qu'elle n'est qu'une construction et une pratique sociales qu'il importe de déconstruire. Il ne s'agit pas ici de nier la pertinence d'une telle approche constructiviste ; cela étant, cette dimension discursive est inhérente à toute discipline et elle ne doit pas empêcher de chercher à saisir la nature de la puissance, dans l'ordre des relations internationales, comme l'a fait par exemple Pierre Buhler [2011] dans *La Puissance au XXIe siècle*. Pour

* Les références entre crochets renvoient à la bibliographie en fin de chapitre.

cela, il est important d'adopter une approche globale faisant appel, dans une perspective géopolitique, tant à la science politique qu'à la géographie, l'histoire et la sociologie. Cette convergence des savoirs, ou « consilience » [Wilson, 1998 ; Gould, 2005], est essentielle en géopolitique, une science sociale par nature transdisciplinaire.

La nature de la puissance

Un essai de définition

La puissance est un peu comme le temps chez saint Augustin. Nous savons tous ce qu'elle est... jusqu'au moment où il nous faut la définir rigoureusement. Une part du problème provient du fait qu'on en perçoit les effets sans en saisir nécessairement les ressorts. Il faut dire qu'a longtemps prévalu une vision réduisant la puissance à une série de ressources actionnées par un État ; il s'agit d'une approche mécanique et statique qui cerne mal la nature relationnelle de la puissance. Les politologues modernes abordent au contraire la puissance comme une capacité découlant d'une intentionnalité dans un cadre social donné [Smouts, 1980]. La meilleure définition, car la plus englobante, est probablement celle proposée par Joseph Nye [2011] dans *The Future of Power*, qui définit la puissance comme la « capacité d'agir et, dans des situations sociales données, d'avoir un effet sur autrui permettant d'atteindre l'objectif fixé ». Cette formulation a l'avantage d'embrasser l'ensemble des aspects de la puissance :

1) la puissance est une capacité et non un acquis qui reposerait sur des ressources immuables. En effet, l'acteur qui exerce sa puissance utilise des ressources qui « ne valent que *situées dans le temps et dans des conditions historiques données* » [Devin, 2018]. Disposer d'une population nombreuse était un atout traditionnel — la France sous l'Ancien Régime, souvent qualifiée de « Chine de l'Europe », disposait d'une armée importante —, mais, à l'heure des nouvelles technologies, une population faible et bien formée peut être un atout bien supérieur. Après tout, la Chine, dont la population est dix fois plus importante que celle du Japon, n'a surclassé l'économie de ce dernier qu'en 2010. Ajoutons que les ressources comportent une dimension interactive : elles valent par leur articulation. La puissance économique et la puissance militaire sont difficilement dissociables, comme l'a bien montré Paul Kennedy [1989] ;

2) la puissance procède de relations entre des acteurs dans un champ donné. Elles sont régies par des règles sociales susceptibles de varier dans le temps et l'espace. Comme le notait Raymond

Aron [1962], « la puissance n'est pas un absolu mais une relation humaine ». C'est pourquoi ses formes d'expression sont multiples, et non cantonnées à l'usage unique de la force et l'imposition de sa volonté aux autres acteurs. Il est ainsi nécessaire d'opérer un certain nombre de distinctions entre les différentes dimensions de la puissance et de son exercice ;

3) l'action dépend d'une volonté, exprimée en termes d'objectifs qui sont ensuite traduits en stratégies effectives. Voilà pourquoi il est périlleux de tenter de déduire la puissance réelle de la puissance potentielle. Sans une conversion des ressources en objectifs clairs et en stratégies efficaces, l'exercice de la puissance est voué à l'échec. C'est ce qu'exprime Thierry de Montbrial [2011] dans *L'Action et le Système du monde* : la puissance est la combinaison du potentiel et du passage à l'acte.

Si l'on relie l'ensemble de ces points, on comprend la difficulté à établir des hiérarchies de « grandes puissances ». En effet, ces classements reposent sur l'idée que l'on pourrait en quelque sorte quantifier séparément les critères de puissance d'un pays en dehors de toute situation concrète. La puissance n'est pas une somme de facteurs, mais la capacité à les exercer dans un temps, un espace, un contexte précis. C'est tout l'intérêt de la notion de « puissance structurelle », proposée par Suzanne Strange [1996], qui considère que la puissance repose sur la capacité à organiser les structures des relations internationales autour de quatre grands domaines stratégiques, qui sont autant d'échiquiers sur lesquels ont lieu des rapports de force : la finance, la production, les connaissances et la sécurité. À cette aune, la puissance résiderait dans la capacité d'une unité à passer d'un échiquier à l'autre. On comprend également qu'une position dominante sur un échiquier n'assure nullement une position hégémonique à un acteur.

Les trois facettes de la puissance

La puissance est donc une notion subtile qu'il est commode de présenter sous trois aspects (*faces* — facettes — selon les auteurs américains). Elles correspondent chacune à une stratégie suivie par un acteur qui veut atteindre un but.

L'aspect le plus traditionnel réside dans la faculté à imposer sa volonté et/ou à faire plier celle des autres. Cette conception a notamment été formulée par Robert Dahl [1961], qui définissait la puissance comme la capacité à « obtenir des autres ce qu'ils n'auraient pas fait sinon ». À la même époque, Raymond Aron [1962] formulait une conception assez proche dans *Paix et Guerre entre les nations* : il voyait la puissance comme la « capacité à faire, produire ou détruire » et, à l'échelle internationale, comme la « capacité d'une unité politique d'imposer sa volonté aux autres unités ». Par ailleurs, Aron apporte un certain nombre de distinctions sémantiques importantes. D'abord entre « puissance » et « pouvoir » — là où l'anglais n'utilise que le terme *power*. Tandis que le pouvoir concerne la politique intérieure (les « pouvoirs publics »), la puissance est la capacité à agir sur la scène internationale. L'insistance d'Aron sur les dimensions militaire, économique et autoritaire de la puissance est frappante pour le lecteur d'aujourd'hui, mais il faut la replacer dans le contexte de l'époque : le monde sortait alors des deux conflits mondiaux, et la guerre froide était à son acmé avec la crise de Cuba et la peur de l'embrasement nucléaire.

En réaction à cette conception, Peter Bachrach et Morton Baratz [1963] ont mis en avant ce qu'ils ont appelé le « deuxième aspect de la puissance » : la capacité d'une unité politique à fixer un cadre international aux questions qu'elle entend traiter. En d'autres termes, la puissance intègre une dimension de cadrage (*framing*) et d'élaboration de l'agenda international (*agenda setting*). Dans cette perspective, l'appartenance d'un pays à des institutions multilatérales, ainsi que sa capacité à en créer pour les mettre à son service sont des outils de puissance majeurs, comme en témoignent les États-Unis après 1945 avec la création de l'Organisation des Nations unies (ONU) ou la signature du traité de l'Atlantique nord. Il ne s'agissait pas pour Washington d'imposer quoi que ce soit par la menace, mais bien plutôt de légitimer ses préférences, de persuader ses alliés, voire d'éviter certains sujets en les sortant de l'ordre du jour.

Il revient à Steven Lukes [1974], sociologue et politologue britannique, d'avoir formulé le dernier aspect de la puissance dans son ouvrage *Power. A Radical View*. Selon lui, il existe un « troisième aspect de la puissance » qui s'ajoute aux deux précédents : il est idéologique et consiste à façonner les préférences d'autrui. Influencer les pensées des autres, leur faire vouloir ce que l'on veut, quitte à leur faire prendre des décisions opposées à leurs intérêts objectifs, serait la forme la plus subtile de la puissance, car elle dispense d'avoir à user de moyens militaires, diplomatiques ou économiques, coûteux et à l'issue incertaine. La séduction exercée par un modèle économique et social, ou la popularité d'un pays à travers ses réussites sportives ou technologiques sont des ressorts évidents de cette forme de puissance.

Hard power *et* soft power *: deux formes de puissance pour un spectre d'attitudes*

Au-delà de ces facettes permettant de cerner la nature proprement dite de la puissance, il revient à Nye d'avoir distingué des formes d'expression (*spectrum of behaviors*) de la puissance qu'il range dans un *continuum* allant du *hard power* au *soft power*. Cette distinction est née d'un débat intellectuel qui a eu lieu à la fin de la guerre froide, lorsque l'historien britannique Paul Kennedy [1989] publia *Rise and Fall of the Great Powers*. Dans cet ouvrage, Kennedy examinait le destin des grandes puissances entre 1500 et le temps présent, et cherchait à comprendre les raisons expliquant la fin des empires. À cette fin, il forgea le concept de « surextension impériale » (*imperial overstretch*) pour désigner le point de rupture atteint lorsque la charge économique nécessaire au maintien de l'empire dépasse les capacités de la puissance impériale : c'est, selon lui, ce qui est arrivé avec les Empires romain, espagnol, britannique et soviétique, ce dernier étant à bout de souffle au moment de la publication du livre. Sur la base de ce schéma, Kennedy prédisait le déclin de l'« Empire américain » ; jamais, à ses yeux, un pays représentant à lui seul plus d'un tiers des dépenses militaires mondiales, et dont la part dans la production industrielle mondiale ne cessait de baisser depuis 1945, ne serait en mesure de conserver sa position de puissance hégémonique au sein du camp occidental.

Nye [1990a], professeur de relations internationales à Harvard, répondit à Kennedy dans un livre important intitulé *Bound to Lead. The Changing Nature of American Power*. Dans cet ouvrage, Nye s'inscrivait en faux contre la prévision de Kennedy. Selon lui, l'analyse de l'historien britannique était doublement biaisée : d'une part, elle se focalisait sur une vision de la puissance uniquement coercitive ; d'autre part, elle considérait son exercice comme avant tout « strato-centré » (où la puissance publique serait l'acteur quasi exclusif de la puissance). Or, selon Nye, « les règles du jeu avaient changé », de même que les formes d'exercice de la puissance. Il introduisait alors cette distinction, devenue fameuse par la suite, entre *hard power* et *soft power* qui caractérisent les attitudes (*behaviors*) d'un acteur visant à atteindre ses objectifs. Tandis que le *hard power* correspond à un usage oppressif de la puissance — en recourant le plus souvent à des moyens militaires ou économiques —, le *soft power* désigne la capacité d'un acteur à obtenir des autres qu'ils veuillent la même chose que lui, par le relais des institutions internationales ou par son attractivité liée à ses valeurs, à son modèle [Munier, 2011]. L'intérêt du *soft power* est qu'il coûte peu : des exploits sportifs, un système universitaire attractif, un modèle de société séduisant sont des ressorts puissants et quasi gratuits, au regard des importantes sommes d'argent que représentent les dépenses militaires caractéristiques du *hard power*. Ainsi, Nye estimait que les États-Unis seraient encore longtemps à l'abri de toute surextension impériale car ils maîtrisaient l'ensemble de la palette de la puissance : au fond, écrivait-il, la majorité des humains préféreraient être américains plutôt que soviétiques si on leur laissait le choix.

Depuis le début du XXIe siècle, de nouveaux qualificatifs associés à la notion de puissance ont émergé. Ils complètent plus qu'ils ne renouvellent la panoplie conceptuelle des géopolitologues et spécialistes en relations internationales. Il revient à Joseph Nye et à Suzanne Nossel d'avoir introduit la notion de *smart power*. Il ne s'agit pas d'une nouvelle forme de puissance, mais d'une « capacité à combiner les ressources du *hard power* et du *soft power* sous la forme de stratégies effectives » [Nye, 2004 ; Nossel, 2004]. Le *smart power* est devenu le pilier de la réflexion du Center for Strategic and International Studies, un comité bipartisan chargé de réfléchir à l'avenir des États-Unis [Armitage et Nye, 2007], et a été érigé au rang de doctrine de l'administration Obama en 2009 lorsque Hillary Clinton a été nommée secrétaire d'État. Pour effacer les errements de l'administration de George W. Bush (2001-2008), le *smart power* devait permettre de combiner efficacement *soft power* et *hard power* dans une stratégie gagnante, en fonction du contexte (le *kairos* remplaçant ainsi l'*hybris*), en s'appuyant le plus possible sur des alliés ainsi que sur des organisations internationales [Tellenne, 2019].

Plus récemment encore, des politologues anglo-saxons ont introduit la notion de *sharp power* [Walker et Ludwig, 2017]. Là où le *hard power* repose sur l'usage, plus ou moins subtil, de la force, le *soft power* sur celui de l'influence, le *sharp power* entend décrire une forme de puissance privilégiée par des pays autoritaires, synonyme de subversion et d'intimidation exercées à l'endroit de régimes démocratiques et de leurs citoyens. Les cyberattaques émanant de Chine, la possible intervention de la Russie lors de la campagne présidentielle américaine de 2016 et, de façon générale, l'usage d'Internet pour manipuler l'opinion publique sont des exemples de maniement du *sharp power*. Cette forme de puissance viserait à miner de l'intérieur des démocraties d'autant plus vulnérables que leur réseau Internet est ouvert. Nye considère pour sa part que le *sharp power* est une forme de *hard power*, un « usage trompeur d'informations à des fins hostiles » [Nye, 2018].

Les usages de la puissance

Un spectre des comportements et des ressources associées, selon Nye

Comme on vient de le voir, Nye [1990b] estime que la puissance, dans son exercice, est foncièrement bipolaire. Selon lui, elle s'apparente

Tableau 1. ***Hard power* et *soft power* selon Nye**

		Power				
		Hard		*Soft*		
Spectrum of behaviors	Command	Coercion	Inducement	Agenda setting	Attraction	Co-opt
Most likely resources		Force Sanctions	Payments Bribes	Institutions	Values Culture Policies	

Source : Nye [2004].

à un spectre de comportements possibles, allant du plus dur au plus doux. Ces deux visages ne s'opposent pas, au contraire, ils peuvent se compléter : « La puissance douce a autant d'importance que la puissance dure. Si un État est capable de légitimer son pouvoir aux yeux des autres, il rencontrera moins de résistance pour les faire plier à ses vœux » [Nye, 2004].

Considérons un instant le tableau 1 qui résume la vision de Nye et permet d'appréhender de façon concrète et claire la puissance dans sa double dimension : d'une part, en termes d'exercice ou de comportements (*spectrum of behaviors*) ; d'autre part, en termes de ressources qui lui/leur sont associées (*most likely resources*) :

— le commandement (*command*) : il s'agit de la facette la plus « dure » de la puissance, celle qui caractérise par exemple la domination coloniale ou ses formes assimilées. Elle s'appuie avant tout sur des forces miliaires ;

— la contrainte ou coercition (*coercion*) prend généralement la forme de menaces militaires ou économiques, suivies ou non d'effets (*force*). On pense par exemple à la dissuasion nucléaire. Dans un autre registre, le Conseil de sécurité de l'ONU exerce un pouvoir de contrainte lorsqu'il adopte des sanctions économiques (*sanctions*) à l'encontre d'un pays ne respectant pas les droits de l'homme ou des résultats électoraux ;

— l'incitation (*inducement*) est le fait de pousser un pays à « faire ce qu'il n'aurait pas fait dans un premier temps » en recourant généralement à des incitations économiques : légales (on pense aux accords de Camp David en 1978-1979 assortis du paiement — *payment* — par les États-Unis d'une aide stratégique régulière à l'Égypte) ou illégales (les pots-de-vin — *bribes* — et la corruption sont d'usage fréquent) ;

— la maîtrise de l'agenda (*agenda setting*) permet de définir ses priorités et de les légitimer aux yeux des autres. C'est le cas pour un chef d'État exerçant la présidence tournante de l'Union européenne par exemple, d'un pays présidant une conférence internationale (la France lors de la COP21 en 2015) ou tout simplement d'une nation *leader de jure* ou *de facto* d'une organisation (les États-Unis dans l'Organisation du traité de l'Atlantique nord — Otan — ou au Fonds monétaire international — FMI). Cette forme de puissance repose sur l'insertion dans les institutions internationales ou multilatérales et la capacité à les orienter ;

— l'attractivité (*attraction*) réside essentiellement dans la capacité à plaire à autrui par ses valeurs, sa culture ou ses politiques (*values, culture, policies*), à l'image de l'*American way of life* qui a tellement conquis l'Europe au lendemain de la Seconde Guerre mondiale. Mais on peut aussi penser à la séduction exercée par le modèle soviétique durant les années 1930, lui qui affichait officiellement un taux de chômage nul alors que les pays occidentaux étaient plongés dans la Grande Dépression. Certains redoutent aujourd'hui que le « consensus de Pékin » attire un grand nombre de dirigeants « illibéraux », épris d'autoritarisme et de croissance économique ;

— l'adhésion (*co-opt*) est la forme la plus subtile de la puissance. Elle donne le pouvoir de façonner par avance les préférences de son interlocuteur afin de le faire pencher en sa faveur. Les universités américaines fournissent un bon exemple de ressource adaptée à cette forme de puissance. Il est difficile de comprendre par exemple comment le président mexicain Salinas de Gortari, pourtant *leader* du Parti révolutionnaire institutionnel, a pu signer les accords de l'Accord de libre-échange nord-américain (Alena) en 1992, instituant un libre-échange à l'échelle nord-américaine, si l'on ignore qu'il est diplômé d'Harvard et, plus précisément, de la Kennedy School, qui forme l'élite politique états-unienne. Les esprits se façonnent durant la jeunesse, un principe parfaitement formulé par Colin Powell, alors secrétaire d'État, lorsqu'il déclarait : « Il n'y a pas de plus grand atout pour notre pays que l'amitié de futurs *leaders* mondiaux qui auront été formés chez nous. »

Une matrice pour analyser l'exercice de la puissance

Si l'on croise maintenant les trois aspects de la puissance précédemment décrits et les deux formes d'attitude proposées par Nye, on obtient une matrice permettant de cerner avec beaucoup de clarté comment s'exerce concrètement la puissance. Le tableau 2 en donne une représentation synthétique.

Tableau 2. **L'exercice de la puissance**

	Smart power (Nye et Nossel) Capacité à combiner de façon stratégique *hard power* et *soft power* pour atteindre ses objectifs	
Les formes de l'exercice de la puissance (Nye)	***Hard power*** La forme dure de la puissance	***Soft power*** La forme douce de la puissance
Les trois facettes de la puissance	**Commandement — Coercition — Incitation — Agenda — Attraction — Adhésion** ⇦----------------⇨	
Première facette Puissance comme capacité à obtenir des autres ce qu'ils n'auraient pas fait sinon (Dahl)	A recourt à la force ou à l'argent pour modifier la stratégie initiale de B.	A recourt à l'attractivité pour modifier les préférences initiales de B.
Deuxième facette Puissance comme capacité à fixer et organiser les règles du jeu (Bachrach et Baratz)	A recourt à la force ou à l'argent pour modifier l'agenda de B (que celui-ci le veuille ou pas).	A recourt à l'attractivité ou aux institutions pour légitimer son agenda aux yeux de B.
Troisième facette Puissance comme capacité à façonner les préférences d'autrui (Lukes)	A recourt à la force ou à l'argent pour façonner les préférences de B (*sharp power*).	A recourt à l'attractivité ou aux institutions pour modifier les préférences initiales de B (*normative power*).
La capacité de A à atteindre ses objectifs repose en outre sur sa capacité à articuler les différents échiquiers de la puissance, militaire, économique et financier, la production, les connaissances (Strange), mais aussi à manipuler les interdépendances complexes avec des acteurs d'autre nature (Keohane et Nye).		

Source : d'après Nye [2011], complété et traduit par Frédéric Munier.

Des acteurs multiples à l'importance variée

Les « unités » capables d'exercer de la puissance à l'échelle internationale sont nombreuses. La multiplication de ces acteurs (*power diffusion*) est d'ailleurs l'une des caractéristiques de notre temps. Si les États ont longtemps exercé le quasi-monopole de la puissance, l'affirmation des firmes transnationales (FTN), des organisations gouvernementales ou encore des sociétés civiles rend aujourd'hui le jeu des acteurs particulièrement délicat à interpréter, d'autant qu'ils interagissent. Pour autant, il existe plusieurs écoles de relations internationales [Battistella, 2015a ; 2015b], dont chacune met l'accent sur

Les principales théories des relations internationales

CÉDRIC TELLENNE
ET FRÉDÉRIC MUNIER

Le réalisme et ses différents courants

L'école réaliste « classique », fondée par Hans Morgenthau, présente les relations internationales avant tout comme des rapports de puissance et donne aux acteurs étatiques une place prééminente en leur sein, considérant la puissance essentiellement dans sa dimension diplomatique et militaire [Morgenthau, 1948]. Le postulat fondateur de Morgenthau est que les hommes recherchent par nature la domination et que, partant, les États définissent leur politique extérieure par leur seul intérêt national, en termes de puissance autour de trois stratégies principales : garder le pouvoir (*keep power*), l'augmenter quand c'est possible (*increase power*), l'afficher (*demonstrate power*). Considérant que la planète vit dans une situation d'anarchie (littéralement « absence d'autorité », puisqu'il n'existe pas de gouvernement mondial), les réalistes estiment que l'ordre international est le résultat d'un équilibre des puissances (*balance of power*) toujours instable.

John H. Herz [1951] a mis en lumière un « dilemme de sécurité », au cœur des rapports entre les puissances : tout État amené à renforcer sa sécurité est perçu comme une menace et pousse les autres États à s'armer en retour. Cette école classique professe un réalisme offensif (les États cherchent à maximiser leur puissance), auquel les néoréalistes opposent des postures défensives (les États veulent avant tout se protéger dans un système anarchique et menaçant) : c'est l'hypothèse de Kenneth Waltz [1979], pour qui c'est l'environnement international « anarchique », dans lequel les sociétés humaines évoluent, qui les pousse à accumuler de la puissance pour se protéger d'une éventuelle agression. Les travaux de John Mearsheimer, de l'université de Chicago, qualifiés de « néoréalisme offensif », cherchent à réconcilier les deux visions : si l'absence d'autorité centrale oblige les États à assurer leur propre sécurité, ils ne se contentent pas d'un simple équilibre des puissances mais recherchent la suprématie, seule garante de leur sécurité.

Plus récemment, Stephen Walta renouvelé l'approche réaliste en substituant à la notion d'« équilibre des puissances » celle d'« équilibre des menaces » (*balance of threats*). Selon lui, les États ont tendance à se coaliser non pas tant contre l'État dont le pouvoir monte que contre celui qui les menace ou, s'ils sont faibles, avec celui qui les menace [Walt, 1987]. Ainsi, au début de la guerre froide, les États européens se sont rapprochés des États-Unis, pourtant première puissance mondiale, car l'Union des républiques socialistes soviétiques (URSS) représentait une menace objective pour leurs valeurs démocratiques.

L'école libérale et néolibérale

Elle est historiquement la plus ancienne puisqu'on peut voir en Emmanuel Kant son précurseur avec son *Projet de paix perpétuelle* (1795). À l'instar des réalistes, les libéraux estiment que l'État est, lui aussi, un acteur prépondérant qui agit avant tout au service de la paix par des échanges et coopérations, ne recourant à la guerre qu'en cas d'échec de la diplomatie. Les grandes figures du libéralisme dans les relations internationales sont par exemple le président Woodrow Wilson, qui a défendu la paix et la démocratie et soutenu la création de la Société des Nations (SDN) dans ses fameux « quatorze points » (1918). Plus tard, Franklin D. Roosevelt, Winston Churchill ou encore René Cassin ont ravivé la flamme du libéralisme avec l'ONU et la Déclaration universelle des droits de l'homme. Mais l'entrée en guerre froide et la paralysie de l'ONU qui en a découlé ont porté à déconsidérer les thèses libérales face aux thèses réalistes. Et, même si la chute du mur de Berlin en 1989 et la fin pacifique de la guerre froide pouvaient donner raison aux libéraux [Fukuyama, 1992], les attentats du 11 septembre 2001 aux États-Unis et la guerre d'Irak en 2003 ont été un cruel rappel à la réalité.

Il n'empêche qu'une école néolibérale, dite « transnationaliste », a développé des thèses novatrices, s'appuyant sur l'idée que les relations interétatiques sont d'abord des rapports de coopération, renvoyant non aux philosophes Thomas Hobbes et Jean-Jacques Rousseau, mais à Hugo Grotius et John Locke [Battistella, 2015a ; 2015b]. Ces penseurs plaident en faveur d'un examen plus minutieux de la complexité du système international, du fait d'acteurs multiples et de la grande mobilité de leurs relations. Il en découle pour un auteur comme Hedley Bull [1977] que les États ont conscience de valeurs et d'intérêts communs, et se dotent ainsi d'institutions pour les faire respecter. Il existe une rationalité collective des États qui les pousse à coopérer et qui s'oppose à la rationalité individuelle marquée par l'égoïsme. Les États trouvent souvent leur intérêt à ne pas agir unilatéralement, mais à choisir le multilatéralisme pour se protéger de l'incertitude régnant dans un système international anarchique, car « la coopération réduit l'incertitude » [Keohane, 1984]. L'absence d'autorité centrale est compensée par un ensemble de mécanismes de régulation plus ou moins efficaces, comme l'ONU et ses différentes agences, le Fonds monétaire international (FMI) ou l'Organisation mondiale du commerce (OMC). Cela dit, les États ne sont pas toujours contraints par les organisations qu'ils ont créées et auxquelles ils participent, comme on le voit avec les États-Unis à l'occasion de la guerre d'Irak (2003). James Rosenau insiste quant à lui sur le rôle des acteurs individuels, distinguant le niveau d'intervention des individus dans un « monde multicentré » et celui des États dans un « monde stato-centré » : la turbulence de l'environnement international serait engendrée par la coexistence conflictuelle de ces deux mondes [Rosenau, 1990].

L'école constructiviste

Le postulat de départ de cette école est que les relations internationales dépendent surtout de la vision qu'en ont les acteurs, en particulier les États ; elles sont donc d'abord une question d'identité, comme le soutient Alexander Wendt [1999], principal tenant de cette approche critique qui date de l'après-guerre froide. Comme le précise Dario Battistella [2015b], « l'anarchie est une structure vide, synonyme d'absence d'autorité centrale, elle n'est *a priori* remplie ni d'état de guerre ni d'état de paix, mais de relations interétatiques se faisant au jour le jour en fonction de valeurs et croyances partagées ». Les États agissent en fonction de la représentation qu'ils se font de leur place et de leur rôle au sein du système international, ainsi que des autres acteurs, ceux-ci interagissant dans un processus de construction/reconstruction permanent. C'est en fonction de ces représentations qu'un État définit ses alliés (avec lesquels il défendra des intérêts communs), ses rivaux (qu'il défiera) et ses ennemis (qu'il combattra) : cela correspond exactement à une triple culture géopolitique (que Wendt nomme « culture anarchique »), à savoir kantienne dans le premier cas, lockéenne dans le deuxième, hobbesienne dans le dernier [Wendt, 1999 ; Battistella, 2015b].

Tableau 3. **Trois théories des relations internationales**

	Théories		
Paradigme	**Réalisme**	**Libéralisme**	**Constructivisme**
Acteur principal	État souverain	État souverain, groupes d'États	Individus
Principale motivation	Poursuite d'intérêts personnels politiques, stratégiques	Poursuite d'intérêts politiques, économiques	Poursuite d'intérêts politiques, économiques, culturels
Comportement des acteurs	Compétition	Coopération	Compétition/ coopération
Principaux instruments de puissance	Pouvoir politique et militaire	Institutions internationales, échanges économiques	Idées, valeurs, normes
Fondement de la paix et de la stabilité internationales	Équilibre des puissances ou hégémonie	Interdépendance/ intégration	Équilibre des puissances, intégration ou coopération interculturelle
Vision prospective du système international	*Statu quo*	Essor de l'intégration international, émergence d'un État mondial démocratique	Aucun
Principaux théoriciens	Hans Morgenthau Kenneth Waltz	Michael Doyle Robert Keohane	Alexander Wendt John Ruggie
Principaux représentants	Otto von Bismarck Henry Kissinger Donald Trump	Woodrow Wilson Bill Clinton Secrétaires généraux de l'ONU	Mahatma Gandhi Organisations islamistes Mouvements anti-globalisation

Source : d'après Walt [1998].

un acteur en particulier [Tellenne, 2019] : d'un côté, l'école réaliste (et sa petite sœur, néoréaliste), qui analyse les relations internationales comme des rapports de puissance principalement entre États ; d'un autre côté, l'école libérale (ou transnationaliste), qui les présente comme des rapports de coopération entre des acteurs désormais multiples et interdépendants. Enfin, les tenants du constructivisme insistent sur les rapports d'identité et les représentations issues avant tout de la société civile (voir encadré *supra*) ; selon eux, ce sont les groupes humains, les individus — et souvent les *leaders* d'opinion — qui sont les principaux acteurs de la puissance. Le tableau 3 en résume les grandes écoles de relations internationales, leurs principaux représentants, leurs propositions théoriques, les acteurs qu'elles privilégient [Walt, 1998] (voir aussi encadré *supra*).

Remarquons que ces écoles donnent le primat soit à l'État (pour les réalistes et les libéraux), soit aux individus (pour les constructivistes). Elles font peu de cas des grandes firmes qui, aujourd'hui pourtant, sont capables d'exercer de la puissance sur les États en mettant ces derniers en situation de compétition par exemple, en étant parfois le bras armé de leur État et, de façon générale, en diffusant les valeurs de leur pays. Mais l'exercice de la puissance n'est pas leur fonction première, et ces grandes entreprises, fussent-elles transnationales, n'ont pas les moyens d'organiser et de garantir l'ordre mondial. Toutefois, cela ne signifie pas qu'elles n'exercent pas de puissance : il revient à Strange [1996] d'avoir mis en lumière la montée en puissance de ces acteurs privés qu'on ne saurait écarter d'une analyse géopolitique rigoureuse.

Les débats liés à la puissance

Des oppositions anciennes et leur actualité

Dès sa naissance, la géopolitique a été l'objet de débats opposant des visions radicalement différentes de l'exercice et de l'expression de la puissance. Évoquons-en deux : leurs liens et leur actualité.

Le premier débat a opposé les tenants de la puissance continentale à ceux de la puissance maritime, autour de la question suivante : un pays est-il puissant parce qu'il maîtrise les mers, ou les terres ? Cette querelle est aussi ancienne que la géopolitique elle-même ; elle a opposé l'école germanique à l'école anglo-saxonne [Fontaine, 2013 ; Louis, 2014]. Pour les penseurs germaniques de la fin du XIXe siècle, il ne fait pas de doute que la puissance est l'expression de la conquête territoriale et continentale. Tandis que l'Allemand Friedrich Ratzel [1898] comparait les États à des organismes vivants luttant pour leur survie, le Suédois Rudolf Kjellen [1916] forgeait le terme *Geopolitik*, qu'il définissait comme la « science de l'État en tant qu'organisme vivant ». L'un et l'autre estimaient que la puissance était avant tout terrestre, continentale. À cet égard, Ratzel, président de la Ligue pangermaniste, est l'inventeur de la notion d'« espace vital » ou, plus précisément, d'« espace vital vers l'Est » (*Lebensraum nach Osten*), cette partie de l'Europe centrale et orientale qui, selon lui, était la zone naturelle d'expansion de l'Allemagne. Cette géopolitique conquérante a été représentée notamment par le général Karl Haushofer : dans son ouvrage *Les Frontières et leur signification politique* [1927], il reprenait à son compte le concept d'espace vital et estimait que les États forts avaient vocation à s'étendre par la guerre en dehors de leurs frontières. On connaît les développements ultérieurs tragiques inspirés par cette idéologie lors de la période nazie...

À rebours de la conception continentale de la puissance, l'école de géopolitique anglo-saxonne a privilégié une approche maritime de la puissance. Ce fut évidemment le cas du Royaume-Uni, dont la flotte était la première du monde en 1900. Mais le premier véritable théoricien de la thalassopolitique est l'Américain Alfred Thayer Mahan, professeur d'histoire à l'Académie militaire de Westpoint. Dans son ouvrage *The Influence of Sea Power upon History, 1660-1783* [Mahan, 1890], il estimait que la supériorité des puissances maritimes au cours de l'histoire était indéniable. Il en tirait la double conclusion que la prospérité américaine reposait sur la sécurité que lui conférait sa relative insularité par rapport à l'Eurasie, mais recommandait le renforcement de la flotte nationale.

Un second débat, en partie enchâssé dans le premier, a opposé la vision du géographe britannique Halford MacKinder à celle de l'Américain Nicholas Spykman [Lacoste, 2012]. Le premier a insisté sur l'importance du *Heartland*, un espace situé au cœur de l'Eurasie dont il faisait le « pivot géographique » de l'histoire du monde [MacKinder, 1904]. Selon lui, celui qui contrôlait cet espace pouvait tenir l'ensemble du continent. Spykman [1942] a contesté cette thèse, jugeant qu'il était plus important pour un État de maîtriser les marges du *Heartland*, qu'il nommait *Rimland*, soit un espace allant de l'Europe à l'Ouest jusqu'au Japon à l'Est, en passant par les Indes et l'Asie insulaire. S'il est mort en 1943, Spykman n'en a pas moins été l'un des inspirateurs de la doctrine du *containment*.

Ces deux débats sont largement dépassés aujourd'hui ; la bombe nucléaire et, plus récemment, la « révolution dans les affaires militaires » [Davis, 1996] ont rebattu les cartes. Il n'en demeure pas moins que nous voyons resurgir aujourd'hui des stratégies géopolitiques qui empruntent aux catégories développées il y a bientôt un siècle : mer/terre, *Heartland/Rimland*. Deux exemples récents l'illustrent. Le premier est la stratégie du pivot, lancée par l'administration Obama en 2011 [Douzet et Vaïsse, 2013]. Elle consistait à densifier la flotte américaine pacifique face à l'expansion chinoise en mer de Chine : une sorte de *containment* naval en quelque sorte. Elle se couplait à un projet d'accord de libre-échange, le *Trans-Pacific Partnership*, avec des pays alliés à Washington, dont Pékin était exclu. Cette stratégie articulait une forme de *containment* le long du *Rimland* asiatique à l'usage de la puissance maritime, afin d'exercer une pression sur la Chine dont l'essor menaçait des alliés asiatiques des États-Unis. Avortée

Carte 1. **Le *Heartland* et le *Rimland* selon la revue *Hérodote***

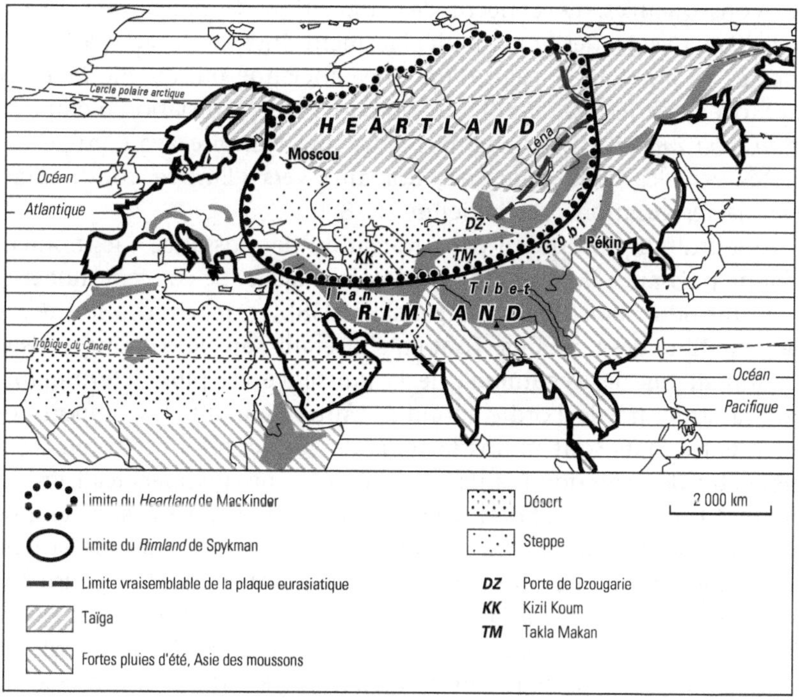

Source : *Hérodote*, « La géopolitique, des géopolitiques », n° 146-147, 3e trimestre 2012, p. 154.

depuis, elle n'en est pas moins un exemple du *smart power* américain en action. Au même moment, la Chine a, elle aussi, lancé une vaste stratégie mêlant mer et terre et passant à travers le *Heartland*. Sous le nom de *Belt and Road Initiative* (BRI), ces « nouvelles routes de la soie » reposent sur des infrastructures le long de deux ceintures : l'une est maritime et s'étend sur l'ensemble de l'espace indo-pacifique, l'autre est continentale et traverse l'ensemble de l'Eurasie [Rolland, 2017]. L'ensemble doit connecter la Chine aux pays qui l'abondent en matières premières mais aussi au marché européen. De façon plus générale, ces deux stratégies démontrent que, à l'âge de la mondialisation, l'usage du *soft power* commercial l'emporte sur celui du *hard power* militaire.

La transition de puissance et ses conséquences

Le second débat concerne celui de la transition de puissance et ses conséquences. Le concept de « transition de puissance » (*power transition theory*) désigne un déplacement historique et spatial des centres de pouvoir. Il s'agit d'une idée ancienne puisqu'elle remonte au Moyen Âge [Goetz, 1958], où l'on parlait de « translation d'empire » (*translatio imperii*). On imaginait alors que l'empire avait migré des Perses vers les Grecs, puis des Romains vers l'Europe continentale avec la restauration carolingienne de 800.

Aujourd'hui, on entend par « transition de puissance » le moment où une puissance dominante le cède à une autre. Le concept moderne a été introduit par Abramo Organski [1958], en réaction à la théorie de l'équilibre des pouvoirs. Tout en s'insérant dans le courant réaliste, il estimait que la dynamique de la puissance est plus déterminante que la structure de l'ordre mondial. Autrement dit, les rapports de force entre États sont moins facteurs de guerre que l'évolution de la hiérarchie des pays dominants. À la différence des premiers réalistes qui mettent l'accent sur le fait que l'équilibre des puissances est facteur de paix, l'école dite de la « transition de puissance » estime que la paix est plutôt garantie par une puissance dominante ; que l'on pense à la *pax romana* ou encore à la *pax britannica* du XIXe siècle. À cet égard, Organski et ses partisans considèrent comme particulièrement critique le moment où se déroule une transition. Nye [2011] en a dressé un tableau synthétique. Du XVIe au XXe siècle, Espagne, Pays-Bas, France se sont succédés comme puissances dominantes.

Les transitions d'une période à l'autre sont des moments critiques dont les guerres européennes seraient la manifestation pour l'époque moderne. Par la suite, la période de domination française s'achève avec les guerres napoléoniennes. Quant à la phase d'hégémonie britannique, elle se termine avec la Seconde Guerre mondiale, d'où les États-Unis sortent grand vainqueur et nouvelle puissance dominante face à l'URSS.

Sans doute vivons-nous actuellement une de ces transitions hégémoniques, cette fois entre les États-Unis et la Chine. Il s'agit d'une question qui agite les universitaires outre-Atlantique depuis l'entrée dans le nouveau millénaire et l'essor économique de la Chine [Lai, 2011 ; Chan, 2008]. Récemment, l'ouvrage de Graham Allison [2017] a relancé la discussion autour de la notion de « piège de Thucydide » [Desbordes et Munier, 2020], en référence au grand général et historien athénien, auteur de *La Guerre du Péloponnèse*, qui raconte le conflit opposant Sparte à Athènes entre 431 et 404 avant notre ère. D'après Thucydide, « la cause la plus vraie [et] aussi la moins avouée [de la guerre], c'est [...] que les Athéniens, en s'accroissant, donnèrent de

Tableau 4. **États dominants (*leading states*) et fondements de leur puissance, de 1500 à 2000**

Période	État dominant	Principaux fondements de puissance
XVIe siècle	Espagne	Métal précieux (or et argent), commerce colonial, force militaire, liens dynastiques
XVIIe siècle	Pays-Bas	Commerce, flotte, marché de capitaux
XVIIIe siècle	France	Population, administration, armée, agriculture
XIXe siècle	Royaume-Uni	Industrie, cohésion politique, finance, flotte, normes libérales, insularité
XXe siècle	États-Unis	Économie, *leadership* scientifique et technique, universalité des valeurs, forces et alliances militaires, promotion (officielle) de la démocratie

Source : d'après Nye [2011], complété et traduit par Frédéric Munier.

l'appréhension aux Spartiates, les contraignant ainsi à la guerre ». Si l'on suit l'interprétation que donne Allison de ce passage, une puissance hégémonique ne pourrait accepter de perdre sa primauté militaire, économique ou idéologique face à un nouveau venu et préférerait s'engager dans une guerre préemptive contre lui. Le piège serait alors que les États-Unis cèdent à la peur et entrent en guerre contre la Chine, plutôt que d'instaurer un rapport de force qui, d'ailleurs, pourrait mener à une nouvelle forme de bipolarisation du monde.

Impuissance de la puissance, puissance de la faiblesse ?

L'un des derniers débats actuels concernant la puissance interroge son efficacité. Comme le souligne Bertrand Badie [2004], il est frappant en effet qu'un pays comme les États-Unis, dont le budget militaire a représenté dans les dernières décennies entre un tiers et la moitié des dépenses mondiales en ce domaine, n'ait pas gagné une guerre depuis 1945. Du Vietnam à l'Irak en passant par l'Afghanistan, les guerres menées par Washington seul se sont révélées être des échecs cinglants. Badie [2004] y voit le signe d'une « impuissance de la puissance », c'est-à-dire une difficulté, même pour le pays le plus fort, d'imposer sa volonté aux autres acteurs politiques. En d'autres termes, le monde des grandes puissances expérimenterait aujourd'hui la faillite du *hard power* qui, lorsqu'il est employé seul, est de nature à détruire, certes, mais pas à bâtir un ordre futur. Il est frappant par exemple que, face à l'Irak de Saddam Hussein en 2003, Washington ait gagné le conflit contre le régime mais ait finalement perdu la guerre ; n'oublions pas que le but de George W. Bush était de donner naissance à un État irakien qui, débarrassé de son dirigeant, aurait été stable et proaméricain. Si la puissance réside dans la capacité à atteindre son but, nul doute que cette entreprise, comme celle lancée en Afghanistan deux ans plus tôt, a été un échec.

Inversement, Badie [2018] note combien les grandes puissances traditionnelles subissent aujourd'hui les contrecoups de l'effondrement d'États en pleine décomposition. Notre période est en effet marquée par la quasi-disparition des guerres interétatiques et la prégnance des guerres civiles. Corrélativement, les guerres actuelles ne procèdent plus de l'affirmation d'une puissance (Allemagne entre 1870 et 1945), mais au contraire de son effondrement. Il s'agit d'un retournement historique d'une ampleur considérable. Qu'on y pense un instant : ce sont bien les *failed states* qui sont de nos jours au cœur de conflits dont les conséquences affectent les grandes puissances d'hier : Syrie, Irak et Afghanistan sont les trois premiers pays à alimenter les courants de réfugiés vers l'Europe.

Le facteur qui explique le mieux cette double mutation — impuissance de la puissance d'une part, puissance de la faiblesse de l'autre — est un phénomène marquant de notre temps : l'affaiblissement du cadre westphalien. L'État-nation est aujourd'hui attaqué de toutes parts, notamment par des acteurs infra- ou transétatiques. Les bandes armées, les nébuleuses terroristes, en somme les professionnels du crime, sont aujourd'hui capables de déstabiliser les ordres régionaux et mondial en causant l'effondrement de régimes, en attaquant un géant — on pense évidemment aux attentats du 11 septembre 2001. Cette situation montre que l'espoir d'une hégémonie durable exercée par les États-Unis au lendemain de la guerre froide n'a pas duré [Badie, 2019].

En guise de conclusion, on retiendra que la puissance est une notion subtile, dont l'exercice est risqué et les effets sont versatiles. Il convient d'en juger les effets avant tout en fonction des résultats obtenus ou non. Il est possible que, dans un monde marqué par une diffusion de la puissance à nombre d'acteurs non étatiques, nous vivions une crise de la puissance qui serait alors synonyme de désordres nombreux et durables…

Repères bibliographiques

ALLISON G. [2017], *Destined for War. Can America and China Escape Thucydides's Trap ?* Boston, Houghton Mifflin Harcour.

ARMITAGE R. et NYE J. [2007], *CSIS Commission on Smart Power. A Smarter, More Secure America*, Washington, DC, CSIS Press.

ARON R. [1962], *Paix et Guerre entre les nations*, Paris, Calmann-Lévy.

BACHRACH P. et BARATZ M. [1963], « Decisions and nondecisions : an analytical framework », *American Political Science Review*, vol. 57, n° 3, p. 632-642.

BADIE B. [2004], *L'Impuissance de la puissance. Essai sur les nouvelles relations internationales*, Paris, Fayard.

— [2018], *Quand le Sud réinvente le monde. Essai sur la puissance de la faiblesse*, Paris, La Découverte.

— [2019], *L'Hégémonie contestée. Les nouvelles formes de domination internationale*, Paris, Odile Jacob.

BALDWIN D. A. [1979], « Power analysis and worlds politics : new trends versus old tendencies », *World Politics*, vol. 31, n° 2, p. 161-194.

BATTISTELLA D. [2015a], *Théorie des relations internationales*, Paris, Presses de Sciences Po.

— [2015b], « La théorie des relations interétatiques », *in* COHEN A., LACROIX B. et RIUTORT P. (dir.), *Nouveau Manuel de science politique*, Paris, La Découverte, « Grands Repères/Manuels », nouvelle édition.

BUHLER P. [2011], *La Puissance au XXIe siècle. Les nouvelles définitions du monde*, Paris, CNRS Éditions.

BULL H. [1977], *The Anarchical Society. A Study of Order in the World Politics*, Londres, MacMillan.

CHAN S. [2008], *China, the U.S. and the Power Transition Theory. A Critic*, Londres/New York, Routledge.

DAHL R. [1961], *Who Governs ? Democracy and Power in an American City*, New Haven, Yale University Press.

DAVIS D. [1996], « An information-based revolution in military affairs », *Strategic Review*, vol. 24, n° 1, p. 43-53.

DESBORDES R. et MUNIER F. [2020], « Piège de Thucydide ou oscillation endogène. Quelle grille de lecture pour les relations sino-américaines ? », ThinkForward, site knowledge de Skema Business School.

DEVIN G. [2018], *Sociologie des relations internationales*, Paris, La Découverte, « Repères », 4e édition.

DODDS K. [2014], *Geopolitics. A Very Short Introduction*, Oxford, Oxford University Press.

DOUZET F. et VAÏSSE J. [2013], « Obama, le président du pivot », *Hérodote*, n° 149, p. 7-21.

FONTAINE C. [2013], « Haushofer, la *Geopolitik* et le fait aérien allemand », *Stratégique*, vol. 1, n° 102, p. 65-80.

FUKUYAMA F. [1992], *La Fin de l'histoire et le dernier homme*, Paris, Flammarion.

GOETZ W. [1958], *Tranlatio imperii*, Tübingen, Mohr.

GOULD S. J. [2005], *Le Renard et le Hérisson*, Paris, Seuil.

HAUSHOFER K. [1927], *Grenzen in ihrer geographischen und politischen Bedeutung*, Berlin, Kurt Vowinckel Verlag.

HERZ J. H. [1951], *Political Realism and Political Idealism. A Study in Theories and Realities*, Chicago, University of Chicago Press.

KENNEDY P. [1989], *Naissance et Déclin des grandes puissances*, Paris, Payot, 2004, nouvelle édition.

Keohane R.-O. [1984], *After Hegemony. Cooperation and Discord in the World Political Economy*, Princeton, Princeton University Press.

Keohane R.-O. et Nye J. [1977], *Power and Interdependence. World Politics in Transition*, New York/Boston/Toronto, Litte, Brown & Co.

Kjellen R. [1916], *Der Staat als Lebensform*, Londres, Forgotten Books, 2018.

Lacoste Y. [2006], *Géopolitique. La longue histoire d'aujourd'hui*, Paris, Larousse.

— [2012], « "Le pivot géographique de l'histoire" : une lecture critique », *Hérodote*, n° 146-147, p. 139-158.

Lai D. [2011], *The United States and China in Power Transition*, Carlisle, Strategic Studies Institute, U.S. Army War College.

Louis F. [2014], *Les Théoriciens de la géopolitique*, Paris, PUF.

Lukes S. [1974], *Power. A Radical View*, Londres, Palgrave MacMillan.

MacKinder H. [1904], « The geographical pivot of history », *The Geographical Journal*, vol. 23, p. 421-437.

Mahan A. T. [1890], *The Influence of Sea Power upon History, 1660-1783*, Scotts Valley, CreateSpace Independent Publishing Platform, 2016.

Montbrial T. de [2011], *L'Action et le Système du monde*, Paris, PUF, nouvelle édition.

Morgenthau H. [1948], *Politics among Nations. The Struggle for Power and Peace*, New York, Knopf.

Munier F. [2011], « Soft power », *in* Gauchon P. (dir.), *Dictionnaire de géopolitique et de géoéconomie*, Paris, PUF.

Nossel S. [2004], « Smart power », *Foreign Affairs*, mars-avril.

Nye J. [1990a], *Le Leadership américain. Quand les règles du jeu changent*, Nancy, PUN, 1992.

— [1990b], « The changing nature of world power », *Political Science Quarterly*, vol. 105, n° 2, p. 177-192.

— [2004], *Soft Power. The Means to Success in World Politics*, New York, Public Affairs.

— [2011], *The Future of Power*, New York, Public Affairs.

— [2018], « How sharp power threatens soft power. The right and wrong ways to respond to authoritarian influence », *Foreign Affairs*, janvier.

Organski A. F. K. [1958], *World Politics*, New York, Knopf.

Ratzel F. [1898], *La Géographie politique. Les concepts fondamentaux*, Paris, Fayard, 1987.

Rolland N. [2017], *China's Eurasian Century ? Political and Strategic Implications of the Belt and Road Initiative*, Seattle, International Bureau of Asian Research.

Rosenau J. [1990], *Turbulence in World Politics*, Princeton, Princeton University Press.

Smouts M.-C. [1980], « Nouveaux centres de pouvoir et problématique de la puissance », *Revue française de science politique*, vol. 30, n° 2, p. 222-236.

Snyder J. [2004], « One world, rival theories », *Foreign Policy*, novembre-décembre, p. 52-62.

Spykman N. J. [1942], *America's Strategy in World Politics. The United States and the Balance of Power*, Londres, Routledge, 2017.

Storey D. [2009], « Political geography », *in* Kitchin R. (dir.), *International Encyclopedia of Human Geography*, Amsterdam, Elsevier.

Strange S. [1996], *The Retreat of the State. The Diffusion of Power in the World Economy*, Cambridge, Cambridge University Press.

Tellenne C. [2019], *Introduction à la géopolitique*, Paris, La Découverte, « Repères ».

Thucydide [Ve s. av. notre ère], *Histoire de la guerre du Péloponnèse*, Paris, Les Belles Lettres, 1962, livre V, LXXXIX.

Tuathail G. [1998], *The Geopolitics Reader*, Londres, Routledge, 2006.

WALKER C. et LUDWIG J. [2017], « The meaning of sharp power : how authoritarian states project influence », *Foreign Affairs*, novembre.

WALT S. M. [1987], *The Origin of Alliances*, Ithaca, Cornell University Press.

— [1998], « International relations : one world, many theories », *Foreign Policy*, n° 110, numéro spécial, « Frontiers of knowledge », printemps, p. 29-32 et 34-46.

WALTZ K. [1954], *Man, the State and War*, New York, Columbia University Press, 1959.

— [1979], *Theory of International Politics*, New York, McGraw Hill.

— [2009], *The Use of Force. Military Power and International Politics*, New York, Rowman and Littlefield Publishers.

WENDT A. [1999], *Social Theory of International Politics*, Cambridge, Cambridge University Press.

WILSON E. O. [1998], *Consilience. The Unity of Knowledge*, New York, Knopf.

PREMIÈRE PARTIE

La puissance dans un monde en mutation (XXe-XXIe siècles)

DIRECTION : CÉDRIC TELLENNE

I / Géopolitique et relations internationales

1 / Tableau géopolitique du monde et de la France au premier XXe siècle

Le premier XXe siècle est marqué par une évolution historique majeure, d'une portée géopolitique considérable à long terme : le crépuscule de la puissance européenne. À son apogée en 1913, cette puissance s'efface ensuite progressivement sous l'effet de deux guerres mondiales et de l'affirmation des puissances émergentes (États-Unis et Japon), avant que la décolonisation ne lui porte le coup de grâce. Au faîte de l'Europe, la France elle-même, hier « Grande Nation » admirée et crainte, vit dans la hantise du déclin.

1. Tableau géopolitique du monde de 1913 à 1945

Cédric Tellenne

Les bouleversements géopolitiques de la période 1913-1945 n'affectent pas seulement la hiérarchie des puissances, mais les formes et la nature de la puissance elle-même, ainsi que les représentations que les contemporains en ont eu. Les critères de puissance se sont en effet profondément renouvelés sous les effets de la révolution industrielle du XIXe siècle : alors que, en 1913, Europe de l'Ouest et Amérique du Nord assurent 80 % de la production industrielle mondiale, leur avance technologique se trouve convertie en puissance militaire, elle-même au service de la conquête de vastes empires coloniaux et continentaux. Pourquoi les logiques de conflit ont-elles étouffé les volontés de coopération et de paix, assurant le triomphe des passions sur la raison et menant aux pires destructions lors des deux guerres mondiales ?

Un choc des nationalismes et des impérialismes européens au début du XXe siècle

Une suprématie européenne écrasante dans le monde

Les Européens représentent environ un quart de la population mondiale en 1900. L'avancée rapide dans la transition démographique, marquée par la baisse de la mortalité et la vigueur de la natalité (exception faite de la France), leur assure un accroissement naturel d'environ 1,5 % par an. Les Européens quittent en masse le continent pour peupler le monde : ils sont une cinquantaine de millions à émigrer entre 1870 et 1913, en particulier vers les « pays neufs » d'Amérique, prioritairement les États-Unis.

L'Europe occidentale réalise à elle seule 42 % du produit intérieur brut (PIB) mondial en 1913 et vit sa « belle époque » — prospérité, progrès, paix —, tandis que le reste du continent fait figure de périphérie retardataire, et le vaste monde de périphérie dominée et exploitée. Elle organise les échanges internationaux, contrôlant environ 85 % de la flotte commerciale mondiale, détenant plus de 60 % du stock d'or et réalisant les trois quarts des investissements à l'étranger. Le niveau d'ouverture commerciale des grandes économies européennes ne sera plus retrouvé avant les années 1970 [O'Rourke et Willamson, 1999 ; Ferguson, 2003]. Londres est sans conteste la capitale financière de cette « première mondialisation » [Berger, 2003], déjà marquée par une mobilité exceptionnelle des capitaux, le Royaume-Uni exportant annuellement près de 10 % de son épargne nationale. La France est le deuxième plus grand investisseur mondial, mais son industrialisation est encore inégale et limitée. L'Allemagne s'affirme en revanche comme la locomotive économique et commerciale, « tard venue » dans la révolution industrielle, mais décisive par ses innovations technologiques dans les machines-outils, les moteurs, la chimie, les constructions électriques ou la métallurgie-sidérurgie. C'est une donnée géopolitique essentielle de l'époque : l'Europe possède une structure polycentrique, faite d'États-nations, ainsi que de grandes métropoles, nourrissant des rivalités intenses. Celles-ci s'expriment surtout dans la course aux colonies (chapitre 3) : à la veille de la Première Guerre mondiale, 75 millions de km^2 de territoires sont soumis à la domination coloniale, abritant 570 millions d'êtres humains environ. Ailleurs, l'impérialisme est moins direct : il est économique et financier, prolongé d'ingérences politiques mais sans contrôle territorial (Empires ottoman, perse, chinois, Amérique latine, etc.).

Naissance de la Geopolitik *et montée des antagonismes entre puissances européennes*

Les relations internationales sont à l'époque sous-tendues par une vision sociale-darwiniste de la puissance et des rapports entre puissances. L'Allemand Friedrich Ratzel, botaniste de formation, pharmacien de métier, passionné de géographie et nationaliste ardent, s'inspire de Darwin et de sa théorie de la sélection naturelle pour affirmer l'existence d'un lien organique entre le peuple, le territoire et l'État : « Un peuple doit vivre sur le sol qu'il a reçu du sort, il doit y mourir, en subir la loi » [Ratzel, 1898]. Il fonde une géographie politique (nommée *Geopolitik* par le politiste et juriste suédois Rudolph Kjellen en 1904), qui a pour objet de décrire les lois de développement spatial des États : comme tout organisme vivant, les États sont appelés à entrer en conflit, afin de conquérir un espace vital (ou *Lebensraum*), qui offrira les ressources nécessaires à la survie de son peuple. Partant, les frontières ne sont que le reflet ponctuel des rapports de force entre États et sont vouées à se modifier sans cesse, au gré des conflits. C'est le fondement idéologique du pangermanisme. L'Europe est alors en proie à des rivalités inexpiables pour le contrôle des territoires continentaux, mais aussi coloniaux, comme dérivatifs à la faim de terres (et de puissance) sur le Vieux Continent (chapitre 3).

En Europe règne un ordre bipolaire, Triple Alliance contre Triple Entente, sur fond de course aux armements. Au départ, le « concert des nations » européen, mis en place par Otto von Bismarck, est un savant équilibre diplomatique vecteur de paix : la Triple Alliance, ou Triplice, regroupe les Empires allemand et austro-hongrois, alliés à l'Italie (1882). La Russie, qui avait signé un traité secret (dit de « réassurance ») avec l'Allemagne et l'Autriche (1887-1888), est écartée du fait des antagonismes entre Saint-Pétersbourg et Vienne au sujet des Balkans. Après 1890 et le départ de Bismarck, la Triplice devient au contraire un instrument au service des ambitions expansionnistes du Reich de Guillaume II qui revendique alors sa « place au soleil » (*Weltpolitik*), colonise des territoires en Afrique et dans le Pacifique, accroît sa pénétration économique dans l'Empire ottoman, soutient les Afrikaners dans la guerre en Afrique du Sud contre la Couronne britannique (guerre « des Boers » de 1899 à 1902). Face à ces « empires centraux » se dresse la Triple Entente : le pivot en est l'alliance franco-russe conclue par une série d'accords commerciaux, financiers et militaires signés entre 1891 et 1893. Théophile Delcassé, ministre des Affaires étrangères de 1898 à 1905, complète le dispositif d'alliance : accord secret de 1902 avec l'Italie (prévoyant la neutralité de celle-ci en cas de guerre franco-allemande), accords franco-anglais réglant les litiges coloniaux en 1904 (Entente cordiale), convention de 1907 entre le Royaume-Uni et une Russie affaiblie par sa défaite contre le Japon (1905), qui partage l'Asie centrale en zones d'influence.

Cette géopolitique bipolaire crée un lourd climat de « paix armée » en Europe au début des années 1910, d'autant plus que les contentieux coloniaux s'aggravent : les crises marocaines de 1905 et 1911 laissent craindre une première fois la guerre. La course aux armements navals bat son plein, sous l'effet de la politique menée par l'amiral allemand Alfred von Tirpitz : à la veille de la Première Guerre mondiale, la flotte de guerre allemande est la deuxième du monde, si bien qu'un vif sentiment antigermanique se développe en Angleterre, qui craint d'être supplantée et qui, de ce fait, renforce par deux fois la Royal Navy, en 1889 et 1906, selon le principe du *two-powers standard* (soit un nombre de navires de guerre au moins équivalent à celui des forces combinées des deux plus grandes flottes mondiales après elle). L'essor d'une « première mondialisation » n'empêche donc pas la poudre de parler dès l'été 1914, contredisant les analyses de Norman Angell, qui, dans *La Grande Illusion* (1911), défendait l'idée selon laquelle une guerre était impossible entre des nations engagées dans un commerce pacificateur. Les conférences de La Haye (1899, 1907) n'ont pas tant protégé la paix que rédigé un droit de la guerre, avec notamment la définition et l'interdiction des « crimes de guerre ».

Hors d'Europe, de nouvelles puissances émergentes

Depuis le début du XXe siècle, la pensée géopolitique anglo-américaine s'intéresse aux relations entre puissances continentales et puissances maritimes, comme évoqué dans l'Introduction, et l'amiral américain Alfred Thayer Mahan se fait le théoricien du *sea power*. Dans le contexte de fermeture de la *frontier* aux États-Unis (1890), il pousse la jeune république américaine (née un siècle plus tôt) à adopter une stratégie de colonisation outre-mer, appuyée sur une puissante marine de guerre [Mahan, 1890 ; 1897]. C'est chose faite avec les prises d'Hawaï, de Guam et des Philippines dans l'océan Pacifique, de Porto Rico et de Cuba dans la mer des Caraïbes (1898), qui permettent aux États-Unis de protéger l'Amérique d'un retour des puissances coloniales européennes, dans la droite ligne de la doctrine Monroe (1823), et d'assurer un rôle de gendarme du continent (« corollaire Roosevelt » en 1904).

À l'inverse, le Britannique Halford MacKinder met l'accent sur la domination du vaste territoire continental eurasiatique, nommé *Heartland*, comme « pivot de l'histoire » et clef de la géopolitique mondiale. La Russie est alors en position de le dominer : l'autocratie tsariste achève la conquête de l'Eurasie jusqu'à Vladivostok « sans franchir les mers » et se trouve à la tête d'un immense empire continental (8 % des terres émergées). MacKinder craint qu'une alliance germano-russe ne mette fin à la domination britannique sur le monde. La solution est pour lui une grande alliance entre les trois pôles du *Midland Ocean* (l'Atlantique) : Grande-Bretagne, France et États-Unis [MacKinder, 1904].

Le Japon a toutefois mis un coup d'arrêt à l'expansionnisme russe en 1905. Ancien pays archaïque et féodal, il connaît entre 1868 et 1912 (période Meiji) une série de profondes réformes impulsées par l'empereur pour résister à la menace de colonisation européenne et à la déliquescence de son pouvoir : une réforme religieuse inspirée par la tradition (culte *shinto*), couplée à des réformes politiques, éducatives et économiques inspirées de l'Occident, réalise le programme « pays riche, armée forte ». S'appuyant sur sa nouvelle puissance industrielle, le Japon aligne une série impressionnante de victoires militaires et diplomatiques, qui lui permettent de se lancer à la conquête de ce qui deviendra dans les années 1940 le plus grand empire asiatique de l'histoire, et d'être traité sur un pied d'égalité par les Occidentaux (traité anglo-nippon de 1902, traité de Portsmouth en 1905).

Les deux guerres mondiales, périodes charnières

Les Première et Seconde Guerres mondiales ont constitué des périodes charnières du « siècle des extrêmes » [Hobsbawm, 1999].

La Première Guerre mondiale et ses conséquences : le premier de tous les cataclysmes du XXe siècle

La guerre européenne et mondiale a fini par éclater dans les Balkans, après l'attentat du 28 juin 1914 à Sarajevo. L'historiographie contemporaine tend à montrer que les responsabilités sont davantage partagées qu'on ne l'a longtemps affirmé (le traité de Versailles en imputait la responsabilité unique à l'Allemagne), même si celles-ci demeurent évidemment différenciées. La guerre était vue à l'époque comme une « continuation de la politique par d'autres moyens » [von Clausewitz, 1832-1835] : elle devait être courte et crever l'abcès des antagonismes politiques entre puissances européennes. Ainsi, les dirigeants européens ont joué à l'été 1914 la « politique du pire », chacun trouvant un intérêt à la guerre, si tant est qu'elle devait être courte [Clark, 2013].

Au contraire, cette guerre s'inscrit dans la durée (évoluant d'une guerre de mouvement à une guerre de positions), mobilise les économies et sociétés dans leur totalité, se mondialise *via* les empires, faisant au moins 10 millions de morts et disparus, dont une moitié de civils environ, ainsi que des dizaines de millions de déplacés et migrants forcés. Un changement géopolitique majeur s'est produit en 1917, aux conséquences alors incalculables : le renversement de l'autocratie russe par la révolution bolchevik. Alors qu'il a été possible pour l'Entente de gagner la guerre (certes difficilement), il apparaît en revanche « impossible de gagner la paix », selon le mot désabusé de Georges Clemenceau, car les vainqueurs n'ont pas les mêmes objectifs vis-à-vis de l'Allemagne. Les traités de 1919-1921 préparent des lendemains qui déchantent [Soutou, 2015]. Quoi qu'il en soit, les contemporains ont vu en cette guerre le début du déclin de l'Occident (Demangeon, Spengler), un crime perpétré par les nationalismes européens contre la civilisation (Péguy, Zweig).

La Société des Nations (SDN), créée à Versailles (28 juin 1919) à l'initiative du président des États-Unis Woodrow Wilson, installée à Genève, avec pour mission d'assurer la paix et la sécurité collectives, naît sous de bien mauvais auspices : elle s'attire la haine des opinions publiques dans les pays battus (en Allemagne, on dénonce un *Diktat*), s'estimant « lésés » (en Italie prévaut le thème de la « victoire mutilée ») ou encore combattant le colonialisme européen (c'est le cas du Japon). Elle nourrit un révisionnisme revanchard. En France, l'historien nationaliste Jacques Bainville dénonce, dans *Les Conséquences politiques de la paix* (1920), une paix « trop douce pour ce qu'elle a de dur, et trop dure pour ce qu'elle a de doux » : la première proposition résume la position française, la seconde l'allemande. La SDN incarnait un immense espoir de paix (« esprit de Genève »), mais elle est affaiblie par une série de trois handicaps :

— d'abord, États-Unis et URSS (créée en 1922) ne font pas partie du système de sécurité collective. Les premiers par retour à l'isolationnisme après le rejet du traité de Versailles par le Sénat (1920). Les États-Unis doivent alors signer une paix séparée avec l'Allemagne, l'Autriche et la Hongrie, et se retirent *de facto* du traité de garantie signé avec la France pour la protéger de toute agression allemande. Les États-Unis se contentent de signer en 1928 le « pacte » Briand-Kellog, qui proclame la guerre hors la loi, en réalité une simple déclaration sans engagement contraignant. L'URSS, quant à elle, refuse d'entrer dans la SDN (jusqu'en 1934), car elle dirige sa propre organisation internationale à but révolutionnaire, le Komintern (1919). Les manœuvres géopolitiques de Moscou sapent l'ordre mondial, à l'image du traité de Rapallo avec l'Allemagne en 1922, lointaine préfiguration du pacte germano-soviétique d'août 1939 ;

— ensuite, elle est dotée de moyens d'action limités : parallèlement à l'Assemblée générale, où chaque État dispose d'une voix et où le vote se fait à la majorité simple, c'est le Conseil qui est chargé de régler les conflits menaçant la paix ; son noyau dur est composé de cinq membres permanents qui doivent voter à l'unanimité, mais sa composition ne cesse de changer (seuls France et Royaume-Uni restent fidèles à l'institution). Des sanctions sont prévues, mais sans force armée internationale pour faire respecter le droit, et aucune juridiction internationale permanente pour trancher les litiges. Surtout, aucun accord de désarmement ne parvient à signature (échec de la conférence de Genève en 1932) ;

— enfin, elle n'a aucun pouvoir économique et financier. Elle tente de tenir des conférences de libre-échange à la fin des années 1920, mais sans succès. Elle n'aura aucun moyen pour lutter contre la crise qui se déclenche en 1929 et ravage les économies capitalistes, tandis que, en URSS, la révolution communiste triomphe sous la férule de Joseph Staline.

Les dictatures à l'assaut de l'ordre libéral

Dans l'entre-deux-guerres, la SDN assiste impuissante à la prolifération des dictatures en son sein, tant en Europe qu'en Amérique latine. Comme le formula alors un pionnier du réalisme dans les relations internationales, Edward Carr, « les démocraties libérales éparpillées dans le monde par les accords de paix de 1919 étaient le produit d'une théorie abstraite, elles ne poussèrent pas de racines dans le sol et ne tardèrent pas à se faner » [Carr, 1940, p. 40]. L'Italie, l'Allemagne et la Hongrie sont dans ce cas. Certains pays européens pratiquent déjà la politique du « fait accompli » : un précédent historique fâcheux est l'extension des frontières polonaises bien au-delà de celles prévues par les traités de paix après la guerre contre la Russie bolchevik, ou l'abandon du traité de Sèvres, qui aura des conséquences considérables et durables sur la situation au Moyen-Orient. Les villes de Fiume, Memel et Vilnius sont au cœur des tensions internationales, tandis que l'Italie mussolinienne se permet d'occuper militairement Corfou après un différend avec la Grèce (1924). La diplomatie secrète elle-même est de retour, avec le traité germano-russe de Rapallo (1922), qui fait l'effet d'un coup de tonnerre diplomatique en Europe.

C'est toutefois la décennie 1930 qui marque la mort lente de la sécurité collective, sur fond de montée des totalitarismes d'un côté (Italie fasciste, Allemagne nazie, URSS stalinienne), de retour du protectionnisme commercial et de repli colonial de l'autre. La géopolitique se renouvelle alors en profondeur. Plus que le pangermanisme à proprement parler, c'est le IIIe Reich hitlérien qui fait de la *Geopolitik* une discipline au service de l'impérialisme allemand, ajoutant une dimension fondamentale, celle de la race, au paradigme du *Lebensraum*. Le général Karl Haushofer est considéré comme le passeur des thèses géopolitiques par son enseignement à l'université de Munich, comme évoqué dans l'Introduction. Toutefois, pour comprendre l'essor de la *Geopolitik* dans l'Allemagne de l'entre-deux-guerres, il faut aussi, et surtout, prendre en compte le choc de la défaite de 1918 : celle-ci provoqua une violente réaction dans la population allemande, qui explique en partie que la nouvelle géopolitique s'éloigne beaucoup de l'héritage ratzélien, selon la thèse de Michel Korinman [1990] : son but n'est plus alors de rechercher des « lois » prétendument scientifiques, mais de démontrer concrètement l'injustice des frontières issues du traité de Versailles et de fonder une stratégie pour l'action. Haushofer reprend en particulier les thèmes du *Heartland* et du pivot géographique pour plaider pour une alliance de l'Allemagne et de la Russie. Il est désavoué par l'opération Barbarossa décidée par Hitler en juin 1941.

C'est pourtant le Japon militariste et expansionniste qui porte les premiers coups décisifs à la « sécurité collective » au début des années 1930 : après l'invasion de la Mandchourie, transformée en un protectorat (Mandchoukouo) en 1932, le Japon quitte la SDN en 1933, la même année que l'Allemagne. Celle-ci rétablit le service militaire obligatoire dès 1935, avant de remilitariser la Rhénanie (1936). Les étapes suivantes sont l'annexion de l'Autriche et des Sudètes sans recourir à la force armée, mais aux menaces et à la violence verbale. En mai 1939, après avoir envahi ce qu'il restait de la Tchécoslovaquie, Hitler signe le « pacte d'acier » avec Benito Mussolini qu'il a soutenu dans sa conquête de l'Abyssinie en 1936, puis de l'Albanie en 1939. La guerre d'Espagne (1936-1939) fait alors figure de répétition générale : elle entraîne la mort de plus de 400 000 personnes et constitue un champ d'expérimentation pour les armes nouvelles (*stukas* allemands). Entre-temps, le Japon a déclenché l'invasion de la Chine littorale depuis la Mandchourie (1937).

Face à ces provocations intolérables, les démocraties occidentales se réfugient dans une politique prudente et conciliante, dite d'« apaisement », complétée sur le plan stratégique par la « défense passive » (ligne Maginot en France). Elle est incarnée par le Premier ministre britannique Neville Chamberlain, qui accepte avec le président du Conseil et ministre de la Guerre français Édouard Daladier de signer les accords de Munich accédant aux revendications allemandes sur les Sudètes (septembre 1938). La France est alors à la traîne du Royaume-Uni, dont l'alliance lui est absolument nécessaire (sans les garanties américaines). Le pacifisme l'emporte jusqu'au dernier moment, ce dont témoigne la lettre envoyée par Daladier à Hitler, qui tente alors de jouer la carte de la solidarité entre anciens combattants : à la drôle de paix, qui dure jusqu'aux premiers jours de septembre 1939, succède la « drôle de guerre », avant la débâcle (juin 1940). Du côté des États-Unis, les lois de neutralité votées entre 1935 et 1937 interdisent toute immixtion dans les affaires européennes. Après la signature du pacte germano-soviétique le 23 août 1939, Hitler déclenche le 1er septembre 1939 l'invasion de la Pologne, conjointement à l'URSS de Staline, provoquant l'entrée dans la Seconde Guerre mondiale. Les États-Unis espèrent s'investir sans s'y engager, par une contribution avant tout économique (lois *cash and carry* en 1939, puis *lend lease* en 1941) mais l'effondrement de la France (juin 1940) et l'attaque japonaise sur Pearl Harbor (7 décembre 1941) seront deux jalons décisifs les poussant à une rupture sans retour avec l'isolationnisme traditionnel.

1945, un bilan effroyable

L'année 1945 marque la fin de la Seconde Guerre mondiale, qui s'achève au printemps en Europe et à l'été en Asie par les ultimes offensives de masse (ainsi, l'offensive soviétique en Mandchourie, la plus grande jamais menée) et les bombardements atomiques américains sur le Japon (Hiroshima et Nagasaki). Un conflit inédit par son ampleur : non seulement par l'importance de la mobilisation, par l'emploi de moyens de destruction massive, mais aussi par son aboutissement : contrairement à ce qui paraissait constituer une tradition, la guerre ne s'est pas terminée par une paix négociée, voire dictée, mais par la capitulation totale, et sans conditions, des vaincus (8 mai 1945 pour l'Allemagne, 2 septembre 1945 pour le Japon).

Au-delà du bilan humain (50 à 60 millions de morts et disparus, soit 2 % à 3 % de la population mondiale), économique et matériel (l'Europe perd la moitié de son PIB de 1939, l'URSS quatre fois celui-ci), la crise morale est d'une profondeur sans précédent, comme en témoigne le philosophe Albert Camus dans le journal *Combat*, le 8 mai 1945 : « La civilisation mécanique vient de parvenir à son dernier degré de sauvagerie. Il va falloir choisir, dans un avenir plus ou moins proche, entre le suicide collectif ou l'utilisation intelligente des conquêtes scientifiques. »

Contrairement aux observations du stratège allemand Carl von Clausewitz, qui jugeait que la guerre réelle n'atteignait jamais la « montée aux extrêmes » qui constitue son absolu, la Seconde Guerre mondiale a été une guerre d'attrition, et même d'anéantissement, où le droit à la guerre (*jus ad bellum*) et le droit dans la guerre (*jus in bello*) ont été bafoués : agressions militaires sans déclaration de guerre, usages d'armes de destruction massive, maltraitance et achèvement des prisonniers et blessés, massacres de civils, tortures et sévices, viols de masse et exploitation sexuelle, mise en esclavage de la main-d'œuvre, dégradation physique et morale dans les camps.

Reste l'indicible : le génocide des Juifs et des Tsiganes, en tant que « races », par la machine d'extermination nazie (6 millions de morts). La découverte des camps en 1945 est un véritable choc, malgré les avertissements émis durant la guerre par certains lanceurs d'alerte (Karski, Lemkin) [Wieviorka, 2015]. Les bombardements nucléaires américains d'août 1945, qui ont tué environ 200 000 civils et poussé le Japon à capituler, achèvent le tableau des tragédies.

1945 : l'espoir d'un nouvel ordre mondial

1945 n'est pas qu'une année d'effroi, c'est aussi une année d'espoir avec la mise en place d'une nouvelle architecture institutionnelle internationale.

Les conférences de paix : Yalta et Potsdam

À Yalta en Crimée, à l'invitation de Staline, du 4 au 11 février 1945, l'entente est encore cordiale entre Franklin D. Roosevelt et Winston Churchill d'un côté, Staline de l'autre, alors que l'Armée rouge progresse rapidement dans sa reconquête de l'Europe de l'Est (Pologne, Roumanie, Hongrie). En échange du soutien à la création d'une Organisation des Nations unies (ONU) et d'un prochain engagement militaire contre le Japon, Staline obtient la confirmation des 750 000 km^2 de territoires gagnés en 1939-1940 en Europe de l'Est, de la Carélie finlandaise sur la mer de Barents à la Bessarabie roumaine sur la mer Noire : de quoi constituer un glacis géopolitique face à la menace allemande. Dans le reste de l'Europe, Moscou a accepté l'adoption d'une « déclaration sur l'Europe libérée » avec l'engagement d'organiser des élections libres dans les territoires que les Alliés auront libérés. L'Allemagne, et sa capitale Berlin, doivent être découpées en trois zones d'occupation (voire une quatrième pour la France si elle est prélevée sur les zones américaine et anglaise). Le pays doit être démocratisé, démilitarisé et décartellisé. Yalta n'est pas un partage du monde, comme l'a dénoncé Charles de Gaulle, absent de la conférence et qui rêvait pour la France d'une position d'indépendance face aux deux Grands [Soutou, 2018]. C'est en revanche une partie de poker menteur, remportée par Staline, qui a obtenu beaucoup en échange de rien (ou si peu...).

À Potsdam, près de Berlin (17 juillet-2 août 1945), Staline est théoriquement en position de force face à l'inexpérimenté Harry Truman et bientôt à Clement Attlee, qui remplace Winston Churchill à partir du 26 juillet 1945. Les Alliés mènent à bien le remaniement des frontières européennes (30 % des tracés européens sont modifiés), au nom du

« principe des nationalités ». Staline récupère les territoires promis par les Alliés et les soumet immédiatement à russification culturelle et soviétisation politique et économique. La frontière germano-polonaise est fixée sur la ligne Oder-Neisse, 300 km plus à l'ouest qu'avant la guerre : l'Allemagne est ramenée à ses frontières de 1937 (moins la Prusse orientale, la Silésie et la Poméranie). L'Italie doit renoncer à ses colonies (Éthiopie, Somalie, Libye), qui accèdent à l'indépendance, et doit accepter des rectifications de frontières mineures dans les Alpes (Mont-Cenis, Nice) et sur la frontière yougoslave. Le Japon, qui n'a pas encore capitulé, devra renoncer à tous les territoires conquis depuis 1895 en Asie, de la Corée à l'Indonésie. Dans ce dossier, Truman dispose d'un atout maître : la bombe nucléaire est testée avec succès au moment où s'ouvre la conférence, et le président américain y menace le Japon de destructions sans précédent. Son usage à Hiroshima et Nagasaki les 6 et 9 août 1945 contribue à braquer les Soviétiques qui se préparaient à envahir le Japon par le nord, et qui interprètent cela comme une menace à peine voilée sur leur propre sécurité. C'est un facteur d'incompréhension et de défiance qui, s'ajoutant à l'interruption brutale du prêt-bail dès la fin de la guerre en Europe, contribue à créer une atmosphère de tensions, et bientôt de « guerre froide » (chapitre 2).

La mise sur pied d'une gouvernance internationale

La fin de la Seconde Guerre mondiale laisse les États-Unis face à un dilemme : ils ne peuvent prétendre être un modèle pour le monde tout en restant isolés. Ils se font alors les architectes d'un nouvel ordre mondial. Les nouvelles organisations créées après 1945, de nature politique et économique, étaient destinées à remplir deux points majeurs élaborés par Wilson, et repris par Roosevelt durant la guerre : la libéralisation économique et la sécurité collective. Le président américain pensait que le troisième point, l'autodétermination politique, pouvait attendre. L'historien John Lewis Gaddis résume ainsi la pensée de Roosevelt : « L'important était de gagner la guerre, d'assurer la paix ainsi que le redressement. La place serait alors libre pour la démocratie » [Gaddis, 2005, trad. 2019, p. 121]. La conférence de San Francisco (avril-juin 1945) adopte la charte des Nations unies, votée par cinquante et un pays, qui entre en vigueur le 24 octobre. Elle est rapidement complétée par l'adoption d'une « Déclaration universelle des droits de l'homme » (1948). Elle interdit le recours à la force dans les relations internationales et privilégie le dialogue multilatéral. Voulant tirer les leçons des échecs de l'entre-deux-guerres, elle peut prendre des sanctions, y compris militaires, ces dernières préparées par un Comité d'état-major permanent (à noter que les « Casques bleus », force d'interposition occasionnelle, ne seront inventés qu'en 1956). C'est toutefois la règle de l'« unanimité des grandes puissances » (les cinq membres permanents du Conseil de sécurité, qui disposent ainsi d'un droit de veto) qui prévaut toujours, au moins jusqu'à la guerre de Corée (1950-1953). D'autre part sont créées des agences spécialisées œuvrant au développement économique et social dans le monde (chapitre 5).

La paix ne sera pas uniquement assise sur le multilatéralisme diplomatique, mais aussi sur la prospérité partagée, qu'œuvrent à bâtir : 1) un nouveau système monétaire international établi à Bretton Woods aux États-Unis (juillet 1944), qui entérine le passage au *Gold Exchange Standard*, organisé autour du dollar, et régulé par le Fonds monétaire international (chapitres 5 et 10) ; 2) la Banque internationale pour la reconstruction et le développement (BIRD, surnommée Banque mondiale), chargée d'accorder des prêts à long terme pour aider à la reconstruction de l'Europe et bientôt au développement des pays pauvres ; 3) les accords dits *General Agreement on Tariffs and Trade* (GATT) signés en 1947 et qui doivent libérer par étapes les échanges commerciaux internationaux, par la baisse des tarifs douaniers et la non-discrimination commerciale (chapitre 10).

Nuremberg : le procès des crimes nazis

L'idée de juger les criminels de guerre remonte à la conférence du Saint-James Palace à Londres en 1942. Une commission interalliée travaille sur le projet début 1945, avec la volonté de ne pas rééditer les erreurs commises dans l'entre-deux-guerres (l'idée de juger Guillaume II avait alors fait long feu et le procès de Leipzig entre mai 1921 et décembre 1922 avait été un fiasco judiciaire). Les accords de Londres (8 août 1945) créent un Tribunal militaire international. L'organisation du procès est confiée au procureur Jackson, juge à la Cour suprême américaine depuis 1941. Vingt-quatre criminels allemands sont jugés, dont vingt et un présents au procès, parmi lesquels Hermann Göring, Rudolf Hess et Joachim von Ribbentrop. Plus originale encore est la mise en accusation d'« organisations » criminelles, ce qui permettra d'en poursuivre les membres : le cabinet du Reich, les chefs politiques du Parti nazi, les milices SS et SA, la Gestapo, l'état-major et le haut commandement des forces armées allemandes.

Le procureur Jackson est resté dans les mémoires pour son discours d'ouverture : « Les crimes que nous cherchons à condamner ont été si prémédités, si néfastes et si dévastateurs que la civilisation ne peut tolérer qu'on les ignore, car elle ne pourrait survivre à leur répétition. Que quatre grandes nations, exaltées par leur victoire, profondément blessées, arrêtent les mains vengeresses et livrent volontairement leurs ennemis captifs au jugement de la loi est un des plus grands tributs que la force paya à la raison. » Les chefs d'accusation retenus sont : « plan concerté » ou « complot », « crimes contre la paix », « crimes de guerre » (déjà codifiés par les conventions de Genève et de La Haye) et surtout « crimes contre l'humanité » — là est la grande nouveauté, en lien avec la persécution et l'extermination des juifs d'Europe, pour laquelle le professeur de droit Raphael Lemkin a proposé en 1944 le néologisme « génocide » [Wieviorka, 1995].

Tous les accusés ont eu le droit d'être défendus par des avocats et ont plaidé « non coupables ». Douze anciens hauts responsables nazis ont été condamnés à mort, dont Göring, reconnu coupable de tous les chefs d'accusation et qui se suicide en prison. Sept peines de prison sont également prononcées (Rudolf Hess, Albert Speer, Karl Dönitz...). Ce procès sert de modèle à de nombreux autres en Allemagne et dans le reste du monde, notamment à Tokyo en 1946. À l'inverse, des acquittements ont été prononcés, à la fois pour des hommes (Hjalmar Schacht, Franz von Papen) et pour des institutions (SA, cabinet du Reich, état-major...), ce qui a laissé un goût d'inachevé et provoqué la fureur des juges soviétiques qui ont mis en balance le lourd tribut payé par l'URSS à cette guerre (20 à 25 millions de morts et disparus).

La géopolitique mondiale, faite de conflits incessants entre États forts et impérialistes au début du XXe siècle, appuyés sur une capacité de destruction sans cesse croissante, a fini par mettre l'Europe à genoux et par assurer aux États-Unis et à l'URSS une double hégémonie sur le monde. Les espoirs d'un nouvel ordre de paix se dissipent rapidement : le procès de Nuremberg constitue en quelque sorte le dernier moment de coopération entre Alliés. Les premières fractures se font sentir dans un édifice de paix inachevé : les intentions réelles de Staline en Europe de l'Est et dans la zone Méditerranée-Proche-Orient (Grèce, Turquie, Iran) inquiètent. Churchill évoque un « rideau de fer » qui s'est abattu de la Baltique à l'Adriatique (chapitre 2). Quelques semaines plus tôt, dans un long télégramme adressé à la Maison-Blanche, un diplomate américain en poste à Moscou, George Kennan, appelait l'administration Truman à faire preuve de la plus grande fermeté envers Staline et à déployer une politique de *containment* face à ses visées expansionnistes, inspirée des travaux de Nicholas Spykman [1942].

Repères bibliographiques

BERGER S. [2003], *Notre première mondialisation. Leçons d'un échec oublié (1870-1914)*, Paris, Seuil.

CARR E. H. [1940], *The Twenty Year's Crisis, 1919-1939. An Introduction to the Study of International Relations*, Londres, MacMillan.

CLARK C. [2013], *Les Somnambules. Été 14. Comment l'Europe a marché vers la guerre*, Paris, Flammarion.

CLAUSEWITZ C. VON [1832-1835], *Vom Kriege. De la guerre*, traduction de Nicolas Waquet, Paris, Rivages, « Rivages poche », 2006.

FERGUSON N. [2003], *Empire. How Britain Made the Modern World*, Londres, Allen Lane.

GADDIS J. L. [2005], *La Guerre froide*, Paris, Les Belles Lettres, 2019.

HOBSBAWM E. [1999], *L'Âge des extrêmes. Histoire du court XXe siècle*, Paris, Complexe.

KORINMAN M. [1990], *Quand l'Allemagne pensait le monde. Grandeur et décadence d'une géopolitique*, Paris, Fayard.

LUKES S. [1974], *Power. A Radical View*, Londres, Palgrave MacMillan.

MACKINDER H. [1904], « The geographical pivot of history », *The Geographical Journal*, vol. 23, p. 421-437.

MAHAN A. T. [1890], *The Influence of Sea Power upon History, 1660-1783*, New York, Little, Brown & Co.

— [1897], *The Interest of America in Sea Power, Present and Future*, Boston, Little, Brown & Co.

O'ROURKE K. et WILLIAMSON J. G. [1999], *Globalization and History. The Evolution of a Nineteenth Century Atlantic Economy*, Boston, MIT Press.

RATZEL F. [1898], *La Géographie politique. Les concepts fondamentaux*, Paris, Fayard, 1987.

SOUTOU G.-H. [2015], *La Grande Illusion. Quand la France perdait la paix, 1914-1920*, Paris, Tallandier.

— [2018], *La Guerre froide de la France, 1941-1990*, Paris, Tallandier.

SPYKMAN N. J. [1942], *America's Strategy in World Politics. The United States and the Balance of Power*, Londres, Routledge, 2017.

WIEVIORKA A. [1995], *Le Procès de Nuremberg*, Rennes/Paris, Ouest-France/Mémorial de Caen.

— [2015], *1945. La découverte*, Paris, Seuil.

2. La France de 1914 à 1945 : une puissance dépassée ?

Pierre Royer

La France de la première moitié du XXe siècle navigue entre nostalgie de sa puissance passée et vertige d'un déclin redouté. Marquée durablement par la terrible année 1871, l'opinion française ne semble pas vraiment consolée par la constitution du deuxième plus vaste empire colonial au monde, derrière l'intouchable Empire britannique. La Première Guerre mondiale est une dure épreuve, dont l'issue victorieuse semble quasi miraculeuse ; elle ne suffit donc pas à conjurer le sentiment de décadence irrémédiable que la situation économique et diplomatique de l'entre-deux-guerres paraît confirmer. La défaite sans précédent de 1940 sanctionne cette « décadence » ressentie, comme si la France était enfin à sa vraie place : celle d'une puissance dépassée, voire du passé. Pourtant, une autre lecture est possible : celle de Charles de Gaulle et de la Résistance, qui voit dans la défaite un accident historique et qui permet de restaurer la puissance française en 1945 sur des bases renouvelées.

Une puissance meurtrie

Un sentiment de déclassement depuis la défaite de 1870

Les grandes défaites suscitent souvent une surinterprétation systémique ou morale : celle de 1871 fut attribuée par les républicains à la supériorité de l'« instituteur prussien », le maréchal Pétain attribuera celle de 1940 à l'« esprit de jouissance ». Pourtant, dans les deux cas, les facteurs militaires et diplomatiques semblent amplement suffisants : isolement international, défaillance du haut commandement, modernisation insuffisante de l'armement et de la doctrine d'emploi des forces sont les causes premières, et majeures, de ces « débâcles », pour reprendre le titre de l'avant-dernier volume du cycle des Rougon-Macquart d'Émile Zola. La lecture ordalique de la défaite fut à l'origine d'un durable complexe d'infériorité des dirigeants français — et sans doute d'une majorité de l'opinion, orientée par des médias souvent critiques — à l'égard de l'Allemagne. C'est la principale cause, sinon la seule, du constat fait par Christian Stoffaës [1987] : « La France est hantée par l'idée de déclin », car la perte de l'Alsace-Moselle inscrit la défaite dans la chair de la patrie jusqu'en 1918, comme le rappellent les cartes accrochées aux murs des écoles primaires.

Aux débuts de la IIIe République, cette vision n'était pas qu'une vue de l'esprit. La principale faiblesse de la France tient à sa population : au XIXe siècle, sa natalité est la plus faible d'Europe, alors que le recul de la mortalité est plus lent que chez ses voisins ; le pays ne connaît donc pas de *boom* lors de sa transition démographique. En 1914, la France compte moins de 42 millions d'habitants (un peu moins que le Royaume-Uni, un peu plus que l'Italie), soit 13 % de plus qu'en 1871, quand la population allemande atteint 67 millions et a crû de près de 60 %. Démographes et moralistes s'inquiètent de cette atonie, conjuguée à un mauvais état sanitaire expliquant la mortalité élevée, choquante au pays de Louis Pasteur. Ces inquiétudes, évidemment renforcées par la saignée de la Première Guerre mondiale, conduisent aux lois de 1920 et 1923 réprimant toute publicité pour les méthodes contraceptives et interdisant l'avortement — en 1942, Vichy rendra même ce dernier passible de la peine de mort... Sans pour autant modifier la tendance : la population stagne, voire régresse durant les années 1930, et est quasiment identique à celle de 1914 en 1939, quand Jean Giraudoux écrit : « Le Français se fait rare. »

La France souffre aussi de sa faible productivité agricole, due à l'insuffisante mécanisation. Malgré l'étendue de son territoire (le plus vaste d'Europe, hors URSS) et de riches terroirs, la France est importatrice de blé — c'est une des dimensions de l'alliance avec la Russie exportatrice. Elle n'est pas non plus indépendante pour son énergie, car ses nombreux bassins miniers (Pas-de-Calais, Lorraine, Massif central) ne produisent pas suffisamment et elle ne dispose d'aucune ressource connue en hydrocarbures sur son territoire ou dans ses colonies avant 1945. Ses principaux atouts naturels sont le bassin ferrifère de Briey, en Lorraine — le premier d'Europe, mais son minerai, de faible qualité, nécessite un traitement coûteux pour être utilisable —, et des gisements de bauxite en Provence, qui ont permis le développement précoce d'une industrie de l'aluminium grâce à la « houille blanche » des vallées alpestres, en particulier la vallée de la Maurienne.

Pourtant, le déclin n'est que relatif, car sa position dans la hiérarchie des nations ne recule qu'en raison de l'ascension rapide de nouvelles puissances, toutes plus peuplées qu'elle : États-Unis et Allemagne avant 1914, puis URSS, qui devient la deuxième puissance mondiale à la fin des années 1930, après dix années d'industrialisation à marche forcée. La France reste néanmoins la quatrième puissance économique et commerciale mondiale de 1870 aux années 1930, puis la cinquième jusqu'à la fin du XXᵉ siècle ; et sa part dans la production industrielle mondiale, si elle recule entre 1870 et 1900, reste ensuite stable entre 6,5 % et 7 % jusqu'à la Seconde Guerre mondiale.

Rayonnement mondial et capacité d'innovation

La France dispose d'atouts dans la compétition internationale. La période de l'avant-1914 constitue pour l'automobile française un « âge d'or » [Fridenson, 1972] : elle est le premier producteur mondial de 1890 à 1904, reste premier exportateur jusqu'en 1914, et premier fabricant européen jusqu'en 1930. Son parc automobile est le deuxième d'Europe après le Royaume-Uni, plus peuplé. Le secteur présente cependant des défauts communs à l'industrie nationale : il est éparpillé entre cent cinquante-cinq constructeurs en 1914, et ses méthodes de fabrication, encore très artisanales, sont désormais dépassées par celles des Américains, inventeurs du taylorisme et nouveaux *leaders* mondiaux à partir de 1905. La guerre sauvera l'automobile d'une crise annoncée, en favorisant le regroupement et la modernisation des usines, à l'image de Citroën, fabricant d'engrenages avant guerre, qui construit une énorme usine d'obus quai de Javel à Paris, où il applique les principes tayloristes et le travail à la chaîne ; il se convertira à l'automobile après 1918 et restera un pionnier sur le plan technique, même si ses difficultés financières conduiront au rachat de la marque par Michelin en 1935.

La France est en pointe dans l'aviation, avec des pionniers comme Clément Ader (inventeur du mot « avion »), Roland Garros, Louis Blériot ou, dans l'entre-deux-guerres, Jean Mermoz, Charles Nungesser et François Coli, et des aviatrices comme Hélène Boucher. Ce secteur joue un rôle décisif durant la Première Guerre mondiale, où la France est le deuxième fabricant, avec plus de 50 000 appareils, juste derrière le Royaume-Uni et loin devant l'Allemagne (38 000) ; elle fournit d'ailleurs tous ses Alliés : pour la seule année 1918, la moitié des 23 000 appareils assemblés leur sont destinés.

La modernité française a été célébrée à l'occasion de l'Exposition universelle de 1900, organisée à Paris pour la cinquième fois en un demi-siècle. Paris est en effet un « phare » pour le monde, et fait partie des capitales culturelles de la « Belle Époque », au même titre que Vienne et Berlin, tant pour les formes « académiques » de la création artistique que pour l'expression des avant-gardes : après l'impressionnisme, rejeté à l'origine mais qui commence à être apprécié, le fauvisme, le cubisme et l'Art nouveau trouvent à Paris un berceau fécond grâce à des talents venus du monde entier (Kees Van Dongen, Pablo Picasso, Juan Gris, Giorgio De Chirico). C'est aussi en France que naît cette nouvelle « industrie », hybride de l'art et du divertissement populaire : le cinéma, dont le coup d'envoi mondial est la projection publique organisée par les frères Lumière au Grand Café à Paris, le 28 décembre 1895. Premier art de la civilisation industrielle, il trouve en Georges Méliès, réalisateur, en Max Linder, acteur vedette, mais aussi évidemment — car c'est très vite une affaire commerciale, contrairement à la prédiction d'Auguste Lumière — en Louis Gaumont et Charles Pathé, producteurs, des inspirateurs pour le monde entier ; Pathé-Cinéma, la plus ancienne compagnie de production cinématographique, est créée dès 1896.

Si la France détient ainsi une place de premier choix dans ce qui ne s'appelle pas encore le *soft power*, elle occupe aussi un robuste deuxième rang selon les critères plus classiques de la puissance à cette époque, avec une présence politique et économique mondiale qui ne cède que devant l'incomparable Empire britannique (chapitre 3). L'Empire colonial français, qui achève de se constituer avec le protectorat sur le Maroc (1912), est certes loin derrière les possessions britanniques, en particulier pour sa population (55 millions d'habitants contre plus de 400 millions, dont 80 % aux Indes), mais il est quatre fois supérieur à l'Empire allemand. Les dirigeants républicains en ont tiré un motif de satisfaction patriotique, en exaltant la « mission civilisatrice » avancée par Jules Ferry en 1885 comme une des justifications de la colonisation, et qui sera encore utilisée par Paul Reynaud, alors ministre des Colonies, à l'inauguration de la grande Exposition coloniale de Vincennes (1931). Mais il n'est pas sûr que ce discours ait beaucoup de prise sur les Français, au début du siècle comme à l'orée des années 1930 [Ageron, 1984]. L'empire n'est en tout cas pas vraiment perçu comme un levier de puissance : l'état-major ne prend pas au sérieux les idées du colonel Mangin préconisant l'emploi de troupes africaines dans une guerre européenne (*La Force noire*, 1910), et son importance économique est secondaire, l'Afrique représentant moins de 20 % du commerce extérieur français, et l'empire tout entier recevant à peine 10 % des investissements extérieurs.

Voilà un autre aspect de la puissance française en 1914 : elle est le deuxième investisseur mondial, avec plus du quart des placements à l'étranger. La capacité financière française a été un puissant argument diplomatique lors du rapprochement avec la Russie en 1892, malgré l'incompatibilité politique du tsarisme autocratique et de la République héritière de la Révolution — la *Marseillaise*, devenue hymne national en 1879, était interdite en Russie. La France est ainsi devenue, de très loin, le premier fournisseur de capitaux à l'essor industriel russe, puisqu'elle détient plus de 70 % des investissements étrangers dans ce pays. Est-ce un motif de rivalité, donc de tensions, avec d'autres puissances ? Pas vraiment, puisque les investisseurs se spécialisent géographiquement ; la montée en puissance de l'Allemagne en Afrique et dans l'Empire ottoman peut bien sûr contrarier les intérêts français, mais ces régions ont une importance minime pour les deux pays (8,5 % et 7 % respectivement des placements français en 1914, environ 10 % des placements allemands). L'importance de la Russie (2,4 milliards de dollars, un quart du total des placements français) sera en revanche un handicap supplémentaire lorsque le gouvernement bolchevik, qui prend le pouvoir en novembre 1917, aura annulé les engagements publics et privés de ses prédécesseurs.

1918 : une victoire à la Pyrrhus ?

Plutarque prête ce mot à Pyrrhus, roi d'Épire, après sa victoire d'Ausculum (279 avant notre ère) : « Si nous devons remporter une autre victoire contre les Romains, nous sommes perdus », pointant les pertes très lourdes subies par son armée. La formule n'est-elle pas plus adaptée encore à la France au sortir de la « Grande Guerre » ? La guerre qui commence pour la France le 3 août 1914 par la déclaration de guerre de l'Allemagne et l'invasion de la Belgique ne prend pas vraiment le pays au dépourvu, pourtant elle ne va pas du tout se dérouler comme l'État-major l'a prévu. Cette imprévoyance n'est d'ailleurs pas spécifique à la France, tous les plans de bataille minutieusement préparés avant le conflit étant mis en échec. L'Allemagne, qui prévoyait de battre la France en six semaines avant de se tourner contre la Russie, doit finalement mener une guerre sur deux fronts après la contre-offensive victorieuse des Alliés sur la Marne, début septembre. Grâce à ce succès, la France évite une défaite-éclair, comme en 1870, ce qui est en soi une première victoire, mais la guerre des tranchées se déroulera sur son territoire pendant près de quatre ans, occasionnant la destruction de plus de 600 villages et de 300 000 bâtiments, des dégâts sur 500 000 autres (parmi lesquels 11 000 édifices publics, dont la cathédrale de Reims, symbole du martyr — et de la destruction gratuite), sur des milliers de kilomètres de routes, voies

Les conséquences démographiques de la Première Guerre mondiale

Pierre Royer

Entre 1914 et 1918, la France a mobilisé près de 8 millions d'hommes, soit 90 % des générations nées entre 1870 et 1899. S'y ajoutent près de 600 000 combattants venus d'outre-mer. Environ 1,4 million de soldats ont disparu (16 % des mobilisés), presque autant reviennent mutilés, et souvent inaptes à reprendre leur travail. L'agriculture, encore majoritaire dans la population active (38,5 %), a perdu 10 % de ses actifs et 2,5 millions de têtes de bétail, y compris des chevaux. Les fils de la bourgeoisie, qui ont servi comme officiers, ont connu un taux de pertes plus élevé (22 %). Les pertes des troupes indigènes ne sont pas plus élevées que celles des métropolitains.

La « classe 14 » (hommes nés en 1894) a été la plus touchée : un quart d'entre eux sont restés sur les champs de bataille, qui s'ajoutent aux 28 % déjà fauchés par la mortalité infantile et juvénile — la moitié de cette génération n'a donc pas atteint ses 25 ans ! Sur l'ensemble des hommes âgés de 25 à 40 ans en 1914, 20 % sont morts et 40 % invalides. Pendant les quatre années de guerre, le nombre de naissances annuelles n'est que de 400 000, deux fois moins qu'avant 1914 : sur 1,6 million de naissances perdues, 1 million au moins ne sera pas rattrapé après-guerre. 500 000 veuves s'ajoutent aux 2,4 millions d'avant-guerre, mais elles sont plus jeunes (la part des veuves dans la tranche des 25-44 ans a doublé, à 10 %) et ont à charge un peu plus d'un million d'orphelins — du reste, près de la moitié des veuves de guerre se remarieront.

Le poids des survivants est très important dans la société et la vie politique de l'entre-deux-guerres, car ils représentent environ la moitié de la population masculine, et ils ont gardé à l'esprit la phrase de Clemenceau : « Ils ont des droits sur nous » (1917). En 1940, ils sont encore environ 5 millions (40 % des hommes), dont certains sont à nouveau mobilisés ; la popularité de Philippe Pétain et le « maréchalisme » leur doivent beaucoup.

ferrées et canaux, ainsi que la pollution de 3 millions d'hectares agricoles [Beaupré, 2012]. Les destructions opérées par les Allemands lors de leur retraite (noyage des mines de charbon, dynamitage du château féodal de Coucy) accroissent le ressentiment de la population, d'autant qu'il n'y a « pas un carreau de cassé » en Allemagne en 1918, selon l'expression imagée de l'historien Jacques Bariéty.

La mémoire collective a conservé l'image d'une guerre juste puisque défensive, qu'illustre à merveille la bataille de Verdun (février-novembre 1916), et de sauvetages miraculeux — Maurice Barrès, le grand écrivain nationaliste, est le premier à parler du « miracle de la Marne », en 1914 —, induisant une minimisation du mérite français dans la victoire finale. Pourtant, la contribution de la France est la plus essentielle, non seulement sur un plan humain (elle a mobilisé plus de 8 millions d'hommes, soit un sixième de l'effort allié global ; ses pertes sont proportionnellement les plus lourdes de tous les belligérants, Serbie exceptée), mais aussi sur un plan industriel (contrairement à la Seconde Guerre mondiale, l'armée américaine est équipée de matériels européens, et notamment français). Effort d'autant plus remarquable que la partie nord-est du territoire, occupée pendant tout le conflit, représentait 14 % de sa production industrielle d'avant-guerre, et notamment 75 % du charbon, 94 % de la laine et 63 % de l'acier. L'armée française de 1918 est sans conteste la plus mécanisée du monde, avec une moyenne d'un véhicule pour vingt hommes. Elle aligne les premiers canons automoteurs, près de 4 000 avions et a commandé plus de 3 500 exemplaires du Renault FT, le premier engin préfigurant les chars ultérieurs avec sa tourelle rotative, à côté d'autres modèles fabriqués en plus petit nombre ; les Anglais produisent un millier de chars Mark IV, et les Allemands seulement une vingtaine d'A7V, modèle monstre de 33 tonnes.

Mais la guerre a laissé des traces, en plus des destructions et des pertes humaines, et la crise de « retour à la paix » prolonge ses effets économiques : en 1921, le produit intérieur brut (PIB) a perdu 25 % par rapport à 1913, la production agricole a baissé de 20 % et la production industrielle de près de moitié — il faut attendre 1924 pour retrouver les niveaux d'avant-guerre. Les conséquences financières, elles, ne s'effaceront pas : un tiers de la richesse nationale perdu, une dette publique passée de 1 à 20 milliards, notamment sous la forme d'une « dette flottante » (à court terme) qui menace l'État de faillite à chaque échéance ; en 1930, le service de la dette et des pensions (invalides, veuves, orphelins) représente encore la moitié des dépenses de l'État. Rien ne dit mieux l'effet dévastateur de la guerre que l'évolution de la monnaie : le franc de 1914 était toujours celui défini en 1803 (« franc germinal ») ; la convertibilité en or fut suspendue dès le début du conflit et ne put être rétablie, après de multiples crises, qu'en 1928 par Poincaré... mais avec un poids d'or diminué de 80 % (le « franc de quat'sous » pour les contemporains). Le mark avait, lui, rétabli sa convertibilité en 1924, la livre en 1925, et sur la parité de 1914 !

Une puissance bloquée

Une démocratie paralysée

La victoire de 1918 est celle de la République : si l'Union sacrée de 1914 n'a pas empêché le retour des querelles politiciennes, le conflit a désarmé la contestation internationaliste, en attendant la naissance du Parti communiste (congrès de Tours, décembre 1920), et fusionné les deux nationalismes : celui, conservateur et religieux, de la droite, et celui, progressiste et héritier de la Révolution, identifié à la gauche. Pourtant, le régime retombe vite dans ses travers : l'instabilité gouvernementale resurgit après le gouvernement Clemenceau (novembre 1917-janvier 1920) et, jusqu'en 1940, quarante-cinq gouvernements se succèdent en comptant celui de Pétain, soit une durée moyenne d'à peine plus de cinq mois.

Cette instabilité cache en fait un certain immobilisme, lié à la domination du Parti radical et radical-socialiste — le plus vieux parti de France puisqu'il est officiellement né en 1901. Cette formation est davantage un rassemblement de notables et de « capacités » qu'un véritable parti structuré, et les députés radicaux peuvent participer à trois coalitions de gauche victorieuses aux législatives : 1924, cartel des gauches ; 1932, nouveau cartel ; 1936, Front populaire. Mais aucune ne va au bout de la mandature.

L'instabilité gouvernementale et la multiplication des scandales politico-financiers (dont la célèbre affaire Stavisky) provoquent une poussée d'antiparlementarisme, qui s'exprime principalement sous la forme des ligues, très actives dans les années 1930. Leur multiplicité est un des facteurs qui expliquent qu'elles ne se soient pas cristallisées en un « fascisme français », de même que l'absence de chef charismatique incontestable et de volonté de « revanche » [Milza, 1987]. Pourtant, le spectre d'un « coup de force fasciste » après l'arrivée au pouvoir d'Adolf Hitler et la journée d'émeutes du 6 février 1934 effraie suffisamment la gauche pour la pousser à se rassembler, pour la première fois, des communistes aux radicaux, au sein du « Rassemblement populaire », victorieux en 1936 et qui interdira immédiatement ces ligues jugées factieuses — à raison pour une partie d'entre elles.

Les fruits de la victoire contestés

Signe de l'influence française recouvrée ou hommage au pays le plus touché ? La négociation des traités de paix se déroule intégralement à Paris, de janvier à mai 1919 pour le principal, celui concernant l'Allemagne, signé solennellement dans la galerie des Glaces du château de Versailles le 28 juin, pour en effacer l'affront de la proclamation de l'Empire allemand un demi-siècle plus tôt. Elle revêt un caractère exceptionnel, qui témoigne de la conscience qu'ont les participants de fonder un nouvel ordre international, qu'ils souhaitent durable : les vaincus sont absents, autant pour empêcher que leurs diplomates n'exploitent les désaccords entre les vainqueurs que parce qu'ils sont moralement déconsidérés ; les points cruciaux sont traités par des discussions directes au plus haut niveau (le Conseil des Quatre : Georges Clemenceau, Lloyd George, Vittorio Emanuele Orlando, Woodrow Wilson) ; Wilson, le président américain, s'installe même en France pendant près de six mois pour imposer sa marque sur les négociations. Les tentatives françaises pour limiter la puissance allemande et l'empêcher d'espérer une « revanche » à moyen terme se heurtent donc à une réticence croissante de ses Alliés et « associés » (les États-Unis n'ayant jamais signé d'alliance formelle), autant par souci de justice (ne pas créer d'autre Alsace-Lorraine) que pour permettre le rétablissement économique d'un partenaire essentiel de l'avant-guerre — les critiques de John Maynard Keynes dans ses *Conséquences économiques de la paix*, publiées dès 1920, vont dans ce sens.

Territorialement, la France se contente de la récupération de l'Alsace-Moselle, effective dès l'armistice du 11 novembre, d'une promesse de plébiscite sur la Sarre quinze ans plus tard, et d'une démilitarisation définitive de la Rhénanie, que Ferdinand Foch ou Georges Clemenceau auraient voulu rendre indépendante. Pour prix de ses renoncements, elle obtient un traité garantissant le soutien du Royaume-Uni et des États-Unis en cas de nouvelle guerre contre l'Allemagne, mais la non-ratification du traité de Versailles par le Sénat américain rend caduque la signature de Wilson, poussant les Anglais à se désengager à leur tour. Cet abandon incite la France à se raidir dans une volonté d'application stricte des traités, de plus en plus divergente avec les positions anglo-saxonnes, comme le montre la crise de la Ruhr en 1923-1924, où la France est soutenue par la Belgique et l'Italie (mussolinienne), mais non par Londres ou Washington.

Cette attitude ne peut qu'approfondir le ressentiment entre la France et l'Allemagne, cette dernière s'enfermant dans une politique de résistance au *Diktat*. L'occupation de la Ruhr, le cœur industriel de l'Allemagne, est l'acmé de cette bipolarité radicale, le gouvernement allemand soutenant une grève générale et... la finançant, ce qui pousse le Reichsmark vers l'abîme de l'hyperinflation. L'Allemagne doit céder et accepter, sous l'autorité de Gustav Stresemann (et avec le soutien anglo-américain), d'exécuter le traité, ce qui favorise un climat de détente dans la seconde moitié des années 1920 : plan Dawes, qui permet l'évacuation de la Ruhr (1924), pacte de Locarno, qui sécurise les frontières rhénanes avec une garantie anglo-italienne (1925), entrée de l'Allemagne à la SDN (1926). La limitation de l'armée allemande à 100 000 hommes est officiellement confirmée par la Commission du désarmement en 1927. À l'aube des années 1930 cependant, la disparition de Stresemann et le surgissement de la crise auront raison de l'« esprit de Genève ».

Au contraire, la conférence sur le désarmement, attendue depuis la fin du conflit et qui s'ouvre enfin en 1932, aura pour principale conclusion d'autoriser l'Allemagne à réarmer au nom de l'égalité des droits avec ses voisins — avant même l'arrivée d'Hitler au pouvoir... En retour, la France annonce en 1934 qu'elle assurera désormais sa sécurité par ses propres moyens, et non en comptant sur un désarmement général illusoire : la « marche à la guerre » est enclenchée.

Entre reconstruction et langueur économique

La situation de la fin de la Première Guerre mondiale est inédite : jamais un conflit n'avait provoqué autant de destructions matérielles et de pertes humaines en si peu de temps. Les mesures prises par les autorités à partir de 1919 sont donc aussi exceptionnelles : la loi du 17 avril prévoit le financement de la reconstruction par l'État pour pallier l'impossibilité de faire jouer les contrats d'assurance pour fait de guerre. La question du coût est évacuée par la remarque négligente de Louis-Lucien Klotz, ministre des Finances de Clemenceau : « L'Allemagne paiera ! »

Mais l'Allemagne ne paie pas. Le montant fixé pour les réparations, en application de l'article 231 du traité de Versailles qui rend l'Allemagne responsable du conflit, ne cesse de diminuer : 226 milliards de marks-or à la première estimation en 1920, 132 milliards en 1921, 38 milliards en 1929 (plan Young), à honorer en soixante annuités ; lorsque la conférence de Lausanne (1932) annule les paiements restants, l'Allemagne n'a versé qu'environ 23 milliards, dont 8,6 milliards perçus par la France, soit 37 %, alors que la moitié des paiements allemands devaient lui revenir — elle a reçu à peine 13 % des sommes espérées. La reconstruction était évaluée à 35 milliards de francs de 1914, soit près de 28,5 milliards de marks. Il s'en faut donc de 20 milliards de marks, soit 25 milliards de francs, pour que la prédiction de Klotz se réalise.

Après la guerre, par manque d'argent, de nombreux gouvernements se brisent sur un « mur » de dette, la Banque de France refusant d'augmenter ses avances à l'État — Edouard Herriot en tire le slogan du « mur d'argent » pour expliquer son échec en 1925, et la gauche, le mythe des « deux cents familles », correspondant aux deux cents plus gros actionnaires de la Banque siégeant à l'Assemblée générale et censés imposer leur volonté aux Français. À peine arrivé au pouvoir, le Front populaire engagera la nationalisation de la Banque, achevée par la loi du 2 décembre 1945. En attendant, il faut toute la confiance qu'inspire aux milieux d'affaires Raymond Poincaré, un des rares hommes politiques de cette époque à disposer de compétences économiques et notamment financières, pour stabiliser le franc en 1926, puis lui fixer une nouvelle parité deux ans plus tard, redonnant de la compétitivité aux produits français sur les marchés internationaux.

C'est ce qui explique que le pays ait connu une embellie au début des années 1930, quand le reste du monde plonge dans la plus grave crise de l'histoire du capitalisme. Mais, en 1931, quand le gouvernement britannique laisse flotter la livre, l'avantage comparatif français s'inverse brutalement ; en 1933, les importations du pays n'ont reculé que de 13 %, mais ses exportations ont plongé de 42 %, et la production industrielle a baissé de 20 %. La dévaluation du dollar en 1933 n'arrange rien. Et alors que le monde connaît un début de reprise, la France stagne dans un marasme économique, certes moins dévastateur qu'en Allemagne ou en Amérique, mais non moins délétère : en 1934-1935, la production industrielle reste quasiment à son plus bas de 1932, de 25 % inférieure à celle de 1929, et le chômage est à son plus haut, touchant environ un million de personnes [Sauvy, 1984]. Les mesures prises se révèlent coûteuses pour l'État, dont le déficit passe de 5 milliards de francs en 1931 à 12 milliards en 1933 et reste à 10 milliards en 1935. La déflation Laval de 1935, inefficace, aggrave la situation sociale.

La réaction la plus inadaptée est sans doute la volonté farouche de maintenir la parité du franc en or. La dégradation de la balance commerciale et l'effondrement du tourisme (qui rapporte dix fois moins en 1935 qu'en 1929) sont le prix à payer pour cet attachement plus symbolique et politique que réellement rationnel. Il revient au Front populaire de mettre fin à cet anachronisme en 1936, mais la situation est alors tellement dégradée qu'il faut procéder à quatre dévaluations en trois ans — en 1938, le franc compte 10,7 fois moins d'or qu'en 1914 ! C'est aussi le prix à payer pour des mesures sociales généreuses (hausse des salaires, baisse du temps de travail de 17 % sans diminution de salaire) qui ont augmenté le coût du travail de 40 % sans faire repartir durablement la consommation intérieure ni reculer le chômage.

Une puissance miraculée : de l'abîme à la renaissance

Une stratégie inadaptée

L'effondrement de 1940 s'explique avant tout par une stratégie inadaptée, dont la dimension militaire n'est qu'un aspect. Duroselle [1983] a bien montré que la faillite des années 1930 tient à une incompatibilité croissante entre une diplomatie fondée sur des alliances de revers et une armée renonçant progressivement à la mobilité qui la caractérisait en 1918, donc incapable de porter secours à ses alliés d'Europe centrale. La réduction des capacités militaires françaises résultait des coupes budgétaires nécessitées par la situation des finances publiques et du choix d'une stratégie défensive, ce dernier étant lié à plusieurs facteurs : l'achèvement du désarmement allemand, la réduction du service militaire à douze mois et la volonté de préserver les régions industrielles du Nord-Est d'une invasion précoce, comme lors du dernier conflit. C'est ce qui conduit à la construction d'un ensemble de fortifications sur les frontières du Nord-Est et des Alpes à partir de 1928, baptisées « ligne Maginot » en 1935, du nom du ministre de la Guerre qui en impose le financement.

Après la Première Guerre mondiale, la France avait tenté de fédérer les principaux États d'Europe pour résister à l'éventuelle renaissance du danger allemand. La Belgique, la Pologne, la Tchécoslovaquie et la Yougoslavie formaient ainsi une coalition disparate et non exempte d'inimitiés bilatérales. Lorsque le danger allemand se matérialise, le système d'alliance se fissure très vite : dès 1934, la Pologne signe un pacte de non-agression avec l'Allemagne, privant la France de son alliance de revers la plus crédible. En 1936, à la suite de la remilitarisation de la Rhénanie par Hitler, la Belgique revient à son statut de neutralité : les plans de déploiement concerté des armées française et belge deviennent caducs.

La France ne peut plus compter que sur la Tchécoslovaquie et le Royaume-Uni. Or ce dernier a choisi, face à Hitler et à la montée des tensions, une politique d'*appeasement* en phase avec le pacifisme des opinions publiques : son objectif est d'éviter la guerre en donnant satisfaction aux revendications jugées raisonnables d'Hitler. La France est donc contrainte de s'aligner… En mars 1936, la tiédeur du soutien britannique est sans doute la principale raison de son renoncement à une réaction militaire immédiate à la remilitarisation de la Rhénanie — la dernière occasion d'arrêter Hitler en position de force est manquée. La même politique d'*appeasement* est à l'origine de la funeste conférence de Munich (1938), qui conduit au dépeçage en règle de la Tchécoslovaquie, le dernier allié fiable de la France en Europe centrale. Édouard Daladier, président du Conseil à Munich, est sans illusions et n'y voit qu'un répit pour rattraper le retard en armement sur l'Allemagne — le tableau dressé avant la conférence par les chefs de l'armée de l'air est apocalyptique. Mais ce n'est pas le cas de son ministre des Affaires étrangères, Georges Bonnet, « apaiseur » convaincu — il essaiera même d'empêcher l'entrée en guerre en septembre 1939 et se ralliera logiquement à Vichy.

Une débâcle militaire et politique

La France est-elle aussi désarmée que le prétendra Pétain, au point de mettre en accusation les dirigeants républicains (procès de Riom, 1942) ? Le réarmement a bien commencé, dès le début de la décennie pour les programmes navals, et le gouvernement de Front populaire augmente sensiblement les crédits militaires dès 1936 : cette année-là, les dépenses excèdent de 18 % les crédits budgétaires et elles progressent rapidement les années suivantes ; en 1938, les dépenses ont doublé par rapport à 1936. Mais 1939 est l'année décisive : les crédits se montent à 39 milliards de francs, et les dépenses à près de 94 milliards [Frank, 2017]. La France est alors le pays dont le budget d'armement rapporté à son PIB est le plus élevé au monde. Mais son appareil industriel peine à suivre l'accélération brutale des commandes (manque d'outillage, de travailleurs qualifiés, de matières premières...), malgré l'annulation de la loi des 40 heures de travail pour les travailleurs de la Défense nationale dès 1938, et la modernisation des matériels est incomplète — en témoigne l'équipement très parcimonieux en appareils radio, compliquant les liaisons interarmes qui feront la force du *Blitzkrieg* allemand en début de conflit.

Le 3 septembre 1939, la France et le Royaume-Uni déclarent la guerre à l'Allemagne, qui a attaqué la Pologne malgré leurs avertissements. Ils ne peuvent empêcher l'écrasement de leur alliée, d'autant que, conscients de leurs faiblesses par rapport à l'armée allemande, ils s'installent dans une stratégie d'attente qui donne lieu à la « drôle de guerre », selon le mot de Roland Dorgelès : neuf mois au cours desquels le front principal reste inactif, pendant que l'effort industriel français et anglais continue à monter en puissance. En novembre, l'abandon par le Congrès américain de l'embargo sur les armes établi en 1935, sous réserve de la clause *cash and carry*, permet aux Alliés de compenser les lacunes de leurs industries — la France passe ainsi commande de mille avions, qui n'arriveront pas tous avant juin.

En effet, le 10 mai 1940, l'Allemagne prend l'initiative en attaquant la Belgique et les Pays-Bas. Depuis au moins une vingtaine d'années, l'historiographie a fait justice des fausses évidences qui couraient à propos de la défaite française [Vaïsse, 2010], à commencer par celle du manque de combativité des troupes : durant les six semaines de combats effectifs, les pertes quotidiennes de l'armée française se montent à plus de 1 500 tués, alors que la moyenne pour la Première Guerre mondiale était d'environ 900... Plus que la supériorité matérielle allemande, c'est le positionnement aberrant des unités françaises les plus mécanisées, l'absence de réserve stratégique digne de ce nom et l'obligation (diplomatique) d'attendre l'appel au secours de la Belgique pour avancer au-devant des Allemands qui expliquent la mise hors de combat des meilleures unités en moins d'un mois ; l'invasion-éclair qui suit la percée du front de la Somme début juin n'est que la conséquence d'une nouvelle réalité, soulignée par Fernand Braudel [1986] : l'étendue territoriale du pays, qui avait largement protégé la France des invasions étrangères jusqu'au XXe siècle (voire jusqu'en 1914, où les armées allemandes progressaient à pied à partir de la Belgique), n'est plus suffisante à l'ère du moteur. Mais cette « promenade » apparente cause à l'armée allemande des pertes guère inférieures à celles des Alliés (près de 50 000 tués et disparus). L'image dégradante des 1,8 million de prisonniers français ne doit pas faire oublier que plus de la moitié se sont rendus après l'allocution du 17 juin de Pétain, devenu président du Conseil, annonçant qu'il fallait « cesser le combat », alors que l'armistice n'est conclu que le 22.

Si cet armistice a pu paraître modéré, c'est qu'il correspond strictement au besoin de l'Allemagne à ce moment du conflit — Hitler intervient même personnellement pour refréner les ambitions de Mussolini en attendant les traités de paix. Hitler compte en effet que le Royaume-Uni ne tardera pas, lui aussi, à cesser les hostilités, et c'est cette même conviction qui pousse Pétain et son entourage à demander l'armistice. Le prolongement inattendu du conflit après la bataille d'Angleterre (été 1940) conduit à la politique de collaboration, initiative française assumée par Pétain en octobre 1940, qui met la France au service de l'économie de guerre allemande tout en dispensant l'occupant d'exercer une trop forte pression, dans l'espoir de plus en plus illusoire d'un traitement moins dur lors des traités de paix. Cette politique de collaboration est la première décision amorçant un retournement de l'opinion en France à l'égard du gouvernement de Pétain : le vieux maréchal (84 ans) rassure quand il arrive au pouvoir, et il bénéficiera presque jusqu'à la fin d'une sympathie déférente, plus liée à ce qu'il fut (le « vainqueur de Verdun ») qu'à sa politique réactionnaire de « Révolution nationale » — c'est ce sentiment ambigu que les historiens appellent « maréchalisme ». Les décisions prises sous son autorité susciteront en revanche un rejet croissant, à mesure que le cours de la guerre donne raison aux résistants et à de Gaulle ; mais, plus que Pétain lui-même, ce sont ses « seconds », et singulièrement Pierre Laval, qui en porteront la responsabilité aux yeux des Français — ce dont témoigne la différence de destin des deux hommes en 1945 : tous deux condamnés à mort, la peine de Pétain est commuée alors que Laval est traîné devant le peloton d'exécution.

Loin d'alléger le sort des Français, la collaboration aboutit à un véritable pillage économique : l'armistice impose à la France le financement des troupes d'occupation, selon une évaluation discrétionnaire des Allemands qui représentera une moyenne de 400 millions de francs par jour, ainsi qu'un taux de change léonin de 20 francs pour 1 mark, alors que le taux de 1939 n'était que de 11 pour 1. Mais les prélèvements du Reich sur les productions françaises ne cesseront d'augmenter au fil de la guerre : à partir de 1943, l'automobile, l'aéronautique, la « grosse forge », les constructions navales et le secteur du bâtiment et des travaux publics (BTP) travaillent exclusivement, ou à plus de 75 %, pour l'Allemagne, et les importations depuis la France ont triplé par rapport à l'avant-guerre. Les prélèvements agricoles expliquent bien évidemment la baisse drastique des rations alimentaires des Français (les quantités autorisées pour les adultes sont divisées par trois entre 1942 et 1944 pour la viande et les corps gras, par quatre pour les fromages et les légumes secs), qui souffrent également des pénuries de charbon et d'essence. Beaucoup de pays européens connaissent un régime d'occupation plus brutal et meurtrier, mais aucun ne souffre autant du rationnement. S'y ajoute la déportation de main-d'œuvre vers l'Allemagne, imposée à partir de 1943 par le Service du travail obligatoire (STO), car les appels au volontariat n'ont donné que de médiocres résultats en 1942 ; au total, 1,5 million de Français ont travaillé en Allemagne, dont 600 000 à 650 000 fournis par le STO, le reste surtout par les prisonniers de guerre — sur 7 millions de travailleurs étrangers en Allemagne en 1944, les Français sont les plus nombreux après les Soviétiques et les Polonais.

À l'opposé de la conviction de Pétain, le général de Gaulle et les premiers résistants affirment dès juin 1940 que la guerre n'est pas terminée. Pour les seconds, c'est souvent une pétition de principe, une réaction émotionnelle, à l'image du premier tract résistant d'Edmond Michelet, qui recopie et distribue le 17 juin une phrase de Péguy : « Celui qui ne se rend pas a raison contre celui qui se rend » ; pour le premier, secrétaire d'État à la Guerre du gouvernement Reynaud et chargé de la liaison avec les Britanniques, c'est aussi une analyse rationnelle, qu'il propose dès son premier message du 18 juin : « Cette guerre est une guerre mondiale. » Ayant rencontré Churchill, il a compris que son discours du 4 juin — « Nous ne nous rendrons jamais » — n'était pas qu'une figure de style et qu'il ne céderait pas à la tentation du retour à l'*appeasement*. Si le réflexe est identique, la Résistance, sur le continent, et la France libre, fondée à Londres et dans l'empire, sont pourtant deux formes de combat différentes et deux entités distinctes ; de Gaulle n'est en effet pas accepté d'emblée comme chef par les résistants, initialement proches de Vichy (qui croient à un double jeu de Pétain), ni par les communistes, entrés en résistance massivement à partir de juin 1941. Ce sera le grand œuvre de Jean Moulin de faire « des Français résistants [...] la Résistance française », selon le mot d'André Malraux, par la création du Conseil national de la Résistance (CNR) en 1943. Et de donner ainsi au général de Gaulle la légitimité du chef de la « France combattante », nom officiel des Français libres depuis juillet 1942.

La France miraculée

Ainsi, la fiction juridique du pays qui n'a jamais cessé de se battre devient réalité politique, permettant à de Gaulle de s'imposer comme interlocuteur des Alliés, en dépit des réticences des Américains qui essayent de lui substituer des hommes incarnant la continuité avec Vichy. Après le débarquement allié en Afrique du Nord (novembre 1942), dont il est informé tardivement, le Comité français de libération nationale pourra se déplacer de Londres en Algérie — qui a le statut de territoire français — et reforger une armée française, à partir de l'armée d'Afrique, des Forces françaises libres (FFL), ralliées à de Gaulle depuis 1940, et de volontaires venus de tout l'empire, et grâce à l'aide américaine au titre de la loi prêt-bail, dont la France libre est le troisième bénéficiaire pour 3,2 milliards de dollars — un peu plus de 6 %, deux fois plus que la Chine. Cette armée participe à la reconquête de l'Europe : libération de la Corse, Corps expéditionnaire français (CEF) en Italie, 2e division blindée (DB) du général Leclerc au sein de l'armée Patton, Ire armée débarquant en Provence en 1944. Avec l'incorporation des Forces françaises de l'intérieur (FFI, issues de la Résistance) à partir de septembre 1944, la Ire armée « Rhin et Danube » comprend environ 260 000 hommes en entrant en Allemagne. En comptant les autres unités, la France dispose de quelque 450 000 hommes opérationnels en 1945, plus les 200 000 des forces aériennes et navales.

La participation de la France à sa propre libération — c'est la 2e DB de Leclerc qui entre la première dans Paris le 24 août 1944 et qui libérera Strasbourg le 23 novembre — puis à l'invasion de l'Allemagne lui vaudra de cosigner les capitulations le 7 mai à Reims, le 2 septembre au Japon, et de récupérer une zone d'occupation en Allemagne et en Autriche après la conférence de Yalta en février 1945. Bien que de Gaulle n'y soit pas présent, la France obtient également un siège permanent au Conseil de sécurité de la future Organisation des Nations unies (ONU), donc un droit de veto, grâce à l'insistance de Churchill qui craint d'être bien seul face aux géants anticolonialistes soviétique, américain et chinois. Elle retrouve donc *in extremis* un statut de puissance mondiale, apparemment conforté par la réaffirmation de son destin colonial lors de la conférence de Brazzaville (janvier 1944) ; pourtant, le recouvrement des territoires promet d'être plus difficile : elle doit achever le processus d'indépendance de la Syrie et du Liban (1945), l'Algérie s'embrase en mai 1945 à la suite de l'exhibition de drapeaux nationalistes, et la réinstallation au Tonkin est laborieusement négociée avec les Chinois après la proclamation unilatérale d'indépendance du Vietnam, le 2 septembre 1945. Encore un an, et la guerre d'Indochine commencera...

Le prix humain payé pour cette victoire est trois fois moins élevé qu'en 1918 (entre 460 000 et 490 000 morts), à parts égales entre civils et militaires ; hors des pertes militaires, c'est la Shoah qui a causé le plus de victimes (76 000), à égalité avec la déportation (en associant déportés politiques et du travail), suivies par les bombardements de toutes origines (entre 50 000 et 70 000 tués). En revanche, le prix économique est plus lourd, et de beaucoup car les trois quarts des départements français ont souffert de destructions, malgré la brièveté des combats sur le sol français en 1940 et en 1944. Alors que le système de transport est profondément altéré, quinze des dix-sept villes de plus de 100 000 habitants sont déclarées « sinistrées » (détruites à au moins 30 %) et 1 % du territoire est à déminer [Beaupré, 2012].

Malgré ce lourd passif, qui oblige le gouvernement provisoire à maintenir le rationnement au-delà de la Libération, ce nouvel après-guerre est plus porteur d'espoirs que le précédent, comme en témoignera le redressement de la natalité française, amorcé dès 1942 et qui se prolongera pendant trois décennies. L'espoir d'une victoire définitive de la démocratie et les profondes réformes politiques, économiques et sociales (création de la Sécurité sociale dès 1945) sont vécus comme une refondation radicale. Le programme du Conseil national de la Résistance qui les inspire n'est-il pas intitulé « Les Jours heureux » ?

Repères bibliographiques

AGERON C.-R. [1984], « L'exposition coloniale de 1931 : mythe républicain ou mythe impérial ? », *in* NORA P. (dir.), *Les Lieux de mémoire*, vol. 1, *La République*, Paris, Gallimard.

BEAUPRÉ N. [2012], *Les Grandes Guerres (1914-1945)*, Paris, Belin, « Histoire de France », vol. XII.

BRAUDEL F. [1986], *L'Identité de la France*, 3 vol., Paris, Arthaud.

DUROSELLE J.-B. [1983], *Politique étrangère de la France*, vol. 1, *La Décadence*, Paris, Seuil, « Points Histoire ».

FRANK R. [2017], *Le Prix du réarmement français (1935-1939)*, Paris, Éditions de la Sorbonne, « Les Classiques de la Sorbonne ».

FRIDENSON P. [1972], « Une industrie nouvelle : l'automobile en France jusqu'en 1914 », *Revue d'histoire moderne et contemporaine*, vol. 19, n° 4, octobre-décembre, p. 557-578.

MILZA P. [1987], *Fascisme français. Passé et présent*, Paris, Flammarion.

SAUVY A. [1984], *Histoire économique de la France entre les deux guerres*, Paris, Economica.

STOFFAËS C. [1987], *Fins de mondes*, Paris, Odile Jacob.

VAÏSSE M. (dir.) [2010], *Mai-juin 1940. Défaite française, victoire allemande sous l'œil des historiens étrangers*, Paris, Autrement.

2 / Géopolitique de la guerre froide, 1947-1991

Stéphanie Leu

L'expression « guerre froide » est popularisée en 1947 par le journaliste américain Walter Lippmann. Partisan d'un accommodement avec l'URSS parce qu'il considère qu'une politique de confrontation amènerait les États-Unis à bâtir un empire mondial qui les ruinerait, Lippmann utilise cette expression pour répondre à l'auteur anonyme d'un article paru dans *Foreign Affairs*, et qui appelait au contraire les Américains à faire face aux tendances expansionnistes des Soviétiques à des fins d'« endiguement » (*containment*). Or c'est bien cette stratégie, théorisée en 1942 par Nicholas Spykman, qui s'impose à Washington. L'auteur anonyme auquel répond Lippmann n'est autre que le diplomate George Kennan, qui, un an plus tôt, alors qu'il était en poste à Moscou, avait convaincu le président Harry Truman du caractère inéluctable de la lutte qui allait s'engager contre l'URSS, dont les volontés expansionnistes étaient évidentes. C'est ce qui en fait un conflit éminemment géopolitique, et non une simple lutte idéologique.

Le discours de Truman du 12 mars 1947 devant le Congrès est parfois considéré comme le point d'entrée dans la guerre froide : tout en demandant d'accorder une aide à la Grèce et à la Turquie pour résister aux guérillas communistes, il annonce la volonté américaine de se poser en *leader* du monde libre. Dans les semaines et les mois qui suivent, le nouveau contexte de tensions bilatérales américano-soviétiques se confirme, avec l'annonce du plan Marshall pour la reconstruction de l'Europe (12,8 milliards de dollars), les pressions soviétiques sur les pays d'Europe de l'Est pour qu'ils le refusent, la fondation du Kominform (septembre 1947), organisation qui regroupe dix Partis communistes européens autour de celui de l'URSS, et la « doctrine Jdanov » qui l'accompagne et pose l'URSS comme le *leader* des forces anti-impérialistes dans un monde divisé en deux blocs irréconciliables.

Quand débute la guerre froide ?

STÉPHANIE LEU

La date de 1947 n'est qu'une date possible pour faire débuter la guerre froide. La confrontation indirecte entre le système capitaliste et libéral et un projet socialiste de société est en germe depuis au moins la naissance du socialisme et la structuration du mouvement ouvrier autour des Internationales de 1864 et 1889. De même, la lente montée vers l'hégémonie américaine, l'affaiblissement des puissances européennes qui perdent peu à peu la capacité à structurer l'ordre mondial, et d'un autre côté la tentative de faire de l'URSS dès sa naissance une « forteresse » reprenant les anciens buts de guerre de la Russie tsariste pour créer un glacis continental en Europe et aux confins eurasiatiques, et accéder aux mers chaudes, la stratégie du conflit par allié interposé, la diabolisation de l'ennemi pour créer une diversion ou encore l'expansion des champs de rivalités des puissances vers l'économie, la technologie et le sport, c'est-à-dire toutes choses qui définissent aussi le système de guerre froide, se lisent dès la première moitié du XXe siècle. Pour cette raison, la quasi-totalité des travaux écrits sur la guerre froide commencent leurs propos bien avant 1947 : Pierre Grosser [1995] démarre son étude à l'ère de la première mondialisation, André Fontaine [2004] prend comme date de départ l'année 1917, où le « messianisme wilsonien », libéral, multilatéral, démocratique, et le « messianisme communiste » de la révolution bolchévique se font explicitement face. Georges-Henri Soutou [2011], Lawrence Freedman [2001], tout comme John Lewis Gaddis [2005] insistent quant à eux davantage sur les dernières années de la Seconde Guerre mondiale, et singulièrement l'année 1943, lorsque la perspective d'une défaite prochaine du Reich et de son allié japonais fait ressortir les buts de guerre des membres de la Grande Alliance, qui s'affrontent sur le plan géopolitique et géostratégique lors des grandes conférences qui préparent l'après-guerre (Moscou, Téhéran, Yalta et Potsdam).

Cette nouvelle phase des relations internationales, elle-même productrice d'un nouvel ordre mondial, ne prend fin qu'à la chute de l'URSS le 25 décembre 1991. Cet ordre bipolaire est marqué par la confrontation des deux superpuissances, États-Unis et URSS, mobilisant toutes les ressources à leur disposition, tout en prenant soin de demeurer en dessous du seuil de l'affrontement militaire direct ; ce principe est garanti par l'« équilibre de la terreur » nucléaire qui rend tout autant la « paix impossible [que] la guerre improbable », selon la formule bien connue de Raymond Aron [1948]. Derrière ces superpuissances, deux ensembles de pays forment des blocs géopolitiques opposés et plus ou moins soudés, tandis que la confrontation tend à s'étendre à l'ancien monde colonisé (tiers monde), engendrant des conflits militaires périphériques (*proxy wars*).

Pour autant, la guerre froide ne doit être pensée ni comme un conflit linéaire ni comme un système exclusif ; elle est faite de phases qui témoignent des modifications des rapports de force mondiaux, des difficultés des deux protagonistes et de l'émergence de nouveaux acteurs avec lesquels ils doivent progressivement composer. Et si la guerre froide finit, par extension, par désigner une longue période de l'histoire, sa géopolitique propre explique de moins en moins les évolutions d'un ordre mondial qui s'affranchit des logiques bipolaires et « stato-centrées » de 1947. Après avoir rappelé les grandes phases de cette « guerre de cinquante ans » [Soutou, 2011], il s'agira de montrer que la guerre froide a vu évoluer l'ordre bipolaire vers un désordre multibipolaire, marqué par l'affirmation de puissances secondaires et l'affirmation de nombreux acteurs non étatiques.

Une « guerre de cinquante ans »

L'histoire de la guerre froide est d'abord l'histoire d'un système et d'une opposition Est/Ouest qui évolue à partir de 1947 par grandes phases, bornées par des événements-ruptures, caractérisées par des dynamiques politiques et idéologiques d'abord, stratégiques et militaires ensuite, économiques, technologiques et sociales également, géographiques enfin. Elles sont à chaque fois singulières, mais constitutives d'un système qui ne cesse de repenser la puissance et ses outils. Bref, le conflit « de cinquante ans » [Soutou, 2011] a été tout sauf linéaire.

La première guerre froide (1947-1952) : ordonner et accumuler des alliés

Dans cette première phase, le système bipolaire se constitue et se renforce dans une série de provocations, de crises violentes et de bras de fer, dont le premier théâtre est l'Europe médiane, et notamment l'Allemagne, avant de glisser vers l'Asie. C'est une période où les règles du jeu s'établissent.

La volonté appuyée des États-Unis de reconstruire rapidement un État sur les zones occupées en Allemagne se concrétise par des réformes administratives et l'introduction d'une monnaie commune dans les zones occidentales en 1948. Joseph Staline, souhaitant chasser ses anciens alliés de leur enclave berlinoise, entame alors le blocus de l'ancienne capitale du Reich. Le bras de fer dure près d'une année, de juin 1948 à mai 1949, mais la capacité des États-Unis à organiser le ravitaillement de Berlin-Ouest force Staline à céder et à renoncer à recourir à une solution militaire. Ensuite, les positions se figent et se renforcent. À l'Ouest, les États-Unis adoubent la naissance dès mai 1949 de la République fédérale d'Allemagne (RFA) et visent à faire de Berlin-Ouest le point avancé et la vitrine du capitalisme, obligeant Staline à répondre par la fondation de la République démocratique allemande

(RDA) en novembre de la même année. L'ancienne Allemagne, en se scindant en deux, vient alors incarner l'ordre bipolaire et la soumission de l'Europe aux nouvelles superpuissances.

Cette crise est aussi le moment où la guerre froide s'apprête à glisser vers un nouveau théâtre, l'Asie, où Staline espère reprendre la main en encourageant le gouvernement prosoviétique de Corée du Nord, soutenu par la Chine devenue maoïste (octobre 1949), à attaquer le Sud dirigé par le dictateur proaméricain Syngman Rhee. La guerre de Corée, qui dure trois ans jusqu'à l'armistice de Pan Mun Jom (juillet 1953), entre tentative d'expansion géographique du glacis soviétique et *containment* états-unien (sous couvert d'un mandat de l'Organisation des Nations unies — ONU), marque un nouveau tournant essentiel. Pour la première fois depuis 1945, elle place le monde devant la menace d'une guerre nucléaire, lorsque le général MacArthur envisage l'usage de la bombe A pour faire reculer la Chine venue à l'aide des armées nord-coréennes (il est limogé par Dwight Eisenhower). Il fait aussi entrer l'Asie dans le jeu des deux superpuissances : les États-Unis, pourtant favorables aux décolonisations, aident au même moment la France dans le conflit indochinois, qui la met aux prises avec les communistes du Vietminh, et accueillent froidement la paix signée en 1954, ce qui motive leur intervention pour tenter d'éviter la contagion communiste, selon la « théorie des dominos » (1954). Enfin, ce conflit coréen accélère la cristallisation des blocs, avec, en Europe occidentale, l'intégration de la RFA dans l'Organisation du traité de l'Atlantique nord (Otan) et, en Europe orientale, la constitution du pacte de Varsovie (1955).

À mesure que ces affrontements directs et indirects se multiplient, les blocs s'organisent et se solidarisent autour du *leadership* de leur puissance tutélaire. À l'ouest au sens large, les États-Unis guident et fédèrent le « monde libre » par les grands programmes d'assistance réciproque (traité de Rio en 1947 avec les États sud-américains) et surtout d'aide à la reconstruction (plan Marshall en Europe en 1947, plan Dodge au Japon en 1948), dont l'octroi est conditionné à un alignement économique (sur les principes du capitalisme fordiste), politique (avec l'exclusion des Partis communistes des gouvernements où ils se trouvaient encore : France, Italie) ou encore diplomatique : en 1948, la France réticente doit ainsi accepter la fusion administrative des zones d'occupation occidentales d'Allemagne, et les Pays-Bas, l'indépendance de l'Indonésie. En 1951, le Japon retrouve sa pleine souveraineté économique, mais doit se placer sous la protection militaire et nucléaire américaine. Par ailleurs, après que la résolution Vandenberg (1948) a autorisé les États-Unis à signer des alliances militaires en temps de paix à la demande de pays tiers, celles-ci se multiplient sur tous les continents. Cette « pactomanie » dans le

Rimland [Spykman, 1942], qui s'ajoute aux alliances bilatérales passées par les États-Unis avec l'Arabie saoudite et la « sentinelle » japonaise, renforce la perception soviétique d'être une « citadelle assiégée » et alimente le sentiment quasi paranoïaque des dirigeants soviétiques.

Dès lors, l'URSS s'assure en 1950 un allié en Asie avec la nouvelle République populaire de Chine de Mao Zedong, puis renforce son bloc pour parachever son « glacis continental », en accélérant la prise de pouvoir des communistes dans les pays occupés d'Europe et tous satellisés en 1949, avec comme point d'orgue le coup de Prague en Tchécoslovaquie (1948). Ces « démocraties populaires » sont ensuite alignées sur la politique soviétique, intégrées dans une alliance économique en 1949 — le Conseil d'assistance économique mutuelle (CAEM), dont le fonctionnement est fait pour répondre aux besoins de Moscou — et finalement soudées militairement dans le pacte de Varsovie (1955), après le réarmement de la RFA.

Une longue paix chaude (1956-1975) : de la terreur nucléaire au retour de la stratégie territoriale

Cette période de glaciation des blocs prend fin au XXe Congrès du Parti communiste de l'Union soviétique (PCUS) de 1956, au cours duquel Nikita Khrouchtchev, qui s'est imposé à la tête du PCUS après la mort de Staline le 5 mars 1953, annonce une déstalinisation en interne et un programme de développement économique ambitieux. Il propose aux États-Unis, alors aux prises avec le mouvement des droits civiques, une forme de pause qui est surtout la reconnaissance d'une non-ingérence mutuelle. C'est ainsi qu'il faut comprendre l'absence de réaction à l'Ouest face à la sévérité des répressions soviétiques en RDA et Pologne (1953), en Hongrie (1956) particulièrement, et plus encore face à la construction d'un mur à Berlin en 1961. Souvent présentée comme une période de transition, cette phase de la guerre froide est en fait un moment charnière, car les deux superpuissances mondiales s'entendent pour conserver un *statu quo* et contrôler leur bloc respectif, mais sans renoncer à leurs objectifs d'expansion pour l'un, d'endiguement pour l'autre. Et il n'est pas question de paix, et encore moins de dialogue, car cette « entente », ce *condominium*, se fait sur fond d'entrée dans l'ère d'une coûteuse compétition technologique, dans le cadre de la course aux armements et à l'espace, un temps symboliquement plus que réellement dominé par l'URSS avec le *Spoutnik* (1957), avant que John F. Kennedy ne lance le programme *Apollo* conduisant à envoyer une mission habitée sur la Lune en 1969 (chapitre 15).

Cette phase est surtout la résultante de l'entrée dans l'ère du surarmement, notamment du surarmement nucléaire. La quête permanente d'innovations technologiques, couplée à une surenchère quantitative et qualitative des armes et des outils de renseignement, renverse la logique géopolitique habituelle pour déterritorialiser la stratégie. Les doctrines des deux blocs intègrent explicitement ce renversement, à commencer par la doctrine de « destruction mutuelle assurée » (MAD selon l'acronyme anglais), reprise à la fois par l'Otan et par le pacte de Varsovie, qui suggère que chaque camp doit posséder des armes en quantité suffisante pour annihiler l'ennemi. Aux États-Unis, elle est même temporairement renforcée entre 1953 et 1962 par la doctrine Dulles, du nom du secrétaire d'État du président Eisenhower qui menace de « représailles (nucléaires) massives » (*massive retaliations*) toute tentative soviétique d'expansion, dans une optique non seulement de dissuasion mais surtout de destruction. On en revient ensuite sous Kennedy-McNamara à une « riposte graduée » (*graduate response*) et à un engagement territorial au Vietnam, où Lyndon Johnson intensifie la présence militaire américaine en faisant débarquer les GI's à partir de 1965.

Pour autant, la menace que fait porter cet « équilibre de la terreur » apparaît clairement au moment de la crise des missiles de Cuba en octobre 1962, lorsque le soutien soviétique au nouveau régime castriste et la réaction américaine plongent le monde dans une brève, mais intense, peur nucléaire. Elle engage les deux Grands à changer une nouvelle fois leur manière de gérer la bipolarité en relançant une phase de dialogue : la Détente. Elle se concrétise par des accords de commerce (blé contre pétrole) et surtout par un dialogue sur le désarmement qui aboutit en 1968 au traité de non-prolifération (TNP), en 1973 à un accord de coopération pour empêcher tout conflit nucléaire, et surtout à l'ouverture en 1969 de « conversations permanentes sur la limitation des armements stratégiques » (*Strategic Arms Limitation Talks* — SALT), qui se concrétisent en 1972 (SALT I) puis en 1979 (SALT II). En Asie, le retrait progressif des Américains du Vietnam (1969-1973) est un facteur d'évolution décisif. En Europe, ce dialogue est mené à plusieurs échelles ; entre la RDA et la RFA dans le cadre de l'*Ostpolitik* (dont l'initiateur est le chancelier ouest-allemand Willy Brandt), et à l'échelle du continent avec la signature du texte final de la Conférence sur la sécurité et la coopération en Europe (CSCE) à Helsinki en 1975, reconnaissant l'intangibilité des frontières du continent et la nécessité du respect des droits de l'homme par tous (chapitre 5).

Néanmoins, la Détente n'est toujours pas un renoncement à l'ordre de guerre froide. Mieux, le territoire reprend temporairement toute sa place dans la stratégie des deux Grands, dès lors qu'existe la perspective d'un désarmement, même illusoire en raison du développement toujours accéléré de nouvelles armes et techniques (mirvage).

Ainsi, sous l'impulsion d'Henri Kissinger, promoteur d'une *Realpolitik* qui désengage l'armée du Vietnam, les États-Unis de Richard Nixon entament un soutien actif en Amérique latine à des dictatures militaires qu'ils aident et soutiennent, par peur de la contagion communiste depuis le Cuba castriste : Brésil en 1964, Chili en 1973, Uruguay et Argentine en 1976. Le rapprochement avec la Chine de Mao, qui avait rompu avec l'URSS après la crise de Cuba, se concrétise par le transfert de Taipei à Pékin du siège de membre permanent au Conseil de sécurité de l'ONU en 1971. De son côté, l'URSS du néostalinien Leonid Brejnev, contestée en Asie, ne relâche pas la pression sur les démocraties populaires (répression du printemps de Prague en 1968). Et, avec l'aide de son allié cubain, elle tente de profiter des décolonisations pour s'implanter en Afrique (Mozambique, Angola) et, plus largement, lancer avec la « stratégie oblique » une nouvelle tentative de désencerclement et rompre la continentalisation de son bloc. Le Moyen-Orient devient un terrain d'affrontement indirect dans le cadre de la guerre du Kippour (1973).

Vers la victoire américaine (1975-1989)

Cette stratégie menée par Leonid Brejnev conduit à une seconde guerre froide, qualifiée par lui de « guerre fraîche » (discours de Prague, 1978). Inaugurée par le déploiement par les Soviétiques en Europe de missiles SS20 en 1977, elle se poursuit par le soutien aux guérillas en Amérique centrale, aux communistes du Yémen puis, à partir de 1979, avec l'intervention militaire en Afghanistan. Ces offensives obligent les États-Unis à répondre. Sous la présidence de Jimmy Carter, partisan d'une « politique des bons sentiments », Washington choisit d'affaiblir l'URSS en cherchant à promouvoir la paix par les accords de Camp David entre l'Égypte et Israël, l'arrêt du soutien aux dictatures d'Amérique latine et le renoncement à renverser le régime sandiniste installé au pouvoir au Nicaragua. Toutefois, après le « coup de Kaboul » (avril 1978), le président démocrate décrète un embargo sur les livraisons de blé à l'URSS, un *boycott* des jeux Olympiques de Moscou (1980), et décide d'armer en Afghanistan les résistants à l'invasion soviétique, en particulier les islamistes « combattants de la liberté » (*moudjahidin*).

La victoire du néoconservateur Ronald Reagan, résolu à lutter contre l'« Empire du mal » (URSS), durcit nettement la réponse américaine à l'offensive mondiale des Soviétiques : il déploie en Europe des missiles Pershing face aux SS20 soviétiques, intensifie le soutien aux *moudjahidin* d'Afghanistan (le pays devient un creuset du djihadisme international, avec la naissance d'Al-Qaïda en 1987), arme en Amérique centrale des contre-guérillas (Nicaragua), envahit la Grenade (1983) et entame un projet de défense antimissile (Initiative de défense stratégique-IDS) qui relance la course aux armements nucléaires. Affaiblie par ses coûteux engagements pour répondre au défi nouveau lancé par les États-Unis puis par la baisse du prix du pétrole, autant que par le délitement de plus en plus massif de son outil productif, l'URSS ne peut soutenir l'effort. Et le nouveau secrétaire général réformateur du PCUS, Mikhaïl Gorbatchev, lance à partir de 1986 un vaste programme de réformes, *i.e.* de libéralisation économique (*Perestroïka*) et politique (*Glasnost*), qui le conduit à opérer une nouvelle pause dans la compétition internationale et à « désidéologiser » l'affrontement, ce que Reagan, à la tête d'un pays surendetté après son dispendieux premier mandat, accepte afin d'entrer dans l'ère de la « réassurance » mutuelle.

Cette « nouvelle Détente » est décisive : elle se traduit en 1987 par l'arrêt du soutien aux contre-guérillas et aux dictatures des États-Unis, le retrait de l'Armée rouge d'Afghanistan, la signature du traité de Washington (1987) qui décide de l'élimination, avec contrôle réciproque, de tous les missiles nucléaires intermédiaires (accord INF — *Intermediate Nuclear Forces*) et prépare la signature du traité *Strategic Arms Reduction Talks* (START) de 1991 sur la réduction des armes conventionnelles et des vecteurs stratégiques. Elle accélère surtout la désagrégation du bloc communiste en Europe qui, encouragé à se réformer, choisit la rupture. L'ouverture de la Hongrie en mai 1989 accélère l'effondrement qui conduit à la chute du mur de Berlin en novembre 1989. La fin de ce symbole de la bipolarisation conduit George H. Bush et Mikhaïl Gorbatchev à déclarer la fin de la guerre froide en décembre 1989 (accords de Malte). Elle est l'avant-dernière étape avant la dissolution du pacte de Varsovie et de l'URSS en 1991.

Un ordre bipolaire en trompe l'œil

La bipolarité, une nécessité géopolitique pour les deux Grands

La bipolarité Ouest-Est était pour les deux Grands une réponse à l'anarchie internationale, tout autant qu'un gage d'hégémonie. Les contemporains ont ainsi souvent dénoncé un « duopole » (ou *condominium*) des deux superpuissances qui leur assurait une domination sur le monde. C'est ainsi que Charles de Gaulle dénonçait régulièrement la « double hégémonie » des Américains et des Soviétiques. Il faut bien avoir en tête que l'idée de bipolarité de l'ordre mondial

Carte 1. **Le monde dans la guerre froide**

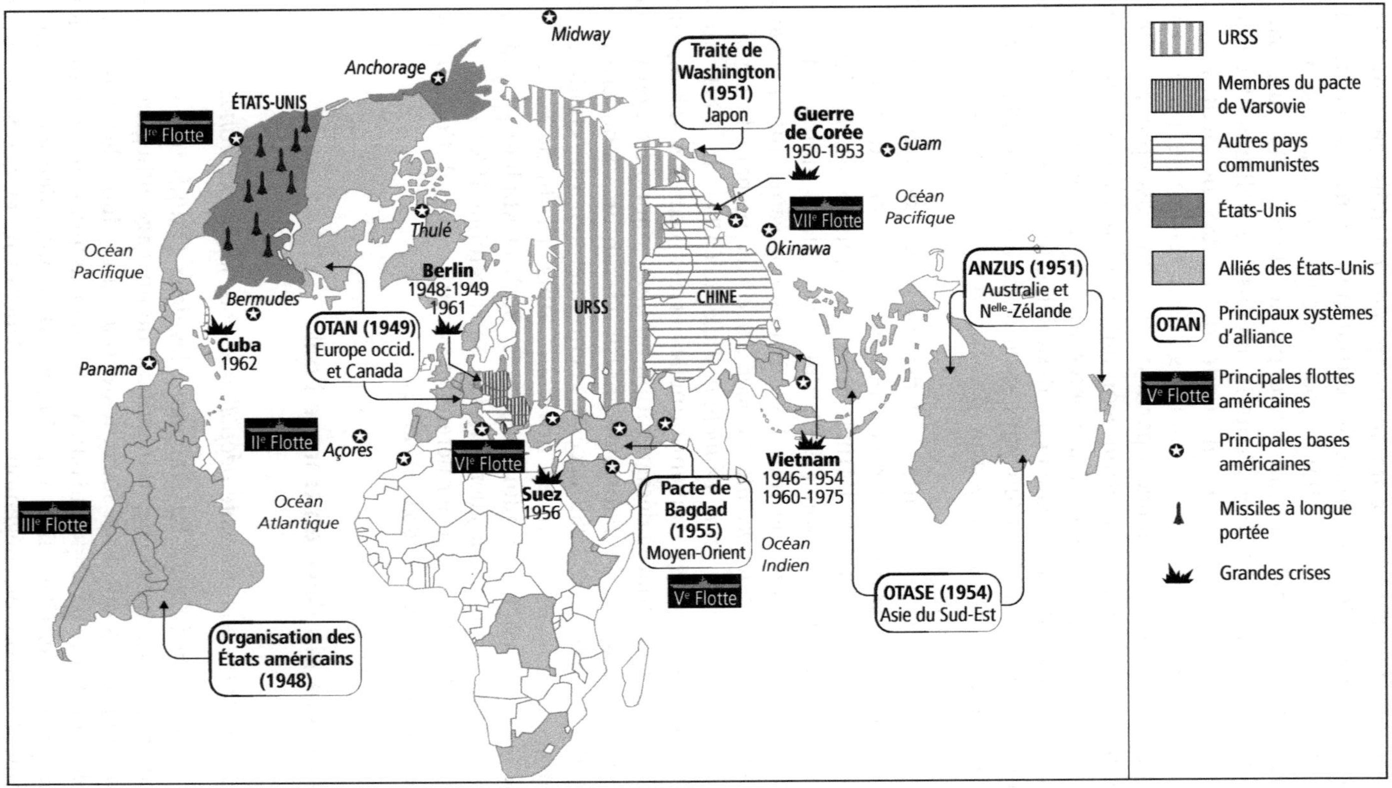

Source : d'après blog Histoire et Géographie Terminales d'E. Augris, novembre 2006.

a été largement promue par l'école réaliste dans les relations internationales, qui inspire les présidents américains durant la quasi-totalité de la guerre froide, dont les grandes figures sont Hans Morgenthau et Kenneth Waltz, comme expliqué dans l'Introduction. Elle est conçue comme un gage de stabilité et donc de sécurité. Aussi les deux superpuissances s'entendent-elles pour éliminer toute forme de gestion alternative de l'ordre mondial, à commencer par le système multilatéral onusien, dernier avatar des aspirations de l'école libérale (issue du wilsonisme et de la SDN), qui devait faire du droit, et plus encore de l'éthique et de la justice, l'instrument privilégié de la pacification des relations entre nations. En effet, l'ONU est pensée pour ne retirer aucune des libertés, notamment en matière de guerre et de paix, aux cinq membres du Conseil de sécurité qui bénéficient du droit de veto. La paralysie de l'ONU, prévisible dès sa naissance, se justifie pour Hans Morgenthau [1948], conseiller du Département d'État américain, car elle garantit aux deux Grands le plein contrôle sur la géopolitique mondiale, y compris dans le choix de leurs guerres, par alliés interposés, et sur le retour à la paix. Ainsi, bloquée sur la grande majorité des questions par le veto soviétique, l'ONU se révèle incapable de trouver des solutions aux grandes crises de la période, comme celles de Berlin, de Cuba ou d'Afghanistan qui se règlent dans le rapport de force et l'arrangement entre les deux Grands (chapitre 5).

Dans ce contexte, États-Unis et URSS sont à bien des égards les « meilleurs ennemis » dans la guerre froide : ennemis préférés, utiles et même recherchés... qui discutent volontiers en ligne directe, sans se soucier de leurs alliés respectifs. Dès les débuts de la coexistence pacifique, les deux superpuissances gèrent en commun les grands problèmes internationaux : ainsi, en 1956, ce sont les menaces soviétiques d'utiliser l'arme nucléaire et les pressions exercées par les États-Unis qui mettent fin à l'expédition franco-britannique à Suez. Ce besoin de garantir l'ordre bipolaire trahit de fait une des grandes logiques sous-jacentes de la guerre froide. En aucun cas, les deux Grands ne visaient réellement la destruction brutale de l'adversaire, mais bien plutôt sa transformation vers la convergence idéologique, par l'influence, la pression ou le dialogue [Soutou, 2011], seule garantie d'un monde stable, *i.e.* qui ne basculerait pas dans l'anarchie. C'est ainsi que l'expression « paix chaude » peut être préférée à celle de « guerre froide ». L'historienne des relations internationales Thérèse Delpech [2005] écrit à ce sujet : « La guerre froide a renversé le processus observé par von Clausewitz au XIXe siècle selon lequel les guerres cessaient d'être l'affaire de professionnels pour devenir celles des peuples. Les acteurs principaux de ces guerres ont été les stratèges nucléaires et les spécialistes du renseignement. » Enfin, chacun des

Les services secrets américains et soviétiques durant la guerre froide

Cédric Tellenne

Pour l'historien des services secrets Rémi Kauffer [2015], la guerre froide s'apparente sous certains aspects à un « bal des taupes » : le recueil d'informations dans les pays ennemis était devenu crucial. Les missions des services secrets incluaient aussi des opérations clandestines de déstabilisation, des coups tordus et tentatives de subversion, des assassinats politiques, ils incarnent donc aussi la face sombre de la guerre froide... tout en empêchant qu'elle ne se réchauffe trop.

Les agences de renseignement ont développé des réseaux secrets aux ramifications internationales : le Comité pour la sécurité de l'État (KGB), héritier de la Tchéka et du Commissariat du peuple aux Affaires intérieures (NKVD) et réorganisé en 1954, aurait recruté environ 1,5 million d'agents et collaborateurs, soit le réseau le plus important et à l'efficacité la plus redoutable ; son siège est à la Loubianka, à Moscou ; la Central Intelligence Agency (CIA), créée en 1947 et située à Langley (Virginie), dotée de nombreuses antennes dans le monde, est chargée de collecter le renseignement, de recruter des agents, d'organiser des opérations de subversion à l'étranger, mais aussi de traquer les espions soviétiques sur le territoire américain. Il ne faut pas oublier le M16 anglais (incarné à l'écran par James Bond), le Mossad israélien, la Direction de la surveillance du territoire (DST) française, les services allemands de l'Ouest et de l'Est (un des espions de RDA, Günter Guillaume, est même devenu le conseiller personnel du chancelier Willy Brandt).

L'agent secret est une figure mythique de la guerre froide. Ainsi les *Magnificent Five* de Cambridge : cinq étudiants recrutés par les Soviétiques dans les années 1930, engagés par antifascisme sans jamais accepter la moindre rémunération pour leurs informations. Le plus connu d'entre eux, Philby, a trompé le MI6 pendant trente ans, gravissant même les échelons hiérarchiques. L'URSS a pu prendre une avance décisive au début de la guerre froide, obtenant rapidement des secrets nucléaires lui permettant de fabriquer sa propre bombe. C'est le moment où, aux États-Unis, le sénateur Joseph McCarthy lance une « chasse aux sorcières » qui mène par exemple à l'exécution des époux Rosenberg en juin 1953. Les agences de renseignement ont joué une action décisive au cœur de la guerre froide : la CIA est par exemple parvenue à obtenir une copie du rapport Khrouchtchev de 1956 dénonçant les crimes de Staline, ou des informations cruciales concernant les sous-marins nucléaires soviétiques et les missiles guidés. Dimitri Poliakov, major général de la Direction générale du renseignement (GRU), fut peut-être la plus grande taupe occidentale : il donna ainsi le nom de quatre officiers de l'US Army espionnant pour le compte de l'URSS, alerta sur l'antagonisme croissant de Pékin envers Moscou — que Nixon exploita en 1972 pour rencontrer Mao Zedong et briser un peu plus l'unité du bloc communiste.

deux Géants jouait de la peur de l'ennemi pour souder la nation et faire taire les oppositions : dénonciation d'une « cinquième colonne » et chasse aux sorcières aux États-Unis (maccarthysme, 1954), lutte contre les « dissidents » en URSS.

De la bipolarité à la « bimultipolarité »

Toutefois, le monde a sans doute été davantage « bimultipolaire » que bipolaire [Frank, 2012]. La première raison en est que les deux Grands se sont plus ou moins rapidement attelés à organiser les pôles secondaires dans leurs zones d'influence. En particulier, les États-Unis n'ont pas toujours considéré que le *containment* nécessitait la bipolarisation stricte du monde. Bien au contraire, pendant les années 1940 et 1950, dans le bloc occidental, l'endiguement est passé par la reconstruction de « vitrines du capitalisme » et l'essor de centres de puissance régionaux capables de résister à l'influence soviétique, voire d'isoler l'URSS. C'est ainsi qu'il faut comprendre les nombreuses alliances militaires (*pactomania*), le soutien des États-Unis à la construction européenne dans les années 1950, et notamment au projet finalement raté en 1954 d'armée européenne, mais aussi le programme *Atoms for Peace* de 1953, lancé sous la présidence d'Eisenhower. L'URSS, occupée à sa propre reconstruction, n'a pas tout de suite accepté le développement de pôles régionaux dans son bloc avant les années 1960. Mais ensuite, des États comme Cuba, la Tchécoslovaquie ou la RDA ont pu servir de relais d'influence et d'intermédiaire à l'URSS en Afrique et dans le monde arabe pour la livraison d'armes ou la coopération technique dans le cadre des politiques de développement.

Les deux Grands se sont aussi évertués, avec un succès relatif, à intégrer certains conflits aux logiques spécifiques dans la logique plus large de guerre froide. C'est le cas du conflit israélo-arabe, où les camps mettent du temps à se dessiner jusqu'au milieu des années 1950, quand l'URSS, un temps proche d'Israël (car fondant de grandes espérances sur le sionisme collectiviste), se range aux côtés des pays du socialisme arabe (Égypte, Syrie, Irak) et que les États-Unis se rapprochent à l'inverse de l'État juif. C'est aussi l'enjeu des décolonisations (chapitre 3) : si les nouveaux États du « tiers monde » tentent de s'affranchir de la bipolarité, avec la revendication dès 1961 à Belgrade du non-alignement et la contestation de la prétention des grandes puissances (URSS incluse) à dominer le reste du monde, certains optent pour des modèles de développement qui les rapprochent de l'un ou l'autre camp, et bien souvent de l'URSS (Inde, Algérie et pays arabes). Aussi a-t-on pu évoquer à partir du milieu des années 1960 l'existence d'un ordre oligopolistique *bimultipolaire*.

Mais, là encore, cette « bimultipolarité » est, dès les années 1960, traversée de tensions centripètes puissantes. En particulier, la place de membre permanent accordée aux Britanniques, Chinois et Français au Conseil de sécurité leur assure *de facto* une place prépondérante dans la géopolitique mondiale. Et si les Européens sont un temps affaiblis diplomatiquement par les décolonisations, les condamnations qu'ils subissent à la tribune de l'ONU et l'humiliation de Suez (1956), ils profitent aussi de cette place pour développer l'arme nucléaire et affirmer leur force. Certes, les Britanniques acceptent de placer leur capacité nucléaire sous commandement américain (accords de Nassau, 1962), mais, à l'inverse, les Français usent de la dissuasion nucléaire pour mener, à partir de 1958 et du retour du général de Gaulle au pouvoir, une politique singulière au sein du monde occidental. Cette politique dite « de grandeur et d'indépendance » par le général-président se traduit par le spectaculaire retrait du commandement intégré de l'Otan en 1966, un voyage à Moscou la même année, une diplomatie d'ouverture vers l'Europe de l'Est (Pologne, Roumanie), le monde arabe et la Chine, la contestation de l'impérialisme états-unien en Amérique latine et dans la guerre du Vietnam (discours de Phnom Penh, 1966). La Chine profite également de ce qu'elle accède à la bombe en 1960 pour assurer sa rupture avec l'URSS et s'affirmer contre l'Inde (guerre victorieuse de 1962).

Enfin, même sans la force protectrice et dissuasive de l'arme nucléaire, certains États « alignés » viennent imposer leur propre calendrier à leur *leader* et perturber ainsi l'ordre de guerre froide. C'est le cas de Cuba qui, sous l'impulsion de Che Guevara, met l'URSS à plusieurs reprises devant le fait accompli, en tentant d'exporter la révolution en Amérique latine et en Afrique. C'est aussi le cas des conflits israélo-arabes dans lesquels les deux Grands se sont impliqués sans réellement maîtriser les agendas de leurs alliés respectifs : en témoigne leur embarras lors de la guerre du Kippour en 1973, dans laquelle ils s'impliquent en usant à la fois de la tribune de l'ONU et de la menace nucléaire pour faire cesser les combats, alors que la guerre menace la Détente dans les relations Est-Ouest. Un symptôme de la difficulté à toujours maintenir l'ordre.

Sous l'ordre, le « désordre »

Dès lors, du monde bimultipolaire au monde multipolaire, il y a peu… et il y a même de moins en moins à partir de la décennie 1970. La longue Détente des années 1956-1975 doit être aussi lue comme une stratégie conservatrice de la part des deux Grands pour tenter de geler des hiérarchies, alors que les facteurs de déstabilisation à l'intérieur comme à l'extérieur de leur bloc se multiplient et fragilisent leur *leadership*. Certains de ces facteurs qui viennent bouleverser l'ordre jusque-là garanti par les deux Grands sont encore clairement politiques.

Le Nouveau Désordre mondial selon Milza

CÉDRIC TELLENNE

Pour l'historien français Pierre Milza [1983], le nouveau désordre mondial a débuté vers le milieu des années 1970 et a culminé au milieu des années 1980. Il est donc antérieur chronologiquement à ce qu'on lit souvent dans les manuels d'histoire. Le monde bipolaire et équilibré, jusqu'alors dominé par les deux superpuissances, s'en trouve profondément ébranlé. La première rupture intervient en 1973 avec le premier choc pétrolier, puis des facteurs multiples de déstabilisation s'accumulent qui ne sont pas forcément liés entre eux : une crise économique et sociale de grande ampleur en Occident, la crise des idéologies et notamment du marxisme, les forces centrifuges menaçant la paix civile dans de nombreux États, l'essor du terrorisme international utilisé par les militants palestiniens, l'avènement de la République islamiste d'Iran, l'invasion de l'Afghanistan par les Soviétiques...

Dans ce contexte, les deux Grands sont de plus en plus impuissants à contrôler des conflits qui échappent à l'ordre bipolaire : guerre civile libanaise (1975-1979), guerre Vietnam-Cambodge en 1978-1979, guerre Iran-Irak (1980-1988). Le *condominium* ne fonctionne plus. Le monde bipolaire est devenu un monde « éclaté », avec les concurrences économiques Ouest-Ouest (États-Unis-Europe-Japon), les conflits militaires Est-Est et Sud-Sud, un monde où les deux pôles principaux ne réussissent plus à établir ou rétablir l'ordre.

Par conséquent, les deux Grands s'affaiblissent : les États-Unis connaissent les effets de la guerre perdue au Vietnam, un repli sous les présidences Ford et Carter... mais pas de « déclin » à proprement parler, selon Milza, notamment si l'on compare à l'URSS : crise du modèle, sclérose du régime, révoltes ouvrières en Pologne. Reste surtout une politique expansionniste et agressive destinée à masquer les difficultés internes : guerres en Afrique, crise des euromissiles, invasion de l'Afghanistan. Mais Milza ne croit pas à l'effondrement futur de l'URSS comme à la même époque le démographe Emmanuel Todd [1976] ou l'historienne Hélène Carrère d'Encausse [1978].

En Europe de l'Est, la volonté de certains pays comme la Roumanie de nouer davantage de liens avec l'Ouest, tout autant que la volonté d'affirmer des voies nationales vers le socialisme (« socialisme du goulasch » en Hongrie avec Kadar, « socialisme à visage humain » en Tchécoslovaquie avec Dubcek) conduisent Brejnev à formuler la doctrine de la « souveraineté limitée » qui se traduit par l'intervention à Prague en août 1968, vivement condamnée par la Roumanie et l'Albanie. Surtout, la rupture définitive en 1963 entre les deux géants communistes, URSS et Chine populaire, est capable de faire basculer la géopolitique mondiale vers la « tripolarité ». C'était du reste la volonté même de Mao, convaincu de sa théorie des « trois mondes », distinguant le premier monde des superpuissances, le deuxième monde des puissances secondaires vassalisées, et le troisième monde des anciens pays colonisés, conduits par la Chine et son communisme agraire. Les rivalités entre les deux anciens alliés communistes, tous deux nucléarisés, engendrent même une sorte de « guerre froide dans la guerre froide » qui occasionne guerres frontalières et *proxy wars* en Asie du Sud-Est jusqu'à la fin des années 1970 (Cambodge prochinois *versus* Vietnam prosoviétique). À l'Ouest, en 1979, même si le président Carter avait commencé à s'éloigner du régime du chah (roi) d'Iran, les États-Unis perdent, par la faute de la révolution iranienne menée par l'ayatollah Khomeiny (1979), un de leurs points d'appui principaux au Proche-Orient et au Moyen-Orient, et gagnent un nouvel ennemi irréductible qui les pousse à soutenir, aux côtés de l'URSS, Saddam Hussein dans la guerre entre l'Iran et l'Irak (1980-1988).

D'autres facteurs de brouillage et de dérégulation de l'ordre mondial naissent dans la sphère économique et commerciale, au point que la politique semble alors céder à l'économie pour reléguer la géopolitique au rang d'« épiphénomène » de la mondialisation [Grosser, 1995]. D'abord, les non-alignés, derrière la Yougoslavie, veulent définir une « troisième voie » vers le développement (conférence des îles Brioni en 1956, conférence de Belgrade en 1961). Ensuite, la puissance géopolitique et financière acquise à partir du premier choc pétrolier de 1973 par les pays producteurs, et notamment les pétromonarchies, leur permet de peser de manière décisive sur l'ordre mondial (chapitre 16). Surtout, si les États-Unis restent la première économie mondiale, ils connaissent des difficultés monétaires, commerciales et budgétaires croissantes, et accusent le coup face à la Communauté économique européenne (CEE) et au Japon, au point que l'économiste Kenichi Ohmae [1985] évoque une « Triade » organisatrice du monde au milieu des années 1980 (Amérique du Nord-Europe occidentale-Japon). Plus largement, la libéralisation et la financiarisation de l'économie adossée à l'internationalisation accélérée des chaînes de production, avec la crise des pays de l'Organisation de coopération et de développement économiques (OCDE) et l'ouverture des pays du Sud (à commencer par la Chine en 1979) pour fonder une interdépendance quasi mondialisée, tendent certes à accélérer un processus d'homogénéisation apparent du monde autour des valeurs états-uniennes et de la victoire du capitalisme. Mais de nombreux géoéconomistes, dans la lignée de l'Américain Edward Luttwak [1990], réévaluent aussi les logiques géoéconomiques dans la définition de la puissance et, ce faisant, insistent sur le poids nouveau des acteurs non étatiques aux logiques propres.

La fin du monde westphalien ?

Le « pouvoir des gens ordinaires »

Les acteurs de l'économie privée comme les firmes, amenés à prendre une place croissante dans les années du « nouvel ordre mondial », participent d'une mutation décisive des rapports de force à l'œuvre dans les deux dernières décennies de la guerre froide. Les acteurs non étatiques (ANE), ces « intrus » [Badie et Smouts, 1992] dans les relations internationales, remettent en cause la place et les formes de domination des États et font que la géopolitique de la guerre froide apparaît de moins en moins stato-centrée : certains y voient le début de la fin du monde westphalien, fondé sur la souveraineté des États-nations (chapitres 11, 12 et 14). De nouvelles théories géopolitiques contestent les leçons de l'école réaliste, qui a fondé sa réflexion sur l'omnipotence des États. Elles insistent sur l'intégration croissante et les interdépendances multiples entre une myriade d'acteurs privés, qui dessinent des « relations transnationales » échappant à l'action médiatrice des États, sur l'émergence d'une « société-monde » avec l'internationalisation et la mise en réseau des économies et de l'information dans un monde « globalisé », aussi dominé par les grandes entreprises (chapitre 12). Certains observent la prise de pouvoir des sociétés civiles, au sein desquelles les identités, en perpétuelle reconstruction, deviennent pour certains un facteur de mobilisation plus déterminant que les idéologies depuis les analyses fondatrices de James Burton [1972] et James Rosenau [1979 ; 1990], considérés comme les premiers auteurs transnationalistes.

À cet égard, la décennie 1970 représente une période charnière. Alors que la médiatisation de la guerre du Vietnam (diffusion de la célèbre photographie de Nick Ut, *La petite fille au napalm* en 1972) a précipité la piteuse sortie du conflit sous Nixon, dans le bloc soviétique l'éveil des sociétés civiles et la montée des oppositions sont confortés par la signature par l'URSS du traité d'Helsinki en 1975, et notamment de sa « troisième corbeille » dédiée aux libertés fondamentales (chapitre 5). Moscou considérait alors certes cette partie du texte comme une concession mineure par rapport à la reconnaissance de ses frontières et de celles de ses pays satellites en Europe. Seulement, ces accords servent de base aux dissidents du bloc de l'Est, comme Andreï Sakharov en URSS, ou aux membres de la « Charte 77 » menés par Vaclav Havel et Jan Patocka en Tchécoslovaquie, pour réclamer plus de liberté. Dans cette lente détente « par le bas », informés par les radios occidentales qu'ils commencent à pouvoir capter, bercés dès lors du rêve de s'occidentaliser et d'accéder à la société de consommation, « gens ordinaires » (Mikhaïl Gorbatchev), groupes de jeunes, associations de défense de l'environnement et groupes de rock, groupes religieux, mais aussi syndicats, comme Solidarnosc à l'origine des grandes grèves de Gdansk qui aboutissent à la reconnaissance en 1980 de syndicats libres en Pologne, maintiennent une pression constante et croissante sur les régimes des démocraties populaires. Durant l'année 1989, en RDA, des « touristes » fuyant vers la Hongrie en voie de démocratisation et des manifestants pacifistes dans les rues des grandes villes du pays précipitent la chute d'un régime dont les dirigeants refusaient de mettre en œuvre les réformes de Gorbatchev, et avec lui l'ensemble du bloc soviétique européen. Bref, pour emporter la guerre froide, l'influence culturelle et la pression de la société civile sur les pouvoirs ont été aussi, voire plus décisives que les bombes : « Lennon plus fort que Stallone », comme le résume Grosser [1995].

La « reconfessionnalisation » des relations internationales

Dans ce contexte, il faut aussi noter le réveil du fait identitaire, et particulièrement du sentiment religieux, comme fait majeur des dernières décennies de guerre froide. Balayées par les grandes idéologies universelles du XXe siècle, souvent reléguées au rang d'archaïsme dans les grands États devenus laïcs, parfois pourchassées dans le bloc communiste ou encore dans les régimes des « socialismes arabes », les religions retrouvent leur place à mesure que les pouvoirs s'affaiblissent, échouent et que les grandes idéologies déclinent pour laisser le champ au seul pragmatisme économique.

En Europe, l'élection du charismatique et engagé Polonais Jean-Paul II à la papauté en 1978, lançant au monde le fameux slogan « N'ayez pas peur ! », est emblématique de ce tournant : son activisme anticommuniste a contribué à décrédibiliser et fragiliser les régimes des démocraties populaires. Si le Vatican agit seul, porté par les convictions profondes du pape, les religions sont encore souvent instrumentalisées par les États-Unis qui s'appuient sur l'Arabie saoudite en l'encourageant, dès le règne du roi Fayçal (1964-1975), à développer avec ses pétrodollars une politique étrangère fondée sur l'influence religieuse par la formation d'imams et le soutien à des groupes comme les Frères musulmans. Puis ils arment ces groupes de combattants religieux comme opposants aux communistes. Avant même de le faire en Afghanistan, ils inaugurent cette politique dans la République populaire yéménite prosoviétique dès les années 1970. Les religions et leurs revendications peuvent être aussi instrumentalisées en interne par certains gouvernants désireux de conforter leur pouvoir, comme Indira Gandhi en Inde, qui soutient le réveil des particularismes religieux pour contrer la montée des nationalistes hindous (fin des années 1970-début des années 1980), ou Anouar el-Sadate en Égypte, qui utilise au début des années 1980 les Frères musulmans, pourtant interdits jusqu'en 1971, pour contrer une gauche hostile à un rapprochement avec les États-Unis. Dans tous ces cas, le jeu est plus que dangereux, tant l'alliance est contre nature : Anouar el-Sadate (1981) comme Indira Gandhi (1984) meurent assassinés sous les coups de ces fondamentalistes religieux.

Mais le « retour du religieux » durant les décennies 1970-1980 se fait encore plus sûrement à bas bruit dans l'opposition sociale et se nourrit des inégalités nées du mal-développement, de la répression des oppositions et des politiques discriminatoires dans les pays du tiers monde. C'est ainsi le cas dans l'Amérique des dictatures, avec la diffusion de la théologie de la libération derrière l'archevêque Helder Camara (fin des années 1960-début des années 1970) dans les quartiers les plus défavorisés, ou en Afrique du Sud, où l'Église anglicane de Desmond Tutu joue un rôle majeur auprès de l'African National Congress (ANC) dans le combat contre l'*apartheid*.

Dans les pays musulmans, qu'ils soient arabes, turc ou perse, de l'Algérie aux Proche et Moyen-Orient, la corruption comme l'échec diplomatique et économique des régimes laïcs placent aussi les groupes religieux en position de recours pour tous les opposants et déçus des régimes. Et, ici, l'influence croissante des groupes financés par l'Arabie saoudite, les répercussions du conflit israélo-arabe, la victoire des mollahs en Iran en 1979 accélèrent la montée en puissance de groupes qui agissent à la fois sur les terrains social, éducatif, politique et militaire, et transforment les sociétés comme le sens des conflits dans lesquels ils s'immiscent, contribuant ainsi à les éloigner encore plus des logiques de la guerre froide. Ainsi, les Frères musulmans sont à l'origine en 1968 dans la Palestine occupée de la fondation d'une association caritative, Al-Majmaa, qui est la base du futur Hamas, fondé pour sa part en 1987 et qui transforme le combat pour un territoire, la Palestine, en un combat religieux. Au Liban, pendant la guerre civile qui frappe le pays, l'Iran fonde en 1982 le Hezbollah qui, lui aussi, avant devenir un groupe combattant, s'affiche d'abord comme un organisme social en aidant chaque famille touchée par les bombardements à reconstruire sa maison.

L'ère du partisan

On rejoint ici le constat fait par Carl Schmitt [1932], qui théorisait la disparition de l'ordre étatique territorial au profit d'une violence généralisée portée par des combattants irréguliers, luttant pour une idéologie, quelle qu'elle soit, qu'ils considèrent comme universelle et universalisable sans forcément se reconnaître dans un État, même s'ils peuvent chercher à en prendre le contrôle ou à l'utiliser comme outil de légitimation. Si l'on réfléchit à l'exemple des combattants de la guerre d'Espagne ou des compagnons du Che en Amérique latine, l'action de ces « partisans » va croissant tout au long des années de guerre froide.

Dans un premier temps, les superpuissances ont tenté de faire jouer à leur profit ces forces civiles disponibles et mobilisables facilement dans des conflits périphériques (*proxy wars*), car elles ont le double avantage de peu coûter et de masquer une implication directe. On peut donc ici rappeler le financement, l'armement et même la formation des contre-guérillas d'Amérique latine par l'URSS (Forces armées révolutionnaires de Colombie-FARC, Sentier lumineux au Pérou) dès les années 1960, mais aussi des mouvements nationalistes palestiniens et notamment de l'Organisation de libération de la Palestine (OLP) de Yasser Arafat, dite « fille de Moscou ». Parfois associés aux groupes d'extrême gauche agissant en Occident (Allemagne, Japon, Italie), ces mouvements multiplient les attaques contre les intérêts israéliens et occidentaux, comme à Munich en 1972.

Les États-Unis ont aussi joué ce jeu, dangereux sur le long terme, en finançant, comme expliqué *supra*, les guérillas d'Amérique latine et, avec l'aide de l'Arabie saoudite, des *moudjahidin* afghans. Et les deux ont aussi usé de ces groupes en Afrique, notamment dans la longue guerre civile en Angola (1975-2002), leur permettant même de se financer grâce à la revente illégale des ressources des territoires qu'ils contrôlaient : diamants pour l'Union nationale pour l'indépendance totale de l'Angola (UNITA), soutenue par la Chine, les États-Unis et l'Afrique du Sud, pétrole pour le Mouvement populaire de libération de l'Angola (MPLA) marxiste, soutenu par l'URSS. Mais, ce faisant, les deux Grands ont contribué à installer et légitimer une forme d'action politique, souvent devenue terroriste, qui a survécu à l'ordre de guerre froide, qui les a souvent dépassés, voire qui s'est, sur le long terme, retournée contre eux ou a été récupérée par d'autres États, promoteurs d'un autre ordre mondial. Dans les années 1980, la Libye de Mouammar Kadhafi (vol DC-10 d'UTA, 1989) et l'Iran *via* le Hezbollah (attentat du Drakkar, 1983) se placent ainsi parmi les premiers financeurs du terrorisme international.

En conclusion, une fois l'URSS et son empire disparus, une page essentielle de l'histoire est tournée, et une chance semble être donnée à la paix mondiale : l'ONU cesse d'être bloquée par l'opposition entre les deux Grands et lance plus d'opérations de maintien de la paix entre 1988 et 1993 que pendant les quarante années précédentes. Le long conflit décrit par Soutou comme une « guerre de cinquante ans » relevait finalement peut-être davantage d'une « paix chaude » entre les deux Grands que d'une réelle guerre, même « froide » :

Gadis préfère parler de « longue paix », eu égard au rôle du nucléaire dans le conflit. Quoi qu'il en soit, ce dernier reposait pour chacun des deux Grands sur la domination d'un bloc et sur une influence mondiale. Or l'ordre bipolaire s'est progressivement relâché, à partir des années 1960 et surtout 1970, en un système de plus en plus multipolaire et désordonné, laissant la part belle à des puissances secondaires contestataires, mais aussi à une multitude d'acteurs non étatiques. Avec le recul, ce conflit porte en germe les bouleversements de la géopolitique mondiale que l'on observe en ce début de XXIe siècle, relevant davantage d'un « magma illisible » [Hassner, 2015] que de la bataille rangée (chapitre 4).

Repères bibliographiques

ARON R. [1948], *Le Grand Schisme*, Paris, Gallimard.

— [1962], *Paix et Guerre entre les nations*, Paris, Calmann-Lévy.

BADIE B. et SMOUTS M.-C. [1992], *Le Retournement du monde. Sociologie de la scène internationale*, Paris, Presses de la Fondation nationale des sciences politiques/Dalloz.

BURTON J. W. [1972] *World Society*, Cambridge, Cambridge University Press.

CARRÈRE D'ENCAUSSE H. [1978], *L'Empire éclaté. La révolte des nations en URSS*, Paris, Flammarion.

DELPECH T. [2005], *L'Ensauvagement. Le retour de la barbarie au XXIe siècle*, Paris, Grasset/Fasquelle.

FONTAINE A. [2004], *La Tache rouge. Le roman de la guerre froide*, Paris, La Martinière.

FRANK R. [2012], *Pour l'histoire des relations internationales*, Paris, PUF.

FREEDMAN L. [2001], *La guerre froide, 1945-1989*, Paris, Autrement, 2004.

GADDIS J. L. [2005], *La Guerre froide*, Paris, Les Belles Lettres, 2019.

GROSSER P. [1995], *Les Temps de la guerre froide*, Paris, Complexe.

HASSNER P. [2015], *La Revanche des passions. Métamorphoses de la violence et crises du politique*, Paris, Fayard.

KAUFFER R. [2015], *Histoire mondiale des services secrets*, Paris, Perrin.

LUTTWAK E. [1990], « From geopolitics to geo-economics : logic of conflict, grammar of commerce », *The National Interest*, vol. 20, p. 17-23.

MILZA P. [1983], *Le Nouveau Désordre mondial*, Paris, Flammarion.

MORGENTHAU H. [1948], *Politics among Nations. The Struggle for Power and Peace*, New York, Knopf.

OHMAE K. [1985], *Triad Power. The Coming Shape of Global Competition*, New York, Free Press.

ROSENAU J. [1979], « Du touriste au terroriste, les deux extrêmes du *continuum* de la géopolitique », *Études internationales*, vol. 10, n° 2.

— [1990], *Turbulence in World Politics*, Princeton, Princeton University Press.

SCHMITT C. [1932], *La Notion de politique. Théorie du partisan*, Paris, Calmann-Lévy, 1972.

SOUTOU G.-H. [2011], *La Guerre froide, 1943-1990*, Paris, Pluriel.

SPYKMAN N. J. [1942], *America's Strategy in World Politics. The United States and the Balance of Power*, Londres, Routledge, 2017.

TODD E. [1976], *La Chute finale. Essai sur la décomposition de la sphère soviétique*, Paris, Robert Laffont.

3 / Des empires coloniaux à l'émergence du tiers monde : conflits et recompositions

Delphine Boissarie

Il est tentant de penser que les empires coloniaux ont constitué l'un des principaux vecteurs de la mondialisation dès le milieu du XIXe siècle. C'est la thèse de l'historien britannique Niall Ferguson [2002], qui utilise le néologisme « anglobalisation » pour qualifier le rôle décisif de l'Empire britannique dans l'avènement de la modernité aux quatre coins du monde, avec la diffusion du libre-échange, des institutions politiques, de la langue anglaise ou encore des sports dits « modernes » [Singaravélou, 2013]. Une position critiquée car elle évacue les dimensions conflictuelles et fait de l'empire un facteur d'ordre.

Ainsi, pour Frederick Cooper et Ann Laura Stoler, il faut se garder de voir la colonisation comme un processus d'extension unilatérale de la « modernité » occidentale (ce qui occulterait les interactions avec les colonisés) ou encore comme un processus dont les dynamiques seraient à détacher de la métropole (ce qui revient à faire de l'empire colonial un espace sans influence sur la métropole elle-même). Les régimes coloniaux n'étaient « ni monolithiques ni omnipotents » [Cooper et Stoler, 2013]. La domination des colonisateurs demeure inégale et discontinue, sans schéma d'ensemble, suscitant à la fois des formes de résistance multiples et des interactions diverses entre colonisateurs et colonisés.

La discontinuité territoriale distingue les *empires coloniaux*, dont l'expansion s'effectue outre-mer, dans des espaces qui ne présentent pas de continuité territoriale avec le centre, appelé métropole, et les *empires continentaux* (Empire ottoman, Empire russe), ou encore les expériences de conquête territoriale sans discontinuité géographique (conquête de l'Ouest aux États-Unis, de l'Est en Russie) [Singaravélou, 2013]. Un empire colonial ne peut pas non plus être considéré comme un simple État-nation projetant son pouvoir au-delà de ses frontières, puisqu'il est contraint à un constant équilibre entre intégration et différenciation des peuples et des territoires, pour maintenir son pouvoir et celui des élites dirigeantes [Cooper et Stoler, 2013]. Car le colonialisme, caractérisé par la conquête territoriale et la soumission politique et économique de peuples à une puissance extérieure expansionniste, est une forme directe de l'impérialisme, assimilé à une domination de peuples et de territoires par une puissance extérieure.

Les empires coloniaux sont bien à cette époque des marqueurs de puissance, mais les colonisateurs n'ont pas dominé le monde sans limites ni entraves. Si la décolonisation, en particulier à son acmé dans les années 1950 et 1960, est le résultat d'un affaiblissement géopolitique des métropoles coloniales, faut-il en conclure que la colonisation a été généralement une mauvaise affaire pour les puissances européennes ?

Les motivations des puissances colonisatrices

Affirmer et conforter la puissance

Trois grands types de facteurs entrent en ligne de compte pour expliquer la colonisation :

— des raisons économiques : il faut sécuriser l'accès aux matières premières pour l'industrie et trouver de nouveaux marchés pour une production qui devient surabondante dans une Europe en pleine révolution industrielle. La colonisation permet la mise en place d'une division internationale du travail coloniale, réservant la production et l'exportation des produits manufacturés aux métropoles, et cantonnant les espaces colonisés à un rôle de pourvoyeurs de matières premières. Jules Ferry, lorsqu'il était ministre des Affaires étrangères, le précise clairement dans un discours de 1884 : « La politique coloniale est fille de la révolution industrielle » ;

— des raisons culturelles ou « civilisationnelles » : c'est le « fardeau de l'homme blanc » (d'après le poème de Rudyard Kipling, 1899) que d'apporter la civilisation (science et techniques) à des peuples jugés inférieurs, et souvent de les évangéliser. David Livingstone résumait ainsi la colonisation par les « trois C » : commerce, civilisation, christianisme. Le Français Jules Ferry proclamait dans un discours du 28 juillet 1885 en défendant les conquêtes coloniales : « Les races supérieures ont un droit vis-à-vis des races inférieures. Je dis qu'il y a pour elles un droit, parce qu'il y a un devoir pour elles. Elles ont le devoir de civiliser les races inférieures » (le terme « race » est l'équivalent de « peuple », ou « nation », dans le vocabulaire de l'époque). Cette rhétorique commune part du principe que les normes et comportements européens doivent s'appliquer aux sociétés extra-européennes pour les sauver de l'arriération... Pourtant, force est de constater que les programmes coloniaux ont des résultats modestes en matière scolaire et sanitaire, les taux de scolarisation et l'encadrement médical demeurant très faibles jusqu'aux décolonisations : un médecin pour 350 000 personnes au Rwanda belge en 1929, lorsque le ratio à la même époque en Belgique est de 1 pour 2 344. Une scolarisation de moins de 5 % des enfants de 6 à 13 ans en Algérie en 1912, et d'à peine 10 % en 1937, sachant que les trois quarts des élèves sont en réalité des Européens [Thénault, *in* Singaravélou, 2013]. Cela n'empêche pas cette rhétorique de perdurer : elle est utilisée pour justifier des conquêtes plus tardives, comme celle de l'Éthiopie par l'Italie en 1935-1936, sous couvert d'abrogation de l'esclavage en vigueur dans le royaume ;

— des raisons géopolitiques : la compétition entre puissances européennes, au sortir d'un siècle qui a vu la construction d'États-nations antagonistes en Europe, s'exprime outre-mer. L'achèvement des unités allemande et italienne, la perte de l'Alsace-Moselle par la France, la rivalité anglo-allemande sont autant de facteurs qui encouragent la colonisation, car celle-ci permet d'exporter les tensions intra-européennes. La colonisation est ainsi une projection des ambitions européennes de puissance sur le monde. Pour le Japon, les conquêtes territoriales sont un moyen de s'affirmer comme une nouvelle grande puissance face aux Occidentaux, même si l'échelon des conquêtes demeure régional. Les États-Unis, ancienne colonie, hésitent à se lancer dans l'aventure impériale.

Saisir les opportunités de conquête

La domination coloniale résulte d'un rapport de force et, bien souvent, c'est la fragilité des pouvoirs autochtones qui rend possible l'expansion européenne, comme le souligne la progression occidentale en Afrique du Nord au moment de l'affaiblissement de l'Empire ottoman. À l'affût, les puissances occidentales saisissent alors les opportunités de conquête que crée le déclin d'une autorité préexistante. Ainsi, les explorations scientifiques et commerciales, comme celle du Français Pierre Savorgnan de Brazza, explorateur du cours du fleuve Congo (1875-1878), constituent souvent un préalable à l'établissement des puissances européennes. Elles permettent de nouer des contacts, d'évaluer les forces locales et d'identifier l'intérêt et les potentialités d'un établissement plus durable.

Les persécutions de missionnaires chrétiens peuvent motiver une intervention militaire, comme en témoigne en 1859 la prise de Saïgon, au sud de la péninsule indochinoise, par des troupes franco-espagnoles.

Quand ce n'est pas une demande plus directe de protection exprimée par des dirigeants locaux affaiblis qui permet d'imposer la formule du protectorat : en 1863, un protectorat français est ainsi établi au Cambodge, sous prétexte de protéger le royaume khmer des invasions siamoises.

Parfois, un simple différend avec une puissance européenne suffit à enclencher un processus de colonisation, notamment dans les zones stratégiques. Ainsi, la France, qui s'intéressait plutôt à l'Égypte, n'avait pas formulé de projet de conquête de l'Algérie, mais une créance réclamée à la France par le dey d'Alger, avec un peu d'humeur, déboucha sur une expédition militaire française en 1830 [Thénault *et al.*, 2014]. Enfin, l'apurement d'une dette contractée auprès de puissances européennes peut également conduire à la soumission d'un territoire, comme l'Égypte, occupée par les Britanniques dès 1882 et qui devient officiellement un protectorat britannique en 1914, ou comme la Tunisie, occupée par les Français à partir de 1881.

L'influence des groupes de pression colonialistes

Il s'agit de groupes disparates constitués par des hommes d'affaires, par le personnel militaire, par les institutions religieuses, qui forment l'essentiel du peuplement des colonies d'exploitation et n'hésitent pas à faire pression sur les gouvernements métropolitains.

La présence des missionnaires a souvent précédé la colonisation, si bien que les missionnaires pouvaient parfois servir d'intermédiaires dans les négociations entre pouvoirs locaux et puissances occidentales, comme le montre le cas de monseigneur Miche au Cambodge dans les années 1850-1860. En 1900, il y avait 10 000 missionnaires britanniques (en majorité protestants), et 58 000 religieux et religieuses français dispersés dans le monde entier, et appuyés sur des structures comme la Société des missions étrangères ou encore la Congrégation pour la propagation de la foi en France. Les sociétés de géographie, fondées à partir des années 1820, comme celle de Paris en 1821, ont d'abord pour fonction d'aider les explorateurs et de publier leurs écrits. Mais comme elles sont constituées majoritairement d'administrateurs, de militaires et surtout de négociants qui ont des intérêts directs dans les entreprises coloniales, elles deviennent assez rapidement des instruments de promotion de la colonisation. En 1892 est aussi fondé en France le Parti colonial, dirigé par Eugène Étienne, qui rassemble des députés de tous bords (royalistes, républicains) favorables à la colonisation. C'est ce groupe, rassemblant jusqu'à deux cents députés en 1902, qui soutient la colonisation de Madagascar ou celle du Maroc. Au Royaume-Uni, l'impérialisme ne devient une force politique qu'à partir des années 1870, avec Benjamin Disraeli, puis Joseph Chamberlain.

Toutefois, l'adhésion de l'opinion aux programmes de colonisation est difficile à mesurer dans les métropoles. Au-delà d'une certaine indifférence, l'argumentaire colonial rencontre des résistances parmi les socialistes, qui condamnent le système en soi, allant même jusqu'à voir dans la colonisation un résultat néfaste de l'accumulation du capital. C'est le propos de Lénine dans *Impérialisme, stade suprême du capitalisme*, publié en 1917. La réponse de Georges Clemenceau au discours de Jules Ferry en 1885 montre également que le concept d'une hiérarchie des civilisations n'était pas partagé par tous. Les libéraux, comme le député Frédéric Bastiat au moment de la conquête de l'Algérie, ou encore Richard Cobden au Royaume-Uni, persuadées que le coût de la colonisation en surpasse les gains réels, critiquent également les opérations de conquête. D'autres dénoncent les abus coloniaux, ce qui, dans le cas des mutilations de Congolais perpétrées dans l'État indépendant du Congo, sous le règne du roi des Belges Léopold II, débouche sur une indignation internationale et la mobilisation d'une commission d'enquête en 1904. De possession personnelle de Léopold II, l'État indépendant du Congo devient ainsi en 1908 une colonie de l'État belge pour clore la polémique.

Un partage du monde inégal

Des rivalités fortes à l'origine des crises coloniales

À partir des années 1880, les puissances européennes se livrent à une véritable course aux colonies. En 1885, les puissances colonisatrices européennes s'entendent pour fixer les règles du partage colonial de l'Afrique lors de la conférence de Berlin (1884-1885). Plusieurs accords bilatéraux entre puissances européennes permettent aussi d'éviter les conflits directs, comme le traité anglo-allemand de Zanzibar-Héligoland en 1890, ou l'accord franco-britannique de 1896 établissant le Siam comme État-tampon indépendant entre leurs empires asiatiques respectifs.

Ces accords ne peuvent éviter les tensions parfois très vives entre États, mais la diplomatie l'emporte malgré tout. Ainsi, les Français et les Britanniques se retrouvent directement en concurrence pour la domination du Soudan, en 1898. La mission Marchand, venue du Congo, doit évacuer le poste militaire de Fachoda, où elle avait pourtant hissé les couleurs de la France. Elle se heurte en effet aux troupes de lord Kitchener, représentant les intérêts anglais sur l'axe Le Caire-Le Cap. L'échec français rend possible une Entente cordiale (1904) entre la France et l'Angleterre, tournée contre l'Allemagne. L'Angleterre est libre de ses mouvements en Égypte, et la France peut

Carte 1. **Les empires coloniaux en 1914**

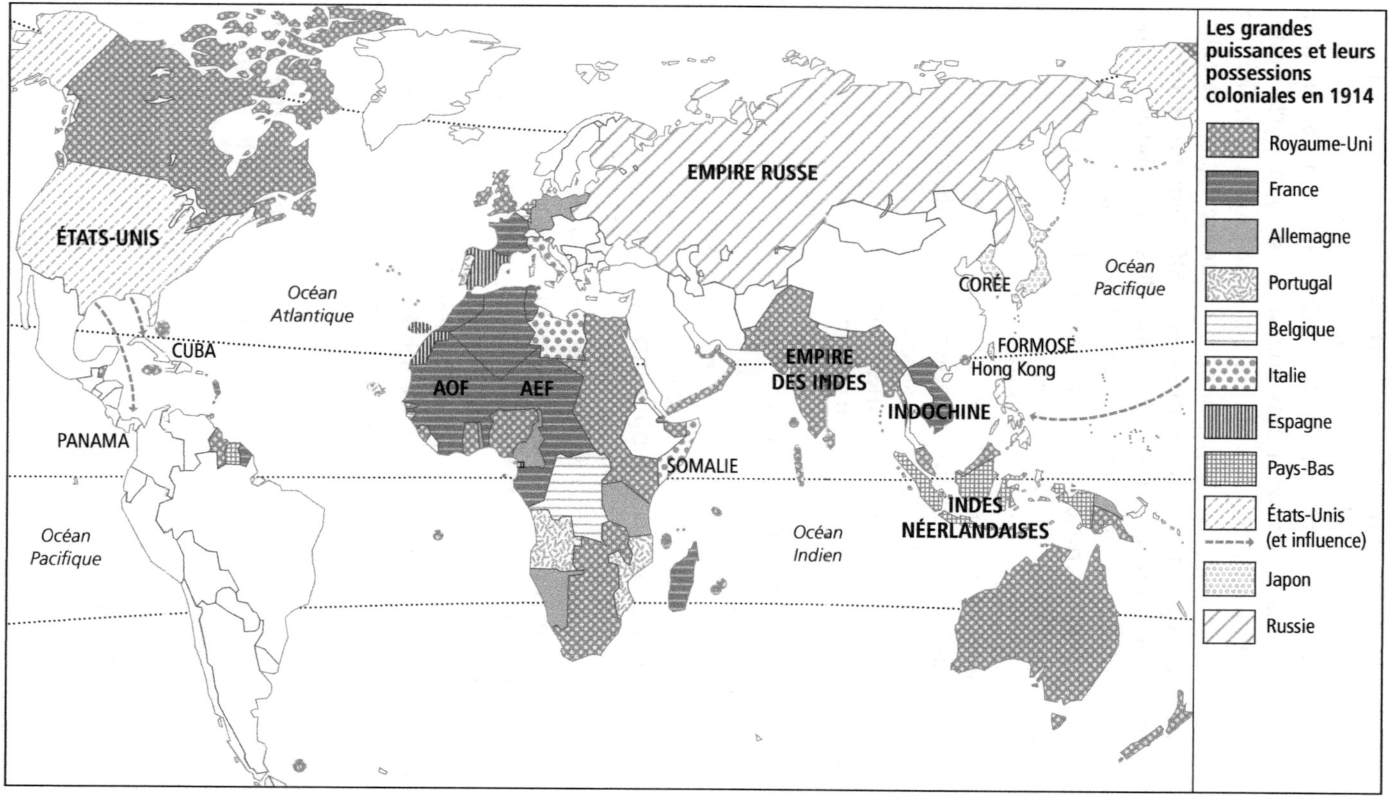

Source : d'après Xavier Martin, 2008.

manœuvrer en échange au Maroc, mais ses ambitions marocaines mènent l'Europe au bord de la guerre du fait de l'hostilité des Allemands à ce projet. L'Allemagne, qui veut avoir sa « place au soleil », selon la formule employée par le chancelier allemand Bernhard von Bülow pour signaler les ambitions coloniales de son pays, proteste contre les ambitions françaises au Maroc. Le royaume chérifien est à cette époque sur le point de passer sous influence espagnole (Rif) et française, attisant de fortes convoitises. En 1905, l'empereur allemand Guillaume II débarque à Tanger et rencontre le sultan Abd al-Aziz pour prévenir la mainmise de la France sur le Maroc. La France considère qu'il s'agit d'une intrusion dans sa zone d'influence, de même que l'Espagne. Ce « coup de Tanger » est réglé en 1906 par les accords d'Algésiras qui organisent un *statu quo* entre l'Espagne, la France et l'Allemagne. Mais, en 1911, le sultan du Maroc demande l'aide militaire de la France pour mater une révolte. L'Allemagne dénonce le fait comme une violation des accords d'Algésiras et envoie une canonnière vers les côtes marocaines. C'est le « coup d'Agadir ». On est au bord du conflit franco-allemand, mais la diplomatie l'emporte : les négociations permettent à l'Allemagne d'obtenir des territoires au Congo et au Cameroun, et à la France d'établir, avec le soutien de l'Angleterre, un protectorat sur le Maroc.

À chaque fois, les crises coloniales se règlent par un nouveau partage des territoires. Toute l'Afrique est colonisée en 1913, à l'exception du Liberia et de l'Éthiopie. Les conflits ouverts pour le contrôle de territoires d'outre-mer n'ont donc pas lieu entre puissances européennes. Ainsi, la guerre des Boers n'est pas un conflit entre deux puissances européennes, mais entre les Britanniques et des populations d'origine européenne — les Boers ou *Afrikaners* — qui avaient construit leur propre État en Afrique du Sud, le Transvaal. De la même manière, le contrôle de la Mandchourie, qui oppose la Russie au Japon dans une guerre de plus d'un an, entre 1904 et 1905, est un cas particulier. La victoire japonaise surprend les Occidentaux et permet justement au Japon d'être reconnu comme la première nation non européenne dans le cercle des grandes puissances. Seule la très courte guerre hispano-américaine (1898) peut éventuellement être classée comme un conflit entre puissances occidentales pour le contrôle de Cuba, mais elle est surtout le signe du déclin définitif de l'Espagne en Amérique et en Asie, et de l'émergence des États-Unis comme puissance régionale. Les conquêtes coloniales agissent bien ici comme un marqueur de puissance, signifiant les faiblesses comme l'apparition de nouvelles forces.

Un contrôle inégal des territoires

Au-delà des images de la propagande coloniale, qui met en scène l'ordre, la paix et parfois même l'unité impériale [Jennings, 2016], les empires coloniaux présentent en réalité des combinaisons administratives très diverses. La colonisation, phénomène erratique et discontinu, dont les acteurs ne pouvaient deviner le résultat final, produit un appareil administratif composite [Surun, *in* Singaravélou, 2013]. Pour le cas français, on pourra retenir que l'Union indochinoise, structure administrative de 1887, est un agrégat de sept territoires différents : une colonie, la Cochinchine, administrée directement par la France ; quatre protectorats administrés conjointement par les souverains locaux et par un résident supérieur français ; des territoires militaires, au nord de l'Indochine, sous l'administration directe de l'armée ; et enfin le territoire à bail chinois de Kouang-Tchéou-Wan (Guangzhou Wan), le tout sous la haute autorité du gouverneur général de l'Indochine. De la même manière, l'Algérie, entre 1848 et 1955, est un ensemble de trois départements auxquels s'adjoignent de vastes territoires au Sud, laissés à l'administration directe de l'armée, sous la haute autorité du gouverneur général de l'Algérie.

Ainsi, les empires sont des *patchworks* de territoires conquis selon des processus différents, d'où un grand bricolage administratif qui produit des inégalités de traitement, administratives et juridiques, d'un espace colonial à l'autre, et entre les habitants d'un même empire. À ce sujet, le code de l'indigénat français (1881) a eu pour objectif d'encadrer la répression des colonisés dans l'empire colonial. Mais la différence juridique entre les populations bute sur les questions du métissage, de l'accès à la citoyenneté, du fort cosmopolitisme des espaces coloniaux. Finalement, la catégorisation des populations de l'empire est un terrain en perpétuelle recomposition. Ainsi, en Algérie, le décret Crémieux de 1870 confère la nationalité française à 37 000 juifs indigènes d'Algérie. Une décision prise sous la pression des juifs de métropole pour résoudre un vide juridique : les juifs d'Algérie avaient perdu, avec le retrait de l'Empire ottoman, leur statut de protégés (*dhimmi*) et ne dépendaient pas du droit coutumier local, qui ne s'appliquait qu'aux musulmans. En revanche, entre 1940 et 1943, le décret Crémieux est abrogé par le régime de Vichy, donnant aux juifs d'Algérie le statut d'indigènes [Thénault *et al.*, 2014].

Aussi, au déficit de légitimité de l'État colonial, dans un contexte de sous-administration permanente et de recours à des relais locaux de l'autorité, correspond un usage de la force supérieur à ce qu'il était dans les métropoles. L'isolement des administrateurs coloniaux leur confère une grande latitude de pouvoir, et s'ajoute à celui que s'arrogent des agents européens non officiels, tels que les missionnaires, les colons et les planteurs. « L'État colonial déroge au critère du monopole de la violence par des institutions publiques permanentes, élément central dans la définition wébérienne de l'État » [Thénault, *in* Singaravélou, 2013]. Les populations locales s'accommodent du gouvernement colonial au quotidien. Pour Jean-François Bayart et Romain Bertrand [2006], la domination coloniale fut une « domination suscitant l'obéissance et l'adhésion, autant qu'un régime fondé sur la crainte ». Mais l'absence de consentement et donc les formes quotidiennes ou ponctuelles de résistance brouillent la frontière entre état de guerre et état de paix, entre ce qui peut relever de la police et ce qui peut de l'administration coloniale ou de l'armée. De nombreux drames se sont noués sur cette limite mal définie, dans quasiment tous les espaces de la colonisation. Le 1er décembre 1944, le massacre de Thiaroye, près de Dakar au Sénégal, en est une illustration. Des tirailleurs, ex-prisonniers de guerre ramenés de France en Afrique-Occidentale française (AOF), refusaient leur démobilisation sans avoir auparavant perçu leur solde et diverses indemnités. Pour mater la contestation, le commandement finit par donner l'ordre de tirer. Le bilan du massacre est encore aujourd'hui incertain, oscillant entre un chiffre officiel de trente-cinq victimes et des estimations plus élevées.

Différents modèles impériaux

La question du maintien de l'ordre en situation coloniale montre que l'idée d'un contrôle total du colonisateur sur les territoires colonisés est fausse. Le colonisateur manque d'hommes, d'où un recours systématique à des « auxiliaires », recrutés dans l'empire. On peut penser au cas des Indiens, surreprésentés dans l'armée coloniale britannique et dans l'appareil administratif impérial, de l'océan Indien au littoral chinois. Jusqu'aux années 1920-1930, les colonies sont considérées comme un espace mortifère, véritable « tombeau de l'homme blanc ». Cette difficulté à contrôler tous les espaces conduit les États colonisateurs à se concentrer sur les éléments qui les intéressent vraiment : les gisements miniers, les espaces agricoles, les voies d'exportation des ressources, une paix suffisante pour assurer le commerce ; c'est le schéma des colonies d'exploitation comme le Kenya britannique. Aussi, pour réduire leur présence sur place, les colonisateurs se sont souvent appuyés sur le système de l'*indirect rule* qui consistait à garantir militairement le pouvoir d'un chef local en échange d'avantages commerciaux et du paiement d'un impôt. Le cas des colonies de peuplement est à part car la négociation du pouvoir local s'est faite à terme entre les colons et la métropole, comme en atteste le statut particulier de *dominion* dont jouissaient par exemple le Canada et l'Australie dans l'Empire colonial britannique. En 1930, le statut de Westminster dote les *dominions* de davantage d'autonomie vis-à-vis de Londres, avec la création du Commonwealth.

On oppose souvent, de manière schématique, la colonisation française, qui serait fondée sur le principe de l'assimilation, à la colonisation britannique, fondée sur le principe de l'*indirect rule*. Il est vrai qu'une partie de la classe politique française imaginait exporter dans les colonies le modèle français centralisateur, signe d'une volonté d'assimilation des colonies et des colonisés aux réalités républicaines, dans une perspective d'égalité universelle. Mais ce modèle théorique ne résiste pas aux faits, car la colonisation française a aussi adopté l'*indirect rule*, en laissant en place les organisations et hiérarchies locales pour simplement les coiffer d'un pouvoir colonial, comme en Tunisie, au Maroc ou au Cambodge [Klein *et al.*, 2012]. Il existe sans doute au sein des empires une sorte de grammaire commune de la domination [Cooper et Stoler, 2013], déclinée en différents motifs selon les espaces conquis et les traditions étatiques des métropoles.

Mais, dans cet ensemble, les États-Unis, à l'exception de l'épisode de 1898 contre l'Espagne, ont privilégié l'exercice d'un impérialisme régional sans conquête territoriale, en dehors de quelques points d'appui comme le canal de Panama ou Hawaï. Le « corollaire Roosevelt » (dit politique du *Big Stick*, 1904), apporté à la doctrine Monroe (1823) et appuyé sur le développement d'une capacité de projection maritime sur les conseils de l'amiral Mahan, entendait préserver les intérêts économiques des entreprises américaines dans leur espace régional, par de simples interventions d'intimidation militaires. Cette politique est infléchie en 1934 par Franklin D. Roosevelt au profit d'une politique de « bon voisinage », mais est rapidement reprise et étendue dans le cadre de la guerre froide. En ce sens, les États-Unis se distinguent à terme des autres empires coloniaux et finissent par mettre en exergue leur émancipation de la Couronne britannique en 1776 pour se ranger dans le camp de l'anticolonialisme.

Les empires coloniaux : des refuges économiques

La « mise en valeur » des territoires colonisés

La mise en valeur est marquée d'abord par la dépossession foncière des populations locales (qui n'est cependant pas totale), la mise en exploitation de gisements miniers (diamants, charbon, minerais divers) et l'implantation de cultures d'exportation (thé en Inde, hévéa dans les Indes néerlandaises...). La mise en valeur s'appuie par ailleurs sur le développement d'infrastructures permettant de drainer et exporter les matières premières. Malgré tout, la plupart de ces infrastructures, coûteuses, sont achevées assez tardivement, comme le chemin de fer Congo-Océan en 1934. Les ports d'exportation, les réseaux routiers et ferroviaires dessinent ainsi la carte de la partie « utile » des espaces coloniaux. En forme d'entonnoir inversé, ces réseaux drainent les matières premières vers les ports d'exportation. Nombre de régions restent en marge de cette intégration. En 1914, l'Afrique ne possède que 5 % des infrastructures ferroviaires mondiales [Klein *et al.*, 2012].

La mise en valeur passe également par un appui sur la main-d'œuvre : *coolies* indiens et chinois par exemple, recrutés dans les régions les plus pauvres et acheminés dans les plantations, sur les gisements miniers (nickel de Nouvelle-Calédonie, diamants de Rhodésie) ou encore sur les chantiers de construction des infrastructures coloniales. Parmi les colonisés ayant fait le choix de tirer parti du système colonial (scolarisation française ou universités britanniques), les trajectoires professionnelles s'orientent vers des métiers de fonctionnaires (administration, armée, police, éducation, santé) ou des métiers de services (maisons de commerce coloniales, banques coloniales, professions libérales, presse...).

Des marchés quasiment captifs

L'adoption du principe de la préférence impériale, sur le plan douanier, a pour objectif de resserrer les liens commerciaux entre les métropoles et leur empire, isolant certains espaces de leur aire commerciale la plus proche. Après une brève période libre-échangiste (traité Cobden-Chevalier de 1860 entre la France et l'Angleterre), la France renoue avec le protectionnisme dès les années 1880, comme en témoigne le tarif Méline en 1892 qui vise à protéger en particulier l'agriculture française et celle de ses colonies. Le taux moyen de protection douanière français passe ainsi de 8 % environ à un peu plus de 11 %. Avec la crise de 1929, les métropoles resserrent encore leurs liens impériaux, comme en témoignent les accords d'Ottawa de 1932 entre les pays du Commonwealth, et le principe de la préférence impériale en France avec le tarif Kircher. L'Indochine est ainsi isolée de ses partenaires commerciaux régionaux — Chine et Japon — au profit des produits français.

Ces dispositions tendent à « reprimariser » les espaces colonisés et à y gêner le développement industriel, comme le montre le déclin du secteur textile indien face aux importations britanniques. Il existe malgré tout dans les colonies une petite industrie, non concurrente des produits industriels métropolitains (minoteries, production de bières et autres boissons, allumettes, cigarettes...). Les produits agricoles ou miniers représentent donc l'essentiel des exportations des colonies vers les métropoles : 86 % des exportations algériennes en 1920-1930, dont 39 % de vins. L'Algérie se mue en économie de rente agricole et, selon l'expression de Daniel Rivet, en « économie de succursale », totalement dépendante du débouché métropolitain et de ses produits industriels [Thénault *et al.*, 2014].

L'empire colonial : une bonne affaire...

Il n'est pas évident de faire fortune dans l'empire colonial, et très rares sont les cas d'affaires viables établis sans un solide capital de départ. Nombreux sont les exemples d'échecs individuels de colons, surtout sur le plan agricole, comme l'illustre l'histoire fameuse de Karen Blixen qui, dans *La Ferme africaine* (1937), relate son expérience au Kenya. Les entreprises européennes qui prospèrent dans l'empire colonial sont en fait solidement connectées aux milieux d'affaires et bancaires de métropole, voire aux milieux politiques, auprès desquels elles exercent un fort lobbying. Des oligarchies coloniales formées par quelques grandes familles et grandes sociétés s'imposent ainsi dans le paysage économique de l'empire. Le sénateur Jacques Duroux, homme le plus riche d'Algérie dans l'entre-deux-guerres, cumule les métiers de céréaliculteur, minotier, viticulteur, directeur d'une société de transport maritime et des deux plus grands titres de la presse algérienne. On peut aussi citer la maison Denis Frères en Indochine (export de riz, import de produits européens), Maurel et Prom sur la côte occidentale de l'Afrique, Jardine Matheson à Hong Kong...

En 1913, les empires coloniaux tiennent une place importante dans le commerce extérieur des métropoles. L'empire colonial est ainsi le troisième partenaire commercial de la France et absorbe par exemple 73 % des exportations françaises de locomotives. Troisième placement extérieur de la France après la Russie et l'Amérique latine, l'empire assure, d'autre part, aux entreprises qui ont eu l'intuition de s'y intéresser des taux de profit particulièrement élevés. En 1929, à la veille de la grande crise, l'intérêt économique de l'empire s'est encore renforcé. Il est alors devenu le premier partenaire commercial de la France et le premier actif financier extérieur. L'empire colonial atténue le choc de la crise de 1929 pour les métropoles qui transforment leurs empires coloniaux en refuge commercial et monétaire.

... ou un compagnon des mauvais jours

C'est pourtant à partir des années 1930 que se multiplient les critiques à l'encontre d'une politique de « mise en valeur » accusée de conforter des rentes de situation sclérosantes pour l'appareil productif français [Marseille, 1984]. L'intensification des relations économiques avec les colonies correspond de manière troublante non pas à des phases d'expansion, mais au contraire à des phases de contraction, comme les années 1880, puis les années 1930, marquées dans les deux cas par une montée du protectionnisme en Europe. Pour la Grande-Bretagne, la part de l'empire dans le total des échanges extérieurs atteindra même un maximum vers 1950, au terme de près d'un siècle de recul dans la hiérarchie des puissances. L'empire est-il alors un facteur positif de stabilisation et de soutien de l'activité dans les mauvais jours ? Ou bien favorise-t-il la sclérose économique, en soutenant la survie d'activités sans avenir et en bridant l'émergence d'industries nouvelles ? Pour Jacques Marseille, au cours des années 1930-1960, le marché colonial est accaparé par des branches dont le poids dans la valeur ajoutée industrielle et les exportations totales de la France décline. Les branches ascendantes (comme les industries métallurgiques et chimiques), en revanche, qui avaient profité du débouché colonial avant la Première Guerre mondiale, semblent se désintéresser d'un marché qui ne leur avait servi d'appoint qu'aux périodes d'essoufflement de la croissance. Le « repli colonial », sans être décisif dans le déclassement, ne fait toutefois que refléter une perte de dynamisme interne [Etemad, 2005].

Les débats qui opposent les milieux d'affaires révèlent alors trois tendances [Marseille, 1984 ; Bonin *et al.*, 2008]. La première, héritée des doctrines mercantilistes, appelle de ses vœux un renforcement de l'« autarchie » impériale. Pour ses partisans, industriels cotonniers, constructeurs d'automobiles et sidérurgistes, appartenant aux milieux agricole et colonial pour une partie d'entre eux, il s'agit de créer une zone protégée dans laquelle se développeront les productions complémentaires : matières premières pour l'empire, produits fabriqués pour la métropole. Ce courant rassemble donc les branches déclinantes de l'industrie française, ainsi que les oligarchies agricoles de l'empire. La deuxième tendance, héritière des courants libéraux du XIXe siècle, rassemble soyeux lyonnais, industriels lainiers, membres des milieux d'affaires marseillais et agriculteurs métropolitains concurrencés par les importations coloniales (comme les viticulteurs du Midi, rivaux des viticulteurs européens d'Algérie). Elle réclame la suppression des entraves douanières et le retour aux principes ricardiens d'une division internationale du travail fondée sur une saine concurrence. La troisième tendance, singulièrement anticipatrice, souhaite rompre au contraire avec ces principes. Pour Paul Bernard, dirigeant de sociétés coloniales, qui en est l'initiateur, il faut industrialiser l'empire, développer le marché intérieur des colonies et déplacer les centres de production. « Au cœur de la crise des années 1930, on retrouve donc les termes d'un choix fort contemporain : protectionnisme ou redéploiement industriel » [Marseille, 1984].

Les puissances coloniales face à la décolonisation, entre affaiblissement géopolitique et renforcement économique

Une domination contestée

Les exemples de résistance à l'ordre colonial sont nombreux, et ce dès le point de départ du système colonial et pendant toute sa durée. La conquête de l'Algérie s'est étalée sur près de cinquante ans, de 1830 à 1880, en raison des résistances autochtones, qui sont demeurées cependant trop régionales pour submerger le colonisateur. Celui-ci a pu jouer des dissensions locales pour s'établir tout à fait, comme le montre la trajectoire d'Abd el-Kader en Algérie, pris par les Français en 1847, après plus de quinze ans de résistance armée. Au Maroc, les tribus berbères du Rif dirigées par Abdelkrim infligent une défaite cuisante à l'Espagne à la bataille d'Anoual en 1921, avant d'être finalement contraintes à la reddition en 1926 face aux escadres franco-espagnoles. Dans ce qui deviendra la Gold Coast (Ghana actuel), les Britanniques sont aux prises avec les Ashanti tout au long du XIXe siècle. On est loin du mythe de la « paix coloniale » succédant à des années d'anarchie entre royaumes africains — un thème relayé par la propagande coloniale [Klein *et al.*, 2012].

Les années 1930 sont des années d'élargissement de la base des mouvements réformistes et nationalistes, avec l'émergence d'une génération de *leaders* charismatiques, issus d'élites occidentalisées : Félix Houphouët-Boigny en Côte d'Ivoire, Kwame Nkrumah en Gold Coast, Habib Bourguiba en Tunisie. Affaiblies par la crise de 1929, mais aussi par la succession des deux conflits mondiaux, les puissances colonisatrices, Japon compris, n'ont plus les moyens, ni économiques ni géopolitiques, face aux deux Grands, de maintenir leur contrôle sur les espaces coloniaux après 1945.

La décolonisation débute en Asie avec l'accès à l'indépendance des mandats français du Proche-Orient (Syrie, Liban), des colonies japonaises (Corée divisée), de l'Inde (1947), de Ceylan et de la Birmanie (1948). Les décolonisations de la Malaisie, de l'Indochine et de l'Indonésie sont plus conflictuelles. Les tensions sont aussi très fortes sur le continent africain, en particulier en Afrique du Nord. Le processus de décolonisation a donc pu être, selon les espaces, programmé (indépendances africaines de l'année 1960), hésitant (Rhodésie du Sud), conflictuel (guerre d'Indochine 1946-1954 et guerre d'Algérie 1954-1962).

Décolonisation et déclin des puissances européennes

La participation des colonisés aux deux conflits mondiaux a confirmé l'atout géopolitique que constituait la possession d'un empire colonial : lors de la Première Guerre mondiale, plus d'un million d'Indiens se battent pour le Royaume-Uni au Moyen-Orient et en Europe, et, lors de la Seconde Guerre mondiale, le nombre d'Indochinois mobilisés — 34 000 — est supérieur en 1940 au nombre d'Européens présents en Indochine à la même époque — environ 30 000. Aussi, après 1945, les métropoles européennes assimilent encore puissance coloniale et grandeur nationale, et considèrent leurs colonies comme indispensables au redressement de leur économie et de leur influence internationale.

Toutefois, la crise de Suez en 1956 met en évidence à quel point les grandes puissances européennes ne sont plus en mesure de jouer sur la scène internationale le rôle qui était le leur au début du xxe siècle. Par ailleurs, en France, l'idée s'impose progressivement que l'abandon de l'empire est dans l'intérêt du pays. Pierre Mendès France est le premier à dire en 1954 que, entre l'Indochine et le redressement de la France, il faut choisir. Le journaliste Raymond Cartier (de *Paris Match*) évoque aussi ce problème dès 1956, dans un article resté célèbre pour la formule suivante : « La Corrèze avant le Zambèze. » Mais il faut attendre l'arrivée au pouvoir du général de Gaulle « pour que s'imposent les thèses de ceux qui pensaient que la France ne pouvait pas appartenir en même temps à deux marchés communs, l'un avec l'Europe, l'autre avec l'outre-mer » [Marseille, 1984]. Le choix de la décolonisation est pour la France ainsi inséparable de l'ancrage dans la construction européenne (traités de Rome de 1957) ; celle-ci est en particulier pour la France un moyen de préserver une influence internationale qu'elle n'a plus les moyens d'exercer seule.

La décolonisation, une bonne affaire pour les métropoles

Dans un entretien pour la revue *Enquête sur l'histoire*, Jacques Marseille a eu cette formule : la décolonisation, « c'est l'histoire d'un divorce, avec un divorcé joyeux, la métropole, et un divorcé malheureux, les colonies ». Il est manifeste que les Pays-Bas connaissent à partir de 1948 une croissance exceptionnelle après leur recentrage sur l'Europe, rendant indolore la perte de l'Indonésie ; de même, la France opère à partir de 1958 à la fois un désarmement général de son protectionnisme et une réorientation de ses échanges vers les pays de la Communauté économique européenne (CEE) : ceux-ci représentent 60 % du commerce français en 1973, contre 32 % en 1959, alors que la zone franc ne représente plus que 10 % du commerce français en 1973, contre 30 % en 1959. Une réorientation qui est, dans les années 1960, facteur de modernisation agricole et industrielle et de forte croissance pour la France.

En outre, les puissances européennes conservent des éléments d'influence importants dans leurs anciennes colonies : le Commonwealth, que dirige le souverain britannique (cinquante-quatre membres actuellement), concourt au maintien de son influence internationale. La politique de coopération économique et militaire mise en place par la France en Afrique noire à partir des années 1960 lui a permis également de prolonger son statut de puissance internationale : la présence française se renforce ainsi en Afrique après les indépendances par le biais des réseaux informels de la Françafrique, organisés par Jacques Foccart qui sera le conseiller de Charles de Gaulle, Valéry Giscard d'Estaing et Jacques Chirac. Le maintien d'une relation de dépendance s'exprime également à travers le fonctionnement de la zone franc CFA jusqu'en 2020 (la politique monétaire restait sous le contrôle étroit de la France), à travers les avantages procurés aux entreprises françaises opérant en Afrique qui bénéficient, jusque dans les années 1990, de marchés réservés pour les grands projets d'infrastructures financés par l'aide française.

De lourds défis pour les nouveaux États indépendants

L'impact de la décolonisation se mesure tout d'abord à la croissance du nombre d'États au sein de l'ONU : cinquante et un États fondateurs en 1945, cent trente-cinq en 1973. Les pays issus de la décolonisation ont à cœur de définir une stratégie internationale qui fonde leur unité par rapport aux grandes puissances traditionnelles. C'est ainsi qu'apparaît la notion de « tiers monde », expression lancée par Alfred Sauvy en 1952 dans un article de *L'Observateur*. Son premier moment d'affirmation est, en avril 1955, la conférence de Bandung en Indonésie, qui, à l'initiative des cinq nouveaux pays indépendants d'Asie (Inde, Indonésie, Pakistan, Birmanie, Ceylan), réunit vingt-trois États asiatiques (dont la Chine et le Japon) et six États africains. Bandung est un « coup de tonnerre » (Léopold Sédar Senghor), en raison de son retentissement médiatique, de la présence des grands *leaders* du tiers monde, Jawaharlal Nehru, Sukarno, Gamal Abdel Nasser et Zhou Enlai. Les participants s'entendent pour condamner le colonialisme. À Brioni (Yougoslavie) en 1956, Tito, Nasser et Nehru jettent les bases d'un mouvement des non-alignés qui voit le jour à Belgrade en 1961 et devient une des principales structures réunissant les pays du tiers monde. L'affirmation d'une solidarité régionale, autour de thèmes comme le panarabisme (Ligue arabe, nassérisme) ou le panafricanisme (création de l'Organisation de l'unité africaine — OUA — en 1963), est un autre moyen de s'affranchir des grandes puissances. Dans les années 1960, les non-alignés souhaitent même une révolution planétaire qui assurerait le triomphe des pays pauvres face à la puissance et à la richesse de pays capitalistes. Ainsi, la mise en place d'un nouvel ordre économique international (NOEI), défendu à travers la Conférence des Nations unies sur le commerce et le développement (Cnuced, créée en 1964), s'oppose au libre-échange, jugé profitable aux seuls pays développés, et défend un commerce équitable qui marquerait le passage de la décolonisation politique à la décolonisation économique.

Mais, dès les années 1950, l'unité du tiers monde vole en éclats car des conflits éclatent entre les nouveaux États (Inde/Pakistan, Malaisie/Indonésie, Maroc/Algérie) ; la logique nationale l'emporte sur une logique plus supranationale (échec du panarabisme, du panafricanisme) ; les nouveaux États sont minés par des guerres civiles (Nigeria). Le tiers monde se divise sous le poids des divergences idéologiques et politiques. Le non-alignement se révèle assez largement être une fiction, puisque les besoins en aides économiques ou en armes des pays en développement les amènent à rechercher le soutien de l'un ou l'autre des deux Grands, voire à effectuer un jeu de bascule de l'un à l'autre en fonction de leurs intérêts, comme le fait l'Égypte. Les choix de développement de la majorité des nouveaux États africains se situent par ailleurs dans la continuité de l'époque coloniale en maintenant une insertion dans l'économie mondiale par l'exportation de produits agricoles ou miniers [Cooper, 2008].

L'affaiblissement géopolitique des puissances coloniales est patent après la Seconde Guerre mondiale et préside bien à l'accélération des revendications d'indépendance des espaces colonisés. Néanmoins, de multiples facteurs sont responsables de ce déclin, et les différentes études qui ont cherché à établir le coût ou le gain qu'ont pu représenter les possessions coloniales pour la puissance ne peuvent aboutir à une pesée globale satisfaisante, tant la diversité chronologique et spatiale des empires coloniaux est importante [Etemad, *in* Singaravélou, 2013]. La période coloniale et les décolonisations restent cependant aujourd'hui très présentes dans les rapports de puissance, comme un passé dont le bilan économique, social et politique peut servir d'outil géopolitique bien contemporain, en particulier entre « Nords » et « Suds ». Bertrand Badie [2014] y voit le résultat d'une occasion manquée au moment de la décolonisation : le système international n'a pas su proposer une direction équitable. Aujourd'hui, les nouveaux partenaires de l'Afrique (Chine, Inde, Turquie) ne manquent pas une occasion de régler leurs comptes avec leurs rivaux sur la scène géopolitique mondiale, dénonçant la présence des puissances européennes sur le continent, tout en utilisant la mémoire de Bandung. Mais, à ce sujet, on peut penser aux appels de l'universitaire sénégalais Felwine Sarr à « décoloniser les esprits », ou encore aux inquiétudes des économistes africains, tels que le Togolais Kako Nubukpo [2020], face aux nouvelles luttes d'influence qui se jouent entre grandes puissances sur leur riche continent.

Repères bibliographiques

Badie B. [2014], *Le Temps des humiliés. Pathologie des relations internationales*, Paris, Odile Jacob.

Bayart J.-F. et Bertrand R. [2006], « De quel legs colonial parle-t-on ? », *Esprit*, décembre, p. 134-160.

Bonin H., Hodeir C. et Klein J.-F. (dir.) [2008], *L'Esprit économique impérial (1830-1962). Réseaux et groupes de pression du patronat colonial en France et dans l'empire*, Paris, Société française d'histoire d'outre-mer.

Burbank J. et Cooper F. [2011], *Empires. De la Chine antique à nos jours*, Paris, Payot.

Cooper F. [2008], *L'Afrique depuis 1940*, Paris, Payot.

Cooper F. et Stoler A. L. [2013], *Repenser le colonialisme*, Paris, Payot.

Etemad B. [2005], *De l'utilité des empires. Colonisation et prospérité de l'Europe*, Paris, Armand Colin.

Ferguson N. [2002], *Empire. The Rise and Demise of the British World Order and the Lessons for Global Power*, New York, Penguin Books.

Jennings E. T. [2016], *Illusions d'empires. La propagande coloniale et anticoloniale à l'affiche*, Paris, Les Échappés.

Klein J.-F., Singaravélou P. et Suremain M.-A. de [2012], *Atlas des empires coloniaux*, Paris, Autrement.

Marseille J. [1984], *Empire colonial et capitalisme français. Histoire d'un divorce*, Paris, Albin Michel.

Nubukpo K. [2020], *L'Urgence africaine. Changeons le modèle de croissance*, Paris, Odile Jacob.

Singaravélou P. (dir.) [2013], *Les Empires coloniaux, xixe-xxe siècle*, Paris, Seuil, « Points Histoire ».

Thénault S., Abderrahmane B., Peyroulou J.-P. et Tengour O. S. (dir.) [2014], *Histoire de l'Algérie à la période coloniale, 1830-1962*, Paris, La Découverte, « Poche/Essais ».

4 / Tableau géopolitique du monde au début du XXIe siècle : un nouvel ordre mondial ?

Frédéric Munier et Cédric Tellenne

Alors que la guerre froide touchait à sa fin, le président George H. Bush déclarait devant le Congrès américain, le 11 septembre 1990 : « Nous nous trouvons aujourd'hui à un moment exceptionnel et extraordinaire [...], un nouvel ordre mondial peut voir le jour : une nouvelle ère, moins menacée par la terreur, plus forte dans la recherche de la justice et plus sûre dans la quête de la paix. » Un même 11 septembre, une décennie plus tard, le groupe terroriste Al-Qaïda frappait les tours de cent étages du World Trade Center à New York, et le Pentagone à Washington, causant quelque 3 000 victimes. La désillusion n'en a été que plus cruelle. Entre ces deux périodes, les États-Unis sont passés d'un sentiment de triomphe à celui de la peur panique.

Force est de constater, en ce début de XXIe siècle, le retour de la barbarie sous toutes ses formes, témoignant d'un « ensauvagement du monde » [Delpech, 2005], d'une « revanche des passions » sur la raison [Hassner, 2015]. Le monde assiste avec sidération à l'émergence d'un nouveau cycle de violences extrêmes, marqué par la négation absolue de l'autre et le refus de séparer les civils des soldats, dans le cadre des guerres asymétriques et de leurs substituts comme le terrorisme [Chaliand, 2017]. Les guerres du XXIe siècle ne mettent plus seulement en jeu les stratégies de la force, appuyée sur des armes de destruction massive de plus en plus sophistiquées, mais aussi celles de la ruse, utilisant tromperies, subterfuges et « armes par destination », comme des cutters maniés pour détourner des avions de ligne et en faire des bombes volantes.

Ce qui caractérise les relations stratégiques de notre époque, c'est donc le surgissement de l'*imprévu*, comme le montrait déjà Delpech [2005]. L'imprévu a un rapport étroit avec la mondialisation, en tant qu'accélération du temps et rétractation de l'espace : « Le mélange des variables de l'action humaine qu'introduit la mondialisation a considérablement compliqué les exercices de prévision. Les phénomènes (géo)politiques ont désormais des interconnexions presque infinies » [Delpech, 2005, p. 37]. Depuis le *nine eleven*, on ne peut plus séparer les menaces internes des menaces externes pesant sur un pays, désormais connectées sous des formes et à des niveaux jusqu'ici inconnus. De surcroît, les jeux du pouvoir et de la puissance se sont considérablement complexifiés sans qu'émerge en parallèle une véritable gouvernance mondiale : comme l'écrit Nicole Gnesotto [2014], « les relations internationales entretiennent une scène fragmentée, disparate, discontinue, dont le désordre serait peut-être le seul élément commun ». Comment expliquer cet état de fait ? Les relations internationales sont-elles condamnées à être vécues sur le mode de la « tragédie », comme l'enseignent les néoréalistes, ou le désordre actuel n'est-il dû qu'à une transition du système international entamée à la fin de la guerre froide et dont le point d'arrivée reste incertain ?

D'un ordre mondial à l'autre, mais lequel ?

La décennie de l'hyperpuissance américaine (1991-2001) : un moment unipolaire

La décennie 1990 est marquée par la suprématie incontestable des États-Unis. Ils profitent de l'écroulement du bloc soviétique, qui a commencé avec la chute des démocraties populaires en 1989, et s'achève avec l'implosion de l'URSS en décembre 1991. Le nouvel ordre mondial promis en 1990, qui devait être multipolaire, devient en réalité unipolaire. En trois ans, le monde a plus changé qu'en quarante ans [Hobsbawm, 1999].

Tandis que la Russie entame une douloureuse transition vers l'économie de marché, les États-Unis organisent un ordre américain dont les aspirations semblent à l'époque coïncider avec les demandes des peuples de la planète : paix et prospérité. L'Organisation du traité de l'Atlantique nord (Otan) connaît une dilatation spectaculaire en intégrant des ex-pays de l'Europe de l'Est en 1999 (puis en 2004), tandis que la Russie y est associée pour les questions de défense et sécurité en Europe. Washington pousse à la création de l'Organisation mondiale du commerce (OMC, 1995) afin de promouvoir le libre-échange censé être favorable à tous. En outre, le Japon, qui paraissait être un *challenger* des États-Unis lors de la décennie précédente, entre en crise à partir de 1990. Si la jeune Union européenne (UE) vient de naître (1993), elle n'a pas les capacités — ni la volonté — de s'imposer comme une puissance globale. Cette situation exceptionnelle fait des États-Unis une « hyperpuissance », selon la formule bien connue d'Hubert Védrine [2004]. Zbigniew Brzezinski [1997], politologue et ancien conseiller de Jimmy Carter, estime que la primauté américaine repose sur les « quatre domaines clés qui font une puissance globale » : militaire, économique, technologique et culturel. Que l'on en juge alors par leur poids relatif dans le monde : durant les années Clinton (1993-2001), le pays représente 25 % du produit intérieur brut (PIB) mondial, 50 % de la dépense militaire globale, il dispose de plus de 800 bases dans le monde, du plus vaste arsenal nucléaire de la planète, et sa croissance économique, qui s'établit à 3,7 % par an en moyenne, est portée par la révolution des nouvelles technologies de l'information et de la communication (NTIC) et de l'Internet qui débute alors, et favorise le retour au plein-emploi.

En outre, dans la continuation de la guerre froide, les États-Unis poursuivent et accroissent même un interventionnisme tous azimuts que Pierre Hassner [2002] qualifiait de « wilsonisme botté », car il s'effectuait au nom des droits de l'homme. C'est sous mandat onusien qu'ils mènent une coalition internationale pour repousser les troupes de Saddam Hussein du Koweït durant la guerre du Golfe (1991). Dans la même optique, ils interviennent en Somalie en 1992-1993 pour tenter de mettre fin à la guerre civile qui déchire le pays (opération *Restore Hope*), puis en 1994 en Bosnie avec l'Otan, prenant acte de la paralysie du Conseil de sécurité de l'Organisation des Nations unies (ONU). En 1999, c'est également l'Otan qui procède à des frappes contre la Serbie de Milosevic pour pousser ses troupes à se retirer du Kosovo. Si la région passe ensuite sous administration de l'ONU, la crise a bien été résolue par Washington et son bras armé. Seule ombre au tableau (et quelle ombre !) : la « décennie du chaos » en Afrique, marquée par le génocide des Tutsi du Rwanda (1994) et la guerre dite des « Grands Lacs », qui laissent la communauté internationale impuissante.

En marge de ces interventions, les États-Unis se posent en *peace maker*. En 1993, le président Clinton obtient la signature des accords d'Oslo entre Israéliens et Palestiniens : par cet accord, Yasser Arafat, *leader* de l'Organisation de libération de la Palestine (OLP), accepte le droit d'Israël à une existence en paix et en sécurité, tandis que le Premier ministre israélien Yitzhak Rabin reconnaît l'OLP comme représentante légitime du peuple palestinien. En 1995, le secrétaire d'État Warren Christopher négocie les accords de Dayton qui rétablissent la paix dans les Balkans. Sans ennemi déclaré, dans un monde où les menaces paraissent régresser, mais où l'instabilité semble potentiellement plus grande, les États-Unis cherchent à faire coïncider leurs intérêts et ceux du monde [Haass, 1997]. Ils se décrivent alors volontiers comme la « nation indispensable », selon la formule bien connue de Madeleine Albright [Zenco, 2014]. Tout laisse penser que le XXIe siècle aussi sera américain...

Le nouveau siècle : un rééquilibrage des puissances dans un monde en crise

La première décennie du XXIe siècle se révèle être une période de rééquilibrage au sein de la hiérarchie des grandes puissances. Plusieurs facteurs y concourent.

Le premier facteur est l'enlisement des États-Unis dans leur « guerre contre le terrorisme » (*global war on terror*). En effet, les attentats du 11 septembre 2001 changent radicalement la donne. Pour la première fois de leur histoire, les États-Unis sont attaqués sur leur territoire continental. Ils ripostent comme seule une hyperpuissance peut le faire : déclarant mener une « croisade pour la démocratie » (George W. Bush), ils lancent dès la fin 2001 une intervention militaire en Afghanistan contre le régime taliban qui héberge des bases de l'organisation terroriste islamiste Al-Qaïda. La guerre qui débute est la plus longue jamais menée par Washington, puisque le gros des troupes américaines restent sur le sol afghan jusqu'en 2014 (et le retrait définitif n'est signé qu'en mars 2020 par un accord entre la Maison-Blanche et les Talibans à Doha au Qatar). Deux ans plus tard, en 2003, ils décident unilatéralement de remodeler la géopolitique du Moyen-Orient en organisant une intervention en Irak au prétexte que le pays hébergerait des armes de destruction massive [Yilmaz, 2006]. Certes, cette période est marquée par la capture et l'exécution d'Oussama ben Laden en mai 2011, mais, en Afghanistan comme en Irak, si George W. Bush n'a aucun mal à gagner la guerre, il lui est plus difficile d'obtenir la paix. Le bilan des deux conflits est catastrophique : économiquement, ils ont coûté plus de 2 000 milliards de dollars, et ils ont durement impacté le *soft power* américain [Nye, 2004].

Le second facteur est que, dans le même temps, un certain nombre de pays du Sud connaissent un phénomène d'émergence [Delannoy, 2012]. En 2001, Jim O'Neill [2001], économiste en chef chez Goldman Sachs, forge la catégorie des BRIC (Brésil, Russie, Inde, Chine) pour désigner quatre pays qui, selon lui, devraient devenir des géants capables de contrebalancer la puissance économique des pays du G7 dans les décennies à venir. Effectivement, tous partagent des caractéristiques communes : une forte croissance, un système productif diversifié, un potentiel et des complémentarités importantes. Il n'est guère étonnant qu'en 2009, réunis en Russie à Iekaterinbourg, le Brésil de Lula da Silva, la Russie dirigée par le duo Medvedev-Poutine, l'Inde de Manmohan Singh et la Chine de Hu Jintao forment officiellement le forum des BRIC (devenu BRICS en 2011 après l'adhésion de l'Afrique du Sud). D'un point de vue géopolitique, les BRICS partagent également une opposition à l'ordre américain issu de la décennie précédente. Ils mettent sur pied une banque internationale, concurrente directe du Fonds monétaire international (FMI), tandis que la Chine et la Russie, partenaires dans l'Organisation de coopération de Shanghai (OCS), commencent à former un front commun au Conseil de sécurité de l'ONU [Ying, 2016].

Finalement, un vaste rééquilibrage des rapports de force mondiaux s'amorce, amplifié par la crise des *subprimes* qui touche particulièrement l'Occident et beaucoup moins les émergents [Chavagneux, 2011]. Il n'est pas exagéré d'y voir un « basculement du monde » [Carroué, 2019], dont les signes sont manifestes : en 2012, pour la première fois de l'histoire, les anciens pays industriels ont totalisé moins de 50 % de la production économique mondiale. Le classement mondial du PIB par parité de pouvoir d'achat proposé par le FMI fait état d'un basculement majeur : la Chine est installée en *pole position* (devant les États-Unis), l'Inde (3e) arrive devant le Japon et l'Allemagne, puis viennent la Russie, l'Indonésie et le Brésil, devant la France et le Royaume-Uni. En 2019, la Chine compte 129 entreprises dans les 500 premières mondiales, contre 121 pour les États-Unis (chapitre 12). Ce rééquilibrage du monde a une portée bien concrète : une perte de *leadership* manifeste pour les États-Unis, un phénomène d'ailleurs amplifié par l'administration Trump qui a privilégié un unilatéralisme ultranationaliste à une époque où le pays n'a plus les moyens d'exercer l'hégémonie qui était la sienne au sortir de la guerre froide et, peut-être même, depuis 1945 [Battistella, 2004].

Ordre ou désordre mondial ?

Trente ans après la promesse d'un nouvel ordre mondial fait de paix et de stabilité, le tableau qu'offre la planète est bien plus celui d'un monde en désordre et en désarroi [Haass, 2017]. En géopolitique, l'ordre ne désigne pas seulement une nouvelle hiérarchie, mais aussi, fondamentalement, de nouveaux principes d'organisation. Or ceux-ci peinent à se dégager clairement.

Lorsque, au début des années 2000, l'ordre américain a commencé à vaciller et alors qu'aucun *challenger* ne semblait relever le flambeau, certains historiens ou spécialistes de relations internationales ont vu émerger une configuration nouvelle, qu'ils ont qualifiée de « non polaire » ou « apolaire » [Haass, 2008 ; Ferguson, 2009]. Ils désignaient ainsi l'émergence d'un monde dominé non plus par un, deux ou quelques États, mais par des dizaines d'acteurs (étatiques ou non étatiques), possédant et exerçant différents types de pouvoir. Si Edward Luttwak [1990] prophétisait le glissement « de la géopolitique à la géoéconomie » comme moteur des rapports de puissance, force est de constater actuellement le retour en force des logiques géopolitiques, liées au fait que les puissances émergentes sont « révisionnistes », c'est-à-dire animées d'une volonté de renverser l'ordre mondial occidental hérité de l'histoire du XXe siècle [Mead, 2014].

Dans ce contexte nouveau, le monde occidental perd le monopole de la puissance qu'il exerçait depuis le XVIe siècle. Sans compter qu'il se divise : la priorité des États-Unis va désormais à l'Asie-Pacifique, depuis le « pivot asiatique » décidé par le président Obama en 2009 (un tropisme confirmé par Donald Trump et étendu à l'océan Indien avec le concept d'« Indo-Pacifique » en 2018) ; les États-Unis et l'Europe s'éloignent (ce dont témoignent spectaculairement l'échec du traité de libre-échange transatlantique et les tensions au sein de l'Otan) ; l'Europe connaît des fractures profondes en son sein même (crise de la zone euro, Brexit, fractures Ouest-Est sur la question migratoire, qui n'est que le symptôme d'un rapport à la démocratie très différent entre la vieille Europe et la jeune) ; l'Australie et la Nouvelle-Zélande, pièces maîtresses de l'Occident dans le Pacifique-Sud, se rallient au projet chinois de *Regional Comprehensive Economic Partnership* (RCEP, signé en 2020). Au moment où les valeurs de l'Occident sont contestées et combattues un peu partout dans le monde, celui-ci n'est plus vraiment capable de « faire bloc », y compris dans sa relation avec la Russie : l'Europe baltique et centre-orientale la craint, l'Allemagne s'en rapproche (projets de gazoducs Northstream), la France la tient à distance (affaire Navalny).

Une géopolitique mondiale entre intégrations et fragmentations

Une scène géopolitique mondiale très fragmentée

Le monde est marqué par la multiplicité des crises régionales et continentales, dessinant un véritable *patchwork* planétaire, sans qu'il soit possible de leur assigner des causes communes :

1) en Europe : la crise des dettes souveraines et ses conséquences, la panne de la construction européenne (Brexit), le manque de solidarité face à la crise migratoire (2015), les menaces récurrentes d'un environnement instable (guerres du Donbass, du Haut-Karabagh, de Libye), la perte d'influence au Proche-Orient et au Moyen-Orient, la montée des partis et des gouvernements populistes et/ou illibéraux ;

2) en Afrique subsaharienne : la progression tous azimuts du terrorisme islamiste (Boko Haram, Al-Qaïda au Maghreb islamique — AQMI —, État islamique au Grand Sahara...), l'intervention contestée de la France au Sahel, la décomposition de la Somalie, la crise au Burundi dans la poudrière des Grands Lacs, la guerre civile au Sud-Soudan et en Éthiopie (Tigre), etc. ;

3) en Afrique du Nord, au Proche-Orient et au Moyen-Orient : les effets telluriques des printemps arabes, la guerre en Libye et en Syrie, les flux migratoires incontrôlés, le durcissement du gouvernement turc aux visées néo-ottomanes, l'hypothèque iranienne sur le nucléaire, les tensions entre Arabie saoudite et Qatar, la guerre au Yémen... ;

4) en Asie : la poudrière « Afpak » (Afghanistan-Pakistan), la « guerre par procuration » menée par le Pakistan contre l'Inde (terrorisme cachemiri), le coup d'État de la junte militaire birmane, les empiètements territoriaux chinois dans l'Himalaya indien, les tensions récurrentes entre Japon et Chine (îles Senkaku), Japon et Corée du Sud (guerre commerciale), les menaces nucléaires nord-coréennes, l'expansionnisme territorial de Pékin en mer de Chine méridionale, la révolution écrasée à Hong Kong, la répression féroce des Ouïghours... ;

5) sur le continent américain : la déstabilisation de la démocratie états-unienne sous les effets du trumpisme, les ravages des narcotrafics en Amérique centrale, les crises politiques au Venezuela et en Bolivie, les difficultés économiques générales et le mécontentement populaire en Amérique du Sud (Chili)...

Dans ces différentes régions du monde, le problème fondamental est que la dynamique d'intégration, autour d'un ou deux pôles fédérateurs et intégrateurs, cède la place au retour d'une *géopolitique des zones d'influence*. Il est patent qu'il n'existe pour le moment aucun élément d'un ordre qui se dessinerait. Le temps de l'hégémonie américaine est bien fini [Zacharia, 2019], et peut-être vivons-nous une parenthèse apolaire dont un nouvel ordre bipolaire, sino-américain, pourrait sortir. Quoi qu'il en soit, ces moments de transition sont lourds de risques puisque les puissances globales ne sont pas d'accord entre elles... Ainsi, les années 2010 ont vu progressivement émerger un antagonisme entre les États-Unis et la Chine que d'aucuns ont assimilé à une « nouvelle guerre froide » [Kaplan, 2019 ; Walt, 2020]. S'il est peut-être maladroit, voire inexact, de reprendre à l'envi cette formule de guerre froide qui appartient au passé [Westad, 2018], il est indéniable que les relations entre les États-Unis et la Chine sont de nature à forger les décennies qui viennent. Et cela pour une raison simple : la Chine pourrait économiquement surpasser les États-Unis dans la décennie 2020, ce qui constituerait à n'en pas douter un choc tectonique sans précédent qui, pour certains, pourrait engendrer des risques de guerre entre les deux Grands [Allison, 2017].

Crise des États, affirmation des nations

Les États se sont en partie dilués dans la mondialisation, sous les effets d'une déréglementation et d'un désengagement généralisés, d'autant plus que certains acteurs non étatiques (ANE) leur arrachent des parcelles de pouvoir de plus en plus importantes, voire sont capables de les influencer. La majeure partie des États du monde sont concernés, sans que l'on puisse pour autant parler d'un effacement (chapitre 11). Mais il est remarquable de voir se multiplier, en de nombreux endroits du monde, des États faillis ou effondrés qui ne maîtrisent plus tout ou partie de leur territoire, devenu « zone grise ». La diffusion du modèle occidental de l'État-nation y a été impossible, ou du moins incomplète : plaqué sur des réalités culturelles et sociales très différentes de celles de l'Occident, il correspond surtout à la construction d'un État patrimonialisé par un clan ou une tribu, insuffisamment intégrateur. Il n'a pas rencontré le peuple et est demeuré un placage institutionnel sur des structures sociales bien plus puissantes, comme la tribu, l'ethnie, la chefferie. Ainsi, les guerres civiles et internationales naissent de plus en plus de la défaillance d'États faibles plutôt que du choc entre États forts [Charillon, 2017]. Les États faillis (*failed states*) n'ont plus d'autorité légitime, des acteurs variés tentent alors d'en prendre la tête (Liban, Kosovo, Somalie). Ils subissent à la fois l'exclusion des instances internationales, comme les conséquences de l'importation de l'État de type occidental, tandis que leur société la rejette, et surtout l'incurie de leurs élites. Dans certains États « abattus » (*collapsed states*), comme l'Irak ou la Libye, l'excès d'autorité de l'État a provoqué une intervention militaire et politique à l'échelle internationale, jetant à bas les structures politiques et institutionnelles, voire militaires.

Dans le même temps, la nation redevient l'idée-force de la géopolitique [Lacoste, 1976] : en réaction au développement de la mondialisation, et parfois de l'intégration régionale (Europe), on assiste en effet à un retour des nations et du nationalisme, dont l'expression actuelle est la vague de fond du national-populisme qui déferle en Europe et en Amérique : celui-ci est volontiers xénophobe, antimondialiste et antiélitiste. Parallèlement, le développement des nationalismes régionaux connaît une recrudescence : il peut s'agir d'un simple mouvement de repli culturel, avec la défense de langues, de traditions et d'un folklore régionaux ; mais certains peuvent confiner au séparatisme politique, avec la revendication d'une autonomie ou d'une indépendance. Les deux facteurs mobilisateurs du nationalisme sont ainsi la langue et le territoire. Le territoire est au cœur des rivalités géopolitiques, et la langue par sa territorialisation peut souvent servir à les justifier. De la construction linguistique à la construction étatique, le chemin n'est pas aussi long qu'on le croit, comme l'a montré l'implosion de l'ex-Yougoslavie. C'est ainsi que s'affirment des nationalismes régionaux [Tétart, 2009], notamment en Europe de l'Ouest, en Flandre, en Écosse, en Catalogne, dans le Pays basque, voire en Italie du Nord (Padanie), qui présente la particularité d'être un nationalisme sans nation où les référents nationaux sont inventés de toutes pièces. Ces micronationalismes rêvent d'États qui deviennent viables en accédant à de grands marchés continentaux et planétaires.

La grande panne du multilatéralisme

Des États affaiblis ne sont pas les mieux placés pour bâtir une gouvernance internationale solide et efficace (chapitre 5). Pour reprendre les mots de Thomas Gomart [2019], nous vivons dans un monde multipolaire, mais sans multilatéralisme. Les principes d'organisation de la mondialisation se trouvent bouleversés par les pays émergents : en 2008 a été créé le G20, associant aux pays industriels du G8 un ensemble de dix pays émergents (plus le FMI et l'UE), démontrant la nécessité d'une gouvernance internationale élargie à de nouveaux pays et étendue des questions financières aux questions sécuritaires et environnementales. Même constat au sein des grandes institutions internationales, où l'influence des émergents s'accroît : ONU, Banque mondiale, FMI (où 5 % des droits de vote sont passés ces dernières années de l'Europe à la Chine).

Le paradoxe de notre monde est que les grands États et leurs dirigeants jurent vouloir bâtir un véritable ordre international, tout en « fétichisant » la souveraineté. La plupart des spécialistes s'accordent à dire que l'architecture institutionnelle héritée de l'après-Seconde Guerre mondiale, avec à son sommet l'ONU, est obsolète (chapitre 5). L'attitude des États-Unis lors de la guerre d'Irak (2003) ou celle de la Russie pendant la guerre du Donbass en Ukraine (2014) montrent que l'ONU manque cruellement de légitimité. Les usages du veto et de l'abstention reviennent en force. Il existe certes une Cour pénale internationale, mais elle n'est pas reconnue par tous. Un seul accord international a été signé depuis quinze ans : il s'agit de l'accord de Paris sur le climat, mais il peine à se concrétiser dans les faits (chapitre 11). Surtout, l'ONU est incapable de stopper la course aux armements : avec environ 1 800 milliards de dollars de dépenses militaires dans le monde en 2018, on atteint des records depuis la fin de la guerre froide. Les plus gros vendeurs sont aussi les membres du Conseil de sécurité.

Parallèlement, les nouvelles compétitions économiques remettent en cause le multilatéralisme à l'échelle mondiale : l'OMC est ainsi totalement bloquée depuis l'échec du cycle de Doha (2001-2013), et contournée par la signature de nombreux accords bilatéraux et régionaux comportant des clauses spéciales de règlement des litiges commerciaux qui permettent d'éviter le tribunal de commerce de l'organisation de Genève (Organe de règlement des différends — ORD), ainsi que des dispositifs de règlement des litiges États/entreprises par des tribunaux privés indépendants (chapitre 12). À l'inverse, les organisations régionales prolifèrent littéralement, accompagnant le processus d'accélération des échanges internationaux : le débat est de savoir si elles affaiblissent les États, par les transferts de souveraineté réalisés, ou si elles en constituent au contraire le prolongement (chapitre 11). On peut aussi considérer que ces organisations régionales créent de nouvelles frontières dans la mondialisation, plus ou moins tangibles (que l'on songe à la « forteresse Europe » dénoncée par les Américains), et qui se surimposent à — ou remplacent dans certains cas — celles des États-nations.

Les mutations de la guerre et des conflictualités

L'Institut d'Heidelberg pour la recherche sur les conflits internationaux (HIIK) propose une recension annuelle des conflits dans le monde, conflits définis comme des antagonismes entre deux ou plusieurs opposants, qui ne respectent pas les procédures réglementaires établies et menacent les fonctions essentielles de l'État et l'ordre international, allant de la simple dispute politique à la guerre majeure : sur les dix dernières années, alors que la conflictualité générale reste élevée, les guerres majeures tendent à régresser, sans que disparaisse pour autant la violence guerrière qui touche très majoritairement les civils. En 2018, l'HIIK recensait 372 conflits, dont 213 violents, 24 guerres limitées et 16 guerres à grande échelle.

Des guerres régulières aux guerres asymétriques

On assiste à un phénomène de raréfaction des grandes guerres interétatiques : John Mueller [1989] évoque ainsi une « obsolescence des guerres majeures », qui éloignerait le spectre de l'apocalypse (*retreat form doomsday*). Trois grandes séries de causes l'expliquent, selon le politologue américain :

— les valeurs guerrières sont dépassées (gloire, honneur, courage, patriotisme) et personne ne se risquerait à faire l'éloge de la guerre comme aux siècles passés ;

— la guerre n'est plus perçue comme une méthode efficace et rentable pour atteindre des objectifs politiques (comme l'enseignait

Carl von Clausewitz) : les coûts et risques encourus sont plus importants que les bénéfices escomptés ;

— la prospérité économique est devenue le but des États, il n'est désormais plus obligatoire d'obtenir des succès militaires pour rayonner dans le monde.

À l'inverse, ce sont les guerres civiles et asymétriques qui constituent désormais le gros des affrontements, sur lesquels les grandes puissances ont perdu le contrôle, car elles ne disposent plus des relais efficaces d'hier (comme la France en Afrique, le Royaume-Uni au Proche-Orient et au Moyen-Orient, les États-Unis en Asie). Ces guerres opposent des armées irrégulières (milices et groupes paramilitaires) entre elles et à des armées régulières. Celles-ci font de plus en plus appel aux mercenaires et sociétés militaires privées (1,5 *contractor* pour 1 GI en Irak, 1,3 pour 1 en Afghanistan). Les armées régulières alignent moins de soldats, mais ceux-ci sont fortement professionnalisés et spécialisés, en lien avec la « technologisation » de la guerre (chapitre 6). En s'inscrivant dans la durée, ces guerres peuvent devenir de « basse intensité », avec affrontements sporadiques et mortalité résiduelle, à l'image de la guerre du Donbass (depuis 2014). La guerre n'est ainsi plus le monopole des États, elle se privatise sous la pression des groupes terroristes et séparatistes, des organisations criminelles qui prennent le contrôle de vastes espaces.

Le paradoxe est que les grandes puissances militaires n'ont plus les moyens de remporter la victoire, malgré leur énorme supériorité militaire, technologique et économique. La méconnaissance culturelle des ennemis est aussi un argument régulièrement mis en avant pour expliquer les défaites militaires. L'issue des nouvelles guerres est davantage l'usure de la volonté politique adverse que la victoire militaire, ce qui amène à relativiser la notion de victoire. Comme dans le cas des États-Unis en Irak, le succès militaire initial aboutit à des guerres civiles plutôt qu'à des paix durables, d'où le sentiment d'impuissance et d'inutilité de l'emploi de la force.

Le terrorisme djihadiste est révélateur des nouvelles pratiques de la guerre, c'est une stratégie « du faible au fort » de plus en plus employée. Ce mode d'action ancien, qui remonte à la fin du XIXe siècle (terrorisme anarchiste), connaît un regain considérable depuis les années 1990-2000. C'est le mode d'action privilégié des acteurs faibles qui doivent compenser l'absence ou le déficit de puissance militaire. Il s'inscrit dans la tradition de la « petite guerre », ou guérilla, dont il est un substitut [Chaliand, 2017] : il s'agit de contourner le champ de bataille pour déstabiliser l'ennemi sur le plan psychologique. La stratégie de la ruse et de la dissimulation revient ainsi à l'honneur : elle consiste en une négation des anciens principes clausewitziens de la guerre, qui enseignait la concentration des forces. Le terrorisme

Carte 1. **La mortalité de guerre dans le monde en 2020**

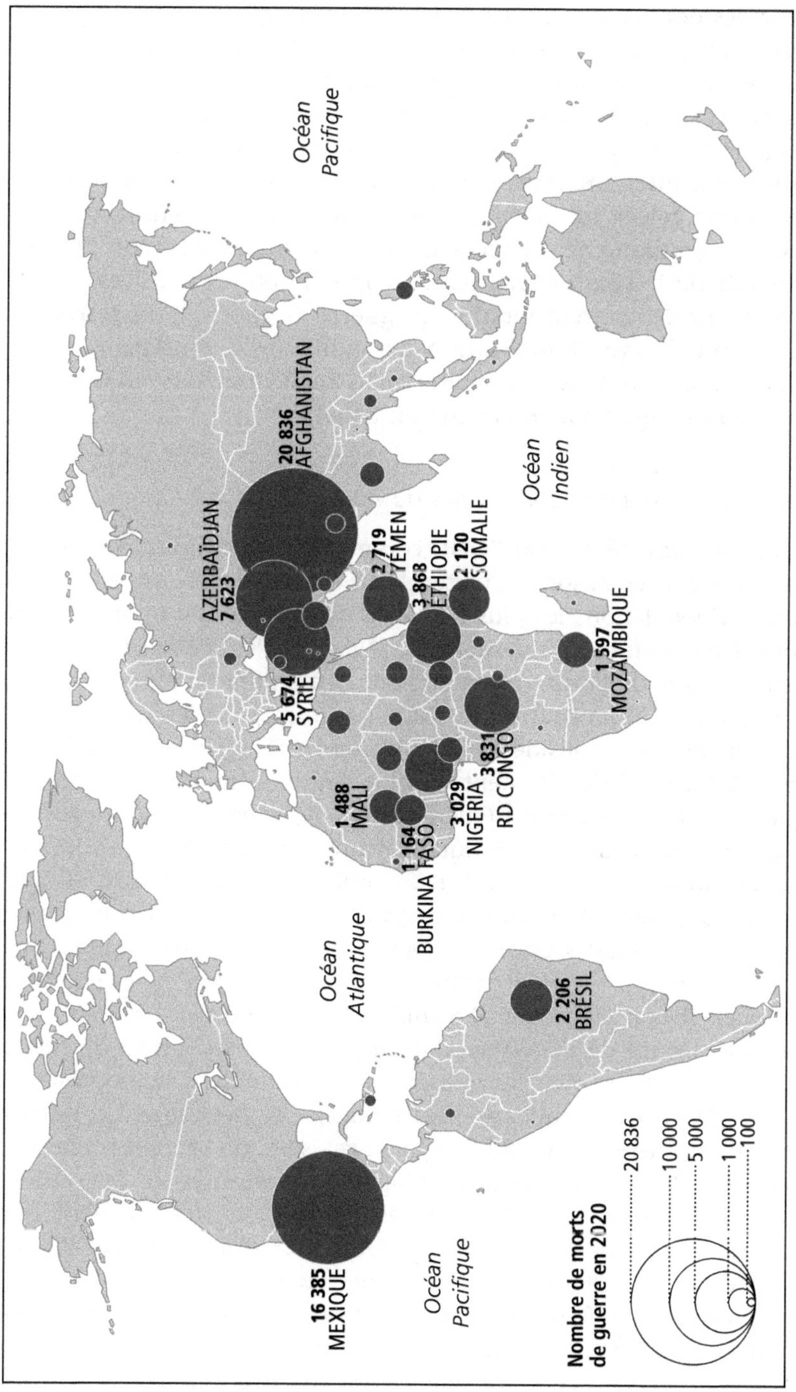

Source : Uppsala Conflict Data Program, 2021.

transgresse les règles de la guerre et use de la sidération et de la peur des populations civiles à des fins idéologiques et politiques. Les terroristes prétendent être des « soldats » (de Dieu — *moudjahidin*) et se veulent les seuls dépositaires désormais des valeurs de courage, d'héroïsme et de sacrifice. Le terrorisme d'Al-Qaïda et de Daech brouille les frontières entre criminalité et guerre, sécurité intérieure et sécurité internationale, comme dans le cas français : d'un côté, le terrorisme relève de la criminalité et donc de la sécurité intérieure (police, gendarmerie, services de sécurité intérieure type Direction générale de la sécurité intérieure — DGSI) ; de l'autre, il est assimilé à une forme contemporaine de guerre (« guerre à la terreur, au terrorisme »), avec l'implication des militaires à l'intérieur du pays (opérations Sentinelle, Vigipirate), mais aussi au-dehors, en opérations extérieures (opération Barkhane au Sahel).

Les réfugiés, victimes collatérales du nouveau désordre mondial

Les réfugiés, définis par l'ONU comme des populations ayant fui leur pays d'origine en raison des persécutions et des menaces sur leur sécurité, sont les populations les plus fragiles et vulnérables du monde, partout considérées comme « indésirables » [Agier, 2008 ; 2014], et miroirs des dérèglements de l'ordre international. Le nombre de réfugiés protégés par le Haut Commissariat des Nations unies pour les réfugiés (HCR, créé en 1951) a considérablement augmenté dans les années 1990, sous l'effet de l'effondrement du bloc communiste et de l'URSS, ainsi que du retour des guerres (guerre du Golfe, guerre en ex-Yougoslavie, « décennie du chaos » en Afrique), avant de progressivement diminuer dans les années 2000, passant de 27 millions à 11,5 millions. Mais leur nombre augmente de nouveau fortement depuis les « printemps arabes » (2011) et la recrudescence des guerres au Moyen-Orient (Libye, Syrie, Yémen). En 2017, le HCR recense 22,5 millions de réfugiés politiques, auxquels il faut ajouter les 4,5 millions de Palestiniens pris en charge par une agence de l'ONU spécialisée (Office de secours et de travaux des Nations unies pour les réfugiés de Palestine dans le Proche-Orient — UNRWA). Un grand « arc des réfugiés » se dessine entre l'Afrique centrale et l'Asie du Sud, du Congo au Pakistan, où se trouvent les deux tiers des réfugiés mondiaux. La plupart sont recensés sur le continent asiatique (environ 45 % des réfugiés), surtout au Moyen-Orient et en Asie du Sud et de l'Est. Derrière viennent l'Afrique (25 %), l'Europe (occidentale : 20 %) puis les Amériques (10 %).

Les camps de réfugiés se sont multipliés sur la planète, on en recense environ trois cents, regroupant au bas mot 12 millions de personnes [Agier, 2014]. Cet « encampement » est un choix des États, à la fois comme lieux de mise à l'écart et lieux du contrôle des populations de

Carte 2. **Les réfugiés dans le monde en 2017**

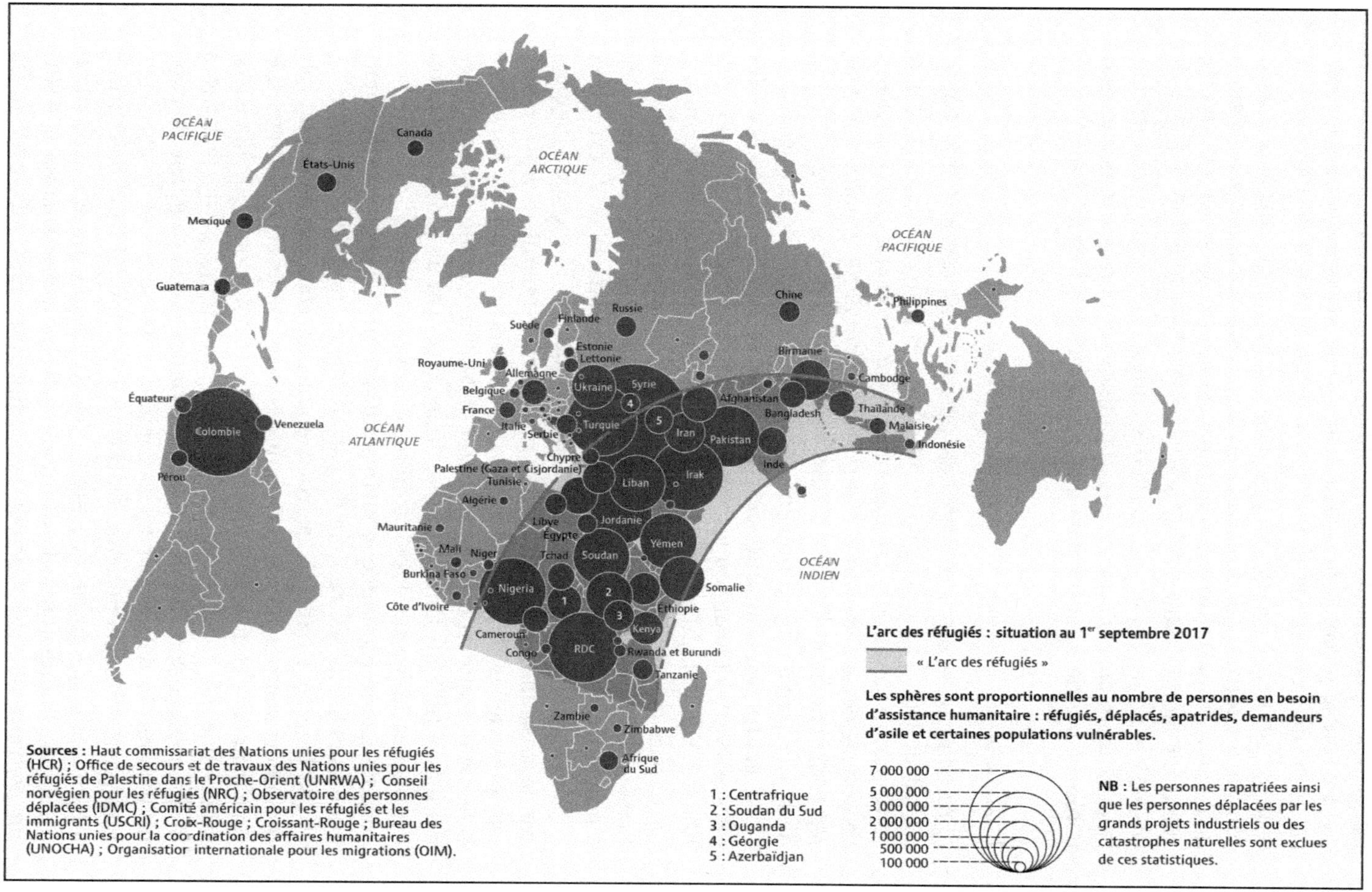

Source : Philippe Rekacewicz, visionscarto, 2017.

réfugiés jugées indésirables [Agier, 2008]. Les deux tiers des camps se trouvent sur le continent africain. Solution temporaire au départ, nombre d'entre eux se pérennisent : ainsi, le camp de Maheba en Zambie, créé en 1971 au moment de la lutte pour l'indépendance de l'Angola, est resté ouvert malgré l'accord de paix dans la guerre civile angolaise (2002), constituant aujourd'hui une véritable ville ; même remarque pour le camp de Chatila au Liban, intégré dans le tissu urbain de Beyrouth. Le plus grand du monde (Kutopalong) s'est créé à Cox's Bazar au Bangladesh en 2017 et accueille plus de 800 000 Rohingyas. Les États y sous-traitent l'aide humanitaire d'urgence aux organisations non gouvernementales (ONG), faute de solution politique au problème (chapitre 14).

L'extension du domaine de la guerre : l'économie

À l'heure où la guerre entre grandes puissances est devenue improbable, du fait de leur niveau d'équipement en armes conventionnelles et non conventionnelles, et des interdépendances économiques qui les relient, l'économie devient un terrain d'affrontement privilégié (chapitre 12). Pour reprendre l'heureuse formule d'Edward Luttwak [1990], c'est la rencontre de la « grammaire du commerce » avec les « logiques de la guerre ».

La guerre économique s'est affirmée en trois étapes : dès les années 1970, à l'heure où les conquêtes commerciales du Japon et des nouveaux pays industriels d'Asie occasionnent un néoprotectionnisme de la part des pays occidentaux ; dans les années 1990, lorsque les États-Unis se sentent attaqués commercialement par l'Europe et le Japon (guerres « de la banane », « du bœuf », combat pour l'« exception culturelle ») ; dans les années 2010, quand les économies frappées par la crise mondiale (dite « des *subprimes* ») prennent des mesures exceptionnelles de relance réservées à leurs entreprises. La guerre économique atteint une sorte de sommet actuellement avec les passes d'armes entre États-Unis et Chine, déclenchées par un président Trump dénonçant le jeu de dupe du libre-échanges mondial.

Cette guerre économique favorise un retour incontestable des États et de leurs frontières, au nom du patriotisme économique (chapitres 11 et 12). Pour les tenants de la géoéconomie, les États retrouvent un rôle de stratège dans la guerre, élaborant des plans défensifs et/ou offensifs, finançant la « course aux armements » technologiques et financiers, tandis que les firmes sont au combat, en charge de la tactique à proprement parler. La victoire est sanctionnée par la conquête de parts de marché, la défaite par la relocalisation, la faillite et le chômage. L'ampleur de la guerre entre États-Unis et Chine est sans précédent : à l'été 2020, la « guerre des puces » (électroniques) menée par l'administration Trump contre la Chine fait que les firmes Huawei et SMIC ne peuvent plus se procurer de composants fabriqués avec de la technologie américaine, leurs fournisseurs coréens (Samsung, SK Hynix) et taïwanais (TSMC) ayant cessé leurs livraisons pour se plier aux décisions de Washington qui accuse Pékin d'espionnage (chapitre 12).

En dernière analyse, comment parler du monde d'aujourd'hui ? Hassner [2015] évoque avec justesse un « magma illisible », dont on a passé en revue les principaux symptômes : le déclin des anciennes nations occidentales et l'affirmation des nations émergentes ou réémergentes jouant sur les cordes du nationalisme et du révisionnisme, le retour du désir de puissance et son expression par le recours à la force et à la prédation de l'espace et de ses ressources, l'affirmation d'acteurs non étatiques à la dangerosité parfois extrême. Si les grandes guerres interétatiques se raréfient, tous les degrés de violence guerrière ont été gravis en ce début du XXIe siècle : guerres internes et massacres de civils à grande échelle, terrorisme islamiste, agression militaire directe ou indirecte d'un État par son ou ses voisins (Congo, Géorgie, Ukraine), intervention et occupation militaires sans mandat de l'ONU (Irak) ou en outrepassant le mandat de l'ONU dans l'usage de la force armée (Libye), emprise illicite sur des espaces maritimes et insulaires (mer de Chine méridionale), cyberattaques entre États, montée de la criminalité internationale et du « gangsterrorisme »... En somme, la fin de la guerre froide n'a pas permis de « civiliser » les relations internationales, comme on l'espérait au début des années 1990. Une des variables essentielles pour le XXIe siècle sera l'évolution de la relation entre la Chine et les États-Unis : aucune grande coopération internationale à portée universelle n'est possible sans elles, mais, d'un autre côté, les deux puissances rivales développent des relations de type « nouvelle guerre froide ».

Repères bibliographiques

AGIER M. [2008], *Gérer les indésirables. Des camps de réfugiés au gouvernement humanitaire*, Paris, Flammarion.

— (dir.) [2014], *Un monde de camps*, Paris, La Découverte.

ALLISON G. [2017], *Destined for War. Can America and China Escape Thucydides's Trap ?* Boston, Houghton Mifflin Harcourt.

BATTISTELLA D. [2004], « L'ordre international, portée théorique et conséquences pratiques d'une notion réaliste », *La Revue internationale et stratégique*, n° 54, p. 89-98.

BRZEZINSKI Z. [1997], *Le Grand Échiquier. L'Amérique et le reste du monde*, Montrouge, Bayard.

CARROUÉ L. [2019], *Géographie de la mondialisation. Crises et basculements du monde*, Paris, Armand Colin.

CHALIAND G. [2017], *Terrorisme et Politique*, Paris, CNRS Éditions.

CHARILLON F. [2017], « La défaillance des États et ses multiples formes », *Questions internationales*, n° 85-86.

CHAVAGNEUX Ch. [2011], *Une brève histoire des crises financières. Des tulipes aux subprimes*, Paris, La Découverte, « Poche/Essais ».
DELANNOY S. [2012], *Géopolitique des pays émergents*, Paris, PUF.
DELPECH T. [2005], *L'Ensauvagement. Le retour de la barbarie au XXIe siècle*, Paris, Grasset/Fasquelle.
FERGUSON N. [2009], « A world without power », *Foreign Policy*, octobre.
GNESOTTO N. [2014], « La mondialisation politique n'existe pas », *Esprit*, vol. 407, n° 8/9, p. 32-38.
GOMART T. [2019], *L'Affolement du monde*, Paris, Tallandier.
HAASS R. [1997], *The Reluctant Sheriff. The United States after the Cold War*, New York, A Council on Foreign Relations Book, Brookings Institution Press.
— [2008], « The age of nonpolarity. Whaf will follow U.S. dominance », *Foreign Affairs*, mai-juin.
— [2017], *A World in Disarray. American Foreign Policy and the Crisis of the Old Order*, New York, Penguin Book.
HASSNER P. [2002], *États-Unis. L'empire de la force ou la force de l'empire ?* Paris, Les Cahiers de Chaillot.
— [2015], *La Revanche des passions. Métamorphoses de la violence et crises du politique*, Paris, Fayard.
HOBSBAWM E. [1999], *L'Âge des extrêmes. Histoire du court XXe siècle*, Paris, Complexe.
KAPLAN R. [2019], « A new cold war has begun », *Foreign Policy*, janvier.
LACOSTE Y. [1976], *La géographie, ça sert, d'abord, à faire la guerre*, Paris, La Découverte, « Poche/Essais », 2014.
LUTTWAK E. [1990], « From geopolitics to geo-economics : logic of conflict, grammar of commerce », *The National Interest*, vol. 20, p. 17-23.
MEAD W. R. [2014], « The return of geopolitics, the revenge of the revisionist powers », *Foreign Affairs*, mai-juin.
MUELLER J. [1989], *Retreat from Doomsday. The Obsolescence of Major War*, New York, Basic Books.
NYE J. [1990], *Le Leadership américain. Quand les règles du jeu changent*, Nancy, PUN, 1992.
— [2004], *Soft Power. The Means to Success in World Politics*, New York, Public Affairs.
O'NEILL J. [2001], « Building better global economic BRICS », *Global Economic Paper*, n° 66, Goldman Sachs.
TÉTART F. [2009], *Nationalismes régionaux. Un défi pour l'Europe*, Louvain-la-Neuve, De Boeck.
VALLADÃO A. G. A. [1993], *Le XXIe Siècle sera américain*, Paris, La Découverte.
VÉDRINE H. [2004], « Les États-Unis, hyperpuissance ou empire ? », *Cités*, n° 20, p. 139-151.
WALT S. [2020], « Everyone misunderstands the reason for the U.S.-China cold war », *Foreign Policy*, juin.
WESTAD O. A. [2018], « Has a new cold war really begun ? Why the term shouldn't apply to today's great-power tensions », *Foreign Affairs*, mars.
YILMAZ R. [2006], « Les armes de destruction massive au Moyen-Orient », *Outre-Terre*, n° 14, p. 27-38.
YING F. [2016], « How China sees Russia. Beijing and Moscow are close but not allies », *Foreign Affairs*, janvier-février.
ZACHARIA F. [2019], « The self-destruction of American power. Washington squandered the unipolar moment », *Foreign Affairs*, juillet-août.
ZENCO M. [2014], « The myth of the indispensable nation », *Foreign Policy*, novembre.

5 / Recherche de gouvernance et de paix dans le monde depuis 1945

Olivier David et Jean-Luc Suissa

Le mot « gouvernance » remonte au français médiéval, mais l'usage en a été perdu jusqu'à son retour, depuis les années 1980, dans le monde anglo-saxon. La *good corporate governance* renvoie à la gestion optimale des entreprises industrielles et commerciales, avant d'évoluer vers l'évaluation et l'amélioration des modes de gouvernement politique. La notion s'applique au départ aux pays pauvres en quête d'assistance internationale : dans ce cadre, la « bonne gouvernance » est un critère d'attribution d'aides, ou l'éventuelle justification d'une intervention extérieure. Par extension, l'actuelle *global governance* renvoie à la régulation collective des problèmes universels, et notamment à la gestion des « biens publics mondiaux » (environnement, santé, éducation). Gouvernance n'est donc pas gouvernement, mais caractérise l'ensemble des régimes du multilatéralisme permettant de préserver la paix et le développement harmonieux des relations entre les États, sur la base des principes démocratiques. Ce multilatéralisme, concrétisé par l'institution de l'Organisation des Nations unies (ONU) en 1945, présuppose donc l'existence d'une « communauté internationale », c'est-à-dire d'une société civile mondiale ayant les mêmes aspirations et objectifs, respectant les mêmes règles.

Outre qu'il a trop souvent été confondu avec l'idée de gouvernement mondial, le multilatéralisme de gouvernance a néanmoins toujours été ambigu depuis 1945, car guidé par la prédominance des États-Unis et des valeurs occidentales. Longtemps limitée dans son champ d'application par la guerre froide et par l'existence d'un tiers monde sous-développé et marginalisé, cette gouvernance multilatérale aurait dû connaître en toute logique un avènement planétaire à partir des années 1990 (chapitre 4). Or le système international actuel est, selon Pierre Grosser [2019], « partagé entre logique unipolaire (affirmation unilatérale de Washington), construction d'une nouvelle bipolarité (États-Unis/Chine) et une a-polarité que la gouvernance mondiale peine, pour l'heure, à maîtriser ».

Est-ce à dire que toute gouvernance internationale suppose l'existence d'une puissance hégémonique, ou en tout cas d'un *leadership* (ce dont avait manqué la Société des Nations — SDN), et qu'en conséquence une Amérique fatiguée du poids de ce fardeau fragilise aujourd'hui le système international ? Ne faut-il pas y voir plutôt une conséquence de l'affaiblissement des États dans le nouveau système international ?

Le multilatéralisme en construction, de 1945 à 1990

Les fondements d'un multilatéralisme pacificateur en 1945

L'idée d'une gouvernance mondiale institutionnalisée ressurgit en 1945, favorisée par le bilan tragique de la guerre. Les deux superpuissances s'accordent sur la nécessité d'une nouvelle organisation internationale pour conjurer le risque de conflit militaire : l'ONU, créée par la conférence de San Francisco (juin 1945). Pour les Américains, elle doit permettre un *statu quo* pacifique, évitant le recours à l'interventionnisme comme en 1917 et 1941 ; elle est conforme au « wilsonisme » de Franklin D. Roosevelt et à l'idéologie de la Destinée manifeste, héritée du XIXe siècle.

Cependant, à la différence de la SDN, l'égalité démocratique des États à l'Assemblée générale n'est pas l'élément le plus important pour le président américain, qui préfère un « directoire » de grandes puissances (les membres permanents du Conseil de sécurité), devant agir ensemble pour préserver la paix : à ce titre, le droit de veto, loin d'être considéré comme un obstacle, est vu comme le garant de l'efficacité de résolutions communes et consensuelles. Pour les Soviétiques, le statut de membre permanent du Conseil les sort d'un véritable ghetto diplomatique et leur permet d'entériner leurs conquêtes territoriales (chapitre 1).

Le multilatéralisme économique, quant à lui, correspond à la philosophie américaine en vertu de laquelle démocratie, paix et prospérité par le marché et le libre commerce forment un triangle magique pouvant également servir leurs intérêts de puissance économique dominante. Tant sur le plan géoéconomique que géopolitique, les puissances européennes ont perdu à la fois leurs moyens et leur légitimité : elles sont responsables de la double faillite du concert européen, en 1914 et 1939.

Réussites et échecs du multilatéralisme durant la guerre froide

Le multilatéralisme s'affirme comme un pilier de la croissance et de la stabilité des économies occidentales, qui peuvent à leur tour contribuer au rapprochement entre les nations. Le plan Marshall permet ainsi la reconstruction rapide de l'Europe occidentale, le système de Bretton Woods favorise l'essor des échanges commerciaux, qui tirent la croissance économique [Bairoch, 1988], de même que le *General Agreement on Tariffs and Trade* (GATT) favorisant le démantèlement progressif des barrières douanières et l'application de la clause de la nation la plus favorisée. Le libre-échange limite même les effets de la crise des années 1970 et évite alors la constitution de blocs commerciaux comme dans les années 1930 ; le Fonds monétaire international (FMI), comme prêteur en dernier ressort, peut lui-même atténuer les crises financières des années 1980-1990 : Mexique en 1982 et 1994, Asie en 1997, Russie en 1998, Brésil et Argentine en 1999-2001. Au-delà, il contribue à réduire les écarts de développement en favorisant le financement de projets d'infrastructures (Banque mondiale), en donnant la possibilité à des États d'emprunter à taux réduit.

Parallèlement, la paix par le multilatéralisme est réalisée dans le cadre de l'ONU : selon le mot de son secrétaire général Dag Hammarskjöld, elle « n'a pas permis d'atteindre le paradis, mais a évité de tomber en enfer ». L'ONU joue à la fois le rôle de force de proposition, comme dans le conflit israélo-arabe avec les résolutions 181 (partage de 1947 de la Palestine) et 242 après la guerre des Six Jours (principe du droit d'Israël à des frontières sûres et reconnues en contrepartie de son évacuation des territoires occupés), de force d'interposition avec les Casques bleus (frontière égypto-israélienne de 1956 à 1967, Force intérimaire des Nations unies au Liban — FINUL —, etc.), de force de refoulement d'une attaque armée caractérisée, comme en Corée (1950-1953) ou au Katanga congolais tenu par des mercenaires (1961-1965).

Le rôle des différentes agences de l'ONU est remarquable, en termes d'aide au développement et de solidarité internationale ; c'est une nouveauté indiscutable par rapport à l'ancienne SDN : Food and Agricultural Organization (FAO), Organisation mondiale de la santé (OMS), Unicef, Bureau international du travail (BIT), United Nations Educational, Scientific and Cultural Organization (Unesco — voir encadré, *infra*). Le multilatéralisme s'incarne aussi dans une organisation régionale visant à dépasser les antagonismes de la guerre froide : la Conférence sur la sécurité et la coopération en Europe (CSCE). Elle permet les accords d'Helsinki (1975), rapprochant les deux parties de l'Europe sous la houlette des deux Grands, faisant du multilatéralisme

L'Unesco et le patrimoine mondial de l'humanité

Hélène Briones-Tellenne

L'United Nations Educational, Scientific and Cultural Organization (Unesco) est fondée en 1945 pour défendre la paix et promouvoir une meilleure entente entre les peuples, assurée par l'éducation, la science et la culture. Son acte constitutif précise : « Les guerres naissant dans l'esprit des hommes, c'est dans l'esprit des hommes qu'il faut élever les défenses de la paix. » Elle est surtout connue pour sa fameuse liste du Patrimoine mondial, mais peut s'honorer d'autres réalisations, comme la rédaction d'une histoire de l'humanité, des missions d'alphabétisation et projets éducatifs, un programme international sur la question des races et du racisme. Toutefois, la sauvegarde du patrimoine est progressivement devenue sa principale mission, grâce à un cas concret : le sauvetage des sites de Nubie en Égypte du Sud de 1955 à 1968, menacés d'ennoiement à cause de la construction du barrage d'Assouan (et son lac artificiel), sous Gamal Abdel Nasser. Après une mobilisation internationale lancée par la France et relayée par l'Unesco, les temples d'Abou Simbel et de Philae sont sauvés des eaux en étant rehaussés de plusieurs dizaines de mètres, pierre par pierre. En remerciement, le siège permanent de l'agence est inauguré à Paris en 1958, sur un terrain de choix situé entre l'École militaire et la tour Eiffel, place de Fontenoy.

En 1972, l'Unesco adopte la convention sur la « protection du patrimoine culturel et naturel mondial ». L'idée est de préserver un héritage commun à l'ensemble de l'humanité. Le positionnement original est d'inclure les biens naturels dans un souci environnemental, mais aussi géopolitique : il faut prendre en compte l'entrée de nombreux États africains à l'ONU après les indépendances. La liste comporte actuellement 1 121 sites reconnus comme « authentiques » dans 161 États différents. Le « patrimoine de l'humanité » connaît un élargissement continu de son périmètre, notamment vers le « patrimoine immatériel » (convention de 2003, entrée en vigueur en 2006), mettant davantage les communautés et les savoir-faire humains au cœur de la définition de patrimoine. Il s'agit également de lutter contre un des effets pervers de la mondialisation qui accentue l'uniformisation des cultures et de protéger toute culture minoritaire et originale. C'est le sens de la convention sur

une véritable machine à « civiliser » les relations internationales. Le multilatéralisme a ainsi pu esquisser parfois un dépassement du clivage Est-Ouest, par la coopération dans le domaine de la santé ou du désarmement.

Des limites majeures

Cette gouvernance multilatérale rencontre cependant des limites évidentes. D'abord, certaines formes de gouvernance économique mondiale ont pu disparaître, à l'image du système de Bretton Woods après la décision unilatérale du 15 août 1971 de Richard Nixon de mettre fin à la convertibilité or du dollar. De même, la question des la diversité culturelle, adoptée en 2005 et entrée en vigueur en 2007. Elle constitue un véritable tournant conceptuel par rapport à l'idée fondatrice d'une culture mondiale universelle. Cet élargissement a aussi pour but de rééquilibrer la carte des sites protégés par l'Unesco, puisque la plupart (40 %) sont situés en Europe et en Amérique du Nord, contre moins de 10 % en Afrique. En 2018, la priorité a été donnée au continent africain avec sept biens inscrits pour le patrimoine culturel immatériel, comme la danse *mooba* en Zambie, les rites de passage chez les guerriers Massaï au Kenya, les mesureurs d'eau des foggaras en Algérie.

Le label de l'Unesco est internationalement reconnu et très recherché, car il participe pleinement de l'image et du rayonnement d'un lieu ou d'un pays : en un mot, c'est un gage de *soft power.* Que l'on pense par exemple à la France, qui obtient en 2010 l'inscription du « repas gastronomique français » au patrimoine immatériel : une grande première. Il est rejoint par la cuisine mexicaine, le régime méditerranéen et le *washoku* japonais, puis en 2017 par l'art du pizzaïolo napolitain. L'inscription vient parfois couronner de longs combats : ainsi, la chaîne des Puys en Auvergne, avec ses quatre-vingts volcans endormis, est classée en 2018, après deux rejets de la candidature en 2014 et 2016, en raison de l'importance des traces d'activité humaine. Les porteurs du projet ont dû changer de stratégie et... vanter le témoignage géologique exceptionnel de la zone, plutôt que son esthétique !

Tous les cinq ans, les États doivent fournir un rapport sur le bien classé. Si sa situation se dégrade, l'inscription sur la liste du patrimoine mondial en péril peut être décidée et, dans ce cas, l'Unesco dispose d'un fonds d'urgence. Mais le risque de déclassement existe : c'est le cas de la vallée de Katmandou au Népal, du sanctuaire de l'oryx arabe (une espèce rare d'antilope), afin de sanctionner le sultanat d'Oman pour avoir réduit de 90 % la réserve animalière, ou encore de la vallée de l'Elbe à Dresde, en raison de la construction d'un pont routier à quatre voies et de la pollution du paysage et de l'environnement. L'Unesco a surtout été la caisse de résonance des tensions géopolitiques internationales : les États-Unis ont une position critique vis-à-vis de l'Unesco et se sont retirés de l'institution de 1984 à 2003 — en 1984 afin de contester l'option tiers-mondiste de la présidence ; plus récemment, ils ont retiré leur financement pour protester contre la reconnaissance de la Palestine comme État membre, avant d'en sortir de nouveau.

facteurs de production est restée en dehors du champ de la gouvernance, puisqu'il n'y a pas de gestion mondiale des migrations de travailleurs, ni des flux de capitaux et des délocalisations. De même, le GATT n'a pu empêcher l'essor du bilatéralisme commercial et du protectionnisme rampant à partir des années 1970, à l'origine des premières « guerres commerciales ». Sur le plan géopolitique, l'ONU n'a de pouvoir que celui qui lui est conféré par les puissances et, de ce fait, elle a été largement bloquée par la logique de guerre froide et l'usage très fréquent du droit de veto : les deux Grands l'ont utilisé plus de deux cents fois en tout, entre 1947 et 1989 (chapitre 2). En conséquence, les relations internationales sont d'abord structurées par le duopole américano-soviétique, qui en détermine les phases de crise et de détente. L'ONU est incapable de faire respecter le droit international, comme le montre l'échec relatif du traité de non-prolifération nucléaire signé en 1968. Elle est souvent inefficace pour empêcher les conflits ou leur trouver des solutions durables (conflit israélo-arabe). En réalité, le multilatéralisme le plus efficace (mais mérite-t-il encore ce nom ?) structure chacun des camps de la guerre froide : Organisation du traité de l'Atlantique nord (Otan) et « pactomanie » américaine d'un côté, pacte de Varsovie et Conseil d'assistance économique mutuelle (CAEM) soviétique de l'autre. La dissuasion nucléaire a fait le reste...

Les espoirs déçus du multilatéralisme depuis la fin de la guerre froide

Un espoir de paix universelle

Le tournant des années 1980-1990 semble pouvoir consacrer un renouveau durable du multilatéralisme, avec un déblocage du Conseil de sécurité. La transition démocratique, non seulement en Europe de l'Est mais aussi en Amérique latine et en Asie orientale, est riche de promesses d'une pacification des relations internationales. La transformation de la Communauté économique européenne (CEE) en Union européenne (UE) par le traité de Maastricht (1992) tend à faire de cet acteur multilatéral régional une force active en faveur de la gouvernance mondiale, dotée d'un véritable pouvoir normatif [Laïdi, 2008]. Les États-Unis paraissent disponibles pour maintenir un *leadership* bienveillant, comme le démontre le fameux discours au Congrès de septembre 1990 de George H. Bush sur le « nouvel ordre mondial » (chapitre 4). Entre la fin de la guerre du Golfe (1991) et celle du Kosovo (1999), Bernard Kouchner peut même théoriser le passage d'un droit à une forme de devoir d'ingérence, donnant ainsi à la communauté internationale une véritable personnalité juridique et normative, ne se bornant pas à la simple protection de la paix, mais s'occupant désormais de la protection des peuples menacés par leurs propres dirigeants (Somalie, 1993).

Le processus de mondialisation économique qui s'étend et s'accélère alors laisse espérer le triomphe de l'économie de marché et de la démocratie libérale : une sorte de « fin de l'Histoire » [Fukuyama, 1992]. La guerre du Golfe (1991) délivre plusieurs enseignements : le respect du droit international avec le refus du fait accompli de l'annexion d'un État membre par un autre, la formation d'une coalition multilatérale à mandat précis avec la libération du Koweït et non le renversement du régime de Saddam Hussein, l'implication des États-Unis pour faire vivre ce nouvel ordre mondial. En quelques années, l'ONU dépêche autant de missions de paix que durant toute la guerre froide et réalise des avancées majeures : mise sous tutelle et administration du Cambodge post-Khmers rouges, patronage du plan de paix Oscar Arias en Amérique centrale, médiation dans certains pays d'Afrique australe (Angola, Mozambique), etc. Symboliquement, les Forces de maintien de la paix de l'ONU obtiennent le prix Nobel en 1988. Le premier sommet de la Terre à Rio de Janeiro (1992) marque l'émergence d'une prise de conscience des enjeux environnementaux (chapitre 11).

Les espoirs de nouvelle gouvernance mondiale sont aussi en partie validés sur le plan économique. L'Organisation mondiale du commerce (OMC) naît en 1995 et s'affirme comme le troisième pôle, commercial, d'une gouvernance mondiale tripartite, aux côtés du FMI et de l'ONU, d'autant plus qu'elle s'est dotée d'un tribunal international de commerce (l'Organe de règlement des différends — ORD). Avec la gestion de la dette des pays du tiers monde et les plans d'ajustement structurel, le FMI se trouve une nouvelle mission compensant la disparition de son rôle pivot dans un système monétaire désormais libéralisé.

Les désillusions du multilatéralisme

Le multilatéralisme est impuissant à empêcher la multiplication des crises financières sur les marchés émergents. Les débuts de l'OMC sont décevants, avec l'échec du nouveau cycle de négociations à Seattle en 1999. Certaines grandes puissances ne s'associent pas aux avancées de la gouvernance : c'est le cas de la Chine ou des États-Unis à propos du protocole de Kyoto en 1997, ou de la Cour pénale internationale (CPI) en 1998. L'ONU est incapable d'enrayer le basculement de l'Afrique dans la « décennie du chaos » (génocide des Tutsi du Rwanda en 1994 notamment), d'empêcher les guerres en ex-Yougoslavie, marquées, malgré la présence des Casques bleus sur le terrain, par des opérations de purification ethnique (massacre de Srebrenica, juillet 1995). Si l'intervention au Kosovo en 1999 se fait au nom des principes onusiens, à savoir la protection des Kosovars menacés par les Serbes, celle-ci ne reçoit cependant pas l'aval du Conseil de sécurité : à la demande des Européens, il est ignoré par les États-Unis qui contournent ainsi un probable veto russe. Enfin, les accords de paix les plus spectaculaires des années 1990, ceux d'Oslo-Washington dans le cadre du conflit israélo-palestinien (1993) et du « Vendredi saint » en Irlande du Nord (1998), résultent finalement davantage d'un bilatéralisme ou d'un « minilatéralisme » que d'un multilatéralisme à proprement parler. En définitive, le multilatéralisme post-guerre froide prend surtout la forme d'une nouvelle unipolarité occidentale, voire américaine : une Amérique « gendarme du monde », une Otan élargie, la transformation du GATT en OMC, le triomphe du consensus néolibéral dit « de Washington », etc.

Une crise de plus en plus profonde

Les vingt premières années du xxie siècle sont surtout caractérisées par la paralysie des institutions intergouvernementales. L'échec du cycle du développement de l'OMC lancé à Doha en 2001 est une première depuis la naissance du GATT, et l'incapacité de l'OMC à être un juge de paix des conflits commerciaux (par exemple entre l'Amérique de Donald Trump, la Chine de Xi Jinping et l'Union européenne) témoigne d'une forme d'épuisement du multilatéralisme économique au profit de rapports de force. Sur le plan environnemental, même si le départ des États-Unis de la COP21 est resté limité aux années Trump, les progrès réalisés à l'échelle mondiale demeurent insuffisants.

Le système onusien lui-même connaît une situation paradoxale : d'un côté, il n'y a jamais autant eu d'opérations de maintien de la paix dans le monde (ce qui, au passage, affaiblit financièrement l'organisation), mais, en même temps, l'ONU est souvent bafouée (Crimée et Donbass en 2014), absente et/ou ignorée de certains conflits (Haut-Karabagh en 2020). Le retrait des États-Unis de l'Unesco et de l'OMS la fragilise, même s'il n'est que temporaire (élection de Joe Biden à la présidence du pays en novembre 2020). Elle assiste impuissante au retour, ou à l'aggravation, de certains conflits : en Afrique (Érythrée, Libye, Sahel), en Asie (Afghanistan), en Europe (Ukraine), au Moyen-Orient (Syrie, Yémen) ; significativement, on lui préfère des coalitions multinationales *ad hoc*, comme l'illustrent la lutte contre l'État islamique en Irak et en Syrie ou le conflit au Sahel. La montée du djihadisme terroriste et la recrudescence des guerres civiles et asymétriques témoignent de l'inadaptation des structures et législations internationales.

Les premières décennies du xxie siècle se traduisent aussi par un certain délitement du multilatéralisme régional remettant en cause un *trend* entamé après la Seconde Guerre mondiale. Les échecs de l'Accord de partenariat transpacifique (TPP en anglais) et du Partenariat transatlantique de commerce et d'investissement (TAFTA en anglais) en sont les manifestations les plus spectaculaires. Ils tranchent avec les réussites des traités bilatéraux comme le *Comprehensive Economic and Trade Agreement* (CETA, 2016) entre l'UE et le Canada, l'Accord États-Unis-Mexique-Canada (AEUMC, 2018), nouvelle version de l'Accord de libre-échange nord-américain (Alena), mais qui est en fait une addition d'accords bilatéraux, ou le premier accord commercial post-Brexit entre le Royaume-Uni et le Japon (2020). Le Brexit lui-même constitue le premier retour en arrière du multilatéralisme européen. Enfin, l'Otan, alliance multilatérale jugée solide, connaît des déchirements internes inquiétants : le président Macron la perçoit en 2019 « en état de mort cérébrale ».

Les facteurs d'un déclin paradoxal

Les responsabilités des États-Unis

Par leurs actions extérieures, les États-Unis ont historiquement pu desservir la cause d'une gouvernance mondiale qu'ils patronnaient et qui était faite à leur image (actions de déstabilisation de la Central Intelligence Agency — CIA —, « coup d'État » monétaire de Nixon en 1971, néoprotectionnisme antijaponais et anti-européen, etc.). Surtout, à la fin de la guerre froide, alors que l'on pouvait penser que la résolution des crises allait revenir aux Nations unies, les Américains ont estimé que c'était au vainqueur de la guerre froide d'imposer ses conditions, comme l'énonçait le discours de George H. Bush devant le Congrès des États-Unis (11 septembre 1990), annonçant le « nouvel ordre international ». Ce nouvel ordre, c'était surtout la suprématie des États-Unis, renforcée encore sous Bill Clinton, dont la secrétaire d'État Madeleine Albright affirmait : « Multilatéraux quand nous le pouvons, unilatéraux quand nous le devons. » En 2003, leur intervention en Irak, sous le président George W. Bush, pour bâtir un Grand Moyen-Orient sans passer par le Conseil de sécurité, ne pouvait que fragiliser l'ONU dans la mesure où s'exprimait avant tout un néoconservatisme géopolitique fondé sur la certitude que l'universalisation de la démocratie reposait sur un bras armé américain unilatéraliste.

Plus récemment, la volonté de l'Amérique de Donald Trump de se désengager de la gouvernance multilatérale s'explique aussi par le fait qu'elle est vue comme d'autant plus insupportable qu'elle prétend évaluer en permanence la légitimité de ses actions. Selon la typologie de Grosser [2019], les États-Unis ont couvert tout le spectre des relations entre polarité du monde et choix de politique extérieure : « multilatéralisme dans un monde unipolaire » avec Bill Clinton, « unilatéralisme dans un monde unipolaire » avec George W. Bush, « multilatéralisme dans un monde multipolaire » avec Barack Obama, enfin « unilatéralisme dans un monde multipolaire » avec Donald Trump.

En réalité, les États-Unis rechignent de plus en plus à assumer le fardeau du *leadership*, dont ils ne constatent plus les effets bénéfiques pour la puissance et la prospérité du pays, une attitude à corréler avec la hantise du déclin et la montée en puissance de concurrents jugés irrespectueux des règles du multilatéralisme, à commencer par la Chine populaire. Entamés avec la présidence Obama, le *leading from behind* et le *light footprint*, fruits de la lassitude de la guerre (*war fatigue*), signent une réticence américaine à exercer le *leadership* trouvant son point culminant avec le néo-jacksonisme trumpien qui détache les États-Unis d'accords multilatéraux (COP21, traité sur les forces nucléaires intermédiaires remontant à la détente américano-soviétique) et d'organisations (Unesco, OMS). Pendant le mandat de Trump, les manifestations d'une diplomatie unilatéraliste se sont multipliées, au point de heurter les partenaires traditionnels des États-Unis en matière de gouvernance mondiale (l'UE et plus particulièrement l'Allemagne), tout en nouant un dialogue avec la Corée du Nord (sommet de Singapour, 2018).

Une triple crise de la gouvernance multilatérale

C'est à la fois une crise de faisabilité, d'efficacité et de légitimité qui touche la gouvernance multilatérale, dans un contexte d'éloignement de la guerre traditionnelle interétatique.

En termes de faisabilité, le retrait relatif des États-Unis n'est pas compensé par l'engagement de puissances alternatives. La Russie n'a pas les moyens d'exercer un *leadership* autre qu'eurasiatique, caractérisé par l'unilatéralisme dans son « étranger proche » plus que par une approche vraiment multilatérale (diplomatie énergétique, guerre en Géorgie, annexion de la Crimée, déstabilisation au Donbass, arbitrage dans le conflit du Haut-Karabagh). L'UE a trop de réticences envers le concept d'« Europe-puissance » pour vouloir exercer un *leadership* mondial succédant à l'ère américaine ; elle ne s'en donne donc pas vraiment les moyens, et ses nations sont trop faibles pour agir seules. La Chine semble *a contrario* jouer la carte du multilatéralisme, chantant les louanges du libre-échange et lançant le projet des « nouvelles routes de la soie », pratiquant l'entrisme à l'ONU : premier contributeur, Pékin place ses ressortissants aux postes de responsabilité comme la FAO, l'Union internationale des télécommunications, le secrétariat de l'Organisation des Nations unies pour le développement industriel, etc. Mais l'influence croissante de Pékin dans les institutions internationales a pour vocation de servir avant tout les intérêts nationaux.

En termes d'efficacité, le multilatéralisme n'a pas toujours fait ses preuves. Sur le plan économique, les forces du marché ont une longueur d'avance sur les États coalisés, comme en témoignent les limites de la régulation financière face à la sophistication et au poids des marchés financiers, ou celles de la lutte contre les paradis fiscaux (chapitre 10). L'utilité du G7 devient de moins en moins évidente. Les sommets internationaux saturent l'agenda des chefs d'État ou de gouvernement, sans débouchés concrets. La concertation permet certes des échanges et des clarifications de points de vue, mais elle n'accouche pas d'un mécanisme décisionnel. Dans un autre registre, les Casques bleus illustrent cette crise d'efficience. D'une part, les grandes armées sont chroniquement absentes de l'ordre de bataille onusien : les principales puissances sont réticentes à mobiliser leurs soldats pour des missions ingrates, consommatrices d'effectifs et surtout onéreuses, puisque les remboursements onusiens ne couvrent pas, tant s'en faut, les frais. Selon certains calculs, le budget annuel moyen de l'ONU représenterait pourtant moins de 0,2 % des dépenses mondiales d'armement. Les principaux pays fournisseurs de Casques bleus sont issus du Sud en retard de développement (Bangladesh, Rwanda, Éthiopie, Népal, Inde, Pakistan, etc.), déploient des soldats rarement aguerris, souvent peu motivés et chroniquement mal équipés, ce qui peut provoquer des frondes au sein de ces forces de maintien de la paix, par exemple dans le contingent sud-africain déployé en République démocratique du Congo (RDC) en 2004. La question des arriérés de paiement par les États membres (États-Unis notamment) est récurrente, limitant les possibilités de l'institution.

En termes de légitimité, la situation est difficile aussi. Au nom de la souveraineté des États et du principe de non-ingérence, certains États peuvent contester un multilatéralisme qui leur paraît à sens unique ; ainsi, plusieurs pays africains se sont retirés de la CPI, estimant que la plupart de ses instructions pénales concernent les pays du continent. La représentativité des organisations internationales est également vivement remise en cause : le Conseil de sécurité reflète la géopolitique de 1945 pour ce qui est du statut de membre permanent avec droit de veto ; le poids des États-Unis au FMI leur assure une quasi-minorité de blocage. Elle l'est d'autant plus que la réforme, véritable serpent de mer des relations internationales, est *a priori* impossible sans l'accord des cinq Grands. Même la France, chantre du multilatéralisme, refuse de partager son poste avec l'Allemagne. De toute façon, les autres pays membres ne s'accordent pas sur le contenu d'une possible réforme.

Des États concurrencés par le sans-frontiérisme des acteurs privés

Les acteurs non étatiques montent en puissance, comme évoqué à plusieurs reprises dans cet ouvrage, mais ils ne remplissent pas toutes les fonctions d'une gouvernance interétatique, loin de là, et ne coopèrent pas forcément entre eux, ni avec les États.

Premièrement, les forces du marché concurrencent de plus en plus les États. L'association des entreprises à l'action collective mondiale n'est pas nouvelle, mais elle a connu une accélération à partir des années 1990. Des partenariats public-privé conjuguent les efforts des organisations intergouvernementales (OIG), des organisations non gouvernementales (ONG) et des entreprises dans plusieurs secteurs de l'action multilatérale : santé mondiale, sécurité alimentaire, microcrédit, etc. La puissance des firmes transnationales (FTN) s'est considérablement développée avec la mondialisation et elles participent, selon l'économiste américaine Susan Strange [1991], à une diplomatie triangulaire associant les relations entre États (se concurrençant pour attirer les entreprises), entre firmes en compétition (pour profiter des meilleurs avantages) et les négociations entre États et entreprises. Dans le secteur de la sécurité, les sociétés militaires privées (SMP) ressuscitent le mercenariat au service des États (l'Américaine Academi, ex-Blackwater, la Russe Wagner, la Britannique Keenie Meenie Services).

Interlocutrices privilégiées des États, les ONG, quant à elles, sont mues par un idéal pacifiste et participent au passage d'un monde « stato-centré » à un monde « multicentré », selon la formule de James Rosenau [1990]. Trois phénomènes se conjuguent pour renforcer leur essor : le processus de démocratisation des États permet à un certain nombre d'acteurs de se dégager du contrôle étatique et donc aux individus de s'associer et de s'organiser ; la révolution Internet accroît l'autonomisation des acteurs, de l'individu connecté aux groupes en réseaux, à savoir leur capacité à échanger et à se mobiliser ; enfin, l'accréditation de milliers d'entre elles auprès de l'ONU leur donne un rôle consultatif (chapitre 14).

À l'opposé, les organisations mafieuses et terroristes pèsent sur la gouvernance en constituant des obstacles majeurs à celle-ci. Elles veulent profiter des failles du système mondial en jouant sur l'hétérogénéité du monde des États (criminalité transfrontalière) ou pour engager une lutte armée contre les principales puissances du système international et l'ordre ou le modèle qu'elles veulent imposer (terrorisme). Cependant, elles résultent peut-être plus d'un déficit de coopération et de régulation internationales qu'elles ne provoquent celui-ci (chapitre 14). Les mafias s'imposent aux États et réalisent une forme d'intégration régionale illicite, à l'image du système de la coca en Amérique du Sud et en Amérique centrale, ou en Afrique de l'Ouest.

Une gouvernance internationale en plein renouvellement

Le néomultilatéralisme

À la fois universel et différencié, celui-ci est apparu avec les Conférences des Parties (COP) des Nations unies, réunissant les représentants de tous les États ayant ratifié la convention Climat. Cette convention ne fournit pas seulement un cadre de discussions multilatérales entre pays, elle avance trois principes sur lesquels repose la coopération internationale face aux risques climatiques :

— le premier est la reconnaissance par le droit international d'un changement climatique d'origine anthropique ;

— le deuxième fixe à la communauté internationale au nom du principe de précaution l'objectif du plafonnement de la concentration des gaz à effet de serre dans l'atmosphère ;

— le troisième est celui de « responsabilité commune mais différenciée » face au changement climatique, ce qui signifie que tous les États n'ont pas le même degré de responsabilité suivant leur niveau de développement afin de répondre à un critère d'équité en garantissant que les plus faibles ne porteront pas le fardeau de la contrainte.

Cette gouvernance climatique internationale repose sur la diffusion périodique de l'information scientifique par le Groupe d'experts intergouvernemental sur l'évolution du climat (Giec, créé en 1988), les systèmes d'engagement des États, les normes de mesure et de vérification des résultats et des instruments économiques couplant le système d'engagement à des mécanismes de tarification de carbone pour inciter financièrement les acteurs économiques à réduire leurs émissions.

Le « minilatéralisme » de coalition

Parallèlement, un minilatéralisme de coalition peut être un substitut à un multilatéralisme fatigué. Dès 2009, l'Institut international d'études stratégiques (IISS) de Londres a défini le minilatéralisme (pour l'opposer à l'unilatéralisme des années Bush), comme la réunion d'un « nombre adéquat de pays en vue de résoudre un problème particulier dans diverses thématiques et sur différents théâtres ». Les exemples les plus récents en sont la multiplication des groupes interétatiques de contrôle et de négociation d'une crise régionale ou internationale : le groupe E3/UE + 3 (Chine, États-Unis, Russie et les trois pays de l'UE qui sont le Royaume-Uni, l'Allemagne et la France) autour de la crise nucléaire iranienne, le groupe des Six sur le nucléaire nord-coréen (deux Corée, Chine, Russie, Japon, États-Unis), le groupe de

Minsk sur la crise ukrainienne (Russie, Ukraine, Allemagne, France) par exemple. Cette multiplication des initiatives à un petit nombre de pays se révèle peut-être plus efficace que la lourde machine onusienne, d'autant que, par définition, ce sont des États volontaires pour faire progresser le dossier qui s'impliquent dans le traitement de la question considérée.

Un nouveau pacte entre firmes et ONG

Une des pistes pour un nouveau multilatéralisme pourrait être une association entre les organisations intergouvernementales et le privé, renvoyant à un « philantrocapitalisme » [Bishop et Green, 2008], afin de favoriser l'utilisation des règles du monde des affaires appliquées aux causes caritatives et philanthropiques. Le Pacte mondial de l'ONU, en 2000, a cherché à lui donner un cadre international. Cela ne peut qu'aider des États ayant des moyens budgétaires limités, tout particulièrement en période de crise économique. En 2019, Bill Gates, à la tête de sa fondation, déclare vouloir bâtir un programme sanitaire à l'échelle mondiale en prônant une association entre les firmes pharmaceutiques, les États et les organisations internationales comme l'OMS. Cette synergie a pour objectif la distribution de vaccins à moindre coût pour les pays en voie de développement, condition *sine qua non* pour résoudre définitivement la pandémie de la Covid-19 à l'échelle mondiale. À la frontière du politique et de l'entrepreneurial, les fondations Open Society du financier George Soros développent l'idée d'une pacification des relations internationales par la promotion d'une société ouverte, transparente, démocratique et volontiers multiculturelle, passant notamment par des aides en faveur de l'enseignement ; en atteste la création, en 1991, de l'université d'Europe centrale à Budapest dans la Hongrie postcommuniste, que l'actuel gouvernement Orban essaye d'étouffer financièrement en en faisant significativement le repoussoir apatride de son projet illibéral.

Parallèlement, des individus et des forces politiques n'ont pas renoncé à une gouvernance des biens communs de l'humanité. L'écho suscité par le combat médiatisé de la jeune militante écologiste Greta Thunberg en faveur d'une gestion commune de la défense du climat face au réchauffement climatique montre qu'il s'agit là d'une préoccupation croissante de l'opinion publique mondiale. Au risque de la « glamourisation », certaines organisations internationales tentent de combler leur déficit d'image en recourant à des célébrités comme les « ambassadeurs de bonne volonté » (Jean-Michel Jarre, Pierre Cardin, Claudia Cardinale, par exemple), mettant leur renommée nationale et/ou internationale au service des idéaux de l'Unesco.

L'ancien secrétaire général de l'ONU Ban Ki-moon a créé en 2008 une « Initiative de communication de la communauté des créateurs » au sein du Département de l'information des Nations unies afin de mettre en œuvre des partenariats avec des producteurs de télévision et de cinéma : deux épisodes de la série *New York Unité spéciale* dénonçant le sort des enfants soldats et l'esclavage sexuel en Afrique ont ainsi été tournés en 2009 au siège de l'Organisation à New York.

Finalement, toute gouvernance multilatérale à vocation pacificatrice et universelle suppose une ou plusieurs puissances hégémoniques qui en jouent le jeu par intérêt et/ou idéologie. Or on est passé d'un monde bipolaire à un monde multipolaire, ou apolaire pour certains, d'une part parce que les cartes de la hiérarchie des puissances ont été rebattues par la géoéconomie, d'autre part parce que la principale puissance géopolitique a fini par trouver le fardeau de la puissance bien trop lourd... Le multilatéralisme nécessitait aussi que l'idéal de paix universelle soit une transposition au niveau mondial du règne de la démocratie libérale. Mais ce projet politique, qui n'a certes jamais totalement dominé, semble connaître aujourd'hui la fin d'une tendance lourde qui en faisait la valeur montante moderne et de progrès. La gouvernance multilatérale repose sur un pacte entre États aujourd'hui affaibli par le contexte de mondialisation et le primat croissant de la puissance économique et des règles du marché. Malgré la croyance libérale dans les vertus pacificatrices du « doux commerce », ni les firmes multinationales ni les ONG ne peuvent prétendre aux mêmes légitimité et efficacité que celles des États pour gérer des biens publics mondiaux, d'où la nécessité de voir coopérer ces différents acteurs.

Repères bibliographiques

BAIROCH P. [1988], *Cities and Economic Development. From the Dawn of History to the Present*, Chicago, University of Chicago Press.

BISHOP M. et GREEN M. [2008], *Philanthrocapitalism. How the Rich Can Save the World*, New York, Bloomsbury Press.

FUKUYAMA F. [1992], *La Fin de l'histoire et le dernier homme*, Paris, Flammarion.

GROSSER P. [2019], « Les trajectoires du multilatéralisme. Un monde à la polarité incertaine », *in* MONTBRIAL T. DE et DAVID D. (dir.), *Ramsès 2020. Un monde sans boussole ?* Paris, Dunod, p. 142-147.

LAÏDI Z. [2008], *La Norme sans la force. L'énigme de la puissance européenne*, Paris, Presses de Sciences Po.

ROSENAU J. [1990], *A Theory of Change and Continuity*, Princeton, Princeton University Press.

STRANGE S. [1991], *Rival States, Rival Firms. Competition for World Market Shares*, Cambridge, Cambridge University Press.

6 / Les mutations de la guerre. Géostratégie et conflits armés dans le monde

Philippe Boulanger

La géostratégie est une approche de la géographie du fait militaire, en plein développement à l'heure actuelle. Le besoin de comprendre les mutations stratégiques des puissances militaires conduit à redécouvrir la place essentielle du territoire et de l'analyse spatiale pour le stratège. Son apport se situe ainsi au niveau de l'aide à la décision pour comprendre les enjeux et les défis majeurs des conflits et de la paix sur de grands espaces continentaux, voire à l'échelle planétaire. Depuis les années 2000, l'environnement géostratégique est en effet bouleversé par des mutations majeures : essor des zones grises dans la mondialisation, accroissement du nombre de conflits asymétriques, appropriation de territoires devenus stratégiques dans les doctrines nationales, retour de fortes compétitions entre les puissances militaires sont quelques aspects de ce rapport entre géostratégie et conflits armés. Quelles sont les dynamiques géostratégiques majeures au début des années 2020 ? La réduction des conflits interétatiques majeurs n'empêche pas la violence de guerre de se déchaîner, souvent en dehors de tout cadre légal, dans des conflits à dominante civile et à caractère asymétrique. Trois aspects majeurs seront ici mis en évidence : le besoin de géostratégie ; des espaces de guerre en évolution dans la mondialisation ; le retour des puissances militaires.

De la géographie militaire à la géostratégie

L'approche militaire de la géographie des grands espaces

Dès l'Antiquité, le stratège recourt au raisonnement géographique pour conduire les armées. Celui-ci apparaît toutefois longtemps comme empirique, à défaut d'une discipline géographique établie dans des académies militaires qui se développeront à partir de la fin de l'époque moderne. Malgré tout, les principaux traités de stratégie connus à ce jour soulignent la nécessité de maîtriser les types de terrain et l'organisation spatiale des territoires à conquérir ou à gouverner. En Chine, au VIe siècle avant notre ère, Sun Tse, dans *L'Art de la guerre*, accorde deux chapitres à l'importance de maîtriser les connaissances géographiques représentées sous le nom « terrain ». Celles-ci forment l'une des cinq variables de la stratégie, avec la vertu, le ciel, le général et la méthode. Machiavel, dans *L'Art de la guerre* au début du XVIe siècle, mentionne toute l'importance pour le chef de guerre de maîtriser également les connaissances géographiques. Il faut surtout attendre le XIXe siècle pour que la pensée militaire devienne plus précise, notamment en ce qui concerne l'exploitation de la géographie. Carl von Clausewitz (1780-1831), dans *De la guerre* [1832-1835], et Antoine-Henri Jomini (1779-1863), dans le *Précis de l'art de la guerre* [1837], participent à théoriser l'art de la guerre à partir des expériences napoléoniennes. Ils définissent l'activité militaire en tant que science et soulignent également la place centrale de plusieurs éléments géographiques comme les montagnes, les rivières, les fleuves, les marais, les forêts et les points clefs d'un pays. Cette prise en compte du facteur géographique demeure encore étudiée dans une logique abstraite et théorique, comme dans un esprit de rationalisation de l'espace par le stratège. Toutefois, une mutation majeure se fait jour à cette époque : la naissance de courants de pensée spécifiquement dédiés à la géographie militaire, dans un contexte où la science géographique, dans le cadre des sociétés de géographie créées à partir de 1821 et dans les universités, commence à s'institutionnaliser.

Les origines de la géostratégie apparaissent dans ce contexte. Sa conception se précise à travers le développement d'écoles de pensée en géographie militaire en Europe tout au long du XIXe siècle. Comme l'ont montré Hervé Coutau-Bégarie [1999] et le colonel Botti [2001], le mot apparaît dans l'œuvre du général piémontais Durando (ministre de la Guerre en 1855, puis des Affaires étrangères en 1862), notamment dans *De la nationalité italienne. Essai politico-militaire* (1846). Son sens premier consiste à comprendre l'influence du facteur géographique sur l'emploi des forces armées, organisées à l'échelle nationale dans un contexte de formation de l'unité italienne, contre la puissance autrichienne. L'échelle géographique est celle des États et des continents, appelés plus communément l'échiquier stratégique ou opérationnel. D'autres auteurs suivront un raisonnement similaire. Le colonel Fervel, en France, s'intéresse aussi aux grands espaces et aux « joints d'assises terrestres » en Europe dans *Essai de géographie stratégique*, publié une première fois, sous forme d'articles, dans le *Spectateur militaire* en 1870. Le colonel Sironi, en Italie, étudie aussi la géographie stratégique pour analyser l'influence des « grands accidents de terrain » sur les opérations militaires, avec une méthode en deux temps : description physique de l'espace, puis analyse géographique stratégique.

Alors que les écoles européennes de géographie militaire perdent en rayonnement à partir des années 1930, la géostratégie suscite bien plus d'intérêt, notamment aux États-Unis à partir de la fin de la Seconde Guerre mondiale. Selon Hervé Coutau-Bégarie [1999], le mot réapparaît dans *Asia's Lands and People* (1944) du géographe américain George Cressey (1896-1963) au sens de « potentiel d'une nation » à des fins pacifiques et de développement, contrairement à la géopolitique, dont la finalité serait à portée idéologique et militariste. La géostratégie s'inscrit dans un raisonnement qui tend à comprendre les enjeux des crises et des conflits en employant un certain nombre de critères géographiques. Le contre-amiral Célérier [1955] la définit comme l'étude des grands espaces à l'échelle mondiale dans le cadre des conflits contemporains. Le contre-amiral Lepotier envisage cette approche par la géographie physique (la valeur du détroit de Gibraltar, par exemple), les infrastructures de toutes les activités (les ressources), l'ensemble des types d'espaces (terre, mer, air) [Lepotier, 1958]. L'analyse s'effectue à l'échelle de grandes étendues (l'Europe, le Pacifique Nord, l'Antarctique, par exemple), pour comprendre les rapports de force entre les grandes puissances, entre les puissances maritimes et terrestres à l'échelle mondiale.

La géostratégie devient une approche géographique des questions militaires surtout à partir des années 1950, et jusqu'à la fin de la guerre froide. En France, de nombreux articles publiés dans des revues militaires spécialisées illustrent cette évolution de la pensée militaire. Par exemple, dans *L'Épée de Damoclès. La guerre en style indirect* [1967], le général Gambiez accorde une place prépondérante à la géostratégie qui, selon lui, « explique les conflits par une rivalité latente du monde des mers et des mondes des terres ». La dialectique traditionnelle terre-mer est de nouveau prise en considération, mais seule la puissance des mers l'emporte en menant une stratégie périphérique reposant sur la construction de bases sur les rivages. Au-delà des grands axes d'invasions historiques à l'échelle mondiale, dont l'épine dorsale est l'axe Vladivostok-Bordeaux depuis le VIIIe siècle après notre ère, l'auteur souligne la position nouvelle de la Chine qui, si elle avait accès au couloir sibérien, deviendrait le « maître continental ».

Géostratégie et géopolitique : débats et controverses

Philippe Boulanger

En France, la distinction entre la géostratégie et la géopolitique fait l'objet de débats entre spécialistes. Pour Hervé Coutau-Bégarie [1999], la redécouverte de la géopolitique dans les années 1970 en France entraîne celle de la géostratégie. Il la définit comme la « stratégie fondée sur l'exploitation systématique des possibilités offertes par les grands espaces, en termes d'étendue, de forme, de topographie, de ressources de tous ordres ». Dans le *Traité de stratégie*, qui consacre une partie entière à la géostratégie, il définit les principes fondamentaux de la géostratégie qu'il reconnaît en tant que stratégie des États : stratégie des grands espaces, stratégie unifiée, stratégie de la complexité et stratégie de substitution. Pour Yves Lacoste, la géostratégie serait l'étude des « rivalités et des antagonismes entre États ou entre des forces politiques qui se considèrent comme absolument adverses », comme le montre, par exemple, la guerre du Koweït en 1990-1991. La géopolitique serait l'étude des « discussions et controverses entre citoyens d'une même nation », tel le débat sur cette même guerre en France. Dans le *Dictionnaire de géopolitique* [Lacoste, 1993], il considère que le terme *géostratégie* « apparaît plus savant et plus opératoire, plus opérationnel et moins controversé historiquement ». Il souligne l'« importance de la configuration géographique », un « enjeu majeur » selon lui.

Un raisonnement géographique spécifique

Le passage de la géographie militaire à la géostratégie se produit durant la guerre froide, parallèlement au passage de la géographie militaire à la géopolitique. Ces deux approches géographiques des questions militaires et politiques semblent ainsi se distinguer à cette période avec des différences presque subtiles. Le contre-amiral Caron, dans « Géopolitique et géostratégie » [1995], souligne les liens étroits entre les deux approches qui se distinguent en ce que la géopolitique relève du projet et la géostratégique de l'exécution. Plus récemment, Cédric Tellenne [2019] a défini le terme comme l'« analyse de l'interaction entre géographie et stratégie », approche qui met en évidence les grands espaces et la diversité des milieux.

Les concepts géostratégiques participent ainsi au raisonnement géographique militaire dès le XIXe siècle, et jusqu'à aujourd'hui. Le raisonnement trouve sa spécificité à travers plusieurs notions qui demeurent encore aujourd'hui dans la pensée stratégique :

— la notion de centre (dit « de gravité ») et de périphéries, qui est l'une des plus significatives. Par exemple, le géographe militaire français Gustave Léon-Niox (1840-1921), qui impose la discipline à l'École supérieure de guerre à Paris entre 1876 et 1894, théorise l'exploitation des sept lignes de crête entre les Vosges et Paris (centre de gravité géostratégique), qui sont autant de périphéries défensives ;

— les notions de distance et d'étendue, mises en rapport avec un avant et un arrière dans une stratégie défensive. Par exemple, dans la pensée militaire française, l'Afrique du Nord est considérée en 1940 comme la véritable base arrière des forces françaises de la ligne Maginot. La distance comme l'étendue entre la ligne de front du nord-est de la France et les territoires d'Afrique du Nord créent ainsi une sorte de bouclier protecteur en fonction des capacités militaires de l'époque. Il en est de même de la Manche dans la pensée stratégique britannique face à l'Allemagne jusqu'au développement du rayon d'action des bombardiers stratégiques ;

— la notion de surface, qui mobilise des forces toujours importantes. Raoul Castex [1929-1935], penseur de la géostratégie française, la considère comme « insidieuse et sournoise comme une pieuvre », puisqu'elle absorbe les forces pour contrôler le territoire conquis. Une grande partie de l'armée napoléonienne est ainsi mobilisée dans le contrôle des territoires conquis à l'apogée de l'Empire ;

— la notion d'objectif stratégique toujours territorialisé, comme les bases militaires, les villes ou les ressources économiques considérées comme essentielles pour assurer la poursuite de la stratégie ;

— enfin, la mobilité et l'organisation des réseaux de transport en fonction des moyens mis à disposition selon les époques (routiers, fluviaux, ferroviaires, aériens, etc.), et la notion d'acheminement stratégique, donnant lieu, à partir de la Seconde Guerre mondiale dans les doctrines occidentales, à la projection de forces (par des moyens navals et aériens) et à la projection de puissance.

L'analyse des espaces de crise

En somme, la géostratégie connaît un nouveau développement à partir de la guerre froide. Elle s'intéresse à une échelle géographique assimilée à celle de l'échiquier stratégique, ou à celle des continents, voire de la planète liée à la mondialisation croissante. Antoine-Henri Jomini, au début du XIXe siècle, reconnaissait l'existence d'une échelle plus élevée qu'il nommait « théâtre de guerre », étendu à tout un continent et englobant plusieurs théâtres d'opérations. Le raisonnement géostratégique s'inscrit à l'échelle de l'espace stratégique. Dans la doctrine française, le *Concept d'emploi des forces* (1997) publié par l'état-major des armées emploie plutôt l'expression « environnement stratégique » pour désigner la même réalité géographique. L'espace stratégique est l'espace de l'emploi des forces devant répondre aux objectifs de la stratégie générale, où se manifestent les buts politiques et l'action militaire. Il prend en compte les grands ensembles physiques, les principales forces politico-militaires et les entités économiques et culturelles majeures. La géostratégie présente l'intérêt, pour l'autorité politico-militaire, d'être une aide à la décision par la dimension analytique globale des espaces de crise. Elle intègre l'ensemble des approches physiques (géomorphologie, biogéographie, hydrographie, climatologie) et humaines (économie, politique, social et culturel). Elle s'intéresse à l'influence du facteur géographique dans la préparation de décisions stratégiques (les milieux naturels, les objectifs politico-stratégiques, les axes de communication, les grands ensembles humains), aux possibilités de conflit et de gestion des crises, au déploiement des capacités stratégiques (forces militaires, systèmes d'armes, renseignement, etc.).

L'analyse géostratégique s'appuie aussi sur différents types de territoires, selon les périodes et les doctrines nationales. Le territoire dit « sanctuaire » renvoie à l'espace géographique couvert par la dissuasion ; ainsi, depuis les années 1960, la dissuasion nucléaire française a pour objectif géostratégique de protéger le territoire français en menaçant d'attaquer un adversaire potentiellement offensif. Le « bastion stratégique » naturel souligne les avantages des données physiques sur une large surface pour conduire une stratégie défensive. Durant la guerre froide, dans les doctrines otanienne et française, les massifs de hautes et moyennes montagnes, comme les Ardennes, le Massif central ou les Alpes, étaient considérés comme des bastions défensifs face à une rupture éventuelle du pacte de Varsovie. L'idée ne concerne cependant pas seulement les massifs montagneux. Le Jutland, le Danemark et le sud de la Norvège devaient aussi constituer la base d'un autre espace de résistance par des opérations aéronavales et amphibies, dont le cœur se situait au sud des Pays-Bas et au nord de la Belgique, comprenant des bases aériennes et des grands ports. Dans des situations d'affrontement entre des États, un autre type de territoire est désigné par l'expression « espace de bataille », telle la vallée du Rhin dans l'hypothèse d'un conflit européen durant la guerre froide. Le raisonnement géostratégique se compose ainsi de l'ensemble de ces combinaisons de concepts militaires, de stratégies d'acteurs et de types de territoires.

Dans les années 2010, le raisonnement géostratégique intègre une plus grande diversité de milieux physiques et immatériels, qui sont devenus interdépendants grâce à la modernisation des nouvelles technologies numériques et de l'exploitation de l'espace extra-atmosphérique. La géostratégie est traditionnellement envisagée dans les espaces physiques (terrestre, maritime, aérien, espace), comprend également l'espace hertzien ou électromagnétique, l'infosphère et l'espace numérique. L'espace terrestre apparaît de plus en plus comme en interaction avec le milieu aérien, défini par sa continuité, son homogénéité et sa perméabilité sur de longues distances, son instabilité (météorologique), et le milieu maritime, qui permet la projection de puissance et le soutien aux actions dans les autres milieux (chapitre 15). Les interdépendances entre ces milieux physiques caractérisent l'approche géostratégique, comme l'ont souligné tous les grands penseurs de la stratégie depuis la fin du XIXe siècle, comme Alfred Thayer Mahan et Raoul Castex, entre autres. Toutefois, le raisonnement géostratégique prend en compte d'autres espaces plus récents, comme les réseaux hertziens et électromagnétiques, notamment ceux de la téléphonie mobile qui permet la géolocalisation et l'identification des déplacements sur de grands espaces. Il s'intéresse également à l'infosphère ou l'espace d'information non numérique, devenu un espace central dans les guerres asymétriques contemporaines, dont l'objectif est d'influencer les opinions publiques par une diversité de réseaux de médias et des procédés variés (la censure, la manipulation, la désinformation, la déception).

L'espace numérique, composé de réseaux informatiques interconnectés et d'acteurs en interaction, s'analyse par l'appréhension des grands espaces tant il est synonyme de mondialisation des échanges, mais aussi d'attaques numériques et de nouvelles stratégies défensives à l'échelle planétaire (chapitre 15). La stratégie défensive dans le cyberespace, rendue publique par le ministère des Armées français en 2019, en témoigne. Sa dimension territoriale apparaît tant par les réseaux de câbles, formant un maillage de liaisons à l'échelle planétaire, que par les bouleversements espace-temps provoqués par la dilatation des espaces liée à la rapidité de transmission. Enfin, l'espace du réseau social, ou blogosphère, apparaît comme un espace global et planétaire, toujours en interaction avec une communauté d'utilisateurs connectés en temps réel. Alors que l'attaque numérique est le résultat de l'action d'une minorité sur une cible précise (un système bancaire, des services publics, etc.), le média social dispose d'un champ d'action plus large avec un effet immédiat en recherchant l'adhésion du plus grand nombre. Son emploi dans une opération militaire est un phénomène récent qui est apparu à la fin des années 2000. Dans le conflit entre Israël et les Territoires palestiniens (opération Plomb durci du 27 décembre 2008 au 28 janvier 2009, opération Pilier de défense du 14 au 21 novembre 2012 contre le Hamas dans la bande de Gaza), les médias sociaux (Facebook, Twitter, etc.) sont un des outils de la campagne militaire menée à l'échelle planétaire — d'abord vers les opinions occidentales — bien plus efficace que l'emploi de l'armement conventionnel aux échelles régionale et locale. Mieux préparée que son adversaire, l'armée israélienne sait l'exploiter à bon escient dans cette guerre de l'information qui dépasse le cadre territorial israélien. Ainsi apparaissent une diversité d'espaces, à la fois matériels et virtuels, qui sont interdépendants et interactifs, qui constituent une autre dimension de la géostratégie. Celle-ci donne à comprendre la spatialisation des phénomènes relatifs aux conflits dans une dynamique de mondialisation en cours depuis les années 1980.

Les mutations des espaces de guerre dans la mondialisation

Des conflits plus complexes

Durant la guerre froide dominait la menace d'une guerre planétaire entre des alliances d'États (chapitre 2). Depuis lors, la nature des conflits est devenue protéiforme. Si le conflit se définit toujours comme une opposition d'intérêts entre plusieurs acteurs sur un territoire donné, ses formes apparaissent comme plurielles, voire se superposent sur une même zone. L'Organisation des Nations unies (ONU) relève cette évolution dans son *Rapport mondial sur le développement humain* en 2005 qui distingue : les conflits interétatiques, les conflits internes, les conflits internes internationalisés (avec intervention d'autres États), les conflits extra-systémiques (entre un État et un groupe non étatique en dehors de son territoire). D'autres institutions de recherche se sont aussi attachées à définir ces différentes formes de conflit qui évoluent depuis les années 1990. Il en résulte que les critères d'analyse diffèrent selon les sources et les périodes. Par exemple, l'Institut d'Heidelberg pour la recherche sur les conflits internationaux (HIIK) reconnaît cinq types de conflit : disputes, crises non violentes, crises violentes, guerres limitées et guerres.

Si ces différentes formes de conflit coexistaient déjà pendant la guerre froide, la croissance des conflits internes (avec ou sans intervention d'États extérieurs au territoire national concerné) est une dynamique constante. Les conflits ouverts entre les États (Inde-Pakistan en 1999, Éthiopie-Érythrée en 1998-2000, Arménie et Azerbaïdjan au Haut-Karabagh entre 1991 et 1994, puis à l'automne 2020, par exemple) sont devenus des cas spécifiques, alors que les conflits internes représentent presque la totalité des guerres selon les années. La guerre entre les États devient un phénomène plus rare pour diverses raisons : la fin des guerres patriotiques, des mécanismes de sécurité internationale plus efficaces, des systèmes d'armes de haute technologie plus coûteux. Si les menaces de guerre entre les États n'ont pas disparu, comme entre la Chine et certains pays de l'Asie du Sud-Est, tel le Vietnam, à propos de la délimitation de la zone maritime dans l'archipel des îles Paracel, force est de constater que les guerres entre États sont devenues rares. Parmi la quinzaine de conflits armés majeurs (plus de 1 000 morts par an) recensés en moyenne dans les années 2010, aucun ne concerne cette situation.

Au contraire, les conflits internes sont devenus un phénomène majeur. La guerre en Somalie entre différents groupes non étatiques depuis 1991, la guerre d'Afghanistan jusqu'en 2014, la guerre en Syrie depuis 2011 ou en Libye depuis 2014 sont quelques exemples parmi

Carte 1. Conflits et guerres dans le monde en 2016

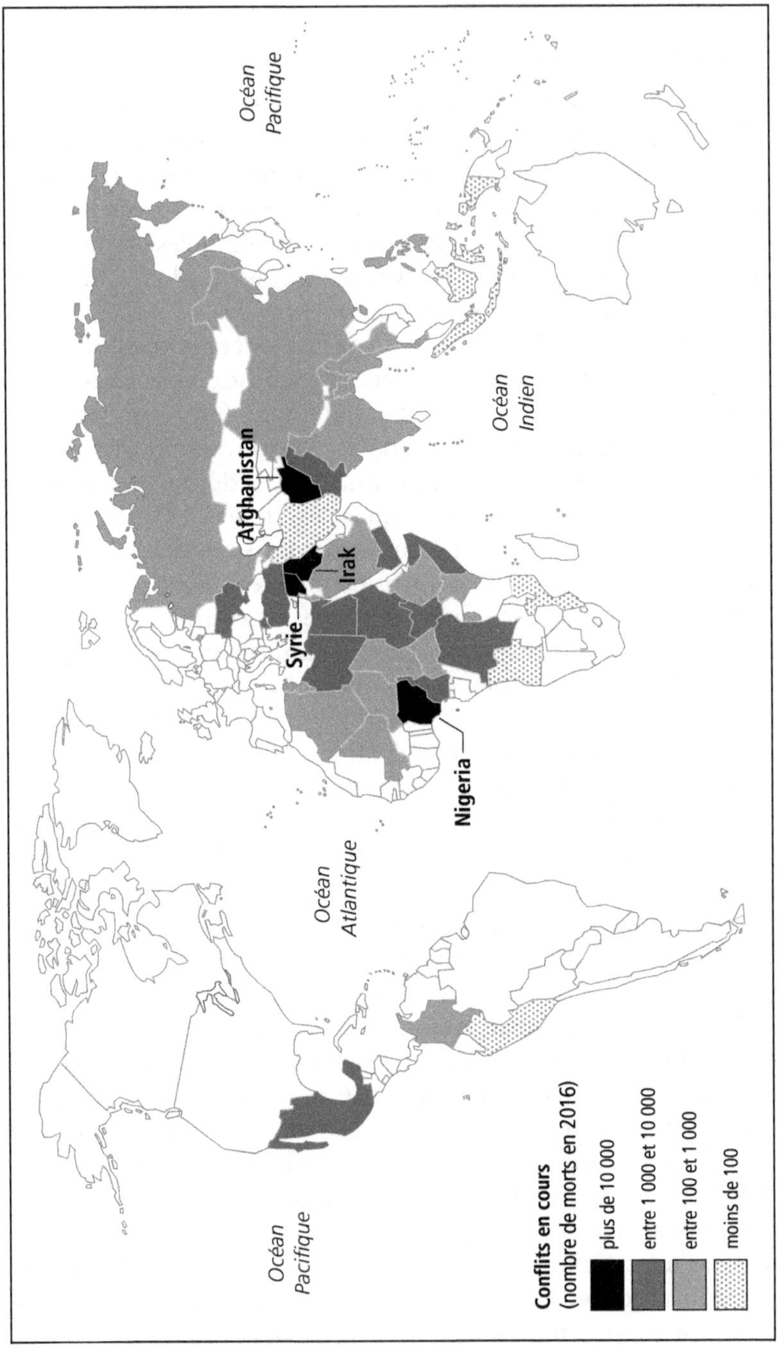

Source : d'après Population-Data.net.

d'autres de conflits internes où se superposent des stratégies d'acteurs différentes : État national, groupes non étatiques (groupes islamistes affiliés à Al-Qaïda et à l'État islamique), États voisins, communauté internationale (ONU, Alliance atlantique, Union européenne, Union africaine). Parallèlement, on observe un phénomène de violence accrue à l'égard des civils. Actuellement, près de 90 % des victimes de conflits sont des civils, contre 65 % durant la Seconde Guerre mondiale. Cette évolution est liée à la nature de la guerre, devenue interne, où le combattant est le plus souvent un civil : enfants et femmes soldats, combattants irréguliers ne portant pas l'uniforme. L'essor de la guerre civile en Somalie dans les années 2000 (entre clans, combattants islamistes et forces nationales) contribue à la montée de la piraterie maritime dans le golfe d'Aden entre 2006 et 2012, faisant des pirates un nouvel acteur de déstabilisation pour les États régionaux et internationaux. Parallèlement, les populations civiles font l'objet de manipulations dans le conflit. L'idéologie de l'État islamique entre 2006 (sa création) et 2017 (sa défaite militaire en Syrie) invite les combattants à se fondre dans la population, l'encadrer et la manipuler par la propagande, s'en servir comme bouclier. Dans les conflits africains, depuis les années 1990, la capture et l'endoctrinement des enfants (estimés à plusieurs centaines de milliers) par différentes milices (Boko Haram au Nigeria) sont identifiés comme un phénomène majeur. Enfin, la violence au sein des populations se manifeste plus lourdement par les attentats terroristes. Au nord-est du Nigeria, depuis 2011, Boko Haram, fondé en 2002 par Mohammed Ysuf, qui enseigne un islam radical à Maiduguri (capitale de l'État de Borno), se radicalise et multiple les attaques à la bombe et les attentats-suicides. En mai 2013, l'état d'urgence est déclaré dans les trois États de Borno, Yube et Adamawa. Des milices privées viennent en soutien des forces de sécurité, ce qui provoque une montée de la violence de Boko Haram contre les civils. En janvier 2015, le mouvement massacre 2 146 personnes en semant la terreur. En Afghanistan et en Irak, les attentats terroristes des milices, après la fin officielle de la guerre (2014-2011), se poursuivent régulièrement. Les conflits internes conduisent ainsi à des pertes civiles importantes. Par exemple, la guerre civile en République démocratique du Congo (RDC), entre 1996 et 2004, aurait conduit à la mort de 3,8 millions de personnes (soit 7 % de la population totale). Les conflits sont devenus plus violents pour les civils, plus protéiformes et asymétriques, plus déstabilisants pour la sécurité régionale et mondiale. Parallèlement, ces espaces de guerre, surtout interne, sont ancrés dans la mondialisation des échanges, dont la dimension apparaît nouvelle par rapport à la fin de la guerre froide.

Des espaces de guerre dans les flux de la mondialisation

Les espaces de déstabilisation interne des États sont souvent assimilés à des « zones grises » parfaitement connectées à la mondialisation des échanges. Ils sont reliés aux pôles dynamiques des échanges (Triade), grâce aux capacités d'échange qui constituent l'un des moteurs de la mondialisation. Les nouvelles technologies de l'information et de la communication (NTIC), les modes de transport maritimes et aériens permettent aux différents acteurs de ces espaces de guerre de poursuivre leurs activités avec d'autres régions du monde. Ces acteurs sont approvisionnés en armes en échange de ressources naturelles exploitées de manière illégale, de trafics illicites, d'absence de réglementation. Ces espaces de guerre présentent la capacité d'affecter le monde extérieur (terrorisme international, commerce illégal) et d'être un champ de circulation multiforme et de flux divers, profitant de l'absence ou quasi-absence des normes. Ils sont tenus par des règles propres et fluctuantes édictées par des groupes non étatiques.

Ces espaces traversés par la mondialisation comprennent une diversité de flux. Les flux matériels et organisés sont les plus importants sur le plan économique. Les trafics de drogue, d'armes, de contrefaçons, de ressources naturelles (or, diamants, bois exotiques, etc.), d'êtres humains et de capitaux sont parmi les plus significatifs. Mais il existe aussi d'autres types de flux, comme ceux dits « naturels » (les pandémies, comme le virus Ebola en Afrique de l'Ouest qui sévit surtout entre 2014 et 2016, et fait son retour en 2021) ou à but idéologique (comme l'idéologie islamiste radicale dans la zone sahélienne de l'Afrique ou au Moyen-Orient). Le trafic d'armes légères et de petit calibre en Afrique de l'Ouest est un exemple parmi d'autres de cette dynamique d'échanges reliés aux flux de la mondialisation. Il favorise la violence armée entre groupes, permettant aussi de développer d'autres formes de trafic. Au Mali, par exemple, 774 incidents armés entre groupes armés et civils sont recensés entre 2016 et 2019, provoquant la mort de 2 700 personnes [Nowak, 2019]. Le commerce de la kalachnikov, arme résistante et symbole des guérillas, de fabrication parfois artisanale ou surtout industrielle provenant des pays de l'ex-URSS, participe à ce marché noir où les stocks nationaux de certains pays africains sont détournés. En 2019, il contribue à entretenir la violence dans la zone des trois frontières (Mali, Burkina Faso, Côte d'Ivoire) avec des armes provenant du sud de la Libye, du Nord-Mali et de Côte d'Ivoire. Cette zone frontalière, où s'opposent déjà traditionnellement populations d'éleveurs et d'agriculteurs, armées nationales et membres des organisations internationales criminelles, constitue un espace difficile à contrôler par les forces nationales du fait de l'existence de la frontière. Au

Burkina Faso, par exemple, les groupes d'autodéfense kolweogo, les éleveurs peuls (perçus comme des soutiens aux djihadistes) et les agriculteurs messi s'entredéchirent à la fin des années 2010. En janvier 2019, à Yirgou, deux cents Peuls sont ainsi tués. Des milices à bases ethnique, confessionnelle et corporatiste règlent leurs comptes au nom de la lutte contre le terrorisme.

Parallèlement, des réseaux communautaires de patrons et de transporteurs se sont mis en place et ont développé des trafics de contrebande reliés à des groupes criminels internationaux. La concurrence entre groupes armés et criminalité organisée pour le contrôle des trafics illicites en petite quantité favorise un contexte d'insécurité. Le trafic d'armes légères et de petit calibre n'est qu'une forme parmi d'autres en Afrique de l'Ouest. Dans la bande sahélo-saharienne, la cocaïne, le haschich et les opioïdes constituent d'autres marchés participant à créer des espaces d'instabilité où l'autorité des États est affaiblie (chapitre 14).

Les grands axes géostratégiques des conflits

Depuis les années 1990, les grands axes géostratégiques de guerre présentent une certaine continuité par rapport à la période de la guerre froide. Si l'on n'envisage plus une Troisième Guerre mondiale entre les blocs soviétique et libéral, les mêmes espaces concentrent des formes de violence armée pour des raisons différentes. Les principaux facteurs d'émergence ou de réémergence de ces conflits sont liés généralement à la fragilité de grands ensembles étatiques, comme la RDC (1996-2004) ou encore l'ex-URSS (guerre de Tchétchénie en Russie en 1995-1996 et 2000-2011), la décomposition des États issus de la décolonisation comme la Somalie (depuis 1991), l'irruption des idéologies extrémistes internationalisées (Al-Qaïda depuis les années 2000 et l'État islamique depuis 2013). Trois grands axes peuvent être distingués.

Le premier concerne un « arc de crises », théorisé depuis les années 1940 par les théoriciens des relations internationales comme Nicholas Spykman [1942] et Zbigniew Brzezinski [1997], puis dans différentes doctrines nationales comme le *Livre blanc sur la défense et la sécurité* en France en 2008 et 2013. Si les limites restent fluctuantes, cet arc intègre un certain nombre de zones de guerre et de crise sur le pourtour de l'Eurasie, de la mer Baltique vers les Balkans, l'est de la Méditerranée, le Moyen-Orient et le golfe Arabo-Persique (voire vers l'Asie orientale selon les auteurs). Dans le cas de la doctrine française, sa représentation géostratégique s'étend de la Mauritanie à l'Afghanistan. Ce vaste espace se caractérise par la concentration des conflits, la diversité des tensions démographiques et culturelles, religieuses (comme la montée de l'islam radical) et ethniques (minorité kurde, par exemple), la fragilisation des régimes politiques (les États du Sahel, par exemple) et la menace de la prolifération des armes de destruction massive (nucléaire en Iran, chimique au Moyen-Orient).

Le deuxième espace concerne l'Afrique subsaharienne, dont plusieurs États connaissent des phases de guerre récurrentes pour des raisons diverses. Celles-ci sont liées à des frontières arbitraires issues de la décolonisation, à la fragilité des régimes politiques, à la gestion des ressources naturelles, aux crises économiques, à la montée du radicalisme religieux, aux poussées migratoires, etc. Toutes les formes de conflit caractérisent cette zone : interne, interétatique, interne internationalisé, extra-systémique. D'après le Stockholm International Peace Research Institute (SIPRI), en 2018, l'Afrique sahélo-saharienne concentre onze conflits majeurs sur vingt-sept dans le monde : Burkina Faso, Cameroun, République centrafricaine — RCA —, RDC, Éthiopie, Mali, Niger, Nigeria, Somalie, Soudan du Sud, Soudan. Tous ces pays connaissent une pauvreté endémique, des problèmes de gouvernance, des crises économiques, une faible résilience. La région des Grands Lacs (RDC, Rwanda, Burundi) est ainsi affaiblie par des conflits complexes, du milieu des années 1990 au début des années 2000, dont certaines tensions ne sont pas totalement achevées (le Kivu au nord-est de la RDC, par exemple). Depuis 2009, le nord-est du Nigeria est fragilisé par le mouvement terroriste Boko Haram qui emploie une violence extrême contre les populations civiles et résiste aux offensives de l'armée nigériane, comme évoqué *supra*.

Enfin, un troisième espace géostratégique concerne l'Asie, et plus particulièrement l'Asie orientale qui s'étend du détroit de Malacca au nord du Japon. Ce vaste espace est à la fois une aire de dynamisme économique et d'investissements des États dans leurs capacités militaires (Chine, Japon, Corée du Nord et du Sud, etc.), une aire où les mécanismes multilatéraux de prévention de crises et de règlement des conflits sont considérés comme partiels ou inexistants, un environnement stratégique de concurrence entre les États. Se concentrent ainsi des conflits non résolus datant de la guerre froide (entre les deux Corée, par exemple), des tensions interétatiques (Inde-Chine, Vietnam-Chine, par exemple), de nombreux litiges territoriaux (Taïwan pour la Chine, l'archipel Dokdo entre le Japon et la Corée du Sud, les quatre îles des Kouriles du Sud entre le Japon et la Russie, entre autres exemples). Enfin, s'ajoute la présence des principaux États disposant de capacités militaires nucléaires (Chine, Inde, Pakistan, États-Unis, Russie). Cet environnement stratégique complexe est ainsi révélateur de la permanence et de la montée des concurrences entre puissances militaires.

Le grand retour des puissances militaires

L'outil militaire, attribut de puissance

Dans les années 2010, le critère de la puissance militaire redevient un élément essentiel des relations entre les États. Sans avoir disparu dans la décennie précédente, force est de constater que ses spécificités apparaissent comme déterminantes dans la géostratégie contemporaine. L'instrument militaire semble plus valorisé encore dans la concurrence entre les États. Alors que le *hard power*, théorisé par Joseph Nye, était destiné à n'être qu'un attribut de puissance parmi d'autres pour un État aux lendemains de la guerre froide, les années 2010 montrent, au contraire, un retour de la puissance militaire, qui se dessine dès les années 2000, à la suite des attentats de New York en septembre 2001 [Sur, 2015]. La reprise de la course à l'armement par la Chine et la Russie, le retour de la guerre comme outil de résolution des conflits (guerres du Kosovo, d'Afghanistan, d'Irak), les nouveaux risques et menaces géopolitiques (terrorisme international) conduiraient à un nouveau cycle dans les relations entre les États. Celui-ci serait marqué par la fin de l'idéal de la mondialisation, qui marginaliserait la guerre et qui soutiendrait la paix par les échanges. Au contraire, la tendance serait à la transformation des armées dans les pays émergents pour en faire des outils de puissance, comme en Chine, en Inde et dans d'autres États de rayonnement international moindre (l'Arabie saoudite par exemple, premier client de l'industrie mondiale de l'armement en 2020). Cette évolution conduit aussi à la hausse des dépenses militaires (+ 49 % entre 2001 et 2013). Alors que les dépenses militaires en Europe diminuent, elles tendent à augmenter ailleurs (+ 56 % aux États-Unis, par exemple). En 2019, elles atteignent un niveau inégalé depuis la fin de la guerre froide, avec un montant supérieur à 1 900 milliards de dollars, plaçant les États-Unis toujours à la tête du classement (732 milliards de dollars, + 5 % en un an, 38 % des dépenses mondiales). La Chine (deuxième rang mondial) et l'Inde (troisième rang mondial) augmentent également leurs dépenses militaires de 5,1 % et de 6,8 % respectivement (soit 261 milliards de dollars et 71,1 milliards de dollars).

Des puissances militaires en transformation

Les puissances militaires connaissent une nouvelle dynamique afin de renforcer leurs capacités d'action, de contrôle territorial ou de dissuasion. De nouveaux équilibres entre puissances sont en cours depuis les années 2000, en fonction des capacités d'investissement

Le classement mondial des puissances militaires par le Global Firepower

Cédric Tellenne

Depuis 2006, le *think tank* américain Global Firepower (GFP) établit un indice synthétique de puissance militaire qui croise une cinquantaine d'indicateurs relatifs à la défense nationale et aux armes conventionnelles concernant cent trente-huit États de la planète. Ces indicateurs ne se limitent pas à la projection de forces et à la puissance de feu, mais s'intéressent aux ressources humaines et naturelles, à la capacité organisationnelle et logistique, à la géographie, aux industries d'armement et à leur financement, etc. Il est notable que le stock d'armes nucléaires ne soit pas pris en compte, mais donne droit à un bonus, de même que la participation à une alliance militaire internationale. L'absence d'accès à la mer est au contraire assortie d'un malus.

Parmi le top 20, trois puissances se dégagent très nettement en tête de classement, dans l'ordre décroissant : États-Unis, devant Russie et Chine ; nettement derrière pointent Inde, Japon et Corée du Sud ; un troisième groupe se distingue ensuite avec France et Royaume-Uni, talonnés par Brésil, Égypte, Turquie, Italie, Allemagne et Iran. Puis ferment la marche de ces puissances militaires Pakistan, Indonésie, Arabie saoudite, Israël, Australie et Espagne.

Carte 2. **Indice de puissance militaire par État**

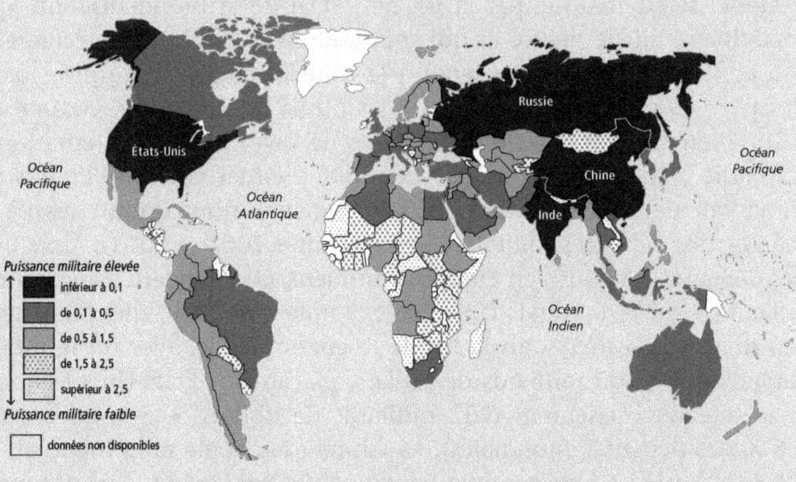

Source : d'après Global Firepower [2020].

et de projection, des stratégies et des doctrines engagées, de la place accordée aux armées au sein des sociétés [Grand, 2015].

Les puissances traditionnelles, ayant les moyens de mener une stratégie autonome et de projeter des forces significatives, procèdent à des réformes structurelles en permanence pour faire face à la concurrence des États émergents, comme la Russie. Ce sont des États qui disposent d'une force militaire conventionnelle et d'une force nucléaire, et qui font partie de systèmes d'alliances (Alliance atlantique, Union européenne). Ce groupe de puissances est dominé par les États-Unis, suivis de l'Angleterre et de la France, qui disposent de moyens de projection de forces dans un rayon inférieur à 6 000 km et de projection de puissance à l'échelle stratégique. Seuls les États-Unis ont la capacité de maîtriser tous les espaces (terre, mer, air), combinée à une capacité d'innovation stratégique hors normes (défense antimissile, drones et cyberdéfense, nouvelles technologies de communication et géospatiales, entre autres) dans les nouveaux espaces stratégiques (numérique, extra-atmosphérique, avec le *New Space* caractérisé par le développement de nouvelles constellations de plusieurs milliers de petits satellites). Ses alliés au sein de l'Organisation du traité de l'Atlantique nord (Otan) se sont concentrés sur des activités spécialisées (gestion de crise, soutien logistique), de sorte que les puissances traditionnelles en Europe ont connu un déclin important de leurs capacités d'intervention, notamment après la crise financière et économique de 2008. Tel est le cas de l'armée allemande, qui tend toutefois à profiter d'un plan de modernisation depuis 2016 pour rattraper son retard en matière d'équipement.

Le deuxième groupe comprend les puissances émergentes, qui procèdent à la modernisation de leurs armées. L'obsession de la renaissance de l'outil militaire caractérise la Chine et la Russie dans de nombreux domaines (terrestre, maritime, aérien, cyber, extra-atmosphérique). Leurs capacités ont pu se moderniser après des engagements régionaux, comme en Géorgie (2008) et en Syrie (depuis 2015) pour la Russie. La Chine modernise aussi ses capacités pour rivaliser avec les États-Unis et devenir la première puissance militaire mondiale à l'occasion du centenaire du régime communiste en 2049. D'autres États émergents disposent de capacités spécifiques (l'arme nucléaire pour l'Inde et le Pakistan, officiellement depuis 1998), mais avec une armée conventionnelle rustique qui en fait des puissances militaires régionales organisées pour une guerre conventionnelle. D'autres mènent une politique agressive sur le plan militaire pour s'imposer régionalement, comme la Turquie de Recep Tayyip Erdogan qui lance des offensives à la frontière syrienne en octobre 2019 et en février 2020 ou menace d'employer la force contre la Grèce et la France en Méditerranée orientale pour protéger ses prospections gazières à l'été 2020.

Enfin, le troisième groupe de puissances militaires rassemble les États qui mènent une politique en contradiction avec les normes internationales et tendent à s'imposer dans la maîtrise d'un type de systèmes d'armes. Ces États investissent dans les armes de destruction massive, comme les armes nucléaires, bactériologiques et chimiques.

Le programme nucléaire est au cœur de la stratégie de puissance de l'Iran en Asie occidentale. Il en est de même de la Corée du Nord, qui dispose de la maîtrise balistique et de l'arme nucléaire depuis 2006 pour menacer le Japon et les intérêts américains.

Ces différents groupes d'États sont en compétition et s'appuient sur l'outil militaire comme critère de puissance, au même titre que l'influence par les médias ou le rayonnement culturel. Parallèlement, l'ensemble des activités de défense et de sécurité participent à cet attribut de la puissance. Les industries de défense, les systèmes d'alliances, la diplomatie militaire (armement, géospatiale, navale, académique, etc.), la coopération, l'assistance, les manœuvres et exercices multinationaux sont autant d'éléments de hiérarchisation qui dépassent les critères quantitatifs du nombre de soldats ou de matériels accumulés. L'influence visant à faire adhérer à ses valeurs sans recourir à la force, par l'intermédiaire des *think tanks*, des médias et des démonstrations de rayonnement constitue un élément issu de la guerre froide participant à cette recomposition des puissances militaires [Boulanger, 2015]. Le retour de la diplomatie navale, employée par la Grande-Bretagne de lord Palmerston à la fin du XIXe siècle et consistant à faire une démonstration de force par un navire de guerre, se rencontre désormais dans tous les milieux (aérien et maritime, géospatial et numérique). Le redéploiement des moyens navals par la Russie en mer Caspienne et en mer Noire dans le conflit syrien atteste de cette orientation. Le 8 décembre 2015, par exemple, le sous-marin *Rostov-sur-Don* tire deux missiles de croisière contre des cibles terroristes en Syrie, démontrant ses capacités d'engagement militaire par missiles balistiques sur un théâtre d'opérations extérieures. Cette démonstration de force que peu de puissances navales sont capables de réaliser suit aussi les tirs de vingt-quatre autres missiles par des corvettes depuis la flottille de la mer Caspienne en octobre 2014.

Les défis géostratégiques en cours

Les grandes puissances militaires, au rayon d'action régional ou mondial, cherchent à s'adapter à trois grands défis actuels et à venir.

Le premier défi est l'adaptation à la guerre asymétrique face à des organisations non étatiques criminelles. Celles-ci connaissent le terrain sur lequel elles manœuvrent (montagnes, savanes, désert, etc.) et reçoivent l'appui logistique de réseaux internationalisés. Elles mobilisent des soldats irréguliers et mercenaires, s'appuient sur des technologies « nivelantes » (le drone commercial comme système d'armes, par exemple) et déstabilisent ainsi les troupes régulières organisées par des actions de guérilla, mais sans avoir une capacité de destruction totale. Les armées nationales engagées dans des

Carte 3. **Les puissances nucléaires dans le monde en 2020**

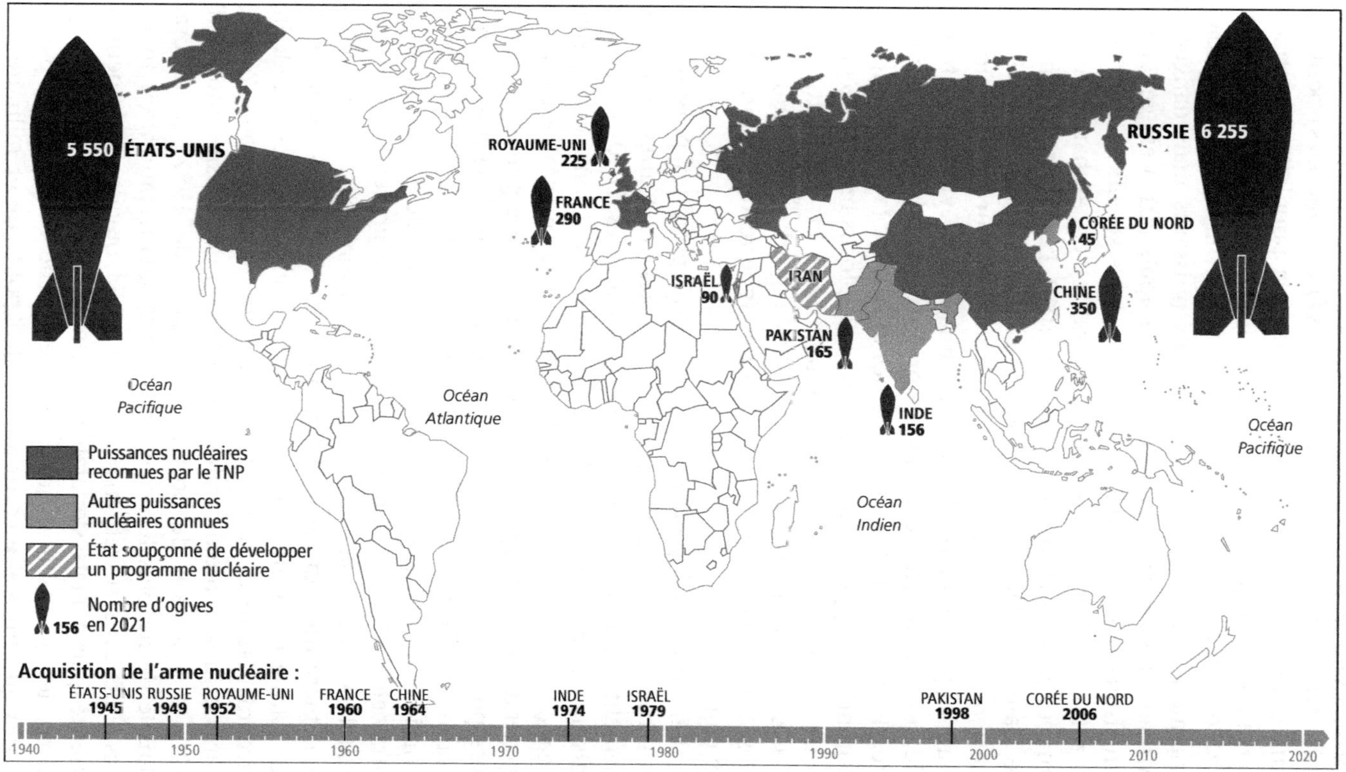

Source : d'après SIPRI, 2021.

conflits asymétriques, comme l'armée française au Sahel depuis 2013, doivent procéder à des adaptations permanentes (comme la mise en place de bases temporaires avancées mobiles) pour contrer un adversaire polymorphe, fondu dans la population, mobile et se servant de tactiques d'usure (la razzia/le rezzou au Sahel, par exemple). La connexion entre les grandes entités criminelles (Al-Qaïda, État islamique) et les groupuscules moins puissants mais dangereux (le Mujao au Mali, en lien avec Al-Qaïda après 2014) est généralement un risque pour des armées nationales adverses que la stratégie tend à rompre. L'armée américaine en Irak et en Afghanistan dans les années 2000 et au début des années 2010, l'armée israélienne contre le Hamas, l'armée française au Sahel doivent déployer des moyens de renseignement (le drone et le satellite pour l'observation) et de frappe (par aéronef) adaptés à la situation et éviter le renforcement de ces acteurs sur le terrain auprès des populations. Le risque de l'enlisement dans la durée pose des difficultés tactiques importantes, comme la frappe indirecte des engins explosifs improvisés de l'adversaire sur le terrain, mais aussi politiques et diplomatiques (avec les États régionaux), opérationnelles (coordination multinationale des armées engagées) et stratégiques (guerre de l'information, par exemple).

Un autre défi peut être aussi relevé pour les puissances dans un contexte de prolifération des armes nucléaires et d'affaiblissement du multilatéralisme. Dans les années 2010, le pouvoir de dissuasion des armes nucléaires s'est renforcé, comme l'attestent les manœuvres de l'armée russe équipée d'armes nucléaires de quatrième génération (faibles retombées radioactives, forte puissance explosive). Les puissances militaires valorisent ce potentiel de dissuasion et de frappe. La miniaturisation des armes, le retour de la doctrine de survie pour décourager l'adversaire datant de la guerre froide, la stratégie de la guerre limitée et indirecte (comme en Ukraine orientale par la Russie depuis 2014), la réaffirmation de la dissuasion par la sanctuarisation du territoire national conduisent à repenser l'usage de l'arme nucléaire, à réévaluer les budgets militaires, à redéfinir les accords datant de la fin de la guerre froide. En octobre 2018, l'État américain se retire du traité d'interdiction des missiles intermédiaires (300 à 5 500 km de portée), qui datait de 1987, en accusant la Russie de ne plus le respecter. Pour la même raison, en mai 2020, les États-Unis se retirent du traité « Ciel ouvert », qui permet aux trente-quatre États signataires de survoler leurs territoires respectifs avec des avions non armés. Ce retour de la puissance par l'arme balistique nucléaire constitue un défi politique et militaire pour les États détenteurs depuis la guerre froide comme pour ceux aspirant à s'en doter (Corée du Nord, par exemple).

Enfin, un dernier défi géostratégique se distingue dans la compétition pour la maîtrise des nouveaux espaces. L'espace numérique et l'espace extra-atmosphérique apparaissent comme des territoires stratégiques pour répondre aux besoins du renseignement (et notamment la fusion des données géolocalisées par multicapteurs), de l'accélération du rythme des opérations et des mutations des technologies innovantes, comme l'intelligence artificielle (IA) (chapitre 15). La militarisation et l'« arsenalisation » de ces espaces, commencées dans les années 2010, se poursuivent aujourd'hui et sont vouées à s'accentuer. Les États-Unis, la Chine, la Russie, l'Inde, des États européens (la France par exemple) et d'Asie (le Japon par exemple) font évoluer, à des rythmes et des capacités différents, ces espaces en théâtres d'opérations complémentaires des autres espaces physiques (terre, mer, air) et immatériels (numérique, infosphère, électromagnétique). Aux États-Unis, entre autres exemples, la création du Commandement des forces spatiales (11e commandement) en 2019 traduit cette dynamique stratégique et opérationnelle pour renforcer les capacités militaires existantes. L'espace extra-atmosphérique se situe plus encore au centre de la sécurité nationale.

Finalement, l'approche géostratégique, qui consiste à analyser les dynamiques stratégiques à l'échelle des grands espaces, réapparaît comme une clef d'approche des questions militaires et des conflits armés. Elle montre que les conflits armés majeurs sont moins nombreux depuis la fin de la guerre froide, mais plus complexes et meurtriers pour les populations civiles. Parallèlement, le retour de la notion de puissance militaire constitue une autre dynamique dans le monde contemporain, qui devrait encore s'accentuer durant la décennie 2020.

Repères bibliographiques

BOTTI F. [2001], « Naissance, développement et déclin de la géographie militaire en Italie (XIXe-XXe siècles) », *Stratégique*, n° 1, p. 41-46.

BOULANGER P. [2015], *Géopolitique des médias*, Paris, Armand Colin, « U ».

BRZEZINSKI Z. [1997], *Le Grand Échiquier. L'Amérique et le reste du monde*, Bayard, Montrouge.

CARON F. [1995], « Géopolitique et géostratégie », *Stratégique*, vol. 58, n° 2.

CASTEX R. [1929-1935], *Théories stratégiques*, Paris, Economica, 1997.

CÉLÉRIER P. [1955], *Géopolitique et géostratégie*, Paris, PUF, « Que sais-je ? ».

CLAUSEWITZ C. VON [1832-1835], *Vom Kriege. De la guerre*, traduction de Nicolas Waquet, Paris, Rivages, « Rivages poche », 2006.

COUTAU-BÉGARIE H. [1999], *Traité de stratégie*, Paris, Economica.

GAMBIEZ F. [1967], *L'Épée de Damoclès. La guerre en style indirect*, Paris, Plon.

Global Firepower [2020], *2020 Military Strength Ranking*, GFP, Annual Ranking.
Grand C. [2015], « Les nouveaux équilibres de la puissance militaire au xxie siècle », *Questions internationales*, mai-août.
Jomini A.-H. [1837], *Précis de l'art de la guerre*, Paris, Champs libres, 1994.
Lacoste Y. [1976], *La Géographie, ça sert, d'abord, à faire la guerre*, Paris, La Découverte, « Poche/Essais », 2014.
— [1991], « Géostratégie », *Stratégique*, vol. 50, n° 2.
— (dir.) [1993], *Dictionnaire de géopolitique*, Paris, Flammarion.
Lepotier A.-A. [1958], « Géopolitique et géostratégie », *Revue de défense nationale*, n° 155, p. 228-244.
Nowak M. [2019], « Enjeux du trafic d'armes : l'Afrique de l'Ouest dans la tourmente », *Diplomatie Magazine*, hors-série, n° 52.
Spykman N. J. [1942], *America's Strategy in World Politics. The United States and the Balance of Power*, Londres, Routledge, 2017.
Sur S. [2015], « Puissance militaire, puissance incertaine », *Questions internationales*, mai-août, p. 4-12.
Tellenne C. [2019], *Introduction à la géopolitique*, Paris, La Découverte, « Repères ».

II / Aux fondements de la géoéconomie : croissance, développement et mondialisation

7 / Croissance et crises, XXe-XXIe siècles : une histoire de temps long

CLAIRE JOIGNEAUX-DESPLANQUES

Si la croissance est un processus récent à l'échelle de l'histoire de nos sociétés, à relier au processus d'industrialisation commencé au XIXe siècle, le mot « croissance » est plus récent encore : il apparaît dans les années 1930, au moment où sont inventés les outils de la comptabilité nationale, en particulier la mesure de la production agrégée à l'échelle d'un pays (produit intérieur brut — PIB). Le terme remplace celui de « prospérité » et se diffuse surtout après la Seconde Guerre mondiale, dans une période marquée par une expansion rapide et durable.

La croissance devient alors l'objectif cardinal des politiques publiques. Parce qu'elle est considérée comme le moyen principal pour atteindre tous les autres objectifs, tant économiques que sociaux, voire politiques, elle apparaît comme un mythe fédérateur. Jean Fourastié [1948] la présente comme le « grand espoir du XXe siècle ». Pourtant, en ce début de XXIe siècle, l'économiste américain Robert Gordon envisage la possibilité que cette parenthèse historique de forte croissance se referme durablement sur une phase de stagnation séculaire : « Qu'observe-t-on depuis les années 1970 ? Il y a toujours des innovations. Mais la productivité globale des facteurs, qui mesure la part de la croissance liée au progrès technique, s'affaiblit. L'âge d'or de la croissance est derrière nous » (entretien au *Monde*, 19 février 2016). Ces prévisions sont-elles en train de se réaliser et de bouleverser en profondeur le cadre des rivalités et compétitions géoéconomiques et géopolitiques mondiales ?

Graphique 1. **Les rythmes de la croissance économique dans l'histoire**

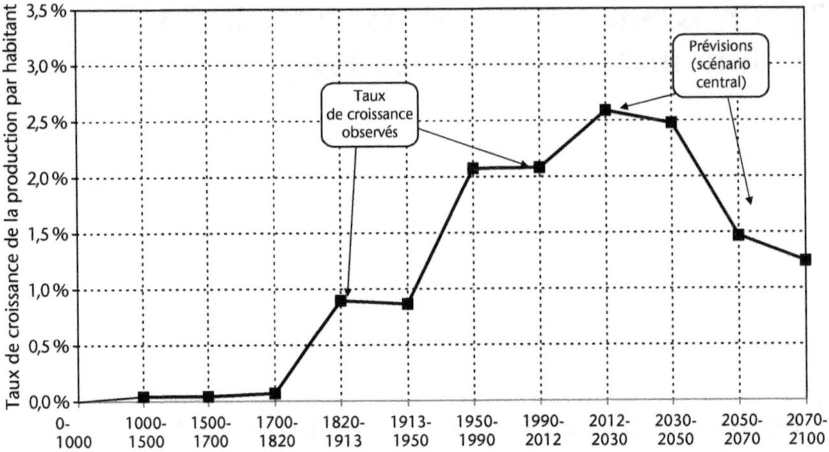

Lecture : le taux de croissance de la production par habitant a dépassé 2 % de 1950 à 2012. Si le processus de convergence se poursuit, il dépassera 2,5 % entre 2012 et 2050 puis passera au-dessous de 1,5 %.

Source : Piketty [2013].

La croissance et ses fluctuations

Et la croissance fut...

La croissance est apparue en Europe avec l'industrialisation, au tournant des XVIIIe et XIXe siècles, il s'agit donc d'un phénomène historiquement récent. On estime, en effet, que, entre le Ier siècle de notre ère et 1820, les niveaux de vie moyens en Europe occidentale et aux États-Unis n'ont fait que doubler (d'environ 600 dollars par habitant à 1 200 dollars), alors qu'ils ont été multipliés ensuite par vingt au cours des deux siècles suivants. Entre 1870 et 2014, le produit intérieur brut par tête des États-Unis a augmenté au rythme moyen de 2 % par an et il a été ainsi multiplié par dix-sept. Simon Kuznets [1971] souligne les caractères originaux de cette « croissance économique moderne ». Jusque-là, l'accroissement naturel de la population se faisait à un rythme plus rapide que celui des productions, notamment agricoles [Malthus, 1798]. Désormais, dans les phases de croissance, la production par tête augmente, les pays échappent ainsi aux trappes malthusiennes et peuvent voir augmenter durablement le niveau de vie des populations. Cette croissance ne nécessite pas de mobiliser beaucoup plus de travail ou de machines, elle repose avant tout sur des gains de productivité. Enfin, elle touche l'ensemble des secteurs d'une économie.

Le prix Nobel d'économie Simon Kuznets [1971] en propose une définition très utile pour penser à la fois ses déterminants et ses effets attendus sur nos sociétés : « La croissance économique d'un pays peut être définie comme une hausse de long terme de sa capacité d'offrir à sa population une gamme sans cesse élargie de biens économiques ; cette capacité croissante est fondée sur le progrès technique et les ajustements institutionnels et idéologiques qu'elle requiert [...]. L'augmentation constante de l'offre de biens est le résultat de la croissance économique, mais elle lui est identifiée. » La définition de la croissance n'est ainsi pas vraiment séparable des promesses dont elle est porteuse.

Une croissance cyclique

Ce qui frappe d'abord les contemporains, ce n'est pas la croissance de long terme, mais bien la survenue récurrente de crises. Historiquement, c'est par l'observation de crises récurrentes, à partir du milieu du XIXe siècle, qu'on en vient à penser les cycles, et c'est pour mieux anticiper et maîtriser les retournements que les économistes ont cherché des explications sur ce qui pouvait les déterminer. Au sens strict, il faut distinguer les périodes où le rythme de croissance connaît un simple ralentissement et les périodes, souvent courtes, où les quantités produites diminuent. On parle de récession si le PIB diminue au cours de deux trimestres consécutifs, et de déflation quand cette baisse est durable. On devrait réserver le terme « crise » aux moments où une phase longue d'expansion se termine, quand on entre dans une phase déprimée. Il désigne souvent de façon plus large les périodes où la croissance est ralentie.

Ces crises apparaissent comme différentes de celles qu'on observait dans les économies préindustrielles, qui étaient souvent liées à des événements exogènes, comme de mauvaises récoltes dans l'agriculture, synonymes de chute des revenus d'une large partie de la population. Mais, désormais, ces crises se produisent de façon récurrente. C'est le Français Clément Juglar qui décrit au milieu du XIXe siècle les premiers cycles, dans lesquels se succèdent : 1) une phase de prospérité ; 2) une crise qui marque le retournement ; puis 3) une phase de liquidation. Juglar [1862] en parle comme d'un « dérangement dans la marche des affaires », qui intervient tous les sept à onze ans.

Avec l'industrialisation, les crises paraissent plus souvent qu'autrefois liées à une production trop abondante par rapport à la demande sur les marchés. Lorsque Juglar essaie d'en examiner les causes, il conclut que « les crises ne paraissent que chez les peuples dont le commerce est très développé » et au contraire que « plus le crédit est petit, moins on doit les redouter ». Le recours croissant au crédit explique selon lui la surproduction qui entraîne de façon récurrente les crises commerciales. Au début du XXe siècle, ces observations de Juglar sont complétées par celles de Nikolaï Kondratiev [1925], qui repère l'existence de cycles plus longs, d'une durée de cinquante à soixante ans. La publication de ses recherches lui vaut d'être envoyé au goulag, parce qu'elles semblaient indiquer que le capitalisme, malgré les crises récurrentes, ne courait pas irrémédiablement à sa perte : de quoi contredire le dogme marxiste-léniniste...

Des rythmes de croissance différenciés

La production augmente d'abord à des rythmes qui nous paraissent assez lents : dans les premières phases de l'industrialisation au XIXe siècle, pour les pays européens, les États-Unis et le Japon réunis, la production a augmenté en moyenne de 2 % par an et la production par habitant de 1 % par an. Mais une production par tête qui augmente de 1 % par an pendant cent ans se trouve multipliée par 2,7 : en moyenne, les habitants des pays industrialisés ont donc à leur disposition presque trois fois plus de richesses qu'un siècle auparavant. C'est bien le caractère durable de ces progrès lents qui détermine les effets sur le niveau de vie des populations.

Dans une première phase, entre 1820 et 1870, la croissance est relativement lente, et le continent européen contribue pour les deux tiers à la croissance mondiale. C'est la Grande-Bretagne, premier pays industrialisé, qui domine largement les autres. Dans la phase suivante, entre 1870 et 1913, on observe une accélération de la croissance mondiale, portée par la seconde révolution industrielle. Les capitaux anglais financent largement le rattrapage des pays émergents de l'époque, au premier rang desquels les États-Unis. Ensuite, le XXe siècle est marqué par une accélération de la croissance. En France, entre 1913 et 2010, le PIB est multiplié par treize et le PIB par habitant par neuf environ. Les années 1920, dites *roaring twenties* aux États-Unis ou « années folles » en France, contrastent avec la décennie suivante, marquée par la Grande Dépression. Ainsi, de 1919 à 1929, aux États-Unis, le PIB augmente de 25 %, la production industrielle de 90 %, et les cours boursiers sont multipliés par trois. On observe des gains de productivité très importants, qu'on peut illustrer par ceux qu'obtient Henry Ford quand il introduit en 1913 une chaîne de montage dans les ateliers d'assemblage de la Ford T. Le temps de travail nécessaire pour assembler un véhicule passe de douze heures à deux heures, ce qui permet de diviser par six le coût salarial par unité produite. Ford est en situation d'augmenter les salaires et de baisser le prix de vente sans diminuer ses profits. Il gagne des parts de marché et participe à la démocratisation de l'automobile au sein

Tableau 1. **L'évolution du PIB par habitant dans l'histoire**
(en %)

	Production mondiale par habitant	Europe	Amérique	Afrique	Asie
0-1700	**0,0**	0,0	0,0	0,0	0,0
1700-2012	**0,8**	1,0	1,1	0,5	0,7
1700-1820	**0,1**	0,1	0,4	0,0	0,0
1820-1913	**0,9**	1,0	1,5	0,4	0,2
1913-2012	**1,6**	1,9	1,5	1,1	2,0
1913-1950	**0,9**	0,9	1,4	0,9	0,2
1950-1970	**2,8**	3,8	1,9	2,1	3,5
1970-1990	**1,3**	1,9	1,6	0,3	2,1
1990-2012	**2,1**	1,9	1,5	1,4	3,8
1950-1980	**2,5**	3,4	2,0	1,8	3,2
1980-2012	**1,7**	1,8	1,3	0,8	3,1
1820-1870	**0,5**	0,9	1,2	0,3	- 0,1
1870-1913	**1,3**	1,2	2,0	0,6	0,6
2012-2030 (M)	**2,6**	1,8	1,8	4,8	3,7
2030-2050 (M)	**2,5**	1,7	1,8	3,8	3,2
2050-2070 (M)	**1,5**	1,2	1,6	1,8	1,7
2070-2100 (M)	**1,2**	1,2	1,4	1,4	1,4

Source : Piketty [2013].

des ménages américains. En France, entre 1924 et 1929, la production industrielle augmente de 40 %, la productivité du travail croît elle aussi rapidement, d'environ 6 % par an. La Grande Dépression marque une rupture et entraîne une forte baisse du revenu par tête.

Entre 1950 et 1973, on observe une croissance très rapide pour l'immense majorité des pays développés, qui permet aux pays européens puis au Japon de rattraper le niveau de vie américain. En France, la croissance atteint 4,5 % en volume par an sur la période 1949-1959, puis 5,7 % entre 1960 et 1965 et 4,8 % entre 1966 et 1972. La croissance ralentit ensuite dans les pays développés, elle devient aussi plus instable, et les récessions sont plus fréquentes. Depuis une quarantaine d'années, on note un net ralentissement par rapport aux Trente Glorieuses mais aussi au cours de la période d'une décennie à l'autre. En France, nous vivions dans les années 1960 avec des taux

Les « faits stylisés » de la croissance selon Kaldor

Claire Joigneaux-Desplanques

C'est un économiste proche de John Maynard Keynes, Nicholas Kaldor [1957 ; 1961], qui introduit des « faits stylisés » devant servir, selon lui, de point de départ à une analyse alternative de la croissance, plus satisfaisante parce que rendant mieux compte des évolutions observées. Il désigne par cette expression les grandes mutations qui accompagnent la croissance à long terme, qu'on peut observer dans les travaux empiriques, puis résumer à grands traits de la façon suivante :

— le revenu par tête croît de manière continue : le PIB par tête augmente, c'est-à-dire que le niveau de vie moyen augmente ;

— le stock de capital par tête est croissant : l'intensité capitalistique augmente, à savoir que les salariés sont mieux équipés, et c'est ce qui explique en grande partie l'augmentation de la productivité du travail. C'est d'ailleurs pourquoi on parle en toute rigueur de productivité apparente du travail : les actifs ne sont pas productifs indépendamment de la façon dont ils sont équipés ;

— la rentabilité du capital est constante : il n'y a pas de baisse à long terme du taux de profit, il n'y a pas non plus de hausse. La productivité du capital est relativement stable à long terme ;

— la part des salaires et celle des profits dans le revenu global sont stables à moyen terme : environ deux tiers des richesses produites sont distribuées sous forme de salaires, et un tiers sous forme de profits. Entre 1948 et 2000, ces parts ont effectivement été stables. En revanche, la part du capital a eu tendance à fortement augmenter et la part du travail à fortement diminuer depuis 2000 ;

— la productivité du travail augmente à des rythmes différents selon les pays.

de croissance annuels qui évoluaient entre 4 % et 8 %. Ceux-ci n'ont cessé de décroître, avec même, de temps en temps, des récessions comme celles de 1975 (– 1 %), 1993 (– 0,6 %), 2009 (– 2,9 %) ou 2020 (– 9 %). Ainsi, entre 2000 et 2019, en moyenne le PIB a augmenté de 1,28 % et de seulement 0,87 % si l'on intègre l'année 2020. Ce ralentissement nourrit la crainte d'une stagnation séculaire, comme évoqué *supra* ; on se demande régulièrement si la croissance n'est pas une parenthèse dans l'histoire longue de nos sociétés, commencée avec l'industrialisation et qui pourrait se refermer.

Les crises et leurs manifestations

La crise de l'entre-deux-guerres

Dans les années 1920, la production industrielle augmente de 50 % et les cours boursiers, dopés par les possibilités d'acheter les titres à crédit, augmentent de 300 %. La bulle spéculative finit par éclater en Allemagne d'abord, puis en octobre 1929 à la Bourse de New York. Dans la seule matinée du 24 octobre, les cours chutent de presque 25 %, ils perdront 40 % en deux semaines. La crise financière se transforme en crise bancaire, le financement de l'économie est bloqué, les faillites se multiplient et la crise financière se transmet à l'économie réelle. Cette crise de l'entre-deux-guerres est déflationniste : on observe une contraction à la fois de la production et des prix. En 1933, Irving Fisher détaille les mécanismes de la « déflation par la dette » : lorsque le niveau général des prix baisse, les agents endettés continuent à rembourser des sommes qui, en valeur réelle, se trouvent alourdies par la baisse du niveau des prix et des revenus distribués dans l'économie. Dans ces conditions, ils ont intérêt à rembourser le plus vite possible leurs dettes et, pour le faire, ils sont tentés de revendre une partie de leur patrimoine. Si les agents endettés sont nombreux et qu'ils cherchent tous à se désendetter, alors l'offre sur les différents marchés est abondante et les prix seront orientés à la baisse, ce qui aggrave la déflation et alourdit encore un peu plus la charge des dettes en termes réels.

Aux États-Unis, 4 millions d'Américains étaient au chômage en 1930, 8 millions en 1931, 12 millions en 1932. Des marches de la faim sont organisées dans les grandes métropoles, les bidonvilles y ont poussé comme des champignons, notamment à Central Park à New York, et sont qualifiés d'« Hoovervilles », du nom du président américain qui proclame que « la prospérité est au coin de la rue » et qu'il suffit d'attendre que le marché revienne de lui-même à l'équilibre. Pourtant, entre 1929 et 1933, la demande adressée aux entreprises s'effondre : la consommation est presque divisée par deux, l'investissement par dix, et les exportations par trois. Cette Grande Dépression des années 1930 ouvre logiquement un débat sur la capacité des économies de marché capitalistes à s'autoréguler, à un moment où le « grand tournant » stalinien en URSS fait croire à la supériorité du système communiste.

Quand la crise survient, un grand nombre d'économistes et de responsables politiques considèrent que la baisse des prix permettra un retour à l'équilibre. Certains gouvernements mènent même des politiques déflationnistes en espérant gagner en compétitivité-prix sur les marchés étrangers et stimuler ainsi la demande des ménages et des entreprises (Brüning en Allemagne, Laval en France). C'est une période cruciale car l'économiste anglais John Maynard Keynes ouvre de nouvelles perspectives en publiant la *Théorie générale de l'emploi, de l'intérêt et de la monnaie* [1936]. Un de ses principaux enseignements est qu'il est vain d'attendre un retour à l'équilibre de plein-emploi, sans adopter des mesures volontaristes pour relancer la demande adressée aux entreprises. Pour Keynes, dans une économie où les acteurs prennent leurs décisions d'investissement, de consommation et d'épargne de façon décentralisée, sans connaître à l'avance les effets qu'elles auront sur leur bien-être et sur celui de leurs concitoyens, les anticipations jouent un rôle essentiel et c'est en travaillant à les rendre optimistes qu'on peut espérer améliorer le climat des affaires et décider ainsi les entreprises à investir et à embaucher, donc à distribuer des revenus qui à leur tour soutiendront la demande adressée aux entreprises. En effet, c'est parce qu'elles anticipent la possibilité de vendre une production supplémentaire que les entreprises choisissent, pour produire plus, d'embaucher des salariés et de s'équiper de machines. Faute d'une intervention pour stimuler la demande adressée aux entreprises, l'économie d'un pays risque au contraire de se trouver durablement bloquée dans un équilibre de sous-emploi.

La crise des années 1970

La régulation fordo-keynésienne a permis d'éviter le retour des grandes crises, de l'après-Seconde Guerre mondiale aux années 1970 [Boyer, 2015]. La crise qui commence au début des années 1970, souvent associée aux chocs pétroliers de 1973 et 1979, est très différente de celle des années 1930. La croissance ralentit, mais la production ne baisse pas, sauf en 1975 pour la France. Les prix ne baissent pas non plus, et on se trouve au contraire dans une période d'inflation rapide jusqu'au début des années 1980, avec en France des taux d'inflation supérieurs à 10 %. Dans les périodes précédentes, les tensions inflationnistes se manifestaient dans les périodes d'expansion rapide, elles étaient le signe qu'on se rapprochait du plein-emploi des facteurs de production, et que les entreprises avaient du mal à augmenter encore leur production pour répondre à une demande très dynamique. Dans les années 1970, elle est plutôt liée à la hausse des coûts de production des entreprises, gonflés par les chocs pétroliers mais aussi par une hausse des salaires plus rapide que celle de la productivité. Quand les salaires augmentent plus vite que les richesses produites, la demande des ménages augmente plus vite que l'offre disponible sur les marchés, ce qui entraîne en plus une inflation par la demande.

Cette inflation risque toujours de rendre les produits exportés moins compétitifs et donc de creuser le déficit commercial. La devise domestique est moins demandée sur le marché des changes et on observe des pressions à la baisse sur le taux de change. C'est alors un facteur aggravant d'inflation puisque les produits facturés en devise étrangère, comme c'est le cas du pétrole, voient leur prix en devise domestique augmenter (un baril coûte le même prix en dollars, mais il faut plus de francs pour se procurer la même somme en dollars et payer le baril). Comme la croissance est faible et que les gains de productivité ont ralenti (mais sans disparaître), on a une croissance pauvre en emplois et le chômage progresse logiquement. En France, la barre des 2 millions de chômeurs est franchie en 1982, celle des 3 millions dix ans plus tard.

2001 et 2008, le retour des crises américaines : dot.com et subprimes

Au-delà de leurs différences, les crises observées sont généralement précédées de périodes d'euphorie durant lesquelles fleurissent les discours optimistes et les activités spéculatives. C'était le cas en 1929, c'est encore le cas en 2001, avec une crise déclenchée par l'éclatement de la « bulle Internet » (les valeurs des hautes technologies ont quadruplé à la Bourse américaine entre 1995 et 1999). La très large diffusion des équipements micro-informatiques et des connexions Internet a encouragé de nombreuses firmes à développer leur site Internet dans l'espoir de doper leurs profits en accédant à de nouveaux clients, en adaptant leurs offres, en diminuant leurs coûts. Elles ont financé ces investissements, en contactant des crédits mais aussi en émettant des actions, dont le cours a monté rapidement. Alors même que, dans les entreprises de la nouvelle économie, les profits réalisés restent faibles, voire négatifs, les profits anticipés permettent aux acheteurs d'espérer des plus-values élevées, la forte demande des titres devant orienter leurs cours à la hausse. Ces anticipations de hausse nourrissent la demande de titres, la hausse espérée se produit et la bulle spéculative continue de gonfler jusqu'au moment où les anticipations se retournent à la baisse, quand les acheteurs sont déçus par la rentabilité des projets financés au départ. Quand certaines entreprises dot.com commencent à faire faillite et à faire défaut sur leur dette, par exemple. À l'époque, certaines faillites frauduleuses (trucages de comptes, mensonges aux actionnaires) défraient la chronique (Enron, Worldom, Xerox, Arthur Andersen) et mettent en avant les excès du capitalisme financier et les failles des régulateurs de marché (la Security Exchange Commission — SEC — aux États-Unis). Le mot d'ordre est au renforcement des contrôles étatiques (loi Sarbanes-Oxley aux États-Unis, création de l'Autorité des marchés financiers en France).

Les nouvelles exigences de prudence sont contournées par une ingénierie financière sans cesse innovante qui propose des produits toujours plus spéculatifs et risqués (chapitre 10). Ces innovations financières permettent de masquer les profonds déséquilibres liés à la montée des inégalités dans le monde, et notamment dans l'Organisation de coopération et de développement économiques (OCDE) [Piketty, 2013]. La progression des inégalités risque toujours de limiter la demande solvable sur un grand nombre de marchés, c'est particulièrement vrai du marché immobilier. Aux États-Unis, en 2003, l'*American Dream Downpayment Act* a pour objectif de faciliter l'accès des ménages américains à la propriété de leur logement grâce à différentes mesures fédérales, comme des réductions d'impôt pour les ménages emprunteurs. C'est aussi l'époque où l'on réactive, en les réformant, des dispositifs imaginés à la fin des années 1930 par l'administration Roosevelt pour résoudre la crise du logement. À destination des ménages trop pauvres, afin de leur permettre de rembourser à la fois les intérêts et le principal, les prêts *interest only* permettent de payer des mensualités plus faibles et de différer jusqu'à l'échéance du prêt le reste des remboursements. On introduit parallèlement la possibilité pour les ménages de contracter des emprunts supplémentaires, sur la base de la plus-value qu'ils réaliseraient s'ils revendaient leur logement. Les défauts de paiement sont ainsi différés tant que les marchés immobiliers sont orientés à la hausse.

De leur côté, les banques qui ont accordé des prêts ont la possibilité de les transférer à des organismes qui leur rachètent leurs créances et deviennent les prêteurs des ménages endettés. Ces organismes se financent à leur tour en émettant des titres de dette, les *residential mortgage backed securities* (RMBS, ou obligations adossées à des crédits immobiliers hypothécaires), ils offrent comme garantie de leur capacité à rembourser les acheteurs de RMBS les mensualités que les ménages doivent leur verser : c'est le principe de la titrisation des crédits. Si les ménages font défaut sur leur dette, le risque est supporté par ces organismes de refinancement et tous ceux qui leur ont acheté les titres adossés aux crédits immobiliers. Les banques à l'origine des prêts sont rassurées par cette possibilité de transférer les risques et accordent plus volontiers des crédits. Ces RMBS sont très demandés parce qu'ils sont bien notés, ils offrent aussi une bonne rémunération, adaptée au niveau de risque qu'on est prêt à prendre grâce à la structuration des crédits titrisés par tranche de risques. Les grandes banques ont acheté pour leur propre compte une grande partie de ces RMBS et elles ont donc concentré des créances risquées dans leurs bilans, attirées par les rémunérations attractives, dans une période où les taux d'intérêt étaient plutôt faibles sur leurs autres activités. L'aveuglement aux risques s'explique aussi par la complexité grandissante des procédés de titrisation : les banques ont acheté des dérivés de crédit sans toujours bien savoir comment ils étaient composés. Il a suffi que les prix immobiliers commencent à stagner dans le courant de l'année 2006 pour que tout le dispositif soit fragilisé, avant de s'effondrer (chapitre 10). Cette crise des *subprimes* a été comparée, dans ses effets, à celle de 1929 : la plus grande crise du capitalisme depuis celle-ci, marquée par une destruction massive de richesse boursière, équivalant à environ un quart du PIB mondial de l'époque, et détruisant une cinquantaine de millions d'emplois dans le monde.

Les déterminants des fluctuations de la croissance

Les ressources : utiles, mais pas suffisantes

Parmi les caractéristiques de la croissance moderne, Kuznets [1971] précise qu'elle n'est pas obtenue principalement grâce à la mobilisation de quantités plus importantes de capital ou de travail, de ressources en général. Il ne s'agit pas d'une croissance extensive, pour laquelle il aurait fallu travailler plus ou en faisant appel à une population plus nombreuse, mais d'une croissance obtenue essentiellement par des gains de productivité. C'est particulièrement spectaculaire pour la productivité du travail : en France par exemple, entre 1830 et 1990, la productivité par tête a été multipliée par treize et la productivité horaire par vingt-cinq ; c'est ce qui a permis de multiplier par dix les quantités produites dans le pays, sans augmenter fortement le nombre d'actifs occupés et en baissant par ailleurs fortement la durée annuelle du travail, qui est divisée par deux sur la même période.

De la même façon, des ressources naturelles abondantes ne suffisent pas à assurer la croissance à long terme d'un pays, au point que, dès les années 1960, on parle de « malédiction des ressources naturelles » (chapitre 16). Quand les cours sur les marchés mondiaux sont orientés à la hausse, le pays bénéficie d'une rente, qui lui permet de financer des mesures sociales en direction de la population pauvre, mais l'effet pervers de cette rente, c'est que les autres secteurs de l'économie, moins rentables, n'attirent pas assez de capitaux pour financer les investissements nécessaires. Quand les cours mondiaux se retournent brutalement à la baisse, c'est l'économie tout entière qui s'effondre et sa capacité à assurer un niveau de vie satisfaisant à la population. Comme pour le stock de capital accumulé, c'est bien l'usage qui est fait des ressources naturelles qui détermine les trajectoires de croissance.

La productivité du travail et ses promesses

CLAIRE JOIGNEAUX-DESPLANQUES

La productivité du travail se définit comme le rapport des quantités produites et des quantités de travail utilisées pour réaliser cette production. Au niveau d'un pays, elle peut s'exprimer en production par actif occupé. On peut aussi mesurer la productivité horaire du travail en divisant les quantités produites sur une période donnée par le nombre total d'heures travaillées au cours de cette même période. On en déduit une première relation :

PIB = durée moyenne du travail x nombre d'actifs occupés x productivité horaire du travail.

Le PIB peut donc augmenter quand le nombre d'actifs occupés augmente, quand ils travaillent en moyenne plus longtemps ou quand leur productivité horaire augmente. Le nombre d'actifs occupés n'est pas toujours indépendant de la productivité horaire : si on encourage la participation sur le marché du travail, des actifs moins productifs peuvent entrer sur le marché du travail. Si on réduit la durée du travail, on peut avoir des effets sur la productivité : le passage aux 35 heures a augmenté la productivité horaire du travail dans un grand nombre d'entreprises où les salariés font en 35 heures ce qu'ils faisaient autrefois en 39 heures.

On peut déduire de la définition une deuxième relation utile pour comprendre les effets attendus des gains de productivité. Si on définit le coût salarial unitaire (CSU) comme le rapport entre la somme totale des salaires versés et le nombre d'unités produites, on peut le décomposer de la façon suivante :

CSU = (salaire horaire moyen x nombre d'heures travaillées) / nombre d'unités produites = salaire horaire moyen / productivité horaire du travail.

Ainsi, si le salaire horaire augmente moins vite que la productivité horaire, alors le CSU diminue, ce qui augmente, toutes choses égales par ailleurs, les bénéfices sur chaque unité produite. Cette marge augmentée entre les coûts unitaires de production et les prix unitaires de vente peut être utilisée de trois façons : 1) on peut baisser le prix de vente pour gagner en compétitivité-prix ; 2) on peut aussi choisir d'augmenter les salaires horaires pour mobiliser les salariés, faciliter le recrutement dans les secteurs en tension, augmenter la productivité du travail par une meilleure motivation. Pour le faire, on peut augmenter directement le salaire horaire ou diminuer la durée hebdomadaire ou annuelle du travail sans diminuer le salaire mensuel ; 3) enfin, on peut laisser simplement le bénéfice réalisé sur chaque unité augmenter, ce qui permet de financer des investissements ou de mieux rémunérer ceux qui ont financé le développement de l'entreprise.

Les innovations au cœur de la dynamique du capitalisme

Si ce sont bien les innovations qui permettent ces gains de productivité, reste à identifier les facteurs qui stimulent leur apparition et leur diffusion à l'ensemble d'une économie. Jusqu'au début des années 1980, dans les modèles théoriques de croissance, le progrès technique était pensé comme une source essentielle de croissance, qui venait augmenter la productivité des facteurs de production, mais dont on ne savait pas expliquer l'origine. La part de la croissance qu'on ne pouvait pas expliquer par la hausse des quantités de facteurs utilisés était attribuée au progrès technique. Et ce résidu inexpliqué n'était pas marginal, il expliquait presque 90 % de la croissance observée aux États-Unis entre 1909 et 1949.

À partir des années 1980, on cherche à établir son origine dans la sphère des activités économiques, où des acteurs privés opèrent des choix économiques rationnels, guidés par leurs intérêts et favorables aux gains de productivité. On dit alors que la croissance est endogène. Philippe Aghion et Peter Howitt [1992] se sont appuyés sur des travaux plus anciens, en particulier ceux de Joseph Schumpeter [1942] sur le rôle moteur joué par les entrepreneurs. En cas de succès de leurs innovations, ils touchent un profit important, parce que la marge entre leurs coûts de production et leurs prix de vente est plus élevée que celle des autres entreprises enfermées dans une simple concurrence par les prix. C'est l'espoir de toucher cette rente qui les incite à prendre le risque de sortir des méthodes routinières. Les banques leur accordent volontiers des crédits, ce qui dynamise l'investissement dans les activités innovantes. La productivité moyenne augmente parce que les entreprises les moins innovatrices se trouvent concurrencées et disparaissent. Ainsi, périodiquement, les entrepreneurs utilisent de nouvelles ressources, des nouveaux procédés, une nouvelle organisation de la production, proposent de nouveaux produits, sur de nouveaux marchés, à une clientèle différente. Quelques innovations fondamentales impulsent un flux d'innovations liées aux premières. Mais ces activités portées par une vague d'innovations finissent toujours par épuiser leurs effets stimulants sur la croissance : les nouveaux marchés sont saturés parce que les ménages et les entreprises sont équipés, les innovateurs ont été imités, les entreprises vendent des produits standardisés et se font donc une concurrence par les prix qui tire leurs profits vers le bas. La rente d'innovation disparaît. Les banques ont accordé des crédits pour financer des projets qui ne seront pas tous rentabilisés, et les défauts de paiement se multiplient, les bilans bancaires sont fragilisés et le crédit se contracte. Des entreprises font faillite, le chômage augmente. C'est à la fin de cette phase descendante du cycle que la perspective de profits nouveaux suscite pourtant une nouvelle vague d'innovations. Pour synthétiser l'ensemble de ces processus, Schumpeter [1942] parle de « destruction créatrice ».

Le point commun à tous les modèles de croissance endogène, c'est de considérer comme Schumpeter que le progrès technique n'apparaît pas au hasard des découvertes scientifiques, un peu miraculeusement. Le rythme d'innovation dépend de pratiques déployées par les acteurs

Graphique 2. **Les cycles de Kondratiev**

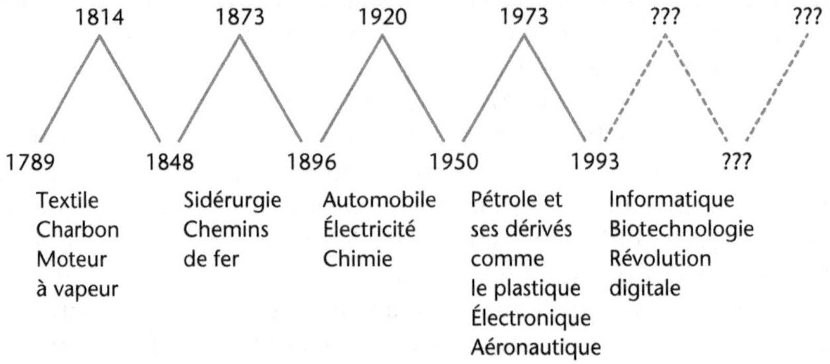

économiques, qui favorisent leur apparition et leur diffusion. C'est dans l'espoir d'un plus grand profit personnel qu'ils investissent dans des équipements qui incorporent du progrès technique ou dans leur propre formation, ou qu'ils transforment les façons de produire ou de vendre, et c'est de cette façon qu'ils tirent la productivité vers le haut. Pour encourager la croissance, il faut donc un cadre propice au déploiement de ces activités : si les actifs sont incités à accumuler du capital humain parce qu'ils anticipent que leurs efforts de formation seront rentables à terme, si les innovations sont bien protégées de l'imitation par des droits de propriété intellectuelle bien respectés, si les firmes sont incitées à financer dans de bonnes conditions des projets d'investissement qui incorporent du progrès technique, alors il est plus probable que le rythme d'innovation soit plus soutenu (chapitre 13).

Les institutions : un rôle décisif pour l'innovation

L'intérêt porté par les théories récentes de la croissance au rôle des institutions se nourrit en grande partie des analyses sur les origines du progrès technique. On résume souvent ces travaux par la formule : *Institutions matter*. Ils s'appuient souvent sur des comparaisons entre les trajectoires de différents pays pour établir ce rôle déterminant de la qualité des institutions.

Dans les années 1960 déjà, Mancur Olson [1966] s'intéressait au cas de la Corée : en partant de caractéristiques géographiques, climatiques, culturelles similaires et d'un niveau de vie semblable, la Corée du Nord et la Corée du Sud ont adopté après 1953 des systèmes institutionnels très différents et leurs trajectoires de croissance ont fortement divergé. Plus récemment, toujours dans une optique comparative, Daron

Acemoglu et James Robinson [2012] ont conclu que ce ne sont pas les différences de ressources, de climat, de culture ou la connaissance des bonnes pratiques en termes de politiques de développement qui déterminent les trajectoires de croissance des pays, mais bien la qualité de leurs institutions. Ils les définissent comme des règles formelles et informelles qui conditionnent les incitations économiques adressées aux individus, la structure des opportunités qui s'offrent à eux. Ils identifient les institutions « inclusives », qui préservent les droits de propriété et le respect des contrats, minimisent les restrictions aux libertés individuelles et encouragent à innover, ce qui stimule l'épargne, l'investissement et le progrès technique, donc la croissance à long terme. Elles se distinguent des institutions « extractives », qui freinent au contraire l'innovation car elles ne garantissent pas bien les droits de propriété, elles imposent de fortes barrières à l'entrée qui protègent les intérêts acquis d'une élite, elles freinent l'éclosion d'idées nouvelles en restreignant l'accès de nouveaux entrants et elles gênent donc le processus schumpétérien de destruction créatrice. Elles concentrent le pouvoir économique dans les mains d'une minorité, qui limite l'innovation qui viendrait menacer leurs rentes. C'est même ce qui explique le maintien de ces institutions pourtant peu efficientes.

Les auteurs s'appuient ici sur les travaux de Douglass North [1994], selon lesquels « les institutions ne sont pas nécessairement ni même habituellement créées en vue d'être socialement efficaces ; elles sont plutôt créées — tout au moins les règles formelles — afin de servir les intérêts de ceux qui détiennent le pouvoir de négociation pour créer de nouvelles règles ». Non seulement certaines institutions semblent plus performantes que d'autres, mais les choix institutionnels initiaux conditionnent souvent les choix futurs. On observe des processus fréquents de « dépendance au sentier » (*path dependency*) et des phénomènes de « verrouillage » (*lock-in*), au sens où des pays peuvent se trouver bloqués sur des sentiers institutionnels inefficaces et peuvent y être engagés sur des périodes historiques assez longues. On est très loin d'une vision évolutionniste qui penserait les évolutions institutionnelles comme une convergence naturelle vers les institutions les plus efficientes.

Les promesses de la croissance

L'amélioration des conditions de vie

En se référant aux trois journées révolutionnaires de juillet 1830 (que les historiens ont nommées les « Trois Glorieuses »), pour qualifier la forte croissance de 1946 à 1975, Fourastié [1979] entendait souligner à quel point la France avait été profondément transformée par une

« révolution invisible », le progrès social était ainsi possible en faisant l'économie des troubles révolutionnaires, grâce aux formidables gains de productivité observés au cours de la période. Il appartient au « bataillon sacré de la productivité », selon l'expression forgée par Robert Buron, ministre français des Travaux publics, du Transport et du Tourisme, qui dirigeait le « Comité national de la productivité ». Les gains de productivité permettent de faire baisser le « prix réel » des produits, qui sont définis de la façon suivante par Fourastié : c'est le rapport du prix nominal, celui observé sur le marché, et du salaire horaire d'un manœuvre. C'est donc le nombre d'heures que doit travailler un ouvrier peu qualifié pour se payer le bien ou le service considéré. Si, grâce aux gains de productivité, les prix baissent et les salaires augmentent, alors les prix réels baissent et le pouvoir d'achat des salariés augmente. La baisse du prix réel des produits de grande consommation est donc bien une façon de mesurer la hausse du pouvoir d'achat des ouvriers et d'expliquer la démocratisation de l'accès à une forme de confort matériel autrefois réservé aux catégories sociales plus favorisées. Dans les années 1950, certains évoquent un embourgeoisement de la classe ouvrière en mobilisant des indicateurs comme la possibilité de manger du poulet le dimanche. Comme l'écrit Jacques Marseille [1993] : « Alors que, de 1925 à 1982, l'ensemble des prix courants a été multiplié par 280, l'ensemble des prix réels, mesurés en temps de travail, a été divisé par 4,7. Le pouvoir d'achat du salaire horaire moyen du manœuvre a par conséquent été multiplié par près de 5 entre ces deux dates : une heure de 1925 valait douze minutes de 1982. » On trouve des échos de cet optimisme dans les travaux du sociologue Henri Mendras [1988] : « La France vient de vivre dans les trente dernières années une révolution aussi profonde que celle de 1789. » Cette « seconde révolution française » aurait entraîné un émiettement des frontières entre les classes sociales, un affaiblissement des conflits de classe et le développement d'une vaste classe moyenne, dont les modes de vie se diffuseraient à l'ensemble des groupes sociaux.

Les salaires progressent effectivement très vite : 4 % par an en moyenne dans la décennie 1960 et encore 2,8 % dans la décennie suivante. Quand la croissance ralentit, les salaires progressent moins vite : + 0,8 % entre 1980 et 1990, + 0,6 % dans la décennie suivante. Les périodes de croissance rapide sont aussi celles où la consommation des ménages progresse le plus vite : par exemple, entre 1959 et 1969, elle augmente en moyenne de 5,5 % par an. Le taux d'équipement en biens durables progresse logiquement. Dans les pays d'Europe de l'Ouest, en vingt ans, entre 1954 et 1975, ce taux d'équipement des ménages ouvriers passe de 8 % à 74 % pour les voitures ; de 1 % à 87 % pour les téléviseurs ; de 3 % à 91 % pour les réfrigérateurs ; de 8 % à 77 % pour les machines à laver. La part du PIB consacrée

Tableau 2. **L'évolution du salaire cadre/ouvrier, 1955-1998**

	Rapport du salaire cadre/ouvrier	Croissance annuelle moyenne depuis 5 ans du pouvoir d'achat du salaire ouvrier (%)	Temps de rattrapage (années)
1955	3,9	4,8	29,1
1960	3,9	2,8	49,7
1965	4,0	3,5	40,0
1970	3,8	3,7	36,8
1975	3,4	3,5	35,7
1980	2,9	1,6	65,1
1985	2,7	0,3	371,9
1990	2,8	0,3	353,0
1995	2,6	0,3	316,2
1998	2,5	0,6	150,6

Note : en 1955, le salaire moyen des cadres est 4,3 fois plus élevé que celui des ouvriers ; de 1950 à 1955, le taux de croissance annuelle du pouvoir d'achat du salaire ouvrier était de 4,8 % par an ; en 1955, à ce rythme, le temps nécessaire pour rattraper le pouvoir d'achat du salaire des cadres de 1955 est de 31,3 ans.

Sources : séries longues sur les salaires, Insee ; Chauvel [2001].

aux dépenses de santé augmente et, avec elle, l'espérance de vie. Aux États-Unis, cette part est multipliée par trois entre 1960 et 2010, elle passe de 5 % à 17 % du PIB ; elle a aussi triplé en France, passant sur la même période de 4 % à 12 %. Les gains de productivité rendent aussi possible la baisse du nombre d'heures travaillées dans l'année, qui a fortement diminué depuis 1950. Aux États-Unis, il est passé de 1 909 à 1 704 heures entre 1950 et 2011 ; en France, il est passé de 2 159 à 1 476 heures sur la même période. Keynes, dans un texte publié en 1931 en pleine Dépression, prévoyait que, si l'accumulation du capital se poursuivait encore pendant un siècle au rythme de 2 % par an, son pays devrait surmonter le « problème économique », c'est-à-dire la difficulté à assurer la satisfaction des besoins de la population. Il prévoyait la fin de la « malédiction du vieil Adam », obligé de gagner son pain à la sueur de son front, et une société où le problème des adultes serait d'occuper ce temps libéré et donc de trouver un sens à leur existence, autrement que dans la nécessité de travailler.

Les effets incertains sur les inégalités internes

Kuznets considérait que même si, dans un premier temps, la croissance s'accompagne d'un creusement des inégalités, elle tend

Graphique 3. **Part du revenu national rémunérant les 0,1 % les plus aisés**

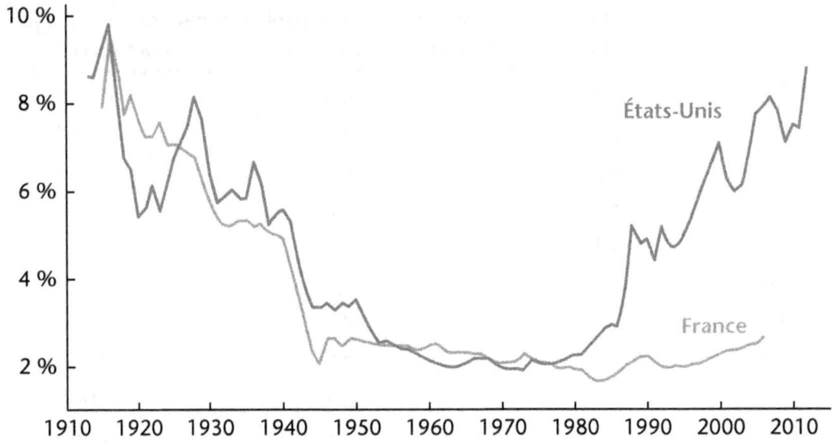

Source : Jones [2015].

Graphique 4. **PIB par personne des 0,1 % les plus aisés et des 99,9 % les plus modestes aux États-Unis**
(en milliers de dollars 2009)

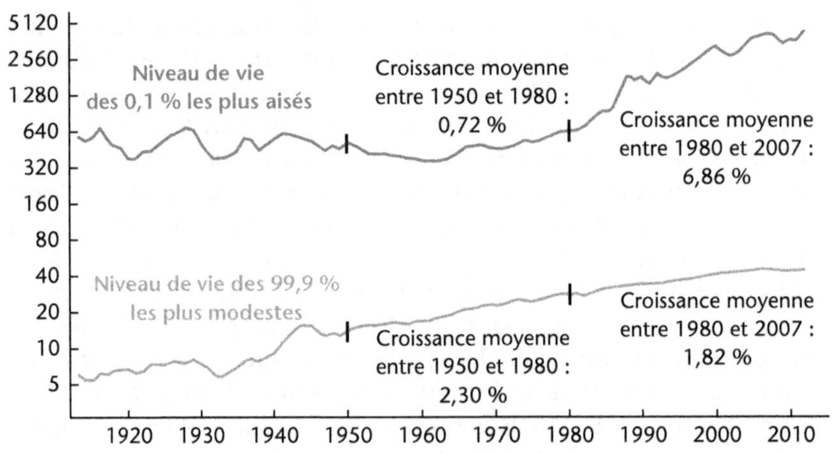

Source : Jones [2015].

ensuite à les réduire et que, au-delà d'une augmentation du revenu moyen, la croissance profite donc à l'ensemble de la population. Dans un texte de 1953, il résumait déjà cette vertu qu'il prête à la croissance par la formule *Growth is a rising tide lifting all boats* (« La croissance est une vague qui soulève tous les bateaux »). Le président Kennedy a repris cette formule dans un discours prononcé en 1963, montrant bien la confiance qu'on accordait à l'époque à la croissance et aux politiques qui permettaient de la stabiliser. La lecture des graphiques 3 et 4 invite à nuancer cet optimisme. Malgré tout, même si les inégalités de revenu se creusent parfois en période de croissance, comme c'est le cas en France au début des Trente Glorieuses, le taux de croissance rapide des salaires ouvriers permet un rattrapage rapide du niveau de vie des cadres. Pour des ouvriers qui commencent leur carrière au milieu des années 1950, il faut environ trente ans. Pour la cohorte qui débute en 1985, il fallait 272 ans, et pourtant, sur cette période, les inégalités entre les deux catégories se sont réduites.

Après avoir fortement décliné dans la première moitié du XXe siècle, la concentration des revenus dans les mains des ménages les plus riches a stagné jusqu'au début des années 1980, puis fortement augmenté aux États-Unis, moins nettement dans un pays comme la France. La grande modération s'est accompagnée d'un creusement des inégalités vers le haut de la distribution. On observe logiquement que, pendant les années de croissance rapide, le revenu des ménages américains les plus riches a progressé moins vite que celui du reste de la population, alors que, au contraire, à partir des années 1980, les très hauts revenus ont progressé beaucoup plus vite, ce qui a entraîné une progression rapide des inégalités.

La perspective de convergence des niveaux de vie dans le monde

La croissance se fait à des rythmes différents selon les zones géographiques et elle creuse donc les écarts entre pays riches et pays pauvres, ce qui n'exclut pas des phénomènes de rattrapage. On passe d'un écart de PIB de 1 à 3 au début du XIXe siècle entre la zone la plus pauvre et la zone la plus riche au monde, on observe un écart de 1 à 8,5 en 1913 et enfin de 1 à 14,5 en 2000. Si on raisonne sur les PIB par habitant, on passe d'un écart de 1 à 4 en 1820, de 1 à 11 en 1913 et de 1 à 8 en 2000.

Les théories néoclassiques de la croissance considèrent pourtant la convergence comme probable entre les pays qui échangent librement entre eux. Les échanges commerciaux permettent des gains mutuels aux échanges, puisque chaque pays utilise au mieux les ressources dont il dispose en se spécialisant en fonction de ses avantages comparatifs dans les domaines dans lesquels il a la plus grande avance, ou le plus petit retard. Il peut importer ce qu'il a renoncé à produire en plus grande quantité que s'il avait fait le choix du repli autarcique. La libre circulation des capitaux permet aux pays émergents de financer des dépenses d'investissement utiles à leur croissance, sans dépendre d'une épargne domestique fortement limitée dans un pays où les revenus restent encore faibles. Dans ces phases de démarrage, il existe de nombreux projets très rentables, les marchés ne sont pas encore saturés, on est dans une phase de rattrapage des niveaux de productivité des pays plus en avance, les capitaux étrangers sont attirés par des rémunérations élevées. Si les projets financés sont effectivement rentables, le remboursement des emprunts contractés dans le reste du monde ou le versement de dividendes ne risque pas d'étrangler le pays et de déboucher sur une crise des paiements externes.

L'observation des trajectoires des différents pays prouve que certains ont bien réussi à rattraper les pays les plus avancés : c'est le cas des États-Unis et de l'Allemagne au XIXe siècle, c'est le cas du Japon puis de la Chine et d'autres pays du Sud-Est asiatique ensuite, en particulier la Corée du Sud. Ce pays qui, dans les années 1950, était aussi pauvre que les Philippines a depuis rejoint le groupe des pays les plus riches. Comme l'écrit Larry Summers [2014], « la spectaculaire modernisation des économies asiatiques est, avec la Renaissance et la Révolution industrielle, l'un des plus importants développements de l'histoire économique ». Les pays émergents peuvent connaître des taux de croissance particulièrement élevés, leur productivité augmente rapidement grâce à des transferts de technologie, notamment à travers des investissements directs à l'étranger (IDE) entrants, mais aussi grâce au transfert d'une partie importante de la population active des secteurs comme l'agriculture vers des productions à plus forte valeur ajoutée, souvent destinées aux marchés d'exportation. La main-d'œuvre des régions rurales était souvent occupée dans des exploitations faiblement mécanisées, elle était souvent en sureffectif, il y avait donc des poches de productivité.

Une convergence parfois bloquée

Certains pays se sont au contraire trouvés bloqués dans des *middle-income traps* : ils ont réussi à atteindre un PIB par habitant qui les classe dans les pays à revenu intermédiaire, mais sans parvenir à poursuivre la dynamique qui leur permettrait de rattraper les pays les plus riches. La phase de rattrapage peut se trouver interrompue par une spécialisation industrielle trop centrée sur des activités très intensives en main-d'œuvre, dont la compétitivité repose d'abord sur des faibles coûts salariaux. Quand ces pays atteignent un niveau de revenu par habitant qui les classe dans les pays à revenu intermédiaire, leur croissance ralentit souvent, pénalisée par une baisse très sensible des gains de productivité une fois que le déversement est terminé. La pénurie de main-d'œuvre dans le secteur manufacturier pousse les salaires à la hausse et comme, en même temps, la productivité stagne, il est difficile de baisser les coûts unitaires de production et donc de rester compétitif face à de nouveaux entrants sur les marchés mondiaux, qui ont des niveaux de salaire plus faibles. C'est ce qui est arrivé à la Malaisie et à la Thaïlande, concurrencées par la Chine ou l'Inde puis par le Cambodge ou le Vietnam. Ce piège s'observe plus souvent dans des pays qui importent beaucoup et sont donc dépendants des produits étrangers, et qui pratiquent en même temps une sous-évaluation de leur taux de change pour gagner en compétitivité sur leurs exportations. Cette stratégie a deux effets négatifs : elle renchérit les produits importés et donc creuse le solde commercial ; par ailleurs, les entreprises exportatrices sont moins incitées à innover pour gagner en compétitivité-hors prix.

Au contraire, les pays qui mettent en place des politiques d'innovation ont une probabilité plus faible de voir leur productivité ralentir et donc de tomber dans cette trappe. Pour que ce soutien à l'innovation soit efficace, il faut augmenter le niveau d'éducation pour que des travailleurs qualifiés puissent s'approprier les innovations et en proposer de nouvelles. C'est ce qui a manqué à la Malaisie et à la Thaïlande, et c'est au contraire une des clefs de la réussite de la Corée du Sud. Les infrastructures comme les réseaux de transport ou les réseaux de communication jouent aussi un rôle déterminant pour diminuer les coûts de transport, pour accroître la taille du marché domestique, qui se trouve moins segmenté et qui permet aux firmes de bénéficier d'économies d'échelle. On retrouve des conclusions très proches de celles des modèles de croissance endogène.

Les effets de la révolution digitale en cours sont très incertains. Quand Summers [2014] évoque la perspective d'une « stagnation séculaire », il considère que ce qui peut bloquer durablement la croissance, ce sont les perspectives de demande fortement limitées, dans un monde où l'épargne serait trop abondante et l'investissement faiblement dynamique. Quand Gordon [2015] reprend le terme, il adopte une approche plus centrée sur les difficultés des entreprises à introduire de véritables innovations qui viendraient stimuler la productivité. On peut considérer pour concilier les deux approches que les faibles perspectives de demande n'incitent pas les firmes à innover, ce qui vient diminuer les possibilités d'augmenter durablement les quantités produites.

Il apparaît difficile d'établir des pronostics en matière de croissance tant elle dépend du type d'innovations mais aussi des usages qui en seront faits. C'est vrai des promesses de l'intelligence artificielle (IA), du traitement des *big data*, de l'application des neurosciences à de très nombreux domaines, comme les innovations en matière de financement de l'économie ou de politique monétaire. Comme le note Daniel Cohen [2018], la révolution digitale permet de réduire les coûts de production des services et même de se passer de salariés dans certains cas grâce à l'IA, mais le service rendu reste fondamentalement le même : louer un appartement, se déplacer d'un point A à un point B avec un chauffeur. Les conséquences de cette digitalisation ne sont pas écrites d'avance.

La nouvelle société algorithmique peut permettre de renouer avec les gains de productivité : grâce à la standardisation permise dans le secteur des services par l'IA, on pourrait assister à l'« algorithmisation » des métiers du *care*, comme ceux de la santé ou de l'éducation. Elle pourrait déboucher sur une forte polarisation au terme de laquelle une petite élite aurait des personnes à son service quand le reste de la population serait pris en charge de façon déshumanisée. Mais les algorithmes bien utilisés pourraient au contraire permettre aux enseignants ou aux soignants de se concentrer sur la façon dont ils s'occupent des personnes qui leur sont confiées. Avec la question des dégâts écologiques provoqués par le modèle de croissance productiviste, c'est aussi plus largement l'avenir de la croissance comme objectif indépassable qui se trouve posé. Des scientifiques proposent de considérer les deux cents ou deux cent cinquante dernières années, celles de la croissance, née avec la révolution « thermo-industrielle », comme une ère géologique nouvelle, distincte de celles qui ont précédé. Ils la baptisent « Anthropocène », pour souligner le rôle des activités humaines dans les évolutions de la vie sur Terre : l'humanité est devenue une force géologique majeure (chapitre 11). Ces scientifiques s'accordent à considérer que le mouvement s'est accéléré depuis 1945. C'est moins le rythme de croissance qu'il faut examiner que les formes de cette croissance : tant que certains besoins ne sont pas satisfaits, il paraît difficile de prôner un ralentissement de la croissance, voire une décroissance, mais pour que la qualité de vie s'améliore, il faut penser des modèles de croissance compatibles avec un développement durable.

Repères bibliographiques

Acemoglu D. et Robinson J. [2012], *Why Nations Fail. The Origins of Power, Prosperity and Poverty*, New York, Crown Publishers.

Aghion P. et Howitt P. [1992], « A model of growth through creative destruction », *Econometrica*, vol. 60, n° 2, p. 323-351.

Boyer R. [2015], *Économie politique des capitalismes. Théorie de la régulation et des crises*, Paris, La Découverte, « Grands Repères/Manuels ».

Chauvel L. [2001], « Le retour des classes sociales ? », *Revue de l'OFCE*, n° 79.

Cohen D. [2018], *Il faut dire que les temps ont changé... Chronique (fiévreuse) d'une mutation qui inquiète*, Paris, Albin Michel.

Fisher I. [1933], « The debt-deflation theory of great depressions », *Econometrica*, vol. 1, n° 4, p. 337-357.

Fourastié J. [1948], *Le Grand Espoir du XXe siècle*, Paris, PUF.

— [1979], *Les Trente Glorieuses ou La révolution invisible, de 1946 à 1975*, Paris, Fayard.

Gordon R. J. [2015], « Secular stagnation : a supply-side view », *American Economic Review. Papers & Proceedings*, vol. 105, n° 5, p. 54-59.

Jones C. I. [2015], « The facts of economic growth », *NBER Working Paper*, n° 21142.

Juglar C. [1862], *Des crises commerciales et de leur retour périodique en France, en Angleterre et aux États-Unis*, Paris, Guillaumin et Cie.

Kaldor N. [1957], « A model of economic growth », *The Economic Journal*, vol. 67, n° 268, p. 591-624.

— [1961], « Capital accumulation and economic growth », *in* Lutz F. A. (dir.), *The Theory of Capital*, actes de conférence, Londres, International Economic Association.

Keynes J. M. [1931], « Perspectives économiques pour nos petits-enfants », *La Pauvreté dans l'abondance*, Paris, Gallimard, « Tel », 2002.

— [1936], *Théorie générale de l'emploi, de l'intérêt et de la monnaie*, Paris, Payot, 1942.

Kondratiev N. [1925], *Les Grands Cycles de la conjoncture*, Paris, Economica, 1993.

Kuznets S. [1971], « Discours de réception du prix Nobel à Stockholm », 11 décembre.

Malthus T. R. [1798], *Essai sur le principe de population*, Paris, Flammarion, 1992.

Marseille J. [1993], « Un siècle de baisse des prix », *L'Express*, 21 janvier.

Mendras H. [1988], *La Seconde Révolution française (1965-1984)*, Paris, Gallimard.

North D. [1994], « Economic performance through time », *American Economic Review*, vol. 84, n° 3, p. 359-368.

Olson M. [1966], « Distinguished lecture on economics in gouvernment : big bills left on the sidewalk : why some nations are rich and others poor », *Journal of Economic Perspectives*, vol. 10, n° 2, p. 3-24.

Piketty T. [2013], *Le Capital au XXIe siècle*, Paris, Seuil.

Romer P. [1986], « Increasing returns and long-run growth », *Journal of Political Economy*, vol. 94, n° 5, p. 1002-1037.

Schumpeter J. [1942], *Capitalisme, socialisme et démocratie*, Paris, Payot, 1951.

Summers L. [2014], « Reflections on the new secular stagnation hypothesis », *in* Teulings C. et Baldwin R. (dir.), *Secular Stagnation. Facts, Causes and Cures*, Londres, Centre for Economic Policy Research Press.

8 / Le développement. Stratégies et inégalités de développement dans le monde

Clément Henrat-Lemée

La première occurrence politique de la notion de développement vient d'un discours du président Harry Truman devant le Congrès américain en 1949 : il y évoque des « nations sous-développées », que les grandes puissances industrielles doivent aider pour éviter qu'elles ne cèdent aux sirènes du communisme. Se développer, pour un être vivant, c'est croître, grandir, s'épanouir. Le terme vient des sciences naturelles et devient un concept complexe et évolutif, tout comme les théories qui le définissent. En 2019, le prix Nobel d'économie a récompensé trois spécialistes de l'économie du développement : les deux chercheurs du Massachusetts Institute of Technology (MIT), la Française Esther Duflo et son mari indien Abhijit Banerjee, ainsi que Michael Kremer de l'université Harvard. On leur doit une contribution inédite à l'analyse « microéconomique » du développement, en particulier de la pauvreté, mais aussi un grand renouvellement méthodologique par l'usage des essais aléatoires contrôlés (*randomized controlled trials*), permettant d'évaluer comparativement les effets d'une politique de développement au plus près du terrain et des populations locales.

Comme l'évoquent Banerjee et Duflo [2020] à propos des économistes spécialistes du développement : « Les économistes sont des plombiers : ils résolvent les problèmes par un mélange d'intuition faite de science, de conjecture fondée sur l'expérience et d'une bonne dose d'essais et d'erreurs. » Loin de la « tradition positiviste » incarnée par l'école de Chicago et Milton Friedman, qui croit dans des lois naturelles et immuables du développement, la « tradition expérimentale », dont ils revendiquent les héritages, utilise l'expérimentation afin de comprendre les rouages du mal-développement [Banerjee et Duflo, 2013 ; Duflo, 2016]. Ils en appellent à renoncer définitivement aux formules toutes faites (type « consensus de Washington »), mais aussi à élargir la définition du développement, en lui conférant nécessairement une dimension sociale et un volet environnemental, et concevoir pour ce faire une intervention idoine des États et des institutions internationales. C'est là que la dimension géopolitique du sujet relaie les dimensions socio-économique et culturelle.

Le développement : un concept polysémique

Définitions

D'après François Perroux [1961], le développement se définit comme l'« ensemble des combinaisons des changements mentaux et sociaux d'une population la rendant apte à faire croître cumulativement et durablement son produit réel global ». Une première acception du développement se rapproche donc de celle de la croissance économique et, en ce sens, il apparaît difficile de penser le développement sans augmentation quantitative de la production. Cependant, le développement est un phénomène nettement plus qualitatif, et qui suppose aussi des changements structurels de l'économie, en particulier les transformations des secteurs d'activité. Ces changements structurels affectent également les structures sociales, c'est-à-dire l'évolution des niveaux de vie entre les différents groupes sociaux de la population. C'est pourquoi le développement pourrait être synonyme de « progrès », dans tous les sens du terme, c'est-à-dire d'un progrès technologique, d'un progrès quantitatif du niveau de production et de richesse, d'un progrès qualitatif d'amélioration des conditions de vie et du bien-être, et d'un progrès social dans la mesure où le développement amorcé pour les pays développés à compter de la fin du XVIIIe siècle s'est accompagné d'une « égalisation des conditions » [Tocqueville, 1835-1840] et d'un phénomène de « circulation des élites » [Pareto, 1916], c'est-à-dire d'une certaine mobilité sociale. Enfin, cette notion de progrès continu se trouve aujourd'hui actualisée par les préoccupations environnementales, si bien que penser le développement suppose nécessairement d'inclure une réflexion sur le développement durable. Le prix Nobel d'économie Amartya Sen introduit une forte composante politique avec sa théorie du « choix social », reposant sur l'extension des *capabilities*, c'est-à-dire les possibilités de choix laissées aux individus d'orienter leur vie : « Le développement peut être considéré comme le processus par lequel les libertés réelles des personnes s'accroissent » [Sen, 2001]. C'est en poursuivant les libertés politiques, sociales et économiques que l'on promeut une société dans laquelle chaque personne peut être l'agent de la formulation et de la réalisation des valeurs qu'elle poursuit.

L'URSS et son modèle de développement

Delphine Boissarie

Spoutnik est au départ le nom des premiers satellites lancés à partir de 1957 dans l'espace par l'URSS, marquant pour le monde le début de l'ère spatiale. Depuis 2014, c'est aussi le nom d'une agence de presse financée par le Kremlin qui diffuse du contenu pro-russe en trente-deux langues puis, depuis 2020, le nom du vaccin développé par la Russie contre la Covid-19. La Russie actuelle n'en finit pas d'instrumentaliser son passé soviétique pour y récupérer son répertoire de grande puissance. Ainsi, en février 2020, selon une enquête du centre Levada, 65 % des Russes se déclarent nostalgiques de la période soviétique, qu'ils associent à la justice sociale, à la stabilité, autant qu'à la grandeur. Une nostalgie que l'écrivaine biélorusse Svetlana Alexievitch, prix Nobel de littérature en 2015, avait mise en exergue dans *La Fin de l'homme rouge* [2013]. Pourtant, peu souhaitent restaurer effectivement le système soviétique. Vladimir Poutine, qui avait qualifié la chute de l'URSS de « plus grande catastrophe géopolitique » du xxe siècle, lors d'un discours au Kremlin en 2005, avait ajouté immédiatement : « Celui qui ne regrette pas la dissolution de l'Union soviétique n'a pas de cœur ; celui qui veut ressusciter l'Union soviétique n'a pas de cerveau. » Il existe en effet, à l'époque soviétique, un décalage entre les ambitions internationales de l'Empire soviétique et le niveau de développement de son économie, à tel point que les diplomates des années 1970 qualifiaient l'URSS de « Haute-Volta avec des fusées ». Ce décalage était-il à attribuer à l'expérience du communisme en URSS, premier laboratoire des théories de Karl Marx associées à celles de Lénine ? C'est la thèse de l'historien Martin Malia [1995], pour lequel le « grand effondrement » de l'URSS viendrait bien du communisme lui-même, déployant la « logique perverse d'une utopie impossible » et créant les conditions d'une longue « tragédie ».

Mais les historiens se sont aussi attachés à montrer les éléments de continuité entre les périodes tsariste et soviétique pour faire de l'épisode soviétique une expérience sociale certes inédite mais qui a hérité de traits inhérents à l'Empire russe, soit une « relation anormale entre la politique extérieure de l'État et le progrès intérieur du peuple », selon Vassili Kliouchevski, historien russe de la fin du xixe siècle, qui a inspiré ensuite les analyses de l'historien Georges Sokoloff [1993]. La question d'une réussite possible du modèle socialiste reste encore aujourd'hui posée, à l'aune d'une conversion, sur un certain nombre de paramètres, des plus grandes économies socialistes de la guerre froide aux règles de la mondialisation, sans abandonner tout à fait les habits du communisme. Que l'on pense à la Chine empruntant dès les années 1980 la voie du « socialisme de marché » pour s'affirmer comme puissance économique mondiale, ou plus modestement au Vietnam du *Doï Moï* à partir de 1986, qui, tout en restant politiquement communiste, est devenu à son tour un *hub* de la division internationale des processus productifs (DIPP). Dans *Rouge vif. L'idéal communiste chinois* [2020], Alice Ekman analyse ce qu'il reste du modèle communiste dans la Chine d'aujourd'hui. L'utopie socialiste n'est-elle pas destinée à se transformer invariablement en « partocratie » [Malia, 1995], avec une stratégie économique à géométrie variable ?

Inspiré du marxisme-léninisme, le modèle économique socialiste a pour horizon la fin de la lutte des classes, c'est-à-dire la fin du modèle dominant-dominé que le capitalisme incarne à son tour dans l'histoire du monde, après le féodalisme ou encore l'esclavage. Le capitalisme étant caractérisé par la propriété privée des moyens de production, le socialisme propose à l'inverse la collectivisation des moyens de production. Pour le reste, la feuille de route laissée par Marx ou encore Lénine pour atteindre l'horizon souhaité n'a jamais précisé clairement les étapes qui conduiraient à la fin effective de l'Histoire. Le modèle soviétique est donc à la fois une proposition hésitante, comme en témoignent la pause de la nouvelle politique économique (NEP) dans les années 1920 ou encore les différents épisodes de réforme du système soviétique, de Nikita Khrouchtchev à Evseï Liberman, et une proposition brutale, si l'on s'en réfère par exemple à la dékoulakisation (élimination des koulaks dans les campagnes soviétiques dans les années 1930).

Toutefois, le modèle de développement soviétique finit par s'appuyer sur des caractéristiques qui incarnent à terme un modèle de développement qui se diffuse dans le reste du monde, en particulier au moment de l'émergence du tiers monde, à la recherche de stratégies de développement éloignées des propositions occidentales. Ainsi, la collectivisation des terres agricoles, la priorité donnée à l'industrialisation, en particulier par la valorisation de l'industrie lourde, et la planification de l'économie, par le biais de plans quinquennaux comportant des objectifs obligatoires et chiffrés, constituent les grands traits caractéristiques d'une économie socialiste. Mais, pour Julien Vercueil [2019], l'extrême centralisation de l'activité économique par l'État, à travers le *Gosplan* en URSS notamment, produit des dysfonctionnements injustables entre offre et demande, d'où le développement d'une économie de pénurie.

Si le modèle soviétique s'est imposé à la fin de la Seconde Guerre mondiale en Europe centrale et orientale, « kidnappant » (Milan Kundera) et soviétisant une partie de l'Occident, il a aussi largement séduit et inspiré le tiers monde. Aussi, de multiples variantes de l'utopie socialiste existent : de la Yougoslavie de Tito au « socialisme du goulasch » hongrois, en passant par la « patrie du vrai socialisme » chinoise ou par la tentative de « socialisme à visage humain » tchèque. L'URSS reste la référence à partir de laquelle se forgent des modèles similaires (Yougoslavie) ou plus critiques (socialisme paysan chinois), mais aussi plus ou moins brutaux dans leur mise en œuvre (Chine du Grand Bond en avant, Cambodge des Khmers rouges).

La chute de l'URSS en 1991 met un terme à l'expérience soviétique, ouvrant la voie à la conversion de l'économie russe au libéralisme, sous la forme d'une « thérapie de choc ». Incarné ailleurs, le communisme n'est plus dans sa dimension économique un marqueur de l'identité russe. Mais la Russie actuelle compte capitaliser sur l'héritage géopolitique de la période soviétique pour retrouver son statut de grande puissance. Néanmoins, pour Georges Sokoloff, il faut attribuer l'appétit de puissance de la Russie actuelle, de la Russie soviétique et de la Russie tsariste à un écart de développement jamais comblé avec l'Occident. Dans *Le Retard russe, 882-2014* [2014], il s'inspire des travaux menés par Kenneth Pomeranz à propos de la Chine et de l'Europe, pour identifier le moment d'une divergence de trajectoire entre la Russie et l'Europe. L'échec du communisme s'inscrirait alors dans la longue histoire de ce « retard russe ».

Mesures et indicateurs

Le premier indicateur du développement est donc d'ordre économique : il s'agit du produit intérieur brut (PIB) par habitant, c'est-à-dire de la somme de l'ensemble des valeurs ajoutées créées dans une économie pour une année, divisée par la population totale du pays. Le PIB par habitant renvoie donc à une réalité quantitative, qui est directement liée au développement. Pour autant, cet indicateur possède de nombreuses limites et ne peut suffire à mesurer, à lui seul, le développement dans toutes ses composantes. En effet, le PIB n'évalue pas toutes les richesses réellement produites : il néglige les activités domestiques, alors qu'il s'agit d'une activité productive essentielle, d'autant plus dans les pays en développement (PED). En outre, il n'incorpore pas, par définition, l'économie souterraine, estimée à 7 % du PIB en France, mais à près de 30 % du PIB en Grèce. Mais, surtout, il prend en compte des activités qui nuisent au développement, en intégrant des activités entraînant de la pollution ou des inégalités accrues, tandis qu'il peut augmenter artificiellement en cas de catastrophe naturelle nécessitant des réparations marchandes importantes.

C'est pourquoi les économistes ont cherché à améliorer cet indicateur et à le compléter par d'autres indices synthétiques. Par exemple, le « PIB vert » a été créé afin d'évaluer la détérioration de la nature pour une économie. Plus encore, l'économiste Sen a inventé en 1990 l'indice de développement humain (IDH), après des premières réflexions dans les années 1975-1980. Cet indicateur intègre à la fois la durée de vie (mesurée par l'espérance de vie à la naissance), le niveau d'éducation (mesuré par les durées attendue et moyenne de scolarisation) et le niveau de vie (mesuré par le PIB par habitant). Il est compris entre 0 et 1, 0 signifiant une absence totale de développement et 1 un niveau maximum de développement. Ainsi, en 2018, la moyenne d'IDH du monde était de 0,731 : 0,892 pour les pays développés, 0,686 pour les PED et seulement 0,52 pour les pays les moins avancés (PMA). Mais l'IDH est lui-même un indicateur imparfait, très relié au PIB par habitant, et avec une forte inertie statistique qui ne permet pas de rendre compte des progrès mineurs en matière de développement. C'est pourquoi il est judicieux de l'associer à d'autres indices, comme l'indice de pauvreté humaine (IPH), créé en 1997, ou encore l'indice d'inégalité de genre (IIG), créé en 2010.

Les principales théories du développement économique

On distingue quatre grands paradigmes analysant le processus de développement et cherchant à expliquer les retards de certains pays : la théorie économique standard (1), d'inspiration libérale, de plus en plus formalisée, considère souvent qu'il existe une trajectoire optimale et linéaire en matière de développement, dont il résultera une convergence des niveaux de développement entre les pays à long terme. Les théories néomarxistes du développement (2) cherchent à expliquer les retards de développement par une théorie de la dépendance et de la domination internationales, qui n'est pas toujours sans lien avec un troisième paradigme, relativement hétérodoxe, qui regroupe davantage de démographes et de chercheurs en sciences sociales que de véritables économistes, pour tenter de créer une « troisième voie interdisciplinaire » (3), analysant le développement comme un processus dynamique nécessitant des analyses historiques, démographiques et sociales. Enfin, le dernier paradigme est constitué de la nouvelle économie du développement (4), associée à l'économie expérimentale.

La théorie standard : une approche linéaire du développement

Deux premiers modèles permettent de comprendre l'approche néoclassique ou standard du développement : la théorie des étapes de la croissance et du *one best way* de Walter W. Rostow d'une part, et le modèle de croissance exogène de Robert Solow d'autre part.

Rostow [1960] a ainsi théorisé une vision linéaire et normative du développement économique, c'est-à-dire l'idée selon laquelle tout développement suppose nécessairement le franchissement de cinq étapes : il existerait un *one best way*, un processus optimal unique pour parvenir au développement. Le sous-titre de l'ouvrage est éloquent (« Un manifeste non communiste »), l'auteur écrivant à une époque où l'URSS est puissante et peut être considérée comme un modèle de développement (voir encadré *supra*), d'où la nécessité politique de théoriser un *one best way* capitaliste permettant de promettre à l'ensemble des pays qu'ils connaîtraient le même niveau de vie que celui des pays développés. Selon lui, il existe cinq étapes fondamentales du développement :

1) la « société traditionnelle » : l'économie aurait d'abord un secteur primaire (agricole) prépondérant, avec des technologies rudimentaires associées à une structure sociale rigide et statique (ce qu'il a appelé une société d'ordre) ;

2) les « conditions du décollage économique » : phase caractérisée par le développement des marchés, une augmentation de la demande

extérieure et intérieure, et une hausse de la production dans le secteur primaire. Il s'ajoute un développement des technologies existantes et un début de mobilité sociale ;

3) la « phase de décollage » (le *take-off*) : caractérisée par un développement du secteur industriel et une réduction de la part du secteur primaire. Rostow insiste plus précisément sur deux éléments nécessaires à ce décollage, à savoir le développement de certains secteurs industriels spécifiques et pionniers, comme le textile, mais aussi un taux d'épargne suffisamment élevé pour permettre l'accumulation de capital (au moins 10 % de la richesse nationale) ;

4) la phase de « marche vers la maturité » : caractérisée par une extension du secteur secondaire et un développement très important des industries, associés à un développement des infrastructures sociales pour l'éducation et la santé. Cette quatrième étape caractériserait les sociétés industrielles à part entière ;

5) enfin, l'« ère de la consommation de masse » : caractérisée par une forte consommation de biens nombreux, variés et accessibles à tous, et l'émergence progressive du secteur tertiaire.

Deux conclusions normatives imbriquées peuvent être tirées de cette approche linéaire : d'abord, il existe une nécessité d'augmenter l'épargne domestique pour favoriser l'accumulation de capital et le développement ; ensuite, il existe une nécessité de recourir aux capitaux internationaux pour accélérer le processus. Cependant, ce modèle rencontre plusieurs limites : l'histoire a prouvé que le développement n'était pas toujours un processus linéaire, avec de nombreux pays qui accèdent au développement sans franchir toutes ces étapes, tandis que certains pays ayant mis en place des politiques favorables à l'accumulation de capital n'ont pas connu le développement escompté. Il est intéressant de faire un rapprochement avec le modèle de Solow [1956], puisque ces deux modèles concluent à un processus de développement relativement unique envisageable par tous les pays. Nous ne détaillerons pas ici le modèle de Solow, mais il est simplement intéressant de noter que, dans ce modèle, qui constitue l'un des modèles de croissance les plus influents dans la théorie économique, tous les pays qui ont le même taux d'épargne convergent vers le même état régulier de croissance par habitant, sachant que les PED connaissent nécessairement des taux de croissance plus élevés que ceux des pays déjà développés, en raison de l'hypothèse de rendements factoriels décroissants.

Une traduction de la théorie standard : le consensus de Washington

Ces deux premiers modèles de la théorie standard ont connu un véritable renouveau dans les années 1980, parfois appelé « tournant néolibéral » ou « révolution néolibérale », dont l'objectif aussi bien économique que politique a été l'effacement des théories de la dépendance (voir *infra*) au profit des thèses démontrant de nouveau les vertus de l'économie de marché. Ce retour du libéralisme est donc bien à la fois théorique et politique puisqu'il s'effectue sous la domination de l'école économique de Chicago et des *Chicago Boys* (avec des économistes comme Milton Friedman, Gary S. Becker, Robert Lucas) et conduira à l'adoption de politiques libérales par les institutions internationales chargées du développement, notamment la Banque mondiale et le Fonds monétaire international (FMI). L'idée de cette contre-révolution néolibérale est d'analyser le sous-développement comme la conséquence d'une mauvaise allocation des ressources provoquée par l'absence de marché ou par des imperfections de marché qui entraînent un système des prix insuffisamment efficace, avec de multiples distorsions principalement causées par des interférences néfastes des gouvernements dans l'activité économique.

Pour transformer ces principes en action concrète, le consensus de Washington a été rapidement théorisé : il s'agissait d'un ensemble de dix mesures de politique économique, conformes à la théorie néoclassique, leur point commun tenant à cette volonté systématique d'étendre la loi du marché à tous les domaines de l'activité économique — si bien que certains opposants ont parlé de « fondamentalisme du marché ». Ces mesures étaient conçues pour s'appliquer aux PED, sous la forme de plan(s) d'ajustement structurel (PAS), c'est-à-dire d'une obligation de mise en œuvre de ces réformes en échange d'une aide financière internationale. Les dix mesures de ce consensus étaient les suivantes : la discipline budgétaire (pas de déficit public) ; une réforme fiscale dont l'objectif est d'étendre l'assiette et de baisser les taux d'imposition sur les entreprises ; une limitation des dépenses de subvention ; des taux d'intérêt libres et modérés ; des taux de change flexibles (plus d'ancrage fixe) ; une libéralisation commerciale (plus de protectionnisme) ; une ouverture des pays aux capitaux étrangers ; la privatisation de certaines entreprises et de certains services publics ; la dérégulation de l'économie (ouverture à la concurrence, suppression des règles qui rigidifient l'économie, y compris dans le secteur bancaire) ; enfin, une meilleure protection des droits de propriété.

Néanmoins, l'efficacité de ces mesures est restée très limitée, comme le note le prix Nobel d'économie Joseph Stiglitz [2002], également ancien chef économiste de la Banque mondiale ayant été à l'origine de ce consensus : les marchés ne sont pas nécessairement un moyen efficace d'allouer les ressources dans les PED, alors même que les libéralisations du commerce extérieur ou de certains secteurs ont été bien trop brutales pour contribuer au développement. C'est pourquoi Stiglitz parle à cet égard de « décennie perdue » pour le développement, et d'échec du consensus de Washington.

Les théories néomarxistes de la dépendance internationale, la « troisième voie » du développement

Les années 1950-1960 sont marquées par un mouvement néomarxiste en économie du développement, cherchant à expliquer les problèmes de développement comme une conséquence du comportement des pays dominant l'économie mondiale, laissant les autres pays dans une situation de dépendance. Plus particulièrement, ces théories montrent qu'une forme de dépendance néocoloniale des pays du « Sud » s'est créée ou recréée vis-à-vis des grands pays capitalistes. Ainsi, Raul Prebisch [1950] distinguait les « pays du centre » et ceux de la « périphérie », pour montrer que les relations commerciales internationales conduisent nécessairement à une dégradation des termes de l'échange, c'est-à-dire à une baisse des prix relatifs des biens vendus par les pays de la périphérie par rapport aux pays du centre. Cela signifie concrètement que les pays de la périphérie du monde seraient contraints de vendre leurs productions de moins en moins cher, et d'acheter leurs importations de plus en plus cher. En effet, les pays du centre possèdent des industries dotées de forts gains de productivité et d'une importante concentration industrielle capitalistique, à l'inverse des pays périphériques. Cela conduirait donc à des déséquilibres, accentués par le fait que la demande de biens primaires — biens en général exportés par les pays périphériques — augmente moins vite que pour d'autres catégories de biens produits par les pays du centre. Arghiri Emmanuel [1969] prolonge cette réflexion, en insistant sur les différences de valeur ajoutée dans les spécialisations et donc dans les exportations, entre les pays capitalistes qui exportent des biens à forte valeur et les PED qui exportent essentiellement des denrées agricoles à faible valeur. C'est ce qui faisait déjà dire à Jagdish Bhagwati [1958] que la croissance de ces PED était « appauvrissante ».

Au sein de cette troisième voie figurent certains auteurs, qualifiés de « structuralistes », qui insistent sur le caractère déséquilibré du processus de développement. C'est le cas notamment d'Albert Hirschman [1958], pour qui les effets d'entraînement entre secteurs sont certes au fondement de l'industrialisation et du développement, mais la plupart des PED auraient d'après lui une structure de leur économie bien trop fragile — notamment une absence d'industrie lourde (sidérurgie, métallurgie, etc.) — pour que l'on puisse observer un quelconque effet d'entraînement, ce qui n'est pas le cas des pays déjà développés. D'autres auteurs, comme François Perroux ou Gérard de Bernis, insisteront sur la nécessité de concevoir des stratégies d'industries « industrialisantes » (voir *infra*), mais avec des travaux épars et finalement peu reconnus aujourd'hui.

La nouvelle économie du développement

Une quatrième tradition a émergé depuis le début des années 2000, récompensée par la triple « nobélisation » en 2019 de Duflo, Banerjee et Kremer. L'objectif de ce nouveau paradigme est de généraliser l'utilisation des expériences aléatoires contrôlées afin de dépasser les anciens clivages, les expériences de terrain identifiant au cas par cas l'efficacité des politiques de lutte contre le mal-développement et la pauvreté. Les deux apports les plus connus en la matière sont l'analyse de l'efficacité des engrais dans l'agriculture des économies en développement (et plus généralement des dispositifs d'aide monétaire au développement), et la question du microcrédit comme remède à la pauvreté. Ces deux études permettent de bien montrer la radicale différence d'approche entre les traditions positivistes et la nouvelle tradition expérimentale faisant désormais consensus.

À propos des subventions aux engrais accordées dans certains PED, Duflo [2016] rappelle ainsi, dans la tradition positiviste de l'école de Chicago, que ces subventions sont néfastes puisqu'elles font baisser le coût d'utilisation des engrais, font donc augmenter leur utilisation, voire provoquent leur surconsommation, avec l'idée que seuls les mécanismes du marché excluant ce type d'intervention de l'État sont capables de guider les choix des agriculteurs des PED. Dans la même tradition méthodologique, mais cette fois pour défendre l'idée opposée, l'économiste du développement Jeffrey Sachs [2005] considérait plutôt qu'il fallait massivement subventionner les engrais — jusqu'à les rendre gratuits, pour lutter contre la pauvreté des sols de certaines régions. Cette position de Sachs est d'ailleurs généralisable, puisque ses travaux sont très favorables à l'ensemble des dispositifs d'aides financières directes pour les PED — regroupés sous le nom « théorie de *big push* ». Dans les deux cas, l'économiste est un physicien, cherchant à déceler des lois universelles pour créer des remèdes tout aussi universels, qui ne correspondent pas toujours à la diversité de la réalité. Or ce que démontrent précisément Duflo et Kremer [2003] puis Banerjee et Duflo [2013], c'est qu'aucun de ces deux positionnements n'est opérant, parce qu'il faut étudier au cas par cas, territoire par territoire, avec des essais randomisés, l'impact de ces subventions sur le développement. Seule l'expérimentation peut prendre en compte la diversité des situations de mal-développement, l'existence d'asymétries d'information sur le terrain — par exemple avec des paysans ne sachant pas tous quel engrais utiliser, ou encore en mettant en lumière l'existence d'effets d'apprentissage dans l'utilisation des engrais —, avec l'idée que l'efficacité des engrais augmente avec leur utilisation, rendant de moins en moins nécessaires lesdites subventions. Les subventions pour engrais sont donc uniquement efficaces pour certains villages bien identifiés par des « économistes plombiers » qui « ne doivent pas avoir peur de se mettre les mains dans le cambouis » [Banerjee et Duflo, 2020] et pour une durée limitée — le temps qu'opèrent les effets d'apprentissage. Cet exemple montre l'intérêt des nouvelles approches en matière de développement, qui permettent de sortir des visions caricaturales en la matière.

Concernant le second exemple, on appelle microcrédit l'attribution de prêts à taux d'intérêt très faibles (voire gratuits) et d'un montant limité à des entreprises, entrepreneurs ou particuliers insuffisamment solvables pour accéder aux prêts bancaires traditionnels. À cet égard, Banerjee et Duflo [2013] ont montré que son efficacité n'était pas du tout aussi avérée que ce que les économistes pionniers en la matière — comme Muhammad Yunus, surnommé le « banquier des pauvres » — avaient pu anticiper, ni aussi néfaste que ce que la théorie économique libérale avait pu prédire. En effet, pour les économistes libéraux de l'école de Chicago, de tels prêts à taux préférentiels ne pouvaient pas être utiles pour les PED, dans la mesure où les marchés financiers sont suffisamment efficients pour allouer correctement les ressources et permettre à ces pays de bénéficier d'apports de capitaux extérieurs — la productivité marginale du capital dans ces pays (c'est-à-dire le rendement des investissements) étant supérieure à celle des pays développés. À l'inverse — mais toujours dans la tradition positiviste —, les économistes partisans du microcrédit comme Yunus ont imaginé le microcrédit à partir de 1970, en pensant qu'il était nécessaire pour remédier au déficit de financement dans les pays pauvres, et qu'il s'agissait même d'une condition indispensable du développement. Or Banerjee et Duflo [2013] ont montré que le microcrédit pratiqué entre 1970 et 1990 avait été relativement inefficace pour la vingtaine de PED étudiés dans l'échantillon, puisque cela n'a pas modifié le niveau de consommation des ménages pauvres. Plus précisément, ils ont montré que le microcrédit n'était efficace que sous certaines conditions restrictives : dans leur étude sur l'Inde, seul un microcrédit très progressif, constitué de prêts initiaux de faibles montants avant d'envisager des sommes plus importantes, permettrait à certains ménages ciblés d'amorcer une activité économique (souvent artisanale), mais à condition que la collectivité (la famille, le village...) soit directement impliquée dans la surveillance du remboursement des prêts (et que toute la communauté soit sanctionnée en cas de défaut sur un prêt), et sachant qu'il apparaît même que le microcrédit est bien plus efficace lorsqu'il est uniquement attribué aux femmes indiennes au sein des foyers — la tradition indienne accorde davantage de poids à la gestion familiale par les femmes que par les hommes. On perçoit là encore que seule l'expérimentation de terrain peut donner aux chercheurs une telle finesse d'analyse, au cas par cas, pour juger de l'efficacité de certaines politiques de développement.

Heurts et malheurs des politiques de développement

L'enjeu démographique : de la crainte malthusienne à l'optimisme populationniste

La question démographique n'a cessé de susciter des débats passionnés. Ainsi Émile Zola [1898] dénonçait-il déjà la « tragédie morale et sociale » que constituerait une limitation des naissances, tandis que l'historien Paul Bairoch [1994] écrivait que « la croissance démographique ne fut jamais un atout, et elle représente dans tous le cas une contrainte importante », et ce alors même que, plus récemment encore, les économistes Pierre Cahuc et André Zylberberg [2016] expliquaient que « la force de la pensée malthusienne vient de sa simplicité. Pourtant, toutes les études expérimentales réfutent les explications et les solutions malthusiennes à première vue si séduisantes ». Les politiques démographiques sont marquées par leur diversité au cours de l'histoire et selon les pays, avec des conséquences importantes en matière de développement.

L'une des différences majeures entre les pays développés et les pays en voie de développement tient à leur comportement démographique. La notion de transition démographique, conçue par Adolphe Landry [1934], suppose que, au cours du développement, les pays connaissent une révolution démographique. Il y aurait une baisse de la croissance démographique au cours du développement, comme Landry le montrait en considérant que le taux de natalité passait d'environ sept enfants par femme durant l'« ancien régime » à seulement deux enfants par femme pendant le « nouveau régime », limitant donc la pertinence des craintes quant à la possibilité d'une hausse continue et exponentielle de la population mondiale, qui risquerait de nuire au développement de tous. Mais cet optimisme n'était guère partagé par tous les historiens, démographes ou économistes : ainsi Thomas R. Malthus [1798] avait-il prédit que les économies seraient nécessairement confrontées à une stagnation de leur croissance, car, selon lui, la population croît plus vite (selon une loi géométrique) que les subsistances alimentaires (loi arithmétique), ce qui devrait inciter à une « contrainte morale » en matière de fécondité pour éviter la stagnation du développement. Dans cette approche, René Dumont [1962] a prolongé le raisonnement malthusien et l'a appliqué à l'Afrique subsaharienne, avec l'idée que la démographie de l'Afrique

Démographie et puissance

Cédric Tellenne

La démographie a été utilisée comme outil de puissance par les États :

— d'abord comme un outil de puissance économique, une forte croissance économique ayant accompagné le développement industriel : Royaume-Uni et Allemagne au XIXe siècle, États-Unis au début du XXe siècle, Japon après 1945, aujourd'hui pays émergents jouant à plein du « bonus démographie » (Chine, Brésil, Inde) et des relais constitués par les diasporas ;

— ensuite comme un outil de puissance militaire, au cours du XXe siècle, lorsque les armées de terre demeuraient primordiales (URSS, Chine). C'est un élément à nuancer aujourd'hui avec la digitalisation des armées, mais le facteur humain reste important dans les guérillas. Et un poids démographique important donne une influence diplomatique : Égypte dans la Ligue arabe, Allemagne dans l'UE.

Par conséquent, la démographie est un objectif stratégique pour les États : historiquement, l'expansionnisme territorial de l'Allemagne sous le pangermanisme puis le nazisme par exemple. Plus récemment, quand la Russie a annexé la Crimée (2014), la dimension démographique pesait aussi, avec 2,3 millions d'habitants de plus. Vladimir Poutine disait en 2000 : « Un pays aussi vaste que la Russie devrait compter au moins 500 millions d'habitants. » En 2019, la Russie accorde des passeports russes aux habitants des Républiques autoproclamées de Donetsk et de Lougansk, et ils sont inscrits dans les statistiques comme populations russes à l'étranger. Parfois, la démographie devient elle-même une arme dans l'affrontement entre États : une fécondité de combat, par exemple dans le conflit israélo-palestinien (désormais, les colons juifs des territoires palestiniens font plus d'enfants en moyenne que les Arabes qui y vivent).

Une forte démographie a pu constituer un fardeau économique et humain pour certains États, mais globalement les théories malthusiennes ont été invalidées par les faits. Le problème est que certains PED, notamment en Asie orientale, ont effectué en une cinquantaine d'années une transition démographique que les pays européens ont accomplie en cent cinquante ans, d'où la montée de la pauvreté de masse et de l'émigration. Toutefois, les perspectives malthusiennes sont démenties par les faits. Les prix relatifs des matières premières et des ressources naturelles, qui sont de bons indicateurs de rareté, n'ont cessé de décroître en termes réels. Le quasi-quadruplement de la population mondiale au cours du XXe siècle a engendré non un appauvrissement mais un accroissement de la production alimentaire. Et le nombre de personnes vivant sous le seuil d'extrême pauvreté (1,90 dollar par jour et par personne) dans le monde a diminué d'un peu plus d'un milliard en trente ans, passant de 1,9 milliard en 1981 à 800 millions en 2015, selon la Banque mondiale. Une évolution d'autant plus positive que, dans le même temps, la population mondiale est passée de 4,5 à 7,5 milliards d'individus.

constituait sa principale cause de sous-développement. Selon lui, il existerait un « biais urbain » : les élites africaines au pouvoir après les actes d'indépendance pousseraient une partie de la population africaine à se désintéresser de la production agricole pour travailler davantage dans le secteur secondaire en cours de développement. Mais, dès lors que l'agriculture africaine ne bénéficie pas de forts gains de productivité, l'augmentation de la population africaine est nécessairement confrontée à une trappe malthusienne, avec une hausse de la population constante, et des substances qui risquent de diminuer. Même actualisés par Quamrul Ashraf et Oded Galor [2011], ces travaux n'ont pas été vérifiés empiriquement, ce qui semble plutôt donner raison aux économistes optimistes quant au rôle de la démographie dans le développement. En effet, Ester Boserup [1965 ; 1981] montrait qu'une forte croissance démographique était à l'origine d'une véritable « pression créatrice », facteur d'innovations et de gains de productivité, ce qui est confirmé par l'étude de Kremer [1993], qui démontre empiriquement que les régions les plus prospères sont celles ayant la plus forte densité de population. C'est pourquoi les politiques de natalité faible apparaissent dangereuses pour le développement à long terme : la Chine a arrêté sa politique de l'enfant unique en 2015, face aux difficultés majeures en termes de vieillissement démographique qu'elle risquait d'engendrer.

L'enjeu institutionnel : les institutions comme condition de développement

Historiquement, nombreux sont les économistes à avoir étudié l'impact des institutions sur le développement : l'analyse hétérodoxe a été à cet égard relativement pionnière avec les travaux de Thorstein Veblen ou de John Commons, pour qui les institutions — c'est-à-dire l'ensemble des règles formelles et informelles structurant les activités humaines — sont perçues comme des facilitateurs pour le développement lorsqu'elles sont adaptées. Ainsi, Alexander Gerschenkron [1962] avait très tôt observé que les premiers pays à avoir connu leur révolution industrielle au XVIIIe siècle — les *early-starters* — étaient bien des pays comme l'Angleterre, ayant adopté des institutions fondamentales telles que le droit de propriété privée ou la libre-circulation des hommes sans arrestation arbitraire. C'est aussi la conclusion à laquelle arrivait la nouvelle économie institutionnelle, née dans les années 1980-1990, et qui a réintégré dans le cadre de la théorie standard une analyse institutionnelle jusqu'alors délaissée. À propos de l'Angleterre, Douglass North [1990] montrait que l'adoption de l'*Habeas Corpus* en Grande-Bretagne dès 1679, associée à ce que Joel Mokyr [1999] nomme la « révolution de la *Glorious Revolution* » anglaise (1688-1689) — à savoir l'apparition de la *Bill of Rights* en 1689 —, avait permis à la société anglaise de devenir une société où primait la liberté individuelle face au souverain. Or ce supplément de liberté a eu des effets importants sur le développement en incitant à l'innovation technique et à la prise de risque individuelle. C'est pourquoi Dani Rodrik [2008] considérait qu'il est indispensable que chaque pays se dote de ce qu'il nomme des « méta-institutions » (comme les droits de propriété), pour connaître un développement à long terme. Empiriquement, Rodrik *et al.* [2004] ont prouvé l'influence décisive du facteur institutionnel sur le développement : selon eux, si la Bolivie se dotait des mêmes institutions que celles d'un pays développé comme le Canada, son PIB par habitant passerait alors de 2 300 à 18 000 dollars par an, ce qui leur fait dire : « Les institutions l'emportent sur tout le reste, y compris la géographie et le commerce. » C'est pourquoi on peut considérer, selon la typologie de Daron Acemoglu et James Robinson [2012], qu'il existe deux types de pays : ceux dotés d'institutions politiques et économiques dites « extractives », où une oligarchie capte l'essentiel de la rente nationale, et ceux dont les institutions sont « inclusives », c'est-à-dire associant libertés économique et politique. Or, dans leur enquête sur les anciennes colonies européennes — essentiellement françaises et britanniques —, il apparaît clairement que les anciennes colonies de peuplement dotées d'institutions inclusives ont connu un développement bien plus prospère que celui des autres colonies, notamment celles d'Afrique subsaharienne, dotées d'institutions extractives. La qualité des institutions — et le changement institutionnel — apparaît donc comme l'une des clés du développement futur des pays ayant un retard en la matière.

L'enjeu industriel : de l'industrialisation par substitution des importations aux industries industrialisantes

Dans les années 1960-1970, de nombreux pays ont associé le développement économique à l'industrialisation, sans que cela soit d'ailleurs très étayé par la théorie économique. Ainsi, de nombreux pays ont concentré leurs efforts de développement sur des politiques publiques accélérant la croissance du secteur industriel. On a alors observé deux types de stratégie de développement : la stratégie dite de l'industrialisation par substitution des importations (ISI) d'une part, et la stratégie des industries industrialisantes d'autre part.

Concernant la première, son objectif était simple : remplacer les produits importés dans les PED par des produits fabriqués nationalement. Selon cette idée, le développement d'une industrialisation devrait reposer sur la vigueur du marché intérieur, et non sur des exportations ou le commerce international. Malgré des débuts prometteurs en Amérique latine, le développement d'une industrialisation tournée vers l'intérieur s'est heurté rapidement à la faiblesse de ces marchés et à celle de la demande. La Commission économique pour l'Amérique latine et les Caraïbes (CEPALC) avait pourtant largement promu cette stratégie après 1945, en insistant sur le fait que la production de biens de consommation de base associée à du protectionnisme commercial allait permettre des « effets de liaison » entre secteurs : autrement dit, l'industrialisation aurait dû enclencher une dynamique d'industrialisation plus vaste dans d'autres secteurs, au point de fabriquer les produits industriels auparavant importés. Force est de constater l'échec presque total de cette idée, définitivement interrompue en Amérique latine dans les années 1980, la plupart des pays devant finalement se résoudre à importer de plus en plus de biens, accroissant leur dette extérieure.

Quant à la stratégie des « industries industrialisantes », selon le concept du néomarxiste de Bernis, l'idée n'est pas foncièrement différente : certaines industries lourdes, comme la métallurgie, devaient amorcer le développement, afin de créer ce que Perroux [1961] appelait des « pôles de développement ». L'objectif de ces investissements dans les industries lourdes était de déclencher des effets en chaîne, c'est-à-dire d'autres phases d'industrialisation d'industries plus légères. Mais, comme en témoigne l'expérience algérienne où cette stratégie peu étayée par la théorie standard a été pratiquée dans les années 1970, cela a été un échec : penser que la sidérurgie pouvait être un moteur de développement était une erreur, car aucun effet en chaîne suffisant ne pouvait rationnellement se produire, alors même que, dans les années 1980, l'Algérie avait davantage besoin de qualification de sa main-d'œuvre que d'une stratégie d'industrie industrialisante par le biais de quelques industries lourdes.

L'enjeu commercial : libre-échange, protectionnisme et développement

Les bienfaits du libre-échange sont consensuels parmi les économistes universitaires. Comme le rappelait déjà l'économiste William Nassau Senior en 1825 : « Nul n'est économiste s'il est protectionniste », ou comme le déclarait le prix Nobel d'économie Paul Krugman en 2005 : « Les économistes ont la réputation notoire, quoiqu'en partie injustifiée, d'être en désaccord sur tout. Pourtant, il est un sujet sur lequel ils se sont presque tous toujours retrouvés : l'utilité du libre-échange. » Pour autant, l'histoire démontre que le libre-échange n'a pas toujours été la condition du développement, mais plutôt sa conséquence : Paul Bairoch [1994] résumait cette intuition à travers deux formules éloquentes : d'une part, « le libre-échange est une théorie sans réalité, et le protectionnisme une réalité sans théorie » ; d'autre part, « la croissance est plus nécessaire au commerce extérieur que le commerce extérieur n'est nécessaire à la croissance ». Pour synthétiser l'enjeu commercial, le cas du « miracle asiatique » paraît central. Ce terme désigne le développement spectaculaire de huit pays : le Japon, les quatre « dragons » — la Corée, Taïwan, Singapour et Hong

Kong —, mais aussi l'Indonésie, la Malaisie et la Thaïlande ; autant de pays qui ont connu un taux de croissance annuel moyen de près de 6 % par an pendant plus de vingt-cinq années. À en croire Krugman [1996], la croissance de ces économies asiatiques a été le résultat d'une augmentation de la population active — qui représentait en moyenne 27 % de la population en 1966 contre 51 % en 1990 —, ce qu'il a résumé par la formule suivante : « Prenons le cas de Singapour, on dirait un miracle économique mais le miracle est moins celui de l'inspiration que celui de la transpiration. » L'économiste admettait cependant l'existence d'effets d'entraînement directement liés aux politiques commerciales de ces pays. Historiquement, cette théorie, connue sous le nom de « développement en vol d'oies sauvages », avait été développée par Kaname Akamatsu dès 1937 : l'État devait s'assurer de la création de conglomérats d'entreprises, des *zaibatsus*, *via* des mesures protectionnistes, afin que ces entreprises atteignent ensuite la taille critique nécessaire pour affronter la concurrence mondiale. Ce modèle s'inscrit dans la vision de Friedrich List [1841] : pour connaître un développement efficace face à d'autres puissances déjà développées, un protectionnisme temporaire dit « éducateur » est nécessaire. Pourtant, comme l'écrivait List, « le protectionnisme est notre voie, le libre-échange est notre but » : autrement dit, l'ouverture au libre-échange reste l'objectif, si bien que les pays asiatiques, après avoir très temporairement fixé des barrières douanières, se sont largement rouverts au libre-échange, qui leur a permis de bénéficier des vertus promises par la théorie standard, de David Ricardo à Eli Heckscher et Bertil Ohlin. Ce débat est d'autant plus actuel que de nombreux PED bénéficient aujourd'hui de cette idée qu'un protectionnisme temporaire peut être nécessaire, et c'est pourquoi ils bénéficient de clauses d'exception au sein de l'OMC, qui leur permettent d'être protectionnistes lorsque les pays déjà développés doivent pratiquer la clause de la nation la plus favorisée, et donc le libre-échange maximal. En revanche, comme le note Emmanuel Combe [2016], ce type de protectionnisme doit impérativement être associé à des politiques de concurrence très strictes à l'intérieur du pays, afin de ne pas habituer les producteurs nationaux à une situation de monopole désincitative, qui les empêcherait d'entrer (ou de revenir) sans protection douanière sur le marché mondial. Nombre de pays n'ont ainsi pas suffisamment établi de concurrence interne en parallèle de mesures protectionnistes, à l'instar du Brésil depuis les années 1990, ce qui se révèle clairement néfaste pour le développement.

L'impératif du développement durable

Dans un article de 1962, Théodore Monod distinguait trois phases dans l'histoire des relations entre l'homme et la nature. Une phase pionnière qui a duré jusqu'au XVIIIe siècle, pendant laquelle l'homme était asservi aux contraintes de son environnement ; les premiers penseurs économiques de l'époque, comme les physiocrates, étaient à cet égard imprégnés de cette idée d'un homme soumis à la nature et aux lois de la Terre. Puis, avec la révolution industrielle, une deuxième phase s'est ouverte, au cours de laquelle l'homme a pensé maîtriser la nature, en ne la considérant que comme du capital ordinaire. Éloquents sont à ce titre les écrits des principaux économistes de l'époque : Jean-Baptiste Say [1828-1829] écrivait par exemple que « les ressources naturelles sont inépuisables, car sans cela nous ne les obtiendrions pas gratuitement [...], ne pouvant être multipliées ni épuisées, elles ne sont pas l'objet des sciences économiques », tandis que Ricardo [1817] excluait volontairement les biens non reproductibles comme les ressources naturelles du champ d'étude de l'économie. Enfin, la troisième phase de l'humanité ne pourra débuter, selon Monod, que lorsque l'homme réalisera à quel point les ressources de la nature ne sont pas infinies, et que l'épuisement de ces ressources rendra la croissance et le développement contraints, voire impossibles. Rétrospectivement, cette troisième phase de l'histoire entre l'homme et la nature pourrait débuter avec la publication, en 1972, du rapport Meadows intitulé *The Limits to Growth*. Commandé par le « Club de Rome » du MIT — qui était une association d'experts pluridisciplinaires (composée de diplomates, d'industriels, d'universitaires, etc.) créée en 1968 —, ce rapport a marqué une réelle prise de conscience collective avec l'objectif d'alerter les pouvoirs publics sur les conséquences des choix faits en matière de croissance sur l'environnement. Bien que n'étant pas considéré comme consensuel chez les économistes — en particulier à cause des méthodes quantitatives prédictives assez discutables qui sont utilisées —, ce rapport mettait en évidence le fait que l'économie mondiale allait nécessairement atteindre une stagnation séculaire du fait de la disparition des ressources naturelles et de la pollution. Réédité en 2012, avec les mêmes conclusions, le rapport Meadows prévoyait toujours l'effondrement du système capitaliste actuel, imposant donc de repenser nos objectifs de politique économique pour que la croissance ne soit plus l'unique fin recherchée. Le concept de développement durable en découle directement. Le développement durable (ou soutenable, de l'anglais *sustainable*) est défini comme un « développement qui permet la satisfaction des besoins présents, sans compromettre la capacité des générations futures à satisfaire les leurs » par le rapport Brundtland de 1987, intitulé *Our*

Schéma 1. **Les trois dimensions du développement durable**

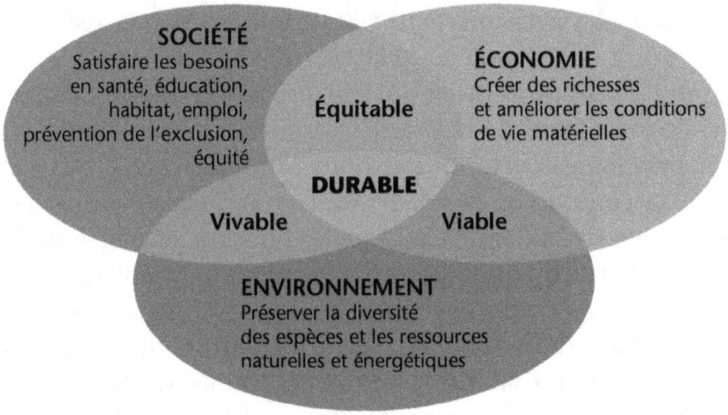

Source : « Développement durable : où en est le secteur de la santé et du médico-social ? », *Moissons nouvelles*, 11 mars 2018.

Common Future. Depuis le rapport Brundtland, de nombreuses définitions différentes sont apparues : d'après Michel Capron et Françoise Quairel-Lanoizelée [2004], il existerait plus d'une centaine de définitions différentes. Mais leur point commun tient à leur ambition de penser un développement qui s'appuierait sur trois dimensions pour pouvoir être qualifié de « soutenable » ou de « durable » : une dimension économique, une dimension sociétale ou sociale, et une dimension environnementale. Ces différents points seront abordés dans le chapitre 11.

Si le développement est un synonyme du « progrès », la complexité de son analyse tient précisément au caractère pluriel de ses acceptions (économique, technique, sociale et environnementale) et à la difficulté de les faire coexister ensemble. Avec du recul, on perçoit rapidement que la réflexion sur le développement suppose le plus souvent d'adopter une vision téléologique de l'histoire, ce qui signifie que notre vision du développement est essentiellement tributaire de notre vision de l'histoire de l'humanité comme une succession d'étapes franchies les une après les autres, avec cette idée un peu optimiste que les « retours en arrière » sont impossibles, improbables. Certains penseurs, comme Francis Fukuyama [1992], avaient théorisé cette idée d'une « fin de l'Histoire », selon laquelle la pensée libérale, associant le libéralisme politique à l'économie de marché, constituait l'aboutissement même du processus de civilisation, une fin indépassable, un stade suprême du développement. On comprend aisément que, à l'aune de la chute du mur de Berlin puis du bloc soviétique — longuement analysée par Fukuyama —, il paraissait délicat de penser d'autres voies du développement que celles du *one best way* capitaliste, et c'est ainsi que les années 1990 ont été marquées par un renouveau de la pensée libérale en économie. Cette pensée libérale n'a aucunement disparu, mais elle a évolué méthodologiquement grâce à l'économie expérimentale. Plus subtils, plus concrets, les derniers travaux en économie du développement ouvrent des perspectives enthousiasmantes pour sortir définitivement l'ensemble des pays de la pauvreté monétaire ; reste à savoir si cela pourra s'effectuer en préservant l'environnement, ce pan désormais imprescriptible du développement.

Repères bibliographiques

ACEMOGLU D. et ROBINSON J. [2012], *Why Nations Fail. The Origins of Power, Prosperity and Poverty*, New York, Crown Publishers.

AGLIETTA M. [2014], *Le Dollar et le système monétaire international*, Paris, La Découverte, « Repères ».

AGLIETTA M. et BRAND T. [2015], « La stagnation séculaire dans les cycles financiers de longue période », *in* CEPII, *L'Économie mondiale 2016*, Paris, La Découverte, « Repères ».

AGLIETTA M. et VALLA N. [2017], *Macroéconomie financière*, Paris, La Découverte, « Grands Repères/Manuels », 6e édition.

ALEXIEVITCH S. [2013], *La Fin de l'homme rouge ou Le temps du désenchantement*, Arles, Actes Sud.

ASHRAF Q. et GALOR O. [2011], « Dynamics and stagnation in the Malthusian epoch », *American Economic Review*, vol. 101, n° 5, p. 2003-2041.

BAIROCH P. [1994], *Mythes et paradoxes de l'histoire économique*, Paris, La Découverte.

BANERJEE A. et DUFLO E. [2013], *Repenser la pauvreté*, Paris, Seuil.

— [2020], *Économie utile pour des temps difficiles*, Paris, Seuil.

BÉNASSY-QUÉRÉ A. [2015], *Économie monétaire internationale*, Paris, Economica, nouvelle édition.

BÉNASSY-QUÉRÉ A. et PISANI-FERRY J. [2011], « Quel système monétaire international pour une économie mondiale en mutation rapide ? », *in* BÉNASSY-QUÉRÉ A. *et al.*, *Réformer le système monétaire international*, rapport du Conseil d'analyse économique, première partie.

BERNANKE B., GERTLER M. et GILCHRIST S. [1999], « The financial accelerator in a quantitative business cycle framework », *NBER Working Paper*, n° 6455.

BHAGWATI J. [1958], « Immiserizing growth : a geometric note », *Review of Economic Studies*, vol. 25, n° 3, p. 201-205.

BLANCHARD O. [2013], « Five lessons for economists from the financial crisis », *Wall Street Journal*.

BLANCHARD O. et GIAVAZZI F. [2002], « Current account deficits in the Euro Area. The end of the Feldstein-Horioka puzzle ? », *Brookings Papers on Economic Activity*, vol. 2002, n° 2, p. 147-186.

Boserup E. [1965], *Évolution agraire et pression démographique*, Paris, Flammarion, 1970.
— [1981], *Population and Technological Change. A Study of Long-Term Trends*, Chicago, University of Chicago Press.
Bourguinat H. [2009], *L'Arrogance de la finance. Comment la théorie financière a produit le krach*, Paris, La Découverte.
Cahuc P. et Zylberberg A. [2016], *Le Négationnisme économique. Et comment s'en débarrasser*, Paris, Flammarion.
Capron M. et Quairel-Lanoizelée F. [2004], *Mythes et réalités de l'entreprise responsable. Acteurs, enjeux, stratégies*, Paris, La Découverte.
Carroué L. [2020], *Atlas de la mondialisation*, Paris, Autrement, nouvelle édition.
Chavagneux Ch. [2011], *Une brève histoire des crises financières. Des tulipes aux subprimes*, Paris, La Découverte.
Chinn M. et Ito H. [2008], « A new measure of financial openness », *Journal of Comparative Policy Analysis. Research and Practice*, vol. 10, n° 3, p. 309-322.
Combe E. [2016], *La Politique de la concurrence*, Paris, La Découverte, « Repères », 3e édition.
Couppey-Soubeyran J. [2009], *Monnaie, banques, finance*, Paris, PUF.
— [2015], *Blablabanque. Le discours de l'inaction*, Paris, Michalon.
Duflo E. [2016], « Repenser la pauvreté : l'économie expérimentale au service du développement humain », *Conférence PSL*, Paris.
Duflo E. et Kremer M. [2003], « Use of randomization in the evaluation of development », *OED Paper*, Washington, DC.
Dumont R. [1962], *L'Afrique noire est mal partie*, Paris, Seuil.
Ekman A. [2020], *Rouge vif. L'idéal communiste chinois*, Paris, Éditions de l'Observatoire.
Emmanuel A. [1969], *L'Échange inégal*, Paris, François Maspero.
Feldstein M. et Horioka C. [1980], « Domestic savings and international capital flows », *NBER Working Paper*, n° 0310.
Fisher I. [1933], « The debt-deflation theory of great depressions », *Econometrica*, vol. 1, n° 4, p. 337-357.
Fukuyama F. [1992], *La Fin de l'histoire et le dernier homme*, Paris, Flammarion.
Gerschenkron A. [1962], *Economic Backwardness in Historical Perspective. A Book of Essays*, Cambridge, Belknap Press of Harvard University Press.
Greenspan A. [2005], « Discours », Réserve fédérale américaine, 12 octobre.
Hirschman A. [1958], *The Strategy of Economic Development*, New Haven, Yale University Press.
Kose M.-A., Prasad E., Rogoff K. et Wei S.-J. [2007], « Mondialisation financière : au-delà de la polémique », *Finance et Développement*, mars.
Kremer [1993], « Population growth and technological change : one million B.C. to 1990 », *Quarterly Journal of Economics*, vol. 108, n° 3, p. 681-716.
Krugman P. R. [1996], *La Mondialisation n'est pas coupable. Vertus et limites du libre-échange*, Paris, La Découverte « Poche/Essais ».
Landry A. [1934], *La Révolution démographique. Études et essais sur les problèmes de population*, Paris, Ined Éditions, 1982.
List F. [1841], *Système national d'économie politique*, Paris, Capelle, Libraire-éditeur, 1857.
Lucas R. [1990], « Why doesn't capital flow from rich to poor countries ? », *American Economic Review*, vol. 80, n° 2, p. 92-96.
— [2003], « Macroeconomic priorities », *American Economic Review*, vol. 93, n° 1, p. 1-14.
Malia M. [1995], *La Tragédie soviétique. Histoire du socialisme en Russie, 1917-1991*, Paris, Seuil.

Malthus T. R. [1798], *Essai sur le principe de population*, Paris, Flammarion, 1992.
Markovitz H. [1952], « Portfolio selection », *The Journal of Finance*, vol. 7, n° 1, p. 77-91.
Minsky H. [1986], *Stabilizing an Unstable Economy*, New Haven, Yale University Press.
Mokyr J. [1999], *The British Industrial Revolution. An Economic Perspective*, Boulder, Westview Press, 2e édition.
North D. [1990], *Institutions, Institutional Change and Economic Performance*, Cambridge, Cambridge University Press.
Pareto V. [1916], *Traité de sociologie générale, in Œuvres complètes*, tome 12, Genève, Librairie Droz, 1968.
Perroux F. [1961], *L'Économie du xxe siècle*, Grenoble, Presses universitaires de Grenoble.
Prebisch R. [1950], *The Economic Development of Latin America and its Principal Problems*, New York, United Nations Publication, Economic Commission for Latin America.
Ricardo D. [1817], *Des principes de l'économie politique et de l'impôt*, Paris, Flammarion, 1999.
Robinson J. [1952], *The Rate of Interest, and Other Essays*, Londres, Macmillan.
Rodrik D. [2008], *Nations et Mondialisation. Les stratégies nationales de développement dans un monde globalisé*, Paris, La Découverte.
Rodrik D., Subramanian A. et Trebbi F. [2004], « Institutions rule : the primacy of institutions over geography and integration in economic development », *Journal of Economic Growth*, vol. 9, n° 2, p. 131-165.
Rostow W. W. [1960], *Les Étapes de la croissance économique. Un manifeste non communiste*, Paris, Economica, 1997, 3e édition.
Sachs J. D. [2005], *The End of Poverty. Economic Possibilities for our Time*, New York, Penguin Books.
Say J.-B. [1828-1829], *Cours complet d'économie politique pratique*, Paris, Guillaumin et Cie, 1852.
Sen A. [2001], *Development as Freedom*, Oxford, Oxford University Press.
Sokoloff G. [1993], *La Puissance pauvre. Une histoire de la Russie de 1815 à nos jours*, Paris, Fayard.
— [2014], *Le Retard russe, 882-2014*, Paris, Fayard.
Solow R. [1956], « A contribution to the theory of economic growth », *The Quarterly Journal of Economics*, vol. 70, n° 1, p. 65-94.
Stiglitz J. [2002], *La Grande Désillusion*, Paris, Fayard.
Tirole J. [2016], *Économie du bien commun*, Paris, PUF.
Tobin J. [1958], « Liquidity preference as behavior towards risk », *Review of Economic Studies*, vol. 25, n° 2, p. 65-86.
Tocqueville A. de [1835-1840], *De la démocratie en Amérique*, Paris, C. Gosselin.
Vercueil J. [2019], *Économie politique de la Russie, 1918-2018*, Paris, Seuil, « Points Économie ».
Zola E. [1898], « Dépopulation », *Le Figaro*, 23 mai.

9 / De l'internationalisation à la « globalisation » de l'économie

Pierre Royer

Si le terme « mondialisation » ne devient d'usage courant qu'à partir des années 1980, la réalité qu'il décrit — un accroissement ininterrompu des flux économiques, humains et financiers entre des partenaires toujours plus nombreux, tout autour du globe — commence bien avant. Les débuts du processus contemporain, que l'on peut situer dès la fin du XIXe siècle [Berger, 2003] (chapitre 1) et sa reprise au lendemain de la Seconde Guerre mondiale ne permettent qu'une « internationalisation » des échanges, simple intensification au sein d'un groupe d'États toujours restreint, dans une logique de rattrapage des effets des crises antérieures, et sans réelle affirmation d'acteurs privés transnationaux. Il faut attendre la fin du XXe siècle, marquée par une nouvelle vague d'innovations technologiques, une accélération sans précédent des flux et un élargissement rapide du nombre de pays impliqués dans le capitalisme mondial pour connaître une réelle « mondialisation », non seulement du commerce et des échanges « invisibles », mais aussi d'un modèle productif et de société.

Pour la géographie comme pour la géopolitique, la mondialisation correspond ainsi à un changement d'échelle qui s'inscrit dans une continuité historique [Ghorra-Gobin, 2017 ; Grataloup, 2007] ; elle se traduit par à la fois par l'avènement d'un « système-monde » [Dollfus, 1997], compte tenu de la compression de l'espace-temps, et par l'effacement au moins partiel de territoires nationaux [Badie, 2014]. Les termes « mondialisation » et « globalisation » (celui-ci non traduit de l'anglais) sont parfois utilisés comme des synonymes, parfois différenciés : quand la mondialisation désigne le changement d'échelle géographique à proprement parler, la « globalisation » est caractéristique d'un changement de représentation du monde, renvoyant à l'avènement d'un capitalisme postfordiste, transnational et financiarisé [Boyer et Durand, 1993 ; Michalet, 2002], ainsi qu'à la recomposition du local sous l'effet du transnational [Ghorra-Gobin et Reghezza-Zitt, 2016], en particulier par le relais des villes mondiales [Sassen, 1991 ; Veltz, 1997].

Dès lors, mondialisation et « globalisation » sont devenues, dans leurs différentes dimensions, le cadre des grands changements géopolitiques actuels, mais aussi des facteurs déterminants de ceux-ci.

Les choix fondateurs de l'internationalisation (1945-années 1970)

Les leçons de l'avant-guerre

En 1945, la hantise des gouvernements, au-delà des coûts exorbitants de la reconstruction, est le retour d'une crise économique et sociale majeure. Le précédent de la crise de « retour à la paix » après la Première Guerre mondiale et le spectre de la crise des années 1930, pas totalement résorbée en 1939 dans beaucoup de pays, ont de quoi inquiéter. Le « plan Marshall » est une des réponses à cette sombre perspective, témoignant de la capacité de la « superpuissance » américaine à rebâtir l'ordre économique et géopolitique mondial (chapitre 3), donc à assumer sa nouvelle stature internationale, contrairement à 1920 (rejet du traité de Versailles par le Sénat américain). Il a un triple objectif : éviter un effondrement des économies européennes dont pourraient profiter les communistes ; à court terme, fournir des débouchés aux entreprises américaines privées de commandes militaires et écouler des stocks (ceux des navires de transport de type *liberty ships*, par exemple) ; enfin, accélérer la reconstruction de partenaires économiques pour stimuler les échanges à plus long terme. Au lendemain du conflit, les dirigeants sont en effet convaincus que les réactions protectionnistes généralisées lors de la crise des années 1930 n'ont fait qu'en aggraver les effets. Les échanges avaient alors connu un véritable infarctus : entre 1929 et 1932 (au plus fort de la crise), le commerce international (les échanges de biens) recule de 72 % en valeur et de 60 % en volume. Laurent Carroué [2020] évoque déjà à ce propos une « démondialisation ». En effet, en 1938, la valeur des exportations mondiales reste inférieure d'un tiers à son niveau de 1929 et, en 1945, les exportations ne représentent qu'à peine plus de 5 % du produit intérieur brut (PIB) mondial.

Pour conjurer la menace d'un retour de la guerre économique, favorable aux tensions sociales et politiques au sein des États et entre eux, il faut imposer le libre-échange comme base de la reconstruction économique — selon les principes du théorème HOS (Heckscher-Ohlin-Samuelson) postulant une égalisation de la rémunération des facteurs de production en économie ouverte — et créer des institutions en ce sens, notamment pour favoriser le rétablissement d'un système d'échange des monnaies entre elles. C'est l'objet principal de la conférence de Bretton Woods, en juillet 1944, à laquelle participent les délégués de quarante-quatre pays (les Nations unies seront créées l'année suivante par cinquante et un États fondateurs). L'URSS y figure comme observateur, mais ne s'associe pas aux accords finaux, instituant la Banque internationale de reconstruction et de développement (BIRD ou, en abrégé, Banque mondiale) et le Fonds monétaire international (FMI), deux institutions destinées à financer la reconstruction des États et à les aider à maintenir la parité de leur monnaie.

Les accords de Bretton Woods prévoient le rétablissement d'un système monétaire de type *gold exchange standard* (étalon de change-or) : la valeur (parité) de chaque monnaie est définie en or, et son cours quotidien sur le marché des changes ne peut varier au-delà de plus ou moins 1 % par rapport à cette parité, assurant ainsi une stabilité des changes bénéfique au commerce. Signe des nouveaux rapports de puissance : puisque les États-Unis détiennent autour de 70 % du stock d'or public (monétaire) mondial, le dollar est la seule devise convertible directement en or, et les nouvelles institutions (FMI et BIRD) s'installent à Washington, la capitale fédérale d'un pays qui produit la moitié du PIB mondial à lui seul.

Les mutations technologiques

Les changements du cadre institutionnel n'auraient pas eu un effet aussi radical s'ils ne s'étaient accompagnés d'un bouleversement des communications au sens large. Au lieu d'une « révolution » des transports, terme souvent galvaudé, il faut envisager ce bouleversement comme l'aboutissement d'une évolution commencée au XIXe siècle avec la machine à vapeur et la construction en acier, et marquée par des phases d'accélération du progrès technique ; l'après-guerre connaît logiquement une telle accélération par application et développement des avancées réalisées pendant le conflit. Tous les transports sont concernés, notamment par l'adoption de la motorisation diesel par les trains, les camions et les navires, mais aussi par l'électrification d'une partie du réseau ferroviaire, l'amélioration des réseaux routiers et autoroutiers, et l'adaptation des réacteurs aux avions commerciaux. Tous connaissent à la fois une augmentation très sensible de leur vitesse et un accroissement massif de leur capacité unitaire. La durée des vols aériens est ainsi divisée par deux ou trois, la vitesse commerciale des trains est au moins doublée avec l'arrivée des trains à grande vitesse (Shinkansen japonais dès 1964, TGV français en 1981), la capacité des camions est plus que décuplée...

L'accroissement de productivité des navires de commerce est cependant le plus décisif, car le transport maritime est le moyen de transport le plus utilisé — et le reste, assurant toujours plus de 90 % des flux intercontinentaux. Le progrès ne concerne pas tant la vitesse (augmentée de moitié en moyenne de croisière) que la taille des bateaux. La course au gigantisme a commencé, en particulier pour le produit le plus transporté au monde : le pétrole (et ses dérivés). Alors que les pétroliers standard de 1945 transportaient 15 000 à 20 000 tonnes de marchandises, les années 1970, où se combinent forte demande mondiale et fermeture du canal de Suez, voient l'entrée en service de « supertankers » de plus de 500 000 tonnes de capacité — une multiplication par vingt-cinq en vingt-cinq ans ! L'exploitation commerciale de ces mastodontes de plus de 300 m de long sera éphémère, mais ils serviront de modèle pour d'autres navires, comme les minéraliers ou encore les porte-conteneurs, navires spécialisés apparus à la fin des années 1960. Cette décennie voit en effet le développement d'un nouveau conditionnement des marchandises, qui ne sont plus transportées en vrac ou en palettes mais en « boîtes » métalliques fermées, donc sécurisées, qui peuvent être aisément transférées d'un mode de transport à un autre (transport multimodal), simplifiant ainsi la manutention et le stockage des marchandises en transit, donc diminuant fortement le coût. En moyenne, le transport représente aujourd'hui 8 % de la valeur finale d'un produit brut et à peine 2 % de celle d'un produit manufacturé.

Dernier changement majeur constituant la toile de fond de l'« explosion » des échanges depuis trois quarts de siècle : la densification du réseau de câbles sous-marins. Là encore, il ne s'agit pas d'une nouveauté radicale, le premier câble ayant été posé dès 1851 entre la France et l'Angleterre ; mais c'est un changement d'échelle et une accélération : d'abord limités à la transmission de télégrammes, les câbles posés au fond des océans s'ouvrent aux lignes téléphoniques à partir des années 1950 — au moment de la crise de Cuba, la capacité transatlantique n'est que d'une quarantaine de lignes. À la fin des années 1980, la technologie de la fibre optique démultiplie les capacités des câbles et permet, avec la numérisation, de transmettre tout type de données (fichiers, images, voix, vidéos, etc.) : la mondialisation foudroyante d'Internet n'aurait pas eu lieu sans eux.

Une progression encore limitée des échanges

La conférence de La Havane (1947-1948) doit élaborer la charte d'une Organisation internationale du commerce (OIC), pour mettre en œuvre la coopération internationale en matière économique et sociale prévue par le chapitre IX de la charte de l'Organisation des Nations unies (ONU). Son approche globale (prévoyant par exemple une harmonisation des droits sociaux) et partiellement incohérente (puisqu'elle prétend encourager les échanges tout en autorisant le recours provisoire et circonstancié à des mesures protectionnistes) risque néanmoins de multiplier les conflits, voire les blocages, et repose sur une conception du commerce « administré » qui ne convient pas à toutes les cultures économiques.

L'Accord général sur les droits de douane et le commerce (*General Agreement on Tariffs and Trade* — GATT), signé en octobre 1947, est plus restreint. Géographiquement : il ne concerne que vingt-trois États, représentant néanmoins plus des trois quarts du commerce mondial ; par sa portée : contrairement à la charte de La Havane, il écarte les produits de base et agricoles (les deux tiers des exportations mondiales à l'époque) et ne concerne qu'un cinquième environ du commerce mondial. Il est conçu comme un accord provisoire, en attendant la charte de La Havane, finalement signée en mars 1948. Il en reprend d'ailleurs certains principes, comme l'interdiction du *dumping*..., tout en offrant une solution au cas où elle n'aboutirait pas. De fait, le Sénat américain écarte la ratification de la charte, et les États-Unis, pourtant à l'origine de la réunion de La Havane, annoncent en 1950 y renoncer définitivement — leur conversion au libre-échange ne va pas jusqu'à défier la colère des *farmers*.

C'est donc le GATT qui lance la renaissance du commerce international en établissant des principes fondamentaux, comme la non-discrimination entre partenaires commerciaux, et en organisant des « cycles » de négociations (*rounds*) pour élargir et approfondir le champ de l'accord initial. Après quatre cycles techniques entre 1949 et 1960, qui divisent par deux le montant des droits de douane par rapport à l'après-guerre, le président Kennedy entreprend une négociation ambitieuse portant sur 40 milliards de dollars d'exportations (1963-1966). C'est alors que les échanges de produits manufacturés commencent à croître plus vite que ceux des produits de base, devenant de plus en plus majoritaires dans les exportations mondiales. Le nombre de participants a également progressé, en particulier en raison de l'augmentation du nombre de pays issus de la décolonisation massive entre 1945 et les années 1960 : le *Kennedy Round* concerne soixante-deux pays, et le seuil de la centaine de participants est franchi au début du *Tokyo Round* (1973-1979).

Les années 1970 sont donc celles où le commerce international retrouve un poids significatif dans la croissance. Il s'agit néanmoins d'un rattrapage : pour les économies dominantes, celles dont la participation au commerce est significative, la part des exportations dans leur PIB ou PNB (produit national brut) retrouve, au moment du premier choc pétrolier, le niveau — entre 10 % et 15 % — qu'elle avait atteint juste avant la Première Guerre mondiale [Berger, 2003].

La mondialisation comme réponse à la « crise » (années 1970-années 1990)

La crise et les tentations protectionnistes

Le débat entre protectionnisme et libre-échange est souvent présenté de façon caricaturale, notamment pour des raisons politiques, ce dont témoignent des expressions comme « barrières protectionnistes » ou « idéologie libre-échangiste ». En réalité, les deux termes désignent des pôles extrêmes, jamais vraiment mis en œuvre dans leur plénitude, et les politiques commerciales naviguent dans un « entre-deux », entre plus ou moins de protection et plus ou moins de liberté. La crise qui frappe le monde dans les années 1970 ramène classiquement le curseur vers le pôle protectionniste. Certains auteurs y voient le début d'une guerre économique mondiale [Esambert, 1991], aux répercussions géopolitiques majeures (chapitres 12 et 13). Plusieurs facteurs y contribuent, à commencer par la fin du système de Bretton Woods, interrompu par la décision du président Nixon, le 15 août 1971, de suspendre la convertibilité du dollar en or. Cette décision est rendue inévitable par la diminution du stock d'or de la banque centrale (Réserve fédérale — Fed) et par la dégradation de la balance commerciale américaine, déficitaire en 1971 pour la première fois depuis près d'un siècle. La fin du mécanisme de stabilisation des changes rouvre la possibilité d'une « guerre des devises », certains pays comptant sur une dépréciation de leur monnaie pour stimuler leurs exportations, au détriment de leurs concurrents ; Richard Nixon impose d'ailleurs deux dévaluations du dollar (1971 et 1973) dont l'effet sera de courte durée, la balance commerciale plongeant définitivement dans le rouge dès 1976.

Un autre facteur poussant les pays développés au protectionnisme est la crise de leurs « vieilles industries » : mines de charbon, textile, sidérurgie, chantiers navals... Ces secteurs, qui ont porté la « première industrialisation » depuis le XIXe siècle, sont victimes de la perte de leurs débouchés ou de la concurrence de nouveaux producteurs, principalement asiatiques, et sont donc en crise avant même le premier choc pétrolier : dès 1957, les États-Unis négocient une limitation des exportations textiles japonaises ; en 1974, l'ensemble des accords de ce type sont regroupés par le GATT dans un « Arrangement multifibres » qui sera régulièrement renouvelé jusqu'en 2005.

Enfin, le débat sur le protectionnisme s'alimente du bras de fer entre pays développés à économie de marché (PDEM) et pays du « tiers monde » : une nouvelle donnée de la géopolitique mondiale dans ces années troublées, caractéristique de l'avènement d'un nouveau désordre mondial (chapitre 3). Ces pays se sont organisés pour peser dans les négociations internationales et tenter d'imposer une vision moins libérale du commerce : la première Conférence des Nations unies sur le commerce et le développement (Cnuced) se réunit en 1964 à la demande de soixante-dix-sept pays en développement, constitués en un « Groupe des 77 » pour promouvoir des mécanismes de stabilisation des cours des matières premières, trop soumis aux seules lois d'un marché dont les lieux et acteurs principaux sont dans le « Nord ». Surtout, en 1973, le sommet d'Alger du Mouvement des non-alignés, qui rassemble majoritairement des pays en développement, adopte un ensemble de principes pour un « nouvel ordre économique international », comme la dispense des droits de brevet ou la possibilité d'un protectionnisme dissymétrique ; ils seront repris l'année suivante dans deux résolutions de l'Assemblée générale de l'ONU, mais resteront largement sans effet, à part l'introduction d'une possibilité de dérogation à la clause de la nation la plus favorisée du GATT pour les exportations des pays en développement (système généralisé de préférences, institué en 1971 et rendu permanent en 1979). Le premier choc pétrolier, déclenché par l'Organisation des pays exportateurs de pétrole (OPEP) et aboutissant à un quadruplement du prix moyen du pétrole entre octobre 1973 et février 1974, s'inscrit dans ce contexte, où des économistes issus du tiers monde défendent un modèle de développement autocentré ou fondé sur la substitution d'une production nationale protégée aux importations venues de pays industrialisés (chapitre 8).

Le « retour » du libéralisme ?

En conséquence, les échanges internationaux marquent le pas pendant une décennie : les exportations de biens et de services atteignent 17 % du PIB mondial en 1974, mais ne dépassent plus ce seuil avant 1979, et retombent au même niveau en 1986 après une phase plus dynamique — ces fluctuations sont corrélées à l'effet-prix des variations du pétrole, qui connaît un second « choc » en 1979-1980, annulé par le « contre-choc » de 1985-1986. À partir de 1987, elles reprennent une croissance plus linéaire dans un contexte où les prix du pétrole sont durablement déprimés.

Pourtant, le discours des dirigeants des économies dominantes reste fondé sur les principes du libéralisme, non sans contradictions parfois. Ainsi, lors de la conférence de la Jamaïque (1976), le FMI entérine le passage définitif à un système de changes flottants (les cours des monnaies varient au jour le jour, sans parité ni obligation d'intervention des autorités monétaires), tout en réaffirmant l'attachement à la restauration d'un système monétaire stable comme cadre indispensable au développement des échanges — ce qui ne se fera jamais, sauf à échelle régionale, en Europe par exemple.

Face à la crise, les pays développés poussent même au développement des négociations multilatérales pour accélérer le désarmement douanier et la réduction des obstacles non tarifaires aux échanges, auxquels se consacre précisément le *Tokyo Round* du GATT. Ainsi, la déclaration finale du premier « G7 » (entre six pays à l'époque) à Rambouillet (1975) fixe l'objectif d'« obtenir le plus haut niveau possible de libéralisation des échanges ». Cette réaffirmation du libre-échange comme source de croissance, et donc comme remède aux difficultés présentes (inflation, chômage de masse) sera répétée, tel un mantra, à chaque sommet du même type.

On ne peut donc pas dire qu'il y ait un « retour » du libéralisme, puisque, dans l'ordre international, il n'a jamais vraiment disparu des discours. Dans les faits, la réalité est plus nuancée. Dès les années 1970, les États-Unis, confrontés à la dégradation irréversible de leur balance commerciale, durcissent leur code du commerce pour autoriser des « représailles » tarifaires sans l'accord du GATT. Ce regain de protectionnisme vise plus spécifiquement le Japon dans les années 1980 — Ronald Reagan gagne ainsi le vote des ouvriers des industries sinistrées de la *Rust Belt*, comme Donald Trump quarante-cinq ans plus tard.

La progression des échanges se poursuit néanmoins, mais les accords internationaux ne jouent pas forcément le rôle principal : une équipe de chercheurs de Munich [Bernhofen, 2013] ont calculé sur la période 1962-1990 que la conteneurisation d'une liaison multipliait le commerce entre les deux pays par quatre en cinq ans, et par neuf en vingt ans, alors qu'il n'augmentait que de 45 % après un accord bilatéral et de 285 % après l'adhésion au GATT. Paul Bairoch [1994] a par ailleurs montré que l'analyse de la croissance comme facteur poussant au libre-échange semble aussi pertinente, sinon plus, que la proposition inverse et que les barrières protectionnistes, si elles ne sont pas exorbitantes, sont compatibles avec une croissance généralisée, comme ce fut le cas au début du XXe siècle.

L'élargissement des acteurs du commerce mondial

Le *Japan bashing* des années 1980 n'a rien d'étonnant, tant ce pays apparaît comme le grand gagnant de la croissance d'après-guerre. Grand vaincu de la Seconde Guerre mondiale, martyrisé en 1945 par les seuls bombardements atomiques de l'histoire à Hiroshima (6 août) et Nagasaki (9 août), le pays bénéficie, comme l'Europe, de l'aide américaine dans le cadre de la guerre froide (plan Dodge) et s'appuie sur une stratégie d'extraversion délibérée profitant du contexte libre-échangiste et d'une sous-évaluation de sa monnaie, le yen. Il connaît ainsi la plus forte croissance moyenne de l'après-guerre parmi les pays de l'Organisation de coopération et de développement économiques (OCDE) : + 7,2 % par an en volume sur la période 1946-1989, contre + 4,5 % pour l'Allemagne, + 4,2 % pour la France et l'Italie ou + 3,1 % pour les États-Unis ; il devient le deuxième PIB mondial en 1968, et le restera durant trois décennies. Plus largement, le commerce international a progressivement basculé de l'Atlantique au Pacifique, à la fois cause et conséquence du glissement des rapports de puissance.

Confronté à une pénurie de main-d'œuvre, en raison d'un rejet culturel de l'immigration et d'une politique malthusienne engagée sous l'influence de l'occupant américain, le Japon inaugure deux voies qui doivent inspirer plus tard ses concurrents : d'une part, il entreprend de robotiser ses usines et généralise l'approche *Kaizen* (« amélioration continue »), introduite chez Toyota dès les années 1950 ; d'autre part, il commence à délocaliser sa production vers des pays d'Asie de l'Est et du Sud-Est, comme la Corée du Sud, Taïwan, Singapour ou Hong Kong (sous tutelle britannique jusqu'en 1997), pour bénéficier d'une main-d'œuvre bien formée, moins onéreuse et moins syndiquée.

Ces pays commencent alors à être identifiés comme « nouveaux pays industrialisés (d'Asie) » ou NPI(A), médiatiquement connus sous le nom de « dragons asiatiques ». Leur succès pousse leurs voisins, bénéficiant peu ou prou des mêmes avantages comparatifs dans les échanges mondiaux, à adopter les mêmes recettes de développement : ouverture aux investissements étrangers, insertion dans la division internationale des processus productifs, en ciblant d'abord des zones géographiques privilégiées (« zones franches »), puis remontée des filières et progression en qualité et en valeur ajoutée des produits.

Cette stratégie se révèle efficace : Singapour a aujourd'hui un PIB par habitant supérieur à celui des États-Unis, et celui de la Corée du Sud, comparable à celui du Ghana en 1950, est aujourd'hui quinze fois supérieur et au niveau de celui de l'Espagne. C'est ce qui persuade Deng Xiao Ping, le successeur de Mao Zedong en Chine populaire, d'ouvrir son pays aux investissements et aux échanges à partir de 1979, soit une décennie avant la fin du bloc soviétique en Europe. Le pays représente alors moins de 2 % du PIB mondial et 0,8 % des exportations de biens et services — c'est approximativement dix fois plus aujourd'hui.

De l'hypermondialisation à la démondialisation ?

La « nouvelle économie »

La notion de « globalisation », qui sera traduite en français par « mondialisation » dans son sens économique, est d'abord apparue dans le domaine de la culture et des communications. C'est en 1967 que le sociologue canadien Marshall McLuhan publie *Guerre et Paix dans le village planétaire* [1967b], contribuant à populariser une formule déjà utilisée dans son livre précédent, *Message et Massage* [1967a]. Le concept de « village global (ou mondial) » souligne l'émergence d'une opinion mondiale grâce à la diffusion quasi instantanée de l'information par les médias électroniques — Internet n'était encore qu'à l'état de recherche pour le Pentagone (chapitre 15).

Theodore Levitt publie dans la *Harvard Business Review* un article intitulé « The globalization of markets » [1983] dans lequel il analyse la convergence des marchés mondiaux et prédit l'avènement d'une demande mondiale, tous les consommateurs aspirant aux mêmes confort et cadre de vie. La décennie 1980 voit aussi la disparition des obstacles réglementaires aux transactions boursières, avec le *big bang* financier de la Bourse de Londres, en 1986, suivi progressivement par les autres marchés de référence, qui sont désormais en mesure d'exploiter l'abolition de l'espace-temps grâce aux réseaux numériques et informatiques, permettant le fonctionnement en continu des marchés boursiers tout autour de la planète. C'est le point de départ d'une internationalisation accrue de l'activité bancaire et du taux mondial d'ouverture financière (les mouvements de capitaux rapportés au PIB), qui passe de moins de 5 % en 1994 à un pic de 23 % en 2007. La correction brutale de la crise des *subprimes* (chapitres 7 et 10) le ramènera à un niveau qui reste toutefois supérieur à celui des années 1980 : 6 % en moyenne sur une décennie. Cela contribue aussi à l'essor des échanges de services en général, dont la croissance est toujours supérieure à celle des exportations, en particulier grâce à l'explosion du tourisme (un tiers des exportations de services environ) : le nombre de touristes internationaux a décuplé entre 1950 et 1980, passant de 25 à 278 millions, et a encore été multiplié par cinq, jusqu'au record de 1,4 milliard en 2019. Les métropoles et mégalopoles sont devenues les nœuds de ces échanges, dans la mesure où leur connectivité est maximale et leur attractivité forte pour le tourisme (qui inclut les voyages professionnels), et concomitamment les lieux d'avènement de la globalisation [Sassen, 1991 ; Veltz, 1997 ; Ghorra-Gobin, 2017].

Parallèlement, la transnationalisation accrue des entreprises accompagne l'ouverture et le décloisonnement des marchés nationaux,

Internet et GPS : les piliers de la « nouvelle économie »

Pierre Royer

Alors que les premiers ordinateurs se présentaient comme d'énormes centres de calcul communiquant avec des terminaux peu autonomes, deux inventions dans les années 1970 vont révolutionner la physionomie du monde informatique : l'ordinateur personnel (PC), en particulier l'Apple II (1977), et le réseau ARPANET, devenu opérationnel en 1971 (envoi du premier « mail »). En 1983, l'adoption du protocole TCP/IP et la création du mot « Internet » inaugurent le réseau mondial. Dix ans plus tard, l'abandon de ses droits par le Centre européen d'études nucléaires (CERN) et l'apparition du navigateur Mosaïc ouvrent la « Toile » au grand public et aux entreprises.

Le système de localisation par satellite américain GPS (*Global Positioning System*) a commencé à être déployé en 1978, mais il faut attendre le lancement du vingt-quatrième satellite de la constellation, en 1995, pour atteindre la couverture totale et précise nécessaire aux militaires. Le brouillage qui limitait la précision pour les utilisateurs civils a été levé en 2000. De très nombreuses applications ou nouveaux services ont pu dès lors être proposés grâce à la faculté de localiser très précisément l'utilisateur, en particulier dans le domaine des transports terrestres, aériens ou maritimes.

L'avance américaine a conduit aujourd'hui à un usage courant de l'acronyme GPS pour désigner un système de localisation, mais il existe plusieurs systèmes concurrents, déployés ou en déploiement, dont deux offrent aussi une couverture mondiale : le GLONASS russe et le Galileo européen, désormais opérationnel, compatible avec le GPS mais plus précis. Le monopole américain, gênant puisque les autorités fédérales peuvent brouiller à tout moment le signal pour le rendre moins précis, se termine… GPS rejoindra-t-il GSM (*Global System for Mobile Communications*) au rang des acronymes dépassés ?

notamment dans le cadre d'accords commerciaux régionaux, et alimente évidemment le commerce mondial : les deux tiers des exportations mondiales sont assurés par des firmes transnationales (FTN) (chapitre 13). Leur hégémonie est très ancienne et quasi totale dans les échanges de produits de base (hydrocarbures, minerais, agroalimentaire), elle augmente pour les produits manufacturés avec l'essor des échanges « intrafirmes », cette circulation de pièces et de produits semi-finis entre les différentes composantes d'une même entité, induite par la division internationale des processus productifs (DIPP). Le commerce intrafirmes représente aujourd'hui un tiers des exportations mondiales — c'est une des caractéristiques de l'« hypermondialisation » décrite par Arvind Subramanian et Martin Kessler [2013].

Les nouveaux rapports de force géopolitiques

Le grand bouleversement qui ouvre la dernière décennie du xxe siècle est évidemment la fin de la guerre froide : en 1989, les

« démocraties populaires » retrouvent leur souveraineté et un gouvernement plus ou moins libéral, le mur de Berlin tombe et, en 1991, l'URSS implose, laissant place à quinze États indépendants qui se convertissent à l'économie de marché (chapitre 9). Le modèle libéral n'a désormais plus de concurrent, au moins sur le plan économique, et rien ne s'oppose à ce que tous les États de la planète participent aux échanges. Le nombre de partenaires du GATT continue d'ailleurs d'augmenter, atteignant 123 pays en 1986, quand s'ouvre un nouveau cycle de négociations : l'*Uruguay Round*. Ce cycle, le plus long de l'histoire puisqu'il ne s'achève qu'en 1993, transforme le GATT en une organisation permanente, l'Organisation mondiale du commerce (OMC), dotée d'une structure d'arbitrage : l'Organe de règlement des différends (ORD) et l'Organe d'appel (OA) pour les déçus du premier. Les produits agricoles et les services sont désormais inclus dans le démantèlement progressif des obstacles, tarifaires ou non.

Le multilatéralisme commercial semble donc s'imposer après 1995, date de création effective de l'OMC, d'autant que l'organisation continue d'attirer, y compris les anciennes économies collectivisées : la Chine y adhère en 2001, le Vietnam en 2007, la Russie en 2012 après un long veto européen ; l'organisation compte désormais 164 membres, plus une vingtaine de candidats (l'ONU compte 193 membres), et moins d'une dizaine de pays n'ont pas manifesté l'intention d'y adhérer, dont les plus notables sont la Corée du Nord et l'Érythrée.

Mais le succès de l'OMC n'est qu'apparent. Depuis sa création, aucun nouveau cycle de négociations n'est allé à son terme, celui ouvert à Doha en 2001 ayant été suspendu en 2006, même si le « paquet de Bali », conclu en 2013, reprenait une partie de ses avancées sur la libéralisation des services. Le rôle arbitral de l'organisation constitue un progrès, mais est menacé par le contournement de ses décisions et par le refus des États-Unis, depuis 2019, d'autoriser le renouvellement des membres de l'OA. En l'absence d'accord général, les accords bilatéraux et régionaux se sont multipliés au XXIe siècle : en 2019, l'OCDE recensait 469 accords de commerce régionaux (ACR) notifiés, dont 292 réellement en vigueur, contre une trentaine en 1992. Un ACR peut évidemment aboutir à un surcroît d'intégration économique des partenaires, voire préparer une multilatéralisation ultérieure. Ce fut le sens de l'intégration européenne, commencée dès les années 1950 et parvenue en 1993 à un grand marché totalement intégré, appliquant des normes identiques et une totale liberté de circulation des capitaux, biens et services à une trentaine d'États européens — l'espace économique européen s'étend en effet au-delà de l'Union. L'intégration européenne a servi d'exemple aux initiatives ultérieures, même si aucune ne va aussi loin : la Communauté andine des nations (CAN, créée en 1969) ouvre une zone de libre-échange en 1993, l'Accord de libre-échange nord-américain (Alena, devenu en 2020 accord États-Unis-Mexique-Canada — AEUMC) entre en vigueur en 1994, le Mercosur en 1995, l'ASEAN Free Trade Area (AFTA, le marché commun créé par les membres de l'Association of South East Asian Nations — ASEAN) en 2002, etc.

La principale conséquence de tels accords est que les échanges intra-régionaux progressent plus vite que les échanges intercontinentaux, ce qui s'observe dans le taux des échanges intrazones de ces différentes organisations : l'Union européenne commerce à 70 % avec l'Europe (dont 64 % en interne), l'ASEAN à 67 % en Asie (dont 25 % en interne) et les échanges internes représentent 50 % pour l'ex-Alena. C'est aussi une conséquence des échanges intrafirmes, qui sont en moyenne deux fois plus intenses en intrazone qu'en intercontinental, et de la logique des « échanges croisés » qui prédomine pour les produits manufacturés : les pays échangent des produits conçus selon des standards de consommation et d'équipement identiques, et il n'y a pas vraiment de standard mondial. La mondialisation a donc été d'abord une régionalisation, et les évolutions récentes tendent à accentuer cette orientation.

Le multilatéralisme a été le cadre favorable à l'essor de l'Asie, et singulièrement de la Chine. On comprend dès lors pourquoi, ces dernières années, le débat autour du libre-échange s'est focalisé sur la « guerre commerciale » entre la Chine, devenue premier exportateur mondial en 2015, et les États-Unis, dont la position dans le monde s'est dégradée depuis un demi-siècle, en partie sous l'effet des réimportations par les transnationales américaines depuis leurs filiales ou sous-traitants : de 1 % du PIB en 1977, le déficit de la balance commerciale est passé à près de 6 % en 2006, pour se stabiliser autour de 3 % depuis 2013. L'offensive protectionniste tous azimuts des États-Unis depuis l'entrée en fonction de l'administration Trump n'est qu'une étape plus radicale (et encore...) d'une tendance antérieure : le communiqué du G7 en 2017 a été le premier à ne pas faire référence à la nécessité de poursuivre la libéralisation des échanges, les États-Unis ont imposé en 2018 des hausses de droits de douane comprises entre 10 % et 50 %, mais sur seulement 10 % des importations américaines... La Chine s'est, au contraire, muée en championne du libre-échange : elle en soutient la nécessité dans le cadre du G20, et elle conclut en 2020 le *Regional Comprehensive Economic Partnership* (RCEP, ou Partenariat régional économique global) avec l'ASEAN, le Japon, la Corée du Sud, l'Australie et la Nouvelle-Zélande, qui vise à terme la création d'une zone de libre-échange hébergeant 30 % de la population mondiale. L'Asie de l'Est fait d'ailleurs aujourd'hui jeu égal avec l'Europe comme premier pôle commercial mondial, avec un peu plus du tiers des exportations et importations chacune.

Cette opposition est moins paradoxale qu'il n'y paraît quand on compare les taux d'ouverture des deux pays (commerce extérieur rapporté au PIB) depuis un demi-siècle : celui de la Chine a plus que décuplé, à près de 35 %, quand celui des États-Unis, à 15 %, a tout juste triplé ; les États-Unis restent ainsi ce qu'ils ont au fond toujours été : une des économies les moins ouvertes parmi les pays développés, comme le Japon ou le Brésil, tandis que la Chine est devenue la deuxième plus ouverte, derrière l'Allemagne, devançant la France ou le Royaume-Uni qui sont en dessous de 30 %.

Une remise en cause de la mondialisation ?

Faut-il pour autant s'attendre à une « démondialisation », comme en rêvent certains militants [Bello, 2002] ? Comme dit l'adage : « Les arbres ne montent pas jusqu'au ciel », et le ciel des échanges semble atteindre ses limites. La crise de 2008-2009 a entraîné la plus forte contraction des échanges mondiaux depuis les années 1930 (12 % en volume) ; alors que les exportations de biens et de services frôlaient les 31 % du PIB mondial, ce niveau n'a plus été atteint depuis dix ans, malgré le 30,5 % de 2019.

Depuis la Seconde Guerre mondiale, la croissance des échanges a été supérieure à celle du PIB dans le monde presque chaque année, sauf lors des chocs conjoncturels majeurs — en 1982 ou en 2001, par exemple. Si le PIB mondial a été multiplié par neuf environ depuis 1950, le commerce mondial a été multiplié par trente et celui des produits manufacturés par soixante-cinq. Or, depuis 2010, l'écart des taux de croissance du PIB et des exportations s'est amenuisé, même s'il reste d'un point de pourcentage en faveur des échanges sur la période 2000-2018. S'agit-il d'une tendance de fond ou d'un épuisement passager ?

Il est vrai que la mondialisation fait l'objet de contestations croissantes. Si les opinions publiques y semblent toujours favorables, l'adhésion est surtout massive dans les pays émergents, où elle a permis de réduire visiblement la pauvreté et d'élever le niveau de vie moyen de façon fulgurante. Inversement, l'attitude critique est plus forte, et parfois majoritaire, dans de nombreux pays industrialisés, y compris aux États-Unis, où tendances protectionnistes et courants altermondialistes (qui veulent une « autre mondialisation ») gagnent du terrain. Dès les années 1990, les grandes manifestations de la gouvernance mondiale d'inspiration libérale ont été la cible des activistes les plus radicaux : les conférences de l'OMC, à commencer par celle de Seattle en 1999, les sommets du G7 comme celui de Gênes en 2001 ont été marqués par des manifestations violentes et une stratégie de « contre-sommet » devenue institutionnelle avec les

Les contestations de la mondialisation, de la gauche « altermondialiste » à la droite « démondialiste »

Cédric Tellenne

Les objectifs des contestataires altermondialistes de Seattle (États-Unis) et de Porto Alegre (Brésil), majoritairement d'inspiration socialiste, écologiste et anarchiste, n'ont pas été atteints et le mouvement s'est rapidement essoufflé, malgré les ravages de la crise économique mondiale (2008) qui auraient dû amplifier le mouvement. Comment expliquer que ce soient désormais les droites nationalistes et populistes, promouvant la « démondialisation » et incarnées par le vote du Brexit au Royaume-Uni ou le trumpisme aux États-Unis, qui aient su le mieux tirer profit du rejet croissant de l'hypermondialisation ?

La « bataille de Seattle » (États-Unis, État de Washington) en 1999 avait marqué l'irruption des mouvements de la gauche altermondialiste dans le paysage géopolitique mondial, en marge d'une réunion de l'OMC censée ouvrir le « cycle du Millénaire » (qui devait assurer le triomphe du libre-échange dans le monde). On assistait alors à l'affirmation du « pouvoir des sans-pouvoir » [Havel, 1978], agrégeant des luttes assez diverses (paysans sans terre, ouvriers et chômeurs, défenseurs de l'environnement, des droits des minorités, etc.), contre les milieux économiques et politiques dirigeants, incarnés par le Forum économique de Davos en Suisse. De Seattle à Porto Alegre, le mouvement était passé des combats de rue aux discussions de salon, dans le cadre du Forum social mondial (FSM) à Porto Alegre (Brésil, Rio Grande do Sul). Celui-ci se définissait alors comme un « espace ouvert », un « processus permanent de recherche et d'élaboration d'alternative » (charte de Porto Alegre, 2004), refusant de se structurer pour éviter la récupération politique.

Le mouvement a connu une montée en puissance jusqu'en 2005, du fait de la convergence des luttes

« forums sociaux mondiaux » annuels, créés à Porto Alegre (Brésil) en 2001 en parallèle du « Forum économique mondial » de Davos, apparu en 1971.

Si la dimension idéologique de l'antimondialisme, qui n'est qu'une autre forme de rejet du capitalisme d'inspiration marxiste et tiers-mondiste, apparaît minoritaire, les critiques altermondialistes fondées sur les conséquences environnementales de l'intensification des échanges obtiennent une audience et une crédibilité grandissantes à mesure que les causes anthropiques et les effets du dérèglement climatique sont avérés. Les entreprises elles-mêmes s'emparent de la problématique, et pas seulement dans une optique superficielle de *greenwashing*. Le transport maritime fait évoluer ses carburants pour émettre moins de dioxyde de soufre et se convertit à des modes de propulsion plus « propres » (gaz naturel liquéfié — GNL —, moteur électrique). Le souci des circuits courts, le respect de la saisonnalité des productions agricoles, la défense de l'emploi de proximité inspirent de plus en plus de consommateurs dans les contre la mondialisation, le pouvoir des grandes firmes, l'impérialisme des États-Unis et la guerre (Irak), puis une descente brutale du fait de ses divisions internes (idéologiques et stratégiques) ; après la crise de 2008, il n'a pas su se renouveler sous l'influence de mouvements comme celui des Indignés ou *Occupy Wall Street*. Certains États du Sud ont toutefois relayé les contestations paysannes au sein de l'OMC (le G23, devenu G20, mené par le Brésil, le Mexique ou l'Inde). On perçoit l'essoufflement du mouvement à travers les échecs répétés des forums sociaux, en termes d'affluence (le FSM Salvador de Bahia en 2018 est très peu médiatisé), l'incapacité à structurer une contestation civile en Afrique et en Asie, l'affaiblissement des grands réseaux altermondialistes (Attac perd le tiers de ses effectifs), l'incapacité à trouver des débouchés concrets : échec des expériences politiques néosocialistes comme au Venezuela (Chavez), en Bolivie (Morales), en Grèce (Tsipras). Une frange de la gauche anticapitaliste et antimondialiste s'est même radicalisée, décrédibilisant le mouvement (phénomène *black block*).

À l'inverse, on observe un glissement spectaculaire de l'anticapitalisme vers l'antiélitisme de droite : « Youngstone, Ohio, plutôt que Seattle, Washington », selon les spécialistes Eddy Fougier et Anna Dimitrova [2019]. Les classes populaires et moyennes ont été récupérées par les mouvements populistes-nationalistes, qui ont mieux compris leurs revendications : elles expriment une critique de la mondialisation pour des raisons avant tout matérielles, et non idéologiques (emploi, pouvoir d'achat, sécurité économique et sociale), mais aussi pour des raisons culturelles et identitaires (rejet des migrants économiques et des réfugiés, de la société multiculturelle). C'est un refus de la mondialisation portée par des élites cosmopolites, plutôt que le rejet de la mondialisation comme une extension globalisée du capitalisme. David Goodhart [2019] en donne une image saisissante à travers l'opposition entre les « gens de quelque part » et les « gens de partout » (*people from somewhere/people from anywhere*).

pays industrialisés, battant en brèche la logique du « toujours plus loin, toujours moins cher ».

Cette remise en cause s'est traduite depuis le début du XXIe siècle par un courant de « relocalisations » : des entreprises, ayant jugé les inconvénients de la délocalisation supérieurs à ses bénéfices, rapatrient leurs unités de production à proximité des lieux de consommation (chapitre 13). La part des investissements directs à l'étranger (IDE) entrants dans la formation brute de capital fixe (FBCF) mondiale, après avoir fortement accéléré dans la décennie 1990, passant de 2,5 % à 17 % en 2000, est retombée en dessous de 10 %, ce qui reste néanmoins quatre fois plus élevé qu'avant l'« hypermondialisation ». Le stock d'IDE mondial, de 5 % du PIB mondial en 1980, a bondi à 22 % en 2000 et continue de croître depuis, dépassant 35 % en 2016. Il est donc difficile de parler de « démondialisation », surtout en tenant compte de tendances lourdes : l'intensité de la circulation des capitaux, le déploiement des flux de données (*data*) et de l'intelligence artificielle (IA) dans le cyberespace, l'efficacité des paradis fiscaux et du *shadow banking*, ainsi que le positionnement explicite de la Chine, proche d'être la première économie mondiale, au profit de la mondialisation. Sans doute la mondialisation est-elle encore en train de muter vers de nouvelles configurations, comme autant de nouveaux facteurs de transformation de la géopolitique mondiale.

Le mouvement des relocalisations pourrait-il s'accroître avec la crise sanitaire et la volonté des autorités gouvernementales de diminuer la dépendance dans certaines productions vitales ? L'année 2020, marquée par la pandémie de Covid-19, est déjà touchée par un recul sans précédent du commerce mondial, peut-être jusqu'à un tiers en moins... Les circonstances historiques de la pandémie expliquent le choc et devraient permettre une reprise vigoureuse lorsque le virus reculera. Or les premières observations en ce sens n'annoncent pas de bouleversement : Euler-Hermes a remarqué que, en octobre 2020, les parts de marché de la Chine avaient bondi de 20 % à 25 % des exportations mondiales depuis 2019, une progression inédite liée à une adaptation de son offre — produits de protection sanitaire (masques en particulier), équipements de télétravail (ordinateurs, écouteurs, téléphones), dont un tiers proviennent de Chine contre 27 % en 2018 et 2019. Rien n'annonce que le monde de demain sera très différent de celui d'hier...

Repères bibliographiques

BADIE B. [2014], *La Fin des territoires*, Paris, CNRS Éditions.

BAIROCH P. [1994], *Mythes et Paradoxes de l'histoire économique*, Paris, La Découverte.

BELLO W. [2002], *Deglobalization. Ideas for a New World Economy*, Londres/New York, Zed Books.

BERGER S. [2003], *Notre première mondialisation. Leçons d'un échec oublié (1870-1914)*, Paris, Seuil.

BERNHOFEN D. [2013], « Estimating the effects of the container revolution on world trade », *CESifa Working Paper*, n° 4136.

BOYER R. et DURAND J.-P. [1993], *L'Après-fordisme*, Paris, Syros.

CARROUÉ L. [2020], *Atlas de la mondialisation*, Paris, Autrement, nouvelle édition.

DOLLFUS O. [1997], *La Mondialisation*, Paris, Presses de Sciences Po.

ESAMBERT B. [1991], *La Guerre économique mondiale*, Paris, Olivier Orban.

FOUGIER E. et DIMITROVA A. [2019], « Contestation de la mondialisation : vingt ans après la "bataille de Seattle" », *Politique étrangère*, n° 3, p. 113-127.

GHORRA-GOBIN C. (dir.) [2006], *Dictionnaire des mondialisations*, Paris, Armand Colin.

— [2017], « Mondialisation et globalisation », *Géoconfluences*, décembre.

GHORRA-GOBIN C. et REGHEZZA-ZITT M. [2016], *Entre local et global. Les territoires de la mondialisation*, Paris, Le Manuscrit, « Fronts pionniers ».

GOODHART D. [2019], *Les Deux Clans. La nouvelle fracture mondiale*, Paris, Les Arènes.

GRATALOUP C. [2007], *Géohistoire de la mondialisation*, Paris, Armand Colin.

Havel V. [1978], *Le Pouvoir des sans-pouvoir,* Paris, Éditions Première Partie, 2021.
Levitt T. [1983], « The globalization of markets », *Harvard Business Review,* mai-juin.
Lévy J. (dir.) [2008], *L'Invention du monde. Une géographie de la mondialisation,* Paris, Presses de Sciences Po.
McLuhan M. [1967a], *Message et Massage. Un inventaire des effets,* Paris, Jean-Jacques Pauvert, 1968.
— [1967b], *Guerre et Paix dans le village planétaire,* Paris, Robert Laffont, 1970.
Michalet Ch.-A. [2002], *Qu'est-ce que la mondialisation ?* Paris, La Découverte.
Sassen S. [1991], *The Global City. New York, London, Tokyo,* Princeton, Princeton University Press, 2001.
Subramanian A. et Kessler M. [2013], « The hyperglobalization of trade and its future », *Working Paper,* n° 13-6, Peterson Institute for International Economics.
Veltz P. [1997], *Mondialisation, villes et territoires. L'économie d'archipel,* Paris, PUF.

10 / La mondialisation financière : de l'efficience à l'instabilité

Clément Henrat-Lemée

À l'approche de la crise des *subprimes*, le gouverneur de la Réserve fédérale américaine (Fed) Alan Greenspan [2005] — connu jusqu'alors comme le « maestro de l'économie » [Krugman, 2012] — vantait les opportunités offertes par la nouvelle ère de la mondialisation financière : « Des instruments financiers de plus en plus complexes ont contribué à une meilleure dispersion du risque, et à la création d'un système financier bien plus flexible, efficace et résilient que celui qui existait voilà à peine un quart de siècle. » L'optimisme était alors un sentiment largement partagé chez les économistes. Pourtant, le 15 septembre 2008, la crise financière mondiale se déclenchait avec la faillite de la troisième plus importante banque d'investissement américaine, Lehman Brothers, sachant que, dès la fin du printemps 2007, de nombreuses défaillances sur les crédits hypothécaires américains étaient perceptibles et que la crise bancaire avait déjà débuté avec la fermeture de deux fonds de crédit par Bear Stearns. Sans doute est-ce pourquoi, face à l'ampleur de cette crise financière mondialisée mal anticipée — et à laquelle succéda la crise des dettes souveraines européennes —, Olivier Blanchard, chef économiste au Fonds monétaire international (FMI), publia un article au titre évocateur, « Five lessons for economists from the financial crisis », invitant l'ensemble de ses confrères à « faire preuve d'humilité » [Blanchard, 2013, p. 1] et dénonçant les usages peu précautionneux de certains modèles mathématiques sophistiqués dits « sans frictions financières », c'est-à-dire supposant des marchés financiers parfaitement efficients et composés d'agents économiques essentiellement rationnels. La crise financière de 2008 a donc conduit les économistes, les pouvoirs publics, mais aussi les simples citoyens à jeter un regard soudainement très critique sur les écueils de la mondialisation financière.

Pour autant, les vertus de cette mondialisation sont reconnues par la théorie économique. Ainsi, le prix Nobel d'économie Jean Tirole [2016] peut écrire : « Commençons par une évidence : la finance est indispensable à l'économie » [p. 395], avant de poursuivre : « Le défi : ne pas jeter le bébé avec l'eau du bain. Aucun instrument financier n'est répréhensible en lui-même [...]. Bien utilisés, les instruments financiers tant dévoyés ces derniers temps contribuent au dynamisme de l'économie mondiale » [p. 405]. L'enjeu est donc de comprendre que la mondialisation financière est un phénomène ambigu quant à ses effets sur l'économie réelle, marqué depuis les années 2000 par des flux d'une ampleur inégalée depuis la première mondialisation du XIXe siècle, sachant que le monde peut tirer avantage et profit de cette hypertrophie financière, mais que celle-ci peut en retour le contraindre et le mettre en danger, à la fois comme outil de puissance et comme source de risques... Ce qui pose fondamentalement la question de la régulation des marchés financiers.

Mondialisation financière et émergence d'un marché mondial du capital

Définitions et mesures

Si l'on peut définir la mondialisation comme ce processus d'interconnexion croissante des économies et de leurs territoires, la mondialisation financière est alors le processus par lequel l'internationalisation permet cette interconnexion. Ainsi, la mondialisation financière signifie que les marchés de capitaux, où se rencontrent l'offre d'épargne des agents à capacité de financement et la demande d'investissement des agents à besoin de financement, sont de plus en plus intégrés, c'est-à-dire que les mouvements de capitaux deviennent de moins en moins contraints par des barrières à la circulation entre les pays, ainsi que par divers coûts de transferts internationaux. On ajoutera à cela une tendance à la déréglementation des marchés financiers, autrement dit non seulement le capital circule de plus en plus librement dans le monde, mais les opérations financières deviennent elles-mêmes de moins en moins réglementées.

À en croire Suzanne Berger [2003], la mondialisation financière n'est pas un phénomène récent, puisque la première mondialisation entre 1870 et 1914 aurait été marquée par une forte intégration financière mondiale, avec un volume des mouvements internationaux de capitaux multiplié par plus de cinquante entre 1825 et 1913. Pourtant, la phase actuelle de la mondialisation financière, qui a débuté dans les années 1980, reste sans commune mesure, comme en témoignent les indices d'intégration financière.

Pour mesurer la réalité de la mondialisation financière, les économistes ont recours, d'après Agnès Bénassy-Quéré [2015], à deux grandes familles d'indicateurs : les indicateurs d'ouverture *de jure* et les indicateurs d'ouverture *de facto*. Dans le premier cas, il s'agit de mesurer théoriquement si le pays est ouvert aux flux mondiaux de capitaux : c'est notamment l'objectif de l'indice de Chinn et Ito [2008], qui prend en compte l'existence de barrières réglementaires à l'entrée et à la sortie des capitaux. Dans le second cas, l'ouverture financière est uniquement mesurée à l'aide des données empiriques concernant les flux de capitaux : c'est le cas notamment de l'indice de Lane et Milesi-Ferretti [2008], qui calcule un ratio d'intégration financière internationale (IFI) en divisant l'ensemble des actifs et des engagements financiers étrangers d'un pays par son produit intérieur brut (PIB), pour une année donnée. Quel que soit l'indicateur considéré, on observe une très nette tendance à l'intensification de la mondialisation financière à compter du début des années 1980.

De l'économie d'endettement à l'économie des marchés financiers

Si l'on retient la typologie de John Hicks [1974], les années 1980 marquent le passage d'une « économie d'endettement », au sein de laquelle les entreprises comme les ménages se finançaient essentiellement grâce aux banques qui leur octroyaient des crédits, à des « économies de marchés financiers », où les financements s'effectuent directement sur les marchés mondiaux de capitaux. Si l'on retrouve la même intuition avec la typologie de Ronald McKinnon [1973] et Edward Shaw [1973], qui opposent la période de « répression financière » avant les années 1980 et la période de « libéralisation financière » post-1980, la mondialisation financière pourrait se résumer à « trois dimensions » (les fameuses « 3D ») que lui attribue Henri Bourguinat [1992] : déréglementation (allègement des règles et des normes encadrant le fonctionnement des marchés financiers), décloisonnement (rendant possible pour une même banque d'être à la fois une banque de dépôt pour les épargnants et une banque d'investissement sur les marchés financiers), désintermédiation (possibilité de se financer directement sur les marchés). On pourrait ajouter une quatrième dimension liée à la dématérialisation des transactions grâce aux nouvelles technologies.

Les vertus de la mondialisation financière

Si l'on s'en tient aux plus importantes d'entre elles, on peut en retenir quatre.

L'efficience informationnelle. — D'abord théorisée par Paul Cootner [1964], puis par une trilogie d'articles d'Eugene Fama [1965 ; 1970 ;

1990], l'efficience informationnelle se définit, selon Sandrine Lardic et Valérie Mignon [2006], par des marchés financiers où les prix des actifs « reflètent instantanément toute l'information disponible », et sont capables d'« englober les conséquences des événements passés et de refléter les anticipations concernant les événements futurs ». Ainsi, dans la version forte de l'efficience des marchés financiers, tous les agents économiques disposent de l'ensemble de l'information disponible et l'incorporent dans leurs décisions, de telle sorte que le prix des actifs ne s'écarte jamais durablement de leur valeur fondamentale. Cette théorie a conduit nombre d'économistes à prôner une plus grande libéralisation de la finance internationale.

L'efficience allocative. — D'après la théorie économique standard, le marché a toujours été le mode d'allocation optimal des ressources. Appliqué à la mondialisation financière, ce principe signifie que la libéralisation des marchés financiers débouche sur une allocation efficace des ressources au sein de l'économie mondiale. Les travaux fondateurs de Harry Markowitz [1952], James Tobin [1958] ou encore William Sharpe [1964] montrent que l'épargne mondiale s'oriente nécessairement vers les projets d'investissement et vers les régions du monde qui garantissent le rendement le plus élevé pour un niveau de risque donné *t*. La mondialisation financière permet de bénéficier d'un taux d'intérêt plus faible qu'en situation d'autarcie, ce qui accroît l'investissement, tout en rendant possible pour les épargnants une meilleure diversification de leur portefeuille d'actifs grâce à l'étendue des possibilités d'investissement.

La déconnexion du revenu d'un pays et de sa demande intérieure. — Pour Bénassy-Quéré [2015], la mondialisation financière permet aux pays de consommer davantage que ce qu'ils produisent en rendant possible le financement aisé d'un éventuel déficit commercial. On dit alors que le pays assouplit sa contrainte de financement extérieur, c'est-à-dire qu'il peut désormais exister une déconnexion, pour une période donnée, entre la consommation et l'investissement d'un pays d'une part, et sa production macroéconomique (mesurée par le PIB) d'autre part. Concrètement, un pays qui souhaite importer davantage de biens et services n'a plus besoin de vendre autant de biens et services en contrepartie : il peut augmenter ses importations en bénéficiant de flux financiers étrangers entrants pour les payer, c'est-à-dire en empruntant à d'autres pays.

La discipline de marché. — En permettant aux États et aux entreprises de se financer aisément sur les marchés, la mondialisation financière les contraint aussi à une forme de bonne gestion. En effet, les marchés financiers sanctionnent des politiques budgétaires trop laxistes ou des marges bénéficiaires trop faibles pour les entreprises, en exigeant une prime de risque élevée, donc un taux d'intérêt plus élevé.

Paradoxes et asymétries de la mondialisation financière

Un objet de débats entre économistes

À en croire M. Ayhan Kose *et al.* [2007], l'existence d'un relatif consensus parmi les économistes sur les mérites de la mondialisation financière n'empêche pas pour autant d'importantes polémiques sur cet objet d'étude. John Maynard Keynes [1936] avait déjà analysé le risque d'instabilité financière, identifiant celle-ci comme une conséquence des comportements grégaires des agents économiques. L'efficience des marchés financiers est contestée après la crise de 2008, et elle est désormais largement remise en question, y compris par la théorie standard : pour Tirole [2016], l'idée selon laquelle les économistes ont une confiance illimitée dans l'efficience des marchés financiers a trente ans de retard. Le débat actuel ne porte plus vraiment sur la possibilité d'existence de crises directement liées au fonctionnement de la finance internationale, mais plutôt sur l'ampleur de ces défaillances au regard des bienfaits théoriques mis en avant, et sur les instruments de régulation plus ou moins interventionnistes qu'il s'agit de concevoir pour y remédier.

Les grands paradoxes de la mondialisation financière

Ces paradoxes sont ceux de Martin Feldstein et Charles Horioka d'un côté, de Robert Lucas de l'autre. Selon eux, l'intégration financière serait plus circonscrite et inégale qu'il n'y paraît au premier abord.

Une première manière de relativiser les vertus de la mondialisation financière est de relativiser l'importance de la mondialisation financière elle-même. Ce fut l'un des objectifs de Feldstein et Horioka [1980], qui écrivaient : « Dans un monde où il y a une parfaite mobilité des capitaux, il ne doit pas y avoir de relation entre l'épargne nationale et l'investissement national : l'épargne dans chaque pays répond à la demande mondiale d'investissement, alors que l'investissement de ces pays est financé par les capitaux du monde » [p. 317]. Autrement dit, si la mondialisation financière était vérifiée avec des capitaux parfaitement mobiles, chaque pays devrait voir ses investissements domestiques financés minoritairement par l'épargne de ses habitants, et majoritairement par l'épargne du monde entier. Or, sur la base d'un échantillon de seize pays de l'OCDE entre 1960 et 1974, Feldstein et Horioka montrent qu'une augmentation d'un point de pourcentage de l'investissement national est financée, en moyenne, à près de 90 % par de l'épargne nationale, et donc à hauteur de seulement 10 % par les capitaux du monde (soit un coefficient de corrélation de 0,897 entre épargne et investissement domestiques). On notera toutefois que l'étude de Feldstein et Horioka possède plusieurs biais, qui en limitent la portée : un échantillon de pays fort restreint, une période étudiée prématurée par rapport au véritable essor de l'intégration financière mondiale. Les études plus récentes, élargies et formellement plus abouties, nuancent ce paradoxe : les travaux d'Olivier Blanchard et Francesco Giavazzi [2002], avec un coefficient de 0,58 sur la décennie 1982-1991, montrant un essor des investissements internationaux, ou ceux de Bénassy-Quéré [2015] pour la zone euro mettant en lumière une forte intégration financière (coefficient de 0,14).

Une seconde manière de nuancer les vertus de la mondialisation financière est de circonscrire sa portée dans le monde, en montrant qu'elle ne concerne finalement que quelques grandes puissances, ce qui amoindrit aussi les propriétés d'efficience allocative des capitaux. L'article de Lucas [1990], bien qu'appartenant à la théorie dominante, montre empiriquement cette notable limite de l'intégration financière mondiale. En effet, la mobilité mondiale des capitaux devrait conduire à ce que l'épargne soit placée dans le pays où elle est le mieux rémunérée, c'est-à-dire dans le pays où le niveau de productivité marginale du capital est le plus élevé. Or ce sont les pays du « Sud », encore peu développés, qui bénéficient du meilleur rendement du capital. En toute logique donc, les capitaux du monde entier et en particulier des pays développés devraient se diriger vers les pays du « Sud » pour bénéficier de ces meilleurs rendements. Au contraire, Lucas montre que les flux nets de capitaux vont, dans l'ensemble, des pays développés vers d'autres pays développés, et même des pays du « Sud » vers des pays développés. Alors que la théorie économique dominante prévoit l'allocation optimale de l'épargne mondiale, tout en prédisant que cette allocation conduira les pays en voie de développement à avoir accès à des financements extérieurs du monde entier pour favoriser leur processus de convergence et de rattrapage [Solow, 1956], le paradoxe de Lucas montre l'inverse et infirme alors l'un des grands principes de la mondialisation financière.

Mondialisation financière et puissance géopolitique

Le lien entre la mondialisation financière et la puissance géopolitique n'est pas récent. Comme le montre Charles Kindleberger [1981], dès l'entre-deux-guerres, le système monétaire international de Gênes, créé en 1922, était le lieu des affrontements entre nations, avec la présence de deux devises clés rivales : la livre sterling et le dollar américain. Or cette rivalité entre Londres et New York avait pour objectif d'attirer les capitaux afin de faciliter le financement de l'économie, et donc d'engendrer davantage de croissance et de puissance économiques. Mais cette rivalité entre puissances a largement alimenté la spéculation et donc l'instabilité financière, au point d'en faire, selon Ralph Hawtrey [1926], l'une des causes de l'excès de liquidité aux États-Unis — ce qui n'est pas sans lien avec la crise de 1929. D'un point de vue géopolitique, comme le montrent Barry Eichengreen et Marc Flandreau [2009], cette concurrence entre la livre et le dollar s'était rapidement soldée par une domination du dollar.

De manière plus contemporaine, on retrouve la volonté de puissance des États dans la manière dont s'organisent les relations monétaires et financières internationales. Ainsi, Arnaud Odier [2015] montre que les États-Unis comme la Chine tentent d'influencer le fonctionnement des marchés de capitaux pour servir leurs intérêts stratégiques : ainsi les États-Unis tentent-ils de maintenir l'hégémonie du dollar dans les échanges internationaux, alors même que la fin des accords de Bretton Woods en 1971 devait logiquement entériner la fin du dollar comme monnaie-pivot mondiale. De même, les États-Unis ont largement répandu leurs normes et standards comptables : le droit monétaire et financier international est essentiellement issu de la tradition juridique américaine. Plus encore, l'extraterritorialité du droit monétaire et financier américain a permis au Department of Justice américain de poursuivre de nombreuses entreprises ou particuliers du monde entier dès que ceux-ci utilisaient le dollar dans une transaction commerciale ou financière internationale — et même si cette transaction n'impliquait aucunement les États-Unis [Laïdi, 2019]. C'est ainsi que BNP Paribas, Alstom et de très nombreuses autres entreprises non américaines et donc concurrentes des États-Unis ont été condamnées à payer de lourdes amendes, parfois de plusieurs milliards de dollars.

De son côté, la Chine se sait pour le moment incapable d'exercer un véritable *leadership* au sein des principales institutions financières mondiales, contrôlées par les États-Unis (malgré l'augmentation récente, mais limitée, de ses droits de vote au FMI). Ainsi, elle cherche à créer de nouvelles institutions financières à portée régionale ou mondiale, comme la New Development Bank, la banque de développement des BRICS (Brésil, Russie, Inde, Chine, Afrique du Sud) dotée d'un capital initial de 100 milliards de dollars, ou la Banque asiatique d'investissement dans les infrastructures (BA2I), destinée à financer son projet des « nouvelles routes de la soie » (chapitre 26). Elle détient les deuxièmes réserves mondiales de bons du Trésor américain, derrière les pays d'Europe, ce qui constitue un indéniable moyen de pression.

Carte 1. **Les plus grandes places financières du monde en 2019, par la capitalisation totale**

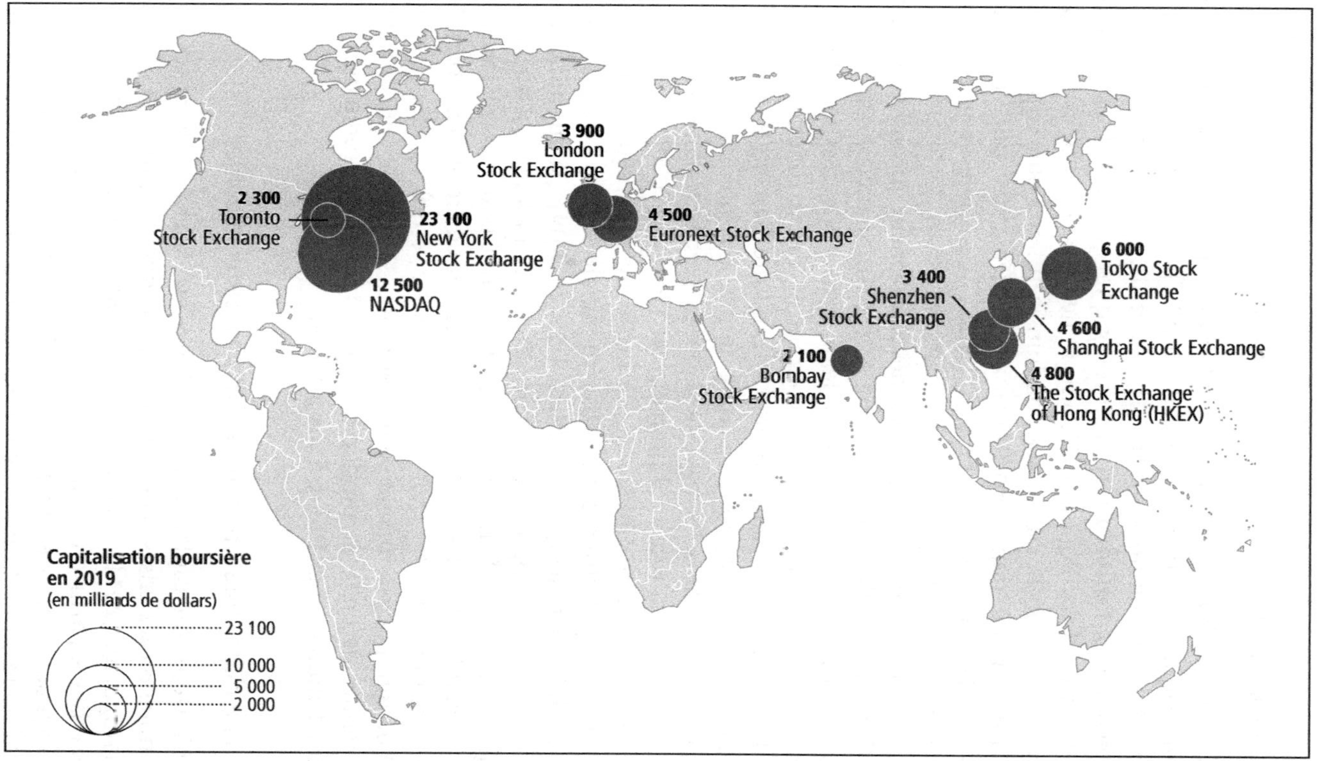

Source : d'après World Federation of Exchanges.

Quand la mondialisation financière devient dangereuse et nuisible

Une relation finance-croissance non linéaire

La mondialisation financière n'a peut-être pas apporté la croissance économique et le développement promis par la théorie libérale. Si, selon Joseph Schumpeter [1911], les institutions financières sont nécessaires à l'innovation technologique qui sous-tend la croissance, selon Joan Robinson [1952], le lien de causalité est en réalité inverse : « Là où la croissance conduit, la finance suit » [p. 86]. Plus récemment, de nombreux travaux ont démontré que la relation qui liait l'extension de la mondialisation financière et la croissance économique n'était pas linéaire : autrement dit, la finance pourrait contribuer à la croissance et au développement jusqu'à un certain seuil, puis devenir néfaste lorsque la sphère financière est hypertrophiée. C'est ce que démontrent Jean-Louis Arcand *et al.* [2015] en considérant que, au-delà d'un volume de crédit supérieur à 110 % du PIB, la finance commencerait à produire des effets néfastes sur la croissance économique de long terme. Or, fin 2020, le volume total du crédit dans les pays développés représentait près de 432 % de leur PIB [Institute of International Finance, 2020], ce qui serait facteur d'instabilité financière, et incite de nombreux économistes à vouloir « discipliner la finance » mondiale [Artus, 2019]. En effet, pour Thomas Grjebine et Fabien Tripier [2011], la mondialisation financière hypertrophiée et décorrélée de la production nourrit des krachs financiers et immobiliers dont le coût pour la collectivité est considérable : chaque crise abaisse le sentier de croissance potentielle des économies *via* les « effets d'hystérèse », ce qui signifie que, alors même que la crise financière est terminée, ses conséquences néfastes en termes de perte de productivité, de capacité de production ou de capital humain persistent à long terme.

Le retour des crises : une instabilité financière accentuée

L'histoire du capitalisme a toujours été jalonnée de crises, dont de nombreuses crises bancaires et financières (chapitre 7) : Christian Chavagneux [2011] met en lumière cette récurrence systématique des crises à partir du moment où la finance s'est développée, depuis la « tulipo-mania » entre 1634 et 1637 jusqu'à la crise mondiale de 2008, tandis que Kindleberger [1993] décompte pas moins de trente et une années de crises d'origine financière entre 1720 et 1987. Mais si les crises financières ont jalonné l'histoire économique, la mondialisation financière commencée dans les années 1980 a modifié la fréquence de ces crises, comme le démontre l'expérience historique du krach du 19 octobre 1987, surnommé le « lundi noir », la crise du système monétaire européen de 1992-1993, ou celle du Mexique en 1994 qui provoque d'autres crises en chaîne, connues sur le nom d'« onde tequila » : crise est-asiatique de 1997, crises russe et brésilienne de 1998, puis argentine (1999-2000), krach boursier sur les valeurs technologiques, et ce jusqu'à la crise des *subprimes* commencée en 2007.

Loin de la promesse de stabilité, la mondialisation financière aurait donc été déstabilisante pour les économies, aussi bien pour les pays développés que pour les pays en développement qui, en plus d'être insuffisants financés internationalement (paradoxe de Lucas), subissent fréquemment des retraits massifs de capitaux appelés *sudden stop*, ce qui a pour effet de déprécier brutalement le taux de change, de mettre en péril leur système bancaire et de plonger leur économie dans la récession [Chang et Velasco, 2001]. D'un point de vue historique, il est singulier d'observer la relative inertie des économies après chaque crise, même majeure : comme le montrent Reinhart et Rogoff [2009], les gouvernements, comme les populations, ont une forte tendance à oublier les échecs du passé, si bien que, une fois la croissance repartie, l'instabilité financière apparaît de nouveau très lointaine et improbable. Cette myopie historique s'accompagne aussi d'une inertie géopolitique : Agnès Bénassy-Quéré et Jean Pisani-Ferry [2011] concluent ainsi que la crise financière de 2008 n'a pas provoqué de transformation notable des rapports de force monétaires et financiers dans le monde, et en particulier que le système monétaire international qui prévalait jusqu'alors — et qui témoigne des équilibres monétaires et financiers entre les puissances — a relativement bien résisté à la crise, sans changement notable dans son organisation ou dans son mode de fonctionnement, toujours organisé autour de ce que Michel Aglietta [2014] nomme un « semi-étalon dollar ».

La crise de 2007-2008, conséquence de la mondialisation financière

Cette crise financière mondialisée a provoqué un effondrement des Bourses sans précédent, avec les principaux indices comme le Nasdaq, le DowJones, le CAC40, etc. qui ont accusé une baisse de 40 % en à peine un an [Couppey-Soubeyran, 2015]. Comme le rappelle le Conseil d'analyse économique [Artus *et al.*, 2008], celle-ci trouve son origine première dans l'octroi de crédits hypothécaires fortement risqués, appelés crédits *subprimes*, que de nombreux organismes financiers américains — et, dans une moindre mesure,

La titrisation au cœur de la crise des *subprimes*

CLÉMENT HENRAT-LEMÉE

Avec les crédits hypothécaires *subprimes*, les banques américaines ont largement pratiqué la titrisation, qui est une technique financière grâce à laquelle elles pouvaient massivement transformer des crédits bancaires de mauvaise qualité, octroyés à des emprunteurs peu solvables, en actifs financiers qu'elles revendaient rapidement sur les marchés financiers mondiaux. Plus précisément, les banques vendaient d'abord le crédit à des intermédiaires financiers appelés *special purpose vehicles* (SPV), qui transformaient ensuite ces crédits en obligations, pour les vendre, enfin, à des investisseurs mondiaux de toutes sortes, comme d'autres banques, des assureurs, des fonds de pension, etc. Afin de rendre ces nouveaux actifs vendables, la titrisation supposait aussi de créer des actifs qui mélangeaient de petites parts de très nombreux crédits : il s'agissait de créer des titres nouveaux en les composant de quelques dixièmes ou centièmes, voire millièmes de nombreux crédits différents, en s'assurant que le nouveau titre créé n'incorpore pas que des morceaux de crédits risqués de type *subprimes* — faisant partie des tranches de crédit à haut risque appelées tranche « equity » (très risquée) ou tranche « mezzanine » (assez risquée) — mais aussi des morceaux de crédits beaucoup plus fiables (de la tranche relativement sûre appelée tranche « senior »).

Cette technique de titrisation a permis aux banques de passer, d'après Michel Aglietta et Natacha Valla [2017], d'un modèle *originate to hold*, au sein duquel elles étaient à l'origine du crédit puis le détenait jusqu'à son remboursement, à un modèle *originate to distribute*, dans lequel elles étaient toujours à l'origine du crédit, mais le revendaient immédiatement et n'en supportaient donc plus le risque. Les banques avaient intérêt à accorder le maximum de crédits, même à des individus qu'elles savaient parfai-

mondiaux — ont accordé à des ménages défavorisés n'ayant pas accès au crédit bancaire traditionnel (chapitre 7). D'après Jézabel Couppey-Soubeyran [2015], plus de 1 000 milliards de dollars de prêts *subprimes* ont ainsi été accordés aux États-Unis. Or, ces prêts étant à taux variables, la remontée des taux amorcée en 2006 a conduit de nombreux ménages à ne plus pouvoir rembourser ces crédits, occasionnant finalement 200 milliards de dollars de crédits non remboursés. Toutefois, ce ne sont pas ces prêts non remboursés qui expliquent la crise financière, le problème étant ailleurs : dans la titrisation et la dissémination du risque (voir encadré *supra*).

La crise de 2008 a révélé le problème majeur de cette mondialisation financière, la généralisation de l'aléa moral, à savoir une situation où des agents économiques peuvent maximiser leurs profits sans avoir à en subir les conséquences négatives pour la collectivité. Et, en l'absence de régulation adéquate, le risque d'instabilité financière de grande ampleur s'est réalisé. La crise de 2008 a remis au goût du jour un mécanisme oublié jusqu'alors : le « paradoxe de la

tement insolvables, puisque ce n'était pas elles qui auraient à en subir les pertes en cas de défaut. Mais si cette stratégie est apparue bénéfique pour les banques à court terme, elle a surtout eu pour conséquence de disséminer le risque dans tout le système financier, puisque, comme le rappelle Bourguinat [2009] qui parle de « granularisation » du risque, l'immense majorité des investisseurs avaient acheté, à un moment ou un autre, des centaines de millions, voire des milliards de dollars d'actifs titrisés, souvent bien évalués par les agences de notation, puisque leur part de risque était circonscrite et que l'opacité sur la composition exacte de ces actifs était la norme.

La crise des *subprimes* est survenue lorsque la probabilité de défaut des crédits *subprimes* a brusquement augmenté. Du jour au lendemain, tous les actifs qui incorporaient ne serait-ce qu'un millième de prêt *subprime* sont devenus illiquides, non échangeables sur les marchés financiers : plus aucun investisseur n'acceptait d'en acheter. Thomas Philippon et Vasiliki Skreta [2012] écrivent ainsi que « de nombreux marchés financiers ont disparu du jour au lendemain lors de la crise », ce qui a provoqué une chute considérable de la valeur de ces actifs titrisés. Cela s'est traduit par des pertes financières majeures considérables pour de nombreux établissements financiers mondiaux qui en détenaient dans leurs bilans. Mais plus encore : en raison de l'opacité de ces titres, les banques et autres organismes financiers ignoraient à quel point ils étaient exposés à ces « actifs toxiques », ce qui a généralisé la crise de confiance dans le système bancaire, au point que plus aucune banque n'acceptait de prêter à d'autres banques, ajoutant au risque de faillite individuelle un risque d'illiquidité collectif. On perçoit dès lors que, avec la mondialisation financière, les banques ont pu prendre toujours plus de risques sans jamais avoir à en supporter le coût à court terme, tout en bénéficiant des nombreuses asymétries d'informations qui éloignaient les marchés de l'efficience.

tranquillité », théorisé par Hyman Minsky [1986]. Pour lui, le cycle financier commence par une période de prospérité (de tranquillité), qui conduit les agents à prendre des risques excessifs en pariant sur une forte croissance économique. Ils s'endettent pour bénéficier d'un effet de levier important. Il en résulte une augmentation de l'inflation qui conduit les banques centrales à relever leurs taux d'intérêt directeurs, ce qui amorce alors un retournement de tendance. Les ventes d'actifs en chaîne baissent leur valeur, jusqu'à la crise financière. Ben Bernanke *et al.* [1999], puis Michel Aglietta et Thomas Brand [2015] ont approfondi les intuitions de Minsky grâce à la notion d'« accélérateur financier », qui explique l'amplification du cycle, donc la violence des retournements de conjoncture. Selon Aglietta et Brand [2015], l'hypermondialisation financière, régie par ce cycle financier, explique la « stagnation séculaire » (chapitre 7).

L'impératif de la régulation internationale

Voici un autre enjeu géopolitique de la mondialisation financière : les États doivent coopérer pour éviter la récurrence des crises financières.

Politiques microprudentielles et macroprudentielles

La première régulation consiste en la mise en œuvre de politiques microprudentielles, c'est-à-dire un ensemble des règles portant individuellement et directement sur les institutions financières, avec pour objectifs d'éviter leur prise de risque excessive, leurs insuffisances de liquidité et les potentielles faillites. Les politiques microprudentielles ont trois principaux leviers d'action : les contraintes de fonds propres des banques (pour pouvoir absorber des pertes sur leur portefeuille d'actifs), la mise en place de mesures d'évaluation des risques auxquels les banques sont exposées (*stress tests*), et des mesures renforçant la transparence de l'information que les organismes financiers doivent à leurs clients, quant à la manière dont leur épargne est utilisée. Ces politiques microprudentielles ont été édictées par le Comité de Bâle, sous la forme de quatre accords historiques, de Bâle 1 à Bâle 4, constituant l'un des grands instruments de la gouvernance mondiale.

De plus, les pouvoirs publics peuvent mettre en œuvre un second type de régulation : les politiques macroprudentielles. Leur objectif est plus global, puisqu'il s'agit d'éviter le « risque systémique » [Aglietta et Valla, 2017], c'est-à-dire le risque de désorganisation de grande ampleur, voire d'effondrement généralisé du système financier. C'est ainsi que le G20 de Pittsburg, après la crise financière, a créé le Conseil de stabilité financière, qui doit constamment veiller à identifier les vulnérabilités du système bancaire et établir une régulation du système financier mondial dans son ensemble. Au sein de la zone euro, c'est la Banque centrale européenne (BCE) qui est en charge de cette politique depuis 2014, avec la mise en place de l'« union bancaire », qui unifie la supervision bancaire et les mécanismes de résolution des défaillances d'établissements bancaires pour l'ensemble des pays membres.

Pour autant, comme le note Couppey-Soubeyran [2009 ; 2015], aucune de ces mesures ne s'attaque à la concentration du secteur bancaire et donc à la présence de ce qu'elle nomme les « mastodontes bancaires » qui, par leur taille excessive, font peser un risque sur l'économie mondiale en cas de faillite. C'est pourquoi des réformes plus poussées sont demandées par de nombreux économistes [Couppey-Soubeyran, 2015], et notamment le démantèlement des grandes banques multifonctions, c'est-à-dire des banques qui sont à la fois

Les accords de régulation bancaire dits « de Bâle »

Clément Henrat-Lemée

Pour veiller à la stabilité financière mondiale, et à cette fin édicter et harmoniser les principales règles microprudentielles, les gouverneurs des banques centrales des principaux pays riches créent en 1974 le « Comité de Bâle sur le contrôle bancaire ». Au gré des crises se sont succédé plusieurs accords.

D'abord, avec les accords de Bâle I, signés en 1987, le Comité impose aux banques une contrainte de fonds propres avec un ratio de solvabilité appelé le ratio Cooke, qui oblige les banques à détenir un minimum de fonds propres à hauteur de 8 % des crédits qu'elles accordent.

Malgré une légère pondération en fonction du risque de défaut de la contrepartie, ce ratio est relativement sommaire. C'est pourquoi sont signés des accords plus approfondis en 2006, appelés Bâle 2, qui introduisent le ratio McDonough, prenant nettement mieux en compte le risque associé à chaque crédit ; autrement dit, plus les prêts accordés sont risqués, plus le ratio de fonds propres augmente.

Mais, devant l'insuffisance de ces mesures, les accords de Bâle 3 sont signés en 2010, avec pour objectif de renforcer la quantité comme la qualité de ces fonds propres détenus par les établissements bancaires : le ratio minimal passe ainsi de 8 % à 10,5 %.

Enfin, les accords de Bâle 4 sont parfois évoqués, mais ils ne représentent qu'une finalisation des accords de Bâle 3, interrompue avec la crise de la Covid-19.

des banques de dépôt pour les épargnants et des banques d'investissement spéculant sur les marchés financiers. Mais les lois Volcker (États-Unis) et Moscovici (France), toutes deux signées en 2013, n'ont pas réellement permis de séparation des activités bancaires. De même, il y a toujours aussi peu de réglementation de la titrisation, laissant penser que les avancées de la régulation internationale en matière financière sont encore insuffisantes.

Les normes comptables : un problème toujours en suspens

Le rôle des normes comptables dans la crise financière, et plus généralement dans les défaillances de la mondialisation financière, est largement reconnu [Marteau, 2012]. On définira les normes comptables comme l'ensemble des règles (juridiques) que doivent appliquer les entreprises pour évaluer la valeur de ce qu'elles possèdent comme actifs, quelle que soit la nature de ces actifs. La question soulevée ici est celle de la manière dont les banques et autres organismes financiers peuvent et doivent évaluer la valeur de ce qu'ils possèdent (leurs actifs), en particulier les actifs financiers.

Depuis une directive européenne de 2002, les banques doivent estimer la valeur de ce qu'elles possèdent selon le principe dit de la *fair value* : évaluer le plus justement possible la valeur de tout ce qu'elles possèdent. Pour beaucoup d'actifs, notamment les actifs réels comme l'immobilier, ce principe pose peu de problèmes, et les organismes de contrôle peuvent rapidement et facilement vérifier la validité des évaluations. Les difficultés commencent lorsqu'il s'agit d'estimer des actifs financiers : les deux organismes internationaux qui élaborent les normes comptables, le Financial Accounting Standards Board (FASB) américain et l'International Accounting Standards Board (IASB) européen, ont imaginé plusieurs cas, dont certains posent problème :

— la norme *mark to market* (ou « level 1 »), dans laquelle le prix de l'actif est fixé par le marché financier, comporte le risque de dépréciation en cas de crise, dégradant par conséquent le bilan des banques, qui en retour doivent vendre des actifs pour respecter les ratios prudentiels, accélérant de ce fait la baisse, etc. ; c'est un effet procyclique cumulatif ;

— sans « prix de marché » pour des actifs non cotés, les institutions internationales utilisent un « prix de modèle » (norme *mark to model*) : il s'agit du « level 2 », évaluant les actifs à partir de la valeur d'autres types d'actifs proches, donc observables ; en revanche, dans le « level 3 », les portefeuilles d'actifs sont évalués à partir de modèles dont les paramètres sont... non observables. Beaucoup de produits titrisés entrent dans cette catégorie. Cette technique permet aux banques d'augmenter artificiellement la valeur d'une partie de leurs actifs, donc de faire apparaître des bénéfices dans leurs comptes, alors même qu'elles n'ont rien créé.

La crise financière a révélé et mis en échec ce type de manipulations comptables : des manipulations qui étaient pourtant légales... Ainsi, le bilan annuel de Goldman Sachs en 2018 montre que 99 % de ses actifs sont évalués au prix de modèle, et donc seulement 1 % au prix de marché. Et, parmi ces 99 %, il y en a environ 2 % évalués au « level 3 », soit environ 20 milliards de dollars d'actifs sur lesquels, rien que pour cette banque, aucun contrôle n'est possible. Il s'agit d'un cas majeur de défaillance des règles en vigueur, qui permettent et systématisent l'aléa moral. C'est pourquoi le G20 de Pittsburgh des 24 et 25 septembre 2009 proposait d'interdire le « level 3 » et de rendre les règles prudentielles moins procycliques en suspendant, en temps de crise, la nécessité de respecter ces normes, tout en contrôlant mieux les banques en amont pour s'assurer de la qualité des actifs qu'elles détiennent. De même, le G20 s'était prononcé pour la création d'agences publiques afin de fabriquer les normes comptables, et ne pas laisser cette responsabilité aux deux grands organismes privés FASB et IASB, financés par les banques. Enfin, le G20 demandait aussi de modifier la rémunération des opérateurs de marché, en prenant en compte les pertes dans le calcul du bonus, et pas seulement les gains. Mais, plus d'une décennie après la crise, aucun de ces trois axes de proposition n'a été mis en œuvre, sans doute en partie à cause de l'absence de gouvernance mondiale et d'une volonté politique trop faible pour s'opposer au lobby bancaire [Couppey-Soubeyran, 2015].

La question des paradis fiscaux et bancaires

La mobilité internationale des capitaux s'est aussi accompagnée de deux tendances étroitement corrélées et qui concourent à renforcer l'instabilité financière : le développement d'un système financier parallèle échappant à la plupart des normes et des régulations (le *shadow banking*), et le rôle de plaque tournante des « paradis fiscaux ».

Comme le note Couppey-Soubeyran [2015, p. 313], le « système bancaire de l'ombre » regroupe ainsi l'« ensemble des activités de type bancaire conduites en dehors du secteur bancaire traditionnel des banques commerciales ». Le *shadow banking* participe « à l'extension et à la distension de la chaîne d'intermédiation qui au départ reliait directement les banques à leurs clients ». Il représente de gigantesques flux de capitaux n'étant contraints par aucune des régulations prudentielles mises en œuvre par le Comité de Bâle, ce qui ne fait que renforcer le risque de crise financière en permettant aux banques et aux fonds spéculatifs (*hedge funds*) de prendre davantage de risques pour augmenter leur rentabilité financière en dehors de tout cadre réglementaire. Plus les normes prudentielles sont fortes, plus il se développe. Autre facteur de développement : la faiblesse des taux d'intérêt, propre à accroître les liquidités internationales. Le Conseil de stabilité financière (CSF) estimait ainsi que, à la veille de la crise de 2008, près de 62 000 milliards de dollars d'actifs financiers étaient détenus dans le *shadow banking*, et près de 80 000 milliards de dollars une décennie plus tard.

Leur expansion est également liée à l'existence de paradis fiscaux, c'est-à-dire un ensemble de territoires qui fondent leur attractivité financière sur de très faibles taux d'imposition. Selon Gabriel Zucman [2013], près de 40 % des profits réalisés par les firmes multinationales (FMN) sont immédiatement placés dans ces paradis fiscaux, et près de 8 % de la richesse financière des particuliers dans le monde y sont dissimulés, soit un manque à gagner en termes de recettes fiscales pour les États de plus de 350 milliards de dollars par an. Mais si les paradis fiscaux constituent une perte fiscale importante pour les principaux États, ces capitaux échappent simultanément aux normes et contrôles prudentiels, du moment que le paradis fiscal possède aussi un système bancaire de l'ombre développé, ce qui est en général le cas. L'Organisation des Nations unies (Ecofin) en recensait

La mondialisation du marché de l'art

Hélène Briones-Tellenne

L'œuvre d'art a été, très tôt dans l'histoire, un produit à forte valeur commerciale, bien intégré dans des circuits d'échanges internationaux. Au-delà des considérations artistiques et esthétiques, l'art est aussi un *business*, comme l'exprimait Andy Warhol : « Un jour les grands magasins seront des musées et les musées des grands magasins » (1975).

À partir de la moitié du XIXe siècle, le métier de marchand d'art se professionnalise : travaillant souvent sous contrat d'exclusivité avec l'artiste, il fixe les prix de vente, le nombre d'œuvres exposées, trouve des acheteurs. Il faut tout le talent d'un Paul Durand-Ruel pour convaincre Claude Monet de multiplier les paysages et meules au soleil couchant, particulièrement prisés des collectionneurs américains. L'internationalisation du marché s'affirme ainsi : si Paris et Londres sont alors les places de choix pour acheter de l'art moderne, les galeristes n'hésitent pas à ouvrir des annexes aux États-Unis, dès 1888 à New York pour Durand-Ruel. Les liens se renforcent entre le monde de l'art et l'industrie, ce dont témoignent les Expositions universelles par exemple. L'art se définit de plus en plus comme une production liée aux innovations et progrès de l'industrie (mouvement *Art and Craft*, Art nouveau).

La domination américaine est de plus en plus marquée au XXe siècle, renforçant les relations entre art et *business*. Les artistes américains affichent ouvertement des liens avec le monde publicitaire, mêlant culture populaire et création artistique. L'Américain Andy Warhol abolit à son tour cette frontière en mettant des produits alimentaires au cœur de son œuvre, comme avec ses séries de boîtes de Campbell Soup (1962) ou de bouteilles de Coca. Il revendiquait déjà le terme « artiste d'affaires ». Salvador Dali est moqué par André Breton sous l'anagramme *Avida Dollars*. À partir des années 1950, l'avant-garde artistique vient des États-Unis, avec l'art abstrait (Mark Rothko, Jackson Pollock, Willem de Kooning), suivi du *pop art* (Roy Lichstenstein). Les techniques de l'*action painting* ou de la sérigraphie interrogent sur la valeur et la définition d'une œuvre d'art. En 2013, le film *La Ruée vers l'art* (de Marianne Lamour) présente l'art comme un produit devenu mercantile et spéculatif.

L'art contemporain en particulier s'affirme comme un nouvel eldorado (12 % des ventes en 2017), avec une exceptionnelle concentration des capitaux et des artistes dans des « giga-galeries », au marketing bien rodé : le groupe américain Larry Gagosian regroupe dix-huit galeries, dans sept pays différents, représentant cent trente artistes au total, un record. Pour conso-

une cinquantaine en 2017, très majoritairement dans la mer des Caraïbes, dont quatorze non coopératifs.

La finance internationale peut donc être considérée comme une activité risquée. Elle est pourtant indispensable aux différentes économies nationales et constitue un levier de puissance de premier lider sa réputation et être vu par les particuliers et institutions susceptibles d'acheter, un artiste doit être présenté dans les foires artistiques internationales : Bâle (Art Basel), New York (Frieze et Armory show), Paris (FIAC). Les stands s'y louent très cher, mais les prix des œuvres atteignent des sommes dénuées de tout référentiel, constituant une véritable bulle spéculative : 90 millions de dollars pour la peinture de David Hockney, *Portrait of an Artist (Pool with Two Figures)* en 2018 ; 91 millions de dollars pour la sculpture *Rabbit* de Jeff Koons en 2019.

L'art et le *business* peuvent ainsi constituer un mariage réussi, comme chez le Français François Pinault : à la tête du groupe de luxe Kering, il compte parmi les plus grands collectionneurs mondiaux, possédant des œuvres à titre personnel, et d'autres au nom de sa société commerciale Pinault Collection : pas de catalogue ni d'inventaire, des œuvres dévoilées au fur et à mesure d'une programmation événementielle, souvent dans l'un des trois musées qu'il possède (Palais Grassi et Douane de mer à Venise, Bourse de commerce à Paris inaugurée en 2021), et vendues aux plus offrants. Il est en prime devenu en 1998 le principal actionnaire de la célèbre maison de vente aux enchères Christie's. Il peut donc décider de mettre en avant tel ou tel artiste et faire monter sa cote. Il a notamment pu organiser des expositions très médiatisées dans des lieux prestigieux, comme *Jeff Koons Versailles* au château de Versailles (2008).

La montée des « émergents » sur le marché de l'art est une dernière évolution récente, en miroir des évolutions de la mondialisation économique. Le parcours des artistes chinois est ainsi emblématique. En dix ans, ils se sont imposés à la Biennale de Venise : accueillis comme artistes invités en 1993, ils dominent l'édition de 2013. La Chine y ouvre son pavillon national dès 1995. Puis elle organise ses propres foires artistiques à Shanghai. Les collectionneurs chinois sont de plus en plus nombreux et achètent sur les foires étrangères, notamment à Dubaï. Quant aux artistes chinois, ils sont majoritaires dans le top 500 des artistes contemporains qui font les meilleures ventes (Ai Weiwei, Zhang Xiaogang, Yue Minjun). De son côté, l'India Art Fair accueille principalement des galeristes indiens représentant des artistes contemporains de l'Asie du Sud et attire à chaque édition de plus en plus de prestigieux galeristes internationaux qui souhaitent investir ce marché. Le dynamisme international de l'art contemporain se lit aussi dans la multiplication des musées d'art contemporain, « opérateurs culturels » indispensables à toute grande ville mondiale, et dans la création de nouvelles foires artistiques d'envergure internationale : Abu Dhabi Art (2007), Dubaï Art Fair, SP Arte à São Paulo, India Art Fair à New Delhi (2008), Art Basel à Hong Kong (première édition en 2013).

plan pour les États. Malgré l'hypermondialisation des marchés de capitaux diluant leur souveraineté, et des innovations financières de plus en plus complexes remettant en cause l'efficacité des régulateurs nationaux, les principales puissances cherchent à garder cette mondialisation financière sous contrôle en renforçant leurs politiques prudentielles, tout en concevant parallèlement de véritables stratégies pour que l'intégration financière mondiale serve leurs intérêts stratégiques.

Par conséquent, l'organisation actuelle des relations monétaires et financières internationales apparaît très similaire à celle qui prévalait en 1980, avec des pays émergents qui demeurent en retrait des principaux flux financiers mondiaux comme des principales instances de décision mondiales. Sans doute faudra-t-il davantage élargir la gouvernance des institutions monétaires et financières internationales pour parvenir à atteindre ce bien public qu'est la stabilité financière. C'est en tous les cas ce que nous invitent à faire Bénassy-Quéré et Pisani-Ferry [2011, p. 9] en écrivant que « le basculement du centre de gravité de l'économie mondiale des pays avancés vers les économies émergentes est sans nul doute le changement le plus structurant de la période actuelle. La réflexion sur le système monétaire international doit donc se placer d'emblée dans cette perspective ».

Repères bibliographiques

AGLIETTA M. [2014], *Le Dollar et le système monétaire international*, Paris, La Découverte, « Repères ».

AGLIETTA M. et BRAND T. [2015], « La stagnation séculaire dans les cycles financiers de longue période », *in* CEPII, *L'Économie mondiale 2016*, Paris, La Découverte, « Repères ».

AGLIETTA M. et VALLA N. [2017], *Macroéconomie financière*, Paris, La Découverte, « Grands Repères/Manuels », 6e édition.

ARCAND J.-L., BERKES U. et PANIZZA U. [2015], « Too much finance ? », *Journal of Economic Growth*, vol. 20, n° 2, p. 105-148.

ARTUS P. [2019], *Discipliner la finance*, Paris, Odile Jacob.

ARTUS P. *et al.* [2008], *La Crise des subprimes*, rapport du Conseil d'analyse économique.

BÉNASSY-QUÉRÉ A. [2015], *Économie monétaire internationale*, Paris, Economica, nouvelle édition.

BÉNASSY-QUÉRÉ A. et PISANI-FERRY J. [2011], « Quel système monétaire international pour une économie mondiale en mutation rapide ? », *in* BÉNASSY-QUÉRÉ A. *et al.*, *Réformer le système monétaire international*, rapport du Conseil d'analyse économique, première partie.

BERGER S. [2003], *Notre première mondialisation. Leçons d'un échec oublié (1870-1914)*, Paris, Seuil.

BERNANKE B., GERTLER M. et GILCHRIST S. [1999], « The financial accelerator in a quantitative business cycle framework », *NBER Working Paper*, n° 6455.

BLANCHARD O. [2013], « Five lessons for economists from the financial crisis », *Wall Street Journal*.

BLANCHARD O. et GIAVAZZI F. [2002], « Current account deficits in the Euro Area. The end of the Feldstein-Horioka puzzle ? », *Brookings Papers on Economic Activity*, vol. 2002, n° 2, p. 147-186.

BOURGUINAT H. [1992], *Finance internationale*, Paris, PUF.

— [2009], *L'Arrogance de la finance. Comment la théorie financière a produit le krach*, Paris, La Découverte.

CARROUÉ L. [2020], *Atlas de la mondialisation*, Paris, Autrement, nouvelle édition.

Chang R. et Velasco A. [2001], « A model of currency crises in emerging markets », *Quarterly Journal of Economics*, vol. 116, n° 2, p. 489-517.

Chavagneux Ch. [2011], *Une brève histoire des crises financières. Des tulipes aux subprimes*, Paris, La Découverte.

Chinn M. et Ito H. [2008], « A new measure of financial openness », *Journal of Comparative Policy Analysis. Research and Practice*, vol. 10, n° 3, p. 309-322.

Cootner P. H. [1964], *The Random Character of Stock Market Prices*, Boston, MIT Press.

Couppey-Soubeyran J. [2009], *Monnaie, banques, finance*, Paris, PUF.

— [2015], *Blablabanque. Le discours de l'inaction*, Paris, Michalon.

Eichengreen B. et Flandreau M. [2009], *The Rise and Fall of the Dollar (or When Did the Dollar Replace Sterling as the Leading Reserve Currency ?)*, Cambridge, Cambridge University Press.

Fama E. [1965], « The behavior of stock-market prices », *The Journal of Business*, vol. 38, n° 1, p. 34-105.

— [1970], « Efficient capital markets : a review of theory and empirical work », *The Journal of Finance*, vol. 25, n° 2, p. 383-417.

— [1990], « Stock returns, expected returns, and real activity », *The Journal of Finance*, vol. 45, n° 4, p. 1089-1108.

Feldstein M. et Horioka C. [1980], « Domestic savings and international capital flows », *NBER Working Paper*, n° 0310.

Fisher I. [1933], « The debt-deflation theory of great depressions », *Econometrica*, vol. 1, n° 4, p. 337-357.

Greenspan A. [2005], « Discours », Réserve fédérale américaine, 12 octobre.

Grjebine T. et Tripier F. [2011], « Finance et croissance : le court terme aux dépens du long terme ? », *Lettre du CEPII*, n° 364.

Hawtrey R. [1926], *The Trade Cycle*, Whitefish, Kessinger Publishing.

Hicks J. [1974], *La Crise de l'économie keynésienne*, Paris, Fayard, 1988.

Institute of International Finance [2020], *Outlook for 2021 and Beyond*.

Keynes J. M. [1936], *Théorie générale de l'emploi, de l'intérêt et de la monnaie*, Paris, Payot, 1942.

Kindleberger C. [1981], « Dominance and leadership in the international economy : exploitation, public goods, and free rides », *International Studies Quarterly*, vol. 25, n° 2, Symposium in Honor of Hans J. Morgenthau, p. 242-254.

— [1993], *Histoire mondiale de la spéculation financière*, Paris, PAU.

Kose M. A., Prasad E., Rogoff K. et Wei S.-J. [2007], « Mondialisation financière : au-delà de la polémique », *Finance et Développement*, mars.

Krugman P. [2012], *Sortez-nous de cette crise, maintenant !* Paris, Flammarion.

Laïdi A. [2019], *Le Droit, nouvelle arme de la guerre économique*, Arles, Actes Sud.

Lane P. et Milesi-Ferretti G.-M. [2008], « The drivers of financial globalization », *American Economic Review*, vol. 98, n° 2, p. 327-332.

Lardic S. et Mignon V. [2006], *L'Efficience informationnelle des marchés financiers*, Paris, La Découverte, « Repères ».

Lucas R. [1990], « Why doesn't capital flow from rich to poor countries ? », *American Economic Review*, vol. 80, n° 2, p. 92-96.

— [2003], « Macroeconomic priorities », *American Economic Review*, vol. 93, n° 1, p. 1-14.

Markowitz H. [1952], « Portfolio selection », *The Journal of Finance*, vol. 7, n° 1, p. 77-91.

Marteau D. [2012], *Les Marchés de capitaux*, Paris, Dunod.

McKinnon R. [1973], *Money and Capital in Economic Development*, Washington, DC, Brookings Institution.

Minsky H. [1986], *Stabilizing an Unstable Economy*, New Haven, Yale University Press.

Odier A. [2015], « De la diplomatie financière à la géopolitique de la finance », *Politique étrangère*, n° 4, p. 145-156.

Philippon T. et Skreta V. [2012], « Optimal interventions in markets with adverse selection », *The American Economic Rewiew*, vol. 102, n° 1, p. 1-28.

Reinhart C. et Rogoff K. [2009], *Cette fois c'est différent. Huit siècles de folie financière*, Paris, Pearson, 2010.

Robinson J. [1952], *The Rate of Interest, and Other Essays*, Londres, Macmillan.

Schumpeter J. A. [1911], *Théorie de l'évolution économique*, Paris, Dalloz, 1999.

— [1970], *Théorie de la monnaie et de la banque*, tome 2, *Théorie appliquée*, Paris, L'Harmattan, 2005.

Sharpe W. [1964], « Capital asset prices : a theory of market equilibrium under conditions of risk », *Journal of Finance*, vol. 19, n° 3, p. 425-442.

Shaw E. [1973], *Financial Deepening in Economic Development*, New York, Oxford University Press.

Solow R. [1956], « A contribution to the theory of economic growth », *The Quarterly Journal of Economics*, vol. 70, n° 1, p. 65-94.

Tirole J. [2016], *Économie du bien commun*, Paris, PUF.

Tobin J. [1958], « Liquidity preference as behavior towards risk », *Review of Economic Studies*, vol. 25, n° 2, p. 65-86.

Zucman G. [2013], *La Richesse cachée des nations. Enquête sur les paradis fiscaux*, Paris, Seuil.

11 / Géopolitique du développement durable et du réchauffement climatique

Emmanuel Naquet et Cédric Tellenne

Notre avenir à tous : tel est le titre du rapport Brundtand, publié en 1987, qui définit le développement durable (*sustainable development*) comme un « développement qui répond aux besoins du présent sans compromettre la capacité des générations futures à répondre aux leurs ». Il implique des « devoirs pour les générations actuelles de transmettre un monde vivable, viable et reproductible ». Une fois la notion popularisée et passée dans le langage commun, dans les années 1990, un ensemble d'activités économiques ont été progressivement estampillées « durables » dans les sociétés « avancées » : agriculture, ville, tourisme, industrie, mobilité, énergie, diplomatie, etc. On rencontre même la notion d'« environnement durable » ; c'est dire à quel point il ne l'est pas.

Le développement durable est-il ainsi devenu une nouvelle forme de pensée unique ? La géographe Sylvie Brunel va dans ce sens : « Avant, il fallait construire en béton. Du bon gros béton solide [...]. La maison solide qui nous était vantée lorsque nous étions enfants est devenue écologiquement incorrecte : elle consomme trop de matières premières, contribue à l'effet de serre, n'est pas biodégradable. » « La raison ? poursuit-elle. Une nouvelle doctrine est née, qui réévalue ainsi nos actions, nos modes de vie, nos systèmes de production à l'aune de l'impact sur l'environnement. C'est le développement durable » [Brunel, 2008].

Nous nous concentrerons ici essentiellement sur la dimension géopolitique du développement durable : il s'agit d'une notion issue des « Nords » et de la nébuleuse onusienne, révélatrice des nouvelles peurs occidentales et nourrissant une diplomatie d'influence et un nouveau *soft power* « verts ». Ceux-ci ont parfois confiné à l'« éco-colonialisme », dénoncé par certains « Suds » émergents. Mais peut-on réellement se passer du développement durable ? L'environnement

Le développement durable et la question des externalités

Clément Henrat-Lemée

La dégradation de l'environnement est généralement appréhendée à l'aide du concept d'externalités, c'est-à-dire la conséquence indirecte et non désirée de l'activité d'un agent économique sur l'activité d'un autre agent économique, sans que cette conséquence ait fait l'objet d'un prix, donc sans qu'elle ait été prise en compte par le marché — qui est défaillant. Il s'agit d'externalités négatives puisque la dégradation des ressources naturelles entraîne un coût pour la collectivité, appelé « coût social », qui n'est pas pris en compte par les agents individuels, qui ne payent que le coût privé. On doit ainsi à Arthur C. Pigou [1920] une analyse pionnière en la matière, lorsqu'il constatait, à Londres, la présence régulière d'un nuage de pollution, le célèbre *smog*. Le problème consiste dans le fait que cette pollution n'est pas coûteuse pour l'entreprise ou l'agent qui en est à l'origine, alors qu'elle est coûteuse pour la société : autrement dit, pour le pollueur, cette pollution n'est pas incluse dans son coût de production privé, mais elle affecte le bien-être d'autres agents, et donc le coût social de l'activité polluante est plus élevé. Or cette déconnexion entre coût privé et coût social conduit à un équilibre non optimal. Ainsi, l'Organisation mondiale de la santé (OMS) en estime le coût appliqué à la pollution atmosphérique, en 2015, à près de 1 400 milliards d'euros par an en Europe, notamment *via* son impact négatif sur la santé et la productivité. Par conséquent, l'objectif des politiques de développement durable doit être de minimiser le coût total supporté par la collectivité.

On distingue trois grandes catégories de solutions qui visent à internaliser ces externalités — c'est-à-dire à les réduire et/ou à faire payer le coût de la pollution à leurs émetteurs : 1) la taxe dite « pigouvienne » ; 2) la réglementation (voire l'interdiction) de l'activité polluante ; 3) la négociation décentralisée entre le pollueur et le pollué, appelée solution coasienne. Pour Pigou [1920], la gestion des externalités nécessite l'intervention de l'État, qui est chargé de mettre en place une taxe dite du « pollueur-payeur », à travers laquelle on

est en danger, avec le risque de « sixième extinction » caractéristique de l'Anthropocène, et le développement durable constitue à n'en pas douter un laboratoire pour une gouvernance internationale qui ne se limiterait pas aux seuls enjeux écologiques.

Le développement durable, nouvelle « nature du développement »

On doit cette formule au politologue français Gilbert Rist [1992] : très critique à l'encontre de la notion, il voit en elle une sorte de mystification, uniquement destinée à faire « durer » un développement à l'occidentale qui a prouvé sa non-durabilité (au sens de *soutenabilité*). Un fait pour l'illustrer : le Global Footprint Network publie chaque fiscalise les activités polluantes afin d'en augmenter les coûts privés et d'égaliser ces coûts privés au coût social. Les taxes environnementales (comme la taxe intérieure de consommation sur les produits énergétiques — TICPE — en France, portant sur les produits comme le pétrole) sont donc des taxes pigouviennes. On considère souvent que cette taxe est la source d'un « double dividende » : non seulement elle permet de limiter la pollution, mais en plus, tant que les comportements n'ont pas évolué, elle augmente les recettes de l'État, recettes qui peuvent être utilisées pour financer des investissements dans la transition écologique, et donc améliorer le bien-être. Une deuxième possibilité suppose toujours de faire appel à l'État : à partir du moment où le marché est jugé défaillant, l'État peut réguler, réglementer, voire interdire certaines productions génératrices d'externalités négatives. Selon Éloi Laurent et Jacques Le Cacheux [2012], la réglementation serait préférée par les décideurs publics car elle « s'attaque directement à la cause du problème pour en interdire ou en limiter l'utilisation ». Mais, pour la théorie économique, ces normes ont l'inconvénient d'être souvent trop uniformes, et bien trop contraignantes, et donc de choisir la protection de l'environnement contre toute forme de croissance. C'est pourquoi une autre approche cherche à l'inverse à limiter l'action de l'État : Ronald Coase [1960] a en effet développé une critique de la taxe pigouvienne — qu'il juge trop interventionniste — et propose sa propre solution (dite coasienne), consistant à laisser les agents économiques négocier librement un accord qui tienne compte des intérêts des deux parties, lorsque l'un des deux est pénalisé par une externalité négative. Cette idée est désormais connue sous l'appellation de théorème de Coase ou de Stigler-Coase, et énonce que, en l'absence de coûts de transaction et si les droits de propriété sont bien définis, alors la négociation entre des agents économiques impliqués dans une externalité constitue la meilleure méthode pour parvenir à une allocation efficace des ressources. Dans cette logique, il s'agit de créer une négociation marchande — donc un marché, avec des prix, là où il n'existait pas auparavant — afin d'éviter les distorsions créées par les taxes ou par les réglementations. C'est dans cette logique qu'a été créé le marché des quotas d'émission.

année le *Earth Overshoot Day*, soit le jour où l'humanité, ayant épuisé toutes ses ressources, vit à crédit ; le premier jour du dépassement a été le 19 décembre 1987 ; en 2019, il était avancé au 19 août... seule la pandémie mondiale de 2020 a permis de le repousser de trois jours (22 août 2020).

La prise de conscience des limites de la croissance et du développement

Avant Brundtland, il y a eu Meadows en 1972 : le rapport souligne les limites de la croissance, comme l'indique son titre, *The Limits of Growth*. Qu'est-ce à dire ? Telle que définie par Simon Kuznets [1971], comme on l'a vu au chapitre 7, la croissance est la hausse de long terme de la capacité d'une économie à offrir à une population une

La « tragédie » des biens communs

CLÉMENT HENRAT-LEMÉE

De nombreux biens environnementaux sont épuisables, si bien que leur gestion ne peut qu'être sous-optimale en l'absence de contrainte. Paul Samuelson [1954] avait en effet établi que l'on pouvait classer les différents types de biens d'une économie selon deux critères : la rivalité — la consommation d'un agent limite celle des autres — et l'exclusion — il est possible d'exclure certains agents de la consommation, notamment par la fixation d'un prix. Ainsi, certains biens environnementaux ont pour caractéristique d'être non exclusifs mais rivaux : on les appelle alors les biens communs. Or, comme le rappelle Garrett Hardin [1968], il existe une « tragédie des biens communs », c'est-à-dire qu'il existe un risque parfaitement avéré que ces biens — typiquement les ressources naturelles non renouvelables — soient surexploités. En s'appuyant sur l'exemple des pâturages publics, qui sont des biens rivaux — le fait qu'un animal vienne paître limite la consommation d'herbe des autres animaux —, mais pour lesquels l'exclusion n'est pas possible, il démontre que si l'ensemble du village a intérêt à la préservation de la ressource à long terme, au niveau individuel, chaque éleveur a intérêt à surexploiter la ressource, puisqu'il en retire un bénéfice privé élevé. Or ce décalage entre l'intérêt individuel et l'intérêt collectif suppose une régulation par l'État, qui peut imposer des quotas pour éviter la surexploitation d'une ressource, à l'instar des ressources halieutiques. Ainsi, d'après la Banque mondiale en 2018, 92 % des stocks de poissons sont surexploités en Méditerranée, 88 % dans l'Atlantique, ce qui montre bien la nécessité d'une intervention réglementaire. Une autre solution a été proposée par la prix Nobel d'économie Elinor Ostrom [1990], connue sous le nom de « gouvernance des communs », c'est-à-dire une gestion collective démocratique (au sein d'un village, d'une communauté...) de la ressource en danger, ne supposant pas nécessairement d'intervention de l'État ou la mise en place d'un marché.

gamme sans cesse élargie de biens économiques. En d'autres termes, c'est l'augmentation des richesses produites sous la forme de biens manufacturés et/ou de services, appréhendée par des indicateurs, comme le produit intérieur brut (PIB), le produit national brut (PNB) ou le revenu national brut (RNB). En suivant Walter W. Rostow [1960], la croissance mène, après la production de masse, à la consommation de masse : c'est la caractéristique principale du développement, dont l'étape essentielle est le *take off* industriel. Cette notion quantitative repose sur de multiples facteurs, comme l'augmentation de la population active et l'essor de la qualification de la main-d'œuvre, l'accumulation du capital, le progrès de la division du travail et les innovations technologiques et industrielles.

Cette approche du développement a progressivement été mise en question : dès les années 1960, l'économiste français François Perroux [1961] conçoit le développement comme une notion plus qualitative que quantitative, reposant sur la « combinaison des changements mentaux et sociaux d'une population qui la rend apte à faire croître cumulativement et durablement son produit réel global ». Un géographe spécialiste des « Suds » et du Brésil en particulier, Bernard Bret [1995], souligne que le développement correspond à « la croissance plus la justice ». Ainsi, les modèles de prospérité hérités des Trente Glorieuses ont progressivement été remis en cause. Une « autre histoire des Trente Glorieuses » peut être écrite, celle des « Trente Ravageuses » et « Polluеuses » [Bonneuil *et al.*, 2013] : les dégâts environnementaux et sanitaires du progrès ont été considérables, et l'idéologie productiviste profondément déshumanisante — « La révolution invisible de Jean Fourastié ne doit pas cacher le bruit assourdissant des essais nucléaires et des chaînes de montage. » La croissance elle-même est une idéologie à déconstruire pour certains [Latouche, 2019].

Dans cette optique, le rapport Meadows souligne les dangers d'une croissance infinie dans un monde fini, s'inquiète des dégradations de l'environnement, des risques de pénurie à venir, et avance l'idée d'« écodéveloppement », théorisé par le socioéconomiste français Ignacy Sachs [1981 ; 1998] : un processus de développement associant respect de l'environnement, pratiques démocratiques et lutte contre les inégalités. Fondé sur la satisfaction des besoins plutôt que sur une augmentation incontrôlée de l'offre, il est rendu public pour la première fois en 1972 à Stockholm, lors de la Conférence des Nations unies sur l'environnement humain qui a débouché sur la création du Programme des Nations unies pour l'environnement (Pnue). L'article Ier de la Déclaration des vingt-six principes affirme que « l'homme a un droit fondamental à la liberté, à l'égalité et à des conditions de vie satisfaisantes, dans un environnement dont la qualité lui permette de vivre dans la dignité et le bien-être ». La période qui s'ouvre dans les années 1970 est en effet à la montée des peurs environnementales : pollutions agricoles par les engrais et pesticides, marées noires et phénomène des pluies acides, catastrophes chimiques (Seveso en Italie en 1976, Bhopal en Inde en 1984) et nucléaires (Three Mile Island aux États-Unis en 1979, Tchernobyl en Ukraine en 1986), déforestation de l'Amazonie (alors réputée être le « poumon vert de la planète »), désertification et famines au Sahel, déplétion de la couche d'ozone. Le plastique, produit-phare de la consommation de masse, devient peu à peu l'ennemi public numéro un : le « sixième continent » de plastique (découvert en 1997), dans le Pacifique, couvre 3,5 millions de km^2.

Naissance d'une géopolitique du développement durable

Élaboré par la Commission mondiale pour l'environnement et le développement, présidée par Gro Harlem Brundtland, Première ministre norvégienne en charge de préparer le sommet de Rio (ou

« sommet de la Terre ») en 1992, le concept de développement durable est à la croisée des logiques économiques, sociales et écologiques, pour un développement à la fois « viable, équitable et vivable ». Il ne s'agit pas de prôner la fin de la croissance (« état stationnaire »), ni même la décroissance, mais bien de promouvoir un développement raisonné au service de l'humain. Selon la géographe française Yvette Veyret, les définitions du développement durable sont cependant multiples. Schématiquement, deux conceptions se font face : une conception écocentrée qui met l'accent sur la protection de la nature ; une vision anthropocentrée qui justifie cette protection par l'utilité de la nature pour l'homme [Veyret et Jalta, 2010]. Cette dualité est apparue au sommet de Rio en 1992 : un premier courant, porté par les organisations non gouvernementales (ONG), souligne que la nature doit être protégée pour elle-même, pour des raisons éthiques et scientifiques. Il s'agit alors principalement d'effectuer des inventaires d'espèces menacées et de créer des réserves naturelles. L'autre approche envisage de « protéger » la nature pour ce qu'elle apporte à l'homme en termes de ressources, position parfois définie comme utilitariste et défendue par la Food and Agriculture Organization (FAO) : il convient de gérer le plus rationnellement possible un patrimoine commun, en considérant l'irréversibilité des actions anthropiques, et donc de mettre en pratique le principe de précaution. Les approches du développement durable diffèrent également entre les « Nords » et les « Suds ». Ainsi, les pays riches s'intéressent plus à la durabilité qu'au développement, puisque celui-ci n'est généralement pas remis en question de manière radicale. Les pays pauvres insistent au contraire sur l'impérative nécessité du développement pour des populations démunies.

À Rio, en 1992, les cent soixante dix-neuf chefs d'État ou de gouvernement adoptent un plan d'action pour le xxie siècle, l'Agenda 21. Ce dernier formule quelque 2 500 recommandations poursuivant cinq grandes finalités majeures : lutte contre le changement climatique, maintien de la biodiversité, épanouissement humain et cohésion sociale, promotion de modes de production responsables ; il décrit les secteurs où le développement durable doit s'appliquer (pauvreté, santé, qualité de l'air, gestion de l'eau, logement, politique des déchets, etc.). Le dispositif n'est pas juridiquement contraignant et reconnaît la souveraineté des États à exploiter leurs propres ressources, mais aboutit à l'élaboration de conventions thématiques, comme la convention-cadre des Nations unies sur les changements climatiques (CCNUCC), et de diverses conférences (conférences des parties — COP) et autres textes (protocole de Kyoto en 1997), comme précisé *infra*. L'Organisation des Nations unies (ONU) proclame en 2015, lors d'un sommet spécial, à la place des huit objectifs du Millénaire pour le développement (OMD), dix-sept objectifs de développement durable (ODD) (Agenda 2030), dont cent soixante-neuf cibles avec, nouveauté, une reconnaissance explicite du caractère multidimensionnel du développement, ainsi que la nécessité de faire interagir les différents objectifs pour, d'ici à 2030, « transformer les vies tout en préservant la planète ».

Beaucoup d'engagements, on le voit, mais existe-t-il un réel consensus ? On peut au contraire penser que le développement durable crée de nouveaux rapports d'influence dans le monde, opposant différents types d'acteurs : les États réputés « vertueux » et les ONG développent une « diplomatie verte », soit une forme de *soft power*, à l'image du Japon ou de l'Union européenne ; en face, des États et firmes « climatosceptiques » refusent les leçons de morale étrangères et comptent agir à leur guise ; certains s'achètent une bonne conduite en participant aux sommets de la Terre, sans forcément adhérer au fond aux principes du développement durable, ou les ont adoptés pour une question d'image, à l'exemple du World Business Council for Sustainable Development (WBCSD) ; des pays, au Sud, voient dans l'écologie un luxe pour les riches et, pire, une ingérence de type néocolonial pour les empêcher de s'industrialiser ; les derniers, enfin, y voient une question de vie ou de mort, telles les petites îles du Pacifique réunies en un lobby international actif pour plaider leur cause face à la montée du niveau des océans.

Le développement durable en débat

Le courant de l'« écologie profonde » (*deep ecology*), incarné entre autres par le philosophe norvégien Arne Naess et des collectifs écologistes radicaux comme Earth First, va plus loin que les environnementalistes et rejette le progrès technique et la modernité, selon une vision biocentriste et non anthropocentriste du monde. C'est ainsi que le développement durable doit surtout être interprété comme une défense de l'environnement, laissant de côté la lutte contre la pauvreté et les inégalités : « Tout se passe comme si le devenir de la planète avait occulté celui de l'humanité » [Brunel, 2008]. La science, facteur de progrès pour beaucoup, est perçue comme la « barbarie » de notre temps par le philosophe allemand Hans Jonas (le principe-responsabilité).

Pour les partisans du développement durable, au contraire, la question de la durabilité du développement continue de diviser. La durabilité faible accepte ainsi le prélèvement des ressources si d'autres les remplacent, à tout le moins quand la substitution est possible (exploitation forestière, par exemple) ; la durabilité forte, au contraire, prône un usage limité au maximum pour préserver les générations humaines à venir. La durabilité faible s'inscrit dans un capitalisme qui se veut responsable, mais pas coupable, alors que la durabilité forte peut concevoir une croissance zéro — le « zégisme », néologisme tiré de *zero economic growth* —, voire la décroissance théorisée notamment par Ivan Illich et Nicholas Georgescu-Roegen, mais à laquelle s'oppose l'ingénieur Pierre Veltz, car il la juge source d'inégalités. Des solutions sont avancées en ce sens : promotion d'un autre paradigme agricole que l'agrobusiness ou la révolution « simplement » verte, recours à la *green tech*, ralentissement de l'urbanisation, gestion des déchets, microcrédits d'une finance verte. Pour Veltz [2021], il faut penser un avenir sobre avec une économie dont la valeur ne viendra pas de la multiplication des produits, mais de l'augmentation des capacités des individus (santé, éducation, culture, mobilité, habitat, alimentation), au niveau local, et d'un encadrement solidaire national, dans des secteurs « humano-centrés » qui sont autant de moteurs du collectif de demain, déjà en route dans les économies avancées.

Le réchauffement climatique et la « sixième extinction »

La « sixième extinction » [David, 2021] est une caractéristique de l'Anthropocène : il s'agit d'une notion proposée par le chimiste néerlandais Paul Crutzen, et très discutée. À l'Anthropocène, l'homme est devenu le principal agent transformateur et destructeur de la planète. Les scientifiques s'entendent pour faire remonter cette nouvelle époque de l'ère quaternaire aux débuts de la révolution industrielle avec l'invention de la machine à vapeur [Gemenne *et al.*, 2020]. Depuis lors, la planète s'est sans doute réchauffée de 2 °C, selon les calculs du Groupe d'experts intergouvernemental sur l'évolution du climat (Giec), avec une forte accélération après 1945 à cause de la diffusion de la révolution agricole et industrielle dans le monde, du triomphe de la civilisation de l'automobile reposant sur les hydrocarbures.

Un phénomène longtemps mal connu

Dès le XIXe siècle, le phénomène d'« effet de serre » naturel est connu grâce aux travaux des scientifiques suisse Horace-Bénédict de Saussure et français Joseph Fourier. L'Anglais John Tyndall met en avant le rôle du dioxyde de carbone dans ce processus (1861). Mais c'est en 1896 que le savant suédois Svante Arrhenius émet, le premier, l'hypothèse selon laquelle les hommes et leur civilisation industrielle seraient à l'origine d'une part importante du dioxyde de carbone présent dans l'atmosphère, et que cette part augmenterait en corrélation avec la consommation de charbon. Guy Stewart Calendar précise les travaux d'Arrhénius en 1938, et le précurseur de la science de la biosphère, le Russe Vladimir Vernadsky, élargit les débats en pointant le rôle de l'homme dans les transformations structurelles de la biosphère, et notamment les perturbations des cycles biogéochimiques [Boutaud et Gondran, 2020]. Il faut attendre les années 1950-1960 pour disposer d'études plus systématiques et précises, grâce à des physiciens de renom comme le Canadien Gilbert Plasse ou l'Américain Charles David Keeling. Ce dernier montre que le CO_2 se répartit tout autour de la Terre, ne restant pas confiné aux seules zones industrialisées, et que celui-ci augmente considérablement avec le temps : c'est l'objet de la « courbe de Keeling ».

Tous ces précurseurs ont de toute façon été entendus par leurs contemporains, la prise de conscience de l'urgence écologique ne datant que des années 1970. En 1967, un rapport international dirigé par Robert McNamara prédit un réchauffement climatique planétaire de 2,5 °C avant la fin du XXe siècle. En 1971, l'Organisation des Nations unies pour l'éducation, la science et la culture (Unesco) lance un premier programme international de recherches sur les relations entre l'homme et la biosphère. Le premier programme de recherche climatologique mondial est lancé en 1979 et débouche une décennie plus tard sur la création du Giec (1988) : 130 pays y collaborent, les travaux de 2 500 chercheurs sont synthétisés et compilés par quelque 800 auteurs différents. Entre-temps, les priorités ont changé : la communauté scientifique internationale a commencé à s'alarmer de l'amincissement de la couche d'ozone stratosphérique provoqué par des gaz chlorés d'origine industrielle et, dans cette droite ligne, du phénomène de réchauffement climatique. Le premier rapport du Giec en 1990 laisse peu de place au doute quant à l'origine anthropique du réchauffement climatique en cours, ce qui pousse les Nations unies à adopter dès 1992 une convention-cadre sur les changements climatiques (CCNUCC) et, dans ce cadre, à signer le protocole de Kyoto (Japon) en 1997.

Un processus irrémédiable aux conséquences désastreuses

Dans les années 2010, les émissions de dioxyde de carbone ont été plus de vingt fois plus importantes que dans la décennie 1950. Les dernières projections du Giec font état d'une température mondiale moyenne en croissance de + 2,5 °C à + 7,8 °C d'ici la fin du XXIe siècle. Mais de grandes incertitudes subsistent quant à l'ampleur et la géographie du réchauffement futur, du fait de l'imprécision des modèles, de l'imprévisibilité du volcanisme, mais aussi des comportements étatiques et individuels variables, ainsi que du niveau de croissance économique et démographique. Comme l'a montré la crise sanitaire de 2020, les émissions de CO_2 peuvent aussi brutalement chuter, sans cependant que le phénomène de réchauffement diminue fortement.

Les effets du réchauffement climatique se font déjà sentir de manière significative : fonte massive des glaces aux pôles, élévation du niveau de la mer (peut-être jusqu'à 1 mètre), migrations et menaces d'extinction de nombreuses espèces animales, réduction de la biodiversité, sécheresses récurrentes et coups de chaud, fréquence et intensité des tempêtes, cyclones et ouragans, ainsi qu'inondations et glissements de terrain qui en découlent, baisse des rendements agricoles créant des pénuries alimentaires, réapparition de maladies disparues ou en voie de disparition. Ces effets catastrophiques seront très inégaux à la surface de la Terre, et toutes les études montrent qu'ils menacent surtout des pays déjà pauvres et vulnérables.

Les risques géopolitiques attachés à cette dégradation rapide de l'environnement humain sont majeurs, à commencer par les migrations climatiques qu'un rapport récent de l'ONU (2018) estime à 250 millions de personnes d'ici 2050. Des déplacements climatiques ont déjà été observés dans l'île bangladaise de Bhola vers l'Inde, dans l'atoll de Makatea en Polynésie française, dans l'île de Banaba dans les îles Kiribati. On annonce 200 à 250 millions de « réfugiés climatiques » d'ici le milieu du xxie siècle, sans qu'il existe de statut officiel de réfugié, individuel ou collectif, et sans que la « migration » climatique ait été rigoureusement définie. C'est un des chantiers urgents des Nations unies que de légiférer en la matière. Les guerres du xxie siècle pourraient ainsi être de plus en plus liées à l'environnement : le conflit au Darfour (2008) était causé par les migrations d'éleveurs nomades du Nord-Darfour menacé de désertification vers les terroirs plus fertiles du Sud occupés par des tribus arabes sédentaires. On a déjà vu une telle évolution dans la région du Sahel qui, sur fond d'avancée du désert et d'érosion des sols liées à la surexploitation, fait le lit de tensions et conflits politiques et militaires multiples, comme l'essor du groupe djihadiste Boko Haram sur les rives du lac Tchad.

Les petits États du Pacifique (Mélanésie, Micronésie et Polynésie, sur un ensemble de 40 millions de km^2) mènent une diplomatie climatique commune très active : tous membres du Forum des îles du Pacifique et du G77, ils cherchent à faire reconnaître l'importance de l'océan dans leur identité culturelle et, partant, à obtenir des aides et des dispositifs de lutte contre la montée des eaux : l'initiative *Ocean Pathway*, lancée par les Fidji à la COP23 de Bonn, et unissant les îles Samoa, Marshall, Cook, Kiribati et la Polynésie française, cherche à faire reconnaître les liens existant entre océan et changement climatique dans le cadre de la CCNUCC. La France elle-même a défini en 2018 une stratégie nationale pour l'« Indo-Pacifique » qui repose la question de la protection et de la sécurité face aux risques environnementaux. Tout ceci soulève le problème de la gouvernance environnementale internationale, de manière plus large.

Des dispositifs internationaux jusqu'ici insuffisants

Dès 1997, les engagements pris à Kyoto (COP) sont très loin de suffire à enrayer une hausse globale des températures : pour stabiliser à 2 °C le réchauffement planétaire, il aurait fallu baisser de 80 % les émissions de gaz à effet de serre (GES) des seuls pays industriels, sans parler des limitations auxquelles échappaient les pays en développement et émergents, notamment la Chine, devenue la première pollueuse atmosphérique devant les États-Unis (28 % des émissions de GES contre 17 %).

L'après-Kyoto a suscité de grands espoirs. Une COP15 réunie à Copenhague en décembre 2009 a statué sur un renouvellement du protocole de Kyoto avec davantage de signataires. Elle est marquée par les tensions entre les États-Unis et la Chine, et ne débouche que sur un accord *a minima* : un système de contributions volontaires décidées par chaque pays (*intended nationally determined contributions* — INDC), et non un accord global. De plus, ces contributions ne sont pas contraignantes. C'est un peu comme si, dans un système fiscal donné, chaque ménage décidait de fixer lui-même le montant de ses impôts. En outre, certaines promesses faites par les « Suds » étaient conditionnées par le fait que les pays développés leur fournissent des aides suffisantes, pour un montant total de 100 milliards de dollars par an.

Toutefois, la COP21 de Paris en 2015 débouche sur un accord très ambitieux : rester sous les 2 °C de réchauffement planétaire grâce à la neutralité carbone et à la sortie des énergies fossiles. Pour ce faire, des plans d'action nationaux sur le climat sont décidés dans chaque pays, avec objectifs chiffrés certes, mais sans possibilités de sanction. S'il est politiquement contraignant, l'accord ne l'est pas juridiquement. Un plancher d'aide climatique aux pays pauvres est fixé à 100 milliards de dollars. Peu de temps après sa signature, l'accord de Paris est torpillé par le retrait unilatéral des États-Unis décidé par le président Trump en 2017 (décision invalidée par Joe Biden en 2021). Les doutes sur la faisabilité de l'accord se sont renforcés d'autant. Les COP24 et COP25 en Pologne et en Espagne confirment les difficultés à s'entendre sur un accord précis : sont évoquées la fin des émissions nettes de GES en 2050 grâce à l'absorption par les « puits de carbone » naturels

Le protocole de Kyoto, un échec ?

Cédric Tellenne

L'échec du protocole de Kyoto est patent, même si l'accord fait date dans l'histoire du climat. Plusieurs facteurs l'expliquent. D'abord, le nombre de participants est insuffisant : au moment de la signature en 1997, 65 % des émissions mondiales de GES sont couvertes ; mais, au moment de l'entrée en vigueur du protocole en 2005, cette proportion est tombée à seulement 15 % du fait de la non-ratification par les États-Unis, du retrait du Canada, de l'Australie et de la Russie. D'autre part, ses ambitions sont trop limitées : stabiliser les émissions de dioxyde de carbone par rapport au niveau de 1990 d'ici 2012. Enfin, l'échec du marché européen des droits d'émission et de la tarification carbone. L'Europe voulait montrer l'exemple avec l'*EU Emission Trading Scheme* (EU ETS), créé en 2005 et fixant un prix pour le carbone. Or, avec la crise de 2008 et la plongée de l'activité économique et industrielle, les droits d'émission ont été largement excédentaires et le prix du carbone a chuté. L'Europe n'a pas été imitée dans le reste du monde, le système n'a pas eu d'effets d'entraînement satisfaisants. Enfin, le mécanisme pour un développement propre (MDP) n'a fait que déplacer dans l'espace les problèmes de pollution atmosphérique, car les entreprises vertueuses ont pu obtenir des « crédits carbone » dans leur pays d'origine si elles prouvaient des efforts de réduction des émissions dans d'autres pays : c'est donc un jeu à somme nulle pour l'environnement.

(océans, sols et forêts), la séquestration artificielle de celui-ci. Mais peu de progrès réels ont été réalisés : un accord trop vague, sans engagements contraignants, sans prix mondial du carbone ni marché planétaire des droits d'émission, des aides aux pays du Sud nettement insuffisantes. Surtout, on s'est parfois contenté d'étiqueter en vert des aides au développement déjà existantes, de surcroît sous forme de prêts et non de dons.

La prévalence des égoïsmes nationaux

S'il existe ainsi une très forte inertie en matière environnementale, c'est en raison de deux facteurs principaux, si l'on suit l'analyse du prix Nobel d'économie français Jean Tirole :

1) l'égoïsme vis-à-vis des générations futures, qui amène les générations présentes à ne pas vouloir remettre en cause leur mode de vie ;

2) le problème du passager clandestin (*free rider*), selon lequel chacun suit son intérêt propre en espérant profiter des efforts des autres.

Ainsi, les bénéfices liés à l'atténuation du réchauffement climatique restent lointains et très généraux, tandis que les coûts de cet effort sont immédiats et locaux. Reste un troisième paramètre à prendre en compte, qui justifie une action multilatérale à l'échelle mondiale : un pays qui déciderait d'appliquer seul une taxation du carbone perdrait en compétitivité industrielle, verrait ses usines se délocaliser vers des pays moins concernés, et le bénéfice écologique serait nul alors que le coût économique et social serait quant à lui très lourd. Le fait est que, à l'heure actuelle, il n'existe ni taxe carbone mondiale, ni marché international des droits ou permis d'émission, comme évoqué précédemment. Au contraire, les États subventionnent les énergies fossiles (pétrole, charbon et gaz), responsables de 80 % des émissions de GES et de 67 % des émissions de dioxyde de carbone (environ 150 milliards de dollars par an selon l'Organisation de coopération et de développement économiques — OCDE), sous des formes variées : détaxes, réductions de TVA, crédits d'impôt.

La partie se joue aussi à l'échelle infranationale. Ainsi, les grandes métropoles mondiales ont désormais les moyens de mener leur propre diplomatie, comme en témoigne le groupe C40 qui les mobilise sur la question du changement climatique. Aux États-Unis, la coalition Global Climate Change, constituée de grandes villes et d'États fédérés, s'est déterminée depuis 2017 à poursuivre la lutte contre le réchauffement climatique, alors que le président Trump décidait de sortir de l'accord de Paris de 2015.

Cela dit, l'impulsion pourrait venir de la Chine : alors qu'elle est devenue la première émettrice de GES, le pouvoir a mis en avant une « civilisation écologique ». Le verdissement de l'économie est un enjeu décisif quand on sait que certains secteurs, comme celui du bâtiment et des travaux publics (BTP), restent prépondérants et polluants. Le président Xi Jinping a même annoncé, en décembre 2020, la réduction de l'intensité carbone de la Chine de 65 % d'ici 2030 par rapport au niveau de 2005. Pour cette économie socialiste de marché, la « croissance verte » pourrait permettre de concilier développement, environnement et puissance.

En définitive, si le monde veut mener efficacement la transition écologique pour limiter au maximum le réchauffement climatique au XXIe siècle, il est urgent de constituer un marché réellement mondial des permis négociables (seuls quarante pays sur cent quatre-vingt-treize sont concernés actuellement) et une taxe carbone globale à un prix suffisant. En ce sens, les rapports Quinet et Rocard en France estimaient que le coût du carbone devait passer de 45 euros la tonne en 2010 à 100 euros en 2030 pour arriver à une fourchette entre 150 et 350 euros en 2050, afin de remplir les objectifs du Giec de stabiliser sous les 2 °C le réchauffement climatique au XXIe siècle. Or le prix du carbone a baissé et se situe dans une fourchette de 5 à 10 euros en Europe et en Amérique du Nord. Mais, dans de nombreux pays du monde, il reste nul, car la taxe n'existe même pas... Les problèmes majeurs sont l'attentisme et la mauvaise volonté des plus gros pollueurs de la planète, États-Unis et Chine en tête, l'absence d'institution de contrôle indépendante capable de contraindre les parties prenantes, la prédominance des intérêts nationaux de court terme sur les intérêts mondiaux de long terme. À cette fin, une réflexion internationale pour l'adoption d'un pacte mondial sur l'environnement a débuté, mais celle-ci a été reportée à 2022 au mieux, du fait de la crise sanitaire. Quoi qu'il en soit, il prendrait la forme d'une simple déclaration et non d'un traité, ce qui reviendrait à repousser les vraies décisions à un futur indéterminé.

Repères bibliographiques

Bonneuil C. et Fressoz J.-B. [2013], *L'Événement anthropocène. La Terre, l'histoire et nous*, Paris, Seuil.

Bonneuil C., Pessis C. et Topçu S. [2013], *Une autre histoire des « Trente Glorieuses ». Modernisation, contestations et pollutions dans la France d'après-guerre*, Paris, La Découverte.

Boutaud A. et Gondran N. [2020], *Les Limites planétaires*, Paris, La Découverte, « Repères ».

Bret B. [1995], *Le Tiers-Monde. Croissance, développement, inégalités*, Paris, Ellipses.

Brunel S. [2004], *Le Développement durable*, Paris, PUF, « Que sais-je ? », 2018, 6e édition.

— [2008], *À qui profite le développement durable ?* Paris, Larousse.

Coase R. [1960], « The problem of social cost », *Journal of Law and Economics*, vol. 3, n° 1, p. 1-44.

David B. [2021], *À l'aube de la sixième extinction*, Paris, Grasset.

Gemenne F., Rankovic A., Ansart T., Martin B., Pitrano P. et Rio A. [2020], *Atlas de l'Anthropocène*, Paris, Presses de Sciences Po.

Hardin G. [1968], « The tragedy of the commons », *Science*, vol. 162, n° 3859, p. 1243-1248.

Kuznets S. [1971], « Discours de réception du prix Nobel à Stockholm », 11 décembre.

Latouche S. [2019], *La Décroissance*, Paris, PUF.

Laurent E. et Le Cacheux J. [2012], *Économie de l'environnement et économie écologique*, Paris, Armand Colin.

Ostrom E. [1990], *Gouvernance des biens communs. Pour une nouvelle approche des ressources naturelles*, Louvain-La-Neuve, De Boeck Supérieur.

Perroux F. [1961], *L'Économie du xxe siècle*, Grenoble, Presses universitaires de Grenoble.

Pigou A. C. [1920], *The Economics of Welfare*, Londres, Macmillan.

Rist G. [1992], *Le Développement. Histoire d'une croyance occidentale*, Paris, Presses de Sciences Po.

Rostow W. W. [1960], *Les Étapes de la croissance économique. Un manifeste non communiste*, Paris, Economica, 1997, 3e édition.

Sachs I. [1981], *Initiation à l'écodéveloppement*, Toulouse, Privat.

— [1998], *L'Écodéveloppement. Stratégies pour le xxie siècle*, Paris, Syros.

Samuelson P. A. [1954], « The pure theory of public expenditure », *Review of Economics and Statistics*, vol. 36, n° 4, p. 387-389.

Tirole J. [2016], *Économie du bien commun*, Paris, PUF.

Veltz P. [2021], *L'Économie désirable. Sortir du thermo-fossile*, Paris, Seuil.

Veyret Y. et Jalta J. [2010], *Développements durables. Tous les enjeux en 12 leçons*, Paris, Autrement.

III / Acteurs, territoires et enjeux de la géopolitique mondiale

12 / Les États et leurs frontières : puissance et souveraineté dans la mondialisation

Alexandre Saintin

La genèse des frontières étatiques, ou « horogénèse » selon le concept de Michel Foucher [1991], s'est accélérée depuis la fin de la guerre froide, avec plus de 30 000 km de nouveaux tracés : pays de l'ex-URSS (regroupés dans le Communauté des États Indépendants — CEI), des Balkans occidentaux, Timor oriental en Asie du Sud-Est, Sud-Soudan en Afrique, le dernier né en 2011. Ainsi, on dénombre officiellement cent quatre-vingt-treize États à l'ONU, soit quatre fois plus qu'à sa création en 1945. Et le processus n'est sans doute pas terminé...

Chaque État, défini comme un ensemble d'institutions et administrations dépositaires du pouvoir politique et dotées du « monopole de la violence légitime » (selon la définition classique de Max Weber), est reconnu par les autres États comme souverain sur un territoire aux frontières intangibles. La maîtrise de ces frontières politiques est une garantie à la fois d'indépendance et d'intégrité du territoire, de souveraineté sur les ressources nationales, de sécurité des biens et des personnes [Foucher, 2020]. À l'intérieur de ces frontières, l'État peut être plus ou moins interventionniste : ses fonctions sont parfois limitées au régalien (armée, monnaie, diplomatie, justice, police), parfois plus étendues (États sociaux ou États autoritaires), dans certains cas au contraire embryonnaires ou évaporées (États faillis).

La mondialisation, définie comme une expansion planétaire du système capitaliste porteuse d'une intensification, par sauts quantitatifs et qualitatifs, des échanges de toutes natures (chapitre 10), ne s'est pas développée historiquement « hors » ou « contre » l'État [Berger, 2003]. La tendance de fond, au cours du XXe siècle, était même à l'interventionnisme croissant de l'État. Toutefois, la mondialisation contemporaine, depuis les années 1980-1990, est née de la volonté des dirigeants occidentaux libéraux d'organiser le retrait de l'État pour laisser se développer une régulation par les marchés. Ainsi, pour

État-nation et frontières

Alexandre Saintin

Plongeant ses racines dans les traités de Westphalie en 1648 et dans la Révolution française (du serment du Jeu de Paume à la victoire de Valmy), la forme « État-nation » s'épanouit pleinement en Europe au fil des mouvements nationalistes du XIXe siècle, avant d'être exportée vers les territoires décolonisés au XXe siècle. Cette forme d'ordre rationnel légal s'inscrit dans un espace « borné » par des frontières, conçues comme des limites de l'exercice de deux souverainetés. Mais, face à l'État-nation qui vise à inscrire un peuple sur un territoire, d'autres pactes politiques sont possibles, comme celui de l'empire. Il exprime une logique de vassalisation des communautés autour d'un centre : ce lien de dépendance peut s'exercer selon une intégration pragmatique, mais sans unification politique ou religieuse de la communauté (Chine impériale), ou selon la coercition, la taxation et l'absorption culturelle (Rome). La forme impériale de l'État a cédé le pas à celle de l'État-nation : à compter du XIXe siècle, cent cinquante États sont nés de quatorze empires multinationaux ou coloniaux. Il demeure des cas tangents, comme la Russie, pour laquelle l'option d'un empire multinational n'est pas tout à fait oubliée, de même que la projection impériale conserve toujours un attrait pour certains nationalismes culturels, identitaires et messianiques [Badie et Foucher, 2017], comme en Turquie.

Ce modèle de l'État-nation, au tournant des années 1990, est contesté principalement dans sa souveraineté spatiale par la multiplication des programmes de coopération régionale ou internationale visant à abolir les frontières. Ainsi, les frontières interétatiques ne sont pas de toute éternité, elles fluctuent au fil des recompositions politiques et renvoient au temps long de la formation nationale, mais surtout elles appartiennent au champ des représentations avant d'être matérialisées, tout comme elles ne correspondent jamais à une absolue fermeture ni à des interfaces parfaites [Foucher, 2007]. Leur franchissement par les hommes ou les marchandises constitue la limite de la compétence territoriale de l'État, un instrument de mesure de son autorité, de son degré d'intégration économique et politique. La frontière forme bien une limite politique signifiante d'un territoire. C'est un objet dont l'émergence s'inscrit dans un processus de territorialisation.

l'écologiste et féministe indienne Vandana Shiva, « la mondialisation modifie génétiquement l'État ». Mais quelle est la teneur de cette modification génétique ? Qu'est devenu l'État, une fois refermée l'ère de l'« étatisme » [Levy, 2006] ?

Le recul de la souveraineté et de la puissance de l'État face à la mondialisation

L'« étatisme », dans ses formes très différentes, touche à sa fin dans les années 1970, sous l'effet de la crise (monétaire, énergétique, industrielle...), qui est avant tout une crise de l'État, et en particulier de l'État-providence « à l'occidentale ». C'est ce qui justifie sa mise en retrait [Strange, 1996].

Mondialisation et retrait de l'État

Confrontés aux crises pétrolières, à la désindustrialisation et au chômage de masse des années 1970, sur fond d'accélération incontrôlable de l'inflation, les États occidentaux se sont engagés dans une sévère cure de désendettement et d'austérité. Les théories monétaristes (Milton Friedman) et néolibérales (Friedrich Hayek), portées dans le champ politique dès 1979 par la Première ministre Margaret Thatcher au Royaume-Uni et par le gouverneur de la Réserve fédérale américaine Paul Volcker, puis par le président Ronald Reagan en 1981, ont imposé un dogme anti-inflationniste impliquant le désengagement de l'État car celui-ci, incapable de gérer les déficits comme l'inflation, a alors été désigné comme le problème, et non plus comme la solution, selon la formule bien connue de Reagan (chapitre 7). L'État-providence, modèle unique de régulation économique et sociale en Occident depuis l'après-guerre, a été détrôné par l'idéologie néolibérale visant à réduire au minimum l'intervention de l'État (l'État « veilleur de nuit »), dans une économie régulée par les lois du marché. Ainsi, dès le début des années 1980, Pierre Rosanvallon [1981] fait le constat d'une triple crise de l'État-providence : de financement, d'efficacité et de légitimité.

Un nouveau modèle de gouvernance par les marchés s'est imposé : le « consensus de Washington ». La plupart des pays du monde ont été soumis aux composantes de cette idéologie (déréglementation, privatisation, ouverture) portées par le Fonds monétaire international (FMI) et la Banque mondiale. Ce dogme s'est incarné dans les programmes d'ajustement structurel (PAS) appliqués dans les années 1980 pour régler le problème du surendettement dans de nombreux pays en développement. Dans les pays industriels développés, même le socialisme et la social-démocratie se sont convertis à l'économie de marché : en France, le Premier ministre Lionel Jospin faisait sensation en déclarant que « l'État ne peut pas tout », dans un contexte de multiplication des plans de licenciement en France (Michelin, Renault, Lu...) ; il insistait sur la distinction entre l'économie de marché, acceptable, et la société de marché, qu'il refusait. La recherche d'une troisième voie a été aussi tentée par le New Labour de Tony Blair en Angleterre ou par le chancelier allemand SPD Gerhard Schröder. Ce sont souvent des majorités de gauche qui ont réformé le plus efficacement, car elles négocient plus facilement avec les syndicats (du moins, les réformistes) et prônent un « habillage social » de l'économie de marché.

Moins ou plus d'État ? Consensus de Washington *versus* consensus de Pékin

Cédric Tellenne

À la fin des années 1980, l'économiste américain néolibéral John Williamson définit le fameux « consensus de Washington » porté par les institutions de Washington, qu'elles soient américaines (Maison-Blanche et Trésor américain) ou internationales (FMI et Banque mondiale) dans le contexte de « crise de la dette » dans les pays en développement. Il comporte « dix commandements » imposés aux pays obtenant de nouvelles aides au développement : discipline budgétaire, réorientation de la dépense publique, réforme fiscale, libéralisation financière, taux de change unique et réaliste, libéralisation des échanges, élimination des barrières aux investissements étrangers, privatisations, dérégulation des marchés, sécurité des droits de propriété. Encore ne s'agit-il que de la dimension proprement économique du consensus, il va de soi que les pays concernés doivent parallèlement démocratiser leur régime politique, respecter les droits les plus élémentaires de l'individu. Le consensus a rapidement montré ses limites, entraînant des crises financières à répétition, ainsi que de la désespérance sociale.

Dans les années 2010 émerge un modèle antagonique en provenance de Chine — qui sort alors de ses « trente glorieuses » (1980-2010) —, qui attire d'autant plus qu'il s'accompagne d'une manne financière de plus en plus considérable (projet des « nouvelles routes de la soie »), sans être assorti de conditions politiques spécifiques, telles que le respect de la démocratie et des droits de l'homme, ni de conditions économiques spécifiques (équilibre du budget, limitation de la dette), si ce n'est être accueillant pour les investissements et le commerce chinois. Ce consensus de Pékin s'appuie sur le triptyque suivant : autoritarisme, souverainisme, non-ingérence. Cette Chine ouverte aux échanges économiques et au codéveloppement reste plus que jamais une dictature totalitaire, jalouse de sa puissance montante.

Par conséquent, l'État a été obligé de restreindre sa sphère d'intervention, notamment par la réduction des subventions et des aides et l'alourdissement des taxes, alors même qu'on lui demandait de faire preuve d'autorité pour imposer des mesures impopulaires. L'introduction brutale du libéralisme économique, notamment dans les anciens pays de l'Est, a produit une décomposition de l'organisation sociale et politique, articulant un État privatisé et une économie mafieuse. Sur le continent africain, après avoir été omnipotent et constitué sur un modèle territorial, l'État patrimonialisé par les clans a peu à peu perdu son contrôle sur la société et le territoire. Dans des pays d'économie mixte comme la France, l'État a procédé à des privatisations massives, parallèlement à la déréglementation et à l'ouverture des marchés financiers (chapitre 18). Il a souvent dû abandonner ou restreindre ses programmes d'aménagement du territoire, par souci d'économies et de rentabilité. La gestion de l'État a ainsi elle-même été transformée sur le modèle de l'entreprise privée : « État-entreprise » [Musso, 2019], « État-manager » [Bonelli et Pelletier,

2009 ; 2010]. Le sociologue Max Weber constatait dès la fin de la Première Guerre mondiale que « l'État moderne est une entreprise au même titre que l'usine », c'est-à-dire qu'il est traversé par des pratiques et des savoirs techniques et économiques. C'est ce constat déjà ancien qui pourrait donner du sens à la notion d'État-entreprise, accordant à la firme, au nom de la rationalité technique et managériale, une emprise sur le politique, de même qu'une limitation croissante des attributs de l'État souverain. La firme et ses méthodes viendraient ainsi investir l'État, les grands commis provenant de jour en jour davantage du monde de l'entreprise. L'État recourt de plus en plus à des « partenariats public-privé », dans les secteurs d'activité les plus rentables : énergie, transports, agro-business, bâtiment et construction, aménagement urbain.

L'État et ses frontières débordés par les marchés

Les forces du marché organisent l'économie, et leur déterritorialisation outrepasse les capacités de contrôle de l'État : la grande liberté de localisation des firmes s'impose aux États et se joue des frontières, par le biais des délocalisations (chapitre 13). Les changements technologiques, l'intensification des flux de toutes natures ont débordé les États, produisant un basculement d'autorité de ceux-ci vers les firmes multinationales : ils ont été forcés de privilégier un bon environnement pour l'activité des firmes, en termes d'équipement et infrastructures, qualité de main-d'œuvre, accès aux crédits et subventions, législation sociale et fiscale. Pour Susan Strange [1996], c'est une manière de redéfinir l'intérêt national en fonction des intérêts des firmes internationales. Les transferts de capitaux réalisés par les firmes ont un impact plus important dans certains pays que les politiques publiques (chapitre 13).

En lien avec l'affaiblissement des États, les frontières ont changé de nature et de fonction : d'obstacles répulsifs, elles sont devenues des interfaces ; de simples lignes de démarcation, elles sont devenues des zones plus épaisses et fortement polarisantes. Avec l'essor de la mondialisation, les frontières fermées étaient en effet devenues une gêne pour les échanges [Ohmae, 1996]. Au contraire, en s'ouvrant, dans le cadre du *General Agreement on Tariffs and Trade* (GATT)-Organisation mondiale du commerce (OMC) et des accords régionaux de libre-échange, elles permettent aux acteurs privés de l'économie d'exploiter une « rente » frontalière, permettant de tirer avantage des différences entre deux États, ou deux régions, comme à la frontière américano-mexicaine dans le cadre de l'Accord de libre-échange nord-américain (Alena) entré en vigueur en 1994 (industrie des *maquiladoras*). Les frontières, autrefois chasses gardées, sont devenues des interfaces du profit.

Dès lors, les frontières deviennent des espaces de plus en plus attractifs. Polarisant richesses, hommes et activités, elles s'étendent de fait géographiquement et gagnent en épaisseur (Mexamerica). En cela, elles laissent aussi de plus en plus passer des flux illégaux et indésirables, en lien avec la mondialisation criminelle (chapitre 15), et peuvent ainsi devenir des « zones grises » belligènes, où l'État de droit ne s'impose plus (chapitre 6). Que l'on pense par exemple au narcotrafic, devenu le premier marché agricole mondial, avec 320 milliards de dollars de chiffre d'affaires (données ONU 2016), ses flux internationaux incontrôlés, ses groupes aux ramifications mondiales, son recours systématique à la violence, sa production de règles de droit et de justice alternatives, ses effets de délitement de la démocratie et de la cohésion nationale.

L'État affaibli dans les nouvelles relations « transnationales »

John H. Herz est le premier à annoncer le déclin de l'« État territorial », sous le double effet d'« intrusions verticales » (avec le développement de l'aviation et des satellites) et d'« intrusions horizontales » (avec l'accroissement des échanges) [Herz, 1957 ; Badie, 1995]. Ce n'est plus seulement le territoire de l'État qui est affecté, mais bien les capacités des institutions et administrations à décider de manière souveraine, tant elles sont insérées dans des réseaux de plus en plus denses de liens et d'acteurs internationaux et d'intérêts divers. Dès lors, l'État a été perçu comme obsolète et marginalisé dans les relations internationales. Les débats relatifs à la fin de l'État souverain se manifestent à deux moments principaux de notre histoire contemporaine.

Premier temps, dès les années 1970, un nouveau courant de politistes et sociologues des relations internationales met en lumière le dépassement de l'État, tout comme celui du paradigme « statocentré » des relations internationales. Parmi eux, les universitaires américains Robert Keohane et Joseph Nye [1972 ; 1977] montrent que la société *transnationale*, résultat d'interactions entre des acteurs multiples, étatiques comme non étatiques, oriente les États dans leurs objectifs internes comme en politique internationale. James Rosenau [1990] montre quant à lui que le passage à une société postindustrielle, marquée par la communication mondialisée, témoigne d'un bouleversement des paramètres relationnels entre l'État et l'individu : « du touriste au terroriste », ce dernier peut désormais modifier considérablement l'environnement géopolitique et l'action des États.

Second temps, avec la fin de la guerre froide, la montée des acteurs transnationaux et des flux commerciaux, financiers et technologiques s'accélère et fragilise l'État, jusqu'à mettre en question le principe de souveraineté et de puissance [Badie, 1995 ; 1999]. Même les États les plus influents sont touchés par un phénomène d'« impuissance de la puissance » dans le contexte post-11 septembre 2001 [Badie, 2004]. Robert Rosencrance [1999] évoque l'essor de l'État virtuel qui ne parviendrait ni à assurer l'ordre en son sein ni à satisfaire le contrat social fondé sur l'idée de redistribution. Kenichi Ohmae [1996] annonce même la substitution de l'État-région à l'État-nation : la structure de l'État-nation serait menacée par l'affirmation des régions économiques infranationales du type Californie (États-Unis) ou delta de la rivière des Perles (Chine).

Avec le recul, ces analyses apparaissent assez datées, tant, actuellement, l'État est incontestablement redevenu un acteur central de nos sociétés. Et ce bien avant la crise sanitaire mondiale...

La redéfinition des prérogatives de l'État et du rôle des frontières au début du XXIe siècle

Du fait de la récurrence des crises économiques et géopolitiques dans les années 2000 (chapitres 4 et 7), il est évident que le « besoin » d'État et de frontières s'affirme à nouveau. Loin d'une disparition maintes fois annoncée mais jamais advenue, l'État adapte ses modalités d'action, tandis que les frontières retrouvent toute leur importance [Foucher, 2020].

Un indéniable pouvoir de contrôle et d'encadrement des marchés

La thèse selon laquelle l'État est désormais soumis au pouvoir des firmes a été contestée dès les années 1990 : Andrew Walter [1998] apporte la contradiction à tous ceux qui pensent que le pouvoir est passé aux mains des entreprises ; au contraire, plusieurs nouvelles formes d'interactions entre firmes et États se manifestent, caractéristiques d'un nouvel âge du capitalisme [Luttwak, 1995 ; 1999].

Il existe des interactions « positives », par lesquelles les firmes sollicitent le soutien et la protection de l'État, ce dernier se servant d'elles pour augmenter son rayonnement international, à l'instar des politiques des champions nationaux. Les firmes parviennent à influencer les législations et actions de l'État par des actions de *lobbying*, dans une sorte de « manipulation réciproque » (chapitre 13). À l'inverse, des interactions négatives impliquent l'État dans une multitude de contrôles : autorisations administratives, quotas et normes d'importation, réglementations sur les investissements étrangers (clause Exon-Florio). Dans la concurrence internationale, l'État devient un *competition state* [Cerny, 2007] afin d'attirer et retenir les investissements étrangers. Mais il reste quoi qu'il en soit le maître des règles du jeu de la concurrence, en pouvant bloquer des opérations de fusion-acquisition (action de la Commission de Bruxelles contre les fusions Volvo-Scania, Schneider-Legrand ou Siemens-Alstom) ou mener des procédures *anti-trust* aux États-Unis (procédure de la justice américaine contre Google en octobre 2020 pour abus de position dominante et atteinte au droit de la concurrence).

Parallèlement, l'État développe une nouvelle gouvernance de crise, qui se dessine depuis les années 2000. En particulier, la crise des *subprimes* a réactivé les moyens d'action étatiques dans l'économie mondialisée, à travers des plans de sauvetage des banques et de l'industrie, et des plans de relance plus généraux. Mais les changements sont aussi structurels. Ainsi, les chefs d'État et de gouvernement du G20 ont coordonné, entre avril 2009 et novembre 2011, un renforcement de la réglementation des marchés financiers : les États-Unis et l'Union européenne (UE) ont transformé ces orientations en lois à partir de 2012, en renforçant les obligations des banques à se financer en fonds propres pour absorber un certain niveau de pertes potentielles (9 % du montant de leurs autres actifs pour les banques européennes), en encadrant certains produits financiers sur les marchés, en élargissant les mandats des organismes de surveillance des institutions financières (loi Dodd-Frank aux États-Unis en 2010). Les États européens ont donc réinvesti ce domaine par la régulation du secteur bancaire continental sous la forme de l'union bancaire, supervisée par une Banque centrale européenne (BCE) aux pouvoirs étendus, et du mécanisme européen de stabilité, entré en vigueur en 2012 et pouvant lever 750 milliards d'euros sur les marchés en cas de crise de la zone euro. En 2020, la crise liée à la pandémie de Covid-19 marque une nouvelle étape dans le retour de l'État : les autorités centrales instaurent un État d'exception et manifestent leur aptitude à la souveraineté avec des mesures autoritaires de confinement, puis de grandes campagnes de vaccination (2021).

Le retour de l'État-stratège

L'État redéfinit son action économique dans la mondialisation en s'adaptant à la nouvelle donne internationale : diplomatie commerciale, action des firmes publiques et banques publiques sur les marchés, pratique du néoprotectionnisme, usage d'un droit extraterritorial, constructions régionales... Autant d'éléments de redéfinition du rôle de l'État, et non de disparition.

La diplomatie commerciale est un attribut essentiel des États. Ainsi, en France, au début des années 2010, le ministre des Affaires étrangères Laurent Fabius ajoute à son ministère la dénomination

« Développement international », avec l'urgence de mettre en œuvre une diplomatie d'influence orientée vers des buts commerciaux, avec comme objectifs de trouver des débouchés aux exportations françaises (vente des Rafale et Mistral de Dassault à l'Inde et à l'Égypte) ou d'assurer la sécurité des approvisionnements (les investissements de Total dans le projet russe Arctic LNG2 sont garantis par Bpifrance, par exemple).

Les États demeurent aussi parfois entrepreneurs, agissant directement sur les marchés internationaux, comme dans l'énergie où les firmes publiques sont souvent les plus puissantes (on pense aux *Big Three* chinoises ou au Gazprom russe — chapitre 16), mais aussi dans les secteurs industriel et financier, avec dans ce dernier l'action des fonds souverains. Principalement créés après 2000, ces fonds d'investissement sont abondés par les devises excédentaires des États (liées au commerce ou à une rente d'exportation). Ils comptabilisent un capital d'actions de près de 7 000 milliards de dollars, et leur montant s'est accru de près de 68 % depuis 2008. On retrouve parmi les fonds les plus dotés ceux de la Chine, des Émirats arabes unis (EAU), de la Norvège, de l'Arabie saoudite et de Singapour.

Pour favoriser ces entreprises et protéger le marché intérieur, les États n'hésitent pas à faire usage du néoprotectionnisme : dépréciations monétaires par le biais des banques centrales (pratiquant le rachat de dettes, ou *quantitative easing*), quotas et contingentements commerciaux, normes en tout genre, pratique de la guerre commerciale. Le droit est lui-même devenu une nouvelle arme aux mains des États [Laïdi, 2019]. Les États-Unis disposent ainsi d'un appareil de guerre législative : par le *Foreign Corrupt Practices Act* (FCPA), signé en 1977 et rendu extraterritorial en 1998, le Department of Justice sanctionne toute entreprise étrangère soupçonnée de corruption ayant fait usage du dollar, d'un prestataire américain ou d'un serveur basé aux États-Unis. Entre 2008 et 2017, vingt-six entreprises ont été condamnées au titre de la loi FCPA, avec des amendes supérieures à 100 millions de dollars. La Chine réfléchit à des mesures similaires : elle demande ainsi que les conflits autour des participants aux nouvelles routes de la soie (*Belt and Road Initiative*) soient résolus par des cours chinoises. Le pouvoir de l'État se transpose enfin à l'échelle régionale, *via* la mise en place d'une multitude d'organisations régionales intégrées. Pour certains auteurs, c'est un facteur de consolidation de la puissance publique, plutôt qu'un affaiblissement [Gilpin, 2000] : ainsi, dans l'UE, le transfert de compétences des États membres vers les institutions européennes n'est pas synonyme de destruction des capacités de l'État-national.

Le « retour » des frontières

La réactivation des frontières (frontières terrestres, ports, aéroports) a débuté après le 11 septembre 2001. Vingt ans plus tard, le contrôle des frontières est apparu comme une clef de maîtrise de la pandémie de Covid-19 : l'exemple de l'île de Taïwan, ayant endigué la propagation du virus par une constante et rigoureuse attention portée aux flux à ses frontières, apparaît, à la fin de 2020, comme un modèle de gestion étatique.

Ainsi, à l'inverse des prophéties fin de siècle sur un monde de mobilités accrues et d'interdépendances apaisées, les cas de réaffirmation des identités nationales et du fait frontalier se multiplient. Le conflit entre Arménie et Azerbaïdjan en octobre 2020 vient rappeler l'évidence : les États belligérants continuent de réclamer un territoire borné, les peuples victorieux veulent s'y enfermer, et ceux appelant à l'irrédentisme sont prêts à en découdre pour le récupérer. À sa façon, le Brexit a marqué une volonté populaire de reconstruire une frontière entre le Royaume-Uni et le continent, puisque, loin de se réduire à une manifestation colérique face à la mondialisation libérale, le référendum de 2016 fait écho à l'hostilité à l'égard de la libre circulation des hommes au sein d'un espace dénué de frontières — les villes en tête du Brexit sont celles qui ont accueilli le plus grand nombre de travailleurs d'Europe de l'Est.

Si le xxe siècle a été le temps de l'invention juridique des frontières sous l'effet de l'effondrement des empires, le xxie siècle débute comme celui de leur sécurisation. Ainsi, quand bien même le principe de territorialité, fondateur de l'État depuis les traités de Westphalie, serait battu en brèche sous sa forme nationale par les réseaux d'échanges matériels ou les solidarités culturelles constitués depuis les années 1990, il réinvente d'autres socles : territoires des énergies, des métropoles, des sociabilités numériques (Kontakt russe *versus* Facebook américain), mais aussi, parfois, de l'État-nation sous la forme d'un protectionnisme crispé.

La multiplication des barrières grillagées ou murées révèle un échec : une sorte de réponse par la force à des régionalisations inachevées [Badie et Foucher, 2017]. Selon les estimations, ces barrières frontalières s'étendent potentiellement sur 18 000 à 25 000 km, soit 7 % à 10 % du linéaire mondial de frontières internationales. Diffuse, la frontière s'incarne à d'autres échelles : celle des villes, où elle marque l'hostilité politique et confessionnelle (entre Libanais musulmans de Beyrouth-Ouest et chrétiens de Beyrouth-Est, entre Serbes et Kosovars de Mitrovica, en Irlande du Nord entre catholiques nationalistes et protestants unionistes de Belfast). Le Brexit et les laborieuses négociations entre l'UE et le Royaume-Uni ont mis en avant le

Carte 1. **Les frontières murées ou grillagées dans le monde**

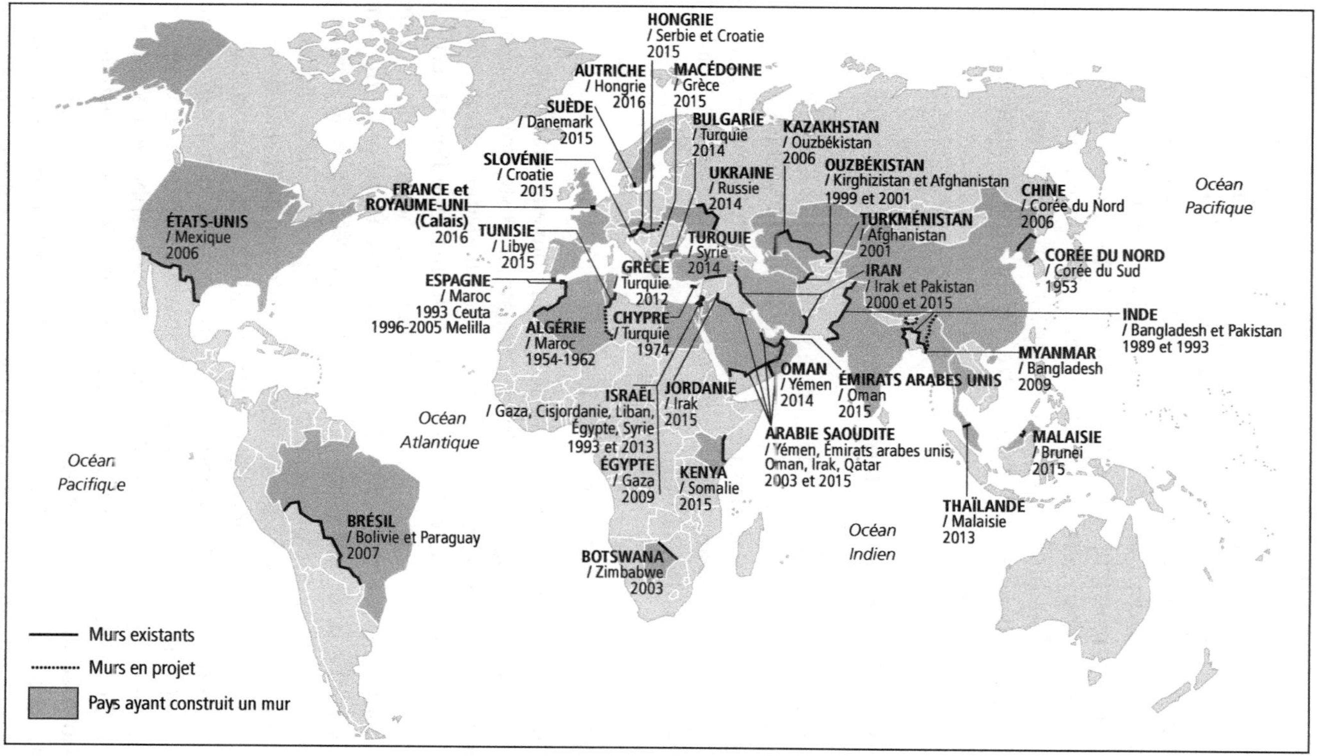

Source : d'après Olivier Berger, « Frontières : pourquoi le monde reconstruit-il des murs un peu partout ? », *La Voix du Nord*, 6 février 2017.

caractère vivace de la frontière commerciale entre la République d'Irlande (membre de l'UE) et le Royaume-Uni, inexistante sur terre (acquis préservé des accords de paix de 1998), mais manifeste dans les ports d'Irlande du Nord. En plus des contrôles effectués en mer sur les zones de pêche, un protocole nord-irlandais instaure en effet des droits de douane européens qui devraient être prélevés en zones portuaires d'Irlande du Nord (comme à Belfast) sur toute marchandise britannique à destination de la République irlandaise. Ces frontières « chaudes » peuvent également apparaître en Écosse, en Catalogne, à l'occasion d'un référendum tenu en 2017, ou encore par la force des crises migratoires, comme elles ont surgi sur les territoires grecs et hongrois depuis 2015, ou entre l'Inde et le Bangladesh, et le Bangladesh et la Birmanie.

La diversité des États dans le nouvel ordre mondial

Depuis la fin de la Seconde Guerre mondiale, les États ont proliféré, comme évoqué en Introduction. Ainsi, les réalités étatiques doivent être analysées sous le prisme d'une très grande diversité : les États sont loin d'être égaux face aux conséquences de la mondialisation et du nouvel ordre mondial.

Différents types d'État dans le monde

En croisant les critères d'exercice de la souveraineté et ceux de la capacité d'action sur la scène internationale, il existe trois grands types d'État [Cooper, 1996] : État prémoderne, État moderne, État postmoderne.

L'État prémoderne en est la première forme, que l'on observe dans des pays tels que l'Afghanistan, le Liberia, la Somalie ou le Yémen. Ce sont soit des États très fragiles, soit des États qui ont sombré dans le chaos, et qui n'ont pas de politique étrangère à proprement parler, car ils n'ont plus grand-chose à négocier. L'État n'exerce pas le monopole de la violence légitime, telle qu'elle a été définie par Max Weber. La diffusion du modèle occidental de l'État-nation et de l'État de droit y a été impossible, ou incomplète. Il n'a pas rencontré le peuple et est demeuré un placage institutionnel sur des structures sociopolitiques de nature différente, comme la tribu, le clan, l'ethnie, la chefferie, etc. C'est dans ces États que l'influence des acteurs transnationaux est la plus marquée.

Le deuxième type d'État est l'État moderne. L'idéal type en est la Chine ; il est aussi possible de citer l'Inde, le Pakistan ou encore l'Iran, la Turquie, le Brésil ou l'Indonésie. Par « moderne », on entend un fort attachement à la notion d'État-nation ; ces États peuvent encore prétendre détenir le monopole de la violence légitime — violence qu'ils pourraient envisager d'utiliser contre d'autres États. Pour ces pays, la défense de la souveraineté nationale joue un rôle très important dans la politique étrangère (nationalisme, souverainisme) et ils mesurent les enjeux internationaux en termes d'intérêt national et de rapports de force. Les États-Unis sont un cas de figure intermédiaire entre les deuxième et troisième catégories, oscillant entre réalisme et idéalisme.

La troisième catégorie d'État est postmoderne : ce sont les vieux États d'Europe occidentale, d'Amérique du Nord (Canada), d'Océanie (Australie et Nouvelle-Zélande), ayant globalement rejeté l'usage de la force pour régler leurs différends, et dont la sécurité repose en grande partie sur la transparence de leur politique étrangère, sur l'interdépendance des économies et sur un système de surveillance réciproque. La notion de frontière y tient une place moins importante, la raison d'État a cédé la place à une conscience morale appliquée aux relations internationales.

Des États affaiblis et faillis, facteurs de désordre international

Un processus d'affaiblissement de l'État s'observe en de nombreux endroits du monde, touchant des États postmodernes faibles et faillis, ou d'anciens États modernes effondrés. Ainsi, depuis la fin de la guerre froide, les nouvelles guerres naissent principalement d'une défaillance d'États faibles, et non plus du choc entre États forts [Charillon, 2017]. Les États faillis n'ont plus d'autorité légitime, l'appareil d'État est confisqué par des acteurs privés, individuels ou collectifs qui en accaparent les richesses (Liban, Kosovo, Somalie). Ils ne mènent plus de développement inclusif et perdent le soutien de la société, hors des réseaux de clientèle entretenus à grands frais. Ils voient proliférer les zones grises, qui sont autant de bases pour la criminalité transnationale organisée et de relais de la mondialisation « interlope » (chapitre 14). Ces États se trouvent marginalisés dans les instances internationales. Pour les États dits « abattus », comme l'Irak, la Libye ou l'ex-Yougoslavie, l'excès d'autorité de l'État et les persécutions des minorités ont provoqué des ingérences politiques et une intervention militaire extérieure. La guerre civile peut succéder à la guerre extérieure, pérennisant les troubles sociopolitiques.

Enfin, la multitude d'États « sans boussole » se composent d'autorités déstabilisées par les interventions extérieures et minées par l'incompétence interne — l'Ukraine, le Venezuela, le Mali —, comme de l'ensemble des pays frappés d'une vague populiste, sans stratégie claire d'action internationale, affaiblissant le multilatéralisme : le Royaume-Uni de Boris Johnson ou les États-Unis de Donald Trump. Dès lors, la faiblesse des États, davantage que leur puissance ou leur appétit de conquête, devient le facteur de l'instabilité internationale et parfois des conflits.

Un État occidental résistant

Dans ce paysage saisissant de déréliction de nombreux États, l'État occidental libéral résiste finalement bien. Samy Cohen, dans *La Résistance des États. Les démocraties face aux défis de la mondialisation* [2003], critique la thèse selon laquelle les « nouveaux acteurs transnationaux » rendraient l'État impotent dans le cadre de nouveaux rapports de puissance.

Pour aller dans ce sens, on peut évoquer le fait que l'État prolonge son action dans le cadre des organisations interétatiques régionales, comme évoqué précédemment. De même, l'État sous-traite une partie de ses tâches humanitaires aux organisations non gouvernementales (ONG), qui en retour, par leurs pressions politiques, ont contribué à élargir la sphère d'activité des États dans le champ du développement durable, comme en témoignent la création de la Cour pénale internationale (CPI) en 2002 ou encore la signature de l'accord de Paris en 2015. Les vieilles démocraties occidentales ont communément été présentées comme les plus affaiblies et, paradoxalement, ce sont peut-être elles qui résistent le mieux : le terrorisme transnational a redonné du pouvoir à l'État. C'est ce qu'ont montré les réactions de l'État fédéral américain après les attentats du 11 septembre 2001, avec le vote du *Patriot Act* (2001) et du *Homeland Security Act* (2002), renforçant les mesures de sécurité, parfois au détriment de la liberté des citoyens.

L'État occidental a même tendance à fabriquer de nouvelles frontières qu'il peut faire respecter, car il est capable de projection de forces : frontières maritimes, avec l'application dans le cadre de l'accord de Montego Bay (à partir de 1994) ; frontières aériennes et extra-aériennes, qui nécessitent la maîtrise des très hautes technologies ; frontières cybernétiques, qui nécessitent de déployer cybersécurité et cyberdéfense (chapitre 15).

Finalement, l'opposition dialectique entre disparition et retour de l'État est largement stérile : l'État n'a jamais disparu, il s'est adapté à la nouvelle donne géoéconomique et géopolitique mondiale. L'effacement des frontières n'est pas complet, compte tenu des prérogatives que gardent les États dans la poursuite du processus de mondialisation et de sa régulation. L'action de l'État est devenue plus complexe dans une société mondiale faite d'enchevêtrement des pouvoirs et d'interdépendances. Mais, face à la multiplication des crises financières, géopolitiques et même sanitaires, plus que jamais les populations ont besoin d'État et de frontières, qui à la fois les protègent et sont les marqueurs de leur identité. Par rapport à hier, le choix n'est pas entre « plus » ou « moins » d'État, mais doit sans doute se diriger vers « mieux » d'État. Rien ne résume plus le paradigme de l'État que cette formule de l'essayiste Charles Gave [2010] : « L'État est mort, vive l'État ! »

Repères bibliographiques

BADIE B. [1992], *L'État importé*, Paris, Fayard.

— [1995], *La Fin des territoires*, Paris, Fayard.

— [1999], *Un monde sans souveraineté*, Paris, Fayard.

— [2004], *L'Impuissance de la puissance. Essai sur les nouvelles relations internationales*, Paris, Fayard.

BADIE B. et FOUCHER M. [2017], *Vers un monde néo-national ?* Paris, CNRS Éditions.

BERGER S. [2003], *Notre Première Mondialisation. Leçons d'un échec oublié (1870-1914)*, Paris, Seuil.

BONELLI L. et PELLETIER W. [2009], « De l'État-providence à l'État manager », *Le Monde diplomatique*, décembre.

— (dir.) [2010], *L'État démantelé. Enquête sur une révolution silencieuse*, Paris, La Découverte.

CERNY P. [2007], « Paradoxes of the competition state : the dynamics of political globalization », *Government and Opposition*, vol. 32, n° 2, p. 251-274.

CHARILLON F. [2017], « La défaillance des États et ses multiples formes », *Questions internationales*, n° 85-86.

COHEN S. [2003], *La Résistance des États. Les démocraties face aux défis de la mondialisation*, Paris, Seuil.

— [2006], « L'État face aux défis de la mondialisation : déclin ou résistance ? », *in* ALLEMAND S. *et al.*, *Comprendre la mondialisation*, II, Paris, Éditions de la Bibliothèque publique d'information.

COOPER R. [1996], *The Post-Modern State and the World Order*, Londres, Demos.

FOUCHER M. [1991], *Front et Frontières. Un tour du monde géopolitique*, Paris, Fayard, nouvelle édition.

— [2007], *L'Obsession des frontières*, Paris, Perrin.

— [2020], *Le Retour des frontières*, Paris, CNRS Éditions, nouvelle édition.

GAVE C. [2010], *L'État est mort, vive l'État !* Paris, François Bourin éditeur.

GILPIN R. [2000], « The retreat of state ? », *in* LAWTON T., ROSENAU J. et VERDUN A. (dir.), *Strange Power. Shaping the Parameters of International Relations and International Political Economy*, Aldershot, Ashgate.

HERZ J. H. [1957], « The rise and demise of the territorial state », *World Politics*, vol. 9, p. 473-493.

KEOHANE R. et NYE J. [1972], *Transnational Relations and World Politics*, Cambridge, Harvard University Press.

— [1977], *Power and Interdependence. World Politics in Transition*, New York/Boston/Toronto, Litte, Brown & Co.

LAÏDI A. [2019], *Le Droit, nouvelle arme de la guerre économique*, Arles, Actes Sud.

LEVY J. [2006], *The State after Statism. New State Activities in the Age of Liberalization*, Cambridge, Harvard University Press.

LUTTWAK E. [1995], *Le Rêve américain en danger*, Paris, Odile Jacob.

— [1999], *Le Turbo-capitalisme. Les gagnants et les perdants de l'économie globale*, Paris, Odile Jacob.

MUSSO P. [2019], *Le Temps de l'État-entreprise. Berlusconi-Trump-Macron*, Paris, Fayard.

OHMAE K. [1996], *The End of the Nation State. The Rise of Regional Economies*, New York, Harper Collins, 2008.

ROSANVALLON P. [1981], *La Crise de l'État-providence*, Paris, Seuil.

ROSENAU J. [1979], « Du touriste au terroriste, les deux extrêmes du *continuum* de la géopolitique », *Études internationales*, vol. 10, n° 2.

— [1990], *Turbulence in World Politics*, Princeton, Princeton University Press.

ROSENCRANCE R. [1999], *The Rise of the Virtual State. Wealth and Power in the Coming Century*, New York, Basic Books.

STRANGE S. [1996], *The Retreat of the State. The Diffusion of Power in the World Economy*, Cambridge, Cambridge University Press.

WALTER A. [1998], « Do they really rule the world ? », *New Political Economy*, vol. 3, n° 2, p. 288-292.

13 / Les grandes firmes dans la mondialisation : enjeux géoéconomiques et géopolitiques

Cédric Tellenne

La crise sanitaire de la Covid-19 a révélé les failles de la mondialisation des firmes en provoquant des ruptures majeures dans leurs chaînes d'approvisionnement internationales. Ainsi, dès le mois de février 2020, sous l'effet du confinement dans la ville industrielle de Wuhan, foyer de la pandémie, la firme automobile sud-coréenne Hyundai (cinquième rang mondial) annonçait devoir interrompre temporairement sa production.

La mondialisation économique, dont un des aspects essentiels est l'extension du système capitaliste à l'échelle de la planète [Carroué, 2020], repose sur le processus d'internationalisation des firmes, définies comme des unités de production de biens et services à des fins de vente et de profit. Ce processus est devenu progressivement « multinationalisation » (firme multinationale — FMN), voire pour certains auteurs « transnationalisation » (firmes transnationales — FTN), au-delà d'un certain degré d'expansion des activités de la firme dans le monde. L'économiste El Mouhoub Mouhoud [2017] met en lumière cinq grands types de flux engendrés par les firmes, au cœur de notre mondialisation : flux de délocalisation, flux d'échanges financiers, commerciaux (inter- et intrafirmes), transferts de technologie, migrations de travail. Remarquons dès le départ que les différentes écoles de pensée géopolitiques négligent en général le rôle des firmes, insistant sur le primat de l'État (réalisme) ou au contraire sur les individus et leurs réseaux (transnationalisme). La raison principale en est que l'exercice de la puissance n'est pas leur fonction première, et qu'elles ne cherchent pas à rivaliser avec les États sur ce terrain, le leur étant le profit ; de plus, les grandes firmes, fussent-elles transnationales, n'ont pas les moyens d'organiser et de garantir l'ordre mondial. Toutefois, cela ne signifie pas qu'elles n'exercent aucun pouvoir, à défaut de puissance : c'est un aspect qui ne peut être écarté de l'analyse géopolitique.

« Ce qui est bon pour General Motors est bon pour les États-Unis (et *vice versa*) », assurait l'ancien *chairman* de la firme automobile Charles Wilson, une fois passé dans l'administration Eisenhower (GM était alors le premier employeur privé aux États-Unis). Est-ce toujours vrai dans une économie ouverte et mondialisée ? La grande firme ne risque-t-elle pas de jouer contre l'intérêt de son État d'origine, en se mondialisant et en disposant d'un pouvoir grandissant qui ignore les frontières nationales ? Au contraire, le pouvoir réel de la firme ne mérite-t-il pas d'être nuancé, à l'heure d'une guerre économique mondiale qui la rend plus tributaire du soutien et des aides de l'État ?

La mondialisation des firmes, par-delà les frontières étatiques

Par étapes, les premières firmes internationales, apparues fin XIXe-début XXe siècle, sont devenues « multinationales », puis « globales » et ont façonné les différents stades historiques du processus de mondialisation.

Les premières firmes internationales

Les grandes sociétés de commerce international, qui ont connu un développement remarquable dès le Moyen Âge (Italie, Flandres) et surtout au temps des Grandes Découvertes, avec l'essor du grand commerce maritime (XVIe-XVIIIe siècle), peuvent être considérées comme les premières firmes internationales, à l'image des Compagnies des Indes occidentales et orientales dans différents pays d'Europe. Ce sont les États qui rendent leur création possible, en les dotant de chartes à monopole. Les premières sociétés bancaires et d'assurance internationales naissent dans ce contexte (la Lloyd's à Londres), tandis que se développe la « guerre de course » sous pavillon national pour mettre la main sur les cargaisons de marchandises étrangères, par exemple en France depuis Saint-Malo et Dunkerque au temps de Louis XIV et Jean-Baptiste Colbert. La conquête de colonies est le point d'orgue de cette première géopolitique mercantiliste.

Il faut toutefois attendre la fin du XIXe siècle pour voir les premières firmes industrielles adopter des stratégies non seulement de vente à l'étranger, mais aussi de délocalisation de la production afin de contourner les barrières douanières, à l'heure d'une première division internationale du travail industriel [Berger, 2003]. La firme américaine Singer, fabricante de machines à coudre, est présente en Europe dès les années 1880, de même que Ford dans l'automobile à partir des années 1910. Michelin tire son caoutchouc d'Indochine et du Brésil, le Suédois Robert Nobel investit dans le pétrole de Bakou sur la mer Caspienne, la Standard Oil au Mexique, United Fruits Company en Amérique centrale. Les grandes firmes industrielles se dotent progressivement de filiales-relais qui assemblent des produits finis à partir de pièces détachées et composants venant de la maison-mère, par exemple les usines d'assemblage de Ford à Manchester (dès 1911), puis à Durham près de Londres, ou plus tard à Cologne en Allemagne rhénane. L'entreprise sidérurgique française Schneider rachète les usines Skoda en Tchécoslovaquie dans les années 1920. Le stock d'investissements directs à l'étranger (IDE) est estimé pour cette époque à environ 5 % du produit intérieur brut (PIB) mondial (contre 35 % en 2019).

Cette internationalisation profite à l'État d'origine de ces firmes, en termes de prospérité et de puissance : peu taxées, protégées par des tarifs douaniers élevés, elles bénéficient des commandes publiques et souvent d'un marché colonial réservé. Aux États-Unis, elles tirent parti d'un cadre ultralibéral favorable au développement des *trusts*, à l'image de la Standard Oil de John D. Rockefeller (*wild capitalism*), et d'un immense marché intérieur permettant de formidables économies d'échelle. En s'associant, le banquier John Pierpont Morgan et le maître de forges Andrew Carnegie créent la première entreprise au monde dotée d'un capital supérieur à 1 milliard de dollars. Le système de production industrielle à la chaîne, dit « tayloro-fordiste », commence à se déployer, et Ford incarne bientôt une facette de l'*American dream* : un management moderne (organisation scientifique du travail), la standardisation des produits sur une grande échelle de production, la hausse des salaires ouvriers (5 puis 7 dollars par jour), le recours à la publicité et au crédit, des ventes records (15 millions d'exemplaires de la Ford T)... en attendant la participation de la firme à l'effort d'armement du pays. La General Motors de William Crapo Durant devient sa grande rivale, avec une organisation déconcentrée en cinq grandes marques différentes (une révolution managériale par rapport à Ford), qui lui permet de la dépasser dans les années 1920. Elle s'implante en Europe en rachetant l'Allemande Opel.

De la firme internationale à la firme multinationale

Si la Grande Dépression des années 1930 marque un coup d'arrêt à l'expansion des firmes, l'internationalisation repart de plus belle après 1945 dans le cadre du système de libre-échange mondial (signature du *General Agreement on Tariffs and Trade* — GATT — en 1947) et, jusque dans les années 1970, on assiste au développement rapide des firmes « multinationales » ou « multidomestiques », en ce sens qu'elles adaptent les produits en fonction des caractéristiques locales grâce à des filiales qui progressivement s'émancipent de la maison-mère [Bouba-Olga, 2014] : on passe des « filiales-relais » aux « filiales autonomes ». Par exemple, dans les années 1950, l'entreprise automobile Volkswagen s'installe au Mexique pour fabriquer le modèle Coccinelle destiné au marché local. Son succès commercial a été immense dans toute l'Amérique latine. On pense aussi à la Ford Fiesta, lancée spécifiquement pour le marché européen dans les années 1970, avec une première division en « modules » de production à l'échelle européenne [Berger, 2006]. D'une manière générale, les investissements des FMN américaines accompagnent la domination des États-Unis en Europe et dans le monde : IBM, General Electrics, Ford et General Motors, Coca et PepsiCo, Pfizer ou Cargill constituent l'« Amérique *bis* ». Des chaînes de valeur mondiales commencent à se mettre en place, accélérant les délocalisations : du côté japonais, Toyota, la firme de Nagoya, met en place un véritable « circuit intégré asiatique », délocalisant vers les pays de l'Association of South East Asian Nations (ASEAN) dès les années 1970, puis la Chine et désormais le Vietnam. Dès lors, l'intérêt des firmes ne correspond plus forcément à celui de leur patrie d'origine : si elles participent à l'essor du revenu national, elles contribuent à creuser les déficits extérieurs (commerce et paiements), à l'image des *Big Three* de l'automobile aux États-Unis. Toutefois, lorsque Chrysler est menacée de faillite au début des années 1980, l'administration Reagan n'hésite pas à intervenir en la nationalisant (même chose pour General Motors en 2009 sous Barack Obama). Ces firmes sont considérées comme *too big to fail* : leur faillite créerait un tel choc systémique que l'État doit socialiser leurs pertes. Il en va de même des grandes banques et sociétés d'assurance après la crise des *subprimes*, comme AIG International, ou la Northern Rock au Royaume-Uni.

Avec la mondialisation contemporaine, les firmes multinationales démultiplient leurs implantations à l'étranger et deviennent pour nombre d'entre elles « transnationales », selon la définition qu'en donne la Conférence des Nations unies sur le commerce et le développement (Cnuced) en 1973 : au moins six pays d'implantation, 25 % du chiffre d'affaires à l'étranger, pour un montant minimal de 500 millions de dollars. Leur nombre est estimé par la Cnuced à environ 6 000 à la fin des années 1960, pour un total de quelque 27 000 filiales. En 2018, ce sont 80 000 sociétés-mères qui contrôlent plus de 900 000 filiales, réalisant les deux tiers des exportations mondiales et un quart du PIB mondial, employant directement 80 millions de salariés. L'emploi indirect est assez difficile à évaluer, quand on sait qu'une firme comme Renault fait à elle seule travailler 17 000 sous-traitants, par exemple. Dans le même temps, le stock d'IDE passait de 5 % à 35 % du PIB mondial. Les sociétés de services ont suivi le même processus : il en va ainsi des banques BNP Paribas ou Société générale, qui emploient chacune plus de 6 000 salariés en Inde, et Cap Gemini plus de 27 000 pour des fonctions d'arrière-guichet (*back-office*). Les fonctions à plus haute valeur ajoutée ne sont pas épargnées : les délocalisations des centres de recherche et développement (R&D) de Schneider ou de Sanofi ont récemment fait couler beaucoup d'encre.

Pour développer leurs stratégies « mondiales », les FTN profitent des politiques d'ouverture et de déréglementation prônées par les États (qui organisent donc eux-mêmes leur retrait au profit des marchés), ainsi que de la progression du libre-échange dans le cadre de l'Organisation mondiale du commerce (OMC) après 1995, et dans celui des organisations de coopération régionale. Ainsi, dans les années 1980-1990, le taux de croissance des IDE a dépassé celui du commerce mondial. Les firmes suivent des stratégies internationales dites de marché (ou horizontales), de production (verticales ou de division internationale des processus productifs — DIPP) [Lassudrie-Duchêne, 1982], ou encore des stratégies hybrides, sachant que les coûts de transport et de communication ne jouent plus désormais qu'un rôle marginal.

Vers la firme globale

Dès les années 1980, Theodore Levitt, professeur à la Harvard Business School, pensait que la firme internationale évoluerait vers la firme globale (*global company*) : elle tendrait ainsi à vendre dans le monde entier les mêmes produits, selon les mêmes méthodes, à un consommateur unique. Une triple convergence expliquerait ce phénomène : à la fois convergence de la demande (sous l'effet de l'extension du modèle américain), convergence de l'offre (même cause, à laquelle il faut ajouter la baisse des coûts de transport et la recherche de la « taille critique ») et convergence de la concurrence (lorsque les firmes mondiales se retrouvent en compétition sur tous les marchés). La firme globale tendrait ainsi à externaliser (*outsourcing*) et délocaliser (*offshoring*) sa production, et pourrait même aller jusqu'à renoncer à détenir des filiales, se muant alors en un « réseau » pur, dont le centre n'a plus qu'une fonction de donneur d'ordre vis-à-vis d'une myriade de sous-traitants (*fabless company* ou *hollow company*). Cette firme irait alors jusqu'à perdre sa nationalité, d'autant que l'actionnariat lui-même se mondialise. Nike est un cas d'école, avec moins de 3 % de ses emplois aux États-Unis et un réseau de production mobilisant environ trois cent cinquante firmes sous-traitantes réparties dans cinquante-cinq pays, essentiellement en Asie.

Toutefois, le degré de mondialisation dépend des secteurs, des produits, des entreprises elles-mêmes. Dans l'industrie, les « indices de transnationalité » sont généralement plus élevés dans l'électronique-informatique, la chimie, la pharmacie ou le textile, mais plus faibles dans la métallurgie et la sidérurgie, le bois et ameublement, l'agroalimentaire. Dans les services, c'est le « quaternaire » (banques, finances, assurances, conseil, audit, services juridiques, marketing, etc.) et les transports et télécommunications qui sont les plus internationalisés, au contraire des services de base à la population (distribution, santé, éducation et formation, etc.). Reprenons l'exemple de l'automobile : c'est une branche moyennement mondialisée, avec de très grosses différences entre firmes. Ainsi, si 45 % des salariés de Ford travaillent encore aux États-Unis, c'est 65 % pour General Motors, tandis que Nissan n'emploie plus que 30 % de sa main-d'œuvre au Japon. D'une manière plus générale, les cent premières FTN mondiales par le chiffre d'affaires concentrent encore 50 % de leurs activités et 60 % de leurs effectifs dans leur pays d'origine. Les liens avec l'État d'origine sont donc loin d'être rompus.

Les produits mondiaux eux-mêmes demeurent rares. Le consommateur « 100 % mondial » ne vaut que dans quelques marchés de niche, comme les hautes technologies (Apple, Microsoft, Dell), le luxe (LVMH, Kering) ou l'*entertainment* (Disney, Netflix). François Lévêque [2017], pour le secteur agroalimentaire, insiste sur la rareté des produits mondiaux, car les goûts et pratiques alimentaires demeurent très diversifiés : la glocalisation domine. Le géographe Gilles Fumey démontre que, s'il y a bien mondialisation des productions agricoles, il n'en est pas de même pour le goût, ni pour les pratiques alimentaires... Même les *best-sellers* de la *world food* sont déclinés différemment dans le monde (en France, le McBaguette ou, en Suisse, le McRaclette pour le hamburger). Combien d'entreprises ont-elles échoué à exporter et « mondialiser » leurs produits, à l'inverse ? Les exemples sont légion : la Ford Mondeo dans les années 1990, la Renault 4L aux États-Unis, la Barbie en Chine, la Logan en Inde, et la Nano indienne hors du pays, le Perrier au Japon. Ainsi, pour de nombreuses firmes, le marché national ou régional continue de primer. À moins d'adapter les goûts, comme dans les vins et spiritueux.

Surtout, la *fabless company* a connu parfois des échecs retentissants. Alcatel était un fleuron de l'industrie française, présent à la fois dans le matériel et les centrales électriques, la fabrication des trains, l'optique, les médias et Internet, installé dans cent trente pays pour un chiffre d'affaires de 13 milliards de dollars. C'était avant la stratégie *fabless* menée par son nouveau P-DG Serge Tchuruk à partir de 2001 jusqu'en 2008 : il s'agissait de réduire les coûts de production, en délocalisant les productions en Asie, et d'augmenter la valorisation boursière. Mais le *timing* n'était pas le bon, car la stratégie a été menée en pleine crise des hautes technologies. En 2003, les deux tiers des 120 000 postes étaient supprimés et les trois quarts des usines fermées. La fusion avec le concurrent américain Lucent Technologies n'a pas permis de dégager suffisamment de synergies et a débouché sur des conflits incessants, ce dont témoigne l'échec à prendre le virage de la 4G. La firme a dû mener un coûteux plan social en 2013 (10 000 nouvelles suppressions d'emplois), avant d'être rachetée par Nokia en 2015. L'État français a été impuissant à la sauver, comme cela a aussi été le cas de Pechiney, et récemment d'Alstom ou de Latécoère. Il s'est en revanche opposé au rachat de Carrefour par le Canadien Couche-Tard.

La montée en puissance des firmes face aux États

Il revient à l'économiste Susan Strange [1996] d'avoir noté la montée en puissance des firmes privées dans un contexte de « retrait de l'État ». Un phénomène incontestable, mais à ne pas surestimer...

États gagnants et États perdants de la mondialisation des firmes

La mondialisation des firmes est un processus très inégal. Les cinq cents plus grandes FTN du monde, originaires de seulement une trentaine d'États, détiennent 80 % du stock mondial d'IDE, et une grande majorité d'entre elles viennent encore actuellement des pays de l'ancienne « Triade » [Ohmae, 1985] : les États-Unis, avec cent vingt-cinq FTN (et 25 % des emplois), devancent le Royaume-Uni, le Japon, l'Allemagne, la France, la Suisse et le Canada. La Chine progresse dans le classement, elle fait désormais quasiment jeu égal avec les États-Unis (cent vingt-deux), loin devant le Brésil (huit), l'Inde (sept), la Russie (quatre) [Carroué, 2020]. Parmi les vingt premières FTN du monde, il y a dix entreprises américaines et sept chinoises, un classement à l'image de l'organisation économique et géopolitique mondiale, dominée par la « double hégémonie » sino-américaine. C'est le cas tout particulièrement dans le domaine des hautes technologies numériques, avec les Gafam (Google, Amazon, Facebook, Apple et Microsoft) *versus* les BHATX (Baidu, Huawei, Alibaba, Tencent et Xiaomi) ; se profile ainsi une « mondialisation 3.0 » (l'expression est de l'économiste Ludovic Subran), fondée sur la collecte et l'exploitation des données informatiques (*data*), et qui met aux prises les deux géants technologiques que sont les États-Unis et la Chine, en lutte pour imposer leur nouvel empire numérique (chapitres 7 et 15).

Les stratégies territoriales des FTN sont très sélectives, mettant en compétition États et territoires partout sur la planète, qui se livrent à une surenchère pour accueillir et retenir les investissements des firmes. Ainsi, une quarantaine d'États seulement sur la planète accueillent 90 % des IDE. Les décisions d'investir dépendent en effet non seulement des perspectives de croissance et de rentabilité du territoire concerné (métropole, technopôle, zone franche), mais aussi de l'évaluation du *risque-pays* selon des critères juridiques, politico-institutionnels et géopolitiques. Résultat : environ 63 % du stock mondial d'IDE se concentrent dans les pays de l'Organisation de coopération et de développement économiques (OCDE), les pays en développement et émergents se partageant les 37 % restants (2018). Cette géographie des investissements se transforme peu à peu au profit des Suds, qui attirent désormais une majorité de flux. En 2016, la Chine, qui était déjà le premier récepteur au monde d'IDE, est devenue le deuxième émetteur derrière les États-Unis. Les FTN du Sud se sont lancées à la conquête des marchés mondiaux, avec désormais plus du quart des IDE émis. Toutefois, ce rééquilibrage n'est pas complet, car il y a des gagnants, mais aussi des perdants : le continent africain n'en attire que 5 %, et les quarante-sept pays les moins avancés (PMA) moins de 2 % (soit autant que la seule Pologne...).

S'affirmant comme des acteurs non étatiques autonomes, les firmes développent leur propre « diplomatie d'entreprise », ou *corporate diplomacy* [Lucas, 2012]. Celle-ci est devenue une véritable fonction stratégique inspirée de celle des États, avec un triple objectif de « conception, représentation et négociation » [Simmoneau et Bernard, 2018]. Au siège de la firme, la direction des affaires internationales, comparable au Centre d'analyse et de prévision du ministère des Affaires étrangères, se charge de l'intelligence économique et politique au service de la stratégie et des relations internationales de l'entreprise ; c'est la partie « conception ». L'enjeu est aussi de cultiver des relations ciblées avec d'autres acteurs internationaux provenant du monde économique, de l'éducation supérieure et de la recherche, des administrations d'État, des syndicats et organisations non gouvernementales (ONG) (partie « représentation »). Les diplomates d'entreprise sont enfin en charge des négociations internationales, que celles-ci concernent les brevets, les marchés, les contrats, voire les fusions-acquisitions (partie « négociation »). Depuis les années 2000, la diplomatie d'entreprise a connu une véritable accélération dans le cadre de la signature du « pacte mondial » (*Global Compact*) de l'Organisation des Nations unies (ONU), dans le cadre duquel elles signent des accords de partenariat avec les ONG sur des objectifs de développement local et durable, et appliquent en retour la responsabilité sociale d'entreprise (RSE), améliorant ainsi leur image. Lors de la COP21 de Paris, en 2015, elles ont été partie prenante dans l'élaboration de l'accord final, à côté des ONG, et sont appelées à jouer un rôle majeur dans son application.

Des États sous l'influence des firmes

Progressivement, à l'heure du capitalisme déréglementé et mondialisé, les grands marchés et firmes ont profité du retrait des États (chapitre 12) pour s'imposer comme des acteurs géopolitiques de poids. Au début des années 1990, le financier américain George Soros a spéculé contre la livre sterling et poussé la Banque d'Angleterre à la faire sortir du système monétaire européen, empochant au passage 1 milliard de dollars (on parle du « casse du siècle »). Face aux pressions des marchés financiers, nombre d'États ont été menacés de faillite (Mexique, Grèce, zone euro), voire menés à celle-ci (Argentine). Toutefois, de là à présenter les FTN comme plus puissantes que les États, il y a un pas à ne pas franchir. Certes, Google (Alphabet) affiche un chiffre d'affaires annuel supérieur au PIB de la Hongrie ou du Nigeria, et sa capitalisation boursière est supérieure aux réserves de change du Japon. Mais ces entités évoluent dans des sphères différentes, avec des objectifs différents : les firmes obéissent aux lois du marché et recherchent le profit privé, tandis que les États, souverains sur leur territoire, garants de l'intérêt général, sont à ce titre les seuls dépositaires des pouvoirs régaliens touchant à la justice, la police, la protection des biens et des personnes, la sécurité des frontières. Ils détiennent le monopole de la contrainte légitime.

Il n'en demeure pas moins que les firmes sont capables d'influencer les États et leurs politiques. Considérons d'une part que de plus en plus de prérogatives régaliennes sont privatisées dans un souci de baisse des coûts, ou transférées à des partenariats public-privé. Par le *lobbying*, institutionnalisé à Washington ou à Bruxelles, les grandes firmes, souvent organisées en coalition, peuvent réussir à peser sur la législation nationale. C'est le cas des géants de l'Internet (dont les dépenses de *lobbying* cumulées ont atteint 50 millions de dollars en 2019), des grandes firmes de l'armement, des biotechnologies, de la pharmacie ou du pétrole. Plus encore, la *good corporate governance* a progressivement débordé de la sphère privée à la sphère publique, l'État devenant peu à peu manager et visant à réduire ses coûts et à rationaliser ses investissements. Ainsi, les secteurs de la protection et de la sécurité sont de plus en plus sous-traités à des sociétés militaires privées (SMP) (chapitre 6).

En matière d'investissements à l'étranger, les firmes utilisent de plus en plus les dispositifs de règlement des différends entre investisseurs et États (RDIE, ou ISDS-*investor-state dispute settlement*), désormais inclus systématiquement dans les accords commerciaux : il s'agit de mécanismes d'arbitrage privé qui se substituent aux juridictions publiques et permettent aux firmes de contourner les décisions de certains États qui leur sont contraires. Cela a permis par exemple à Philip Morris de poursuivre l'Australie ou l'Uruguay pour leurs législations antitabac. En matière fiscale, l'optimisation des grandes firmes prend des proportions gigantesques, *via* les plaques tournantes financières et bancaires que sont les « paradis fiscaux », à la législation dérogatoire : selon l'OCDE, l'évasion fiscale peut être évaluée chaque année entre 4 % à 10 % du montant total de l'impôt sur les bénéfices des entreprises. Les difficultés à instaurer dans l'OCDE une taxe Gafam montrent les réticences de certains États à contraindre les firmes de l'Internet, avec le risque de les voir délocaliser leurs activités. Autre entité étatique potentiellement menacée, les banques centrales, qui voient avec inquiétude l'usage des cryptomonnaies et des *blockchains* sur Internet, qui impliquent à la fois décentralisation et désintermédiation.

Une nouvelle volonté de régulation publique

Le retour des États dans la sphère économique est un *leitmotiv* depuis la crise des *subprimes*. Les multiples risques liés à la mondialisation économique et financière suscitent dans les opinions publiques un nouveau besoin de protection de la part des États, ainsi qu'une volonté de limitation et d'encadrement du rôle des marchés (chapitre 11). Par exemple, dans le domaine bancaire, le Congrès américain a voté la loi Dodd-Frank en 2010, tandis que l'Union européenne renforçait le rôle de la Banque centrale européenne dans le cadre de l'union bancaire (chapitre 10). Ainsi, la nouvelle loi américaine vise à mieux encadrer les produits dérivés, instruments financiers au cœur de la crise financière de 2008, à mieux protéger les consommateurs contre les ventes abusives de crédits et de cartes bancaires, et enfin à mettre un terme à la menace des banques *too big to fail*. L'idée est de leur imposer des niveaux de capitalisation plus élevés, de leur faire passer des tests de résistance réguliers et de limiter leurs activités spéculatives.

Au nom du « patriotisme économique » — formule employée en France par Dominique de Villepin au moment d'une rumeur d'offre publique d'achat (OPA) hostile de Pepsi sur Danone en 2005 —, les États n'hésitent pas à intervenir directement sur les marchés pour faire plier les firmes à leurs volontés. Aux États-Unis, l'amendement Exon-Florio (1988), ajouté à la loi sur le commerce de 1951, permet à l'administration fédérale de juger chaque année plus de 8 000 dossiers concernant des investissements étrangers dans des secteurs stratégiques et sensibles. En 2006, l'administration Bush a ainsi contraint la société

Dubaï Ports World (DPW) à céder à AIG International la gestion de six grands ports américains (dont New York) qu'elle avait récupérée en rachetant la firme de transports P&O. De telles affaires se sont répétées depuis les années 1990 : interdiction des investissements de Fujitsu et Thomson-CSF dans les industries d'armement, de ZTE et Huawei dans la 5G, de la Sinopec dans le pétrole (par le rachat d'Unocal), etc. Les États-Unis déploient une législation extraterritoriale pour contraindre les firmes du monde entier à ne pas faire de *business* avec les pays qu'ils considèrent comme des *rogue states* [Laïdi, 2019]. Dans l'Union européenne, c'est la législation *anti-trust* qui empêche certaines fusions-acquisitions au nom de la libre concurrence : Volvo et Scania dans les poids lourds, Schneider et Legrand dans le matériel électrique, Alstom-Siemens dans les centrales...

Enfin, dernier argument allant dans le sens d'une volonté d'encadrement des firmes par les États, l'entrée en vigueur en 2000 du Pacte mondial de l'ONU lors du Forum économique mondial à Davos, sur proposition de l'ONU (à cet égard, le rôle de Kofi Annan, son secrétaire général, a été déterminant). Il est alors impératif pour les firmes de redorer leur image de marque, écornée par des scandales à répétition auprès du grand public (Nike, Chicco, Monsanto, Exxon). L'objectif est de mettre sur pied des coopérations avec des associations et ONG en faveur du développement durable, avec le relais des principales agences de l'ONU. Le Pacte compte actuellement plus d'un millier de membres. Un exemple fameux est le partenariat pilote entre le cimentier Lafarge et le WWF en 1999, souvent dénoncé comme un cas flagrant de *greenwashing*. En interne, pour la firme, cela se traduit par l'application de la RSE.

Les firmes dans la guerre économique

Pour le courant de la géoéconomie [Luttwak, 1990 ; 1999 ; Lorot, 2009], les firmes sont plongées avec les États dans une guerre économique mondialisée, qui tend à renforcer leurs liens. Leurs actions seraient plus complémentaires qu'antagonistes.

États-stratèges et firmes combattantes

Les États s'affirment depuis les années 1990 comme des stratèges dans la guerre économique, poursuivant des buts de guerre défensifs et offensifs. D'un côté, il s'agit de défendre le marché intérieur par toute une panoplie d'armes relevant du « néoprotectionnisme » (dépréciation monétaire, pics tarifaires, restrictions aux importations, normes en tout genre), certaines batailles menant à l'escalade : face à l'embargo européen sur le bœuf aux hormones américain, le roquefort a ainsi été taxé à 100 % en 1999, puis à 300 % dix ans plus tard. D'un autre côté, il s'agit de la conquête des marchés extérieurs et des ressources stratégiques (hydrocarbures, minerais, métaux rares), mais aussi des technologies de pointe et des cerveaux. Les politiques industrielles et d'équipement seraient ainsi pour Luttwak [1995 ; 1999] l'équivalent des armes de destruction massive. L'intelligence économique joue aussi un rôle déterminant : ainsi, dans la « guerre cognitive » qui oppose les grandes puissances, les firmes américaines peuvent bénéficier des services du renseignement d'État pour anticiper et déjouer les projets de leurs concurrents, ce qui est un avantage déterminant ; en 2010, Google et la Central Intelligence Agency (CIA) ont ainsi co-investi dans un moteur de surveillance des réseaux nommé *Recorded Future*, visant à collecter des données au service des entreprises américaines.

Si l'on file la métaphore de la guerre économique, les firmes constituent d'une certaine manière les armées, qu'elles soient au front en exportant massivement, à l'arrière-front en défendant un marché local, ou bien qu'elles franchissent les frontières en débarquant en territoire ennemi [Esambert, 1991]. La pénétration des marchés remplace les bases et les garnisons militaires déployées à l'étranger, la diplomatie prend un caractère commercial ou financier, sous la forme de grands contrats. La « guerre des puces » (électroniques) menée en 2020 par l'administration Trump contre la Chine est un exemple parlant : les firmes Huawei et SMIC ne peuvent plus se procurer de composants fabriqués avec de la technologie américaine, leurs fournisseurs coréens (Samsung, SK Hynix) et taïwanais (TSMC) ayant cessé leurs livraisons pour se plier aux décisions de Washington, qui accuse Pékin d'espionnage. La guerre économique est une dimension fondamentale de la « nouvelle guerre froide » que se livrent États-Unis et Chine, tandis que l'Europe en est une victime collatérale, mal armée pour pouvoir se défendre, ou même répliquer, faisant figure de « Bisounours de la guerre économique mondiale » selon la formule d'Ali Laïdi [2016].

La guerre économique occasionne indéniablement des ravages et dommages collatéraux : délocalisations et faillites d'entreprises, chômage de masse et montée des emplois précaires, pression accrue au travail. Un pays comme la France a perdu une bataille, mais pas forcément la guerre : un déficit commercial oscillant entre 45 et 70 milliards de dollars depuis le début des années 2000, une baisse de la place de la France dans le commerce mondial de 6 % à 4 % en vingt ans, une préoccupante désindustrialisation du territoire, à corréler avec la montée des délocalisations (chapitre 17). L'impératif est de reconquérir la « souveraineté industrielle » française (selon le président Macron en 2020), *a fortiori* en contexte de crise sanitaire et de pénurie de matériel médical.

Des marchés hyperconcurrentiels

Les firmes sont engagées entre elles dans une concurrence acharnée, sous la pression constante de l'innovation : d'une certaine manière, « le pouvoir arrête le pouvoir » sur des marchés hyperconcurrentiels. Le principe du *winner takes all* dans les nouvelles technologies fait entrer le capitalisme mondialisé dans l'âge de l'hyperprofitabilité [Lévêque, 2017] : ainsi, aux États-Unis, le retour sur investissement (*return on equity*) des grandes firmes est passé de 8 % à 16 % depuis les années 1980. 80 % des exportations nationales sont réalisées par seulement 1 % des entreprises, dont la quasi-totalité (92 %) sont des FTN, c'est-à-dire qu'elles possèdent au moins cinq filiales à l'étranger.

Sur ces marchés à tendance oligopolistique, rater un tournant technologique peut être fatal. Les managers sont ainsi pris dans le « dilemme de l'innovateur » (Clayton Christensen), entre innovation incrémentale et innovation disruptive. L'exemple type, presque caricatural, est la firme américaine Kodak qui, forte d'une position dominante dans le film en couleur (Kodachrome) et le jetable (Instamatic), rate successivement l'innovation dans la photocopieuse, le Polaroïd et la photo numérique avant de disparaître, laissant plus d'un millier de brevets rachetés par Apple, Google, et la marque par le Taïwanais Asia Optical Company. À l'image de Kodak, Lip a raté le virage du quartz dans les années 1970, PSA et Renault celui du SUV (ou *cross-over*) dans les années 1990, IBM celui du logiciel, de la micro-informatique et du jeu vidéo. Microsoft supplante IBM, mais échoue à son tour à lancer son navigateur Internet et manque la vogue du *smartphone*. Depuis les années 2010, le risque est de plus en plus grand pour toute activité traditionnelle de se faire « ubériser », c'est-à-dire court-circuiter et dépasser par une plateforme numérique proposant le même service, moins cher et « désintermédié » : compagnies de taxis, transports ferroviaires, location de voitures, hôtellerie, etc. (voir encadré *infra*).

La plupart des théoriciens du management soulignent que, pour une firme et son management, c'est la capacité à reconnaître, accepter et gérer les changements du marché qui compte : les sauts technologiques, l'arrivée de nouveaux concurrents, la disparition d'un ancien avantage compétitif, l'introduction d'une nouvelle norme, l'évolution des habitudes de consommateurs ou les nouvelles exigences des actionnaires... Dans ce dernier domaine, la *good corporate governance* exige un retour sur investissement élevé et de court terme, et les dirigeants de l'entreprise voient leur rémunération dépendre des résultats boursiers de l'entreprise par la généralisation des *stock-options*. C'est une forme

Uber et l'ubérisation

Claire Joigneaux-Desplanques

Uber est fondée en 2009 et le terme « ubérisation » apparaît dès 2014 pour désigner, parfois louer ou condamner une série de transformations à l'œuvre dans la nouvelle économie. Peut-on à ce titre parler d'une révolution ?

Comme d'autres plateformes numériques (AirBnb, Rent a Husband, Taskrabbit ou Mechanical Turk...), Uber met en relation des utilisateurs qui veulent acheter un service et des travailleurs indépendants qui sont prêts à le fournir. En France, leur développement est facilité par la création du statut d'auto-entrepreneur en 2009. Le développement de ces plateformes remodèle la structure des emplois en introduisant plus de flexibilité mais aussi plus de précarité. Les chauffeurs sont des micro-entrepreneurs d'un type particulier : ils ne fixent pas eux-mêmes le prix du service qu'ils vendent et ils ne sont pas vraiment autonomes dans leur travail. Le droit du travail doit s'adapter, le système de prélèvements obligatoires aussi, pour financer la protection sociale de ces travailleurs parasubordonnés. Cette forme d'externalisation n'est pas totalement nouvelle (la compagnie de taxi G7 faisait déjà appel à des chauffeurs indépendants). La progression du nombre d'indépendants ou de la polyactivité reste malgré tout faible sur les dix dernières années. Même si la part des salariés dans la population active a légèrement baissé, elle reste proche de 90 %.

Sur ce type de marchés, il y a un avantage à être le *leader*. Si les chauffeurs inscrits sont nombreux, le temps d'attente diminue et le prix de la course aussi. Si les clients sont nombreux, la probabilité de rentabiliser leur temps de travail augmente pour les chauffeurs. On a donc d'autant plus intérêt à se connecter à une plateforme que les autres utilisateurs sont nombreux. Dans ces conditions, les firmes sont incitées à grandir le plus vite possible. Elles acceptent de réaliser des pertes dans l'espoir de capter progressivement tous les utilisateurs. L'ubérisation suppose une vigilance des autorités de la concurrence, d'autant plus que les plateformes échappent plus facilement que leurs concurrents classiques à certains prélèvements comme la TVA (les micro-entrepreneurs sont exonérés) ou les impôts sur les bénéfices (elles ne sont pas toujours taxées dans le pays où le service est rendu au consommateur).

La véritable innovation, c'est l'usage par les plateformes des nouvelles technologies avec une application qui permet au client de réserver et de payer un prix fixé à l'avance, par un algorithme qui choisit aussi le chauffeur. Ces nouveaux outils permettent d'ajuster le prix affiché de la course à la demande observée et donc d'optimiser les recettes. C'est aussi une incitation pour les chauffeurs à travailler au moment des pics de demande. C'est plus globalement un outil de surveillance des chauffeurs. Les firmes peuvent rentabiliser ces équipements en collectant des données sur les préférences des clients et sur les trajets les plus courts, puis en diversifiant leurs activités dans des domaines qui utilisent ces mêmes données. Uber assure des livraisons de repas à domicile et pourrait devenir ultra-rentable si les voitures sans chauffeur se diffusaient avec succès.

d'expropriation des partenaires de la firme (*stakeholders*) au profit des actionnaires (*shareholders*). Ce nouvel âge du capitalisme signifie la fin de l'âge d'or des grands conglomérats dans beaucoup de secteurs, avec une tendance au recentrage sur les métiers et compétences d'origine ; de nouvelles méthodes de management et de production inspirées du toyotisme s'imposent (*lean production, lean management*), reposant sur les flux tendus (*just-in-time*), réduisant les coûts au minimum et maximisant la qualité et la satisfaction des consommateurs plus exigeants en qualité et diversité.

Vers une démondialisation des firmes ?

Comme évoqué précédemment (chapitre 10), un courant de « relocalisations » des firmes a débuté dans les années 2000, sans qu'il faille en exagérer la portée : Dell et General Electric rapatrient leurs centres d'appels d'Inde, les Taxis bleus de Tunisie, Philips ses usines d'Espagne en France, Nokia d'Espagne en Finlande, l'opticien Atol de Chine au Jura, etc. La part des IDE entrants dans la formation brute de capital fixe (FBCF) mondiale, après avoir fortement accéléré dans la décennie 1990, passant de 2,5 % à 17 % en 2000, est retombée en dessous de 10 %, ce qui reste néanmoins quatre fois plus élevé qu'avant l'« hypermondialisation ». François Bost [2015] a recensé pour la France cent sept cas de relocalisation d'activités d'entreprises entre 2005 et 2013, souvent sous la forme d'opérations de petite taille, ce qui a limité leur impact sur l'économie nationale et les territoires locaux. Il met en avant certains exemples de relocalisations ratées, d'autres réussies, sans pouvoir généraliser : d'un côté, la fonderie Loiselet, entièrement relocalisée depuis la Chine vers Dreux en 2013, échoue malgré l'aide massive de l'État, du fait des surcoûts liés à la nouvelle usine automatisée, qui au passage permet de diviser par six les effectifs. À la clef, la production est très insuffisante, le site non rentable. À l'inverse, les médias ont mis en avant la réussite de Rossignol, groupe phare pour la production de skis (25 % du marché mondial), qui a partiellement relocalisé depuis Taïwan, en contrepartie d'un vaste programme de modernisation et d'automatisation de la production, avec la volonté de rapprocher la chaîne développement/production/marketing des principaux marchés de consommation (l'Europe en constituant 60 %). Une réussite, même si, là encore, les robots ont en partie remplacé les hommes.

Mais il est difficile de parler de « démondialisation », surtout en tenant compte de tendances lourdes : l'intensité de la circulation des capitaux, le déploiement des flux de données (*data*) et de l'intelligence artificielle (IA) dans le cyberespace, l'efficacité des paradis fiscaux et du *shadow banking*, ainsi que le positionnement explicite de la Chine, proche d'être la première économie mondiale, au profit de la mondialisation. Pour la France, une étude d'ensemble a été proposée en 2020 par le cabinet de conseil Trendeo : il ne recense entre 2009 et 2020 que 144 relocalisations pour une hausse de 1 % de l'emploi industriel, contre 469 délocalisations pour une baisse de 6,5 % de l'emploi industriel. Le compte n'y est pas ! Ailleurs dans le monde, même constat : aux États-Unis, Masterlock rapatrie ses usines de Chine au Wisconsin, Whirlpool à Houston et en Europe, Adidas en Allemagne et à Atlanta en Georgie, pour y implanter des *speed factories*, où l'usage intensif de robots multiplie par trois sa vitesse de fabrication, avec une main-d'œuvre réduite : cent soixante techniciens et ingénieurs surveillent les robots, là où il fallait un millier d'ouvriers en Chine. Bref, on est loin de la réindustrialisation tant souhaitée par les États concernés.

En somme, les FMN et FTN sont les fers de lance de la mondialisation depuis le début du xxe siècle, avec une accélération remarquable depuis les années 1980, lorsque se dessine l'horizon de la firme transnationale et « globale » qui agit par-delà les frontières nationales et affirme un certain pouvoir d'influence et de contrainte sur les États. Ce qui caractérise en particulier la mondialisation dessinée par les firmes, c'est la liberté de déplacement de ses unités de production dans l'espace mondial et la recherche des localisations optimales, sans que les États soient à proprement parler capables de les contrôler. Si l'horizon de la firme est mondial, elle garde un ancrage national fort, voire local. La *world company* relève largement du mythe, et son pouvoir est loin d'être absolu, arrêté d'abord par la loi de marchés ultra-concurrentiels. À l'heure de la « guerre économique » mondiale, on pourrait inverser l'aphorisme de Charles Wilson : « Ce qui est bon pour les États-Unis est bon pour General Motors, et *vice versa.* » En effet, la firme de Detroit, nationalisée par l'administration Obama entre 2011 et 2013 (et moquée comme la « Gouvernment Motors »), se redresse en cédant ses filiales européennes (Saab, Opel) et en se reconcentrant sur le marché national où elle emploie 1 730 000 salariés, et commence en 2020 la production de respirateurs artificiels pour faire face à la crise sanitaire. Ce qui est bon pour General Motors...

Repères bibliographiques

Berger S. [2003], *Notre première mondialisation. Leçons d'un échec oublié (1870-1914)*, Paris, Seuil.

— [2006], *Made in Monde. Les nouvelles frontières de l'économie mondiale*, Paris, Seuil.

Bost F. [2015], « Les relocalisations industrielles en France : épiphénomène ou tendance de fond ? », *Bulletin de l'Association de géographes français*, vol. 92, n° 4, p. 480-494.

Bouba-Olga O. [2014], « Les visages multiples de la firme globale », *in* Chartoire R. (dir.), *Dix Questions sur le capitalisme d'aujourd'hui*, Auxerre, Sciences humaines Éditions.

Carroué L. [2020], *Atlas de la mondialisation*, Paris, Autrement, nouvelle édition.

Esambert B. [1991], *La Guerre économique mondiale*, Paris, Olivier Orban.

Laïdi A. [2016], « L'Union européenne, le "Bisounours" de la guerre économique mondiale ? », *Diplomatie. Les Grands Dossiers*, n° 36, décembre.

— [2019], *Le Droit, nouvelle arme de la guerre économique*, Arles, Actes Sud.

Lassudrie-Duchêne B. [1982], « Décomposition internationale des processus productifs et autonomie nationale », *in* Bourguinat H. (dir.), *Internationalisation et autonomie de décision*, Paris, Economica.

Lévêque F. [2017], *Les Habits neufs de la concurrence. Ces entreprises qui innovent et raflent tout*, Paris, Odile Jacob.

Lorot P. [2009], « De la géopolitique à la géoéconomie », *Géoéconomie*, n° 50.

Lucas D. (dir.) [2012], *Les Diplomaties d'entreprise. Pouvoir, réseaux, influence*, Paris, Choiseul.

Luttwak E. [1990], « From geopolitics to geo-economics : logic of conflict, grammar of commerce », *The National Interest*, vol. 20, p. 17-23.

— [1995], *Le Rêve américain en danger*, Paris, Odile Jacob.

— [1999], *Le Turbo-capitalisme. Les gagnants et les perdants de l'économie globale*, Paris, Odile Jacob.

Mouhoud E. M. [2017], *Mondialisation et délocalisation des entreprises*, Paris, La Découverte, « Repères », 5e édition.

Ohmae K. [1985], *Triad Power. The Coming Shape of Global Competition*, New York, Free Press.

Simmoneau D. et Bernard E. [2018], « La diplomatie d'entreprise : entre réflexe économique, débats d'idées et relations internationales », *Hermès. La Revue*, n° 81, p. 86-93.

Strange S. [1996], *The Retreat of the State. The Diffusion of Power in the World Economy*, Cambridge, Cambridge University Press.

14 / Le poids des acteurs non étatiques dans le système mondial : des humanitaires aux gangsters

Emmanuel Naquet et Cédric Tellenne

Au cours du demi-siècle écoulé, les acteurs non étatiques ont gagné en importance dans le système international. C'est une tendance lourde, mise en lumière dès les années 1970 par le politologue américain James Rosenau, souvent considéré comme un des premiers penseurs « transnationalistes » : il évoquait des changements structurels dans l'ordre géopolitique mondial, liés à l'intrusion d'acteurs privés, individuels et collectifs, réputés « hors souveraineté », relevant d'un processus de diffusion du pouvoir (*power diffusion*). « La prolifération de ceux qui entreprennent des actions sur la scène internationale [...] a accru l'interdépendance des peuples et des sociétés, au point de transnationaliser la structure de l'ensemble du système politique mondial » [Rosenau, 1979, p. 11]. Il réfléchit à la manière dont les micro-unités (individus, familles, groupes) agissent sur les macro-unités (États et gouvernements), et inversement, dans un double processus d'agrégation/désagrégation. Cela permet d'enrichir l'analyse des relations internationales en allant au-delà de simples relations interétatiques, et de montrer des logiques d'« interdépendance complexe » [Keohane et Nye, 1977], de réaliser un traitement plus « social » des relations internationales [Badie, 2016]. Ainsi, l'humanitaire et le gangster relèvent d'un même « *continuum* géopolitique », pour paraphraser Rosenau : en quoi révèlent-ils les failles de la gouvernance mondiale, le premier en palliant les manquements de l'action publique, le second en défiant celle-ci ?

Les ONG, entre engagement éthique et volonté de puissance

La formule est empruntée à Bertrand Badie [2002]. À l'heure où les « sociétés civiles transnationales » déterminent de plus en plus l'agenda international, les organisations non gouvernementales (ONG) sont pourvoyeuses d'*empowerment*. Elles entendent incarner une conscience universelle et pousser ainsi à une bonne gouvernance mondiale. Elles se rangent du côté du Bien universel. Leur sollicitation par d'autres acteurs, à l'échelle mondiale (Organisation des Nations unies — ONU — et ses agences, Banque mondiale), régionale (Union européenne — UE) ou nationale, s'inscrit dans une approche humaniste et multilatérale des problèmes du monde. Si elles n'ont ni l'autorité ni la légitimité des organisations internationales et encore moins des États, puisqu'elles ne procèdent pas d'un processus démocratique, elles pèsent d'un poids toujours plus important sur le processus d'élaboration d'un nouvel ordre mondial. D'autant que les États ont tendance à leur sous-traiter un nombre croissant de tâches d'encadrement et de protection aux populations vulnérables (chapitre 12).

Les ONG : définitions et statuts

L'acronyme ONG (NGO en anglais, pour *non-governmental organization*) apparaît dans l'article 71 de la charte de l'ONU (1945), alors que leur réalité est plus ancienne (Croix-Rouge, Fédération internationale des Ligues des droits de l'homme). Un rôle consultatif leur est alors accordé, mais pas une définition unique reconnue internationalement. Associations ou groupements à but non lucratif, distincts et indépendants des autorités gouvernementales, les ONG ont été définies *a minima* par le Conseil économique et social de l'ONU comme des « organisations internationales qui n'ont pas été créées par voie d'accords intergouvernementaux ». Le Conseil de l'Europe les identifie comme des « associations, fondations, et autres institutions privées, qui ont un but non lucratif d'utilité internationale [...] et qui exercent une activité effective dans au moins deux États ».

Différents statuts consultatifs sont attribués par un comité permanent issu du Conseil économique et social composé de dix-neuf États membres : ce statut peut être suspendu ou retiré, et les ONG dont le statut consultatif n'est pas reconnu sont seulement accréditées. Actuellement au nombre de 4 500 environ, elles viennent en premier lieu des États-Unis (près d'un millier), d'Europe (Royaume-Uni, Suisse, France, Italie), mais aussi d'Inde (plus de deux cents), du Nigeria ou encore du Pakistan. À l'Organisation mondiale du commerce (OMC, non soumise à la charte de l'ONU), les cycles de négociations ont montré que les ONG partenaires sont en fait des pseudo-ONG (voir *infra*), alors que les organisations de défense des droits de l'homme n'y sont pas représentées, elles qui ont pris leurs distances avec le slogan (néo)libéral *trade and not aid.*

Derrière le label ONG se cache ainsi une réalité diverse et complexe. Il existe de plus en plus de GONGOs (*government-organized non-governmental organizations*), créées par des gouvernements généralement peu démocratiques et dont l'objectif est d'aspirer les financements internationaux, ou de contrecarrer l'influence d'ONG dérangeantes. Les BINGOs (*business and industry NGOs*) cachent, derrière leur statut juridique, des entreprises cherchant à pénétrer des marchés, et les DONGOs (*donor-organized NGOs*) sont créées à l'initiative de bailleurs de fonds internationaux pour mettre en œuvre des projets de développement ; enfin, les QUANGOs (*quasi-NGOs*) sont autonomes, mais reçoivent la plus grande partie de leurs contributions des fonds publics... Difficile de s'y retrouver, d'autant que rares sont les États disposant d'un statut juridique dédié pour les ONG, et que celui-ci n'existe pas à l'échelle mondiale, ce qui limite leur action internationale si elles ne sont pas organisées en réseaux (type Care, Caritas ou Croix-Rouge/Croissant-Rouge, etc.).

La prolifération du phénomène ONG

L'Organisation de coopération et de développement économiques (OCDE) en dénombrait 1 600 en 1980 et 4 500 une décennie après. Le tournant de 1989-1991 en accélère l'augmentation et l'internationalisation, du fait de la structuration des sociétés civiles dans les anciens pays communistes. Des dizaines de milliers existent en ce début de XXIe siècle : 38 000 selon l'OCDE, 59 000 selon la London School of Economics. Cette multiplication apparaît aussi dans les projets : les ONG sont présentes dans un tiers des financements de la Banque mondiale, contre 6 % il y a cinquante ans. Les ONG interagissent entre elles et avec les autres acteurs gouvernementaux et non gouvernementaux. Sur telle ou telle cause, elles peuvent les entraîner dans leur sillage. Les relations avec l'ONU et ses institutions spécialisées revêtent trois formes : la consultation (la plus importante), l'accréditation et l'association. Si les ONG peuvent collaborer avec la Conférence des Nations unies sur le commerce et le développement (Cnuced), c'est surtout avec des programmes comme le Programme des Nations unies pour le développement (Pnud), le Programme des Nations unies pour l'environnement (Pnue), le Programme alimentaire mondial (PAM : 1 200 ONG sollicitées), des instances comme le Haut Commissariat des Nations unies pour les réfugiés (HCR : 500 ONG concernées) et des commissions (du développement durable, des droits de l'homme, etc.) que les échanges, voire les partenariats, sont les plus importants : le budget de l'Unicef est abondé par près de 200 ONG à hauteur d'un tiers, et certaines ont une place institutionnelle dans ONUSIDA. *A contrario*, la Banque mondiale ou l'UE sont les principaux bailleurs de fonds des ONG.

Les champs d'action des ONG sont divers, mais elles œuvrent principalement dans trois directions :

— la défense des droits de l'homme : Amnesty International, fondée en 1961 ; Human Rights Watch, créée en 1978, prix Nobel de la paix en 1997 et lauréate du prix des Droits de l'homme décerné par les Nations unies en 2008 ;

— la protection de l'environnement : les Amis de la Terre, fondé en 1969 ; le Fonds mondial pour la nature (WWF), lancé en 1971 ; Greenpeace, 3 millions d'adhérents, 1 500 salariés et près de 200 millions de dollars de budget (comparable à celui de l'OMC) ;

— l'aide humanitaire : Croix-Rouge, premier prix Nobel de la paix en 1901 ; Médecins sans frontières (MSF) et Action contre la faim (ACF), nés respectivement en 1971 et 1979 ; Oxfam, devenue une confédération de 17 organisations luttant contre la pauvreté, avec plus de 4 000 salariés et 30 000 bénévoles agissant dans 90 pays.

On peut aussi catégoriser les ONG selon leurs modes opératoires, en distinguant schématiquement les associations de terrain, qui font du *service-delivery, via* des projets de développement dans la santé, l'alimentation, le microcrédit, palliant la baisse tendancielle de l'aide publique au développement (APD) et, d'autre part, les groupes de pression, qui font successivement ou séparément de l'*advocacy* (plaidoyer), du *lobbying* en sensibilisant ou en sollicitant les opinions publiques et les dirigeants, mais encore des *watchdog activities* en surveillant la mise en œuvre des engagements d'États ou de firmes transnationales (FTN). Elles peuvent simplement assurer une fonction de sentinelle, à l'instar de MSF qui a alerté une OMS inerte lors de la diffusion du virus Ebola en 2014, ou de Transparency International dont l'« indice de perception de la corruption » (IPC) sert d'outil de référence et de certification à l'OCDE. Certaines sont *de facto* généralistes lorsqu'elles interviennent dans le champ infini des droits de l'homme, qui intègre la dette des pays pauvres, la faim, l'accaparement des terres, les paradis fiscaux, les minorités sexuelles, religieuses ou nationales, l'accès à l'éducation et à la santé pour tous, l'accueil des réfugiés ou des migrants, d'où la tendance à étendre le domaine de la lutte et à devenir « multi-mandats ». Faute de mieux, la gouvernance mondiale tend à devenir « humanitaire », comme l'écrit le sociologue Michel Agier [2006, p. 1]. C'est dans l'enchevêtrement de différentes « instances » que prend forme le gouvernement humanitaire. L'ensemble du dispositif n'a pas de véritable coordination mondiale organisée.

Une indépendance en question

Qu'en est-il de la liberté des ONG, au fondement même de leur légitimité ? Incontestablement, il existe des « liaisons dangereuses » entre certaines ONG et les milieux politiques et économiques, posant la question de leur indépendance. Cela peut être le cas quand George Soros verse 100 millions de dollars à Human Rights Watch (sur dix ans), quand WWF-France noue des partenariats avec plusieurs grandes entreprises (notamment avec Lafarge en 1999, projet pilote du *Global Compact* de l'ONU) pour près de 30 % de son budget, ces FTN pouvant être intéressées par du *greenwashing*. Mais des liens peuvent aussi se tisser avec l'économie sociale et solidaire, les mutuelles, par exemple. La présence des ONG aux conférences internationales se fait de plus en plus pressante et remarquée. Le tournant est sans conteste le sommet de Rio, au cours duquel des ONG n'ayant pas le statut consultatif ont été invitées, en tant qu'observatrices ou expertes. Et, dans un village global hyperconnecté, elles mobilisent très vite et à tout moment par des pétitions virales diffusées *via* Internet ou des collectes de fonds pour du *crowfunding*.

En effet, au contraire des institutions internationales, nombre d'ONG développent une réactivité dans les situations d'urgence et possèdent, en lien avec les associations de base (*grassroots organizations*), une connaissance de la réalité locale qui fait souvent défaut aux gouvernements et/ou aux agences internationales. Elles obtiennent ainsi des résultats, comme la ratification presque universelle (cent quatre-vingt-quinze États, seuls les États-Unis et la Somalie manquant à l'appel) de la convention internationale des droits de l'enfant (CIDE), juridiquement contraignante. Elles peuvent aussi mener des actions judiciaires, *via* la Cour pénale internationale (CPI) destinée depuis 2002 à juger les crimes de génocide, contre l'humanité, de guerre ou d'agression, ou encore désigner par le *name and shame*, appelant même au *boycott*, par exemple contre plus de quatre-vingts marques, dont Nike et Apple, accusées de participer au travail forcé des Ouïghours dans le Xinjiang chinois.

Reste que ces sociétés civiles en action constituent un (contre-) pouvoir dont certains voudraient relativiser la place — autoproclamée ? — et le rôle. Multinationales de moralité pour certains, paradoxalement en quête d'autorité et de crédibilité, certaines de leurs méthodes sont inévitablement critiquées, comme leur interférence dans les diplomaties étatiques, ne serait-ce que parce qu'elles ont porté le principe de la « responsabilité de protéger », ou droit d'ingérence. Pour Bernard Kouchner [1986], fondateur de MSF et alors futur ministre de l'Action humanitaire, il y a une « face cachée » de ces « volontaires de la solidarité », recourant au marketing pour lancer des campagnes de fonds, parfois sans rapport avec la réalité du désastre, en raison de la loi d'un marché qu'il résume ainsi : « Sois médiatique ou disparais. » Sylvie Brunel [2002] a stigmatisé une « mercantilisation », résultante de la mondialisation et de ses « caisses de résonance », qui passe par une visibilité à tout prix. Bertrand Badie [2002] a pu même parler de la « désacralisation » de certaines ONG, qui se rapprochent parfois d'entreprises structurées et concurrentielles avec « leurs rationalités » et « leurs intérêts propres ».

Au-delà aussi du procès en obscurité financière qui a pu être fait à Greenpeace — d'où la charte (*INGO Accountability Charter*) signée par l'association aujourd'hui —, des instrumentalisations ou des postures politiques sont régulièrement dénoncées, et ce dès qu'une aide d'urgence s'est déployée au Biafra à la fin des années 1960, en Haïti dans les années 1990 ou en Palestine dans les années 2000 : Human Rights Watch a ainsi pris des positions considérées comme propalestiniennes en critiquant Tsahal lors de l'opération Plomb durci à Gaza en 2008-2009. À rebours, elles peuvent être accusées d'être des « agents de l'étranger », par exemple en Russie ou en Égypte, où les pouvoirs paralysent leur capacité d'action, quand leurs personnels ne sont pas pris en otage ou assassinés dans nombre de pays d'Afrique sahélienne.

Ainsi, s'inscrivant dans des temps, des configurations et des modalités de pensée et d'action divers, le poids des ONG s'accroît, comme le montre, malgré l'échec de Copenhague (2009), leur influence lors de la COP21 de Paris sur le climat (2015). Venant majoritairement d'Occident, elles participent à une recomposition d'un monde en plein chaos en portant des aspirations nombreuses, plus souvent projetées dans un avenir meilleur que réalisées dans les faits, dans une sorte de pari postpolitique du bien commun. Si elles incarnent quoi qu'il en soit le « Bien » pour l'opinion publique, elles n'ont que peu de possibilités de contrarier les forces du « Mal », aux antipodes du *continuum* géopolitique.

Gangstérisme, criminalité organisée et mondialisation interlope

Le crime organisé à l'échelle internationale n'est pas en soi un phénomène nouveau, il apparaît aux XVIIe-XVIIIe siècles avec la piraterie maritime dans la mer des Caraïbes. Sur les plans criminologique et pénal, c'est un concept américain qui date de la Prohibition (années 1920) aux États-Unis et sert dans un premier temps à désigner le trafic d'alcool illégal aux mains de la mafia italo-américaine. Il a fallu attendre la convention de l'ONU à Palerme (Sicile), en 2000, pour que soient définis les contours de la « criminalité transnationale organisée » (CTO). Le secrétaire général de l'ONU d'alors, Kofi Annan, en résume les enjeux à cette occasion : « Le crime organisé n'a pas perdu de temps pour profiter de la globalisation de l'économie et de la sophistication des techniques. Nos efforts pour le combattre ont été jusqu'à présent très fragmentés et nos armes sont presque obsolètes. » Le crime organisé est-il une simple excroissance monstrueuse de la mondialisation ? N'en est-il pas au contraire une dimension essentielle, caractéristique d'un « nouveau capitalisme criminel » qui lie étroitement gangstérisme, terrorisme et finance interlope [Gayraud, 2014] ?

L'internationalisation du crime organisé et des mafias

Les mafias italiennes se sont internationalisées très tôt, en particulier la Cosa Nostra sicilienne qui fait figure de modèle originel dans l'Italie du Risorgimento. Le crime organisé a suivi l'émigration de 10 millions d'Italiens vers le continent américain, entre 1830 et 1930. Le trafic de stupéfiants débute dès les années 1920 entre la Sicile et les côtes sud et est des États-Unis : l'héroïne provenant d'Asie est transformée et conditionnée en Sicile, puis expédiée depuis Palerme, dans des caisses d'agrumes et des barils d'huile d'olive, vers La Nouvelle-Orléans et New York, puis écoulée par les restaurants et commerces des quartiers *Little Italy*. En ce début de XXIe siècle, c'est la N'Dranghetta calabraise qui apparaît comme la plus étendue et la plus puissante du monde, avec 55 milliards de dollars de chiffre d'affaires annuel. Les triades chinoises, qui constituent les plus vieilles structures mafieuses du monde, ont quant à elles essaimé dans toute l'Asie après 1949, lorsqu'elles ont été proclamées illégales par le régime communiste, et se sont infiltrées dans la diaspora chinoise par le biais des sociétés culturelles et d'entraide.

La chute de l'URSS et la guerre en ex-Yougoslavie ont accéléré la transnationalisation du phénomène mafieux et criminel : les mafias russes (*maffya* ou *bratva*), qui jouaient un rôle dans l'économie non planifiée de l'URSS et des pays de l'Est, ont investi leurs capitaux et développé leurs trafics à l'échelle européenne puis mondiale, notamment les trafics d'armes, les migrations illégales et les réseaux de prostitution. On estime ainsi que près de la moitié des fusils-mitrailleurs AK-47 (Kalachnikov) utilisés dans les guerres africaines depuis les années 1990 viennent d'Ukraine.

La déréglementation financière, l'ouverture des frontières, l'accélération des transports et communications facilitent ces flux illégaux. La faillite de nombreux États et la multiplication des zones grises permettent le déploiement de la mondialisation interlope : dans le nord du Mexique, à la frontière avec les États-Unis, les cartels mexicains ont monté de véritables armées privées, fortes de 25 000 à 100 000 soldats, menant des guerres sanglantes, comme celle entre le Sinaloa et les Zetas. Les Maras, en Amérique centrale, sont réputés pour être les gangs les plus violents ; ils ont fait en quelques années, du Guatemala, du Honduras et du Salvador, les pays les plus dangereux du monde. Certains spécialistes ont mis récemment en évidence les liens grandissants entre crime organisé et terrorisme, formant des groupes hybrides de type « gangsterroriste » [Gayraud, 2017] : les Talibans afghans et pakistanais se financent grâce au trafic d'opium, Al-Qaïda grâce au transit de la cocaïne colombienne en Afrique occidentale et sahélienne. Selon la US Drug Enforcement Agency (DEA), plus de la moitié des groupes terroristes internationaux ont un lien avec le trafic international de drogue.

Des multinationales du crime

Depuis la fin de la guerre froide, la criminalité transnationale organisée connaît quatre évolutions majeures, rendant la lutte des États très difficile : élargissement du champ d'action et polycriminalité (au-delà du trafic de stupéfiants, essor de nouveaux marchés criminels comme la contrefaçon de médicaments, la migration clandestine ou le trafic d'espèces protégées) ; passage d'une architecture centralisée et verticale à une structure réticulaire horizontale formée de cellules adaptables protégeant mieux l'organisation ; recours à la sous-traitance internationale (liens entre cartels *latinos*, djihadistes sahéliens et mafias italiennes) ; abaissement de la frontière séparant crime organisé et terrorisme, comme l'usage du kidnapping (Forces armées révolutionnaires de Colombie — FARC —, Daech) ; enfin, confusion croissante entre autorités étatiques et crime organisé, donnant naissance à des États criminels et notamment des narco-États (Guinée-Bissau, Afghanistan). Avec l'État islamique, on peut même évoquer l'idée d'un proto-État « gangsterroriste ». Les deux extrêmes du *continuum* géopolitique se rejoignent lorsque ces terroristes enlèvent des personnels humanitaires, ce qui est une véritable industrie, très lucrative (affaire Sophie Pétronin au Mali, libérée en 2020 après quatre années de détention).

Les groupes criminels ont été comparés à des firmes multinationales, à la différence près qu'ils empiètent très largement sur les prérogatives de l'État : en traçant des frontières pour contrôler leurs territoires, en utilisant la violence guerrière pour les protéger et éliminer leurs ennemis, en imposant une justice d'exception, en prélevant l'impôt sur les biens et les personnes. Ce sont des sources de pouvoir et d'autorité concurrentes de l'État, privant celui-ci du monopole de la contrainte légitime. Ces groupes ont démultiplié les trafics illicites dans les interstices de la mondialisation légale. Leur capacité d'innovation est remarquable, à l'image du développement actuel de la cybercriminalité et de la cyberpiraterie (6 000 milliards de dollars de gains évalués en 2020). Dans ces conditions, rien d'étonnant à ce que le produit des activités criminelles internationales soit estimé (hors évasion fiscale) à environ 4 % du produit intérieur brut (PIB) mondial, dont les deux tiers seraient blanchis. Si l'économie mafieuse était le fait d'un seul État, celui-ci serait au G20 avec un PIB supérieur à celui de l'Indonésie. De plus, les groupes criminels entretiennent une vitrine légale et, au fil du temps, cherchent à faire basculer une partie croissante de leurs activités dans l'économie légale, à l'image de la N'Dranghetta : autoroute Naples-Reggio, Exposition universelle de Milan, gestion du port calabrais de Gioia Tauro.

Le « management » de ces groupes repose sur des règles très strictes que l'on n'enfreint qu'au péril de sa vie : rites initiatiques d'entrée, discipline de fer, obéissance absolue, strict cloisonnement hiérarchique, avancement au « mérite », loi du silence (omerta), etc. Roberto Saviano, auteur du livre *Gomorra* [2006] et spécialiste de la mafia, rappelle que la force de la mafia est d'avoir un niveau maximal d'internationalisation de ses commerces et relations en maintenant un niveau minimal d'ouverture de ses structures. Bref, la mondialisation interlope a de beaux jours devant elle, d'autant plus qu'elle exploite les réseaux bancaires et financiers internationaux.

L'implication de la finance de l'ombre

Le secteur bancaire et financier constitue un relais indispensable de la CTO, rien ne serait possible sans un système de transfert et de blanchiment de l'argent sale à très grande échelle. L'organisation des Nations unies en charge de la lutte contre le crime organisé (Office des Nations unies contre la drogue et la crime — ONUDC) affirme que les organisations criminelles ont blanchi environ 1 600 milliards de dollars, soit 2,7 % du PIB mondial en 2009, la moitié des sommes provenant du trafic de stupéfiants. Le développement du *shadow banking* est en cause : il s'agit de l'ensemble des placements financiers sans dépôts bancaires, *via* des institutions non soumises à la réglementation commune, évalués à un quart des actifs financiers mondiaux [Gayraud, 2014]. Les criminels ont besoin d'intermédiaires qui ont à la fois la compétence technique et l'honorabilité de façade : ainsi, des banques comme HSBC et UBS ont été impliquées dans de vastes systèmes d'évasion fiscale et de blanchiment d'argent sale. Le scandale SwissLeaks, en 2015, a révélé que, en 2006-2007, HSBC a blanchi l'argent de la fraude fiscale, des mafias et des parrains d'Al-Qaïda à hauteur de 180 milliards de dollars. Les centres financiers *offshore* sont des rouages essentiels, responsables selon l'ONU du blanchiment de la moitié au moins des revenus des activités criminelles (chapitre 10). Cette « spécialisation » est un moyen d'attirer des capitaux et d'élargir l'assise économique du territoire dépendant souvent du seul tourisme.

Des liens étroits avec les milieux politiques et d'affaires

Le crime organisé est enkysté dans les structures politiques, et pas uniquement financières. L'opération « Mains propres » en Italie, qui a coûté la vie aux juges Falcone et Borsalino, véritables héros et martyrs de la lutte antimafia, a conduit depuis les années 1990 à dissoudre deux cent quarante conseils municipaux du sud de l'Italie pour infiltration mafieuse, et à condamner de nombreux hommes politiques de premier plan, dont les anciens Premiers ministres Bettino Craxi et Giulio Andreotti (ce dernier relaxé en appel...). Après la chute de Toto Riina et le mégaprocès de la Cosa Nostra dans les années 1980, c'est celui de la N'Dranghetta qui a ouvert en 2020 : l'Italie fait d'une certaine manière figure de modèle avec sa loi sur les « repentis ».

Mais d'autres États se font durablement complices de la criminalité : fabrication de faux dollars par la Corée du Nord, piratages informatiques organisés par la Russie ou la Chine, trafic de cocaïne organisé par la Central Intelligence Agency (CIA) (afin d'obtenir des fonds pour ses opérations de déstabilisation), financement des Forces armées révolutionnaires de Colombie (FARC) par le régime castriste cubain... Tout ceci relève d'un double phénomène de politisation du crime et de criminalisation du politique. En 2007, WikiLeaks a révélé un accord ancien entre le Nicaragua sandiniste et le cartel de Medellin (Pablo Escobar contrôlait alors 80 % du trafic mondial de cocaïne), entre 1979 et 1985, destiné à faire transiter de la cocaïne à destination des États-Unis.

Dans certains cas, ce n'est pas la mafia qui contrôle l'État, mais plutôt le contraire : des États mafieux contrôlent et instrumentalisent le crime organisé. Le Kosovo ou la Russie en sont de bons exemples : les mafias y manquent d'autonomie par rapport à un État qui recourt au crime organisé pour remplir ses objectifs, notamment politiques (dans le cas russe, les assassinats d'Alexandre Litvinenko en 2006, de Boris Nemtsov en 2015). Pour Gavin Slade, la *maffya* russe ne serait qu'un mythe pour cacher les réels liens entre État et crime organisé [*Diplomatie*, 2019].

Les insuffisances de la gouvernance politique

La lutte contre le crime organisé impose de sortir du cadre de l'État-nation, mais l'action internationale est très en retard sur la « mondialité » du crime organisé. La manière forte a été privilégiée depuis les années 1970, à l'initiative des États-Unis, la plupart du temps dans un cadre national ou bilatéral. Le président Nixon a en effet déclaré la « guerre à la drogue » en 1972, dont est chargée notamment la DEA, agence fédérale américaine aux pouvoirs extraterritoriaux, qui dispose aujourd'hui du plus important budget au monde consacré à la lutte contre le trafic de drogue (plus de 2,5 milliards de dollars par an). Cette guerre s'est intensifiée et internationalisée depuis la fin des années 1980 : enlèvement de Manuel Noriega, dirigeant du Panama en 1989, accusé de trafic de drogue en liaison avec le cartel de Medellin (opération Juste Cause) ; coopération entre la CIA et les forces aériennes colombiennes et péruviennes pour intercepter les avions des trafiquants de drogue (*Air Bridge Denial Program*) ; plans Colombie et Merida avec la Colombie et le Mexique dans les années 2000, chacun doté d'environ 4 milliards de dollars. On ne peut pas parler de francs succès, au contraire : les deux pays ont été ensanglantés par les guerres de gangs, et la cocaïne a profité de l'essor de nouveaux marchés (marchés locaux d'Amérique latine, marchés extérieurs en expansion en Europe occidentale, en Australie, en Afrique) et de la diversification des drogues sur le marché nord-américain (héroïne, amphétamines, drogues de synthèse). Le Mexique s'est enfoncé dans un cycle de violences sans retour : 240 000 morts violentes et 40 000 disparitions entre 2006 et 2018. En 2017, le président Nieto a institutionnalisé le rôle policier de l'armée, avant que le président Lopez Obrador ne revienne sur cette décision.

À l'inverse, l'Italie a promu un traitement législatif et financier du crime organisé : dès les années 1960 ont lieu les premières enquêtes parlementaires sur le crime organisé et, dans la décennie 1970, elles sont rendues publiques. En septembre 1982 (après l'assassinat de Carlo Alberto dalla Chiesa, général des carabiniers, préfet de Palerme) est adoptée une loi anti-mafia qui reconnaît l'association permanente de malfaiteurs, soit l'activité criminelle *en continu*, ce qui permet des confiscations légales de biens. La loi sur les repentis a fait le reste : elle offre l'abandon des poursuites et la protection de l'État à tout criminel « repenti » acceptant de parler et de livrer ses complices.

L'ONU, par une résolution de 1998, a mandaté un comité spécial dont la mission était d'élaborer un projet de convention internationale contre la criminalité transnationale organisée ; à cette occasion a été créé un Office des Nations unies contre la drogue et le crime (ONUDC, voir *supra*), qui siège à Vienne, avec comme objectif d'éradiquer totalement le trafic de drogue. Mais les résultats demeurent largement insuffisants : une réunion des Nations unies en 2016 conclut à l'échec de l'approche par la « tolérance zéro » et le « tout-répressif ». Les ONG ont regretté l'absence de dépénalisation de l'usage des drogues, demande répétée aux fins d'un meilleur encadrement sanitaire. En 2013, l'Uruguay avait été le premier pays au monde à décider de légaliser le cannabis, sous contrôle de l'État, pour détacher les consommateurs des réseaux mafieux et lutter contre le trafic de drogue qui alimente également des trafics de personnes, d'armes, ou le blanchiment d'argent. Le Groupement d'action financière (GAFI), associé à l'OCDE, se consacre au blanchiment d'argent issu du trafic de drogue et du terrorisme.

Le *continuum* géopolitique entre les deux extrêmes de la géopolitique mondiale, l'humanitaire et le gangster) est ainsi prouvé. Mais le pouvoir de ces acteurs individuels et collectifs ne doit pas être exagéré : il ne consiste qu'en un agglomérat de relations transnationales, certes assez fortes pour bousculer la puissance, mais trop faibles pour lui imposer une alternative [Badie, 2002]. La désagrégation l'emporte donc sur l'agrégation, la fragmentation sur l'unification. Et, par défaut, le « gouvernement humanitaire » se substitue à une véritable gouvernance politique mondiale. Au moins a-t-il le mérite d'exister.

Repères bibliographiques

AGIER M. [2006], « Le gouvernement humanitaire et la politique des réfugiés », *in* CORNU L. et VERMEREN P. (dir.), *La Philosophie déplacée. Autour de Jacques Rancière, Colloque de Cerisy*, Paris, Horlieu Éditions.

BADIE B. [2002], *La Diplomatie des droits de l'homme. Entre éthique et volonté de puissance*, Paris, Fayard.

— [2016], *Nous ne sommes plus seuls au monde. Un autre regard sur l'« ordre international »*, Paris, La Découverte.

BRUNEL S. [2002], *Famines et politique*, Paris, Presses de Sciences Po.

CRETIN T. [1997], *Mafias du monde. Organisations criminelles transnationales. Actualités et perspectives*, Paris, PUF.

DASQUE J.-M. [2008], *Géopolitique du crime international*, Paris, Ellipses.

Diplomatie [2010], « Géopolitique mondiale de la drogue », n° 11, avril-mai.

— [2011], « Trafics. Géopolitique de l'illicite », n° 50, mai-juin.

— [2015], « Géopolitique de la criminalité organisée », n° 26, avril-mai.

— [2019], « Géopolitique mondiale de la criminalité », *Les Grands Dossiers*, n° 52, août-septembre.

GAYRAUD J.-F. [2014], *Le Nouveau Capitalisme criminel*, Paris, Odile Jacob.

— [2017], *Théorie des hybrides. Terrorisme et crime organisé*, Paris, CNRS Éditions.

KEOHANE R. et NYE J. [1977], *Power and Interdependence. World Politics in Transition*, New York/Boston/Toronto, Litte, Brown & Co.

Kouchner B. [1986], *Charité-business*, Paris, Le Pré aux Clercs.

Pérouse de Montclos M.-A. [2015], *Pour un développement « humanitaire » ? Les ONG à l'épreuve de la critique*, Marseille, IRD Éditions.

Questions internationales [2009], « Mondialisation et criminalité », n° 40, novembre-décembre.

Raufer X. [2013], *Géopolitique de la mondialisation criminelle*, Paris, PUF.

Rosenau J. [1979], « Du touriste au terroriste, les deux extrêmes du *continuum* de la géopolitique », *Études internationales*, vol. 10, n° 2.

Ryfman P. [2014], *Les ONG*, Paris, La Découverte, « Repères », 3e édition.

Saviano R. [2006], *Gomorra. Dans l'empire de la camorra*, Paris, Gallimard, 2007.

15 / Nouveaux espaces et nouvelles frontières de la mondialisation

1. De l'Océan mondial à la territorialisation des espaces maritimes

Laurent Adam de Villiers

Selon la convention des Nations unies sur le droit de la mer (CNUDM), les mers et océans sont des « étendues d'eau salée en communication libre et naturelle ». Ces espaces couvrent plus des deux tiers de la surface du globe et mettent en contact les huit dixièmes des États. Ils ont d'abord été perçus comme de formidables obstacles à surmonter, avant de pouvoir être exploités. Ils ont fini d'être parcourus et cartographiés au XIXe siècle. Dernier défi relevé : les grandes profondeurs, avec la plongée du Trieste à 10 916 m de profondeur dans la fosse des Mariannes en 1960.

Une fois maîtrisés, ces espaces remplissent une triple fonction : comme tout milieu « naturel » original, ils offrent des ressources à exploiter et à protéger (richesses halieutiques, gisements d'hydrocarbures, métaux) ; ils sont le support de la circulation et des échanges intercontinentaux, ce qui suppose la liberté de navigation ; enfin, ils s'affirment comme des vecteurs de puissance pour les pays capables d'une « projection de forces », ce qui suppose le contrôle de bases insulaires et littorales, de canaux, de détroits et passages...

Le *sea power* de l'amiral américain Alfred Mahan analysait au tournant du XXe siècle la conduite du monde sous l'angle résolument maritime, à l'aune de l'exemple britannique (voir Introduction). L'amiral français Raoul Castex apportait la distinction, nouvelle, entre la guerre entre forces organisées et la guerre des communications, avant que Bernard Brodie n'ajoute au *sea control,* assuré par une bataille décisive assurant la suprématie navale, le *sea denial,* arme des puissances plus faibles qui peuvent, malgré des moyens moindres, menacer les échanges et mettre à mal l'effort de guerre de l'adversaire. Bref, la maîtrise des mers constitue une dimension de plus en plus importante de la stratégie de domination globale. Les évolutions géopolitiques de ce début de XXIe siècle viennent confirmer l'antique aphorisme de Thémistocle, artisan de la mise en eau d'une puissante flotte de guerre athénienne, selon lequel « quiconque est maître de la mer l'est de la terre ».

Des espaces d'expression de la souveraineté et de la puissance

La territorialisation des espaces maritimes

Si l'on reconnaît la paternité du premier ouvrage de droit maritime au juriste néerlandais Grotius, et sa défense du principe de *mare liberum* (mer ouverte) au XVIIe siècle [Louchet, 2015], le débat est resté ouvert durant plus de trois siècles, entre les partisans de la libre circulation maritime la plus large possible (souvent les puissances navales majeures) et une vision plus restrictive qui tentait (et tente encore) d'étendre les prérogatives offertes par le territoire terrestre (quitte à l'estimer à la portée des canons côtiers) sur des dépendances maritimes. Dans le deuxième des « quatorze points » du président Wilson en 1918 est affirmée la nécessité de libre circulation des navires sur les océans en temps de paix comme de guerre. Il faut cependant attendre 1958 pour qu'un accord de portée internationale soit signé lors de la conférence de Genève : est alors établie une règle concernant la limite des eaux territoriales à partir de la ligne médiane du littoral entre les marées, allant jusqu'à 12 milles nautiques (22,2 km). La souveraineté de l'État côtier y est renforcée. En effet, si le principe de droit de passage inoffensif est garanti par le pavillon arboré par le navire, l'État côtier peut intervenir à bord des navires en cas d'infraction. Pour permettre un droit de poursuite et de police efficace, ces 12 milles sont portés à 24 (zone contiguë), au-delà c'est la haute mer, ou eaux internationales. En outre, il est envisagé une définition du plateau continental où l'État pourrait entreprendre librement la prospection et l'exploitation des ressources, sans plus de précisions. La prolifération des États et frontières depuis 1945 oblige à une entente devant les instances des Nations unies.

Ainsi, un cycle de conférences onusiennes aboutit à la signature du traité de Montego Bay en 1982 (CNUDM). Largement signé (cent cinquante-huit États actuellement), le traité n'entre en vigueur qu'en 1994, après sa ratification par le 120e signataire. Si certains États

La mer de Chine méridionale, nouvelle poudrière ?

Laurent Adam de Villiers

Cette mer bordière de l'océan Pacifique est aujourd'hui le théâtre de rivalités multiples entre les sept États qui la bordent. Le premier enjeu est lié aux ressources qui s'y trouvent. Les stocks halieutiques sont malmenés par les pays riverains qui demeurent très demandeurs et possèdent des flottilles de pêche très importantes. Les eaux riches en nutriments, donc en poissons, sont aujourd'hui victimes d'une surpêche généralisée. De plus, les hydrocarbures des fonds proches de Bornéo sont exploités *offshore* [Roche, 2013] et d'autres gisements sont prospectés tant pour le pétrole que pour le gaz naturel. C'est dans ce contexte que les archipels Paracel et Spratley jouent un rôle déterminant, en termes de ZEE. Tous les protagonistes ont ratifié le traité de Montego Bay à l'exception de Taïwan, il leur reste à démontrer l'habitabilité de telle ou telle île pour fonder leur demande. Toutes les îles de la zone sont occupées selon le principe du « fait accompli » et abritent des garnisons militaires plus ou moins importantes. La Chine a poussé la logique d'occupation à son paroxysme en construisant de véritables îles artificielles en sept points différents. L'impact environnemental est désastreux, de même que les conséquences sur le plan géopolitique.

La dimension symbolique de ces actes d'appropriation est évidente, flattant l'orgueil national chinois. Mais elle sous-tend aussi une vision géostratégique : la Chine revendique une mer de Chine « chinoise » (selon le principe de la « ligne en dix traits » incluant Taïwan). En face, les États-Unis, qui dénoncent régulièrement la politique du « fait accompli », déploient une stratégie de *neo-containment* risquant de mener à l'affrontement. Les routes maritimes voient passer la plus grande partie du trafic maritime chinois (90 %) et 30 % du total mondial. La Chine s'inquiète du goulet d'étranglement que constitue le détroit de Malacca, dont elle envisage le contournement au prix d'un canal à travers l'isthme de Kra. Plus encore que la circulation des navires marchands, le motif réel de la militarisation croissante de la région pourrait être tout autre. Depuis la fin de la guerre froide et le réveil des ambitions navales de la République populaire de Chine (RPC), les États-Unis surveillent avec attention les développements de la flotte chinoise. Celle-ci est isolée par les détroits au sud et les archipels du Pacifique occidental. L'océan mondial ne leur est accessible qu'au travers de détroits aisément contrôlables en cas de conflit. Ces archipels forment autant de rideaux défensifs aux yeux des États-Unis et d'entraves pour la Chine. Dans ce contexte, les îles Spratley offrent des voies de progression sous-marines bien connues des Britanniques et Américains. Elles permettent une « disparition » discrète des sous-marins chinois, dont certains équipés de missiles nucléaires, basés sur l'île de Hainan et prenant la mer. Les campagnes de cartographie bathymétrique se multiplient de part et d'autre, comme semblent en témoigner les interceptions de drones chinois équipés de sonars dans les détroits indonésiens en décembre 2020 et janvier 2021. Les enjeux de cette mer sont donc aussi à mettre en lien avec la diplomatie navale de la Chine qui développe à un rythme rapide sa flotte de guerre et aspire à défendre ses intérêts et voies de commerce maritimes.

refusent le traité (le Pérou, la Turquie ou le Venezuela), car jugé trop défavorable, d'autres, comme les États-Unis, ou l'Iran, ne l'ont pas encore ratifié quoiqu'en le mettant en œuvre dans les faits. Aux eaux territoriales et contiguës vient s'ajouter une zone économique exclusive (ZEE) de 200 milles (environ 340 km), où les États peuvent exploiter ou non les ressources tant de la colonne d'eau (comme la pêche) que des fonds marins (forages). L'état limité de la cartographie bathymétrique en 1982 avait poussé à définir les ZEE à partir de la ligne de base de la côte, sans considération pour la bathymétrie (mesure des profondeurs et du relief de l'océan pour déterminer la topographie du sol de la mer) exacte. Ainsi, progressivement, de multiples demandes d'extension du plateau continental jusqu'à concurrence de 350 milles (630 km), au lieu de 200, ont été réalisées. Il en résulte une intense campagne de cartographie sous-marine, et des contestations fréquentes, comme en mer de Chine méridionale (voir *infra*). En février 2021, la France a obtenu satisfaction pour les demandes d'extension de 150 000 km^2 des ZEE de la Réunion et des îles de Saint-Paul et Amsterdam (Terres australes et antarctiques françaises — TAAF) [Ortolland et Pirat, 2010]. Progressivement, les prétentions tendent à croître avec la perspective de nouvelles ressources, comme l'illustrent les champs d'hydrocarbures mis en évidence en Méditerranée orientale, et revendiqués par la Turquie sans considération pour la CNUDM (puisqu'elle ne l'a pas signée).

La territorialisation croissante de l'espace océanique aboutit donc à sa fragmentation et à la montée des tensions entre prétendants. Les mers territoriales couvrent ainsi 22,4 millions de km^2 (11 % des mers et océans) et, au-delà, les ZEE environ 102 millions de km^2, soit 40 % des mers et océans du globe. La « course à la mer » qui s'ensuit se traduit par la signature de quelque deux cents accords de délimitation frontalière, mais il demeure soixante-dix à quatre-vingts litiges entre États, notamment en Asie de l'Est, là où le processus de délimitation est le moins abouti et le plus conflictuel [Foucher, 2020].

La puissance navale et ses outils

Sur les océans du monde, quinze États contrôlent à eux seuls 80 % des flottes de guerre : c'est dire le caractère très concentré de la puissance navale. Au premier rang, et de loin, les États-Unis s'imposent comme un « thalassocrator » depuis les années 1940, quadrillant la planète avec les six flottes de l'US Navy et leurs onze porte-avions [Royer, 2014]. Trois types d'outils sont maniés par les grandes puissances navales.

La projection. — L'arme navale permet la versatilité, offrant le choix du lieu du combat sur des espaces gigantesques [Giron, 2020]. À cette

Tableau 1. **Comparaison des puissances navales dans le monde, 2019**

Liste des navires de guerre 2019	États-Unis	Chine	Russie	Japon	France	Roy.-Uni	Inde
Porte-avions	11	2*	1	0	1	2	1*
Porte-aéronefs	10	0	0	8			
Navires d'assaut	10	6	0			2	
Sous-marins nucléaires d'attaque	56	8	20	0	8	7	1
Sous-marins nucléaires lanceurs d'engins	14	6	13	4	4	4	1
Autres navires de combat	125	221	91	80	28	27	46

* Navires en cours d'achèvement.

fin, les porte-avions sont les outils privilégiés pour les puissances cherchant à défendre leurs intérêts loin du territoire national. Devenus des outils essentiels dans les conflits projetés, ils offrent à leurs détenteurs un avantage souvent décisif. À ce titre, les porte-avions américains et l'unique porte-avions français offrent une grande variété des missions avec leur capacité de catapultage d'aéronefs plus équipés et autonomes. Les autres marines ne possèdent que des porte-avions sans catapulte, ce qui diminue le nombre de missions pouvant être accomplies. La marine chinoise poursuit son développement aéronaval avec deux porte-avions opérationnels et devrait en posséder deux autres avec catapulte sous peu. De son côté, l'Inde achève le premier porte-avions d'une série de trois programmés. Plus modestes mais déjà très utiles en appui, les porte-aéronefs (hélicoptères ou avions à décollage vertical) se multiplient dans nombre de marines. On le voit : l'idée de la bataille aéronavale décisive possède encore ses promoteurs, en dépit de la vulnérabilité croissante de ces unités coûteuses aux missiles et torpilles antinavires de dernière génération.

La permanence à la mer. — On sait l'importance pour une marine de guerre d'assurer le maintien de ses patrouilles sur la durée. L'US Navy se fixe l'objectif de trois cents navires à l'horizon 2040. Elle constitue une force formidable, présente sur tous les océans avec six flottes et un vaste réseau de bases navales et de facilités pour assurer la rotation des équipages. L'usage de la propulsion nucléaire par ses plus grandes unités leur offre une autonomie quasi illimitée. Décidée à combler son retard, la Chine développe ses points d'appui dans l'aire indo-pacifique (base de Gwadar au Pakistan, ou de Djibouti), tout en multipliant ses unités en nombre et en diversité. La marine indienne connaît un développement plus modeste mais réel. Elle participe à un nombre croissant de manœuvres conjointes avec les flottes des États-Unis et d'Australie dans l'océan Indien. Elle étend aussi ses points d'appui dans l'océan Indien, comme aux Seychelles et à l'île d'Agalega (Maurice). La France, à l'instar de la plupart des marines européennes, peine à maintenir son potentiel naval, entre contraintes budgétaires et domaine maritime distendu sur plus de 11 millions de km^2 et quatre océans, avec seulement une trentaine de navires de haute mer.

La furtivité. — À défaut de puissance de surface, il est tentant pour certaines marines même modestes de faire peser une menace sournoise sur des flottes plus puissantes. C'est ce que traduit la multiplication des flottes de submersibles. Si la propulsion et la capacité de frappe nucléaire avec les sous-marins nucléaires lanceurs d'engins (SNLE) demeurent une prérogative des marines les plus puissantes, la discrétion qu'offre l'arme submersible est recherchée par nombre de puissances régionales voisinant avec des puissances de premier plan, comme c'est le cas de la plupart des pays d'Asie à proximité de la Chine. Il faut toutefois une bonne connaissance de la bathymétrie pour utiliser à plein les atouts de ces armes redoutables. Leur conception reste encore le fait de quelques États et laisse cependant peu d'espoir d'une réelle indépendance stratégique pour ces marines.

Les bases navales, entre points d'appui et moyens de dissuasion

Tenir la mer prend une acception très différente selon l'époque considérée. Au début du XXe siècle, une flotte avait besoin de relais nombreux pour « charbonner » : les routes maritimes étaient parsemées d'étapes où les navires tant civils que militaires devaient s'approvisionner en charbon pour poursuivre leur route. L'avènement du mazout a obligé le maintien d'un nombre de points d'appui plus réduits, mais tout aussi indispensables. La bataille de l'Atlantique durant la Seconde Guerre mondiale a démontré l'importance d'un réseau de bases aéronavales pour détecter les sous-marins par les airs et en permettre la chasse. Plus près de nous, la politique des puissances maritimes a poussé à prendre en compte un double besoin : l'autonomie et la rapidité d'intervention. Le maintien de forces prépositionnées pour affirmer la souveraineté ou la dissuasion dans les « points chauds » du globe est un marqueur important de la domination des espaces maritimes.

Au-delà des ports militaires sur les littoraux nationaux, des « facilités » négociées avec des États amis offrent la possibilité aux marines de guerre de se projeter sur des espaces océaniques lointains et de maintenir des forces militaires parfois importantes à proximité de théâtres d'opérations pour leurs missions. En tant que marine dominante depuis 1945, l'US Navy a ainsi tissé un vaste réseau mondial pour implanter au plus près de ses intérêts des parties substantielles de sa marine. Ainsi la Ve Flotte a-t-elle établi son quartier général à Manama (Qatar) ; autre exemple, la base de Yokosuka au Japon représente le principal point d'appui face à la Chine ou la Corée du Nord. D'autres installations jouent le rôle de « porte-avions » permanent et insubmersible, comme la base aéronavale de Diego Garcia dans l'archipel des Chagos (océan Indien). L'île offre un potentiel de frappe à de très grandes distances pour les bombardiers furtifs américains, sur l'ensemble de l'Indo-Pacifique et le Moyen-Orient.

Les détroits, zones de tensions géopolitiques

Ils constituent d'une certaine manière les goulets d'étranglement de l'océan mondial. Le second volet de la CNUDM y définit les règles de circulation : pour l'essentiel, la liberté de circulation prévaut tant par voie maritime que pour le survol, à l'exclusion de manœuvres belliqueuses. Les unités militaires doivent s'abstenir de manœuvres de guerre dans les détroits, les sous-marins doivent les franchir en surface avec leur pavillon apparent. Ces règles sont étendues aux détroits des eaux archipélagiques, où le principe de libre-circulation prévaut également. Pourtant, ces passages obligés demeurent le nœud du trafic maritime en temps de paix et un enjeu majeur en cas de conflit. Les 85 000 navires qui franchissent chaque année le détroit de Malacca, ou les 40 % du total mondial du pétrole brut qui transitent par celui d'Ormuz (golfe Persique) attestent de l'importance de la question. En temps de paix, la navigation obéit à des règles strictes dictées aussi bien par la difficulté de navigation (largeur des détroits et tirant d'eau des navires) que par les mesures de sécurité qu'elles impliquent. La plupart de ces détroits imposent des chenaux stricts de navigation (à peine 1,5 mille nautique pour la partie la plus étroite du détroit de Malacca), ce qui rend sensibles les possibles avaries en temps de paix et plus encore les potentielles obstructions en cas de conflit armé [Ortolland et Pirat, 2010].

Les détroits les plus délicats sont sans conteste ceux de l'océan Indien. En plus de celui d'Ormuz où les contentieux entre Émirats arabes unis (EAU) et Iran au sujet des îles de Grande Tomb et Petite Tomb ressurgissent régulièrement dans l'actualité, les détroits de Bab-el-Mandeb ou de Malacca ont connu une hausse de la piraterie au début du XXIe siècle. La perspective d'une menace sur le trafic essentiel qui s'y écoule a rendu nécessaire la protection des navires de commerce, soit en ayant recours à des milices privées à bord des navires, soit par la patrouille permanente de navires de guerre sous l'égide des Nations unies. D'autres détroits peuvent présenter des enjeux géostratégiques, comme ceux situés au sud de Taïwan (canal des Pescadores et détroit de Bashi), ceux du Bosphore et des Dardanelles ou même celui de Gibraltar. Le point commun de ces goulets d'étranglement est la présence à proximité de bases navales des puissances maritimes les plus concernées.

Les ressources océaniques, un nouvel eldorado convoité

La mer, nourricière

Les techniques modernes de pêche ont largement pris le pas sur les pêches traditionnelles ; ainsi, les prélèvements liés à la pêche industrielle ont connu une croissance quasi continue depuis l'après-guerre (20 Mt/an) pour plafonner depuis les années 1990 entre 80 et 85 Mt, du fait de l'efficacité des campagnes de pêche avec les chalutiers, senneurs et autres palangriers capables de prélever depuis la surface jusqu'aux grands fonds (3 000 m). Ils contribuent à une surpêche évidente : un tiers du volume des captures est composé d'espèces considérées comme surexploitées par la Food and Agriculture Organization (FAO), d'où la mise en place de quotas de capture (comme l'ont fait les Européens dès les années 1990 ou la Chine depuis 2012). Dans le même temps, les progrès de l'aquaculture marine ont permis d'augmenter la production de 6,3 Mt en 1990 à 30 Mt en 2018. La valeur commerciale des produits de la filière aquacole (tous milieux et produits confondus) est estimée à 263 milliards de dollars, dans lesquels les espèces marines se taillent la part du lion. Les mers sont inégalement poissonneuses, en fonction de la richesse relative en phytoplancton qui conditionne toute la chaîne alimentaire : ainsi, la productivité primaire de l'océan (du plancton aux poissons) varie de 500 mg/m^3 dans les eaux les plus riches (côtes du Pérou-Chili, Portugal-Mauritanie, Angola-Namibie, Californie) à moins de 100 mg/m^3 dans les plus pauvres, souvent chaudes et situées en zone intertropicale [Louchet, 2015].

Les ressources issues de la mer remplissent une part fondamentale des besoins alimentaires. Le poisson marin, sauvage ou d'élevage, constitue deux tiers des protéines animales issues des poissons et crustacés. Il représente la majorité des 23 kg de poisson consommés par habitant et par an (contre 3 kg en moyenne en 1950). Dans le même temps, la population mondiale est passée de 3 milliards à bientôt 8 milliards d'habitants ; on mesure donc l'importance des progrès accomplis et la place toujours plus grande qu'occupent les produits marins dans l'alimentation humaine. La FAO estime que, pour 3,3 milliards d'habitants, le poisson constitue plus de 20 % de l'apport en protéines animales. Les flottes de pêche traduisent la croissance inégale des besoins alimentaires. Les captures des sept premiers pays (Chine, Indonésie, Pérou, Inde, Russie, États-Unis et Vietnam) constituent près de 50 % du total, dont 22 % pour la seule Chine.

Les prélèvements en milieu naturel alimentent les convoitises des principaux acteurs, d'où la dimension géopolitique de la surpêche. Plus la ressource est comptée, plus les conflits naissent autour des quotas et des interdictions imposés sur certaines espèces, comme la pêche du thon rouge en Méditerranée, réglementée très strictement par la Commission européenne (celle-ci a dû statuer selon les années entre l'interdiction pure et l'autorisation très limitée dans le temps). La concurrence entre pêcheurs devient alors féroce et nourrit des tensions diplomatiques parfois importantes : ainsi, la question de l'accès aux eaux du Royaume-Uni a été l'une des pierres d'achoppement de l'accord au sujet du Brexit. La quasi-disparition du hareng de l'Atlantique nord dès les années 1980, la crise récente du cabillaud, après celle de la surpêche du thon rouge en Méditerranée, révèlent les limites de la ressource et les tensions associées.

L'extension maritime de la quête énergétique

Depuis les années 1970, la course à l'extraction des hydrocarbures a bénéficié de la hausse des cours mondiaux, rendant rentable l'exploitation des gisements océaniques, et a été accélérée par la nécessité de réduire la dépendance aux importations venues du Proche-Orient et du Moyen-Orient [Tellenne, 2021]. Initialement, les procédés restaient assez proches de ceux utilisés sur la terre ferme et s'opéraient à des profondeurs faibles. Les mers peu profondes ont offert un développement rapide du procédé dès l'après-guerre (golfe du Mexique ou du Venezuela). Les deux chocs pétroliers ont permis l'essor rapide des procédés *offshore*. Les procédés n'ont cessé d'être étendus à des gisements situés dans les zones les plus éloignées et difficiles (en Alaska, par exemple, le gisement de Prudhoe Bay), ou plus profonds (au-delà de 1 000 m, voire ultra-profonds à partir de 1 500 m).

Il en résulte une redistribution de la géographie de l'extraction. Certains pays, jusqu'alors très dépendants sur le plan énergétique, deviennent autosuffisants, voire exportateurs d'hydrocarbures, comme le Brésil, producteur devenu excédentaire depuis 2016 (gisement de Tupi et de Libra). Cette quête des hydrocarbures dépend de plus en plus du développement des gisements sous-marins. La production *offshore* de pétrole représente déjà 30 % du total produit, et 27 % pour le gaz naturel. En 2018, ce sont 1 332 plateformes en activité qui couvrent les eaux côtières et forent de plus en plus profondément, au-delà de 3 000 m de fond. Le surcoût de l'extraction est à relativiser au regard de la proximité des marchés de consommation. Le baril extrait en *offshore* coûte 41 dollars, soit bien plus que les 27 dollars moyens par baril de pétrole conventionnel extrait au Moyen-Orient. En eaux profondes, le tarif grimpe à 52 dollars et même 56 dollars en dessous de 3 000 m. C'est beaucoup, mais moins que la moyenne du coût d'extraction du pétrole de schiste (65 dollars).

Ces gisements s'étendent de plus en plus loin des côtes et, débordant des talus continentaux, posent alors la question de la redéfinition des ZEE. Des régions entières sont l'objet des convoitises concurrentes sur ces ressources, en Méditerranée orientale, en Arctique, en mer de Chine méridionale ou encore en mer Caspienne. Les tensions observées autour des gisements de gaz naturel en Méditerranée orientale entre la Turquie, la Grèce, Chypre et l'Égypte à l'été 2020 illustrent bien cette politique de revendication et d'accaparement des hydrocarbures sous-marins.

Les ressources d'avenir

Encore peu mis en valeur mais au potentiel indéniable, les hydrates de méthane (ou clathrates), composés organiques abondants au fond des mers froides (et dans le pergélisol continental), offrent l'espoir d'une énergie assez bien distribuée spatialement. Maîtriser la collecte des clathrates permettrait de fournir un méthane sous forme solide (glace) jusqu'à – 20 °C (contre – 160 °C pour le gaz naturel liquéfié — GNL), ce qui en faciliterait le transport avec des navires dédiés sans en passer par une compression très coûteuse. Le réchauffement climatique en cours aboutira inexorablement au relâchement du méthane captif dans les marges froides, qui le seront de moins en moins. Or ce méthane contribue bien plus à l'effet de serre que le CO_2, dans une proportion de 1 à 25. Les volumes de méthane ainsi relâchés sans contrôle (diminution du pergélisol ou des puits de carbone que forment les hydrates de méthane) peuvent accélérer considérablement le dérèglement déjà en cours.

Les grands fonds océaniques constitueront sans doute des « mines à mer ouverte », car ils offrent une richesse minérale peu accessible aujourd'hui, mais dont les perspectives paraissent alléchantes. Les nodules polymétalliques sont constitués de minerais assez communs (manganèse, nickel, fer, cuivre, cobalt, etc.), mais dont la teneur dépasse bien souvent celle des gisements continentaux exploités. Largement présentes dans les plaines abyssales, ces concrétions sont abondantes mais situées le plus souvent hors des ZEE, alors que le volume total de ces minerais est estimé entre 100 et 500 milliards de tonnes [Louchet, 2015]. Plus récent est l'intérêt porté aux boues océaniques, qui peuvent se révéler très riches en éléments rares devenus si indispensables au développement des technologies de pointe. Ces « terres rares » océaniques semblent très abondantes notamment dans les ZEE insulaires, comme autour de l'île Marcus (Japon), mais aussi de Wallis-et-Futuna [Pitron, 2018]. Les premières techniques exploratoires en vue d'une extraction sont en cours de développement par de nombreux acteurs, tant privés qu'étatiques. Ces perspectives rendent particulièrement intéressants les points d'appui que sont les archipels des grandes plaines abyssales, particulièrement dans les océans Pacifique et Indien.

Des enjeux écologiques majeurs

Devant les pressions accrues sur les ressources naturelles, le chapitre 17 de l'Agenda 21 (sommet de Rio, 1992) est consacré à la protection des océans et de toutes les mers, en complément des dispositions de la CNUDM, mais sans contrainte pour les États. Bien souvent, les accords régionaux sont plus engageants pour les États : ainsi, la convention de Nairobi (2014) entre dix États du sud-ouest de l'océan Indien (à laquelle participe la France) affirme la nécessité de se prémunir contre les pollutions liées à la navigation et aux activités humaines, et promeut la création de zones spécialement protégées, ainsi qu'une coopération scientifique et technique. Au total, une vingtaine de conventions régionales régissent désormais la protection des eaux et fonds marins, et de nombreuses autres sont en cours de négociation.

L'ONU elle-même s'est saisie du problème. S'appuyant sur des travaux réalisés dès 2006, l'Assemblée générale, par la résolution 72/249 du 24 décembre 2017, a convoqué dans le cadre de la CNUDM une conférence intergouvernementale chargée d'élaborer un instrument juridiquement contraignant sur la conservation et l'utilisation durables de la biodiversité marine en haute mer, nommé Biodiversity Beyond National Juridiction (BBNJ). Quatre thématiques ont été définies : les ressources génétiques marines, y compris le partage des bénéfices ; les outils de protection de la biodiversité marine, en particulier les aires marines protégées (AMP) ; les évaluations d'impact environnemental des nouvelles activités humaines en haute mer ; enfin, le renforcement des capacités et le transfert des technologies marines au profit des pays en développement.

Les océans, traits d'union du commerce mondialisé

La croissance du trafic maritime mondial

Avec l'internationalisation des échanges puis leur mondialisation au cours du XXe siècle, le vecteur maritime s'est imposé comme le plus efficace pour transporter des volumes considérables, car sa lenteur relative est compensée par des coûts très bas : lorsque le transport de

La révolution du conteneur et de la conteneurisation

Laurent Adam de Villiers

Le conteneur est une boîte d'acier au format normalisé, créée aux États-Unis en 1956 pour la société de transport routier Malcolm McLean qui voulait réduire le temps nécessaire à la manipulation du vrac. En effet, le contenant, standardisé, permet une manipulation sans rupture de charge, tout en servant de stockage sûr et permettant un empilement jusqu'à huit conteneurs sur le conteneur de base. Progressivement, le procédé gagne en popularité dans l'ensemble du pays. Il est utilisé sur les bateaux avec profit pendant la guerre du Vietnam. Sa diffusion gagne l'Europe et le reste du monde jusqu'à devenir la boîte qui change le monde, symbole de la haute standardisation du transport maritime [Donovan et Bonney, 2006].

Les dimensions initiales sont d'une longueur de 20 pieds (6 m) de long sur 8 (2,4 m) de large et 8,5 (2,6 m) de hauteur, elles tiennent lieu d'unité de compte en équivalent vingt pieds (EVP). L'offre en types de conteneurs n'a cessé de se diversifier avec un allongement à 40 pieds (12 m), des conteneurs spécialisés, réfrigérés, révolutionnant littéralement le transport maritime. L'essor de la boîte est spectaculaire. La rapidité de chargement et déchargement des navires dédiés sur des terminaux réservés est à l'origine du modèle des *hubs and spokes*. Des ports spécialisés voient le jour sans autre vocation que d'accélérer le transit des conteneurs et sans relation ou presque avec un *Hinterland*. Dubaï, Singapour ou, plus modestement, Giao Tauro et Algésiras tirent leur raison d'être de cette faculté à fluidifier les échanges.

Mais la « boîte » devient elle-même un produit. La logique complexe du repositionnement d'un *range* à l'autre entraîne des spéculations entre offre et demande qui régissent les prix en fonction du taux de fret. Le taux de remplissage des conteneurs varie sur l'année, mais aussi d'une année à l'autre. La crise de la Covid-19 est éloquente à ce titre : la mise à l'arrêt de l'économie chinoise au printemps 2020 a provoqué un effondrement de la demande et donc des prix. À l'automne, les tarifs « s'envolent » et finalement doublent entre janvier 2020 et janvier 2021. La pénurie en conteneurs menace la reprise du commerce en Europe, désormais moins attractive pour les affréteurs qui leur préfèrent le littoral asiatique ou l'Amérique.

1 kg par conteneur maritime coûte 12 centimes, il revient à 4 euros par avion. La mer s'impose donc pour le transport de produits pondéreux, non périssables, devant tout autre mode de transport. L'ouverture des frontières s'est accompagnée d'un essor considérable des échanges : les volumes chargés par voie maritime sont passés de 3 Mt en 1980 à 17 Mt en 2019. On estime à 90 % le volume, et à 80 % la valeur du commerce de marchandises transitant par la mer. On observe cependant un ralentissement de la croissance depuis 2015. L'année 2020 s'annonce comme particulièrement erratique, avec l'arrêt des flux de commerce pendant de longues semaines. En lien avec cette croissance du trafic maritime mondial, la navigation commerciale a connu cinq transformations majeures.

La première est la tendance à la spécialisation des navires. Les cargos, que les États-Unis ont lancés en masse durant la Seconde Guerre mondiale (*liberty ships, victory ships*), ont connu une régression continue depuis les années 1960. Il faut désormais transporter avec la plus grande facilité les denrées les plus variées en accélérant le chargement et le déchargement. Les minéraliers, méthaniers, rouliers (spécialisés dans le transport de matériels roulants) traduisent les mêmes préoccupations : accélérer le transport et en abaisser le coût. Les vraquiers, supposés plus polyvalents, en font les frais avec une surcapacité de la flotte mondiale.

La deuxième est l'accroissement de la taille et de la jauge des navires. Après la course au gigantisme des pétroliers menée dans les années 1970, alors que le canal de Suez était fermé et que le contournement de l'Afrique renchérissait le coût du transport, il s'agissait de réduire les charges salariales grâce à l'automatisation. Les supertankers atteignent alors des dimensions spectaculaires : le plus gros jamais construit est le *Knock Nevis*, transportant 565 000 tonnes de port en lourd (tpl) sur 458 m de long, mais son activité a été arrêtée en 2009. Actuellement, les deux plus gros sont *Europe* et *Oceania*, battant pavillon belge, avec plus de 440 000 tpl. Mais, d'une manière générale, on est revenu à des tailles plus modestes : 350 000 tpl maximum pour les ULCC « Capesize », les plus gros des navires de commerce pétrolier capables de franchir le cap de Bonne-Espérance [Tellenne, 2021]. Cette même course au gigantisme concerne désormais les porte-conteneurs, dont la taille physique conditionne le volume de conteneurs transportés en 1960. Les premiers navires dédiés emportaient un volume de 5 000 équivalent vingt pieds (EVP), contre près de 24 000 aujourd'hui. Les plus grands atteignent les 400 m de long pour 61 m de large.

La troisième mutation est la conteneurisation, qui est la réponse la plus efficace au besoin de rapidité, de quantité et de sécurité. La croissance du commerce conteneurisé est plus rapide que celle du commerce maritime total, multiplié par près de huit entre 1990 et 2019, contre trois et demi pour le vrac. Les ports s'en trouvent bouleversés dans leur fonctionnement et leurs aménagements : les docks cèdent la place à de vastes étendues de béton à même de stocker de manière optimisée le transbordement intermodal à l'aide de portiques construits au format spécifique NéoPanamax (format maximal des navires pouvant franchir le canal depuis son agrandissement) pour charger et décharger au plus vite les navires [Donovan et Bonney, 2006].

Une quatrième mutation concerne la concentration des flottes de commerce plus importante que jamais. Ainsi, en 2019, les cinq premiers pays propriétaires de navires de commerce détenaient à eux seuls plus de 50 % du tonnage mondial (Grèce, Japon, Chine,

L'enjeu des pavillons de complaisance

Laurent Adam de Villiers

La croissance du trafic maritime est allée de pair avec la modification du droit maritime. À partir de 1974, la possibilité est offerte aux armateurs de passer sous pavillon étranger leurs navires indépendamment du siège de l'entreprise. La conséquence attendue est l'abaissement des prélèvements fiscaux, des coûts salariaux, ainsi que des réglementations plus souples en termes d'entretien des navires et de durée de vie. La flotte mondiale peut ainsi se découper en trois catégories principales. Il y a d'abord les navires battant pavillon national de la société propriétaire (armateurs). Ils constituent une vitrine pour ces entreprises tant par leurs spécificités (technologies, taille, etc.) que dans la démonstration de puissance qui accompagne chaque lancement : 28 % des navires en 2019 battaient ainsi le même pavillon que leur propriétaire. Le deuxième lot de navires est le plus souvent issu de la vente d'occasion des navires de la catégorie précédente. Déclassés par les modifications des infrastructures portuaires ou des canaux interocéaniques, ils sont placés sous « pavillons de facilité » [Giron, 2020], qui accueillent des navires encore relativement récents *via* des filiales basées dans des pays qui se sont fait la spécialité de l'optimisation fiscale (Panama, Liberia, etc.). Ils continuent cependant à être suivis par des normes internationales, certes moins contraignantes, mais respectées, avec un taux d'entretien qui reste encore convenable. Toutefois, le nombre de ces navires et des opérateurs de plus en plus interlopes facilitent le glissement vers des abus dénoncés de longue date comme étant des pavillons de complaisance par la Fédération internationale des travailleurs. C'est autant pour faire face à la concurrence de ces pavillons que nombre de pays ont opté pour des pavillons *bis* permettant d'assouplir les règles financières sans mettre en cause les règles de sécurité ou l'image de respectabilité des armateurs : Malte, Gibraltar pour le Royaume-Uni, ou le Registre international français (RIF) jouent ce rôle. La dernière catégorie de la flotte mondiale est constituée de navires en fin de vie, déclassés, mal entretenus, invariablement sous pavillon de complaisance, et dont les propriétaires s'abritent le plus souvent derrière des sociétés-écrans. Elle est constituée, selon la surcapacité de la flotte mondiale, de 25 % environ des navires en circulation. Ils représentent une menace récurrente de naufrage, mais aussi de transports plus ou moins illicites. Leur valeur est devenue tellement faible que leur perte n'est plus guère un problème pour les affréteurs. Le cas du pétrolier *Erika* est à ce sens édifiant : entre 1975 et 1999, le navire aura battu quatre pavillons différents dont trois de complaisance, pour trois armateurs, avant de finir par se briser en deux dans la tempête et de polluer une large part du littoral français. Loin d'être anecdotique, la pratique est demeurée courante. Entre dégazages volontaires en haute mer et défaut d'entretien, ces navires sont un véritable fléau du commerce maritime ; ils sont la partie grise, voire noire de la mondialisation maritime.

Singapour, Hong Kong). Cette hiérarchie reflète partiellement aussi les capacités de construction navale et les traditions maritimes. Les principales compagnies de transport maritime sont asiatiques (Evergreen, Cosco) et européennes (Maersk, CMG-CGM).

Enfin, une cinquième et dernière mutation touche le recours de plus en plus fréquent aux pavillons de complaisance, permettant de baisser au maximum les coûts, ainsi que les contraintes législatives et réglementaires (voir encadré *infra*).

Les grandes routes maritimes

Le développement du commerce maritime transforme aussi la géographie mondiale des routes maritimes. La circumnavigation quasi continue qu'offrent les deux canaux interocéaniques de Panama et Suez relie les principaux pôles mondiaux depuis l'après-guerre et la reconstruction des pays développés à économie de marché (PDEM). Cette route unit les trois grands espaces océaniques (transatlantique, indo-pacifique et transpacifique) et, par conséquent, les trois grands pôles de la Triade [Ohmae, 1985]. C'est la voie privilégiée des porte-conteneurs, ainsi que des hydrocarbures. À cette route principale s'ajoutent les routes longitudinales qui concentrent les flux de matières premières et les navires trop imposants pour emprunter les deux canaux interocéaniques. L'Égypte et Panama se livrent une concurrence féroce pour drainer le trafic maritime. Ainsi, le canal de Suez détenait 9 % du trafic maritime mondial contre 3,5 % pour celui de Panama en 2018. Tous deux ont entrepris de grands travaux pour accélérer le trafic. Suez a aménagé un second chenal pour faciliter le croisement des navires (afin d'en porter le nombre journalier de 47 à 97), tandis que Panama a procédé à un agrandissement des écluses permettant le transit aux navires de 400 m de long et pouvant transporter jusqu'à 13 000 EVP contre 5 000. Ces voies artificielles permettent donc de raccourcir les distances. Le Nicaragua a commencé les études pour percer un canal concurrent de celui de Panama, qui exploiterait le lac Cocibolca. Le financement estimé à 50 milliards de dollars était promis par un consortium chinois qui semble aujourd'hui à l'arrêt. Un canal à travers l'isthme de Kra en Thaïlande est également à l'étude pour éviter le détroit de Malacca, ses pirates et, à l'évidence, détourner une partie du trafic de Port Kelang et Singapour [Nicolas, 2020]. Enfin, la diminution rapide de la banquise arctique laisse miroiter l'ouverture de nouvelles routes arctique au cours de ce siècle. La route de New York à Tokyo serait ainsi réduite de 30 % par le passage du Nord-Ouest. De même, le passage du Nord-Est, le long des côtes de la Sibérie, permettrait de réduire de 4 600 km la route de Suez à Shanghai (voir encadré *infra*).

Arctique, nouvelle frontière économique et stratégique

Cédric Tellenne

L'Arctique attise de plus en plus les convoitises, à la fois pour l'ouverture possible de nouvelles routes commerciales et pour ses potentielles réserves en hydrocarbures. L'océan glacial Arctique est reconnu par le droit international comme une « zone maritime gelée » et n'est pas protégé par un statut international, à la différence de l'Antarctique depuis 1959 (mais en tant que continent). Avec la fonte des glaces, l'application du nouveau droit de la mer permettant le tracé de ZEE est en plein débat entre les huit États côtiers. Selon l'Observatoire de l'Arctique, environ quatre cents gisements d'hydrocarbures y sont actifs, pour quelque 10 % de la production mondiale de pétrole et 25 % de la production mondiale de gaz. Ils se situent principalement en Alaska et en Sibérie du Nord-Ouest (Iamal). La perception d'un nouvel eldorado tient à une étude américaine de 2008 qui révélait que près du quart des ressources en hydrocarbures à découvrir s'y trouveraient. Toutefois, les coûts d'extraction *offshore* dans la zone sont très élevés (entre 65 et 100 dollars le baril), les risques naturels importants et le coût environnemental inestimable... La question de l'ouverture de nouvelles routes maritimes est aussi centrale ; dans ce domaine, la Chine est un protagoniste de poids (routes de la glace, gazoduc depuis l'Alaska).

Un Conseil de l'Arctique a été créé en 1996 par la conférence d'Ottawa pour favoriser les prises de décision collectives et coopérations, dans le contexte d'après-guerre froide où l'enjeu était de démilitariser un « point chaud » de la guerre froide et de dépolitiser les débats en parlant d'environnement (le plus petit dénominateur commun entre les nations arctiques). Le Conseil de l'Arctique regroupe aujourd'hui les huit États riverains, six associations de peuples autochtones, treize États observateurs et vingt organisations différentes.

Les convoitises multiples, les désaccords pour la fixation des nouvelles frontières, les attitudes de défiance et de menace des uns envers les autres amènent certains analystes à évoquer une nouvelle « guerre froide ». La Russie se voit en *superpuissance arctique* : une grande mission de prospection sous-marine a planté en 2007 le drapeau national tout au fond de l'océan (à plus de 4 600 m) sur la dorsale de Lomonossov, un haut fait présenté par les médias russes comme l'équivalent de l'alunissage d'*Apollo* en 1969. La Russie revendique 1,6 million de km² de ZEE, dans les limites de son plateau continental. Elle dispose de six bases navales, et tient la *pole position* dans la course à la construction de brise-glaces (une quarantaine au total). La militarisation de l'Arctique est ainsi en cours : les Canadiens y ont mené leurs premières manœuvres aéronavales depuis la fin de la Seconde Guerre mondiale, la flotte de guerre états-unienne patrouille en permanence (ne disposant pas de base militaire au-delà du cercle arctique en Alaska). Les Russes ont fait obligation à tout navire de guerre étranger de les avertir en cas de navigation dans la zone. Les désaccords frontaliers entre la Russie et ses voisins (y compris européens, comme la Norvège) risqueraient d'engager l'Organisation du traité de l'Atlantique nord (Otan) dans un conflit pour lequel elle est mal préparée. Et l'Union européenne ne fait pas suffisamment porter sa voix arbitrale : elle souhaiterait une solution de sanctuarisation de la zone, « bien commun » de l'humanité, sur le modèle de l'Antarctique.

Carte 1. **Les grandes routes du commerce maritime international**

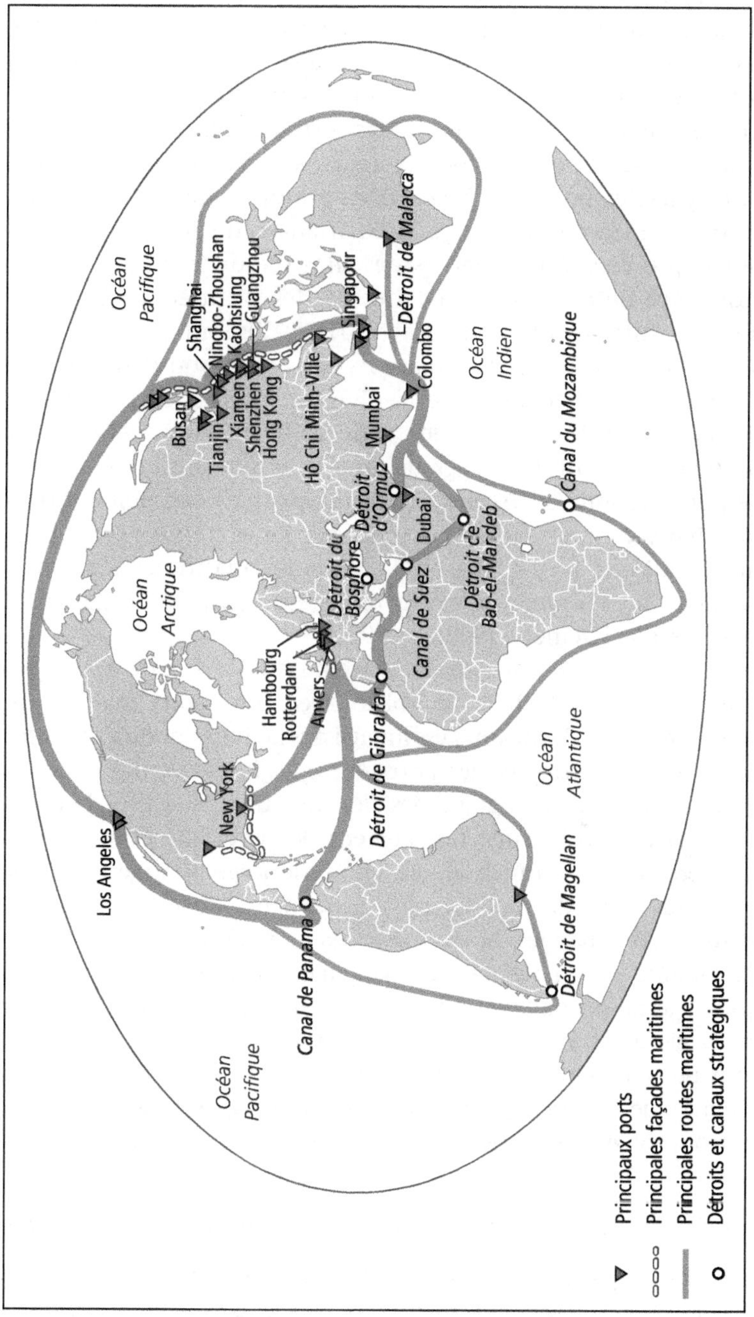

Les ports, de la projection vers la mer à la dépendance maritime

Les ports constituent des têtes de réseaux pour les routes maritimes. Ils sont l'interface indispensable avec les *Hinterlands* où se situent les lieux de transformation industrielle, les consommateurs ou les ressources [Lecoq, 2014]. Leur trafic s'est accru avec les flux et est un bon reflet de la hiérarchie des territoires mondialisés où ils sont situés, et de l'exploitation de leurs avantages respectifs. On peut distinguer les ports liés à l'économie monde depuis plus d'un siècle et qui desservent des pays industrialisés de longue date. Ceux-ci ont migré vers la mer depuis des sites d'estuaire pour faire face à la croissance de la taille des navires. Portes d'entrée des produits de la division internationale du travail (DIT), ils ont permis l'émergence d'une industrie de transformation « sur l'eau » ou dans l'arrière-pays.

Avec la mise en place de la division internationale des processus productifs (DIPP) à la fin des années 1970 (chapitre 13), les façades portuaires se sont davantage hiérarchisées autour de *hubs* portuaires et de ports secondaires (*spokes*). Les *hubs* assurent l'éclatement rapide des marchandises (particulièrement des conteneurs) grâce à des infrastructures toujours plus efficaces. Les façades maritimes s'organisent de plus en plus en *range*, réseau complexe de ports liés à des *Hinterlands* et ports d'éclatement [Subra, 1999].

La logique est poussée à l'extrême sur la façade asiatique. Déjà commencé dans la baie de Tokyo avec trois ports majeurs dans un rayon de moins de 50 km, l'essaimage des activités portuaires s'est traduit par la mise en réseaux des ports de toute la façade, points de passage de la DIPP et de sa logique des flux tendus. Les *hubs* y jouent le rôle essentiel de répartiteurs. Initialement, le port était l'aboutissement du développement continental, une projection vers le large. Les *Hinterlands* sont désormais de plus en plus dépendants de l'océan qui dicte, au rythme des échanges, le maintien des activités du fait des flux tendus. La rapidité de chargement/déchargement conditionne l'émergence de ports spécialisés dans la redistribution notamment des conteneurs. On privilégie alors la fréquence à la distance parcourue, afin d'abaisser le coût de transport. La hiérarchie des façades maritimes indique bien la fonction de chaque région : neuf des dix plus grands ports de conteneurs se trouvent en Asie orientale, sept d'entre eux sont situés en Chine...

Les flux de données : les enjeux géopolitiques des câbles sous-marins

Échanger par la voie océanique est aussi un gage de rapidité et d'indépendance, c'est particulièrement vrai pour les échanges de données (*data*). Hier, le télégraphe permettait de vaincre la distance. Le premier câble télégraphique transatlantique posé en 1866 par le *Great Eastern* reliait

Terre-Neuve à l'Irlande. Le réseau sous-marin permettait de garantir la confidentialité et la liaison avec les territoires d'outre-mer en cas de conflit : ainsi le réseau télégraphique britannique a-t-il permis de maintenir la liaison avec les territoires les plus lointains de l'empire sans risque d'interception durant le second conflit mondial. L'avènement de l'ère du transistor et de la fibre optique appliquée aux câbles a rendu possibles l'accélération et l'augmentation du volume des données numériques transmises, au point de sembler abolir l'espace. Pourtant, c'est bien l'inverse qui se produit sous nos yeux : l'extrême concentration de l'information au travers du réseau de câbles sous-marins : 95 % des communications mondiales et 99 % des liaisons intercontinentales en dépendent.

Les câbles eux-mêmes sont construits par quatre entreprises en tout et pour tout : américaine, finlandaise, japonaise et chinoise. À l'origine du premier câble transatlantique en fibre optique en 1988, l'Américain AT&T s'associait à British et France Télécom. Depuis, les réseaux enflent depuis les États-Unis, et Internet est le premier utilisateur de bandes passantes toujours plus grandes. Si, au départ, le déploiement était le fait d'entreprises de télécommunications, la tendance nouvelle voit les Gafam (Google, Amazon, Facebook, Apple et Microsoft) investir sur ce marché pour ne plus devoir de coûteuses redevances aux premières. Plus de 448 câbles océaniques couraient sous les mers en 2018 (pour plus d'un million de km au total), ce qui est facilité par la CNUDM qui en laisse la liberté totale dans les eaux internationales. On estime que plus de la moitié des investissements seraient aujourd'hui le fait des Gafam, de plus en plus intéressés par la pose de câbles privés, qui leur sont réservés (Google et son futur câble Dunant entre les États-Unis et la France).

Le réseau qui en résulte est calqué sur les routes maritimes dans ses grandes lignes. Il reste que l'enjeu stratégique est plus important car les infrastructures sont fixes et la vulnérabilité des câbles interroge. Des accidents provoqués par les navires ou les chaluts aux réels sabotages ou espionnages alimentent les craintes des puissances. Les États-Unis ont ainsi identifié un navire océanographique russe, le *Yantar*, équipé de submersibles capables de descendre à des profondeurs de 6 000 m, comme étant apte à saboter ou à espionner les câbles sous-marins. La préoccupation sécuritaire est également présente dans la pose des câbles construits par le Chinois Huawei, que les autorités états-uniennes continuent à voir comme le bras des dirigeants militaires chinois. Un coup de frein a été mis par l'administration Trump aux projets utilisant les matériels chinois, tout comme les projets de pose de câbles d'opérateurs utilisant du matériel chinois vers les États-Unis au nom de la sécurité nationale. Là encore, la géographie des câbles traduit la géopolitique globale.

En somme, les océans sont des espaces-ressources, de plus en plus convoités et accaparés par les États. Ils sont aussi vecteurs des flux toujours plus nombreux d'un monde hyperconnecté où les échanges, s'ils sont toujours plus rapides, au point de sembler s'affranchir de l'espace, n'en dépendent pas moins des infrastructures et équipements matériels. Ces espaces et leurs enjeux aboutissent à une convoitise croissante qui alimente une militarisation indéniablement en hausse. Alain Litzellmann [2005] en résumait les enjeux géopolitiques et géostratégiques dans une formule concise et parlante : les océans sont à la fois « source, arène et enjeu de la puissance ». La montée en puissance de la marine chinoise s'inscrit bien dans cette triple logique. Il reste à déterminer si elle traduit un projet hégémonique, ou la simple défense des intérêts commerciaux de la Chine et de ses approvisionnements en matières premières.

Repères bibliographiques

Cnuced [2019], *Étude sur les transports maritimes 2019*, New York, Publications des Nations unies.

Donovan A. et Bonney J. [2006], *The Box that Changed the World. Fifty Years of Container Shipping*, Newark, UBM Global Trade.

Foucher M. [2020], *Le Retour des frontières*, Paris, CNRS Éditions, nouvelle édition.

Giblin B. et Bonnet F.-X. (dir.) [2020], « Cartographie des voies sous-marines en Asie du Sud-Est », *Hérodote*, n° 176, p. 25-41.

Giron Y. [2020], *Précis de la puissance maritime. Agir sur les océans*, Paris, Éditions Bernard Giovanangeli.

Lecoq T. [2014], « Ports et transports. Une nouvelle géographie des mers et des océans », *Questions internationales*, n° 70.

Litzellmann A. [2005], « La puissance et la mer », *Questions internationales*, n° 14.

Louchet A. [2015], *Atlas des océans*, Paris, Autrement.

Nicolas F. [2020], *Commerce mondial. Les nouvelles routes maritimes*, Paris, Ifri.

Ohmae K. [1985], *Triad Power. The Coming Shape of Global Competition*, New York, Free Press.

Ortolland D. et Pirat J.-P. (dir.) [2010], *Atlas géopolitique des espaces maritimes*, Paris, Technip, 2e édition.

Pitron G. [2018], *La Guerre des métaux rares. La face cachée de la transition énergétique et numérique*, Paris, Les Liens qui libèrent.

Roche Y. [2013], « La mer de Chine méridionale : un enjeu frontalier majeur en Asie du Sud-Est », *L'Espace politique*, n° 21.

Royer P. [2014], *Géopolitique des mers et des océans*, Paris, PUF, 2e édition.

Subra P. [1999], « Les ports du *Range* nord-européen, entre concurrence, mondialisation et luttes environnementales », *Hérodote*, n° 93, p. 106-107.

Sur S. [2014], « Les grands ports, territoires de la mondialisation », *Questions internationales*, n° 70.

Tellenne C. [2021], *Géopolitique des énergies*, Paris, La Découverte, « Repères ».

2. La conquête de l'espace, terrain des rivalités entre grandes puissances

Cédric Tellenne

La Chine populaire bouscule toujours plus les rapports de puissance internationaux, c'est une chose entendue. Ce qui l'est moins, c'est que le « rêve chinois de grande renaissance de la nation », formulé par le président Xi Jinping depuis 2012, a des prolongements extraterrestres, avec un triple projet poursuivi par Pékin de mise en orbite d'une station spatiale permanente, de conquête de la Lune et d'exploration de la planète Mars. Avec la réussite de la mission *Chang'e 5*, qui a rapporté fin 2020 des échantillons de roches lunaires, la Chine est en bonne passe de réaliser ses rêves d'espace.

L'espace, au sens cosmologique, est la région située au-delà de l'atmosphère terrestre. Par convention, on admet que sa limite basse se situe aux environs de 50 km d'altitude, là où s'achève l'espace aérien (voir encadré *infra*). Le traité international de 1967 s'est efforcé de lui donner une existence juridique et, en tant que « patrimoine commun de l'humanité », il est placé sous la responsabilité de l'Organisation des Nations unies (ONU) : les États ne peuvent se l'approprier, il doit rester ouvert à l'exploration, y compris la Lune. Toutefois, toute exploitation commerciale n'est pas formellement interdite, et ses usages militaires sont seulement déconseillés.

L'espace comme terrain de compétition géopolitique n'est pas à proprement parler nouveau : après le lancement du Spoutnik russe (1957), le président américain John F. Kennedy évoquait déjà une « nouvelle frontière » à conquérir dans un célèbre discours du 15 juillet 1960. De quelle frontière s'agit-il ? C'est à la fois une question de maîtrise technologique et de croissance économique (du fait des effets d'entraînement induits et de l'expansion d'un marché de l'espace), une question de capacités militaires et géostratégiques, et enfin une question de prestige et de rayonnement internationaux. Bref, une façon d'*augmenter*, de *démontrer* et de *défendre* sa force : les trois leviers fondamentaux de la puissance décrits par Hans Morgenthau [1948].

La compétition spatiale au cœur de la guerre froide

Grâce au développement des nouvelles technologies, l'espace est rapidement devenu un nouveau terrain d'affrontements dans la guerre froide, inséparable de la course aux armements. Jamais exploré, il a constitué à la fois un véritable défi et une source majeure de tensions durant la guerre froide.

Le choc du Spoutnik *et ses conséquences*

L'Union soviétique prend une nette avance dans la course à l'espace dans les années 1950, réalisant une première « arsenalisation » (au sens de déploiement d'armes) : disposant déjà de bombardiers à long rayon d'action capables d'atteindre des objectifs américains par des bombardements atomiques (bombe A en 1949, bombe H en 1954), elle lance avec succès en août 1957 son premier missile intercontinental. Le 14 octobre de la même année, elle se sert d'un autre de ces missiles pour mettre en orbite son *Spoutnik*, le premier satellite artificiel de l'histoire. Mise en orbite basse autour de la Terre, capable d'en faire un tour complet en une centaine d'heures, cette petite sphère de 58 cm de diamètre et d'environ 80 kg n'a servi qu'à émettre un petit signal radio... mais a eu un retentissement spectaculaire : le journaliste James Buckley du *New York Times* l'a comparée à un « Pearl Harbor technologique » (article de juillet 1971). Comme l'écrit l'historien américain de la guerre froide John Lewis Gaddis : « Il ne fallait pas être grand savant pour prédire que l'étape suivante consisterait à placer des engins nucléaires sur de tels missiles qui pourraient ensuite atteindre n'importe quelle cible aux États-Unis en une demi-heure... » [Gaddis, 2005, trad. 2019, p. 91]. Dès novembre 1957, *Spoutnik 2* est lancé avec à son bord la chienne Laïka, qui survivra officiellement sept jours en apesanteur, avant le premier survol lunaire (1959), le premier homme dans l'espace (1961, Youri Gagarine), la première femme (1963, Valentina Terechkova).

La contre-offensive américaine ne se fait pas attendre, avec le lancement d'un premier satellite, *Explorer*, en 1958, juste avant que le président Eisenhower ne signe la loi instituant la National Aeronautics and Space Administration (NASA). En mai 1961, moins d'un mois après le vol de Gagarine, Alan Shepard est le premier Américain à embarquer dans un vol suborbital (sans tourner autour de la Terre comme le Soviétique) avant que, en février 1962, son compatriote John Glenn ne soit mis en orbite pendant cinq heures à bord de la navette *Friendship-7*. Il faut attendre 1962 pour que la NASA prenne véritablement de l'ampleur, avec l'annonce par le président Kennedy du nouveau programme lunaire et devienne ainsi l'agence spatiale la mieux dotée et la plus réputée au monde. La compétition lunaire entre États-Unis et URSS s'est amorcée en réalité dès 1959, d'abord avec l'envoi des satellites soviétiques *Luna* en dehors de l'orbite terrestre, puis de *Luna-3* qui dévoile pour la première fois des clichés de la « face cachée » de la Lune.

Les États-Unis, maîtres de l'espace

Le programme spatial américain *Apollo* marque une deuxième étape majeure de la conquête de l'espace avec l'alunissage de la capsule le 21 juillet 1969 et les premiers pas de Neil Armstrong et Edwin Aldrin sur le satellite de la Terre, retransmis en direct à la télévision (« Un petit pas pour l'homme, un bond de géant pour l'humanité »). Entre-temps, les Américains ont placé en orbite en 1965 leur premier satellite géostationnaire de télécommunications, *Early Bird*. Dans les années 1970, ce n'est plus seulement la Lune qui attire la curiosité et les convoitises, mais toutes les planètes du système solaire : en 1970, les Soviétiques parviennent à envoyer une sonde sur Vénus ; en 1976, les sondes américaines *Viking* se posent sur Mars, puis, en 1977, les sondes *Voyager* survolent les planètes Jupiter, Saturne, Uranus et Neptune.

Outre des questions de prestige, l'intérêt pour les États-Unis est de développer des technologies « duales », utiles au civil comme au militaire, et de renforcer par ce biais leur complexe militaro-industriel (CMI), chargé de la production d'armement de pointe, notamment de missiles. Les cosmonautes eux-mêmes sont des militaires, et le secret-défense entoure toutes ces activités. L'invention du *Global Positioning System* (GPS, 1978) découle ainsi d'un programme de recherche militaire lancé par le président Nixon. Les États-Unis remportent la guerre froide en s'appuyant particulièrement sur le domaine spatial : l'Initiative de défense stratégique lancée en 1983 par l'administration Reagan en violation des accords ABM (*Anti-Balistic Missiles*) de 1972 pousse l'URSS à rechercher une trêve, car elle ne peut plus suivre financièrement.

L'espace demeure toutefois un espace d'exploitation civile pour les deux Grands : en 1986, l'URSS met en orbite *Mir*, la première station spatiale de l'histoire (jusqu'en 2001), et, en avril 1990, le télescope spatial *Hubble*, développé par la NASA, permet de faire des découvertes de grande portée dans le domaine de l'astrophysique.

Une compétition asymétrique, mais de plus en plus ouverte

Durant la guerre froide, d'autres puissances, secondaires, ont réussi à accéder en ordre dispersé à ces nouvelles frontières spatiales, sans pouvoir réellement rivaliser avec les deux superpuissances.

La Chine débute ses premières recherches sur les missiles en 1956, il faut attendre 1970 pour la fabrication du premier satellite artificiel chinois, baptisé « L'Orient est rouge ». Un programme de vol spatial habité n'est débuté qu'en 1992, après la guerre froide, et le lancement de la capsule *Shenzhou* avec des taïkonautes à son bord est réussi en 2003, plus de quarante ans après les lancements de l'URSS et des États-Unis.

La France maîtrise la technologie des satellites en 1965 avec la mise en orbite d'*Astérix*, réalisée par le Centre national d'études spatiales (CNES, créé en 1961). La France devient ainsi la sixième puissance du monde à posséder un satellite en orbite, mais la troisième à effectuer une mise en orbite de manière autonome avec un lanceur national, la fusée *Diamant*. Royaume-Uni, Canada et Italie se sont quant à eux appuyés sur la technologie américaine des lanceurs. À l'échelle européenne, une agence spatiale (ESA) est créée en 1975 (vingt-deux États y participent en 2020). C'est surtout Ariane-Espace en 1979 et le premier vol de la fusée *Ariane* en 1984 qui signent l'entrée de l'Europe dans le club restreint des puissances spatiales, un modèle aujourd'hui pour l'Union africaine (voir *infra*).

L'Inde est un autre exemple original, témoignant de la forte portée symbolique de l'accès à l'espace pour une puissance émergente. En 1961, le gouvernement indien attribue les questions spatiales au Département de l'énergie atomique, qui crée en février 1962 le Comité national indien pour la recherche spatiale (INCOSPAR). En 1975, il lance un premier satellite construit à l'aide de la technologie soviétique. Le programme spatial se limite à des visées civiles et pacifiques... au moins dans un premier temps. À l'époque, les trois quarts de la population indienne vivent sous le seuil de pauvreté, mais l'accession aux technologies spatiales est un impératif de grandeur.

Des rivalités de puissance de plus en plus fortes au XXIe siècle

L'hyperpuissance spatiale américaine face à des compétiteurs ambitieux

La domination américaine demeure écrasante dans la sphère spatiale, c'est sans doute le seul domaine où l'on pourrait encore oser employer le terme « hyperpuissance », utilisé à la fin des années 1990 par Hubert Védrine. Pourtant, le programme spatial a un temps été mis en sommeil après 2003, sous le président Bush, du fait de l'accident de la navette *Columbia*, qui s'est désintégrée au moment de l'entrée dans l'atmosphère (après celle de *Challenger* en 1986). Puis le président Obama a renoncé à une nouvelle mission lunaire, préférant attendre un peu et se concentrer sur Mars. Le changement sous le président Trump n'en est que plus remarquable, et dicté par la concurrence des Chinois. Le programme spatial *Artemis*, destiné à l'exploration habitée de la Lune, prévoit un retour des astronautes américains sur la Lune dès 2024 (ou de manière plus réaliste 2028, selon la NASA), prenant de vitesse les Chinois. Ainsi, les Américains ne veulent pas baisser la garde face à leurs principaux compétiteurs. Ce n'est pour eux qu'une étape vers une mission habitée vers Mars (prévue aux alentours de 2030). Cette planète a déjà été atteinte par la sonde américaine *Pathfinder* en 1997, et les Américains ont déjà poussé leurs explorations plus loin : en 2014, le robot *Philae* atteint une comète située à plus de 500 millions de km de la Terre et, en 2015, la sonde *New Horizons* survole Pluton. Les États-Unis dépensent ainsi plus de 50 milliards de dollars chaque année pour leurs programmes spatiaux, l'Europe 7 milliards, et la Russie tout comme la Chine environ 5 milliards, devant l'Inde (un peu moins de 2 milliards). Ils contrôlent environ la moitié des quelque 2 700 satellites actuellement en orbite et gardent une large domination en matière technologique et militaire.

La Chine s'affirme toutefois comme une puissance concurrente aux appétits gigantesques, comme en témoignent son programme spatial, qui a permis en 2003 d'envoyer un premier taïkonaute dans l'espace (Yang Liweï, héros national), de mettre sur orbite une station spatiale (*Tiangong*), de lancer la fusée *Longue Marche 5* (2016), et leur volonté d'aller sur la Lune. La Chine a créé dès les années 1980 la Compagnie de la Grande Muraille, chargée à partir de 1985 de commercialiser des lancements auprès de clients étrangers. L'objectif est ici économique : engendrer des revenus pour financer leur programme. Comme preuve de la rivalité montante avec les États-Unis, la NASA a interdiction totale, depuis une loi fédérale de 2011, de coopérer avec des acteurs chinois, publics ou privés, du secteur spatial.

Derrière la Chine, la compétition s'intensifie entre des puissances secondaires qui poursuivent des buts très différents. Le Japon s'est affirmé comme une puissance spatiale de premier plan en lançant sa première mission lunaire en 1990. Il mène un programme ambitieux de vols spatiaux habités. La Japan Aerospace Exploration Agency (JAXA), avec Toyota, coopère avec la NASA pour explorer la Lune avec des *rovers* innovants et envisage d'y envoyer un astronaute dans le cadre d'une mission internationale. Elle est très présente dans les applications civiles de l'espace : connaissance des océans, prévention des catastrophes naturelles, production d'énergie (prototype de voile solaire Ikaros). L'Inde suit derrière, avec des sondes envoyées sur la Lune (*Chandrayan 1* et *Chandrayan 2* en 2008 et 2019), ainsi qu'une première mission vers Mars (2013), première étape vers un vol habité en 2022 (programme Gagayaan). Elle pourrait passer d'ici quelques années devant la Russie, dont le programme spatial marque le pas, manquant d'une stratégie d'ensemble. Le pays a perdu le monopole des vols vers la station spatiale internationale (ISS) avec des navettes *Soyouz*, depuis la base de Baïkonour, du fait des activités de l'Américain SpaceX. Elle cherche à développer le programme Sfera, qui consiste dans la mise en orbite de groupes de satellites (elle n'en possède que 170 actuellement contre plus de 1 300 pour les États-Unis). Loin derrière, certains pays en développement ou émergents ont pris la mesure de l'importance de développer le secteur spatial : les Émirats arabes unis (EAU) et leur sonde martienne *Espoir* (lancée en 2020), ou les cinquante-quatre États de l'Union africaine créant une Agence spatiale africaine (sur le modèle de l'ESA européenne), dans le cadre de leur Agenda 2063 et dont le siège est installé au Caire en Égypte.

Militarisation et arsenalisation de l'espace

Depuis les années de guerre froide, la « guerre orbitale » se prépare, même si elle ne doit jamais se déclencher... paradoxe de la dissuasion [Grouard, 1994] ! Entre 1958 et 1962, États-Unis et URSS ont envisagé de nucléariser l'espace extra-atmosphérique et ont ainsi réalisé une vingtaine de tirs nucléaires à haute altitude. Pour éviter de franchir le point de non-retour, juste après la crise des missiles de Cuba (octobre 1962), le traité de Moscou interdit les essais nucléaires dans l'espace aérien et extra-atmosphérique (août 1963). Les deux Grands renoncent tacitement à déployer des armes dans l'espace, mais utilisent celui-ci pour espionner l'adversaire et acquérir du prestige. À partir des accords *Strategic Arms Limitation Talks* (SALT) et *Anti-Balistic Missiles* (ABM) des années 1970, ils décident de contrôler l'arsenalisation de l'espace, avant de réduire les arsenaux (accord *Intermediate Nuclear Forces* — INF — de 1987, négociations *Strategic Arms Reduction Talks* — START — puis *Strategic Offensive Reduction Treaty* — SORT ; chapitre 2).

Dans le traité de l'espace, l'ONU se contente d'en encourager les usages pacifiques, mais sans interdire formellement ses usages militaires, en particulier par la résolution « Pas de bombes en orbite » votée en 1963 et insérée dans le traité. Cela n'a donc pas empêché le déploiement des armes en orbite (arsenalisation) : c'est un quatrième domaine d'opérations militaires après la terre, la mer et les airs ; les armes en orbite peuvent être des missiles, des bombes, y compris nucléaires, des armes antisatellites, des moyens de cyberpiraterie contre les satellites. C'est ainsi que l'arsenalisation demeure limitée, même s'il n'est pas à exclure que se déclenchent un jour des affrontements orbitaux où des puissances en guerre détruiront les satellites de l'adversaire, ou chercheront à en prendre les commandes. En 2007, les Chinois ont ainsi effectué un tir de missile depuis le sol afin de détruire un vieux satellite météorologique... De quoi démontrer ses capacités militaires. Plus récemment, en 2019, l'Inde a testé avec succès un missile antisatellite, rompant ainsi avec sa tradition pacifique et rejoignant un club fermé de quatre grandes puissances militaires spatiales (derrière États-Unis, Russie et Chine).

Pour l'heure, les rivalités militaires dans l'espace se limitent surtout à l'envoi de satellites au service des armées, dans le cadre de la *geospatial intelligence* [Boulanger, 2020] : ils permettent la géolocalisation et l'observation à des échelles très fines (de l'ordre de quelques centimètres), l'écoute (système Echelon et action de la National Security Agency — NSA — américaine), les télécommunications, l'alerte. Depuis les attentats de 2001, les États-Unis tentent ainsi d'édifier une barrière protectrice à partir de l'espace (*counter space*), car celui-ci reste perçu comme une source de menace potentielle. Ils ont dressé des boucliers antimissiles en Europe (AEGIS) et en Asie orientale (THAAD). En 2018, le président Trump décide de créer une US Space Force pour défendre le pays et ses alliés contre les satellites militaires ennemis (doctrine *Space Power*, 2020). Le Japon lui-même a créé une unité de défense spatiale et lancé son premier satellite militaire en 2017. Il a réinterprété sa Constitution en la matière : en 2008, une « loi fondamentale sur l'espace » lève les restrictions sur les applications militaires. Quant à la Russie, si elle est distancée dans le domaine des satellites civils, elle affirme en revanche ses capacités militaires avec les manœuvres de ses satellites militaires *Cosmos*.

De nouveaux acteurs privés pour un marché en expansion rapide

Certains particuliers et entreprises se mêlent désormais de conquête de l'espace, un marché immense s'ouvre, que l'on appelle le *New Space*.

En témoigne la création de SpaceX par Elon Musk en 2002 et la réussite de son lanceur *Falcon* en 2008, ainsi que de ses vaisseaux *Dragon* qui ont réalisé en 2020 un premier vol habité pour la NASA : une sous-traitance qui progresse rapidement, permettant de baisser fortement les prix (on parle d'une division par dix), grâce à l'usage de lanceurs réutilisables jusqu'à cent fois. Parmi les autres projets de la firme, *Starlink* prévoit d'envoyer en orbite des flottes de satellites de télécommunications pour développer la couverture Internet terrestre. L'ultime frontière sera sans doute pour la firme l'envoi de vols cargos sur Mars, avant un début de colonisation par des vols habités. Il faut dire que les États-Unis ont légiféré en 2015 sur les possibilités d'exploitation privée des ressources de l'espace, suivis récemment par le Luxembourg et les EAU, avant sans doute d'autres pays. C'est aussi désormais une course à l'appropriation.

Plusieurs types de ressources sont convoités dans l'espace : les minerais des astéroïdes (le *space mining* représenterait selon certaines sources mille ans de la production actuelle de métaux industriels), les énergies de type ergols (hydrogène et oxygène liquides), l'eau de la Lune, mais aussi le tourisme spatial (Virgin Galactic de Richard Branson). Bref, un marché en pleine expansion dont on peine à chiffrer précisément l'ampleur. Dans ce domaine, quelques grandes firmes américaines disposent de positions oligopolistiques : à part SpaceX, Blue Origins (Jeff Bezos), Planet, Spire. De son côté, la Chine a ouvert son marché à des acteurs privés en 2015, dans les secteurs des lanceurs (Landscape, OneSpace, ChinaRocket) et des satellites (CGST, SpaceOk). La Russie reste à la traîne dans ce domaine, avec une grande force d'inertie lié au poids trop lourd de l'État (chapitre 23).

L'espace, terrain de coopérations internationales abouties

De multiples coopérations entre États

Parallèlement à ces concurrences et rivalités, l'espace devient parallèlement un domaine de coopération entre grandes puissances, et ce dès l'époque de la guerre froide, avec la rencontre dans l'espace en 1975 des navettes *Apollo* et *Soyouz*. Les Soviétiques créent la première station orbitale, *Mir* (1986), avant la création de la Station spatiale internationale (*ISS*, 1998) qui associe Américains, Russes, Européens, Japonais et Canadiens (mais exclut les Chinois). Après de nombreuses études menées par la NASA dans les années 1960-1970, le projet est lancé en 1983 par le président Reagan, toutefois son coût toujours croissant et un contexte politique peu favorable aux grands programmes spatiaux civils retardent sa réalisation jusqu'en 1998. L'assemblage en orbite débute alors, mais l'accident de *Columbia* retarde sa progression. La construction de l'*ISS* s'achève en 2011. Le coût total avoisine les 115 milliards de dollars. Les lanceurs *Soyouz* y envoient des cosmonautes depuis Baïkonour, mais aussi depuis Kourou (Ariane-Espace), avant l'entrée en piste récente de SpaceX.

L'*ISS* est actuellement le plus grand des objets artificiels placés en orbite terrestre : 110 m de longueur, 74 m de largeur, 30 m de hauteur pour une masse d'environ 420 tonnes en 2019. Elle comporte une quinzaine de modules pressurisés représentant un volume d'espace d'environ 900 m^3, dont 400 m^3 habitables. Elle se déplace autour de la Terre à une altitude maintenue autour de 350-400 km et est occupée en permanence par six astronautes pour des séjours de trois à six mois, qui partagent leur temps entre opérations d'assemblage, de maintenance et tâches scientifiques (biologie, sciences des matériaux, astronomie). Elle doit être utilisée au moins jusqu'en 2024. Elle pourrait ensuite être remplacée par une station internationale chinoise ; c'est en tout cas le souhait de Pékin.

Un manque de réglementation et de gouvernance

Malgré ces coopérations, l'espace reste une zone encore très peu réglementée parce que encore peu connue. Comme évoqué précédemment, un traité international « sur les principes régissant les activités des États en matière d'exploration et d'utilisation de l'espace extra-atmosphérique, y compris la Lune et les autres corps célestes » a été signé et est entré en vigueur en 1967. L'exploration et l'utilisation de l'espace sont réputées « apanage de l'humanité tout entière », et les États en sont théoriquement les garants. À ce titre, la législation spatiale votée aux États-Unis en 2015 (*USA Space Act*), et qui a depuis fait des émules dans le monde, pose la question du respect de ces principes...

Le traité de 1967 constitue un cadre juridique qui s'est ensuite développé. En 1968 intervient un accord sur le retour et le sauvetage des astronautes, et la restitution des objets lancés dans l'espace extra-atmosphérique, puis en 1972 une convention sur la responsabilité internationale des États pour les dommages causés par des objets spatiaux. Suivent respectivement en 1975 et 1979 une convention sur l'immatriculation des objets lancés dans l'espace et un accord sur les activités des États-Unis sur la Lune et sur les autres corps célestes. Toutefois, des dispositifs de régulation du trafic sont devenus

L'espace aérien, enjeux géopolitiques

Cédric Tellenne

On entend par espace aérien la masse d'air au-delà de l'atmosphère terrestre qui recouvre toute la Terre. L'atmosphère a la particularité de ne pas se terminer d'une façon nette au contact de l'espace cosmique ; toutefois, au-delà de 50 km d'altitude, par convention, on parle d'espace extra-atmosphérique (ou extraterrestre). Dans l'espace aérien se distinguent deux types de sous-espaces :

— l'espace aérien national, celui qui recouvre les territoires terrestre et maritime d'un État ; on y différencie l'espace aérien inférieur (de 3 400 à 5 800 m d'altitude), espace de prédilection du transport aérien où les aéronefs sont très nombreux, et l'espace aérien supérieur (entre 5 800 et 20 000 m d'altitude) ;

— les autres espaces aériens sont libres, situés hors des espaces nationaux, ils forment l'espace aérien international (jusqu'à une cinquantaine de kilomètres d'altitude, par convention).

L'espace aérien est un espace peu questionné en géopolitique. Il faut dire qu'il a été récemment et imparfaitement contrôlé par les États. Il faut attendre la Seconde Guerre mondiale pour qu'il s'affirme comme un lieu stratégique de protection du territoire national et de manœuvres militaires offensives. Dans l'espace atmosphérique, il n'existe pas de zones hors de portée, de façon absolue, de l'aviation. La maîtrise des airs est ainsi devenue un élément de plus en plus important de la géopolitique durant la guerre froide, à mesure que les technologies se modernisaient : les progrès de l'aviation ont été continus depuis 1945, avec, au lendemain de la Seconde Guerre mondiale, le remplacement des aéronefs de transport à hélices par des avions à réaction (c'est l'ère du « jet ») ; dans ce contexte, la vitesse est une conquête majeure avec le franchissement de Mach 1 puis Mach 2 (années 1940-1950).

Les airs sont devenus un espace de combat à part entière, les aéronefs pouvant menacer un territoire par quatre types d'atteintes : 1) une intrusion aérienne qui peut être considérée comme une étape dans l'attaque armée ou une attaque elle-même ; 2) une intrusion aérienne pratiquée pour un motif d'autoprotection ; 3) une intrusion aérienne délibérée et illicite ne constituant pas une attaque ; 4) une intrusion aérienne résultant d'une négligence [Chamagne, 2007]. Ainsi, tous les États qui en ont la capacité tentent de protéger leur espace aérien avec une panoplie complète de moyens militaires : avions, mortiers et roquettes, missiles en tout genre. Depuis la fin de la guerre froide est apparue, à côté de matériels conventionnels (*Eurofighter* et *Rafale* en Europe, par exemple), une nouvelle génération de matériels, celle des *uninhabited aerial vehicles* (UAV), appareils sans pilote (drones), qui permettent d'accomplir une grande diversité de missions sans risquer de vies humaines. Il est notable que l'aéronef est aussi devenu, depuis les attentats du 11 septembre 2001, une arme par destination, ce qui nécessite de renforcer la vigilance de l'armée de l'air. Pour se protéger d'une éventuelle attaque surprise, les États établissent des zones de défense et d'identification aériennes, aux limites du territoire national terrestre et maritime, et un « droit de poursuite » au-delà. En contrepoint, l'aérien peut être l'occasion de coopérations internationales, comme en témoigne l'ambitieux projet « Ciel unique européen » en 1999, avec des objectifs partagés de sécurité, d'innovation et d'efficacité technique.

nécessaires, car celui-ci est de plus en plus intensif et donc dangereux ; l'ONU veut aussi dissuader les actions agressives et destructrices, d'où la création en cours d'un Service international de sécurité spatiale.

Le manque de réglementation concerne un autre domaine majeur : l'écologie. En effet, l'espace est aujourd'hui une zone qui abrite de plus en plus de « déchets spatiaux », dont la majorité restent en orbite (environ 7 500 tonnes, dont 30 000 objets de plus de 10 cm) et peuvent occasionner de gros dommages sur les autres satellites. Pour pallier ce problème, la communauté scientifique travaille sur le projet d'un canon à ions permettant de faire sortir les débris de leur orbite pour les précipiter vers l'atmosphère terrestre, où ils seront désintégrés. Pour financer ce projet, l'idée serait de mettre en place une taxe de « pollueur-payeur », ce qui montre bien que l'espace est en train de devenir un marché comme les autres.

Ainsi, la conquête de l'espace est un enjeu de puissance depuis la guerre froide, enjeu qui n'a cessé de gagner en importance depuis lors, à la fois sur les plans technologique, économique, politique et militaire. La course à l'espace s'est accélérée et si, des années 1990 aux années 2000, elle a été moins médiatisée, elle retrouve le devant de la scène avec l'arrivée de nouveaux compétiteurs globaux (Chine, Inde). Le développement d'un programme spatial, même s'il n'est ni obligatoire ni indispensable, est nécessaire pour accéder au statut de puissance. Les accords de coopération en la matière ne sont pas exclus, mais les convoitises (étatiques et privées) sont telles que l'on peut s'inquiéter de l'avenir de ce « patrimoine commun » de l'humanité qu'est l'espace. En ce domaine, les rapports de force demeurent largement à l'avantage des États-Unis, de quoi nuancer l'idée d'une « normalisation » de la puissance américaine. Et les premiers trillionnaires de l'histoire du capitalisme mondial seront sans doute des entrepreneurs américains du *New Space*, grâce à l'exploitation des immenses ressources spatiales — sans doute Jeff Bezos et Elon Musk.

Repères bibliographiques

Boulanger P. [2020], *La Géographie, reine des batailles*, Paris, Perrin.

Chamagne R. [2007], *L'Art de la guerre aérienne*, Paris, Esprit du livre Éditions, 2e édition.

Clairvoix J.-F. et Lehot F. [2019], *Histoire de la conquête spatiale. Les 50 ans d'Apollo*, Louvain-La-Neuve, De Boeck Supérieur, 3e édition.

Diplomatie [2020], « Vers une nouvelle course à l'espace », *Les Grands Dossiers*, n° 58, octobre-novembre.

Dupas A. et Chatelain C [2020], *Le Destin cosmique de l'humanité*, Paris, Odile Jacob.

Fatton L [2020], « Le programme spatial du Japon. S'éloigner des objectifs non offensifs ? », *Notes de l'Ifri*, n° 115, juillet.

Gaddis J. L. [2005], *La Guerre froide*, Paris, Les Belles Lettres, 2019.

Grouard S. [1994], *La Guerre en orbite. Essai de politique et de stratégie spatiales*, Paris, Economica.

Morgenthau H. [1948], *Politics among Nations. The Struggle for Power and Peace*, New York, Knopf, 1985, 6e édition.

Pasco X. [2017], *Le Nouvel Âge spatial. De la guerre froide au* New Space, Paris, CNRS Éditions.

Sourbès-Verger I. [2016] « La Russie : de l'ancien compétiteur au nouvel *outsider* ? », *Diplomatie. Les Grands Dossiers*, n° 34, août.

Sourbès-Verger I. et Borel D. [2008], *Un Empire très céleste. La Chine à la conquête de l'espace*, Paris, Dunod.

3. Cyberespace, « nouvelle frontière » géopolitique

Julien Nocetti

Dans son ouvrage-phare *Politics among Nations*, Hans Morgenthau [1948] prédisait que l'arme nucléaire allait précipiter la fin des politiques de puissance et rendre nécessaire l'instauration d'un gouvernement mondial. Près de soixante ans plus tard, alors même que l'architecture normative mondiale semble s'effriter de toutes parts et que les puissances traditionnelles continuent de dominer, les prédictions erronées de cette figure majeure de l'école réaliste classique continuent d'interpeller : pouvons-nous seulement anticiper et mesurer la manière dont le cyberespace redistribue les cartes de la puissance et bouleverse les rapports de force entre les différents acteurs du système international ?

Un élément de réponse est apporté par la crise sanitaire de la Covid-19 : celle-ci a révélé le caractère éminemment stratégique du cyberespace, épine dorsale de nos sociétés et économies globalisées. Elle a également mis en lumière l'importante dépendance de nombreux pays — dont les États européens — aux infrastructures, applications ou solutions numériques des deux principales « cyber-puissances » que sont les États-Unis et la Chine. Les évolutions observées se produisent dans un paysage cyberconflictuel, marqué par un fort accroissement des attaques informatiques, avec pour conséquence de fragiliser la stabilité et la résilience du cyberespace. La période récente doit néanmoins se lire au prisme d'une accélération de tendances préexistantes : une dépendance accrue à Internet et ses applications, renforçant une logique de fracture numérique au sein des territoires, ainsi que des craintes, amplement partagées, sur une « souveraineté numérique » à bâtir. En parallèle, les prérogatives souveraines des États sont de plus en plus contestées par les grandes plateformes numériques : ce sont elles qui, pendant la crise, ont assuré les connexions entre pays, individus et organisations.

Le cyberespace est donc désormais un champ bien établi des relations internationales. La plupart des États en ont fait une priorité de leurs stratégies de sécurité nationale. Des superpuissances économiques y affirment leur volonté de contrôler les stocks et les flux de données, aussi bien que de produire et mettre à disposition l'information qui éclaire les citoyens dans les choix démocratiques. Des associations de défense des libertés publiques déploient des ressources pour faire face à la montée de normes sécuritaires qui empiètent sur des libertés fondamentales. Des groupes criminels ou para-étatiques se livrent à des activités d'espionnage industriel ou de sabotage, qui portent atteinte à des intérêts individuels et nationaux.

Cet espace repose nécessairement sur des infrastructures physiques, des matériels technologiques plus ou moins avancés, qui redessinent les relations entre acteurs sur la scène internationale. Comment appréhender cette « nouvelle frontière » de la géopolitique, largement privatisée mais suscitant un intérêt plus soutenu des États ? Quelles sont les stratégies déployées par les différents acteurs du cyberespace, et quelles sont les opportunités et les menaces qui s'y manifestent ?

Définir le cyberespace : une approche géopolitique

Le cyberespace est une représentation

Originellement, le terme « cyberespace » appartient au vocabulaire de la science-fiction. Il fut employé pour la première fois par l'écrivain William Gibson dans un roman d'anticipation paru en 1984, *Le Neuromancien.* À l'époque, il s'agissait pour l'auteur de décrire un futur apocalyptique, dans lequel les hommes pouvaient connecter leur cerveau directement aux ordinateurs pour avoir accès à une nouvelle dimension totalement affranchie des lois et des contraintes terrestres, appelée le cyberespace.

Cette représentation d'un espace de totale liberté n'est pas si éloignée de celle qui anime les pionniers d'Internet. Ces représentations utopiques ont néanmoins évolué en entrant dans le domaine de la sécurité et de la stratégie dans les années 1990, lorsque le terme fut employé par les militaires américains pour désigner la « nouvelle dimension stratégique » que constituaient des réseaux informatiques de plus en plus nombreux, élaborés et servant dans un nombre croissant de domaines. Progressivement, le terme est passé dans le langage courant et a fini par désigner l'ensemble des systèmes numériques d'échange de données. Prévaut toutefois, dans nombre de définitions du cyberespace, une approche où l'accent est posé sur les machines, leur interconnexion mondiale et la communication ainsi rendue possible *via* la numérisation des données. Or, derrière les machines, se trouvent des utilisateurs et des acteurs, avec leurs stratégies individuelles et collectives. Une stratégie de sécurité et de défense dans le cyberespace ne peut pas se restreindre aux seuls aspects techniques et doit également prendre en compte l'environnement social et politique dans lequel s'insèrent l'ensemble des échanges et des activités rendus possibles par Internet.

Il faut donc s'intéresser à des définitions plus larges permettant d'appréhender le cyberespace comme les interactions humaines qui l'animent. L'exercice est ardu tant les propositions abondent. Certains ont ainsi pu désigner le cyberespace comme un *environnement*, d'autres comme un *domaine*, un *milieu* ou un *moyen*. Ces multiples dénominations se répercutent également dans la littérature stratégique et dans les différentes doctrines militaires qui ont été formulées sur ces questions. Or chacune de ces propositions induit une représentation spécifique du cyberespace qui peut appeler à des types d'action différents en termes opérationnels. Les mots utilisés ne sont pas de simples descriptions du cyberespace, mais participent à modeler sa réalité, par les représentations et les comportements qu'ils provoquent chez les concepteurs et les usagers du Net.

Ainsi, les images et les métaphores véhiculées par le vocabulaire couramment appliqué au cyberespace, empruntées tantôt au champ sémantique de la mer (« surfer sur Internet », « naviguer », être attaqué par des « pirates informatiques », etc.), à celui de l'air (*cloud computing*, etc.) ou encore au monde biologique (« infection » des ordinateurs par des « virus », etc.), influent sur nos manières de penser et d'agir. Un État ne construit pas le même cyberespace qu'une entreprise privée ou qu'un simple individu. Chacun développe son propre « univers numérique », inscrit dans des représentations et des pratiques, qui induisent des vulnérabilités distinctes pour chaque acteur considéré.

Les trois couches du cyberespace

Hormis certains réseaux très particuliers tels que l'« Intranet » nord-coréen (accessible uniquement depuis le territoire de la Corée du Nord et théoriquement coupé de l'Internet mondial) ou certains réseaux militaires, la totalité des systèmes qui composent le cyberespace sont directement ou indirectement connectés les uns aux autres. C'est pourquoi, en dépit de leurs utilisations très diverses, la quasi-totalité de ces réseaux peuvent être schématisés selon un modèle unique, résumant le mécanisme à la base de la circulation des données numériques. Ce modèle se présente comme une superposition verticale de trois couches complémentaires et interdépendantes.

La première couche, dite « matérielle », est celle des infrastructures nécessaires à la circulation des données. Il s'agit des terminaux (smartphones, ordinateurs...) qui permettent d'avoir accès à l'information, mais aussi des infrastructures où les informations que l'on souhaite consulter sont physiquement inscrites (serveurs). Ce sont également les câbles transocéaniques, les dorsales fibres optiques, ainsi que les satellites permettant de faire transiter cette information entre le receveur et l'hébergeur de la donnée.

La deuxième couche est dite « logicielle », avec ses strates, son langage machine et le protocole qui permet aux ordinateurs de communiquer les uns avec les autres et d'échanger en des temps records un volume important de données. Cette couche comprendrait aussi les applications et les programmes plus accessibles et conviviaux, qui permettent aux consommateurs d'utiliser au quotidien leur machine, sans avoir besoin d'un savoir technologique avancé. Cette couche est la cible des attaques les plus fréquentes (virus, *hacking*, etc.).

La troisième couche du cyberespace est celle concernant la production du contenu et des informations échangées en ligne. Elle est généralement appelée couche « cognitive » ou « informationnelle », et s'intéresse aux discours et à leur propagation. Il s'agit, en d'autres termes, de la couche propre aux données qui circulent dans le cyberespace en utilisant les protocoles des autres couches. Ce seront, notamment, les contenus des publications sur les réseaux sociaux, les articles de presse, les emails, etc.

Une précision doit être apportée sur le Web référencé, qui ne représente qu'une part infime d'Internet. On estime en effet que le Deep Web, la partie non référencée d'Internet, est quatre cents fois plus volumineux que le Web accessible depuis des moteurs de recherche connus. C'est là que se trouvent les réseaux privés, mais également les services email que nous utilisons tous les jours. Une part significative du Deep Web est également formée de services nécessitant des programmes spécifiques pour y accéder : c'est ce qu'on appelle les Dark Nets, qui véhiculent tout un imaginaire autour du piratage et de la criminalité en ligne.

Des rapports de force géopolitiques dans le cyberespace

L'intérêt d'une lecture géographique du cyberespace permet de faire ressortir la matérialité de celui-ci — souvent occultée — et de rendre compte des rapports de force en son sein. Derrière l'image d'un cyberespace libre, ouvert, global apparaît la domination *de facto* des États-Unis, du fait de leur prééminence économique, politique et technique dans ce secteur. Cette suprématie américaine sur l'Internet est aujourd'hui évidente à tous les niveaux : les infrastructures physiques, les avancées techniques, la recherche technologique, le poids économique, mais aussi l'influence juridique.

Dans chacune des trois couches du cyberespace, on retrouve ainsi une géographie des rapports de force largement favorable aux États-Unis. Au niveau matériel, la localisation géographique des infrastructures permettant le fonctionnement du réseau montre une claire domination américaine. Près de 40 % des *data centers* du monde y sont hébergés ; la géographie des serveurs et des câbles sous-marins exprime elle aussi une prédominance des États-Unis et de ses acteurs technologiques.

Au niveau logique, des entreprises comme Microsoft, Google, Amazon et Facebook ont réussi à devenir en peu de temps des acteurs oligopolistiques et sont les vecteurs d'une culture américaine — ou, plus précisément, californienne — d'esprit et de vision du monde. La capacité d'attraction de la Silicon Valley demeure considérable malgré les scandales liés aux révélations de l'ancien contractuel de la National Security Agency (NSA) Edward Snowden, ou aux fuites de données massives et répétées ayant impliqué Facebook et Yahoo!.

Au niveau sémantique, la domination franche de l'anglais joue en faveur des États-Unis. En termes de contenu, l'anglais est la *lingua franca* du Web : elle est utilisée pour 56 % des contenus, alors que moins de 28 % des utilisateurs sont anglophones. Cependant, la domination des grandes plateformes américaines dans la production de contenus numériques et l'exploitation des données est l'illustration même de la prédominance américaine sur l'Internet. Par ailleurs, cet avantage américain se répercute également au niveau juridique. L'interprétation extensive du droit par les États-Unis, s'autorisant à étendre leur principe de sécurité nationale sur une base extraterritoriale, illustre la réalité du rapport de force dans le cyberespace. L'exemple de la relation juridique entre les États-Unis et l'Europe depuis l'accord dit *Safe Harbor*, signé en 2001 pour assurer la protection des données transférées vers des entreprises établies aux États-Unis, montre à quel point la géopolitique prévaut sur le droit, en matière de données et par extension de souveraineté étatique [Farrell et Newman, 2019].

Des frontières dans le cyberespace

Soulever la question des frontières du cyberespace revient à s'interroger sur un paradoxe. De fait, la représentation usuelle que véhicule Internet est celle d'un réseau global et sans frontières, s'affranchissant des contraintes territoriales pour permettre une connexion mondiale et instantanée. Cette représentation semble assez en phase avec la manière dont les pionniers ont conçu et pensé Internet comme un lieu « au-delà du réel », non soumis aux juridictions classiques du monde physique et qui disposerait de ses propres règles fixées directement par le bas, les internautes eux-mêmes. On peut rappeler ici à juste titre la « Déclaration d'indépendance du cyberespace », publiée en 1996 par John Perry Barlow, acte symbolique mais révélateur de l'esprit d'émancipation qui animait les acteurs initiaux du Web. Cette idée de dépasser les frontières nationales reposait, et repose toujours, sur une réalité que chacun peut expérimenter quotidiennement à travers les réseaux sociaux, le commerce en ligne, etc. : un ensemble d'échanges, de flux d'informations, de capitaux, donc d'activités qui paraissent s'effectuer librement, loin d'un quelconque contrôle étatique. Mais, dans le même temps, cet espace d'échange pensé comme global a très vite été rattrapé par les frontières nationales, dans leurs dimensions tant physiques, juridictionnelles que stratégiques.

Vers une territorialisation du cyberespace ?

Le processus de « territorialisation » du cyberespace se joue aujourd'hui dans différents domaines, allant d'aspects purement techniques (souveraineté sur les infrastructures, sur la sécurisation et la localisation des données, sur la gestion des noms de domaine, etc.) à des aspects juridiques (législations sur les contenus), économiques (lutte contre le spam, le téléchargement illégal ou les pratiques anticoncurrentielles, etc.), politiques (débats sur la gouvernance d'Internet) ou stratégiques (protection contre des cybermenaces, voire acquisition de capacités offensives pour agir sur la scène internationale).

En 2007, la cyberattaque de grande ampleur que subissait l'Estonie donnait un aperçu sans précédent du potentiel coercitif que représentait Internet sur un État, le pays se retrouvant en partie paralysé pendant plusieurs jours. Depuis, les exemples se sont multipliés (attaques contre la Géorgie en 2008, virus Stuxnet contre l'Iran, etc.) et banalisés, contraignant les États à repenser leur dispositif de contrôle territorial également dans le cyberespace.

Derrière cet apparent paradoxe se pose la question des frontières du cyberespace : frontières plus ou moins perméables posées par les

États en fonction de leur fondement politique, mais aussi frontières privées érigées par différents acteurs (firmes multinationales, hacktivistes, etc.) pour créer des bouts de réseaux sécurisés et contrôlés. En outre, l'émergence des frontières numériques s'accompagne, comme dans le monde « physique », de l'apparition d'une économie de contournement, de passeurs et d'échanges incontrôlés, pour des raisons idéologiques (lanceurs d'alerte), stratégiques (espionnage, sabotage) ou plus prosaïquement économiques (trafics, commerce illégal).

Des frontières multidimensionnelles dans le cyberespace

Quel que soit le milieu dans lequel elle est posée, la frontière a un caractère multidimensionnel et s'applique aux niveaux tant politique qu'économique, juridique et stratégique. Le cyberespace n'échappe pas à ces dimensions, qui sont autant d'objets de territorialisation de l'Internet.

En premier lieu, une *dimension politique* : celle de la limite de souveraineté des États. Y a-t-il un espace numérique souverain ? Serait-ce un contrôle par les États des infrastructures physiques d'Internet, de la couche logicielle ou du contenu informationnel du réseau disponible sur son territoire ? Les politiques d'États comme la Chine et la Russie illustrent bien de telles préoccupations ; Pékin et Moscou ont déployé des stratégies de contrôle variant dans leur intensité comme dans leur sophistication. Ainsi, une première génération de contrôle s'est focalisée sur le déni d'accès et la censure de contenus spécifiques, une méthode pratiquée dès l'origine en Chine puis dupliquée, en fonction des événements politiques, en Iran et dans le monde arabe. Une deuxième génération correspond à la création d'un environnement juridique et de capacités techniques qui permettent de refuser l'accès à des informations — une version plus évoluée de contrôle, que le droit doit pouvoir légitimer. Une troisième génération de contrôle consiste à passer d'une politique réactive à une politique proactive : il s'agit de rivaliser avec des menaces potentielles au moyen de campagnes de contre-information efficaces qui discréditent ou démoralisent les opposants. En Russie par exemple, cherchant à façonner et affecter la façon dont l'information est reçue par les internautes, les autorités manipulent le référencement sur les moteurs de recherche afin de rendre difficile l'accès à l'information à caractère sensible.

Deuxièmement, une *dimension technique* : celle de la capacité des États à filtrer les flux entrants et sortants sur leur territoire, de l'importance ou non de la localisation des données et des thématiques afférentes sur les moyens de protection techniques existant pour protéger un ensemble d'institutions et de sites stratégiques. La difficulté de cette dynamique de sécurisation est d'assurer un ratio entre sécurité et communication. En clair, un système fermé, de type Intranet, semble *a priori* protégé de toute attaque extérieure (hors erreur humaine), mais il est également inopérant, puisqu'il coupe l'usager d'Internet. Plus les filtres techniques sécurisant un système sont forts, plus le système perd de sa vitesse et de sa rentabilité, le tout étant donc de fixer le degré de sécurisation qui semble nécessaire à l'utilisateur, et les risques que celui-ci est prêt à consentir pour accélérer son accès au Net. Enfin, ce volet technique pose là encore le problème du rapport de force existant au niveau international entre des États disposant sur leur territoire d'un haut niveau de technicité et de recherches, les États-Unis, par rapport à d'autres restant dépendants de l'offre extérieure [Cattaruzza, 2019].

Troisièmement, une *dimension économique*, avec des interrogations portant sur des questions aussi fondamentales que sensibles : quelle est la légalité de l'économie sur Internet ? Y a-t-il des niveaux de légalité différents entre les échanges réalisés dans le cyberespace et ceux opérés dans le monde physique ? Avons-nous affaire finalement à la même économie ? Cet enjeu trouve une acuité particulière dans l'Union européenne (UE), soucieuse de contraindre les géants américains du numérique à payer leurs impôts dans les pays où ils réalisent leur chiffre d'affaires et à respecter les règles de la concurrence. L'UE cherche déjà à peser dans la géopolitique des données, *via* l'adoption en 2018 du règlement général sur la protection des données (RGPD).

Quatrièmement, une *dimension stratégique et de sécurité*, qui paraît évidente depuis plus d'une décennie, après les attaques contre l'Estonie (2007), l'Iran (2010), l'Ukraine (2015-2016), ou contre des entreprises privées qui peuvent revêtir une importance vitale et stratégique (attaques contre des compagnies énergétiques, de transport, de télécommunications, etc., telle la cyberattaque iranienne Shamoon ayant ciblé Saudi Aramco en 2012). Cette préoccupation figure aujourd'hui au cœur des politiques de défense des grandes puissances. En France, le *Livre blanc sur la défense* de 2013 puis la *Revue stratégique de cyberdéfense* de 2018 ont consacré l'articulation entre doctrine défensive et doctrine offensive [*Hérodote*, 2020].

Quels acteurs pour quelles frontières ?

Avec Internet, la majorité des acteurs en capacité de faire des « frontières » dans le cyberespace, c'est-à-dire de contrôler ou de surveiller les flux de données y circulant, sont des acteurs privés. Les États dans le cyberespace restent des acteurs minoritaires, voire marginaux — du moins dans les démocraties. Sont apparus depuis le milieu des années 1990 une série de nouveaux acteurs (AOL, Yahoo!, Google, Amazon, Facebook, etc.), qui agissent sur la scène internationale et deviennent des interlocuteurs pour les États. Les services proposés par les plateformes numériques (cartographie, moteur de recherche, location de biens immobiliers, etc.) se trouvent parfois pris dans des polémiques à portée diplomatique : ainsi en est-il de Google, Microsoft et AirBnb qui apposent leur propre conception des frontières sur leurs outils, en particulier dans les cas de territoires disputés (Israël-Palestine, Cachemire, Sahara occidental, etc.).

Ainsi, le contrôle du réseau et des flux de données dépend en grande partie de la collaboration entre ces sociétés privées et les États, que celle-ci se fasse à travers la négociation, le donnant-donnant ou le rapport de force. Il est donc important d'analyser les trajectoires et les intérêts de ces entreprises, car ils influent de différentes manières sur l'actualité internationale.

Enfin, face à ces acteurs « officiels » du Net, se multiplient également de nouveaux acteurs « gris », bénéficiant de l'Internet pour contourner les législations nationales dans leur intérêt, ou développer une forme de « cybermilitantisme » transnational. De fait, le cyberespace a engendré ses propres dynamiques sociales et politiques, et des jeux d'acteurs nouveaux, qui s'ajoutent et interfèrent avec ceux du « monde réel », et complexifient l'analyse géopolitique contemporaine.

Expansion de la cybermenace et conflictualité numérique

Des cybermenaces plus diffuses et nombreuses

L'espionnage informatique. — Les attaques informatiques présentent pour leurs auteurs le double avantage d'être particulièrement efficaces pour dérober des données de façon massive et d'être difficilement attribuables. L'espionnage informatique n'est qu'une transposition dans le monde numérique des pratiques classiques de renseignement. Cette forme d'espionnage n'est cependant plus l'apanage quasi exclusif des services spécialisés des États en raison de la diffusion des technologies et des modes opératoires. Dans la décennie 2000, de nombreux pays ont ainsi développé des capacités cyberoffensives pour récupérer, par le biais d'attaques informatiques, des renseignements plus difficiles à obtenir par des moyens traditionnels. Les premières cyberattaques d'envergure révélées l'ont été aux États-Unis et avaient pour objectif le pillage de savoirs industriels. Elles y ont régulièrement été attribuées à la Chine [Buchanan, 2020].

La cybercriminalité. — Jusqu'à la fin des années 1990, celle-ci se réduisait à des actions ponctuelles conduites par des hackers isolés, pour lesquels la prouesse technique elle-même constituait souvent une finalité en soi. Au cours des années 2000, les réseaux cybercriminels se sont peu à peu développés et professionnalisés. L'apparition en 2010 des cryptomonnaies, associées au réseau d'anonymisation Tor, a créé les conditions propices à une explosion de la cybercriminalité. La crise sanitaire mondiale de 2020 a conduit à une accélération notable de la cybercriminalité. La tendance principale est à la monétisation croissante par les cybercriminels de leurs attaques, notamment par le biais de logiciels de rançon. Par ailleurs, la frontière entre les groupes cybercriminels et les États est de plus en plus difficile à établir, notamment en raison de l'utilisation croissante par les cybercriminels d'outils développés par des agences de renseignement, puis divulgués sur Internet à la suite de piratages.

Le sabotage informatique. — La numérisation des systèmes de production et leur interconnexion croissante les exposent de plus en plus au risque cyber. Une attaque informatique est dorénavant susceptible de paralyser l'activité d'une entité non seulement en bloquant ses réseaux, mais aussi en détruisant ses équipements les plus critiques. À titre d'exemple, l'attaque NotPetya, qui a paralysé de nombreuses sociétés ayant des intérêts en Ukraine en 2017, a été rapide et brutale. L'objectif de NotPetya était militaire, puisqu'il visait le blocage du pays ; c'était un test qui devait permettre d'isoler les entreprises russes de leurs filiales ou maisons-mères en Ukraine, avant une éventuelle attaque dans un objectif de conquête. Si l'attaque a été attribuée par les pays des *Five Eyes* à la Russie, NotPetya a révélé le recours massif par cet État aux opérations sous fausse bannière (*false flags*) afin de masquer ses responsabilités.

Les manipulations de l'information

Des actions de propagande et de désinformation peuvent aisément être conduites sur les réseaux sociaux : ceux-ci, contrairement aux médias traditionnels, ne cherchent ni à cautionner ni à contrôler systématiquement les contenus auxquels ils donnent accès. Des faits non vérifiés, voire délibérément faux, peuvent être massivement relayés sur Internet, aux côtés des informations produites par les médias traditionnels, sans que les uns soient facilement distinguables des autres. Les *fake news* se diffusent même beaucoup plus vite que les faits réels, notamment parce que le seul critère de diffusion d'une information sur les réseaux sociaux est l'*engagement* des utilisateurs, ce qui donne une prime aux contenus qui émeuvent, choquent ou font réagir.

Tous les outils classiques de la publicité sur Internet (diffusion ciblée de messages, analyse des données échangées sur les réseaux sociaux, etc.) sont aisément retournables à des fins de propagande et de désinformation. Il est également facile, pour manipuler l'opinion, de fabriquer l'information, de défigurer des sites Internet ou d'usurper des comptes de réseaux sociaux. Le vol de données à la suite d'une intrusion informatique puis leur publication sur Internet, parfois accompagnée de fausses informations, sont de plus en plus utilisés pour semer la confusion, discréditer un individu, une entreprise, une organisation, voire pour déstabiliser un processus politique.

Dans ce contexte, certains États ont développé une cyberstratégie qui ne se limite pas aux systèmes d'information, mais s'étend à l'ensemble de la sphère informationnelle. De nombreux pays ont imposé des conditions draconiennes aux fournisseurs d'accès afin de contrôler les messages échangés sur Internet et les réseaux sociaux — certains agissent aussi à l'extérieur de leurs frontières pour influencer les opinions publiques. On assiste à des actions de propagande ou de déstabilisation menées à grande échelle, soigneusement préparées, mettant en œuvre différents vecteurs comme la manipulation des réseaux sociaux ou la divulgation massive de données sensibles sur Internet. Ainsi, à l'occasion de la campagne présidentielle américaine de 2016, la compromission des messageries électroniques et la fuite massive d'informations confidentielles concernant des membres de l'équipe démocrate ont suffisamment perturbé le processus électoral pour que Barack Obama accuse ouvertement la Russie d'avoir orchestré les attaques ayant ciblé la candidate démocrate.

Réseaux sociaux : des amplificateurs de révolte

Visibilité, veille, dénonciation ou répression : les réseaux sociaux sont devenus le « lieu » d'un rapport de force mouvant et inégal entre acteurs individuels, groupes, États et entreprises. Leur rôle dans les processus électoraux ne cesse de croître. La vigilance sur certains *hashtags*, exercée conjointement par des citoyens et des journalistes, peut représenter un appui décisif à la mobilisation d'une opposition excédée par le chômage ou la corruption.

Au Liban, le début de la contestation en 2019 a été l'exemple type d'un événement lancé par les réseaux sociaux, qui ont devancé les médias traditionnels. C'était déjà le cas de la révolution tunisienne en 2011, et plus largement des Printemps arabes (Égypte, Syrie, monarchies du Golfe). L'annonce d'une taxe sur les appels effectués par l'intermédiaire de l'application WhatsApp a rapidement déclenché des protestations physiques relayées *via* les réseaux sociaux au motif que des besoins élémentaires, comme l'eau ou l'électricité, ne sont pas assurés dans le pays, trente ans après la fin de la guerre civile. Dénonçant pêle-mêle la corruption, les bas salaires et l'état des infrastructures, les manifestants ont diffusé des *hashtags* en arabe, anglais et français sur Twitter, destinés à accroître la mobilisation et à trouver des relais parmi la diaspora libanaise.

Horizontales, réticulaires et non institutionnalisées, ces révoltes se démarquent des partis politiques et des syndicats. Leur organisation, leurs principes et slogans ne sont pas inscrits dans un livre programmatique ou décidés durant des réunions de parti. De nouveaux usages contestataires du numérique se développent, auxquels les autorités doivent s'adapter. Il en va ainsi de l'utilisation des réseaux sociaux pour coordonner les protestations, organiser des *flash mobs*, voire donner la possibilité, à une personne seule, de faire connaître ses revendications à un large public [Tufekci, 2019]. Le numérique permet également de ne plus taire des actes de violence. Les répressions policières à Minneapolis, aux États-Unis, en mai 2020, ont été filmées par des téléphones portables, et les vidéos, complétées par des témoignages, se sont répandues instantanément sur les réseaux sociaux. Ces reporters militants construisent un *storytelling* des manifestations, créent des *hashtags* mobilisateurs, à l'instar de #GeorgeFloyd ou #BlackOutTuesday, qui font le tour du monde.

Cependant, même si les réseaux sociaux ont permis de fédérer autour de causes communes, de diffuser des informations, de donner de l'attention à des idées contestataires, ils sont également capables d'affaiblir les mobilisations, voire de provoquer des formes inédites de censure et de contrôle. En outre, ces mouvements 2.0 dépendent des plateformes numériques propriétaires pour attirer l'attention du public sur les causes qu'ils défendent. Cette situation les rend vulnérables aux tentatives de déstabilisation *via* la désinformation et la confusion, notamment de la part du pouvoir politique.

Le cyberespace est donc un lieu et un moyen d'expression du pouvoir et de la force, un espace de tensions politiques, économiques, militaires ; en somme, un espace en perpétuelle construction des relations internationales contemporaines. Ce qui caractérise le cyberespace, c'est son pouvoir égalisateur inédit en politique internationale. Accessible à tous les acteurs — bienveillants ou non —, il place les groupes criminels sur un pied d'égalité avec des entreprises mondiales ou des grandes puissances. Le contexte né de la pandémie mondiale de Covid-19 ne manquera pas de donner une nouvelle impulsion à cette logique.

Repères bibliographiques

Buchanan B. [2020], *The Hacker and the State. Cyber Attacks and the New Normal of Geopolitics*, Cambridge, Harvard University Press.

Cattaruzza A. [2019], *Géopolitique des données numériques*, Paris, Le Cavalier bleu.

Farrell H. et Newman A. [2019], *Of Privacy and Power. The Transatlantic Struggle over Freedom and Security*, Princeton, Princeton University Press.

Hérodote [2020], « Géopolitique de la datasphère », n° 177-178.

Morgenthau H. [1948], *Politics among Nations. The Struggle for Power and Peace*, New York, Knopf.

Tufekci Z. [2019], *Twitter et les gaz lacrymogènes. Forces et fragilités de la contestation connectée*, Caen, C&F Éditions.

16 / Les compétitions et rivalités pour les ressources naturelles dans un monde globalisé

En tant que possibilités d'action, les ressources fournissent à une société donnée un *potentiel* qui peut être mis, ou non, au service du développement et de la puissance. Tout dépend des *stratégies* déployées, c'est-à-dire de quelles ressources on combine pour remplir les objectifs que l'on s'est fixés. Ces stratégies doivent prendre en compte les opportunités offertes par les ressources, mais aussi les risques qu'elles occasionnent. Les ressources naturelles sont de type agricole (plantes, bétail), hydrique (eau douce, eau de mer), industriel (minerais, métaux, terres rares), énergétique (hydrocarbures, énergies renouvelables).

La pression sur les ressources naturelles va croissant, du fait de la hausse de la démographie mondiale (9 à 10 milliards d'humains d'ici 2050), des progrès du développement économique et humain, mais aussi des changements climatiques qui s'accélèrent. L'humanité va-t-elle irrémédiablement manquer de ressources, ce qui ne manquera pas de la conduire vers des conflits politiques et militaires récurrents ?

La question des ressources soulève l'enjeu majeur des limites de la planète, qui préoccupe et divise les scientifiques depuis le milieu du XIXe siècle, opposant les malthusiens (Paul Ehrlich, Dennis Meadows), croyant en la finitude des ressources dans un monde fini, aux « cornucopiens » (Robert Solow, Julian Simon), tenants de l'idée que l'innovation palliera toujours le manque de ressources naturelles : l'homme est à cet égard l'« ultime ressource », selon le mot de Julian Simon [Boutaud et Gondran, 2020].

1. LES RESSOURCES AGRICOLES ET ALIMENTAIRES DANS LA GÉOPOLITIQUE MONDIALE

DELPHINE BOISSARIE ET VÉRONIQUE THIBAULT

Une des innombrables *fake news* diffusées lors de la crise de la Covid-19 révélait que la France exportait son blé à bas prix vers des pays du Sud, à un moment où les paquets de farine manquaient dans les rayons des supermarchés. Le spécialiste des marchés des matières premières Philippe Chalmin rappelait à cette occasion que la France était la première exportatrice européenne de blé et que, de ce fait, la hausse des prix liée à la crise sanitaire lui était favorable, sans entamer en rien le stock destiné à la consommation moyenne des Français, plutôt en baisse avec la fermeture des restaurants et cafés. La crise sanitaire souligne tout particulièrement l'importance que représente la sécurité alimentaire des États dans le contexte de la mondialisation.

Pour un État, assurer la sécurité alimentaire de sa population comporte des enjeux de souveraineté majeurs, car ce qui est en jeu à travers elle, c'est la stabilité politique, la légitimité, mais aussi la capacité à garantir l'indépendance du pays et à s'imposer dans le monde, éléments qui constituent des dimensions essentielles de la puissance. Nourrir les hommes, c'est « garantir l'accès, pour tout individu, à tout moment et en tout lieu, à une nourriture suffisante, acceptable culturellement et saine » [Brunel, 2009]. C'est l'une des fonctions les plus importantes et les plus anciennes de l'État souverain. L'affirmation de la souveraineté alimentaire a poussé les États, dans l'histoire, à conquérir des territoires pour sécuriser les approvisionnements, ou à contrôler des marchés agricoles extérieurs afin d'apparaître comme des puissances alimentaires, capables de transformer l'agriculture en arme géopolitique (*food power*).

Ces rivalités et compétitions géopolitiques se sont accrues dans le contexte de la mondialisation contemporaine, qui devait permettre théoriquement une meilleure répartition de la nourriture à l'échelle mondiale, mais qui a surtout engendré des interdépendances de plus en plus étroites entre les États pour assurer leur alimentation. Elle a en même temps fait naître une nouvelle concurrence sur les marchés agricoles entre Occidentaux et « émergents », entraînant une grande vulnérabilité face à la volatilité des prix sur les marchés mondiaux et face aux risques de pénurie. À cet égard, la flambée des prix agricoles, qui a déclenché des émeutes de la faim en 2008, marquait un tournant : de nombreux pays ont pris conscience du caractère essentiel de leur souveraineté alimentaire. La crise sanitaire de la Covid-19 marque sans doute une nouvelle inflexion, avec le risque aggravé de repli protectionniste. Comment expliquer aujourd'hui une intensification des conflictualités autour de la question agricole, alors que la mondialisation laissait entrevoir la fin des crises alimentaires, du fait de la libéralisation des échanges et de l'interconnexion des marchés ?

La sécurité alimentaire et ses enjeux

La mondialisation a permis un meilleur accès à la nourriture, souvent à meilleur marché, mais a mis à mal la souveraineté alimentaire des États.

Un triple enjeu pour l'État

La sécurité alimentaire permet d'abord de légitimer le pouvoir, comme le rappellent les liens entre crises alimentaires et révolutions dans l'histoire : révolution en France en 1789 (mais aussi 1830 et 1848), révolution russe en 1917. Pendant la guerre froide, l'accès à la nourriture, notamment par l'augmentation de la production agricole dans les démocraties de l'Ouest, devient un élément caractéristique du monde libre, par opposition à l'économie de pénurie du système soviétique. Aussi, « peu de phénomènes ont influé aussi intensément sur le comportement des peuples que le phénomène alimentaire et la tragique nécessité de manger » [de Castro, 1952]. Dès lors, la question de l'accès à la terre et à l'eau, nécessaires à la pratique agricole, alimente des conflictualités foncières déstabilisatrices, de l'Afghanistan des années 1970 à la Colombie actuelle [Blanc, 2018].

La sécurité alimentaire présente aussi des enjeux économiques pour des pays en développement (PED) dont l'agriculture fait vivre la majorité de la population, et/ou qui ambitionnent de se muer en puissance économique, comme en témoigne, dans les années 1950, le choix opéré par la Chine maoïste d'un modèle communiste propre, reposant sur les campagnes, pour nourrir une population de 600 millions de personnes et s'affirmer par rapport au « grand frère » soviétique. Cette attitude rejoint des enjeux d'indépendance politique. Ainsi, une des grandes faiblesses de l'URSS pendant la guerre froide a été celle de son agriculture, la contraignant à importer massivement des céréales des États-Unis. Il existe donc des liens étroits entre recherche de l'autosuffisance alimentaire et affirmation géopolitique des pays du tiers monde après 1945, comme le souligne leur engagement dans la révolution verte.

Le dernier enjeu est donc naturellement celui de l'affirmation de la puissance, qui peut passer par des conquêtes territoriales, comme en témoignent les colonisations européennes ou japonaise du XIXe siècle, ou encore la théorie de l'« espace vital » allemand, mise en pratique par le IIIe Reich dès les années 1930 et qui revenait à élargir les capacités d'alimentation de l'Allemagne. Aujourd'hui, la stratégie de sécurisation alimentaire de la Chine ou des pays du Golfe passe par des investissements fonciers à l'international. Le fait de nourrir ou non une population peut même se transformer en arme aux mains des États [Brunel, 2002] pour forcer la soumission en interne, comme dans le cas de l'Ukraine soviétique en 1933, ou celle des adversaires, comme aux Pays-Bas en 1944, où les populations ont été affamées par l'occupant allemand pour punir leur réticence à soutenir l'effort de guerre. Dans les années 1970, l'Égypte, première importatrice de blé au monde, a dû faire évoluer sa politique extérieure sous la contrainte du *food power* états-unien (reconnaissance d'Israël par les accords de Camp David, 1978-1979). Les États-Unis et l'Union européenne (UE) sont toujours aujourd'hui les principaux fournisseurs de l'aide alimentaire internationale : la moitié de cette aide est apportée par les États-Unis et transite par le canal de la PL 480 votée en 1954 (*Food for Peace Program*). L'Inde fait le choix de l'autosuffisance alimentaire dans les années 1960 pour échapper aux pressions diplomatiques américaines, sous forme d'aides alimentaires, en faveur d'un rapprochement avec le Pakistan.

La mondialisation : une nouvelle donne alimentaire

Ces enjeux de souveraineté ont ainsi déterminé des politiques agricoles nationales volontaristes dans les années 1960-1970, marquées à la fois par des angoisses malthusiennes face à l'ampleur de la « bombe P » due à l'entrée dans la transition démographique des pays du tiers monde [Ehrlich, 1968], et par l'optimisme que suscitent les progrès de la recherche agronomique. L'économiste danoise Ester Boserup [1965] s'applique ainsi à réfuter l'hypothèse d'une famine mondiale en soulignant les capacités d'innovation des hommes. Dans ce contexte, le secteur agricole échappe à la libéralisation économique et reste exclu du *General Agreement on Tariffs and Trade* (GATT).

Cependant, à partir des années 1980, la mondialisation a mis à mal cette priorité donnée à la souveraineté alimentaire. Une mondialisation agricole se met en place pour les denrées de base justement pour répondre aux besoins des PED confrontés à l'augmentation de leur population et à son urbanisation, d'autant que la solvabilité d'une partie du monde en développement augmente grâce à la hausse des prix du pétrole, et plus largement des matières premières [Chalmin,

2019]. L'Afrique du Nord devient ainsi le principal marché d'importations pour le blé, absorbant actuellement un tiers des exportations mondiales.

La mondialisation des produits agricoles correspond également à une mondialisation du goût : les classes moyennes, de plus en plus nombreuses, aussi bien dans les pays développés que dans les pays émergents, veulent une alimentation plus diversifiée, exotique, à tout moment (contre-saison), de plus en plus transformée en raison de la croissance des repas pris hors du foyer. L'agriculture devient dans le même mouvement un élément du *soft power* des États, *via* la diffusion d'habitudes alimentaires (burgers, sushis...).

Conformément aux théories des avantages comparatifs avancées au xixe siècle par l'économiste David Ricardo pour justifier l'ouverture du marché britannique aux importations agricoles, cette mondialisation alimentaire apparaît dans un premier temps comme un jeu gagnant pour tous : pour les pays les plus pauvres en donnant un accès facilité à l'aide alimentaire d'urgence, pour les populations urbaines des PED qui ont accès à une alimentation bon marché, pour celles des pays développés qui bénéficient d'une alimentation plus diversifiée. D'autant que les prix alimentaires sont, jusqu'au début du xxie siècle, plutôt bas en raison d'une offre abondante, grâce aux progrès d'une agriculture productiviste, de marchés interconnectés grâce aux stratégies des puissantes firmes multinationales (FMN) agroalimentaires, qui mettent en place des chaînes de valeur mondiales complexes, et au progrès des transports [Purseigle *et al.*, 2017]. Les échanges agricoles sont enfin touchés par la libéralisation avec l'ouverture de négociations commerciales à partir de l'*Uruguay Round*.

Mais, avec la mondialisation, les pays sont devenus de plus en plus dépendants de l'extérieur pour leur alimentation, à rebours de la recherche d'une souveraineté alimentaire : tous les grands pays exportateurs de produits agricoles sont aujourd'hui de grands importateurs (UE, États-Unis, Chine, Brésil). La recherche du moindre coût conduit ainsi la France à importer aujourd'hui 20 % de son alimentation, de la cerise chilienne au poulet polonais, au détriment de ses producteurs nationaux. Et, dans le même temps, cette mondialisation s'est révélée conflictuelle : une des particularités des marchés mondiaux agricoles est de mettre en jeu un petit nombre de pays exportateurs, qui sont rivaux pour la conquête de marchés de consommation, certes en expansion, mais qui restent réduits car une faible partie de la production mondiale transite effectivement par les marchés. Ainsi, 4 % seulement de la production mondiale de riz passent par le marché mondial.

Une volonté renouvelée de limiter la dépendance extérieure

En 2008, la concomitance de la crise financière et de la flambée des prix sur les marchés agricoles mondiaux a révélé les dangers d'une trop forte dépendance alimentaire pour une partie des PED, d'autant que, pour la première fois, l'accès à l'alimentation des populations urbaines, jusque-là avantagées par les pouvoirs publics, a été remis en question. De grands pays exportateurs, comme la Thaïlande, n'ont pas hésité à suspendre leurs exportations sur le marché mondial pour donner la priorité au marché national. Cette crise a été un tournant : les investissements publics se sont intéressés au développement des cultures vivrières, comme le montre la relance d'une politique de souveraineté alimentaire au Nigeria ou encore au Sénégal. Le Ghana, le Rwanda et la Zambie ont subventionné la production nationale de riz pour limiter la dépendance aux importations asiatiques, avec le soutien de la Banque mondiale. L'Inde et la Chine ont également relancé, dans les années 2000, des politiques de développement rural pour limiter l'exode rural et préserver leurs capacités productives. Un droit à la souveraineté alimentaire, avancé en 1996 par Via Campesina, un réseau international altermondialiste de défense des petits paysans et des modes de vie indigènes, a été relayé par les organisations non gouvernementales (ONG) dans les années 2000 : droit des peuples à se nourrir eux-mêmes, à protéger leur agriculture, à lutter contre l'accaparement des terres et des ressources en eau. L'Inde n'a pas hésité à bloquer l'accord de Bali en 2013 pour sauvegarder et pérenniser son système de sécurité alimentaire.

Les pays développés déplorent eux-mêmes une certaine vulnérabilité : dans l'UE, l'alimentation des élevages dépend désormais en grande partie de soja à organisme génétiquement modifié (OGM) importé d'Amérique latine. « Le danger pour notre agriculture n'est pas la concurrence des fruits espagnols. C'est le fait que notre bétail soit nourri au soja OGM importé et que le prix de nos volailles en dépende. Le danger n'est pas en Europe mais dans notre dépendance à l'égard d'autres puissances », déclarait le président Macron en 2019, en appelant à une « autonomie protéinique » européenne.

La libéralisation agricole suscite de plus en plus de réticences, comme le montrent les résistances au *Comprehensive Economic and Trade Agreement* (CETA : accord Canada-UE), ou à l'accord UE-Mercosur. Pour l'UE, ce qui se joue dans la compétition commerciale, c'est la défense d'une identité culturelle, d'un mode de vie spécifique, que traduisent le refus des OGM, l'attachement à une agriculture du terroir, d'une alimentation attentive au goût. Finalement, un fort protectionnisme perdure dans le secteur agricole, avec des droits de douane encore largement supérieurs à ceux qui s'appliquent à l'industrie. Dans l'UE, les droits de douane moyens sont de 1,6 % sur les produits importés en 2018, mais, dans cet ensemble, les droits de douane agricoles s'élèvent à environ 11 %.

La sécurisation des ressources agricoles, une arène de la puissance

La mondialisation, loin de pacifier les relations internationales, a produit une compétition permanente pour la sécurisation des ressources, en particulier agricoles [Pouch, 2010].

Guerres agricoles et luttes d'influence

Une première compétition géopolitique se joue depuis les années 1980 entre les grandes puissances agricoles pour la conquête de marchés de consommation en expansion. Elle oppose dans un premier temps les grandes puissances occidentales, États-Unis et Communauté économique européenne (CEE), qui, à partir des années 1980, sont de plus en plus concurrentes sur les marchés extérieurs agricoles et se livrent une guerre commerciale. Les antagonismes agricoles cristallisent les antagonismes économiques, voire géopolitiques : guerre de la banane, conflit autour de la viande aux hormones, taxation des productions alimentaires (vins, fromages).

Ce duopole est battu en brèche à partir des années 2000 par l'arrivée d'une nouvelle concurrence issue des pays émergents. Le Brésil, nouvelle « ferme du monde », selon l'expression consacrée, s'impose par exemple sur le marché du soja, tandis que la Russie effectue son retour sur le marché mondial du blé. Cette compétition va bien au-delà d'une guerre commerciale ; elle est mise au service d'une politique d'influence dont les enjeux sont, pour l'UE le maintien de sa présence dans son ancienne zone d'influence (Afrique du Nord, pays d'Afrique, Caraïbes et Pacifique — ACP), pour la Russie le retour dans des régions où l'URSS avait été présente (Algérie, Égypte), pour les États-Unis le contrôle de territoires stratégiques pour la défense de ses intérêts et, pour le Brésil dans les années 2000, sous la présidence de Lula, le déploiement d'une stratégie Sud/Sud vers l'Afrique et le Moyen-Orient.

Cette compétition géopolitique commerciale s'est déplacée au sein de l'Organisation mondiale du commerce (OMC), où des pays comme le Brésil et l'Inde ont pris la défense des PED, dénonçant le protectionnisme des pays du Nord, leurs subventions à la production et aux exportations créant des distorsions de concurrence en défaveur des pays les plus pauvres. Au milieu des années 2000, ces subventions à la production agricole représentaient cinq fois les montants de l'aide publique au développement (APD). L'échec du cycle de Doha — l'accord de Bali de décembre 2013 n'a toujours pas été ratifié par les pays membres — laisse en suspens cette question. Toutefois, l'OMC a accepté le principe d'un traitement différentiel pour les PED, ce qui suppose l'acceptation d'un protectionnisme agricole pour les pays pauvres, d'une intervention de l'État pour protéger l'agriculture vivrière [Courleux et Carles, *in* Abis et Brun, 2020]. Au lendemain des émeutes de la faim de 2007-2008, les pays africains ont imposé des mesures protectionnistes pour limiter les importations et relancer des productions locales (Cameroun, Nigeria, Sénégal).

La ruée vers les terres et l'eau

Une compétition géopolitique nouvelle fait rage depuis plusieurs années, avec pour enjeux la sécurisation des approvisionnements et l'accaparement des ressources en terres et en eau.

À partir des années 2000 s'est développée une mondialisation des terres arables ; les investissements agricoles dans l'achat (ou la location) de terres, réalisés *via* des fonds souverains ou des FMN, se sont multipliés pour permettre à des États (pays du Golfe, Malaisie, Chine, pays développés) de produire à l'extérieur ce qu'ils ne pouvaient produire sur leur territoire national. Ce phénomène est nommé *land grabbing*. La Chine est en particulier confrontée à une diminution des terres arables disponibles, à des contraintes hydriques de plus en plus importantes, dans des régions qui sont ses greniers agricoles, ainsi qu'à une transformation des habitudes alimentaires de sa population (consommation de viande) qui ne lui permettent plus de couvrir ses besoins alimentaires. La planification et l'organisation du secteur agricole chinois n'ont pas suffi à endiguer l'épidémie de fièvre porcine africaine qui décime depuis 2018 les élevages de porcs en Chine. Et le coût environnemental global est déjà lourd : 20 % des terres agricoles chinoises sont considérées comme polluées par une surconsommation en intrants, d'où l'adoption d'une loi de lutte contre la pollution des sols en 2018. D'autre part, pour limiter la perte de terres agricoles, grignotées par l'urbanisation et l'industrialisation, Pékin a limité les projets de conversion des terres agricoles à d'autres usages. Les surfaces agricoles chinoises ne pourront ainsi pas descendre en dessous d'une « ligne rouge » officielle fixée à 124,3 millions d'hectares. La Chine présente, malgré ses efforts, une forte dégradation de sa balance commerciale agroalimentaire depuis 2004, en particulier pour le soja qui représente un tiers de ses importations mais aussi un tiers des importations mondiales [Pouch et Chaumet, 2017]. Elle a multiplié les achats sur tous les continents : en Amérique latine, en Afrique, mais surtout en Russie et en Asie du Sud-Est.

Il existe d'autre part une compétition géopolitique entre États pour accéder à de nouvelles zones de pêche, le poisson constituant une partie de l'alimentation humaine, d'où une rivalité accrue pour la délimitation des zones économiques exclusives (ZEE). Une compétition qui est également forte aujourd'hui autour de la question de l'eau : les projets chinois de détournement des fleuves du Tibet vers les régions du nord du pays en manque d'eau ou des fleuves d'Asie centrale (Irtych) vers le Xinjiang sont source de fortes tensions avec les pays voisins de la Chine, de même que la construction du barrage Renaissance en Éthiopie, qui cherche à développer ses capacités agricoles, inquiète les pays d'aval. Aujourd'hui, les politiques de sécurisation des ressources en terres et en eau [Galland, 2014], liées à un renforcement de la souveraineté alimentaire de puissances régionales ou internationales, font de la question agricole une question conflictuelle.

L'accès à la terre reste d'autre part un enjeu politique décisif [Blanc, 2018]. C'est le cas en Afrique du Sud, qui prévoit d'exproprier les fermiers blancs, sur le modèle du Zimbabwe ; c'est le cas au Brésil, où les communautés indiennes voient l'intégrité de leur territoire menacée ; c'est le cas dans de nombreuses autres régions, où l'accès à la terre se double d'une recherche d'accès à l'eau (Moyen-Orient).

Gagnants et perdants de la mondialisation agroalimentaire

Les perdants sont les pays les plus pauvres subissant la pression des puissances occidentales pour une ouverture de leurs marchés agricoles et exposés à la concurrence qui existe autour de l'usage de leurs terres agricoles. Une concurrence plus globale existe entre les « 5 F » [Brunel, 2009] : entre un usage pour l'alimentation des hommes (*food*), pour l'alimentation du bétail (*feed*), pour la production de biocarburants (*fuel*) ou de cultures industrielles comme le coton ou le lin (*fiber*), pour la protection de la nature (*forest*), au détriment parfois de la souveraineté alimentaire. Tous ces facteurs expliqueraient la « faim des paysans » décrite par Sylvie Brunel : les trois quarts des malnutris recensés en Afrique subsaharienne sont des agriculteurs.

En revanche, le grand gagnant de cette compétition est aujourd'hui la Russie, qui a fait de la modernisation de son agriculture dans les années 2000 un instrument clef de la restauration de sa puissance, au même titre que les exportations d'hydrocarbures ou que son renforcement militaire (chapitre 23). La Russie concurrence maintenant les pays d'Europe sur les marchés nord-africains et moyen-orientaux. En 2017, 60 % des importations égyptiennes de blé viennent de Russie,

50 % pour les importations turques. L'agriculture est un domaine où les États-Unis peuvent disposer d'un avantage comparatif par rapport à la Chine grâce à leur *land power* [Morgenthau, 1948], à l'ancienneté de leur *food power*, à la puissance de leurs firmes, comme Cargill et Tyson Foods, et à la présence sur leur territoire de grandes Bourses de cotation des marchés agricoles comme Chicago. Mais la Chine cherche à compenser son désavantage comparatif par son investissement dans le multilatéralisme et par le resserrement de ses liens commerciaux, financiers et politiques avec des pays qui joueront à l'avenir un rôle important dans sa sécurité alimentaire. À l'échelle mondiale, la Food and Agriculture Organization (FAO) est ainsi devenue une institution qui sert l'affirmation des Suds face aux Nords. En juin 2019, lors du renouvellement du président de la FAO, la Française Catherine Geslain-Lanéelle, favorable aux intérêts agricoles américains (biotechnologies, OGM...), s'opposait au Chinois Qu Dongyu, représentant les intérêts de la Chine et plus largement des Suds. L'élection dès le premier tour du candidat chinois confirme l'affirmation de la Chine au sein des institutions onusiennes, son intérêt marqué pour les questions agricoles ainsi que l'affirmation plus large des émergents dans l'ordre mondial.

L'UE, qui dispose d'immenses atouts dans cette compétition, apparaît en retrait, avec des positions qui s'érodent sur les marchés mondiaux, d'autant qu'elle a abandonné depuis les années 1990, avec les réformes successives de la politique africole commune (PAC), une politique volontariste dans ce domaine. Elle reste la première puissance agricole mondiale, première exportatrice et première importatrice. Mais c'est une puissance contestée. L'agriculture a été le premier socle de la construction européenne et a assuré sa sécurité tout en lui permettant de s'imposer dans le monde. La PAC représente encore aujourd'hui 40 % du budget européen. Les aides de la PAC comptent pour plus de 50 % dans les revenus des agriculteurs européens. Mais, pour les concurrents de l'UE et aux yeux des PED, la PAC sous sa forme actuelle correspond à l'institutionnalisation d'un *dumping* généralisé où l'on subventionne des agriculteurs pour approvisionner l'industrie agroalimentaire avec une matière première en dessous des coûts de production. L'UE fait donc figure de colosse aux pieds d'argile et va devoir réinventer un projet politique acceptable pour avoir voix au chapitre dans la définition d'un nouvel ordre agricole international [Pouch, *in* Abis et Brun, 2020].

Une sécurité alimentaire globale menacée ?

Face aux enjeux environnementaux et à l'accroissement de la pression démographique, le multilatéralisme et les solidarités internationales restent la garantie d'un accès à la nourriture pour une majorité d'individus [Abis et Brun, 2020].

Les risques sanitaires et environnementaux

Depuis les années 1960, la production agricole a augmenté plus rapidement que la population grâce à la généralisation d'une agriculture productiviste. Mais ce choix a eu un coût environnemental, humain et social, à la fois pour les agricultures du Nord et du Sud. D'où la promotion depuis les années 1990 d'autres formes d'agriculture plus durables, comme la « révolution doublement verte ». Du fait de la multiplication des scandales en raison du manque de traçabilité des produits alimentaires, une méfiance des consommateurs s'est développée face à une alimentation de plus en plus transformée par l'industrie [Malet, 2017]. C'est ce qui explique de nouveaux comportements alimentaires en faveur de circuits courts, d'une alimentation de proximité, plus soucieuse de l'environnement, avec par exemple le succès des associations pour le maintien d'une agriculture paysanne (AMAP) en Europe. Cependant, un peu moins de 6 % des surfaces agricoles françaises ont été « converties » en bio, et la France importe 30 % de son alimentation bio.

Les consommateurs ne sont d'ailleurs pas tous capables ou prêts à dépenser plus pour manger mieux. Les normes imposées aux producteurs européens, renchérissant les coûts, favorisent en définitive l'importation de produits agricoles moins onéreux qui ne respectent pas le même cahier des charges. D'ailleurs, les pays émergents qui sont des puissances agricoles, comme le Brésil ou l'Indonésie, ne tiennent pas à sacrifier leur potentiel de production à des préoccupations environnementales promues par des puissances du Nord. Aussi, les entreprises géantes de l'agroalimentaire, qui se sont affirmées en menant une course à la taille et à l'internationalisation, comme le Suisse Nestlé, l'Américain Pepsico ou le Français Danone, font face à la fois à une demande de qualité, à moindre coût, et à la concurrence de FMN issues des pays émergents, comme le Brésilien JBS Foods ou le Chinois WH, tous deux parmi les quinze premiers géants de l'agroalimentaire.

La recherche de la souveraineté alimentaire ne doit donc pas faire oublier l'objectif de nourrir tout le monde, et non seulement les ménages les plus aisés.

La pression démographique

L'Organisation des Nations unies (ONU), *via* la FAO, envisage de manière optimiste l'évolution de la situation alimentaire à l'échelle mondiale. Elle prévoit que, en 2050, 90 % de la population mondiale pourrait avoir accès au seuil de 2 700 calories par jour contre 50 % aujourd'hui et seulement 4 % en 1970. La mondialisation économique contemporaine n'a cependant pas encore résolu le problème de la faim dans le monde. Depuis 1990, si la prévalence de la faim dans le monde est passée de près de 19 % à environ 11 % de la population mondiale, en nombre, la faim peine à régresser tout à fait et touche 900 millions d'individus aujourd'hui.

La « Faim Zéro » fait partie des objectifs de développement durable (ODD) des Nations unies pour 2030, mais, jusqu'ici, aucun des objectifs sur la question de la faim n'a été atteint depuis le moment où, en 1996, le sommet mondial de l'alimentation organisé par la FAO à Rome visait à réduire à l'horizon de 2015 le nombre de personnes sous-alimentées de moitié, puis qu'en 2000 un des objectifs du Millénaire pour le développement (OMD) adoptés par l'ONU prévoyait de réduire aussi de moitié entre 1990 et 2015 la proportion de personnes sous-nutries.

La question de la faim met en évidence des paradoxes : il existe dans le monde de quoi nourrir une population de plus de 9 milliards d'individus. La faim reste plus un problème de répartition que de production. Les pays riches et de plus en plus les PED sont même confrontés aux problèmes de santé posés par la surnutrition (600 millions d'obèses en 2014). La faim touche avant tout des ruraux qui n'ont pas les capacités financières d'acheter l'alimentation dont ils ont besoin : plus un pays compte d'agriculteurs, plus il est confronté à la malnutrition. La faim est avant tout le produit du sous-développement, de la pauvreté de masse, de l'insécurité et de l'instabilité. Elle est la conséquence des choix politiques réalisés en matière de développement qui se sont souvent faits au détriment de l'agriculture vivrière, mais aussi la conséquence des choix opérés par les pays du Nord dans le cadre de la mondialisation libérale qui ont pu fragiliser les petites agricultures du Sud.

Le repli protectionniste, fausse bonne idée

Le repli national ne saurait cependant être la solution face à des situations d'urgence alimentaire et aux perspectives des besoins alimentaires dans le monde. La crise sanitaire a révélé en effet les risques que pourrait entraîner une interruption de la mondialisation : la FAO, l'Organisation mondiale de la santé (OMS) et l'OMC ont lancé une alerte sur les risques de dégradation alimentaire dans les PED, en particulier en Afrique ; la fermeture des frontières, l'interruption des chaînes logistiques contribuent à la désorganisation de la production agricole au moment de la préparation de la prochaine récolte et à une déstabilisation des marchés (hausse du prix des denrées de base). Les marchés des matières premières agricoles, dont les cotations dépendent en majorité de prix de référence établis par la Bourse de Chicago (mais par celle de Paris pour le blé, celles de New York et Londres pour le sucre, le café et le cacao), sont particulièrement sensibles.

Les circuits longs de la mondialisation restent une nécessité : les grandes puissances agricoles doivent continuer à dégager des excédents pour alimenter les marchés extérieurs dans la perspective d'une poursuite rapide de la croissance et de l'urbanisation de la population en Afrique, et de contraintes environnementales qui, du fait de la pression démographique et du réchauffement climatique, affecteront les capacités de production de nombreuses régions dans le monde. Sébastien Abis [Abis et Brun, 2020] parle d'une nécessaire « souveraineté solidaire », qui ne s'inscrit pas dans une compétition mais dans une coopération renforcée, autant pour les pays européens qu'au niveau mondial.

Pour conclure, le retour à une souveraineté alimentaire est une condition nécessaire pour répondre au défi alimentaire mondial, surtout si cette souveraineté se réalise dans des conditions durables, permettant aux agriculteurs mondiaux d'être mieux rémunérés en raison de leur importance sociale et économique. Mais le monde ne peut se passer des grands greniers mondiaux, qui disposent par ailleurs avec l'agriculture d'un outil d'influence qu'ils ne sauraient négliger.

Repères bibliographiques

ABIS S. [2015], *Géopolitique du blé. Un produit vital pour la sécurité mondiale*, Paris, Iris/Armand Colin.

ABIS S. et BRUN M. (dir.) [2020], *Le Déméter 2020*, Paris, Iris éditions.

BLANC P. [2018], *Terres, pouvoirs et conflits. Une agro-histoire du monde*, Paris, Presses de Sciences Po.

BOSERUP E. [1965], *Évolution agraire et pression démographique*, Paris, Fayard, 1970.

BOUTAUD A. et GONDRAN N. [2020], *Les Limites planétaires*, Paris, La Découverte, « Repères ».

BRUNEL S. [2002], *Famines et politique*, Paris, Presses de Sciences Po.

— [2009], *Nourrir le monde, vaincre la faim*, Paris, Larousse.

CASTRO J. DE [1952], *Géopolitique de la faim*, Paris, Éditions ouvrières.

CHALMIN P. [2019], *Le Temps des illusions perdues*, rapport CyclOpe 2019 sur les marchés mondiaux de matières premières, 33e édition.

CHARVET J.-P. [2018], *Atlas de l'agriculture. Mieux nourrir le monde*, Paris, Autrement, 3e édition.

EHRLICH P. R. [1968], *La Bombe P*, Paris, Fayard, 1970.

GALLAND F. [2014], *Le Grand Jeu. Chroniques géopolitiques de l'eau*, Paris, CNRS Éditions.

MALET J.-B. [2017], *L'Empire de l'or rouge. Enquête mondiale sur la tomate d'industrie*, Paris, Fayard.

MORGENTHAU H. [1948], *Politics among Nations. The Struggle for Power and Peace*, New York, Knopf.

POUCH T. [2010], *La Guerre des terres. Mondialisation et stratégies agricoles*, Paris, Choiseul éditions.

POUCH T. et CHAUMET J.-M. [2017], *La Chine au risque de la dépendance alimentaire*, Rennes, PUR.

PURSEIGLE F., NGUYEN G. et BLANC P. (dir.) [2017], *Le Nouveau Capitalisme agricole. De la ferme à la firme*, Paris, Presses de Sciences Po.

2. Les ressources énergétiques dans la géopolitique mondiale

Cédric Tellenne

L'énergie est une « commodité » qui semble aller de soi : faire le plein de l'automobile, allumer le gaz de ville, envoyer un courriel... certes, mais, derrière l'évidence, il y a une forte *charge géopolitique.* L'énergie est en effet à la fois un enjeu, un terrain, un moyen de la géopolitique pour différents types d'acteurs, étatiques et non étatiques : *enjeu,* en ce qu'elle est disputée par les puissances ; *terrain,* dans la mesure où les stratégies de puissance s'y déploient ; *moyen,* au sens où on peut l'utiliser, voire l'instrumentaliser pour atteindre ses objectifs. La géopolitique des énergies est animée de logiques concurrentielles, et souvent conflictuelles, qui opposent ces différents acteurs, mais toute logique collaborative n'est pas exclue, au contraire : l'énergie rapproche autant, voire davantage, qu'elle ne sépare. Il existe en réalité *une tension forte et permanente entre conflits et coopérations,* qui est typique d'une géopolitique des ressources.

En ce début du XXIe siècle, la question de la « gouvernance » des énergies se pose dans toute sa complexité, pour plusieurs raisons :

— la transition énergétique et écologique n'en est qu'à ses débuts (85 % d'énergies fossiles dans le bilan énergétique mondial actuel) et nécessite des efforts majeurs pour l'accélérer ;

— les conflits énergétiques imbriquent plus que jamais les territoires, du local au mondial, nécessitant des coopérations à ces différentes échelles ;

— après des décennies de désengagement au profit de la loi des marchés, les États et les logiques politiques font un retour en force

L'énergie, les énergies : définitions

CÉDRIC TELLENNE

Comme l'indique son étymologie latine, l'énergie est une « force en mouvement » que l'on perçoit essentiellement à travers ses effets, sous forme de travail, de chaleur, de lumière. Elle est indispensable aux hommes en ce qu'elle conditionne toute activité et satisfait les besoins les plus simples comme les plus complexes. L'énergie prend des formes diverses et souvent complémentaires : mécanique (moteurs), calorifique (chaleur), cinétique (vent), chimique (carburants), lumineuse (soleil), nucléaire. On peut passer aisément d'une forme à l'autre : pour faire avancer une automobile, l'énergie chimique du mélange de l'essence et de l'air se transforme en énergie calorifique dans le cylindre du moteur puis en énergie mécanique du piston, ensuite transmise aux roues, et finalement en énergie cinétique de la voiture, énergie mécanique également transformée en énergie électrique dans l'alternateur et lumineuse dans les phares [Barré, 2007 ; Barré et Mérenne-Schoumacker, 2017].

Deux grandes catégories d'énergies existent, en fonction de leurs origines :

— les énergies de « stock », issues des gisements de combustibles fossiles, charbon, gaz naturel, pétrole, mais également uranium ;

— les énergies de « flux », dites renouvelables (ENR), engendrées par des processus naturels et donc inépuisables : vent, soleil, marée, géothermie, biomasse. Elles ne sont pas liées à des gisements localisés et pourraient permettre une décentralisation de la production et un allègement des pressions géopolitiques. Certaines sont dites « énergies vertes » car porteuses d'une empreinte écologique faible.

avec le nouveau siècle : les questions de sécurité et de souveraineté énergétiques sont revenues au cœur de la géopolitique en ce début de XXIe siècle, car ni développement ni puissance ne sont envisageables sans énergie.

L'énergie, un enjeu géopolitique très disputé

Un vecteur de croissance et de développement

Les énergies ont été à la base des différentes révolutions industrielles depuis la fin du XVIIIe siècle : celle du charbon et de la vapeur (machine de Watt) puis, à partir des années 1860-1880, celle de l'électricité et du pétrole. Détrônant progressivement le charbon, le pétrole voit sa consommation quintupler entre 1950 et 1972, date à laquelle il constitue 55 % du bilan énergétique mondial. Parallèlement se développe la fabrication d'énergie hydroélectrique et, dans les pays du Nord, d'origine nucléaire (États-Unis, Japon, Europe occidentale). Le pétrole est l'énergie à bas prix de la croissance des Trente Glorieuses et de l'essor des industries tayloriennes (automobile et mécanique,

L'Arabie saoudite et sa « Vision 2030 »

CÉDRIC TELLENNE

Le royaume saoudien a lancé en 2016 le plan « Vision 2030 », dont le prince héritier Mohammed ben Salman (MBS) s'est fait le champion. Il s'agit de sortir du « tout-pétrole » et de financer douze programmes opérationnels (*Vision Realisation Programs*), afin de rendre l'économie plus compétitive, mais aussi de moderniser la société et la vie politique saoudiennes. Les secteurs du numérique, de l'éducation, de la culture et du patrimoine, ainsi que des loisirs et du tourisme sont favorisés. Le coût total est évalué à environ 70 milliards de dollars. L'urgence est réelle, car le budget du royaume dépend à 90 % des pétrodollars, et le prix du baril est orienté à la baisse depuis 2014 (avec un effondrement en 2020).

Les mesures prioritaires en matière énergétique sont :

1) la baisse des subventions sur l'électricité et le carburant, afin de diminuer les dépenses publiques ;

2) l'ouverture du capital à 5 % de la Saudi Aramco, afin de financer les réformes ;

3) la création d'un fonds souverain qui doit investir dans le reste du monde ;

4) le développement d'un vaste programme d'énergies renouvelables et d'exploitation du gaz naturel, pour faire augmenter des trois quarts les exportations de produits non pétroliers.

Ce dernier point s'explique aussi par le fait que le royaume brûle de plus en plus lui-même son pétrole : la consommation d'énergie fossile par habitant a rattrapé celle des États-Unis. Du coup, le pays s'intéresse aux autres énergies : recherche et développement (R&D) sur le solaire à King Abdallah City, projets nucléaires, mais aussi gaz de schiste (peut-être les cinquièmes réserves du monde).

C'est aussi l'occasion pour MBS de s'attaquer au pouvoir économique et politique des princes, qui se fonde sur la rente pétrolière, ainsi que de « dégraisser » la lourde bureaucratie d'État en ayant recours aux privatisations. Mais le jeune dirigeant est parallèlement embourbé dans une guerre très coûteuse au Yémen, la croissance économique du royaume est en berne et le déficit public bat des records (près de 9 % du produit intérieur brut — PIB — en 2018). C'est peut-être ce qui l'a décidé à ouvrir les vannes du pétrole au printemps 2020, portant la production journalière de 9,7 à 12 millions de barils, alors que le marché est déjà fortement orienté à la baisse. Il est un peu remonté début 2021 et risque à nouveau de faire les « montagnes russes ».

aéronautique et aérospatiale, armement, chimie et pétrochimie) ; le gaz n'en est qu'un résidu peu utilisé et cher à transporter. Les chocs pétroliers (1973 et 1979) constituent un bouleversement profond, avec un prix du baril multiplié par six en dollars constants en une décennie ; la recherche d'une meilleure efficacité énergétique et le développement d'énergies alternatives (gaz naturel, nucléaire, ENR) laissent déjà entrevoir l'« après-pétrole ». Depuis les années 1970, la consommation mondiale d'énergie a triplé, s'appuyant sur un *mix* énergétique renouvelé, laissant davantage de place au gaz et aux renouvelables. L'électrification du monde a considérablement progressé, mais demeure inachevée : 2 milliards d'humains souffrent de manques et pénuries.

Toutefois, disposer d'énergies abondantes n'est pas forcément gage de développement : c'est le risque de la rente. Les économistes ont ainsi mis en lumière un « malaise hollandais » (*Dutch disease*), lié à l'utilisation immodérée des rentes énergétiques, en étudiant le ralentissement de l'économie des Pays-Bas après la découverte du gaz de Groningue en mer du Nord dans les années 1950 : hausse générale des prix et du taux de change, perte de compétitivité industrielle générale, baisse des investissements productifs hors du secteur énergétique, déplacement de main-d'œuvre vers celui-ci, développement d'une mentalité rentière. Un schéma dysfonctionnel qu'on a retrouvé dans de nombreux pays en développement, corruption et clientélisme en plus (pétromonarchies du Golfe, Nigeria, Algérie, Mexique, etc.). Le Venezuela est actuellement un cas typique de pays rentier qui dispose des plus grosses ressources mondiales d'hydrocarbures (300 milliards de barils), fournissant 96 % des recettes d'exportation du pays, et dont l'économie s'est effondrée sous l'effet de la baisse rapide des cours du pétrole à partir de 2014, plaçant la firme nationale (PDVSA) en quasi-faillite (elle représente à elle seule 40 % de la dette extérieure du pays) et dans l'incapacité d'investir et même d'entretenir ses équipements de raffinage, d'où une production divisée par trois en quelques années et la nécessité d'importer du pétrole raffiné. Les dévaluations en chaîne ont fini de vider la monnaie nationale de sa valeur, tandis que s'aggravaient les pénuries d'aliments, de médicaments, de biens de première nécessité. De là découle la volonté pressante de diversifier l'économie hors des hydrocarbures dans une grande partie des pays producteurs d'énergie, comme dans le cas de l'Arabie saoudite (« Vision 2030 » — voir encadré *supra*).

Une force de destruction au service des capacités militaires

Seule l'énergie déployée avec force et intensité donne la capacité de destruction dans les guerres modernes. Dès la Première Guerre mondiale, le pétrole et le moteur à combustion ont changé les dimensions de la guerre, jusqu'à la conception même de la mobilité sur terre, sur mer et dans les airs. Selon Georges Clemenceau, le pétrole sera « aussi vital que le sang dans les guerres de demain ». À la suite de la guerre, le Syndicat français d'études pétrolières (SFEP), établi en 1923, défend les intérêts pétroliers français au Proche-Orient, avant son remplacement par la Compagnie française des pétroles (CFP) en 1924 ; elle est le lointain ancêtre de Total. Durant la Seconde Guerre mondiale, la stratégie de l'Allemagne hitlérienne est dictée par le risque de manquer rapidement de pétrole, et se donne comme priorité de conquérir rapidement les gisements du Caucase et de la Caspienne en URSS (défaite de Stalingrad). Les difficultés d'approvisionnement font que l'Afrikakorps d'Erwin Rommel doit stopper son avance vers Le Caire. À El Alamein, en octobre 1942, c'est Bernard Montgomery qui prend l'offensive face à un adversaire qui souffre d'une telle pénurie que ses unités motorisées sont bloquées dans le désert. La stratégie japonaise est guidée par le même impératif : sous embargo pétrolier américain depuis 1939, l'armée japonaise doit percer rapidement, à travers la mer de Chine du Sud, vers les Indes néerlandaises et y contrôler les immenses ressources pétrolières de la Shell. Les Alliés l'emportent finalement en 1945 grâce à une grande supériorité en termes de matériel et d'énergie : les États-Unis sont de très loin la première puissance pétrolière du monde avec 60 % du total mondial, à quoi il faut ajouter les 12 % produits à l'étranger par les *majors* américaines.

C'est ensuite l'énergie atomique qui révolutionne, à partir de 1945, les conditions de la guerre et de la paix, et fait entrer le monde dans l'ère des armes de destruction massive (ADM). Le projet Manhattan (1942-1945) rend possible les bombardements d'Hiroshima et Nagasaki (août 1945). L'énergie libérée, grâce à la fusion d'atomes, est sans équivalent dans l'histoire, ce qui permet d'appuyer la stratégie militaire sur le principe de « dissuasion ». Les armes deviennent ensuite de plus en plus perfectionnées (bombe thermonucléaire, missiles intercontinentaux) et la propulsion nucléaire permet de lancer à la mer des sous-marins plus autonomes et furtifs, assurant une « présence à la mer » décisive dans les rapports de force (chapitre 16). Durant la guerre froide, le nucléaire militaire constituait un risque majeur mais contrôlé. Les deux superpuissances parviennent à empêcher la prolifération des armes nucléaires et à éviter un affrontement direct (par une série d'accords bilatéraux sur les missiles stratégiques et les boucliers antimissiles), tout en veillant à garder leur supériorité numérique (traité sur la non-prolifération des armes nucléaires). Depuis la fin de la guerre froide, la situation est en revanche plus incertaine. D'un côté, États-Unis et nouvelle Russie poursuivent leurs efforts de *dénucléarisation* à travers une série impressionnante d'accords qui jalonnent les années 1990 et laissent croire à une *paix nucléaire* (négociations *Strategic Arms Reduction Talks* — START — puis *Strategic Offensive Reduction Treaty* — SORT), mais le reste du monde connaît un essor du « nationalisme nucléaire » et une nouvelle prolifération, étatique et non étatique, tout particulièrement en Asie. L'atome représente l'*arme de la revanche* des pays qui disent avoir été humiliés par l'Occident ; ceux-ci disposent de forces de frappe et doctrines d'emploi très diversifiées, défensives mais aussi offensives, dans un contexte stratégique asiatique de *surnucléarisation*. Inévitablement, un autre risque est de voir tomber des armes nucléaires, même de faible puissance (ou radioactives), aux mains de groupes rebelles et/ou criminels et terroristes. Dans ce contexte de risques nucléaires accrus, États-Unis et Russie ont récemment fait évoluer leur doctrine stratégique, n'excluant plus son utilisation dans des cas extrêmes. En revanche, dans les guerres hybrides et asymétriques du XXIe siècle, son importance est à relativiser (chapitre 6).

Un objet de rivalités et de convoitises internationales

Très tôt, le marché des énergies s'est internationalisé, d'abord le charbon, puis le pétrole. C'est celui-ci qui engendre les premières grandes tensions entre cartels rivaux. Dès l'entre-deux-guerres s'est constitué un cartel international de firmes occidentales, les *majors* ou « sept sœurs », appuyées par leurs gouvernements respectifs, qui se sont entendus pour contrôler le marché des énergies. Par les accords de la « Ligne rouge » et d'Achnacarry en 1928, elles se sont réparti le marché du Moyen-Orient et du reste du monde (hors États-Unis), et ont signé des contrats très avantageux avec les pays producteurs. Leur suprématie a permis un approvisionnement massif, sûr et bon marché des économies occidentales jusque dans les années 1970. Les États-Unis ont poussé à la renégociation des accords d'exploitation selon le principe du *fifty-fifty* pour le partage des bénéfices pétroliers : d'abord au Venezuela, puis en Arabie saoudite, liée aux États-Unis par un accord de protection contre pétrole (accords dits « du Quincy », 1945). Pour faire face à cet oligopole très puissant, les pays producteurs créent leur propre cartel en 1960 à Bagdad, l'Organisation des pays producteurs de pétrole (OPEP), avec pour objectif de faire pression pour obtenir des relèvements de tarifs et une meilleure répartition des bénéfices de l'exploitation pétrolière. L'organisation se renforce progressivement en passant de cinq à treize membres, décidés à imposer un « nouvel ordre économique international » (NOEI), selon le mot d'ordre de l'Algérien Houari Boumediene. L'heure est à la conflictualité pétrolière. Il faut attendre la guerre du Kippour, en octobre 1973, pour que le pétrole serve d'arme économique, avec utilisation de l'embargo et des quotas pétroliers, qui font quadrupler les prix en quelques mois. Les nationalisations pétrolières se multiplient : unilatérales (Algérie, Irak, Libye) ou négociées (Arabie saoudite, Qatar, Koweït, Abu Dhabi). La révolution islamique en Iran, entre novembre 1978 et janvier 1979, crée les conditions d'un second choc pétrolier, avec la décision unilatérale de l'OPEP d'une augmentation jusqu'à 21 dollars, puis la crise des otages américains à l'ambassade de Téhéran (novembre 1979-janvier 1981), qui décide les États-Unis à décréter l'embargo sur les importations de pétrole iranien. À partir de 1980, la guerre Iran-Irak entretient un temps les effets du choc, avec 15 % de la production OPEP alors manquante sur le marché. Les

La Russie et la géopolitique du gaz

Cédric Tellenne

Les guerres du gaz récurrentes entre la Russie et certains pays d'Europe de l'Est dans les années 2000 (Biélorussie, Ukraine) ont fait craindre à l'Europe de l'Ouest des pénuries et ont rappelé sa forte dépendance vis-à-vis du gaz russe qui fournit environ un tiers de sa consommation. Depuis la « révolution orange » d'inspiration démocratique et pro-occidentale de 2003, la Russie cherche à contourner l'Ukraine pour approvisionner l'Europe, afin de baisser les coûts de transit et d'affaiblir son voisin, d'autant plus qu'elle l'accuse de détournement de trafic. Elle développe pour ce faire deux grands projets de tubes : au nord, dans la Baltique et à destination de l'Allemagne, les projets Northstream I (achevé) et Northstream II (en voie d'achèvement) ; au sud, les projets Southstream et Turkstream. De plus, face au projet Northstream, les pays baltes et la Pologne comptent sur l'importation de gaz naturel liquéfié (GNL) américain pour desserrer la dépendance vis-à-vis de la Russie.

La concurrence entre les gazoducs russes et le GNL américain est ainsi devenue un enjeu géopolitique majeur pour l'approvisionnement gazier de l'Europe. Les capacités d'exportations *via* les méthaniers ont fortement augmenté ces dernières années, en lien avec l'essor des gaz de schiste. Le dossier énergétique renforce les tensions russo-américaines en Europe. Dans ce contexte, les États-Unis s'intéressent tout particulièrement à la Croatie, futur *hub* gazier avec le terminal GNL de l'île de Krk et de l'Ionian Adriatic Pipeline (IAP), dans le cadre de l'Initiative des trois mers (Baltique-Adriatique-Noire), qui réunit douze pays d'Europe centrale et orientale dans une sorte de front commun contre Northstream II [Ramdani, 2019].

deux chocs pétroliers ont non seulement bouleversé la géopolitique mondiale, mais aussi créé les conditions d'une hausse généralisée des prix des matières premières et la première récession économique depuis 1945.

Malgré le contre-choc des années 1980, la déréglementation du marché pétrolier et la recherche d'énergies de substitution, les tensions internationales perdurent. Le contre-choc pétrolier de 1985-1986 signe l'échec de l'OPEP et met en cause la stratégie d'utilisation de l'arme énergétique dans les rapports de force mondiaux. On découvre alors que c'est une *arme à double tranchant* : outre la guerre Iran-Irak qui brise le front uni de l'OPEP, le contre-choc pétrolier s'explique aussi par la désolidarisation de l'Arabie saoudite, qui refuse de continuer à restreindre sa production, cédant en cela aux pressions des États-Unis. La politique des quotas menée par l'OPEP vole alors en éclats. La politique de déréglementation sur les marchés fait le reste : le prix du baril sera fixé par confrontation de l'offre et de la demande sur un marché planétaire où interviennent une multitude d'acteurs (voir *infra*). L'invasion du Koweït par l'Irak en août 1990 est motivée par le contrôle d'immenses ressources en or noir, alors que Saddam

Hussein reproche au petit État pétrolier de lui avoir volé des réserves durant la guerre. Équateur et Gabon se retirent de l'organisation respectivement en 1992 et 1994. Outre les craquements internes, certains grands piliers de l'organisation ont été victimes d'un chaos international et/ou intérieur : guerre d'Irak (2003-2011), effets telluriques des « Printemps arabes » (2011), renforcement de l'embargo américain contre le régime islamiste iranien, effondrement de l'économie pétrolière vénézuélienne. Entre-temps, une partie des enjeux ont glissé du pétrole vers le gaz, qui devient l'objet d'importantes tensions internationales que l'on qualifie parfois improprement de « guerre », comme entre la Russie et la Biélorussie (2004), et surtout entre la Russie et l'Ukraine (2006 et 2009). Russes et Ukrainiens trouvent un terrain d'entente en décembre 2019, avec la garantie de fournitures croissantes de gaz de la Russie à l'Ukraine et un lourd dédommagement payé par Gazprom à son homologue ukrainien.

Une transition énergétique lente et incertaine

S'il existe depuis les années 1980-1990 un lent processus de transition énergétique et écologique vers les ressources renouvelables, moins carbonées, les énergies fossiles constituent encore actuellement environ 85 % de la consommation mondiale d'énergie primaire. Depuis environ vingt ans, la révolution des hydrocarbures non conventionnels (HNC), ou pétroles et gaz de schiste, freine la transition et bouleverse en profondeur la géopolitique mondiale, au sens large.

La résistance des énergies fossiles

Le pétrole demeure la première énergie produite, échangée et consommée dans le monde, totalisant un peu plus du tiers du bilan énergétique mondial. Pourtant, la fin du pétrole est depuis longtemps annoncée : la théorie du *Peak Oil* date des années 1950 (Marion King Hubbert), et le rapport Meadows (1972) prévoyait pour la fin du XXe siècle l'effondrement irréversible de la production. Les réserves mondiales n'ont en réalité jamais été aussi importantes qu'en ce début du XXIe siècle : on peut envisager l'exploitation de 1 700 milliards de barils approximativement, ce qui correspond à plus de cinquante ans de consommation. Encore ne s'agit-il que des réserves prouvées. En termes de réserves ultimes récupérables, on est à plus de cent ans de production (soit 4 000 milliards de barils), en tablant sur les réserves non conventionnelles (pétroles de schiste et de sables bitumineux). Les treize membres de l'OPEP représentent à eux seuls 80 % des ressources, mais, ne maîtrisant plus le marché, ils doivent s'associer à

La consommation d'énergie primaire dans le monde

Cédric Tellenne

Par énergie primaire, on entend l'énergie que l'on récupère directement de la nature, avant la transformation industrielle : pétrole brut sortant du puits, charbon extrait de la mine, chute d'eau au pied d'un barrage, énergie lumineuse arrivant sur un capteur solaire ou chaleur produite dans le cœur d'une centrale nucléaire.

Tableau 1. **Répartition de la consommation mondiale d'énergie primaire par type d'énergie**

Énergies fossiles	**85,2 %**
Dont : Pétrole	34,2 %
Gaz naturel	23,4 %
Charbon	27,6 %
Énergies renouvelables	**3,5 %**
Hydroélectricité	**6,8 %**
Nucléaire	**4,5 %**

Source : BP, *Statistical Review of World Energy*, 2019.

dix membres NOPEP (OPEP+) et cherchent à se diversifier coûte que coûte. L'Arabie saoudite a été détrônée il y a quelques années par les États-Unis comme premier producteur mondial, mais se place toujours devant la Russie. La révolution des pétroles de roche est *un formidable facteur de transformation de la géopolitique mondiale*, permettant à des pays très consommateurs comme les États-Unis de reconquérir leur indépendance énergétique. Toutefois, ce marché est très fragile, comme le montre l'effondrement des prix en 2020, occasionnant une série spectaculaire de faillites (dont la compagnie Chesapeake Energy, avec une dette de 8 milliards de dollars), car l'exploitation n'est rentable qu'avec un baril aux environs de 75 dollars.

Avec le renchérissement considérable du pétrole à partir des années 1970, le gaz devient plus compétitif et connaît un triplement de sa consommation en quarante ans : c'est indéniablement un outil de la transition vers une énergie moins carbonée. Les réserves sont très abondantes et les projets d'aménagement multiples. Un marché mondial du gaz est en train de se constituer grâce aux progrès des transports par méthaniers, et à la baisse concomitante de leurs coûts. Les États-Unis ont réussi une percée exceptionnelle depuis quelques années avec leur gaz de schiste : le GNL américain (du gaz naturel de qualité commerciale condensé à l'état liquide pour être transporté) est une perspective pour les pays occidentaux de desserrer les contraintes d'approvisionnement en gaz naturel russe, ou quatari. Certains investissent massivement dans cette technologie, à l'image de l'Australie qui envisage de devenir bientôt le premier fournisseur mondial de GNL pour répondre à l'immense demande du marché chinois. Le total des flux de GNL devrait atteindre 70 milliards de m^3 par jour en 2040, soit cinq fois plus qu'en 2000.

La disparition du charbon, depuis longtemps annoncée, cache en réalité une extraordinaire *résilience* : il est actuellement la deuxième énergie la plus consommée au monde, avec plus du quart de la consommation énergétique mondiale, et surtout 40 % de l'électricité mondiale. Les pays émergents tout particulièrement relancent la consommation mondiale, qui double de 1980 à 2010. En Chine, le charbon constitue 70 % de la consommation énergétique, elle est devenue à la fois premier producteur et premier consommateur mondial. En Australie, le charbon est devenu en 2018 la première source d'exportation du pays. Son utilisation pourrait même s'accroître avec de nouveaux usages comme la production d'hydrogène ou celle de carburants liquides. À l'heure actuelle, près de 20 % de l'hydrogène mondial est produit grâce à du charbon, au terme d'un processus de gazéification. L'hydrogène est un gaz combustible dont la molécule ne contient pas d'atome de carbone : sa combustion ne produit que de la vapeur d'eau, sans pollution locale ni impact global sur le climat, et il est plus facile à stocker. Les carburants liquides sont un domaine plein d'avenir : un carburant de synthèse peut en théorie être produit à partir de toute matière première contenant du carbone et de l'hydrogène (charbon, biomasse ou gaz naturel). Un autre domaine de recherche prometteur est celui des charbons propres (projet FuturGen aux États-Unis). Le charbon contribue à desserrer les contraintes géopolitiques liées au gaz et au pétrole, pour plusieurs raisons : des réserves gigantesques (2,5 fois celles de pétrole ; 3,7 fois celles de gaz naturel) et bien réparties dans le monde ; les coûts de production les plus faibles au monde (entre 10 et 30 dollars la tonne) ; des prix assez stables, peu sensibles aux aléas économiques et géopolitiques.

Un développement des énergies renouvelables encore entravé

Au tournant de l'an 2000, les experts anticipaient au moins 20 % d'énergies vertes dans la consommation énergétique mondiale [Akrich et Beltran, 1999]. On en est bien loin : outre la biomasse, c'est moins de 7 % pour l'énergie hydraulique (la moins écologique de toutes) et à peine 4 % pour les autres énergies vertes (soleil, vent et géothermie). Les énergies vertes ont un potentiel de croissance gigantesque, à tel point que Robert Bell [2007] anticipe une nouvelle « ruée vers l'or » (vert) et Jeremy Rifkin [2011] en fait la source d'une nouvelle révolution industrielle ; en Californie, la Silicon Valley connaît une vogue spectaculaire des *green IT* (après celles de l'électronique, de l'informatique et de l'Internet), dans les années 2000-2010, avec des firmes comme Tesla, Solazyme, Nanosolar, GreatPoint, Solis Energy, Leosphere, Biobasic... Les énergies « vertes » sont toutefois loin de faire l'unanimité : très gourmandes en métaux rares et en énergie dans les phases de fabrication et d'usinage, faisant peser une menace constante de pénuries [Flipo *et al.*, 2013] et de « guerre des métaux rares » [Pitron, 2018]. Ces énergies sont intermittentes et difficiles à stocker. Les biocarburants eux-mêmes, qui ont connu une véritable mode dans les années 2000, ne sont pas devenus la solution miracle attendue : gros consommateurs de terre et réducteurs de biodiversité, ils coûtent très cher à la production et ont engendré une intense spéculation, entraînant des pénuries alimentaires et des émeutes de la faim dans une cinquantaine de pays du Sud à la fin des années 2000. De son côté, l'hydroélectricité est la première des énergies de flux : dans le monde, elle représente 17 % de la production totale d'électricité, soit davantage que l'électricité nucléaire (15 %) et un peu moins de 7 % de l'énergie totale produite.

Le nucléaire civil, clef du développement et de la puissance

Le nucléaire permet de produire 15 % de l'électricité mondiale, soit le double du pétrole, et constitue au total environ 7 % de la consommation mondiale d'énergie primaire (contre moins de 1 % en 1973). Son expansion est rapide, contrairement aux idées reçues : environ soixante-dix réacteurs sont actuellement en chantier dans le monde. L'OCDE prévoit un doublement de la capacité nucléaire mondiale d'ici 2050, car l'énergie présente des avantages indiscutables, notamment pour les pays émergents. Le nucléaire permet de limiter les émissions de gaz à effet de serre (GES) (10 grammes de CO_2 par kWh d'électricité contre 800 pour le pétrole), il recycle une partie de ses déchets, en enfouit une autre ; il utilise surtout de l'uranium, une matière première assez abondante et sans autre utilité, exploitée dans des régions assez sûres et stables (Australie, Kazakhstan, Canada). Enfin, avec le démantèlement des arsenaux nucléaires militaires depuis les années 1990, une quantité importante de plutonium est disponible, ce qui permet la mise au point d'un nouveau combustible, le *mox* (*mixed oxyde*), composé d'un mélange d'uranium appauvri et de plutonium. La géographie mondiale du nucléaire reflète les inégalités de développement et de puissance. Les pays producteurs sont une petite minorité, environ une trentaine, ce qui s'explique par la nécessité de maîtriser une technique complexe et très coûteuse (le coût moyen de production d'électricité est de 1 600 euros par kWh pour le nucléaire contre 600 pour le gaz, 300 pour le fuel). Sur quatre cent cinquante réacteurs installés dans le monde, les sept premiers pays en contrôlent près des trois quarts : États-Unis, France, Japon, Royaume-Uni, Russie, Canada, Allemagne (programme gelé). L'avenir du nucléaire dépend en grande partie des avancées technologiques en cours, notamment le projet *International Thermonuclear Experimental Reactor* (ITER — « chemin » en latin) à Cadarache, réunissant trente-cinq pays (dont l'Union européenne, le Japon, la Chine, les États-Unis, la Russie, la Corée du Sud).

Les acteurs et outils de la transition écologique

La montée des préoccupations environnementales est une dimension essentielle de la géopolitique contemporaine, en ce qu'elle pousse à la recherche d'une gouvernance internationale. Le professeur canadien Philippe Le Pestre [2005 ; 2017] parle à cet égard d'« éco-politique » internationale. La question particulière des émissions de GES liées aux énergies fossiles occupe désormais une place de choix dans l'agenda international [Gemenne, 2009 ; Tellenne, 2021]. Les débats ont changé de « nature » depuis les années 1970 : ils portent moins sur la question de l'épuisement des ressources énergétiques, comme à l'époque du rapport Meadows et de la conférence de Stockholm (1972), que sur l'urgence de limiter les émissions de dioxyde de carbone du fait du risque majeur de réchauffement climatique, comme le montre l'accord de Paris (2015).

L'enjeu est ainsi de bâtir un « développement durable » (*sustainable development*) capable de réconcilier les logiques de croissance économique, de justice sociale et de respect de l'environnement. Alors que la conférence de Stockholm (1972) insistait sur les menaces de pénuries et prônait une croissance *stationnaire*, le rapport Bruntdland de l'Organisation des Nations unies (ONU, 1987) défend le principe d'une croissance plus écologique. Ce nouveau paradigme a été popularisé par le sommet de Rio (1992), et décliné à différentes échelles par le biais des « Agendas 21 », mais a aussi été beaucoup critiqué pour le fait qu'il relevait toujours de la croyance d'un développement « à l'occidentale », qu'il s'agissait de faire accepter pour mieux durer [Rist, 1992]. Ainsi, un Américain moyen consomme actuellement 7 tonnes équivalent pétrole (Tep) par an, contre 0,4 Tep pour un Camerounais ou un Congolais. L'écologie doit être replacée au centre du jeu, primant désormais sur l'économie et non l'inverse [Brown, 2001 ; 2007].

Dans cette optique, on a assisté à une constante expansion du droit national et international de l'environnement : le protocole de Kyoto, signé en 1997 et entré en vigueur en 2005, a favorisé la création des marchés de permis d'émissions négociables (dits aussi *marchés carbone*) et la multiplication des écotaxes, des quotas, interdictions, labels en tout genre. Le protocole de Kyoto n'était qu'un début, avec une portée surtout symbolique : pour stabiliser à 2 °C le réchauffement planétaire au xxie siècle comme affiché dans les objectifs, il aurait fallu baisser de 80 % les émissions de GES des seuls pays industriels, sans parler des limitations à imposer aux pays émergents (eux-mêmes dispensés pour ne pas entraver leur développement). L'accord de Paris sur le climat (2015), qui prolonge Kyoto, est à peine plus ambitieux car sans caractère contraignant ; il a souffert du retrait des États-Unis (2020) et de l'incapacité des grands pays signataires à tenir leurs engagements. Même l'Union européenne, qui se veut un modèle sur le plan écologique, a vu ses émissions de GES augmenter de nouveau entre 2015 et 2019, sous l'effet du retour de la croissance économique. Ce n'est que la brutale crise de 2020 qui a permis de les baisser drastiquement...

Ainsi, les outils de la transition énergétique et écologique ne sont que partiellement mis en place. D'un côté, les « marchés carbone », dits aussi systèmes d'échange des quotas d'émission (ou de permis d'émissions négociables). Le système vient des États-Unis dans les années 1990, il relève d'une logique libérale de marché et non d'une taxation parfois jugée punitive. L'Union européenne a mis en place un tel système en 2005 et elle constitue aujourd'hui le premier marché carbone au monde. Un rapport de la Banque mondiale en 2015 recense une quarantaine de pays appliquant ce système, couvrant seulement 12 % des émissions mondiales de GES. La couverture des émissions par un prix du carbone a triplé entre 2005 et 2015 et doit croître fortement sous peu, avec la mise en place d'un tel marché en Chine. Mais on ne peut que constater l'*absence de prix dissuasif du carbone* : l'éventail des prix à la tonne est très large, allant de quelques euros au Mexique à plus de 100 euros en Suède. Certains pays, par leurs subventions aux énergies fossiles, affichent même un prix négatif. L'objectif idéal serait de passer à 25 % en 2020 et 50 % en 2030. Certains pays ont mis en place des « taxes carbone », taxes vertes ou écologiques portant sur les émissions de dioxyde de carbone, selon le principe du « pollueur-payeur ». C'est le cas de la France depuis 2014 avec la contribution climat énergie (CCE) qui pèse sur les entreprises comme les particuliers : introduite dans la taxe intérieure de consommation sur les produits énergétiques (TICPE), la taxe intérieure de consommation sur le gaz naturel (TICGN) et la taxe intérieure de consommation sur le charbon (TICC), elle est montée de 7 à 30,50 euros par tonne de CO_2 entre 2014 et 2017.

Un nouveau « grand jeu » énergétique mondial

Les rapports de puissance se sont singulièrement complexifiés, entre réaffirmation des puissances anciennes et irruption de nouveaux acteurs. L'originalité du secteur des énergies, c'est que les pays consommateurs pèsent d'un poids considérable, parfois équivalent — ou même supérieur — à celui des producteurs et exportateurs.

Des marchés en profonde recomposition

Les marchés ont été dérégulés depuis les années 1980. Pendant longtemps, sur le marché pétrolier, le système des « prix producteurs » a prévalu : ce sont les producteurs qui fixaient un prix de référence sur lequel les autres s'alignaient, grâce à des accords de cartels, et un contrôle de l'approvisionnement par quotas (*majors*, puis OPEP). À partir des années 1980 interviennent une déréglementation généralisée et des privatisations, favorisant une fixation des prix plus concurrentielle sur différents marchés : marchés au comptant (dits *spot*), marchés à terme (contrats et options négociables). Ce processus de financiarisation fait que l'OPEP peine à les influencer seule, elle doit s'associer à des pays tiers dans le cadre de l'OPEP+ depuis 2016. La spéculation sur les marchés est de plus en plus forte, mais, si elle peut amplifier l'incidence des accidents géopolitiques sur le niveau des cours et accroître la volatilité à *court terme* (comme en témoigne par exemple la crise d'Ormuz en septembre 2019), elle ne peut à elle seule créer une *tendance durable* d'évolution des prix.

Sur ces marchés, les grandes firmes énergétiques se livrent une concurrence farouche. Elles ont profité récemment du double processus de déréglementation et financiarisation des marchés pour mener des mégafusions (Gulf-Chevron en 1984 puis Chevron-Texaco en 2001, Exxon-Mobil en 1998, Total-Fina-Elf en 1999). Le marché mondial prend la forme d'un *oligopole* où les « sept sœurs » sont devenues cinq (Exxon-Mobil, Gulf-Chevron, BP, Shell, Total) et côtoient de puissantes firmes nationales et indépendantes du Sud, qui ont émergé avec l'aide de l'État, à l'image des *Big Three* chinoises (Sinopec, CPC, CNOOC). Autour de ces géants de l'énergie gravitent une myriade de firmes sous-traitantes, dans les différentes branches d'activité, du matériel d'exploitation au *trading* (Halliburton, Technip, Fluor), faisant du secteur des énergies un enjeu majeur pour l'économie et l'emploi dans de nombreux pays : en France, il constitue 2 % du PIB et 135 000 emplois directs environ (2019). Ainsi, sept des dix plus grandes entreprises du monde, ainsi que la moitié des vingt plus grandes travaillent dans ce secteur.

Les États gardent toutefois un rôle essentiel, au nom de la sécurité et de la souveraineté nationales. Ils déterminent les grandes orientations stratégiques en matière d'énergie, soutiennent les entreprises nationales, les aident à signer des contrats d'exploitation, d'approvisionnement ou de fourniture (« diplomatie énergétique »). En Russie, l'État contrôle Gazprom, Rosneft et Rosatom, les trois grands *leaders* du secteur, respectivement dans le gaz, le pétrole et le nucléaire. Dans les pays émergents, seuls les États ont pu hisser des champions nationaux dans le haut du classement mondial, afin d'assurer les approvisionnements du pays et/ou de favoriser les recettes d'exportations : la plupart des grandes firmes énergétiques y sont publiques, comme en Chine (Sinopec, CPC, CNOOC), en Arabie saoudite (Saudi Aramco), en Algérie (Sonatrach). Au Brésil, Petrobras, spécialiste de l'*offshore* profond, compagnie d'État (48 % des actions, 64 % des droits de vote), s'est hissée à la quatrième place mondiale par la capitalisation, lançant en 2010 la plus grande augmentation de capital de l'histoire (environ 65 milliards de dollars), afin de financer son gigantesque programme de forage en eaux profondes. Le rôle de l'État est parfois important aussi dans de nombreux pays du Nord, à l'exception des États-Unis : en France, EDF, Areva et Orano ; en Italie, ENI et ENEL ; au Royaume-Uni, British Gaz ; au Canada, Hydroquébec, géant de l'hydraulique, etc.

Les grandes puissances mondiales, rivales pour la domination énergétique

Les États-Unis effectuent une spectaculaire reconquête de leur indépendance nationale et de la suprématie mondiale en matière d'énergie. À la fois grands producteurs et grands consommateurs, ils changent progressivement leur stratégie énergétique, s'éloignant de la *dépendance assumée* vis-à-vis de l'extérieur, qui datait de l'après-Seconde Guerre mondiale et était rendue possible par leur capacité hors norme à sécuriser leurs approvisionnements. Tout change avec la grande révolution des hydrocarbures non conventionnels (HNC) qui leur fournissent plus de la moitié de la consommation nationale. Ainsi, ils sont redevenus en 2014 les premiers producteurs mondiaux de pétrole, devant l'Arabie saoudite et la Russie, après être redevenus les premiers producteurs mondiaux de gaz en 2011. Ils peuvent envisager d'être les premiers exportateurs mondiaux d'ici quelques années, si la croissance repart après le brutal coup d'arrêt lié à la crise sanitaire et économique mondiale de 2020, marquée par la faillite de géants du secteur (Chesapeake Energy).

La Russie effectue un retour en force en tant que grande puissance énergétique. Elle cumule des réserves gigantesques d'hydrocrabures, supérieures à celles de la zone Moyen-Orient-Golfe, qu'elle utilise comme un levier d'influence régionale et mondiale. Après une longue période d'incurie et de pillage organisé à la suite de la chute de l'URSS, Vladimir Poutine et son clan reprennent en main le secteur afin de redresser le pays, avec des nationalisations en chaîne (Gazprom et Rosneft), la mise au pas des oligarques (exil de Boris Berezovski, emprisonnement de Mikhaïl Khordorkovski). Dans le pétrole, l'État contrôle près de 50 % de la production avec les géants Rosneft et Gazpromneft. Concernant le gaz, la seule entreprise publique Gazprom (État majoritaire à 50 % +1) réalise 75 % des exportations du pays. Elle est la *plus grande firme gazière* au monde avec 20 % des réserves planétaires. Il existe d'autres entreprises privées exportatrices comme Novatek : celle-ci est le principal acteur russe en Arctique (Yamal), l'un des projets GNL les plus grands et les plus complexes du monde (plus de deux cents puits forés, 4 milliards de barils équivalents pétrole de réserves de gaz). Gazprom se concentre sur d'autres projets comme les gazoducs : Force de Sibérie vers la Chine (le I est achevé, le II en projet), illustrant le pivot énergétique russe vers l'Asie, North Stream II en Baltique, Turkstream, Poseïdon en Adriatique. La stratégie actuelle de l'État russe dans les hydrocarbures est l'internationalisation progressive des firmes nationales, avec une maîtrise des routes continentales (oléoducs, gazoducs) et de multiples accords bilatéraux et multilatéraux. Ce retour en force par le biais des hydrocarbures est aussi un facteur de vulnérabilité, au sens où 80 % des exportations du pays sont fournies par trois énergies fossiles, pétrole, gaz et charbon. Si bien qu'elle subit de plein fouet les contre-chocs énergétiques de 2009, 2014 et 2020.

Les pays du golfe Arabo-persique cherchent à se dégager des « mirages » de l'or noir. Ils demeurent de très gros producteurs de pétrole et de gaz, malgré la percée des États-Unis et de la Russie, et détiennent environ les deux tiers des réserves pétrolières mondiales prouvées. C'est un facteur de déstabilisation : les « guerres pétrolières » sont incessantes depuis les années 1970, de la guerre du Kippour (1973) à l'invasion américaine de l'Irak (2003), en passant par la guerre Irak-Iran, celles du Koweït et du Golfe (1990-1991), ainsi que l'actuelle guerre par procuration entre Iran et Arabie saoudite (attentats iraniens en 2019 sur les raffineries de l'Est saoudien). L'argent du pétrole sert très communément à la mise sur pied de puissances militaires régionales : ce qui était vrai pour le régime de Saddam Hussein dans les années 1980 l'est aujourd'hui pour l'Arabie saoudite, premier client mondial pour l'équipement militaire. D'autres petites puissances régionales mettent davantage l'accent sur le *soft power* et les réalisations culturelles de prestige (Abu Dhabi) ou la politique de *sponsoring* international (Qatar). Israël y fait figure d'exception en matière d'énergie : longtemps privé de ressources, l'État juif vient de découvrir un gisement de gaz important en Méditerranée orientale (Léviathan, 16 milliards de barils), qui pourrait en faire prochainement un pays exportateur, mais engendre déjà des tensions avec le Liban et la Turquie. Quant à l'Iran, son immense potentiel pétrolier et gazier reste bridé par les sanctions américaines qui le touchent du fait de son programme nucléaire.

Certaines puissances montantes de l'énergie tirent aussi leur épingle du jeu sur le continent américain : le Canada développe son potentiel énergétique tous azimuts, notamment d'immenses réserves de pétrole et gaz non conventionnels en Alberta (gazoduc Keystone XL vers le Texas), des ressources *offshore* exploitées dans l'Atlantique et prospectées dans l'Arctique. L'Amérique latine est plus que jamais un eldorado énergétique, avec les deuxièmes réserves pétrolières mondiales, le Venezuela y a été désormais dépassé par le Mexique, le Brésil et l'Argentine en termes de production. La Colombie et l'Équateur connaissent une forte croissance de leur production, en lien avec le marché états-unien, tandis que la Bolivie regorge de ressources en gaz. Le Brésil est en passe de devenir un géant énergétique grâce à la découverte du gisement pétrolier de Tupi au large de Santos et de gaz en Amazonie, sans oublier la production massive de biocarburants (éthanol, biodiesel).

L'Afrique, enfin, demeure largement en réserve, avec des ressources immenses encore sous-exploitées. Le continent compte un petit nombre de très gros producteurs et exportateurs pétroliers, comme le Nigeria, l'Angola, la Libye (production interrompue entre 2014 et 2020 du fait de la guerre), le Gabon ou la Guinée équatoriale, mais aussi des producteurs secondaires, comme le Soudan, le Ghana, le Niger, le Mozambique, où les découvertes récentes en mer sont très prometteuses. L'extraction de pétrole y est stimulée par la demande des pays émergents : en 2019, l'Angola est devenu le deuxième producteur d'Afrique pour fournir la Chine. D'autres ressources énergétiques sont abondantes, comme le gaz en Algérie, l'uranium au Niger et potentiellement l'hydroélectricité dans le bassin des grands fleuves, comme le Congo, encore mal équipé. Le plus gros producteur pétrolier, le Nigeria, témoigne toutefois des insuffisances en termes de développement et d'équipement du secteur : il ne fournit que 2,5 % de la production mondiale de pétrole et 1 % de gaz malgré l'abondance de ses ressources ; les vols et trafics illicites de pétrole y sont une véritable industrie, la corruption est généralisée et endémique. Dans le cas de l'Angola, malgré la puissance pétrolière du pays, 35 % de la population vivent sans électricité.

Les grands consommateurs, un poids géopolitique incontestable

La Chine est devenue le premier importateur d'énergies au monde, afin de nourrir sa forte croissance. Elle s'efforce certes de développer sa production intérieure en charbon, en gaz de schiste (*joint-venture* Shell-CNPC dans le Sichuan), en électricité nucléaire (Tianshan) et hydraulique (barrage géant des Trois-Gorges), mais sa consommation d'énergie va croissant, avec près de 10 % du pétrole mondial, et sans doute encore un triplement des importations d'ici 2030, d'où une diplomatie pétrolière et gazière très active, qui prend la forme des « nouvelles routes de la soie » depuis 2013, et s'appuie sur les investissements dans le monde entier des firmes chinoises (Sinopec, CPC, Stategrid). Les deux tiers de son approvisionnement pétrolier viennent du Moyen-Orient et d'Afrique, avec des fournisseurs majeurs comme le Soudan, l'Iran, l'Algérie, secondairement l'Amérique latine (Venezuela, Pérou). Un accord historique de fourniture a été signé entre le CPC et Gazprom en 2013 pour des fournitures de gaz. La Chine recherche aussi des solutions de contournement par des détroits parfois très lointains, comme le canal de Beagle en Amérique australe.

Parallèlement, mais à un niveau moindre, l'Inde développe ses importations et ses capacités de production en lien avec des partenaires étrangers. Elle mise particulièrement sur le nucléaire civil, dans le cadre d'un accord de coopération avec les États-Unis qui date de 2005, et de contrats commerciaux avec la France (achat de six centrales nucléaires). L'Inde importe 75 % de sa consommation de pétrole, pour l'essentiel du Moyen-Orient (70 %), dont elle cherche à être moins dépendante, et se tourne vers l'Afrique : elle est ainsi devenue le quatrième importateur mondial de pétrole. Autre signe d'ouverture, le gouvernement indien autorise désormais les compagnies étrangères à posséder 100 % du capital des sociétés d'exploration et de production pétrolières, avec des possibilités dans le golfe de Bengale, même si l'essentiel vient toujours de Mumbai. En Asie du Sud-Est, malgré la présence d'anciens pays pétroliers (Indonésie, Malaisie), les importations se développent rapidement : l'Association of South East Asian Nations (ASEAN) représente à elle seule 11 % de la hausse de la demande mondiale, contre 26 % pour l'Inde et 21 % pour la Chine. D'ici 2040, les importations de pétrole représenteront quatre fois la production régionale.

L'Union européenne manque d'une stratégie énergétique claire et unique. Elle affiche une importante dépendance énergétique, qui devrait atteindre 70 % en 2030. Ses réserves sont insignifiantes : 7 % du total mondial pour le charbon, 2 % pour le gaz et 0,5 % pour le pétrole. Si bien que 90 % de la consommation de pétrole et 60 % de celle de gaz sont importés. La dépendance est d'autant plus forte qu'elle est liée à un faible nombre de fournisseurs : ainsi, 35 % du gaz et du pétrole, 30 % du charbon viennent de Russie, ce qui dicte une attitude de prudence face au Kremlin, mais les Européens se divisent entre eux sur le cas russe : l'Allemagne joue à fond cette carte (Northstream I et II), au grand dam de la France. L'Union européenne éprouve de grandes difficultés à définir une politique commune en matière énergétique : c'est un des angles morts de la construction européenne. Le développement des énergies bas carbone est insuffisant, les trajectoires nationales diffèrent : la France assure grâce au nucléaire plus de 70 % de sa production d'électricité nationale, sans combustible fossile et sans émissions de GES, mais les énergies fossiles constituent toujours plus des deux tiers de la consommation finale du pays et elle reste dépendante de l'étranger pour environ 50 % de sa consommation. Les ENR en revanche sont insuffisamment développées : 10 % du bilan énergétique français, avec une part prédominante de l'hydraulique.

Au terme de cette analyse, on en vient à une triple conclusion. 1) L'énergie est devenue au cours du XXe siècle et restée aujourd'hui un des enjeux majeurs de la géopolitique mondiale. Les marchés du pétrole et aujourd'hui du gaz sont les objets de tensions et conflits majeurs, sans que la poussée des ENR parvienne à desserrer les contraintes géographiques et géopolitiques. 2) La transition énergétique n'en est qu'à ses débuts, et le règne des énergies fossiles n'est pas près de s'achever : l'Agence internationale de l'énergie prévoit qu'en 2040 la trilogie pétrole-gaz-charbon constituera toujours plus de 80 % du bilan énergétique mondial, ce qui augure de la permanence de la « vieille géopolitique ». 3) Les logiques étatiques font un retour en force face aux logiques de marché, après pourtant plusieurs décennies de déréglementation et de privatisations. Bref, l'énergie (re)devient une véritable affaire d'État : ce qui est en jeu, c'est la souveraineté et la sécurité des nations. L'intérêt national prédomine encore largement sur les enjeux planétaires, tels l'après-pétrole et la lutte contre le réchauffement climatique.

Repères bibliographiques

Akrich M. et Beltran A. [1999], *Énergie. L'heure des choix*, Paris, Eyrolles.

Auzanneau M. [2015], *Or noir. La grande histoire du pétrole*, Paris, La Découverte.

Badie B. [1995], *La Fin des territoires. Essai sur le désordre international et sur l'utilité sociale du respect*, Paris, Fayard.

— [2004], *L'Impuissance de la puissance. Essai sur les incertitudes et les espoirs des nouvelles relations internationales*, Paris, Fayard.

Badie B. et Smouts M.-C. [1996], *L'International sans territoire*, Paris, L'Harmattan, « Cultures et conflits ».

Barré B. [2007], *Atlas des énergies*, Paris, Autrement.

— [2013], *Faut-il renoncer au nucléaire ?* Cherves-Richemont, Le Muscadier.

— [2017], *Pourquoi le nucléaire ?* Louvain-la-Neuve, De Boeck Supérieur.

Barré B. et Bailly A. [2007], *Atlas des énergies mondiales. Quels choix pour demain ?* Paris, Autrement, 2015.

BARRÉ B. et MÉRENNE-SCHOUMAKER B. [2017], *Atlas des énergies mondiales. Un monde en transition*, Paris, Autrement.

BEAU R. et LARRÈRE C. [2018], *Penser l'Anthropocène*, Paris, Presses de Sciences Po.

BELL R. [2007], *La Bulle verte. La ruée vers l'or des énergies renouvelables*, Paris, Scali.

BROWN L. [2001], *Éco-économie. Une autre croissance est possible, écologique et durable*, Paris, Seuil.

— [2007], *Le Plan B. Pour un pacte écologique mondial*, Paris, Calmann-Lévy.

FLIPO F., DOBRÉ M. et MICHOT M. [2013], *La Face cachée du numérique. L'impact environnemental des hautes technologies*, Paris, L'Échappée.

GEMENNE F. [2009], *Géopolitique du changement climatique*, Paris, Armand Colin.

LE PESTRE P. [2005], *Protection de l'environnement et relations internationales. Les défis de l'écopolitique mondiale*, Paris, Armand Colin.

— [2017], *Global Ecopolitics Revisited. Towards a Complex Governance of Global Environmental Problems*, Londres, Routledge.

PITRON G. [2018], *La Guerre des métaux rares. La face cachée de la transition énergétique et numérique*, Les Liens qui libèrent, Paris.

RAMDANI S. [2018], « La Croatie, fer de lance de la stratégie énergétique américaine », *Diplomatie. Les Grands Dossiers*, n° 43, février-mars.

RIFKIN J. [2011], *The Third Industrial Revolution. How Lateral Power is Transforming Energy, the Economy and the World*, New York, Palgrave MacMillan.

— [2014], *The Zero Marginal Cost Society. The Internet of Things, the Collaborative Commons and The Eclipse of Capitalism*, New York, Palgrave MacMillan.

RIST G. [1992], *Le Développement. Histoire d'une croyance occidentale*, Paris, Presses de Sciences Po.

TELLENNE C. [2021], *Géopolitique des énergies*, Paris, La Découverte, « Repères ».

YERGIN D. [1991], *The Prize. The Epic Quest for Oil, Money, and Power*, New York, Simon & Schuster.

— [2011], *The Quest. Energy, Security, and the Remaking of the Modern World*, New York, Penguin Book.

3. Les ressources en eau, entre concurrences économiques et hydroconflits

Emmanuel Naquet

« Désamorcer la bombe hydraulique planétaire ». Tel est le titre de l'éditorial de Barah Mikaïl [2007], spécialiste des crises hydriques au Moyen-Orient, dans la *Revue internationale et stratégique* qui s'interroge sur « l'or bleu, nouvel enjeu géopolitique ». C'est presque devenu un lieu commun. L'eau est indéniablement une ressource vitale, et non substituable ; une ressource souvent comparée à un métal précieux ou un hydrocarbure (« or bleu »), à ceci près que l'eau présente des caractéristiques différentes : renouvelable, variable, toujours en mouvement, difficilement transportable sur de longues distances. L'enjeu géopolitique vient du fait que des individus, seuls ou collectivement, des territoires, des firmes, des nations entrent en concurrence pour maîtriser la ressource, faisant des gagnants et des perdants.

Mais l'eau ne supporte pas vraiment le singulier, dès lors que l'on peut distinguer des types d'eaux, dont l'eau bleue des nappes, l'eau verte de l'agriculture pluviale, l'eau grise utilisée et dégradée, jusqu'à l'eau « virtuelle », celle qui n'est consommée qu'indirectement *via* les importations agricoles ou industrielles ; un concept qui vient du géographe britannique John Antony Allan [1997] : l'Égypte consommerait « virtuellement » de l'eau, par exemple à travers le blé américain importé, et même davantage que le débit du Nil même... En outre, ce fluide a toujours été l'objet de conflits entre divers acteurs pour sa disponibilité, son accessibilité, sa qualité. Enjeux pluriels donc, renouvelés et accentués, qui ne sont pas uniquement techniques, mais assurément sociaux, économiques, environnementaux et politiques, l'eau recouvrant toutes ces dimensions.

Alors que l'eau apparaît surabondante sur Terre, la demande explose partout, réduisant la quantité allouée à chacun, de 17 000 m^3 par an et par habitant en moyenne en 1950 à 6 700 m^3 actuellement et sans doute 5 000 m^3 en 2025. De là découlent maints des conflits d'usage, mais va-t-on pour autant vers des « guerres de l'eau » généralisées au XXIe siècle ? Si, pour Roger Cans [2001] ou Frédéric Lasserre [2009 ; 2018], aucune « bataille » ou guerre n'a eu lieu pour la seule maîtrise de l'eau, l'ancien vice-président de la Banque mondiale Ismaïl Serageldin se faisait inquiétant : « Les guerres de ce siècle ont été déclarées pour le pétrole, les guerres du prochain siècle auront pour objet l'eau » [cité par Houdret, 2005].

L'eau sur la Terre, entre abondance et rareté

L'eau constitue 70 % de la surface de la Terre, essentiellement sous la forme d'eau salée marine, l'eau douce étant un élément assez rare : elle ne représente que 2,6 % du total, et est encore pour les deux tiers stockée sous la forme solide des glaciers et de la banquise. L'eau douce directement exploitable ne représente que 0,014 % de l'ensemble de l'hydrosphère.

Une répartition contrastée en fonction des milieux

Les zones chaudes arides ou semi-arides ne bénéficient que d'environ 6 % des précipitations et 2 % des eaux de l'écoulement continental, tandis que les zones froides ont des eaux gelées. En revanche, les zones tempérées et intertropicales, humides pour 45 % et 53 %, concentrent les précipitations, les étendues lacustres, les nappes phréatiques, avec des fleuves importants, à l'instar de l'Amazone (4 % de la surface continentale, mais 16 % du total de l'écoulement terrestre annuel) ou du Congo. L'altitude permet de véritables châteaux d'eau (système alpin en Europe, Appalaches nord-américaines, Andes d'Amérique du Sud, etc.), alors que la continentalité aboutit à une baisse des précipitations corrélée à l'éloignement du littoral.

Les différences entre pays sont considérables : les 60 m^3 par habitant et par an à Gaza s'opposent aux 630 000 m^3 en Islande, et les 100 % d'accès à une eau potable aux États-Unis aux 25 % du Tchad. Au total, une douzaine de pays concentrent 75 % des eaux de surface : Congo, Russie, Canada, Chine, Indonésie, États-Unis, Bangladesh, Inde, Myanmar, Brésil, Venezuela, Colombie, Pérou. À l'inverse, selon le World Resources Institute [Hofste *et al.*, 2019], dix-sept pays représentant un quart de la population mondiale sont en état d'« extrême stress hydrique » avec moins de 1 700 m^3 disponibles par an et par habitant. L'échelle continentale confirme l'importance des écarts de dotation : les Amérique détiennent plus de 40 % de l'eau douce du globe avec les Grands Lacs, l'Alaska, le système du Mississippi, l'Amazonie, et ce pour 14 % de l'humanité. En revanche, l'Asie ne recueille qu'un peu plus d'un tiers des ressources pour quasiment les deux tiers de la population mondiale et, en Afrique, il coule deux fois moins d'eau que sur les autres continents. Mais ce continent connaît des disparités internes majeures : le tiers de cet écoulement se produit dans le seul bassin du Congo couvrant 12 % de la surface du continent. 40 % de la surface continentale ne connaissent pas d'écoulement permanent et 13 % de celle-ci sont endoréiques. Et toujours à l'échelle régionale, le sud de l'Afrique ou le sud de l'Europe sont en stress hydrique, tandis que, au Moyen-Orient, les 114 m^3 naturellement disponibles pour l'Arabie saoudite sont loin des 3 000 m^3 pour l'Irak, en raison du Tigre et de l'Euphrate.

À une échelle plus fine, les inégalités d'accès à l'eau peuvent être considérables, dessinant un véritable « *apartheid* hydrique » [Hugon, 2007]. Au Brésil, le Nordeste connaît des sécheresses récurrentes qui ruinent l'économie agricole, alors que le pays est le mieux doté de la planète en eau. En Inde, l'eau manque dans le centre, sur le plateau du Deccan, plus aride et moins bien équipé que le Nord : au Madhya Pradesh, les camions-citernes apportant l'eau aux paysans sont escortés par des soldats pour qu'ils ne soient pas pris d'assaut par la population. Parfois, les différences sont à l'échelle d'une même ville, les pénuries d'eau étant réservées aux quartiers pauvres des faubourgs populaires (usage des bornes-fontaines), et surtout des bidonvilles (Alger, Dacca, Lagos).

Une disponibilité très inégale pour les populations

L'eau peut être directement potable, ou nécessiter (le plus souvent) un assainissement par des stations d'épuration, car elle doit être limpide, incolore, aérée, inodore, pauvre en sels minéraux, sans nitrates, nitrites, ni ammoniaque. À ce titre, selon le Programme des Nations unies pour l'environnement (Pnue), 2,4 milliards d'hommes ne bénéficient d'aucun système de traitement des eaux. La maîtrise est donc un enjeu essentiel de développement pour les Suds et de niveau de vie pour les Nords, des techniques traditionnelles aux plus modernes (forage, pompage, dérivation, adduction, évacuation, barrage, stockage, avec, le cas échéant, une production d'électricité par les centrales hydrauliques). Si l'approvisionnement est déterminant, les défis sont aussi de lutter contre les pollutions (salinisation, etc.)

comme contre les maladies endémiques liées à l'eau (8 millions par an), tels la malaria (1,5 million de morts par an par défaut d'assainissement en Afrique), le paludisme (au moins un décès d'enfant de moins de 5 ans sur cinq), le choléra et la dysenterie.

Ainsi, l'abondance d'eau ne fait pas la richesse : l'Afrique centrale bénéficie de grosses réserves d'eau, mais demeure une région parmi les plus démunies du monde, sachant que cinq pays d'Afrique subsaharienne concentrent la moitié des pauvres de la sous-région (Nigeria, République démocratique du Congo — RDC —, Tanzanie, Éthiopie, Madagascar) ; l'Afrique en général est le continent le plus exposé eu égard à son accroissement démographique. Parallèlement, l'Arabie saoudite, désertique, puise dans ses nappes et dessale l'eau de mer grâce à son économie de rente.

Pour l'Organisation des Nations unies (ONU), le besoin pour vivre s'élève à 1 000 m^3 par an et par habitant avec, selon l'hydrologue suédoise Malin Falkenmark [1989], un stress hydrique qui apparaît lorsque les disponibilités moyennes en eau sont inférieures à 1 700 m^3 (2 milliards d'individus touchés), une rareté ou pénurie hydrique quand elles sont inférieures à 1 000 m^3, et une situation critique en dessous de 500 m^3. Autant d'indicateurs forgés en 1989 qui toutefois interrogent, au regard de la disparité et de la fiabilité des instruments de mesure ainsi que de la capacité (ou non) des acteurs à mobiliser les ressources. D'où, en 2002, la proposition d'un nouvel indicateur par des chercheurs britanniques du Centre for Ecology and Hydrology de Wallingford, le *Water Poverty Index* (indice de pauvreté en eau — IPE) prenant en compte à la fois la qualité, la pression, les investissements, l'accès comme la préservation de l'environnement. Cet indicateur, qui varie de 0 à 100, permet d'opposer la Finlande (78) à Haïti (35).

Une ressource intensément exploitée et gaspillée

Le nombre de barrages a été multiplié par sept depuis 1945, la moitié des cours d'eau de la planète étant dorénavant équipés (dont les deux tiers en Asie) : des barrages gigantesques comme celui d'Itaipu entre le Brésil et le Paraguay, parfois en cascades (treize sur le Tigre et l'Euphrate), et des centrales elles-mêmes puissantes, comme celle d'Itaipu au Brésil. Ces infrastructures sont fort discutées : si elles peuvent limiter les inondations, dont le Groupe d'experts intergouvernemental sur l'évolution du climat (Giec) annonce la multiplication, produire de l'électricité et façonner des espaces touristiques, les investissements et la maintenance sont des coûts importants, sans oblitérer les impacts environnementaux (déboisement, appauvrissement des terres périphériques jusqu'alors fertilisées par les alluvions) et sociaux (déplacements de population). Les contestations peuvent être fortes, en France (barrage de Sivens) ou en Chine (barrage des Trois-Gorges). Les chercheurs Sébastien Hardy et Franck Poupeau [2014] parlent de « guerres de l'eau » à Cochabamba en 2000 et La Paz-El Alto en 2007.

Les prélèvements sont souvent excessifs. Le lac Tchad est ainsi passé de 25 000 km^2 à 2 000 km^2, le débit du principal apport, le fleuve Chari, s'étant réduit de 125 m^3 par an avant 1945 à 7 m^3. Le Niger et le Nigeria ont dès lors perdu leur accès aux eaux libres et renégocient leurs frontières. En conséquence, l'avenir passe par différentes solutions, entre autres le dessalement, avec cependant un prix à payer, quelle que soit la technique (par osmose sous pression, distillation, électrolyse ou ébullition) : les méthodes sont énergétivores, techniquement complexes (traitement chimique) et monopolisées dans quelques pays développés ou en développement, comme l'Arabie saoudite (30 % de la production), le Koweït, les États-Unis, Malte. Le futur est aussi dans le recyclage : dans les pays scandinaves, la consommation par citadin est élevée, entre 300 et 600 litres par jour, mais le retraitement des eaux usées est important. La réduction des prélèvements agricoles est impérative : selon la Food and Agriculture Organization (FAO), la gestion par la demande qu'est la micro-irrigation permet de diminuer ceux-ci de 10 % à 20 % et limite les fuites.

L'eau est donc un marché, et sa loi économique est forte. Dans un monde de plus en plus urbanisé, le traitement des eaux usées, le dessalement de l'eau de mer et plus largement l'adduction de l'eau sont des opportunités et appellent des stratégies des firmes transnationales (FTN). Certains opérateurs interviennent par des délégations de service public, très variables dans leur forme et leur durée. Toutefois, des réseaux publics (90 %), parfois encore monopolistiques, dominent, même si des compagnies privées, Veolia et Suez par exemple, deux géants historiques, sont très présentes, quand la privation est totale, ou pour des actions ponctuelles. Le coût du service ou l'opacité des contrats font partie des critiques.

Si les enjeux sont commerciaux, ils sont aussi techniques pour le transport, onéreux, et surtout pour la réduction de l'empreinte à la source et l'objectif du « zéro rejet liquide ». Ils touchent finalement moins l'industrie que l'agriculture, productrice d'eutrophisation. Les investissements pour recycler sont donc colossaux, mais les capacités de financement, singulièrement des municipalités, sont souvent insuffisantes, d'où la mise en place de partenariats public-privé. Même défi pour le dessalement qui, s'il ne concerne que 1 % de l'eau potable disponible dans le monde, voit son volume traité augmenter de 10 % chaque année, pour 300 millions de personnes. Cependant, la technologie par osmose, la plus utilisée, en progrès, reste très gourmande en énergie.

Rivalités et compétitions pour les usages de l'eau

Des compétitions intenses entre secteurs économiques

L'agriculture est aquavore ; elle consomme 70 % de la disponibilité, et jusqu'à 85 % dans certains pays en développement (PED) en raison de politiques de développement comme la révolution verte, sachant que les besoins sont aussi inégaux : 800 litres d'eau pour produire 1 kg de blé et 3 000 litres pour le même poids de riz. En outre, 40 % de la récolte mondiale viennent de l'agriculture irriguée. Mais l'agriculture, c'est aussi l'élevage. Les transformations des régimes alimentaires, avec une alimentation de plus en plus carnée, impactent la demande en eau. Ainsi, malgré les innovations techniques, celle-ci continue à augmenter. Le *World Water Development Report* n° 4 prévoit ainsi qu'elle devrait passer de 2 700 à 4 000 millions de m^3 par an entre 2010 et 2030. De fait, la gestion intégrée des ressources en eau est très étroitement liée à la nutrition et au développement, sachant que 40 % du PIB africain et même 60 % en Éthiopie et en Somalie sont à imputer au secteur agricole qui emploie les deux tiers de la main-d'œuvre, et que l'Afrique est la seule région au monde où la production agricole *per capita* diminue. Ainsi que l'écrit Pierre-Alain Roche [2003], « quantitativement, l'enjeu africain actuel de l'eau n'est pas celui de son caractère potable, mais de son usage agricole, qui domine les besoins ».

L'industrie absorbe en moyenne 20 % de l'eau, qui se révèle utile à la fois comme force motrice, solvant, oxydant, agent de refroidissement : il faut ainsi 80 litres d'eau pour produire 1 kg d'acier, 250 litres pour 1 kg de pâte à papier, 1 250 litres pour 1 kg d'aluminium, et 30 000 litres pour une puce électronique. Parallèlement, l'utilisation domestique et municipale consomme 10 % de la ressource, et la demande d'eau a subi la pression de l'urbanisation rapide, tout particulièrement dans les pays du Sud. Les mégapoles, après avoir épuisé les gisements d'eau dans leur périphérie immédiate, se sont lancées dans une « course aux captages », avec des transferts très coûteux : à Shanghai sur 40 km, à Mexico sur une centaine de kilomètres, à Amman, Alger ou Casablanca sur près de 200 km. Avec là aussi des différences énormes, révélatrices de modes de vie très différents : un Américain du Nord utilise 700 litres d'eau quotidiennement, un Européen 300 litres et un Malien moins de 20 litres, soit le minimum pour l'hydratation et l'hygiène personnelle, selon l'Organisation mondiale de la santé (OMS)...

Des rivalités géopolitiques croissantes

Sur le plan géopolitique, si l'eau n'est pas la seule source d'une guerre, elle peut amplifier des différends politiques, religieux, ethniques, économiques. La guerre des Six Jours (1967) est un exemple de conflit hydropolitique, dès lors qu'elle a permis à Israël de contrôler le Golan, véritable château d'eau où le Jourdain prend sa source, la bande de Gaza et la Cisjordanie, sous lesquelles reposent des nappes aquifères abondantes ; aujourd'hui, malgré les accords d'Oslo II qui prévoyaient un partage de l'eau, Israël contrôle à la fois techniques et canaux, et considère comme un *casus belli* toute atteinte à la sécurisation du lac Tibériade, du Jourdain, de la mer Morte, la colonisation de la terre étant indissociable de celle de l'eau, déniant toute souveraineté hydrique aux Palestiniens. Dans un conflit récent, après la guerre en Irak et en Syrie, l'État islamique (Daech) a pris possession des barrages de Tabqa, Tichrine, Haditha et Mossoul. Les barrages sont ainsi des objectifs militaires et politiques majeurs.

Les conflits hydropolitiques des trois cents zones répertoriées par l'ONU peuvent être intra-étatiques et interétatiques, en l'occurrence souvent entre les États de l'amont et ceux de l'aval des bassins fluviaux, sachant que 15 % des fleuves traversent une frontière. En effet, le rôle des grands fleuves est essentiel, en Afrique par exemple : en transférant des ressources des zones humides aux zones arides, ils amoindrissent les contrastes climatiques. Dans certains pays, la part des ressources provenant d'un autre État peut atteindre les 75 % des besoins, voire les 98 %. Des fleuves comme le Congo, le Nil, le Zambèze, le Niger, la Volta et des lacs comme le Tchad intéressent chacun entre six et dix États et, *de facto*, les politiques agricoles (irrigation), halieutiques (préservation de la biodiversité), énergétiques (production d'hydroélectricité), touristiques (protection des zones humides), de transport (possibilité de navigation) sont interdépendantes.

Le Nil est ainsi devenu un « fleuve de la discorde » entre l'Égypte et l'Éthiopie, dès lors que 86 % de son débit se forment en Éthiopie et que le barrage de la Renaissance, construit avec l'aide financière de la Chine, accentue le *downstream complex* de l'Égypte. Mêmes « guerres des eaux » entre l'Inde et le Pakistan à propos de l'Indus, entre la Turquie, la Syrie, l'Irak et l'Iran à propos du Tigre et de l'Euphrate, entre la Libye, le Niger, le Tchad et le Soudan à propos du bassin de la Nubie, une « mine d'or bleu » selon l'United Nations Educational, Scientific and Cultural Organization (Unesco) qui est pompée jusqu'à 800 m de profondeur, transportée sur quelque 3 000 km vers les villes du littoral, après vingt-cinq ans de travaux et avec un coût de 32 milliards de dollars. Certains pays sont très dépendants d'un

À qui appartient l'eau des grands fleuves ?

Cédric Tellenne

Dans les bassins hydrographiques internationaux, les grands barrages créent des situations de conflits géopolitiques dans la mesure où aucun droit international ne réglemente l'usage des eaux fluviales. Sur les quelque deux cents bassins hydrographiques transfrontaliers, seulement un tiers d'entre eux ont fait l'objet d'un traité de coopération. Rares sont ceux qui disposent d'un statut international, comme le Danube. Trois théories fondent en droit l'usage des eaux des fleuves transfrontaliers, sans qu'aucune fasse jurisprudence dans le droit international [Brun et Lasserre, 2018] :

1) la souveraineté territoriale absolue. C'est une revendication des pays d'amont vis-à-vis de l'aval, qui se veulent entièrement maîtres des ressources : États-Unis vis-à-vis du Mexique (doctrine Harmon), Turquie pour l'Euphrate et le Tigre (face à la Syrie et à l'Irak), Inde pour le Gange ou l'Indus, Éthiopie pour le Nil bleu ;

2) l'intégrité territoriale absolue. C'est en quelque sorte une réponse des pays d'aval face au principe précédent : Mexique pour le Rio Bravo, Égypte pour le Nil, Bangladesh et Pakistan face à l'Inde, Jordanie pour le Jourdain ;

3) la première appropriation, au nom du droit d'antériorité historique sur la mise en valeur : Égypte, Syrie et Irak, Israël, Mexique avec le Colorado.

Ce dernier exemple, le Colorado, montre que les problèmes d'accaparement de l'eau surviennent également à l'intérieur d'un pays, ici les États-Unis. Le bassin hydrographique du grand fleuve du Sud-Ouest américain (2 330 km, des Rocheuses au golfe du Mexique) concerne sept États fédérés américains et deux États fédérés mexicains. Des accords de répartition des eaux ont été signés dans les années 1920 à 1940 : des quotas fixes ont été déterminés, qui ne prennent pas en compte la variabilité des précipitations, et ont été établis par rapport à des normes très hautes (des années de fortes précipitations) et en fonction de ratios démographiques qui ont beaucoup changé (quinze fois moins pour le Nevada que la Californie... C'était avant l'essor de Las Vegas), et de rapports de force géopolitiques asymétriques (le Mexique ne recevait que 10 % du débit). De plus, il est avéré que les États ne respectent pas forcément leur quota, comme la Californie qui en prélève 40 %. La très forte pression démographique et économique sur les ressources, ainsi que des sécheresses de plus en plus longues et marquées créent une situation de plus en plus catastrophique. La moitié des réserves seront à sec d'ici 2050. Or 80 % de l'exploitation de l'eau sont liés à l'agriculture des grandes vallées californiennes, qui ne réalisent pourtant que 2 % du PIB et 1,5 % de l'emploi.

ou de plusieurs fleuves prenant leur source dans un autre État : le Turkménistan à 97 %, le Cambodge à 82 %, la Syrie à 79 %. La Chine, en raison d'une pénurie annoncée liée à son développement à « Longue Marche forcée » pour un pays qui recèle 7 % des ressources mondiales pour 21 % de l'humanité, exerce une hydrodiplomatie *via* l'Organisation de coopération de Shanghai à l'égard de ses voisins russe et kazakh.

Le projet de « grand barrage de la Renaissance » éthiopien

Cédric Tellenne

En juillet 2018, le directeur du programme de la Renaissance, le plus grand chantier énergétique éthiopien et africain actuel, a été assassiné à Addis-Abeba. De quoi planter le décor d'un projet très important pour l'Égypte mais aussi controversé. Il se situe sur le cours du Nil bleu, près de la frontière avec le Soudan. Le projet de construction, dévoilé en 2011, a débuté en 2013. Propriété d'Ethiopian Electric Power, il doit être achevé en 2022. À terme, il doit permettre au pays de doubler sa capacité de production énergétique, avec seize turbines fournissant 6 500 mégawatts, soit l'équivalent de trois fois le barrage d'Assouan en Égypte. Un projet au coût estimé à 4,8 milliards de dollars, vital pour le deuxième pays le plus peuplé d'Afrique (100 millions d'habitants). Le premier enseignement du projet est d'ordre politique interne : face aux refus de financements internationaux, du fait des conséquences écologiques du barrage, le gouvernement éthiopien a joué de la corde nationaliste et autoritaire en émettant des bons publics pour son financement, ainsi que des prélèvements sur les salaires. Les turbines et équipements électriques sont financés par des banques chinoises.

Sur un plan géopolitique externe, il engendre des tensions majeures. Un accord signé en 2010 par six pays riverains du Nil (Éthiopie, Burundi, Tanzanie, Kenya, Rwanda et Ouganda) est venu mettre fin au droit de veto obtenu par l'Égypte dans le cadre du traité de 1959 signé avec le Soudan sur le partage des eaux du Nil. L'Égypte craint pour son approvisionnement en eau, elle qui dépend à 90 % du Nil bleu. Après un long bras de fer, Soudan, Égypte et Éthiopie signent un accord autour du projet en 2015 : l'Éthiopie s'engage auprès de l'Égypte à maintenir le débit des eaux du fleuve pour l'agriculture égyptienne et à fournir au Soudan une électricité à prix préférentiel. Un comité scientifique commun est chargé d'étudier l'impact du barrage. Mais, en 2017, l'Éthiopie annonce unilatéralement vouloir augmenter ses prélèvements sur les eaux, provoquant un regain de tensions. L'Égypte écarte le Soudan des négociations et en appelle à la médiation de la Banque mondiale, que l'Éthiopie écarte car l'institution lui a refusé un prêt. Les États-Unis tentent de participer à la résolution du problème : sans succès. Les négociations achoppent à nouveau en octobre 2019 lors d'une nouvelle réunion bilatérale : l'Égypte exige un débit minimal de 41 milliards de m^3 par an quand l'Éthiopie n'est prête à en concéder que 30. En mars 2020, la Ligue arabe intervient dans le conflit pour soutenir l'Égypte, rappelant les « droits historiques » du Caire sur les eaux du Nil. Le remplissage du lac-réservoir a été achevé à l'été 2021.

Vers une gouvernance de l'eau

Une ancienne diplomatie de l'eau

Il existe une très ancienne « diplomatie de l'eau » au service de la paix. En effet, l'histoire des traités internationaux liés à l'eau remonte à 2 500 avant notre ère, lorsque les deux cités-États sumériennes de

Lagash et d'Umma ont forgé un accord mettant fin à un conflit lié à l'eau le long du Tigre, sans doute le premier. Depuis, de nombreux autres ont été signés, dénouant parfois des conflits plus généraux — selon la FAO, plus de 3 600 traités liés aux ressources internationales en eau depuis le premier millénaire de notre ère —, avec des traités bilatéraux en dehors de tout cadre juridique international. Ceux-ci ne portent en général que sur un seul cours d'eau et une seule dimension (l'hydroélectricité à 40 %), comportent rarement des protocoles de mise en œuvre et restent donc souvent peu effectifs.

L'exemple le plus spectaculaire de coopération réside dans le traité de l'Indus de 1960 entre Inde et Pakistan. Après la première guerre de 1947, les relations entre les deux pays demeurent très tendues autour du partage des eaux du bassin de l'Indus. Malgré les tensions, un accord est conclu qui prévoit la création de la Commission permanente de l'Indus, le partage des rivières et un mécanisme de résolution des conflits. Ce mécanisme a été mis à rude épreuve, notamment de 1999 à 2007, lorsque l'Inde a tenté d'aménager la rivière Chenab, allouée aux besoins pakistanais (dispute à propos du barrage de Baglihar), mais un accord a finalement été trouvé : l'Inde a réduit l'ampleur de son projet et le barrage a été construit en 2008. Le traité de l'Indus n'a toutefois pas permis d'amener la paix entre les deux pays.

Ce n'est pas le cas du Jourdain qui a permis de rapprocher Israël et la Jordanie. En effet, il est des incendies fondamentalement politiques éteints par l'eau. Les rencontres plurilatérales entre dirigeants américains, israéliens et jordaniens ont permis de parvenir à l'accord de 1994. Il s'agit alors pour ce pays parmi les plus mal dotés en eau — à peine 150 m³ d'eau par an et par habitant — de fixer le développement des populations, dans un espace-frontière où les problématiques de souveraineté sont fortes et, pour l'État d'Israël, notamment, d'établir la paix avec cet État-tampon qui le sépare de l'Irak.

Le temps de la sécurisation pour tous ?

Face à ces conflictualités, la « communauté internationale » s'est plusieurs fois concertée. Le départ de cette prise de conscience est sans aucun doute la Conférence des Nations unies sur l'eau qui a eu lieu en 1977 à Mar del Plata. Se sont ajoutées des demandes régionales, par exemple celles du Nouveau partenariat pour le développement de l'Afrique (NEPAD) et du Haut Comité africain de pilotage pour l'eau, en coopération avec les pouvoirs français, britannique et, plus largement, européens. En 1992, l'Assemblée générale des Nations unies décide de fixer symboliquement au 22 mars la Journée internationale de l'eau.

Surtout, le sommet de Rio, tenu la même année, détermine l'Agenda 21 dont plusieurs axes traitent de l'eau ; les Conseils mondiaux de l'eau sont lancés en 1994, avec une synergie entre les organisations internationales et des FTN ; les Forums mondiaux de l'eau, organisés tous les trois ans depuis 1997, réunissent quelque cent trente pays cherchant à développer les collaborations public-privé et une solidarité Nord-Sud. L'année 2013 a ainsi été décrétée « année internationale de la coopération dans le domaine de l'eau » par l'Unesco, qui souligne l'importance à cet égard de l'éducation, de la diplomatie, de la gestion transfrontalière, des financements et des cadres juridiques.

Depuis quelques années, les programmes spatiaux comme *Lunar Gateway* (chapitre 15) envisagent à terme une exploitation de l'eau de la Lune, des réserves estimées au total à quelque 40 000 km^2 au total, et piégée dans une multitude de micro-cratères retenant en leur fond de la glace d'eau.

La nécessité de règles collectives

L'impératif d'une bonne « gouvernance de l'eau » est repris lors de la Conférence internationale sur l'eau et le développement durable de l'Unesco à Paris (1998) qui affirme que l'eau « n'est pas un produit comme les autres » et appelle à un « nouvel ordre mondial de l'eau ». Il est réitéré lors des rencontres sur les objectifs du Millénaire pour le développement (OMD) à New York (2000) et à Johannesburg (2002), avec la volonté de diviser par deux le nombre de personnes n'ayant pas accès à l'eau, chiffre effectivement en baisse : 800 millions aujourd'hui contre 1,1 milliard en 2000.

Face aux revendications notamment altermondialistes sur ce patrimoine commun, le droit international a permis des avancées grâce à la mise en place d'un droit à l'eau, à ne pas confondre avec le droit de l'eau. Le premier a été reconnu en 2002 comme un droit de l'homme par le Comité des droits économiques, sociaux et culturels des Nations unies. Il a été affirmé par l'Assemblée générale des Nations unies en 2010 comme un droit prescriptible. Il a été inscrit comme objectif 7 des objectifs du développement durable (ODD). Il pose les questions de l'accès et, partant, du prix de la distribution (régularité, tarification adaptée avec péréquations et subventions, mais encore gratuité par l'universalisation, comme en Afrique du Sud depuis 2000, alors que, selon Philippe Hugon [2007], les pauvres en Afrique et en Amérique latine paient souvent l'eau quatre fois plus cher que les autres). Quant au droit international de l'eau, il passe par la coopération interétatique et les traités internationaux, avec quelque cent quarante-cinq traités signés à ce jour, parfois assez anciens, les plus récents étant davantage tournés vers la préservation de la ressource.

La question éminemment géoéconomique et géopolitique de la gouvernance de ce « bien commun » [Petrella, 1998] que d'autres nomment bien collectif, bien public ou bien premier, est posée à différentes échelles, décentralisées ou verticales, locale, régionale, continentale ou mondiale, de l'Initiative mondiale pour l'environnement et l'assainissement (*Global Environmental Sanitation Initiative* — GESI) au Programme des Nations unies pour l'habitat sur les économies d'eau (*water conservation*). Elle doit être immédiate, efficace, pérenne et intergénérationnelle car, pour reprendre le message du deuxième Forum mondial de l'eau (La Haye, 2000), l'eau est l'« affaire de tous ». Elle induit une participation hybride de tous les acteurs (organisations internationales, organisations régionales, États, FTN opératrices, organisations non gouvernementales — ONG), y compris les usagers et autres consommateurs, le cas échéant sous une forme coopérative. Elle sous-tend des solutions complémentaires, techniques (formations, équipements...), financières (de la *water facility* au microcrédit...), juridiques et institutionnelles (arbitrage...). Elle est consubstantielle aux problématiques de la soif et de la faim, et par conséquent de la pêche ; au demeurant, l'atteinte à l'eau a poussé l'hydrologue suédois Lennart J. Lundqvist à proposer en 1998 le terme « hydrocide » pour qualifier la destruction accélérée des écosystèmes aquatiques. Elle est inséparable d'une stabilité des sociétés et des États par un développement durable (chapitre 11). Les défis à relever sont donc davantage dans les moyens et leur modernisation que dans la ressource elle-même.

Ainsi, de nombreux hydro-politiciens nous rappellent à l'envi qu'il n'y a jamais eu de véritable guerre de l'eau dans l'histoire, uniquement des conflits d'usage, de proximité et de basse intensité. Mais l'argument historique fait-il autorité ? Le contexte, en ce début de XXIe siècle, est en effet particulièrement inquiétant : changement climatique accéléré, essor rapide de la population mondiale, notamment urbaine, développement économique. Le facteur hydraulique, dans tout type de conflit, peut être dangereux car il vient aggraver des conflits aigus et multidimensionnels. Sans qu'il y ait véritablement de guerre entre deux États à propos de l'eau, il importe de souligner le rôle de la rareté de la ressource dans la déliquescence des sociétés et des États. L'eau, finalement, n'est en elle-même ni un facteur de conflit ni un facteur de paix : tout dépend de la volonté de dialogue des acteurs impliqués.

Repères bibliographiques

Allan J. A. [1997], *« Virtual Water ». A Long Term Solution for the Water Short Middle Eastern Economies*, Londres, British Association Festival of Science, Water and Development Session, université de Leeds.

Blanchon D. [2019], *Géopolitique de l'eau*, Paris, Le Cavalier bleu.

Brun A. et Lasserre F. [2018], *Le Partage de l'eau. Une réflexion géopolitique*, Paris, Odile Jacob.

Cans R. [1994], *La Bataille de l'eau*, Paris, Le Monde Éditions.

— [2001], *La Ruée vers l'eau*, Paris, Gallimard, « Folio ».

Falkenmark M. [1989], « The massive water scarcity now threatening Africa. Why isn't it being addressed ? », *Ambio*, vol. 18, n° 2, p. 112-118.

Hardy S. et Poupeau F. [2014], « L'auto-organisation de la gestion urbaine de l'eau. La fonction des coopératives dans le grand système de La Paz et d'El Alto », *Actes de la recherche en sciences sociales*, n° 203, p. 86-105.

Hofste R. W., Reig P. et Schleifer L. [2019], *17 Countries, Home to One-Quarter of the World's Population, Face Extremely High Water Stress*, World Resources Institute, août.

Houdret A. [2005], « La goutte d'eau qui fait déborder... », *Géocarrefour*, vol. 80/4, p. 285-295.

Hugon P. [2007], « Vers une nouvelle forme de gouvernance de l'eau en Afrique et en Amérique latine », *Revue internationale et stratégique*, n° 66, p. 65-78.

Lacoste Y. [2010], *L'Eau dans le monde*, Paris, Larousse.

Lasserre F. [2009], *Les Guerres de l'eau. L'eau au cœur des conflits du xxie siècle*, Paris, Delavilla.

— [2018], *Le Partage de l'eau. Une réflexion géopolitique*, Paris, Odile Jacob.

Lasserre F. et Descroix L. [2011], *Eaux et territoires. Tensions, coopérations et géopolitiques de l'eau*, Québec, Presses de l'université du Québec.

Mikaïl B. [2007], « L'or bleu, nouvel enjeu géopolitique », *Revue internationale et stratégique*, n° 66.

Mutin G. [2000], *L'Eau dans le monde arabe*, Paris, Ellipses.

Petrella R. [1998], *Le Manifeste de l'eau. Pour un contrat mondial*, Paris, Labor.

Roche J.-F. [2003], « L'eau, un enjeu vital pour l'Afrique », *Afrique contemporaine*, n° 205, p. 39-75.

SECONDE PARTIE

Un monde de puissances

DIRECTION : GUIBOURG DELAMOTTE

IV / La France : les recompositions d'une puissance moyenne aux ambitions mondiales

17 / La France, un modèle entre héritages, crises et transformations depuis 1945

Anne-Sophie Letac

Le 29 août 2018, en visite au Danemark, le président Macron comparait un peuple danois qu'il jugeait « ouvert aux transformations » aux « Gaulois réfractaires au changement ». Critiqué pour ce jugement de valeur, il ne faisait pourtant que mettre ses pas dans ceux du général de Gaulle qui, habité par une certaine idée de la France, entendait dépasser la « vieille propension des Gaulois, perpétuellement portés aux divisions et aux chimères » [Jackson, 2019]. Ces deux remarques ont en commun de décrire une France éternelle, un génie des peuples, un modèle français doté de qualités reconnaissables entre toutes, un esprit contestataire et batailleur.

L'expression « modèle français » s'applique d'ordinaire à une réalité postérieure à 1945. Elle désigne une synthèse propre à la France, issue de la réflexion de l'entre-deux-guerres et du programme du Conseil national de la Résistance (CNR), entre l'État, la société, la démocratie libérale et l'économie de marché : un État-providence marqué par une nette orientation sociale et une forte intervention de l'État [Esping-Andersen, 1990]. Selon Pascal Gauchon [2002], le modèle a trois significations : il renvoie à l'idée d'exception, c'est-à-dire à une particularité française dans le mode de gestion de l'économie et de la société ; il simplifie la réalité en schématisant une réalité française complexe ; et il signe l'exemplarité française, alternative originale et crédible au « règne sans limites du marché ». La notion de modèle s'enracine aussi dans l'histoire profonde du pays. Le sentiment d'exception français est ancien et consubstantiel à la nation. Datant au moins de la construction de l'État monarchique absolutiste sous Louis XIV [Gauchet, 2016], il est renforcé par l'ambition universaliste de la Révolution française.

Mais l'exception française s'est aussi muée, de manière très spécifique, en déploration d'une perte. Le déclinisme contemporain s'alimente à une litanie objective de renoncements, recul de la puissance industrielle, menace sur les services publics, abandon de la souveraineté monétaire, déficits et endettement excessif, impuissance face à la porosité des frontières, montée des inégalités. Voilà pourquoi on a coutume de débattre de la pertinence du modèle français, de sa possible dissolution dans la mondialisation libérale, et pour certains de sa décadence [Baverez, 2003], attitude révélatrice d'un véritable « malaise dans l'identité » [Le Bras, 2017]. Il faut dire que la récurrence des effondrements frappe : France fracturée par les révolutions, France pleurant ses provinces perdues d'Alsace et de Moselle en 1871, France victorieuse mais saignée à blanc en 1918, France écrasée et morcelée en 1940, France militairement supérieure mais moralement perdante dans la guerre d'Algérie... Dans *Comprendre le malheur français*, Gauchet [2016] voit même dans cette posture le « fil rouge de l'histoire de ce pays depuis deux siècles ».

La question fondamentale est de savoir quelle place occupe la période qui va de 1945 à nos jours dans le double processus de construction et de déconstruction d'un modèle exceptionnel, mais qui n'est plus forcément adapté aux enjeux de l'Europe et de la mondialisation. Le modèle économique et social du lendemain de la guerre est-il capable de se réinventer malgré ses crises, ses doutes et ses transformations ?

La France et son modèle : une synthèse et un compromis

Les héritages d'une puissance exceptionnelle

L'exception française est d'abord politique. Elle tient à l'édification d'un État puissant dès le Moyen Âge. Au début du XIVe siècle, Philippe le Bel pose les fondements d'un État moderne dirigé par des légistes, ancêtres des hauts fonctionnaires. Au XVIIe siècle, Louis XIV, à la tête de la monarchie la plus puissante et la plus peuplée d'Occident, bâtit, pour panser les plaies des guerres de religion, un État centralisé fondé sur un pouvoir absolu. La culture monarchique est ensuite recyclée par la Révolution française. Dans *L'Ancien Régime et la Révolution*, Alexis de Tocqueville [1856] souligne cette filiation, les révolutionnaires s'appuyant sur les acquis de l'absolutisme pour construire un modèle jacobin centralisé qui devient une marque de fabrique (voir encadré *infra*). Selon lui, c'est en détruisant les corps intermédiaires que l'absolutisme inaugure la centralisation administrative perfectionnée ensuite par la Révolution. Le modèle français est aussi territorial. La Révolution organise administrativement le nouvel État-nation pour en finir avec un « agrégat inconstitué de peuples désunis » (Mirabeau). Les communes (environ 36 000 en 2020) et les départements sont créés en lieu et place des provinces. À partir de Napoléon Ier, la France est centralisée et les préfets administrent les territoires.

L'exception est aussi économique et démographique. Sous Louis XIV, le colbertisme, variante française du mercantilisme, s'appuie sur l'intervention de l'État (création de manufactures, d'arsenaux), le protectionnisme (limitation des importations, accumulation de métaux précieux) et la colonisation. Sauf durant une brève période de libre-échange sous Napoléon III, la France reste marquée par le protectionnisme, en particulier sous la IIIe République (lois Méline). Le modèle français est caractérisé par le poids du secteur agricole et du monde rural, corrélé à un taux d'urbanisation bien inférieur à celui du Royaume-Uni. Malgré les incontestables réussites de la seconde révolution industrielle (chimie, électricité, automobile), des observateurs avertis (Eugène Clémentel, André Tardieu) alertent pendant l'entre-deux-guerres sur le retard économique et la frilosité du patronat français. Le sentiment de déclin s'explique aussi par une stagnation démographique exceptionnelle durant le XIXe siècle, notamment par rapport à l'Allemagne (39 millions de Français contre 65 millions d'Allemands en 1914), dramatisée par la saignée de la Grande Guerre.

L'exception est enfin culturelle. Le savoir et la culture sont associés à la puissance française. Au XVIIIe siècle, on parle français dans les cours d'Europe. Les travaux des Encyclopédistes ont une portée mondiale. Paris est la « Ville lumière », la France la patrie des Lettres et des Arts. À la Révolution française, la Grande Nation se veut déjà porteuse de valeurs universelles : elle répand à la pointe du fusil le message révolutionnaire, crée des « républiques sœurs » en Europe. La France est l'arène des grands débats et des conflits idéologiques parfois violents. La figure de l'intellectuel, née sous l'affaire Dreyfus, devient l'étendard du respect de l'individu contre l'autorité de la chose jugée. Autrefois fille aînée de l'Église, la France place au cœur de son modèle la laïcité comme ferment de l'unité nationale. Entre la laïcité de neutralité et la laïcité de combat, la France choisit souvent la seconde option. La séparation des Églises et de l'État de 1905, suivie d'inventaires brutaux des biens religieux et d'un traumatisme durable des catholiques, abolit (sauf en Alsace-Moselle) le Concordat napoléonien de 1804 et clôt trente ans de lutte contre le cléricalisme hostile à la République. La question resurgit régulièrement : débat sur l'école privée, affaire du voile de Creil, loi sur le port de signes religieux dans l'espace public, projet de loi « séparatisme » permettant d'interdire une école hors contrat (2021). C'est que le modèle français diffère des autres formes de laïcité, en Europe et surtout aux États-Unis. Le droit américain considère que la religion est une liberté fondamentale à protéger contre l'ingérence de l'État, tandis que le modèle

Les territoires français

Anne-Sophie Letac

Le modèle français de l'État jacobin centralisateur remonte à la Révolution française. L'État-nation français renonce aux provinces d'Ancien Régime qui sont, selon l'expression de Mirabeau, un « agrégat inconstitué de peuples désunis ». La loi du 14 décembre 1789 érige en communes « toutes les communautés d'habitants » (paroisses, villages, bourgs, villes) existant au moment de la Révolution française, ce qui explique le nombre important de communes en France (environ 35 000 actuellement, fait unique en Europe pour cet échelon de collectivité territoriale). Celle du 22 décembre 1789 crée les départements. La centralisation s'affirme avec les Montagnards et surtout Napoléon Bonaparte (création des préfets en 1800). Jules Michelet souligne déjà les aspects étouffants de la centralisation dans son *Histoire de France* (1833-1867). Il faut attendre le constat sans appel de la macrocéphalie et des déséquilibres du territoire par Jean-François Gravier (*Paris et le désert français*, 1947) pour que s'ébauche un aménagement du territoire : création de la Délégation interministérielle à l'aménagement du territoire et à l'attractivité régionale (Datar) en 1963, construction de cinq villes nouvelles autour de Paris (Évry, Melun-Sénart, Cergy-Pontoise, Marne-la-Vallée, Saint-Quentin-en-Yvelines), sans grand succès. En 1982, ce sont les premières lois de décentralisation qui répartissent les compétences entre État et collectivités territoriales. L'Acte II (2002-2004) inscrit dans la Constitution l'organisation décentralisée de la République et opère de nouveaux transferts de compétences aux collectivités en matière d'infrastructures et de financement. L'Acte III (2014-2016) procède à une refonte de la carte des régions avec la loi NOTRe de 2015, treize régions + cinq d'outre-mer (DROM) plus adaptées à la taille des régions européennes.

Mais l'aménagement du territoire dépend désormais de la politique de cohésion européenne (15 milliards d'euros entre 2014 et 2020) et d'enjeux d'attractivité et d'accessibilité liés à la

français protège l'État contre les religions. Le modèle américain s'appuie sur le principe de non-discrimination et le droit de pratiquer publiquement sa religion, la laïcité à la française se fonde sur la liberté de conscience et la neutralité de l'espace public.

Un étatisme au service du libéralisme

Le modèle français se caractérise après 1945 par une forte intervention de l'État, au point qu'on a pu parler de « dirigisme » dans les années 1950, et d'« incitation » dans les années 1960 du fait de l'assouplissement de la planification. Cet étatisme est un outil au service de la puissance. Les velléités modernisatrices du Front populaire puis de Vichy n'ont pas suffi à combler les retards français. Les nécessités immédiates de la reconstruction, l'« esprit de la Libération » vont hâter le changement. L'éviction des élites qui, à gauche comme à droite, ont soutenu le régime de Vichy, l'épuration de la fonction publique, mondialisation. La France, intégrée au réseau européen RTE-T depuis 1994, est reliée au reste de l'Europe par des lignes ferroviaires transfrontalières (LGV Thalys, Paris-Bratislava, tunnel Lyon-Turin, Paris-Montpellier-Barcelone). Elle possède des interfaces frontalières et maritimes dynamiques (Eurorégion Saarlorlux ou RegioBasilensis, Northern Range). Mais les LGV et les *hubs* aéroportuaires (Roissy) provoquent un effet « tunnel » qui élit certains espaces et en délaisse d'autres, dessinant une « France à plusieurs vitesses » [Davezies, 2012]. Les pôles de compétitivité (2005) qui créent une synergie entreprises-laboratoires-universités-financement, mis en place par la Délégation interministérielle à la compétitivité des territoires (DIACT) sur le modèle américain, renforcent les grandes métropoles (huit pôles en Île-de-France dont Cap Digital, Medicen Paris Région, Systematic, Finance Innovation, à Toulouse Aerospace Valley et Cancer Bio Santé, à Lyon Lyon-Biopôle).

Même si la revue *Contrepoints* titre : « Le jacobinisme d'Emmanuel Macron est une impasse, retrouvons l'esprit girondin ! » (18 mai 2018), le modèle qui oppose un État régalien et des pouvoirs horizontaux déconcentrés est désormais obsolète. Le poids de Paris, ville-monde qui engendre 30 % du produit intérieur brut (PIB) français, fait de la région Île-de-France un territoire hypercompétitif dans la mondialisation. Le projet d'un Grand Paris qui irait jusqu'au Havre s'est concrétisé dans la métropole du Grand Paris (1er janvier 2016) qui regroupe Paris et cent trente communes (7 millions d'habitants). Elle comprend les huit technopôles, dont Paris Saclay-Orsay, deux *hubs* aéroportuaires (Roissy et Orly), un réseau de transports Grand Paris Express. La loi MAPTAM (janvier 2014) a aussi créé une quinzaine d'autres métropoles, dont celles d'Aix-Marseille-Provence et de Lyon. Le modèle jacobin, bien qu'encore perceptible à travers les tensions entre pouvoir exécutif et pouvoirs locaux (crise sanitaire de 2020-2021), cède la place à une logique de pôles dynamiques qui pose de manière nouvelle la question de la cohésion territoriale et des espaces laissés pour compte de la mondialisation.

la création de l'École nationale d'administration (ENA) en 1945 renouvellent en profondeur le personnel et les mentalités politiques. L'ENA est le creuset d'une nouvelle classe dirigeante qui comprend hauts fonctionnaires et dirigeants d'entreprise, formés dans un même moule et liés par des réseaux étroits. À partir des années 1960, cette « technocratie » occupe les ministères et les fonctions politiques centrales. C'est cette homogénéité que le président Macron, lui-même issu de l'ENA, a l'ambition de casser en supprimant l'école en avril 2021 et en ouvrant les corps de l'État à plus de diversité sociale.

La France devient, sous l'impulsion du programme du CNR, un modèle d'économie mixte, mélange de dirigisme et d'économie de marché. Les nationalisations concernent surtout les secteurs de base (EDF-GDF), le secteur bancaire et les assurances. Le secteur public bénéficie d'investissements massifs. En nationalisant la Banque de France et les quatre grandes banques de dépôt, l'État prend la main sur le crédit, finance le logement social (habitations à loyer modéré

— HLM) et les travaux d'équipement. Les nationalisations-sanctions du patronat collaborateur restent l'exception : Renault est transformée en régie nationale autonome, le constructeur de moteurs d'avions Gnome et Rhône devient la SNECMA. Le programme du CNR, marqué par le poids des communistes, veut « évincer les grandes féodalités économiques » et confier les « grandes sources de la richesse » à l'État.

Si les nationalisations semblent marquer une orientation socialisante des réformes de structure, il s'agit, de Pierre Mendès France à Charles de Gaulle, de s'appuyer sur le secteur public pour accélérer la modernisation. Nulle rupture avec le capitalisme, mais une mission, restaurer l'unité nationale, si possible en associant le monde ouvrier à la « bataille de la production », selon le mot de Maurice Thorez, secrétaire général du Parti communiste français (PCF). Le secteur public doit servir de vitrine sociale.

Dans ses *Mémoires de guerre*, de Gaulle écrit : « C'est à l'État, aujourd'hui comme toujours, qu'il incombe de bâtir la puissance nationale, laquelle, désormais, dépend de l'économie. » Dès 1946, l'État impulse une planification incitative. Des commissions au Plan regroupent patrons, syndicalistes et représentants de l'État qui se concertent régulièrement. C'est le choix de la « modernisation » pour éviter la « décadence », selon l'alternative formulée par Jean Monnet. C'est le temps des « technos », Robert Marjolin, Paul Delouvrier, Jean-François Gravier, qui font le constat d'une France repliée sur elle-même. Le premier Plan (1947-1952) doit rattraper la production de 1929 en 1949. La planification instaure une véritable démocratie sociale en associant les syndicats à la gestion de l'appareil économique. Le niveau de la production dépasse en 1952 de 39 % celui de 1945, la production industrielle progresse de 7 % par an. La planification accompagnera avec souplesse l'économie jusqu'à la disparition du Commissariat général au Plan (2006). L'État bénéficie d'outils performants : les données statistiques de l'Institut national de la statistique et des études économiques (Insee), créé en avril 1946, la Comptabilité nationale, l'Institut national d'études démographiques (Ined), dirigé par Alfred Sauvy, le Centre national de la recherche scientifique (CNRS), le Commissariat à l'énergie atomique (CEA), l'Institut national de la recherche agronomique (INRA), l'Office national d'études et de recherches aéronautiques (ONERA) et bien d'autres. On a pu parler de « colbertisme *high tech* » [Cohen, 1992] pour désigner l'intervention de l'État appuyée sur un consensus syndical. Il pousse à la création de grandes entreprises et au développement d'ambitieux plans d'équipement nationaux dans les domaines de la défense, de l'espace, de l'énergie, de la téléphonie ou des transports.

Les réformes font émerger un État-providence généreux, protecteur et redistributif. La Sécurité sociale, créée par deux ordonnances

(30 décembre 1944 et octobre 1945), répartit les cotisations entre le salarié et l'employeur. L'assurance maladie rembourse les frais médicaux, gère les congés de maternité, les indemnités journalières, les prestations familiales. Les ambitions de la Libération — solidarité, démocratie, cotisations proportionnelles aux salaires — sont réalisées. Les prestations sociales favorisent la demande intérieure et l'accès des plus modestes à la consommation, de même que l'instauration d'un salaire minimum (smig en 1950, smic en 1959). Le quotient familial institué en 1947 encourage la natalité : les « 12 millions de beaux bébés » espérés par de Gaulle naissent entre 1945 et 1965, le *baby-boom* rajeunit la population, inaugurant un dynamisme démographique dont la France ne se départira plus, même si l'indice de fécondité baisse après 1965. L'État modernise les rapports sociaux avec la création de comités d'entreprise aux pouvoirs de contrôle (22 février 1945) dans les établissements de plus de cent employés, mesure étendue en 1946 aux entreprises de plus de cinquante salariés. L'action des syndicats est institutionnalisée et légitimée, renforcée en 1982 par les lois Auroux. Quatre fédérations sont reconnues en 1948, puis cinq en 1966 (voir encadré *infra*).

Enfin, l'État se dote d'une politique culturelle. L'ancien résistant Jean Vilar fonde le Festival d'Avignon. De Gaulle confie un ministère des Affaires culturelles (1959) à l'écrivain André Malraux. Celui-ci crée les maisons de la culture, ces « cathédrales dont le XXe siècle a besoin ». Le Centre national d'art contemporain (1967) devient le Centre national d'art et de culture Georges-Pompidou, inauguré en 1977. Valéry Giscard d'Estaing crée l'Institut du monde arabe (IMA) et lance les travaux du musée d'Orsay. Le ministre de la Culture Jack Lang porte dans les années 1980 une politique ambitieuse (pyramide du Louvre) et populaire (Fête de la musique, Gay Pride).

Le « mythe gaullien » au cœur du modèle français

La France des années 1960 réalise la synthèse entre indépendance politique et ouverture économique, la période gaullienne imprimant une inflexion au modèle français au point de se confondre avec lui. Une fois président (janvier 1959-avril 1969), de Gaulle fonde un régime stable : la Constitution de 1958, approuvée par référendum (79,25 % des suffrages), met fin à l'instabilité de la IVe République, qui avait connu vingt et un gouvernements d'une durée inférieure à six mois. Elle investit le président de pouvoirs très larges qui l'apparentent à un « monarque républicain » [Duverger, 1974], pouvoirs renforcés par l'élection au suffrage universel direct en 1962. Même François Mitterrand, qui dénonce alors un « coup d'État permanent », endossera la fonction en 1981 en déclarant : « Les institutions n'étaient pas faites à mon intention, mais elles sont bien faites pour moi. » Sur le plan militaire, de Gaulle dote la France d'un pouvoir considérable, le feu nucléaire. C'est le « pouvoir égalisateur de l'atome », le levier de la petite puissance française qui conserve ainsi sa « grandeur » face aux superpuissances.

Les années 1960 connaissent une prospérité sans précédent. Une fois débarrassée de l'hypothèque algérienne, l'économie française connaît une mutation décisive, les performances deviennent équivalentes, voire supérieures à celles des pays industrialisés les plus dynamiques. Avec le retour de la croissance (5,5 % par an en moyenne), le dirigisme s'assouplit, le mot d'ordre « produire mieux » se substitue à celui de « produire plus ». L'entrée dans le Marché commun pose de manière cruciale la question de la compétitivité de l'économie, dès le rapport Pinay-Rueff en 1958. Le rapport Nora de 1967 préconise de rapprocher la gestion des entreprises publiques des critères de rentabilité du secteur privé. L'effort de construction de logements est considérable, on parle même des « années de béton ». L'État sauve pour quelque temps la sidérurgie (création de Sollac et Sidelor en 1948 et 1950, plan Dherse de sauvetage de la sidérurgie en 1971, création de Sacilor en 1973), mène une politique ambitieuse de développement aéronautique (Caravelle, Concorde), soutient le développement de l'informatique (plan Calcul, création de Bull, devenue CII Honeywell Bull en 1976), développe le nucléaire civil. L'effort de recherche, très largement public, double entre 1959 et 1967. La Datar, créée en 1963, pilote depuis Paris de grands projets de mise en valeur (aménagement des Landes, du Languedoc, de la Corse) et une déconcentration industrielle depuis Paris vers la province (primes d'installation). L'heure est plus que jamais au volontarisme politique.

Pourtant, les Trente Glorieuses ont leur part d'ombre, et l'historiographie actuelle réexamine ce supposé âge d'or sous l'angle des ravages de l'atome, des pollutions multiples, du productivisme et du consumérisme frénétiques [Bonneuil *et al.*, 2013]. Ce sont les années des colères paysannes, des défilés de tracteurs et des déversements de denrées alimentaires dans les rues. Ces contestations interviennent à l'époque de la grande modernisation agricole (mécanisation, productivité), l'État étant sommé de résoudre les problèmes. Les mines et la sidérurgie subissent des plans de restructuration, tel le plan Jeanneney de 1959 qui réduit la production de charbon. Les grèves de « gueules noires » se succèdent, en 1961 à la fermeture des puits de Decazeville, puis en 1963 dans le Nord-Pas-de-Calais. La France de l'automobile et du pétrole dit adieu à celle du charbon. La prospérité contribue à mythifier la période, alors qu'il s'agit pour une part d'une « glorieuse société de consommation vécue dans des HLM », selon l'expression consacrée, qui ne saurait faire oublier la persistance des centaines

Syndicalisme et droit de grève en France

ANNE-SOPHIE LETAC

La France est marquée de manière originale par le syndicalisme révolutionnaire ou anarcho-syndicalisme. La Confédération générale du travail (CGT), créée en 1895, promulgue la charte d'Amiens (octobre 1906) qui affirme l'indépendance du syndicat à l'égard des partis, ainsi que la lutte des classes révolutionnaire. Loin de dépolitiser le syndicalisme, la charte d'Amiens confirme le rôle politique autonome de celui-ci, préconisant la grève générale afin de paralyser le système capitaliste. Son influence explique en partie la culture de l'affrontement qui traverse les luttes sociales en France : grèves révolutionnaires de 1947, Mai 68, grandes grèves de 1995.

De fait, le système syndical est pluraliste, avec cinq organisations représentatives : la CGT, la CGT-FO, la CFDT, la CFTC, la CFE-CGC (plus trois issues de scissions, l'UNSA, Sud-Solidaire, la FSU). Si plusieurs d'entre elles (CGT, FO) se réclament encore théoriquement de la lutte révolutionnaire, la plupart assument de fait, y compris les plus dures, une culture de la négociation et du partenariat. Malgré leur représentativité parmi les plus faibles de l'Organisation de coopération et de développement économiques (OCDE) — pas plus de 25 % des salariés durant les Trente Glorieuses, 8 % au début des années 1990, - 5 % dans le privé et 15 % dans le public en 2020 —, les syndicats ont une forte légitimité, et leur rapport avec l'État est institutionnalisé (dialogue social, gestion paritaire des organismes sociaux et de la formation continue, représentants du personnel, conventions collectives). Les bouleversements du travail, la flexibilité de l'emploi et l'« ubérisation » aggravent cependant la crise généralisée du syndicalisme traditionnel.

Toutefois, de puissantes fédérations professionnelles (SNCF, RATP, Air France, Éducation nationale) ont le pouvoir de menacer la continuité du service public, ce qui a été le cas en 2016 (loi El Khomri) ou fin 2019 (réforme des retraites). Une proposition de loi de 2018 vise à encadrer le droit de grève, rappelant le préambule de la Constitution de 1946 : « Le droit de grève s'exerce dans le cadre des lois qui le réglementent. » Les députés qui la portent affirment que la France a perdu entre 2005 et 2014 six à huit fois plus de jours de travail que le Royaume-Uni et l'Allemagne. En 2016, le pays a connu 801 grèves. En effet, le déclenchement de la grève n'est pas subordonné, comme en Allemagne par exemple, à des négociations préalables entre partenaires sociaux et au vote favorable de 75 % des syndiqués. Une solution serait à trouver dans une adaptation des syndicats aux nouvelles formes de travail, et dans un syndicalisme plus large, sur le mode scandinave (70 % de syndiqués), qui assume une mission de protection des salariés et de l'intérêt général.

de bidonvilles en France, et l'existence de laissés-pour-compte de la croissance. Ce sont des années de rupture : les anciennes solidarités sociales, familiales, villageoises se brisent, les bastions ouvriers s'effritent, la société française se moyennise, se tertiarise et s'urbanise.

Le mouvement de Mai 68 représente l'émergence de la jeunesse comme un groupe social autonome, avec ses codes, ses modes musicales et vestimentaires, et la contestation d'une génération contre une société figée. Le pouvoir gaullien est accusé d'être dépassé, usé, autoritaire et paternaliste, face à des mutations sociales brutales (exode rural, urbanisation, grands ensembles). Un article de Pierre Viansson-Ponté dans *Le Monde* du 15 mars, « Quand la France s'ennuie », résume un sentiment partagé. L'université a des structures inadaptées face à l'afflux de milliers d'étudiants (157 000 en 1956, 483 300 en 1967). Le *leader* du Mouvement du 22 mars Daniel Cohn-Bendit critique les « mandarins » de l'université, la sclérose de l'enseignement, et appelle à l'autogestion. La révolte étudiante, libertaire et anti-autoritaire a des répercussions dans l'ensemble de la société française. Au total, du 18 au 22 mai, les grèves mobilisent 8 millions de salariés, soit le plus ample mouvement social de l'histoire française. Les accords de Grenelle (25-27 mai) augmentent les salaires, le smig de 35 %, affirment le droit syndical dans l'entreprise, réduisent les horaires de travail sans aller jusqu'à l'autogestion, de quoi cependant faire revenir les ouvriers à l'usine et nourrir un sentiment de trahison chez les étudiants les plus mobilisés. Le mythe de Gaulle est écorné, même si le président est massivement soutenu par la population française. Désavoué par le référendum qu'il organise le 27 avril 1969 sur les questions de la réforme du Sénat et des régions, mais en réalité sur son maintien au pouvoir, il démissionne, ne s'estimant plus en accord avec la « Nation dans ses profondeurs ».

Un modèle français en porte-à-faux avec la mondialisation

Une inflexion libérale à pas comptés

C'est sous le mandat de Georges Pompidou que se produit un début d'inflexion libérale : une loi pionnière votée en 1973, dite « loi Pompidou-Giscard », limite et contrôle la capacité du Trésor public d'emprunter auprès de la Banque de France, imposant une gestion plus rigoureuse des finances publiques. La France approfondit alors l'ouverture européenne, levant le veto sur l'entrée du Royaume-Uni. Des investisseurs étrangers sont sollicités, SAFRAN est créée par l'alliance SNECMA-General Electric, la France renonce à sa filière de l'uranium (UNGG) au profit de brevets américains. La crise de 1973 accélère l'avènement de la mondialisation. Face à elle, le volontarisme étatique reste une originalité française (plan de relance Chirac-Fourcade, plan Messmer sur le nucléaire), mais un tournant monétariste et néolibéral se dessine à partir de 1976 sous le nouveau Premier ministre Raymond Barre, avec la libéralisation des prix et la hausse de la pression fiscale au nom de la « rigueur ». Les autoroutes sont concédées au secteur privé, des actionnaires privés rentrent au capital des banques. Les champions nationaux s'ouvrent à la concurrence afin d'éviter les monopoles (Aérospatiale créée en 1970 face à Dassault, Alcatel face à Thomson), les subventions se réduisent (fin du plan Calcul), les « contrats de plan » entre l'État et les firmes publiques sont progressivement abandonnés (SNCF), la planification ne comporte plus d'objectifs chiffrés. Giscard d'Estaing (président de la République de 1974 à 1981) souhaite accentuer cette libéralisation, mais le contexte de stagflation le contraint à accentuer la pression fiscale. L'État procède à la nationalisation rampante des industries menacées (sidérurgie), alors que le nombre de chômeurs dépasse le million au milieu des années 1970.

L'État-providence connaît une triple crise d'efficacité, de financement et de légitimité [Rosanvallon, 1981]. Le modèle jacobin et colbertiste semble donc se dissoudre dans le libéralisme tout en cherchant à s'adapter. Certes, il brille de ses derniers feux en 1981, lorsque Mitterrand, à travers le gouvernement Mauroy, tente un important plan de relance, crée 500 000 postes de fonctionnaires (entre 1981 et 1995), a recours à l'extension du secteur public, nationalisant à 100 % cinq grands groupes industriels (Pechiney-Ugine-Kuhlmann, la Compagnie générale d'électricité, Saint-Gobain, Rhône-Poulenc et Thomson), ainsi que trente-huit banques, dont Paribas et Suez, prenant le contrôle de Dassault et de Matra. L'emploi public fournit 20 % de l'emploi industriel en 1982, ELF Aquitaine, Saint-Gobain et Alcatel font encore figure de champions nationaux. La planification est réaffirmée, et les lois Auroux de 1982 modifient le droit du travail et font des travailleurs les « acteurs du changement » dans l'entreprise.

Un coup fatal est porté au modèle par le « tournant de la rigueur » de 1983. Mitterrand, élu sur un programme de relance keynésienne et une stratégie de croissance forte, fait le choix, après trois dévaluations du franc, de maintenir la France dans le système monétaire européen (SME) en abandonnant le socialisme des débuts. Il s'agit de s'adapter à la désinflation compétitive de l'Allemagne pour maintenir un franc fort, prélude à l'Union monétaire. La France accepte les critères de Maastricht, qui imposent une dette et un déficit publics qui ne dépassent pas 3 % et 60 % du PIB. La relance s'incline de manière symbolique devant la contrainte extérieure, la France s'interdit désormais toute dévaluation compétitive. Entre 1986 et 2005 (avec une pause entre 1988 et 1993), malgré le « ni privatisations ni nationalisations » de Mitterrand, l'État cède ses entreprises quelques années après de coûteuses nationalisations, démantelant l'économie mixte : vente de la Société générale, privatisation partielle de Total, Renault, Elf, Rhône-Poulenc, Aérospatiale, France Télécom, Dassault, Thomson, Thalès, Safran. Le gouvernement socialiste de Lionel Jospin, champion des privatisations entre 1997 et 2002, met fin au monopole d'EDF et déréglemente le marché de l'électricité. Les entreprises se positionnent sur des secteurs concurrentiels dans les hautes technologies, l'aéronautique, la pharmacie, le nucléaire civil, les banques et assurances. Ariane, Airbus, la filière nucléaire (Framatome devenue Areva), les fusées, le TGV, les Rafale sont des réussites industrielles, la France engrange des excédents commerciaux jusqu'en 2002. Secteur public démantelé, désengagement de l'État, poursuite des fermetures d'usine et des licenciements (Renault Vilwoorde, Michelin) auxquels l'État ne s'oppose pas : c'est bien le choix de la compétitivité contre celui du modèle social, que certains considèrent désormais comme en péril [Bonelli et Pelletier, 2010].

Le spectre de la désindustrialisation

À partir des années 1970, la France est doublement touchée par la crise pétrolière et par la concurrence mondiale qui fragilise la sidérurgie, la métallurgie, le textile, le charbon, les chantiers navals. Les grands bassins industriels de Lorraine, Champagne-Ardenne, Nord-Pas-de-Calais, du sud et de l'est du Massif central voient disparaître leur tissu productif. Les nouveaux secteurs industriels (électronique, nucléaire, aéronautique, chimie) s'implantent plutôt dans l'Ouest et le Sud-Ouest. En 1975, l'emploi industriel est encore à son apogée, 5,9 millions d'emplois, mais la tertiarisation s'accélère : 11,2 millions d'emplois en 1975, plus 8,8 millions entre 1975 et 2009 (loisirs, assurances, banque, santé, éducation), tandis que le secteur secondaire perd dans le même temps 2,5 millions d'emplois, et le secteur primaire 1,4 million. L'émergence du secteur agroalimentaire dans le Bassin parisien, l'est et le nord de la France atténue les effets de la désindustrialisation (17 % des emplois industriels). Le secteur automobile bénéficie de plans de reconversion gouvernementaux. Dans les années 1970, Renault s'installe à Douai, Chrysler à Hordain, Toyota à Valenciennes. Malgré ces efforts, le nord et l'est de la France perdent 20 % de leurs emplois entre 1975 et 2009, l'Île-de-France étant la plus touchée.

Le dernier rapport de France Stratégie (2020) est sans appel : la France compte parmi les pays développés qui ont subi la plus forte désindustrialisation depuis les années 1980, c'est l'économie la plus touchée au sein du G7. L'industrie a perdu la moitié de ses effectifs, soit 2,2 millions d'emplois, et ne représente plus que 10,3 % des emplois en 2020. La part de l'industrie dans le PIB a reculé de 10 points et représente 13,4 % de celui-ci en 2018, contre 25,5 % en Allemagne, 19,7 % en Italie et 16,1 % en Espagne. La désindustrialisation accroît la dépendance dans le domaine des communications (5G), du stockage de données (*data storage*), des équipements de production énergétique (*smart grids*), des batteries de véhicules électriques, et de la santé (triptyque masques-tests-vaccins), difficultés logistiques révélées par la gestion heurtée de la pandémie de Covid-19.

Les effets indirects sont aussi pénalisants : la désindustrialisation freine les gains de productivité, remet en cause le développement technologique (l'industrie réalise 70 % de la recherche et développement — R&D — privée), engendre du chômage et un déficit commercial chronique qui n'est pas compensé par les services et les revenus des IDE. Celui-ci s'élève à 58 milliards de dollars en 2019, et s'aggrave du fait de la pandémie de Covid-19, atteignant 65,2 milliards de dollars fin 2020.

Le rapport Gallois (2012) soulignait que l'industrie française avait privilégié la compétitivité-prix plutôt que la montée en gamme, de sorte que les grandes entreprises ont massivement délocalisé (Goodyear, Citroën, Molex, Moulinex, PSA Aulnay, Technicolor, Smoby). Certaines fermetures, le site d'Arcelor-Mittal à Florange, PSA Aulnay, ont été et sont vécues comme des drames nationaux.

Ce constat nourrit une comparaison désavantageuse avec l'Allemagne qui, outre une fiscalité industrielle plus clémente, a opté pour la montée en gamme et conforté ou acquis des positions fortes sur les marchés internationaux. L'impact territorial des fermetures d'usines est brutal : friches industrielles, bâtiments insalubres ou pollués à détruire ou réaffecter, centres-villes désertés. Les espaces les plus touchés sont les vieilles régions à industrie de main-d'œuvre (Nord-Pas-de-Calais, Lorraine, certaines zones de Bourgogne et de Normandie, sud du Massif central), où les ouvriers non qualifiés ont des difficultés de reconversion. La réaffectation des lieux se fait parfois au profit d'activités culturelles (Centre Pompidou-Metz, Louvre-Lens) ou de pépinières de jeunes entreprises, comme X-Up à Valenciennes, qui gomment les dégâts sociaux au profit d'activités nouvelles qui ne profitent pas aux laissés-pour-compte. En conséquence de la désindustrialisation, la France souffre depuis 1973 d'un taux de chômage bien supérieur à la moyenne de l'OCDE, dépassant souvent 10 % de la population active (en baisse avec 9,4 % en 2017 et 8,7 % en 2019, bénéfices annulés par la pandémie). Le taux de chômage des jeunes (22 %) ainsi que le chômage de longue durée (44 % des chômeurs) sont plus élevés que dans la plupart des pays de l'OCDE.

La crainte du déclassement provoque un rejet de la mondialisation

La certitude d'être une puissance exceptionnelle ou peut-être la déception de ne plus l'être nourrissent dans l'opinion publique une hantise du déclin qui alimente une méfiance à l'égard de la mondialisation, vécue par une partie des Français comme dévastatrice pour le modèle français. Sur le plan politique, la France se distingue par sa volonté de freiner le processus. Elle est à la tête de la contestation antimondialiste (création d'Attac, taxe Tobin), relayée par des journaux comme *Le Monde diplomatique*. En 1978, Jacques Chirac lance l'appel de Cochin ; en 2005, Laurent Fabius milite contre le traité sur la Constitution européenne ; en 2017, François Hollande affirme : « Mon véritable adversaire, c'est le monde de la finance. » Alors que la France a été un pilier du projet européen, celui-ci fait les frais du rejet de la mondialisation. Une France d'« en bas » s'oppose à une élite urbaine majoritairement favorable à l'intégration. Le « oui » au référendum de Maastricht ne l'emporte que de justesse le 20 septembre 1992, l'accord multilatéral sur l'investissement de 1998 est rejeté, les citoyens refusent par référendum le traité constitutionnel européen en 2005, la directive Bolkestein cristallisant les craintes pour l'emploi. Le « mini-traité » de Lisbonne (1er décembre 2009) contourne la volonté populaire, ce qui aggrave le soupçon contre une Europe jugée tour à tour trop interventionniste et trop libérale. Gauche et droite confondues, de la France insoumise au Rassemblement national, les partis hostiles à la mondialisation engrangent des voix à chaque élection présidentielle.

Dans l'opinion publique, les consultations confirment cette perception négative. Selon un sondage Ipsos de 2020, 53 % des Français voient dans la mondialisation une menace et 43 % une opportunité. C'est moins qu'en 2013 (61 %) mais plus que dans les autres pays développés. 54 % pensent que la France doit se protéger davantage de l'extérieur contre 43 % favorables à plus d'ouverture. L'intelligence artificielle (IA) et les nouvelles technologies sont perçues à 47 % comme une menace. Seule une minorité souhaite faire évoluer le modèle social, 41 % des Français voulant le renforcer et 26 % le maintenir en l'état. Cette hostilité différentielle, moins présente chez les jeunes et les cadres supérieurs que chez les agriculteurs et les ouvriers, suggère qu'un grand nombre de Français se sentent perdants dans la mondialisation.

Ce pessimisme est aussi perceptible sur la politique intérieure. De manière confuse, 69 % des Français estiment que « c'était mieux avant » (Ipsos-Challenges 2020). En janvier 2019, 76 % des personnes interrogées pensent que la France est en déclin, 36 % qu'un régime non démocratique peut être efficace. 78 % estiment le système fiscal injuste, paradoxe alors que les Français sont attachés à leur modèle redistributif. La politique est vécue « sur le mode de la promesse et de la déception » [Gauchet, 2016].

De fait, la France navigue à vue, se posant en pilier de l'Union européenne tout en s'affranchissant de ses règles. La dette publique atteint 100 % du PIB en 2019, 120 % en 2020, tandis que l'Allemagne, toujours elle, s'est désendettée (61 % en 2019). Avancer le coût du modèle social pour justifier cette dette colossale n'est pas recevable : les modèles scandinave et allemand sont tout aussi protecteurs et moins coûteux. Nous avons « les dépenses du Danemark et la satisfaction collective du Mexique » [Olivennes, 2019], un signe du déséquilibre de notre système.

Un modèle difficilement réformable

Des stratégies gouvernementales peu lisibles

Comme de nombreux pays démocratiques, la France hésite entre poursuite du libéralisme et retour à l'interventionnisme, tout en essayant de préserver un État-providence désormais critiqué pour son rapport coût/efficacité. De Jacques Chirac (1995-2007) à Emmanuel Macron, la France semble en quête d'une introuvable voie sociale-démocrate ou sociale-libérale, selon l'appréciation. Élu sur le thème de la « fracture sociale » en 1995, puis du rassemblement des Français en 2002 (« La France en grand, la France ensemble »), Chirac échoue à réconcilier la « France d'en haut » avec la « France d'en bas » (émeutes dans les banlieues en 2005), à remettre le pays sur la voie de la croissance, du redressement des comptes publics, et surtout du plein-emploi. Son second mandat finit dans l'immobilisme. Son successeur Nicolas Sarkozy (2007-2012), plusieurs fois ministre depuis 2002, se présente néanmoins comme un candidat de rupture, avec un programme néolibéral (loi TEPA en faveur du travail, de l'emploi et du pouvoir d'achat, slogan « Travailler plus pour gagner plus », service minimum dans les transports et les écoles, réforme de l'État ou révision générale des politiques publiques — RGPP — en 2008). Les faits étant têtus, la crise économique mondiale de 2008 le contraint à renouer avec l'interventionnisme et les plans de relance. Converti au « triomphe des idées françaises de régulation », il combine de manière pragmatique des politiques de la demande et de l'offre, laissant se creuser les déficits publics et tentant de préserver l'attractivité française (bouclier fiscal favorable aux plus aisés et aux milieux d'affaires, création des pôles de compétitivité) tout en défiscalisant les heures supplémentaires de 8 millions de travailleurs. À son tour candidat de rupture avec le « président des riches » [Pinçon et Pinçon-Charlot, 2010], François Hollande (2012-2017) se présente comme un président « normal » qui rompt avec la fébrilité de son prédécesseur. Il est aussi rattrapé par des réalités qui dépassent les querelles françaises. Proposant un pacte de croissance européen dans la tradition de régulation française, il échoue à imposer celui-ci, suscitant la méfiance des États-Unis, de l'Allemagne et de la City à Londres. Il lance un plan massif de réduction de charges patronales pour redresser la compétitivité économique (crédit d'impôt pour la compétitivité et l'emploi — CICE) et relève la TVA pour respecter des engagements européens (« règle d'or ») qu'il ne peut ignorer. Cet alignement libéral lui aliène une grande partie de la gauche, y compris au sein du Parti socialiste avec les « frondeurs ». L'échec du plaidoyer de François Hollande pour la relance montre que, en 2012, le modèle est sinon défunt, du moins sérieusement menacé. Il est désormais clair que la marge de manœuvre des dirigeants français se réduit considérablement, ce qui menace l'exception française. Enfin, un jeune président, Emmanuel Macron, ancien ministre de l'Économie, de l'Industrie et du Numérique de son prédécesseur socialiste (gouvernement Valls), opte pour un programme de rajeunissement politique et économique (mouvement En Marche ! issu de la société civile, promotion de la *French Tech* et de la *start-up nation*). Celui-ci passe par un dépassement du « vieux » modèle d'opposition droite-gauche, se veut pragmatique et rassembleur, entre protection sociale et libéralisme. Ce positionnement engendre des contestations violentes (crise des Gilets jaunes en 2018, fronde des maires, manifestations contre la réforme des retraites en 2019) qui mettent en lumière la verticalité du pouvoir et l'urgence d'amender le modèle de la monarchie républicaine. Le président Macron lance en janvier 2019 le Grand Débat national pour recueillir les doléances et les contributions des Français, propose en octobre 2019 une convention citoyenne pour le climat (cent cinquante personnes tirées au sort). Mais la pandémie de Covid-19 en 2020 contraint l'État à renforcer le dirigisme aux dépens des efforts réalisés (Conseil de défense, contournement des experts), et le pouvoir est accusé de ne pas tenir compte de l'avis des citoyens sollicités (loi Climat).

La France entre atouts et faiblesses

Avec un PIB d'environ 2 500 milliards de dollars (un peu plus de 40 000 dollars par habitant), la France fait partie des grandes puissances économiques. Elle est le septième pays le plus riche du monde. L'intérêt des investisseurs pour les entreprises françaises ne se dément pas (septième rang mondial derrière l'Allemagne, la moitié des actions du CAC40 sont détenues par des étrangers). Le territoire est attractif, bien desservi par les transports, la douceur de vivre à la française est appréciée de ses visiteurs. La France exporte des capitaux et fait partie des grands exportateurs mondiaux de services (quatrième rang) et de marchandises (sixième rang). Le secteur agricole et agroalimentaire, l'aéronautique, les vins et alcools, l'industrie du luxe (LVMH, Kering), les cosmétiques sont les moteurs des exportations. Parmi les cinq cents premières entreprises mondiales, trente-neuf sont françaises (Carrefour, Areva, Total, L'Oréal, Veolia, Engie, BNP Paribas, Sanofi, Saint-Gobain). Le tourisme complète ce palmarès, la France étant la première destination mondiale depuis le début des années 1990 (89,4 millions de touristes en 2018), avec une clientèle émergente en forte augmentation.

Pourtant, si la France a un niveau élevé de productivité, celle-ci tend à baisser depuis les années 2000 du fait de la conversion de l'économie dans les services, où les gains sont plus faibles que dans l'industrie. Plus grave, les auteurs d'un rapport de juillet 2019 mettent cette baisse en relation avec un système éducatif qui se dégrade par le bas, avec une proportion d'élèves en difficulté supérieure à la moyenne de l'OCDE. Les salariés, surtout les plus précaires, souffrent d'une déqualification au cours de la vie du fait de l'insuffisance de la formation continue. Le retard dans l'innovation, lié à l'insuffisance de l'investissement privé, menace la productivité. Le nombre de chercheurs et la production de brevets sont trop modestes (10 163 brevets contre 26 805 en Allemagne en 2019). La R&D universitaire est mal reliée à la recherche privée, freinée par des lenteurs administratives. Le pays consacre 2,25 % de son PIB à la R&D, mais ne se classe qu'au douzième rang dans le *Global Innovation Index 2020*. La France a des pôles de compétitivité performants, elle développe le *branding* de la « marque » France (*Choose France*, promotion de la *French Tech*), mais la concurrence est rude. De nombreux jeunes diplômés quittent chaque année la France, attirés par les conditions de travail et les salaires des entreprises nord-américaines. Ceci explique pourquoi le pays des Lumières, producteur d'excellents mathématiciens et ingénieurs, n'est pas dans le top 3 des économies les plus innovantes en Europe (Suisse, Suède, Royaume-Uni). Au classement de Shanghai (ARWU), les universités et grandes écoles françaises restent peu visibles malgré leurs domaines d'excellence. Or les universités ont un rôle clef dans la course à l'innovation, mais surtout dans la perception de la puissance par l'extérieur. Après avoir longtemps contesté les classements, les Français prennent conscience, mais un peu tard, de ces faiblesses.

La France a brutalement constaté, notamment du fait de la crise de la Covid-19, les dangers de la désindustrialisation et de la dépendance. Or elle souffre d'une dégradation de sa compétitivité-coût du fait d'une lourde fiscalité sur les facteurs de production. L'industrie est soumise à un taux de prélèvements obligatoires plus élevé que celui des autres secteurs, les impôts de production représentent 23 % du total, alors que le secteur manufacturier ne constitue que 15,4 %

de la valeur ajoutée du secteur marchand. D'autre part, les petites et moyennes entreprises (PME) sont nombreuses, mais n'exportent pas assez. Les exportations françaises sont essentiellement régionales et tournées vers le marché européen (Allemagne, Italie, Espagne et Royaume-Uni).

Une France entre protection de l'emploi et précarisation du travail

L'État reste le premier employeur de France, avec 20 % de l'emploi total en 2020, soit environ 5,5 millions d'emplois publics. La dépense publique s'élève à 54 % du PIB en 2019, 58,5 % en 2021, dont 32 % de dépenses sociales. La réglementation reste très présente, avec un salaire minimum élevé (62 % du salaire médian en 2018), les lois Aubry sur les 35 heures, des prestations sociales généreuses. Entre protection et précarisation, le modèle est accusé de perpétuer la dualité du marché du travail. Jean Tirole montre que la législation protectrice des contrat à durée indéterminée (CDI), du fait de ses rigidités (difficulté de débaucher en conjoncture de crise, donc crainte d'embaucher), encourage le travail précaire et les contrats à durée déterminée (CDD). Le modèle français souffrirait même d'une « préférence pour le chômage » [Olivennes, 1994], c'est-à-dire d'un consensus sur le partage des revenus par les transferts sociaux plutôt que par l'accès au travail, appuyé sur une indemnisation généreuse et s'accommodant d'un chômage élevé. De plus, le coût horaire du travail sur les bas salaires (bâtiment, restauration, hôtellerie) est de 20 % supérieur au reste de la zone euro, car trop de charges pèsent sur lui. À rebours de ce constat, certains économistes critiquent le désengagement de l'État et pensent qu'il faut rénover le modèle social en le rendant social-écologique [Méda *et al.*, 2018]. Le choix est politique, il s'agit d'assumer un modèle coûteux en espérant la relance, ou de le réformer en le libéralisant, au risque de le dévoyer.

Certes, la flexibilité est encouragée depuis quelques années. L'ambitieuse réforme du marché du travail d'Emmanuel Macron cherche à sortir d'une société figée en statuts, à pratiquer la flexisécurité et produire moins d'*outsiders*. Mais ce modèle inspiré du Danemark est coûteux et suppose une entente avec les partenaires sociaux. Or la réforme de l'assurance chômage cherche à juguler les déficits publics, les syndicats sont en crise et ne représentent que 5 % des salariés du privé (voir encadré *supra*), et encore moins les précaires. Les conditions ne sont pas celles du modèle scandinave. Les réformes, qu'elles portent sur le travail ou les retraites, soulèvent de grands mécontentements (manifestations contre les lois El Khomry et Pénicaud) qui paralysent les décisions. L'impression prévaut que le modèle est irréformable.

La France a un taux de prélèvements obligatoires quasi « socialiste » (si l'on en croit Giscard d'Estaing qui établissait le seuil à 40 %), soit 48,4 % du PIB en 2018, devant les pays scandinaves. Mais c'est surtout l'instabilité fiscale qui rebute les investisseurs. Si le classement *Doing Business* de la Banque mondiale classe le pays en 32e position (Royaume-Uni 9e, Allemagne 24e) pour la facilité de création d'entreprises, l'indice de liberté économique de la Foundation Heritage et le *Wall Street Journal* classent la France au 71e rang.

Pour résoudre ces blocages, la France a mis en place des dispositifs ambitieux mais peu lisibles. Le CICE et le pacte de responsabilité pour l'emploi combinent une politique de l'offre (baisse des impôts et simplification pour les entreprises, baisse du coût du travail) et de la demande (revalorisation des prestations sociales et réductions d'impôts pour les plus modestes). Selon la Banque de France, ils ont permis de créer 240 000 emplois depuis 2015. Le défi consiste à soutenir les entreprises sans négliger la demande. Le modèle français a longtemps fait le choix de préserver la consommation, avec pour effet d'augmenter les importations.

Des fractures françaises préoccupantes

Si le modèle français se caractérise par une ambition d'unité et d'égalité entre les citoyens, d'équité entre les territoires, tout montre que ces valeurs sont en crise. Une France des agglomérations, grandes villes et banlieues, qui bénéficie de la mondialisation, s'oppose à une France en déclin, « périphérique », composée de petites villes, d'espaces ruraux ou périurbains délaissés [Guilluy, 2014]. D'autres voient le modèle français comme une impasse : la défense de corporatismes qui nuisent au bien commun (quarante régimes de retraite, trois cents niches fiscales) engendre un fort sentiment de défiance [Algan et Cahuc, 2007].

Le sentiment de « malheur français » [Gauchet, 2016 ; Olivennes, 2019] touche en particulier les classes moyennes, fer de lance du modèle républicain depuis le XIXe siècle. Les plus concernées sont celles dont le niveau de vie est compris entre – 10 % et + 10 % du revenu médian (1 700 euros), soit environ 20 millions de personnes. On peut faire leur portrait-robot : peu diplômés (employés, ouvriers, soignants), actifs et bénéficiant de peu de prestations sociales (5 % de leur revenu contre 40 % pour les ménages pauvres) et de peu de revenus du patrimoine (4 % contre 24 % pour les ménages aisés), ils utilisent leur véhicule personnel pour travailler car ils vivent dans les espaces périurbains. La crise des « Gilets jaunes », révolte fiscale déclenchée en mars 2019 par une augmentation des prix des carburants (la phrase « ceux qui fument des clopes et roulent au diesel » de

Benjamin Griveaux résumant la fracture entre peuple et élites), met en lumière l'amertume et le déclassement de ces classes moyennes qui paient des impôts et voient leur niveau de vie décrocher depuis vingt ans par rapport aux ménages aisés. Leur revenu a été amputé par les mesures fiscales du quinquennat Hollande qui les ont touchés de plein fouet (baisse du quotient familial, fin de l'exonération des heures supplémentaires) sans compensation. Ils entretiennent une rancœur contre les « assistés », les ménages modestes soutenus par les prestations sociales, et contre les « élites », dont le revenu a progressé. Le modèle français s'en trouve affecté parce que deux tiers des Français ne croient plus dans la promesse républicaine de l'égalité des chances et parce que le système présenté comme vertueux et redistributeur se révèle injuste. Il pénalise les classes moyennes, l'assiette de l'impôt sur le revenu étant étroite (moins de 48 % des foyers fiscaux l'acquittent), et l'effort demandé étant sensiblement le même pour les ménages moyens que pour les plus aisés.

À cette fracture s'ajoute la question de l'identité française. L'immigration n'a jamais fait l'objet d'un vrai débat public. Après le coup d'arrêt porté à l'immigration de travail en 1974, le regroupement familial prend le relais (loi Stoleru de 1975), modifiant profondément la société. D'un monde d'hommes recrutés temporairement par les entreprises, on passe à une immigration familiale installée, largement féminisée (51 % de femmes en 2019). Aujourd'hui, 200 000 personnes entrent légalement sur le territoire chaque année (0,3 % de la population, contre deux fois plus en moyenne dans l'OCDE) et probablement le même nombre illégalement. En 2020, 6,7 millions d'immigrés vivent en France, soit 9,9 % de la population totale (Insee), contre 5 % en 1946 et 7,4 % en 1975. La moitié d'entre eux viennent d'un pays européen, et 2,5 millions ont la nationalité française. Cette immigration a deux caractéristiques : la France forme un couple migratoire avec les pays du Maghreb et d'Afrique francophone, de sorte que la culture musulmane y est très représentée [Stasi, 1984]. D'autre part, la population immigrée est beaucoup moins qualifiée que celle d'autres pays développés. Les capacités d'intégration des immigrés, souvent français par acquisition, ne sont pas à mettre en doute. En revanche, force est de constater que la montée des revendications identitaires met à mal un modèle républicain français assimilateur et étranger aux particularismes.

Enfin, c'est le cœur du modèle qui est attaqué à travers la laïcité et l'école. D'abord par ses ennemis jurés (les attentats islamistes ont fait deux cent soixante-dix morts depuis 2012), mais aussi par les revendications identitaires : les manquements à la laïcité concernent 15 % des établissements publics, mais 34 % en zone de réseaux d'éducation prioritaire (REP). Les incidents, fortement sous-estimés, survenus après le massacre commis par Mohammed Merah dans une école Ozar Atorah (2012), l'attentat contre *Charlie Hebdo* (2015) ou l'assassinat du professeur Samuel Paty (2020), montrent que l'école, en particulier dans les quartiers populaires des grandes villes, est un théâtre privilégié de ce conflit entre République et revendications communautaristes.

Au cœur du modèle français depuis les années 1880 (lois Ferry), l'école de la République échoue à combler les inégalités, voire les aggrave. Les enquêtes PISA (23e rang en 2018) montrent une piètre performance générale et une forte corrélation entre le milieu social d'origine et la réussite scolaire. Soulignons que nous avons l'un des plus importants budgets éducatifs des pays développés, le plus élevé de l'État, 55,1 milliards d'euros en 2021. Le creusement des inégalités va à rebours du volontarisme de l'Éducation nationale et des convictions de gauche d'une partie significative du corps enseignant. L'échec est d'autant plus cuisant qu'il se produit au sein d'une école publique fortement marquée par ses ambitions égalitaires. Plus grave, sur certains territoires, l'école est le « théâtre d'une ségrégation ethnoculturelle de plus en plus poussée, battant en brèche le discours officiel sur le vivre-ensemble » [Fourquet, 2019]. Ainsi le retard scolaire à l'entrée en sixième est-il corrélé à la nationalité des élèves (il touche trois fois plus d'enfants étrangers que d'enfants français). Les établissements d'excellence sont situés dans les quartiers les plus aisés, avec un effet d'éviction immobilière des moins favorisés. Le succès des établissements hors contrat proposant des méthodes pédagogiques alternatives (plus 26 % entre 2011 et 2014) est souvent interprété comme une autonomisation d'une partie des catégories les plus favorisées, voire une « sécession des élites » [Lasch, 1995]. Pourtant, on constate que le phénomène d'évitement de la carte scolaire touche souvent les familles populaires qui veulent protéger leurs enfants de la violence et de l'échec [Felouzis *et al.*, 2005]. Il s'agit d'une donnée cruciale pour la survie du modèle français.

En conclusion, la formule de l'écrivain Sylvain Tesson mérite d'être citée : « La France est un paradis peuplé de gens qui se croient en enfer. » Elle est confirmée par le fait que la moitié des Français seulement se déclarent heureux (sondage BVA 2018). Elle saisit quelque chose du « délicieux malheur français » [Olivennes, 2019] constaté par de nombreux observateurs. Le sentiment de perte est à la mesure des ambitions d'une puissance française aussi porteuse de valeurs universelles que les États-Unis, mais qui recule dans un monde de géants, de surcroît peu soucieux de démocratie. De 1960 à 2020, nous avons égaré la croissance (de 6 % à 1 %), le creuset français assimilateur, l'autorité du chef de l'État, aujourd'hui diluée dans la cacophonie des médias et des réseaux sociaux, autrement dit les aspects les plus essentiels du modèle français. Le refonder impliquerait de renoncer à la déploration et de réinventer les bases d'une communauté nationale aujourd'hui traversée par d'inquiétantes fractures.

Repères bibliographiques

ALGAN Y. et CAHUC P. [2007], *La Société de défiance. Comment le modèle français s'autodétruit*, Paris, Éditions Rue d'Ulm.

BAVEREZ N. [2003], *La France qui tombe*, Paris, Perrin.

BONELLI L. et PELLETIER W. (dir.) [2010], *L'État démantelé. Enquête sur une révolution silencieuse*, Paris, La Découverte.

BONNEUIL C., PESSIS C. et TOPÇU S. [2013], *Une autre histoire des « Trente Glorieuses ». Modernisation, contestations et pollutions dans la France d'après-guerre*, Paris, La Découverte.

COHEN É. [1992], *Le Colbertisme « high tech ». Économie des Télécom et du Grand Projet*, Vanves, Hachette Éducation.

DAVEZIES L. [2012], *La Crise qui vient. La nouvelle fracture territoriale*, Paris, Seuil.

DUVERGER M. [1974], « La monarchie républicaine ou comment les démocraties se donnent des rois », *Politique étrangère*, n° 2, 39e année, p. 245-247.

ESPING-ANDERSEN G. [1990], *Les Trois Mondes de l'État-providence*, Paris, Seuil.

FELOUZIS G., LIOT F. et PERROTON J. [2005], *L'Apartheid scolaire. Enquête sur la ségrégation ethnique dans les collèges*, Paris, Seuil.

FOURQUET J. [2019], *L'Archipel français. Naissance d'une nation multiple et divisée*, Paris, Seuil.

GAUCHET M. [2016], *Comprendre le malheur français*, Paris, Stock.

GAUCHON P. [2002], *Le Modèle français depuis 1945*, Paris, PUF, « Que sais-je ? », 2019.

GUILLUY Ch. [2014], *La France périphérique. Comment on a sacrifié les classes populaires*, Paris, Flammarion.

JACKSON J. [2019], *De Gaulle. Une certaine idée de la France*, Paris, Seuil.

LASCH Ch. [1995], *La Révolte des élites et la trahison de la démocratie*, Paris, Climats, 1996.

LE BRAS H. [2017] *Malaise dans l'identité*, Arles, Actes Sud.

MÉDA D., HEYER E. et LOKIEC P. [2018], *Une autre voie est possible. Le modèle social français n'est pas mort*, Paris, Flammarion.

OLIVENNES D. [1994], « La préférence française pour le chômage », *Le Débat*, n° 82, p. 138-153.

— [2019], *Le Délicieux Malheur français*, Paris, Albin Michel/revue *Le Débat*.

PINÇON M. et PINÇON-CHARLOT M. [2010], *Le Président des riches. Enquête sur l'oligarchie dans la France de Nicolas Sarkozy*, Paris, Zones.

ROSANVALLON P. [1981], *La Crise de l'État-providence*, Paris, Seuil.

STASI B. [1984], *L'Immigration, une chance pour la France*, Paris, Robert Laffont.

TOCQUEVILLE A. DE [1856], *L'Ancien Régime et la Révolution*, Paris, Michel Lévy frères.

18 / La France, une puissance en Europe

Matthieu Osmont

La France occupe une position prépondérante en Europe, de par sa géographie, son économie et sa démographie. Avec 67 millions d'habitants, elle est en 2020 le deuxième pays le plus peuplé de l'Union européenne (UE) et la deuxième économie la plus puissante de cet ensemble après l'Allemagne. Elle possède le territoire le plus étendu parmi les pays membres de l'UE. Ces données sont essentielles pour comprendre le rôle joué par la France dans l'équilibre politique européen. À cela s'ajoutent des choix politiques faits dans l'immédiat après-guerre et qui n'ont pas été démentis jusqu'à aujourd'hui. Après avoir pensé l'idéal européen — depuis l'abbé de Saint-Pierre au XVIIIe siècle jusqu'à Victor Hugo au XIXe siècle —, la France a contribué de manière déterminante aux débuts de la construction européenne dans les années 1950. L'engagement européen de la France n'est toutefois pas dénué d'ambiguïtés.

« Notre but est de faire l'Europe sans défaire la France », déclarait Georges Bidault en mars 1953. Alors ministre français des Affaires étrangères, c'est lui qui présente le projet de Communauté européenne de défense (CED) devant le Parlement. Concilier l'objectif d'unité européenne et la possibilité de maintenir les ambitions et la cohésion de la nation, c'est un enjeu qui reste au cœur des débats français sur l'Europe unie au XXIe siècle. L'unité européenne est acceptable quand elle représente un surcroît de force pour la nation, un moyen d'améliorer la vie quotidienne ou d'exercer une influence sur les autres nations. Elle est redoutée quand elle offre le visage d'une *diminutio capitis*, d'un désaveu des ambitions nationales traditionnelles [Bossuat, 2005].

La conviction des élites politiques et économiques françaises de pouvoir faire de l'Europe un multiplicateur de puissance pour la France est bien ancrée [Vaïsse, 2009]. L'ambivalence française face au projet d'unification européenne demeure. Celui-ci est perçu comme un vecteur de puissance et d'influence, mais aussi comme une menace pour la souveraineté et l'identité de la nation. Pour être forte, la France doit être européenne, mais comment faire l'Europe sans diluer la France ?

Le choix européen de la France sous la IVe République, confirmé par de Gaulle

L'Europe : une réponse française à un constat d'impuissance après 1945

Dès la libération de la France en 1944, un consensus existe parmi les élites françaises pour que la puissance traditionnelle du pays soit restaurée — en s'appuyant sur un empire alors conservé. Il s'agit de « reprendre son rang », selon l'expression du général de Gaulle. Cette politique connaît rapidement ses limites, et la France doit accepter l'aide financière américaine du plan Marshall à partir de 1948 pour assurer sa reconstruction. Face à la menace soviétique, la France participe à la création de l'Union occidentale (qui devient en 1954 l'Union de l'Europe occidentale — UEO). Le traité de Bruxelles signé en mars 1948 prévoit ainsi une coopération militaire et économique renforcée entre la France, le Royaume-Uni, la Belgique, les Pays-Bas et le Luxembourg. La France resserre également ses liens militaires avec les États-Unis en signant le traité de l'Atlantique nord en 1949 (chapitre 2). Dans un monde en voie de bipolarisation, la France n'a pas les moyens de choisir une « troisième voie » [Bossuat, 2005].

Dans ce contexte, l'intégration européenne devient au début des années 1950 un projet dont la France espère tirer avantage. Si la France n'a pu retrouver seule son statut de grande puissance, la construction européenne peut devenir une « mystique de remplacement », la possibilité de rompre avec un abaissement mal accepté. Selon l'historien britannique Tony Judt [2007], « la France rabaissée au rang de dernière des grandes puissances s'était trouvé une nouvelle vocation : celle d'initiatrice de la nouvelle Europe ».

Le discours de Robert Schuman, ministre français des Affaires étrangères, le 9 mai 1950, inaugure cette nouvelle politique. Schuman propose de placer l'ensemble de la production franco-allemande de charbon et d'acier sous une même autorité. Sa proposition, profondément novatrice, s'appuie sur un plan formulé à Alger par Jean Monnet dès 1943. Il s'agit de trouver des solutions pour contrôler le potentiel guerrier de l'industrie lourde allemande sans pour autant nourrir l'esprit de revanche de l'Allemagne [Defrance et Pfeil, 2012]. Ce

Les grands traités européens (de la CECA à l'UE)

Matthieu Osmont

Le traité instituant la Communauté européenne du charbon et de l'acier (CECA), signé le 18 avril 1951 par les chefs de gouvernement de six pays (France, Allemagne, Italie, Belgique, Pays-Bas et Luxembourg), est le véritable point de départ de la construction européenne. Il crée une Communauté qui se distingue de toutes les organisations antérieures. La Haute Autorité de la CECA est en effet une institution supranationale qui dispose d'un budget propre financé par un tarif extérieur commun. Chargée de favoriser la production et les échanges de charbon et de produits sidérurgiques entre les pays membres, la Haute Autorité a notamment le pouvoir de signer des accords commerciaux au nom des Six.

Après le rejet de la Communauté européenne de défense (CED) par le Parlement français en 1954, les dirigeants des Six relancent la construction européenne à Rome le 25 mars 1957 en créant la Communauté économique européenne (CEE) et la Communauté européenne de l'énergie atomique (Euratom). Ces deux organisations sont placées sous le signe de l'intégration économique et relèvent d'un modèle « mixte » pragmatique (davantage intergouvernemental que la CECA). Le Marché commun est en réalité une construction progressive qui s'achève avec la signature de l'Acte unique en 1986.

Le traité signé à Maastricht le 7 février 1992 est la dernière avancée majeure dans la construction européenne. Il crée l'Union européenne (UE) reposant sur trois piliers : les communautés européennes (CE), la politique étrangère et de sécurité commune (PESC) et la coopération policière et judiciaire en matière pénale. Le traité institue également une citoyenneté européenne, renforce les pouvoirs du Parlement européen et crée une Union économique et monétaire (UEM). Selon Hélène Miard-Delacroix [2011], le traité de Maastricht est un exemple de négociation réussie entre la France et l'Allemagne. L'UEM traduit la volonté partagée d'approfondir la construction européenne à travers des abandons de souveraineté réciproques : l'Allemagne abandonne le mark, symbole de sa réussite économique, tandis que la France renonce à son contrôle sur la Banque centrale, renonçant aux dévaluations compétitives.

Les grands traités européens relèvent d'un équilibre entre deux approches de la construction européenne : l'approche communautaire et l'approche intergouvernementale. L'approche communautaire repose sur la primauté des institutions supranationales (la Commission européenne et le Parlement européen). Elle conduit à privilégier le vote à la majorité qualifiée en Conseil des ministres pour éviter les blocages. L'approche intergouvernementale repose sur le *leadership* des États membres qui gardent toujours un droit de veto sur les décisions importantes. Elle met en avant le vote à l'unanimité en Conseil des ministres. Dans sa politique européenne, la France a toujours défendu la complémentarité entre les deux approches. La création du Conseil européen en 1974 à l'initiative de la France a cependant consolidé le pilier intergouvernemental des Communautés européennes devenues Union européenne en 1992 [Lefebvre, 2019].

projet est concrétisé par la création le 18 avril 1951 de la Communauté européenne du charbon et de l'acier (CECA) qui réunit six pays — France, Allemagne, Italie et pays du Benelux.

Le plan Pleven esquissé à la fin de l'année 1950 est guidé par le même objectif d'assurer la « sécurité par l'intégration ». Il aboutit en mai 1952 à la signature du traité créant la Communauté européenne de défense (CED). Cette communauté devait être l'ébauche d'une armée européenne, mais la France rejette finalement la CED en août 1954 lors d'un vote de l'Assemblée nationale. Le décès de Staline en 1953 rendait moins urgente une défense commune de l'Europe occidentale. L'échec de la CED montre aussi les limites de la « méthode Monnet » et les réticences françaises face à des abandons de souveraineté dans des domaines régaliens.

La crise de Suez en 1956 est un nouveau révélateur de l'affaiblissement de la France dans le monde. Ce « Diên Biên Phu diplomatique », selon le mot de François Mauriac, conduit le gouvernement français à s'engager plus avant dans la construction européenne en signant les traités de Rome de mars 1957, qui instaurent la Communauté économique européenne (CEE) et la Communauté européenne de l'énergie atomique (Euratom). Ces nouvelles communautés ont un niveau de supranationalité inférieur à celui des précédentes. L'approche intergouvernementale est privilégiée sur l'approche communautaire.

De Gaulle et le projet d'Europe-puissance

Le retour au pouvoir du général de Gaulle en 1958 marque une rupture institutionnelle. Dans la nouvelle Constitution de la Ve République, la politique extérieure appartient au « domaine réservé » du chef de l'État. Par ailleurs, la politique extérieure doit s'appuyer pour de Gaulle sur un État-nation puissant dont la souveraineté ne saurait être entravée par des institutions supranationales. Son approche de la construction européenne est résolument intergouvernementale. Pour de Gaulle, c'est la nation qui est dépositaire de la légitimité historique. Les communautés européennes, créées artificiellement, ne peuvent pas en appeler à la loyauté de leurs citoyens [Jackson, 2019].

Dès septembre 1958, à la surprise générale, de Gaulle s'associe malgré tout avec Konrad Adenauer pour sauver le Marché commun d'une vaste offensive diplomatique des Britanniques qui essaient de le diluer dans une vaste zone de libre-échange. La CEE commence ainsi à fonctionner au début de l'année 1959. Cette conversion pragmatique du général de Gaulle aux traités de Rome s'explique par un intérêt économique. Le Marché commun doit permettre de moderniser l'industrie française soumise à une concurrence accrue. De Gaulle joue également un rôle clef dans l'adoption de la politique agricole commune (PAC) en 1962 — qui doit accélérer la modernisation de l'agriculture française. Opposé à une Europe supranationale, de Gaulle exige le maintien du vote à l'unanimité des États membres du Marché commun (crise de la « chaise vide » en 1965).

De Gaulle a également un projet politique pour l'Europe. Il perçoit la construction européenne comme un moyen de contester les velléités hégémoniques des États-Unis en sortant de la logique des blocs [Vaïsse, 2009]. L'« Europe européenne » se traduit concrètement par le veto français à l'entrée du Royaume-Uni dans le Marché commun. De Gaulle craignait qu'il ne soit un « cheval de Troie » des États-Unis en Europe. Le général développe un projet d'union d'États partageant une politique étrangère et de défense commune qui aboutit aux deux « plans Fouchet » d'octobre 1961 et de janvier 1962. Ces propositions françaises se heurtent toutefois à l'opposition de la Belgique et des Pays-Bas. C'est un échec. Cette vision d'une « Europe-puissance » qui ne serait pas cantonnée à être le maillon faible du monde atlantique sera malgré cela reprise par les présidents successifs de la Ve République.

Le partenariat franco-allemand dans les années 1960 : succès et limites

Le rapprochement franco-allemand est à la base de la dynamique communautaire dès 1950. À partir des années 1960, cette relation se personnalise dans les « couples » président-chancelier suivant le modèle de la relation privilégiée entre de Gaulle et Adenauer (de 1958 à 1963). Le couple franco-allemand fonctionne dès lors comme le principal centre d'impulsion de la construction européenne. Selon Tony Judt [2007], la CEE est alors un « *condominium* franco-allemand dans lequel Bonn garantit les finances de la Communauté tandis que Paris dicte ses politiques ». Ce point de vue est à nuancer dans la mesure où la République fédérale trouve son intérêt dans ce partenariat avec la France qui la sort d'un tête-à-tête exclusif avec les États-Unis. Malgré tout, le *leadership* est clairement français dans les débuts de la construction européenne.

Le partenariat franco-allemand a des limites. Les tentatives pour établir une véritable communauté stratégique se heurtent régulièrement aux mêmes obstacles : le problème nucléaire, les rapports avec l'Organisation du traité de l'Atlantique nord (Otan) et les États-Unis, les difficultés de la coopération en matière d'armement, les divergences à propos de l'organisation de l'Europe, et la nature de la relation à nouer avec Moscou [Gomart et Tonon, 2018]. La personnalisation des relations franco-allemandes, à travers les « couples » chancelier-président, peut poser problème lorsque les dirigeants des deux pays ne s'entendent pas. Les relations sont fraîches entre

Charles de Gaulle et Ludwig Erhard puis Kurt Kiesinger. Les deux chanceliers allemands qui succèdent à Adenauer sont en effet très atlantistes et peu ouverts aux projets d'Europe politique. Par ailleurs, la crainte d'un directoire franco-allemand hégémonique a conduit certains pays membres de la CEE à s'opposer au plan Fouchet et à soutenir la candidature britannique au Marché commun (à l'image des Pays-Bas et de la Belgique).

L'axe franco-allemand est institutionnalisé le 22 janvier 1963 avec la signature du traité de l'Élysée. Celui-ci est en quelque sorte un plan Fouchet à deux. Ses ambitions sont considérables, puisqu'il prévoit une coopération dans des domaines régaliens tels que la politique étrangère, la défense et l'éducation. Elles ne sont pas réalisées dans les années suivantes. Le Bundestag ajoute en effet un préambule lors de la ratification du traité qui lui retire beaucoup de sa portée en rappelant la primauté de l'alliance atlantique pour l'Allemagne. Le principal apport du traité de l'Élysée est à rechercher dans les mécanismes de consultation régulière qu'il instaure au niveau des chefs d'État et de gouvernement, des principaux ministres mais aussi des hauts fonctionnaires français et allemands. Ce dialogue franco-allemand perdure jusqu'à aujourd'hui [Defrance et Pfeil, 2012]. Le principal changement depuis les années 1960 est l'évolution du rapport de force au sein du couple franco-allemand, devenu aujourd'hui très favorable à l'Allemagne.

En faisant le choix de l'Europe dans les années 1950 et 1960, à la fois par conviction et par nécessité, la France est à l'initiative d'un processus d'intégration qui va se renforcer dans les décennies suivantes. L'élargissement à de nouveaux pays membres va cependant lui faire perdre progressivement le *leadership* dans la construction européenne.

La France, moteur de l'intégration européenne aux côtés de l'Allemagne, des années 1970 aux années 1990

Pompidou et Giscard d'Estaing : entre approfondissement et élargissement

Au cours de ses cinq années de présidence (1969-1974), Georges Pompidou se montre favorable à un élargissement de l'Europe à la Grande-Bretagne (ratifié en France par le référendum d'avril 1972) et souhaite une plus grande unité de l'Europe économique et sociale — sans accepter toutefois de nouveaux transferts de souveraineté. En mars 1972 est créé le « serpent monétaire » européen qui fixe les parités entre les différentes monnaies du Marché commun avec une fluctuation limitée à 2,5 %. Les liens avec l'Allemagne sont moins étroits que sous de Gaulle, Pompidou étant méfiant à l'égard de la politique du chancelier Willy Brandt vis-à-vis de l'Europe de l'Est (*Ostpolitik*).

La présidence de Valéry Giscard d'Estaing (1974-1981) est marquée par le contexte de crise économique consécutif aux deux chocs pétroliers de 1973 et 1979. Européen convaincu, Giscard d'Estaing relance la construction politique de l'Europe. Il propose en décembre 1974 l'institutionnalisation des sommets réguliers entre chefs d'État et de gouvernement des différents États membres, créant ainsi ce qui va devenir le Conseil européen. Les prérogatives du Parlement européen sont également étendues, particulièrement en matière budgétaire, et ses membres sont élus au suffrage universel à compter de 1979.

Ces avancées institutionnelles sont rendues possibles grâce à l'entente étroite entre Valéry Giscard d'Estaing et le chancelier allemand Helmut Schmidt [Miard-Delacroix, 2011]. La création du système monétaire européen (SME) en 1979 résulte ainsi d'une initiative franco-allemande, validée par les Neuf lors d'un sommet européen en mai 1979. Durant les années 1970, le *leadership* français dans la construction européenne est remis en cause, en raison à la fois de l'affaiblissement relatif de l'économie française vis-à-vis de l'Allemagne et de l'entrée de la Grande-Bretagne dans la CEE, qui devient un troisième pôle de puissance.

Giscard d'Estaing soutient par ailleurs l'entrée de la Grèce dans la Communauté européenne (effective en janvier 1981), ainsi que celles de l'Espagne et du Portugal (qui n'interviendront qu'en 1986). La France souhaite que ces jeunes démocraties soient « arrimées » à l'Europe. Giscard d'Estaing voit aussi favorablement un rééquilibrage de la CEE vers le Sud — la France pouvant jouer un rôle de pivot entre l'Europe du Nord et l'Europe du Sud. Le président français a pesé de tout son poids dans la décision des Neuf d'élargir la CEE à la Grèce face à une Commission européenne et à un partenaire allemand sceptiques sur l'état du pays.

L'impulsion décisive de Mitterrand

La politique européenne de François Mitterrand connaît une inflexion importante en 1983 lorsque le gouvernement français met en place un plan de rigueur pour éviter de quitter le SME. C'est un tournant dans la politique suivie depuis l'arrivée au pouvoir de Mitterrand et du Parti socialiste en 1981. Les liens entre l'Allemagne et la France sont également renforcés, le chancelier Helmut Kohl et François Mitterrand se rencontrant très fréquemment à partir de

1983. Les deux hommes négocient en 1984 un compromis avec Margaret Thatcher, Première ministre britannique, sur l'épineuse question de la contribution britannique au budget communautaire. L'importance accordée à l'Europe par Mitterrand est confirmée avec l'accession de Jacques Delors, ancien ministre français de l'Économie et des Finances, à la présidence de la Commission européenne en janvier 1985.

Le trio Mitterrand-Kohl-Delors joue dès lors un rôle décisif dans la relance de la construction européenne [Bossuat, 2005]. Une première étape est franchie en février 1986 avec la signature de l'Acte unique européen qui prévoit notamment la possibilité de votes à la majorité qualifiée pour éviter une paralysie des institutions européennes. Il fixe au 1er janvier 1993 la mise en place d'un espace économique sans frontières permettant la libre circulation des personnes, des marchandises, des services et des capitaux. Les accords de Schengen sont signés à la même période (en juin 1985). Ils entrent en vigueur en 1995 et permettent de supprimer les contrôles aux frontières internes à l'espace Schengen (dont sont exclus certains membres de la CEE — notamment la Grande-Bretagne).

La chute du mur de Berlin le 9 novembre 1989 entraîne de vives tensions à l'intérieur de la CEE. La perspective d'une réunification allemande rapide inquiète les partenaires de l'Allemagne, en premier lieu la France et la Grande-Bretagne qui craignent qu'une Allemagne réunifiée ne prenne ses distances vis-à-vis de la CEE. Le désir allemand de rassurer ses partenaires débouche sur une initiative de Kohl et Mitterrand proposant, le 19 avril 1990, la tenue d'une conférence intergouvernementale en vue de créer une union européenne ainsi qu'une union monétaire. Les négociations durent un an et demi et aboutissent à la signature du traité de Maastricht le 7 février 1992.

Achèvement de l'Union et premiers doutes post-Maastricht

Le traité de Maastricht est ratifié en France le 20 septembre 1992 par référendum avec 51 % de votes favorables. L'importance du « non » montre la défiance d'une partie croissante de l'opinion publique face à la construction européenne. Plusieurs raisons expliquent cette montée de l'euroscepticisme en France : les atteintes à la souveraineté nationale, mais surtout une construction accusée d'être « technocratique » et peu démocratique. On observe également une panne du « moteur franco-allemand » après Maastricht. Les doutes s'installent sur l'avenir du projet européen sur fond de crise en ex-Yougoslavie. Les divergences franco-allemandes sont nombreuses à la fin de l'ère Mitterrand-Kohl. Elles concernent notamment les critères de convergence pour participer à la monnaie unique et le calendrier des prochains élargissements de l'Union européenne. Mais ces désaccords ne se manifestent pas publiquement.

En revanche, ces tensions éclatent au grand jour lors du premier mandat de Jacques Chirac. La décision française annoncée en juin 1995 de reprendre les essais nucléaires est critiquée en Allemagne. Les médias allemands dénoncent un double discours français sur l'Europe : d'un côté, les Français disent vouloir d'une Europe-puissance, de l'autre, ils ne sont pas prêts à partager leur siège permanent au Conseil de sécurité de l'Organisation des Nations unies (ONU) ni à « européaniser » leur force nucléaire. Côté français, c'est la relation quasi exclusive avec l'Allemagne qui est remise en cause. Paris souhaite replacer les rapports franco-allemands à un niveau « normal ». Le sommet franco-britannique de Saint-Malo en 1998 lance ainsi une coopération stratégique entre les deux pays. C'est une manière pour Paris de sortir du tête-à-tête avec Bonn.

La coopération franco-allemande n'est pas exempte de succès dans les années 1990, à commencer par la mise en œuvre de l'UEM réalisée au 1er janvier 1999 (l'euro se substituant aux monnaies nationales à partir du 1er janvier 2002) ou encore le lancement du processus d'élargissement de l'UE aux anciens pays communistes d'Europe de l'Est. Toutefois, les problèmes non résolus dans la conception de cette union monétaire dépourvue d'union politique ou dans un élargissement décidé sans réelle réforme des institutions européennes auront des conséquences au cours de la décennie suivante.

La fin de l'année 2002 et l'année 2003 sont marquées par l'affrontement diplomatique entre d'une part les États-Unis, soutenus par la Grande-Bretagne et plusieurs pays européens dont l'Italie, l'Espagne et la Pologne, et d'autre part la France, soutenue par l'Allemagne, la Russie et la Chine. Les premiers sont favorables à une intervention militaire immédiate en Irak, dirigé par Saddam Hussein et qui refuse depuis plusieurs années un contrôle de ses armes. Les seconds estiment que les inspections en cours doivent être menées à leur terme avant toute intervention. C'est la première fois que l'Allemagne ne suit pas les États-Unis dans une grave crise internationale. Toutefois, l'axe franco-allemand ne suffit pas à empêcher l'intervention américaine et la division des Européens dans le dossier irakien.

C'est aussi en 2003 que l'Union européenne lance ses premières opérations dans le cadre de la politique européenne de sécurité et de défense (PESD, lancée en 1999). Entre 2003 et 2009 (année où la politique de sécurité et de défense commune — PSDC — prend le relais de la PESD), l'Union organise au total une vingtaine d'opérations, civiles ou militaires, avec ses moyens propres ou en collaboration avec l'Otan. Ces missions réalisées principalement dans les Balkans et en

Afrique subsaharienne restent toutefois d'une ampleur limitée (cinq missions seulement mobilisent plus d'un millier d'hommes). Souvent à l'initiative de la France, elles suscitent également des divergences croissantes entre États membres sur l'opportunité d'intervenir régulièrement en Afrique [Petiteville, 2011].

De Pompidou à Chirac, la France n'a donc pas abandonné le projet gaullien d'une Europe-puissance qui jouerait un rôle sur la scène internationale. Les progrès dans cette direction restent toutefois limités en raison des réticences des partenaires de la France. En 2005, ce sont les Français eux-mêmes qui vont remettre en question le projet européen, qui traverse depuis une période de crise.

Une Europe en crise et des questionnements français au XXIe siècle

Les inquiétudes des Français face à l'Europe

Un problème récurrent après Maastricht est celui de la nécessaire réforme des institutions européennes afin qu'elles puissent fonctionner dans une Europe élargie à quinze (en 1995), à vingt-cinq (en 2004) puis à vingt-sept (en 2007). Ces élargissements ont lieu pourtant sans véritable approfondissement préalable de la construction européenne. Les traités d'Amsterdam en 1997 et de Nice en 2001 ne répondent en effet que partiellement aux défis posés. Inquiets de la faiblesse et de la lenteur de ces aménagements institutionnels, les pays de l'Union convoquent en 2002 une « convention sur l'avenir de l'Europe ». Cette convention réunit durant un an et demi une centaine de personnes : ministres, parlementaires nationaux et européens, commissaires européens, sous la présidence de l'ancien président français Giscard d'Estaing. En juillet 2003, celui-ci remet un projet de traité instituant une Constitution pour l'Europe.

Amendé après des négociations entre les États, le traité constitutionnel européen est signé en octobre 2004 à Rome par les Vingt-Cinq qui doivent ensuite procéder à sa ratification. Symboliquement, le choix du mot « Constitution » est fort : il signifie une avancée en direction d'un État européen supranational. Les Français rejettent par référendum le traité constitutionnel le 29 mai 2005 à une forte majorité (54,6 % des voix). Ce « non » français est suivi de celui des Pays-Bas début juin. La réponse des Français lors du référendum de 2005 illustre leurs inquiétudes face aux évolutions récentes de la construction européenne. Une partie de l'opinion perçoit l'élargissement comme la porte ouverte à tous les compromis, une « mondialisation intestine » [Vaïsse, 2009].

Après les « non » français et néerlandais en 2005, l'UE se trouve dans une situation de blocage. Une solution provisoire est trouvée en décembre 2007. Le traité signé à Lisbonne reprend certaines innovations institutionnelles prévues par le traité constitutionnel de 2005 tout en en limitant la portée. Il ne résout pas le problème de la défiance croissante des citoyens vis-à-vis de l'UE. Celle-ci s'exprime à travers la voix des partis anti-européens qui gagnent régulièrement des électeurs. Lors des élections européennes de 2014, le Front national arrive ainsi pour la première fois en tête avec 25 % des voix. Au second tour de l'élection présidentielle de 2017, la candidate du Front national, Marine Le Pen, obtient 34 % des voix avec un programme appelant à sortir de l'Union européenne.

Une relation franco-allemande déséquilibrée

L'Allemagne réunifiée depuis 1990 est devenue — en partie malgré elle — l'acteur central du jeu européen. Un déséquilibre géopolitique s'est installé durablement vis-à-vis de la France. Le poids démographique et économique de l'Allemagne dépasse en effet désormais nettement celui de la France, comme l'illustre le tableau 1.

Il faut attendre les années 2000 pour que l'équilibre franco-allemand soit véritablement rompu sous l'effet combiné de plusieurs facteurs : les élargissements de 2004 et 2007, le décrochage économique de la France, ou encore la politique méditerranéenne de Nicolas Sarkozy.

L'Allemagne a renforcé son influence en Europe centrale et orientale, tout en pensant son rapport au monde avant tout sur un mode mercantiliste, en fonction de ses exportations vers les États-Unis et la Chine. La France, quant à elle, n'a cessé de voir son poids économique relatif diminuer et son déficit commercial se creuser, tout en insistant sur ses responsabilités internationales [Gomart et Tonon, 2018]. Par ailleurs, le centre de gravité de l'Union européenne s'est déplacé vers l'Est avec les élargissements, accentuant ainsi la « centralité » de l'Allemagne. Le *leadership* économique de l'Allemagne ne s'est cependant pas traduit par un *leadership* politique en Europe — l'Allemagne refusant de jouer ce rôle. Le climat politique n'est d'ailleurs pas favorable en Allemagne à des initiatives fortes pour renforcer l'intégration européenne, comme l'illustre l'émergence d'un parti d'extrême droite eurosceptique, l'Alternative für Deutschland (AFD), créé en 2013 et qui a obtenu 12,6 % des voix aux élections législatives en 2017 (entrant pour la première fois au Bundestag).

Tableau 1. **Économie et démographie France/Allemagne**

	1989		1998		2008		2018	
	France	**RFA**	**France**	**RFA**	**France**	**RFA**	**France**	**RFA**
Population (en millions d'hab.)	56,0	61,5	58,9	82,4	64,4	82,1	67,0	83,0
PIB (en milliards de dollars US)	924	1 166	1 388	2 073	2 918	3 730	2 778	3 948

Sources : *Ramsès* pour 1989 et 1998 ; Banque mondiale pour 2008 et 2018.

L'Union pour la Méditerranée (UpM)

MATTHIEU OSMONT

L'Union pour la Méditerranée (UpM) est fondée en 2008 à l'issue du sommet de Paris pour la Méditerranée. L'UpM a pour but de promouvoir la stabilité et l'intégration dans le bassin méditerranéen. Cette initiative française, promue par Nicolas Sarkozy lors de la campagne présidentielle de 2007, se situe dans la continuité du processus de Barcelone. À Barcelone, en novembre 1995, les États membres de l'UE et les autres États riverains de la mer Méditerranée avaient défini un programme de travail conjoint destiné à construire ensemble un espace de paix, de sécurité et de prospérité partagées. En 2008, l'UpM tente de relancer cette coopération affaiblie par les crises multiples des années précédentes en Méditerranée orientale (échec du processus de paix israélo-palestinien, guerre d'Irak en 2003, conflit Israël-Liban à l'été 2006).

L'UpM est une organisation intergouvernementale conçue d'abord comme un forum permettant de débattre des questions stratégiques régionales. Elle accompagne également des projets d'intérêt régional à géométrie variable, auxquels elle attribue son label par décision consensuelle des quarante-trois États membres. L'UpM souffre cependant depuis sa naissance d'être perçue par l'Europe du Nord, en particulier par l'Allemagne, comme un projet français. De plus, en 2011, les « Printemps arabes » ont pris de court l'UE et ses États membres, qui ont perdu des partenaires clés au sein de l'UpM, comme le dirigeant tunisien Zine el-Abidine Ben Ali et l'Égyptien Hosni Moubarak. D'après Jean-François Daguzan [2020], « l'UpM survit aujourd'hui grâce à la gestion de projets économiques et d'éducation collectifs cohérents mais l'initiative a perdu toute charge politique ». Emmanuel Macron souhaite relancer une politique européenne ambitieuse pour la Méditerranée afin de faire face notamment à la montée des tensions avec la Turquie. Il se heurte toutefois à des réactions prudentes et attentistes de ses partenaires européens, en particulier l'Allemagne.

Quel rôle pour une France en crise dans une Europe en crise (2008-2020) ?

La période 2008-2020 est marquée par une série de crises qui sont autant de défis pour l'Union européenne. Nicolas Sarkozy, élu président en mai 2007, doit d'abord affronter avec ses homologues européens la crise économique mondiale partie des États-Unis en décembre 2007. Les pays de la zone euro entrent en récession en 2009. La plupart d'entre eux optent pour des mesures de relance, mais celles-ci sont nationales. Au niveau européen, le principal enjeu est la crise de la dette souveraine de certains États, en premier lieu la Grèce, mais aussi l'Irlande, le Portugal et l'Espagne. Le fort endettement de ces États les fait sortir des critères de convergence et menace leur maintien dans la zone euro. Dans ce contexte, le couple franco-allemand est à la manœuvre pour sortir de la crise. Plusieurs plans d'aide à la Grèce sont décidés en 2010 et 2011 (avec en contrepartie des mesures d'austérité en Grèce). L'entente entre la chancelière Angela Merkel et le président Nicolas Sarkozy est telle que les journaux allemands parlent alors du duo « Merkozy ». Le *leadership* dans cette crise revient toutefois à l'Allemagne.

À la crise de la dette succèdent la crise migratoire et la crise du Brexit. L'année 2015 correspond à un pic dans le nombre de demandeurs d'asile en Europe au XXIe siècle, avec plus d'un million de personnes arrivant principalement de Syrie, d'Irak et d'Afghanistan. La crise migratoire entraîne d'importantes tensions entre les pays de l'espace Schengen. Les pays d'Europe de l'Est refusent tout mécanisme de répartition obligatoire des demandeurs d'asile. C'est l'Allemagne qui accueille finalement la grande majorité des migrants. Angela Merkel adopte une politique d'accueil pour des raisons éthiques mais aussi économiques et démographiques. Cette décision unilatérale provoque une véritable cassure avec la France, dirigée à l'époque par François Hollande (2012-2017). La solution trouvée pour diminuer les flux migratoires vers l'UE prend la forme d'un accord avec la Turquie signé en mars 2016. La Turquie s'engage à lutter contre les transits de migrants en échange d'une aide financière pour les accueillir en Turquie. Là encore, l'Allemagne a joué un rôle déterminant dans les négociations.

Le Brexit désigne le processus de retrait du Royaume-Uni de l'Union européenne à la suite du référendum du 23 juin 2016 lancé par le Premier ministre britannique David Cameron. Ce processus conduit à la sortie effective du Royaume-Uni des institutions européennes le 31 janvier 2020 et à de difficiles négociations sur la relation future entre les Britanniques et l'UE. L'Union européenne, représentée par Michel Barnier, fait bloc dans les négociations du Brexit.

Les conséquences de cette sortie inédite d'un État membre de l'UE sont encore difficiles à mesurer. Le Brexit est le symptôme d'une crise de l'UE, mais il peut être aussi l'occasion d'un rebond, le Royaume-Uni ayant été souvent un frein à une intégration plus poussée. Il renforce la centralité du couple franco-allemand, mais, avec le Royaume-Uni, la France perd un partenaire d'équilibre face à l'Allemagne [Lefebvre, 2019].

Malgré les efforts d'Emmanuel Macron, président français élu en 2017 avec un programme très pro-européen, Paris et Berlin peinent en effet à s'accorder sur la définition et les conséquences d'une autonomie stratégique européenne. Lors de son discours sur l'Europe à la Sorbonne en septembre 2017, Emmanuel Macron évoque son souhait que l'Europe se dote d'une force commune d'intervention, d'un budget de défense commun et d'une doctrine commune d'ici le début des années 2020. Un des résultats obtenus dans ce domaine est l'Initiative européenne d'intervention (IEI), lancée le 25 juin 2018. L'IEI doit renforcer les liens entre les armées des neuf pays signataires, de façon à pouvoir mener des opérations visant à protéger les « intérêts stratégiques européens » en Méditerranée, dans la bande Sahel-Sahara, au Moyen-Orient et en Europe de l'Est. Les états-majors des pays concernés doivent se rencontrer régulièrement. Cette avancée reste toutefois timide face aux ambitions affichées par la France. L'Allemagne en particulier demeure rétive à toute initiative qui pourrait affaiblir l'Otan, qu'Emmanuel Macron qualifie quant à lui d'organisation « en état de mort cérébrale » en novembre 2019.

Il n'est pas étonnant dans ce contexte que le traité d'Aix-la-Chapelle, signé en janvier 2019 entre Emmanuel Macron et Angela Merkel, et présenté comme un nouveau traité de l'Élysée, se révèle peu ambitieux dans le domaine stratégique. L'Europe-puissance se fait toujours attendre. Par ailleurs, la crise sanitaire de la Covid-19 et ses conséquences économiques mettent à l'épreuve l'Union européenne depuis le début de l'année 2020. Après une période de repli national et de fermeture désordonnée des frontières au sein de l'espace Schengen, le couple franco-allemand joue un rôle décisif dans la mise en place du plan de relance de l'Union européenne proposé en mai 2020 et adopté définitivement en décembre 2020. Ce plan de relance européen est une première à la fois par son ampleur (750 milliards d'euros) et par les modalités de son adoption, *via* un endettement commun des Vingt-Sept. Il reste toutefois difficile de prévoir s'il sera le point de départ d'une nouvelle solidarité en Europe.

Pour conclure, la France reste un acteur clef de l'Union européenne, même si son poids dans une Europe à Ving-Sept n'est pas comparable à celui qu'elle avait dans l'Europe des Six. « Faire l'Europe sans défaire la France » reste le défi auquel les gouvernements français sont soumis, encore plus à l'heure où une partie des citoyens se détournent de la construction européenne.

Repères bibliographiques

Bossuat G. [2005], *Faire l'Europe sans défaire la France*, Bruxelles, PIE-Peter Lang, « Euroclio ».

Daguzan J.-F. [2020], « La France et l'UE en Méditerranée : entre esprit de système et réalités », *Politique étrangère*, hiver, p. 109-120.

Defrance C. et Pfeil U. [2012], *Histoire franco-allemande*, vol. 10, *Entre guerre froide et intégration européenne, 1945-1963*, Villeneuve-d'Ascq, Presses universitaires du Septentrion.

Gomart T. et Tonon C. [2018], « Le futur d'une ellipse. Le vain débat français de politique étrangère », *Hérodote*, n° 170, p. 43-56.

Jackson J. [2019], *De Gaulle. Une certaine idée de la France*, Paris, Seuil.

Judt T. [2007], *Après guerre. Une histoire de l'Europe depuis 1945*, Armand Colin, Paris.

Lefebvre M. [2019], *La Politique étrangère de la France*, Paris, PUF, « Que sais-je ? ».

Miard-Delacroix H. [2011], *Histoire franco-allemande*, vol. 11, *Le Défi européen de 1963 à nos jours*, Villeneuve-d'Ascq, Presses universitaires du Septentrion.

Petiteville F. [2011], « Les mirages de la politique étrangère européenne après Lisbonne », *Critique internationale*, n° 51, p. 95-112.

Vaïsse M. [2009], *La Puissance ou l'Influence ? La France dans le monde depuis 1958*, Fayard, Paris.

19 / La France, puissance mondiale et maritime

Delphine Boissarie

En 2017, *The Economist* faisait de la France le « pays de l'année », rompant avec des années de *French bashing* impitoyable. Dans la foulée, une étude du cabinet de conseil américain A.T. Kearney montrait que l'attractivité de la France auprès des investisseurs étrangers avait progressé, faisant passer le pays au cinquième rang mondial devant la Chine (septième rang mondial en 2019, mais premier rang en Europe). Avant la crise soudaine de la Covid-19, le chômage était nettement en baisse (8,7 % de la population active, à son plus bas niveau depuis dix ans), la natalité plus élevée que dans le reste d'une Europe traversant un « hiver démographique » (67,5 millions d'habitants, 1,9 enfant par femme), la croissance repartait même à la hausse, plus fortement que dans le reste de la zone euro, et les profits des entreprises du CAC40 atteignaient des sommets. Mais ces performances de court terme ne masquent-elles pas la réalité d'un long déclassement structurel, à la fois économique et géopolitique ? La France est-elle vraiment « de retour », comme le déclarait de manière optimiste le président Emmanuel Macron dans son discours à Davos en janvier 2018 ?

Depuis les années 1950 et surtout 1970, la compétition internationale est devenue beaucoup plus âpre, tant sur le plan économique (« crise de 1973 », mondialisation, phénomène des « émergents ») que sur le plan géopolitique (décolonisation et guerre froide, passage à un ordre multipolaire marqué par de nouvelles conflictualités et de nouvelles menaces, changement de la nature de la puissance), mais aussi sur le plan culturel (américanisation, défense de l'exception culturelle). Pour un pays comme la France, vieille nation industrielle, il a fallu subir les chocs en série de ces transformations. Le moins que l'on puisse dire est qu'elle a su maintenir des positions mondiales hors de proportion avec sa taille réelle, toutefois le sentiment du déclassement taraude sans cesse le pays. Qu'est-ce à dire ? La France a-t-elle encore les moyens de servir les ambitions d'une puissance moyenne à influence mondiale ?

Une puissance française menacée de déclassement

Nation influente dans le monde, la France fait aujourd'hui figure de puissance d'équilibre, entre grandeur passée et diminution régulière de son poids économique.

Un déclassement économique et technologique incontestable

Malgré un rang de septième puissance mondiale en 2019 grâce à son produit intérieur brut (PIB), la France apparaît déclassée. Il est vrai que l'actualité s'appréhende au regard d'un passé brillant de nation industrielle prospère : la forte croissance des Trente Glorieuses (1945-1975) s'apparente à un âge d'or de l'économie française, et notamment de son industrie. Passé la phase de la reconstruction post-Seconde Guerre mondiale, la France modernise son agriculture et développe des « champions nationaux » industriels en nationalisant des entreprises stratégiques comme Air France, EDF-GDF ou encore Renault, puis débute sa transition vers l'économie de services. Durant cette période, le modèle industriel français est celui du « colbertisme *high tech* » [Cohen, 1992], qui est encore renforcé au lendemain des Trente Glorieuses par des investissements de l'État dans les télécoms (Alcatel) et les technologies de pointe (Minitel, TGV, Rafale, filière nucléaire avec Framatome devenu Areva, puis Orano). Cette période voit aussi la naissance du « modèle français » dans lequel l'État, qui intervient pour réguler l'économie, est aussi attentif à proposer des services publics garantissant la protection sociale, réduisant les inégalités et aménageant le territoire (chapitre 17). La France se mue alors en société de consommation et de loisirs, avec un niveau de vie multiplié par cinq entre 1945 et 1973. Le territoire français bénéficie lui aussi de ces mutations sous la forme de grands projets d'aménagement urbains et littoraux, d'une amélioration globale des infrastructures de transports, dans le sillage de la création de la Délégation interministérielle à l'aménagement du territoire et à l'attractivité régionale (Datar) en 1963.

Le tournant du déclassement intervient avec la crise de 1973, puis s'accentue avec la mondialisation dans les années 1980-1990. Les champions industriels français semblent alors pris en tenaille entre les groupes des pays développés (États-Unis, Japon, Allemagne), qui ont une avance technologique, et ceux des nouveaux pays industrialisés asiatiques, qui ont des coûts salariaux plus faibles. La compétition internationale devient synonyme de désindustrialisation progressive de la France, avec la migration des unités de production du textile, par exemple, vers les pays à bas salaires. Quelques faillites retentissantes marquent les années 1970-1980 : Boussac, Lip, Manufrance, La Ciotat. Les années 1990 ont ensuite laissé le souvenir d'un pic du chômage (1993). La France perd plus de 2 millions d'emplois industriels dans l'intervalle.

Les difficultés s'aggravent avec la crise de 2008-2009. La croissance française résiste mieux qu'ailleurs dans un premier temps, mais la reprise est par la suite insuffisante (2011-2014), marquée par une flambée renouvelée du chômage (près de 3,5 millions en 2014) et un déficit commercial rampant que la facture énergétique contribue à doubler. Malgré son programme nucléaire, la France ne parvient pas à assurer sa sécurité énergétique. En 2005, le rapport Fontagné-Lorenzi pointe la désindustrialisation de la France dans la mondialisation et, en 2012, le rapport de Louis Gallois, ancien patron d'Airbus, évoque même un réel « décrochage » industriel (12 % du PIB et de l'emploi). Les entreprises françaises sont en perte de position dans la hiérarchie mondiale : trois seulement dans le top 100 du classement Forbes en 2018, contre dix en 2006. Et le pacte productif annoncé en 2019 par le gouvernement est entravé par la nécessité de faire face à la crise sanitaire de la Covid-19, dans un contexte qui souligne pourtant à quel point la souveraineté industrielle redevient un enjeu de première importance. En 2018, la France ne représente plus que 3 % des exportations mondiales, contre un peu plus de 6 % en 1973. Les biens d'équipement, l'automobile et le textile restent en 2020 des secteurs en déficit, les industriels privilégiant la production sur les marchés tiers dynamiques pour y être directement présents (chapitre 18).

L'absence de souveraineté de la France dans le numérique est par ailleurs quasi totale car le pays est passé à côté de la révolution Internet, malgré le développement dès les années 1970 d'un « Arpanet » français, finalement mis de côté au profit du développement du Minitel. Face aux Gafam (Google, Amazon, Facebook, Apple et Microsoft) et BHATX (Baidu, Huawei, Alibaba, Tencent et Xiaomi), la France a déjà perdu la bataille des données, comme le montre l'échec du moteur de recherche français Qwant. Elle est dépendante des États-Unis pour les applications, et de l'Asie pour le matériel. Elle a néanmoins engagé une diplomatie de *start-up nation* avec les sommets *Choose France*, pour exister dans la bataille technologique d'ici 2025 et faire émerger davantage de « licornes » françaises (entreprises du numérique à haut potentiel). De nombreux programmes de financement portés par Bpifrance cherchent à soutenir la *French Tech* et le développement des technologies d'avenir à caractère souverain, mais le retard pris semble déjà important.

La menace de déclassement géopolitique

Dans les années 1950-1960, la perte de l'empire colonial rétrograde la France au rang de puissance surtout européenne : la France se trouve amputée de 95 % de sa superficie et de 50 % de sa population. Elle apparaît comme un petit pays alors que l'ordre de la guerre froide consacre des puissances territoriales riches en ressources naturelles et humaines. En position d'infériorité face à l'URSS, la France doit compter sur la protection américaine. Elle mène toutefois une politique de grandeur qui peut encore reposer sur les vestiges de son empire colonial, ce dont témoignent, sur le plan militaire, la possession de la force de frappe nucléaire (1960) et, sur le plan diplomatique, la politique de « bascule » entre les deux blocs (reconnaissance de la République populaire de Chine — RPC — en 1964 et retrait du commandement intégré de l'Organisation du traité de l'Atlantique nord — Otan — en 1966) [Vaïsse, 2013]. La France tirait alors son épingle du jeu dans un ordre bipolaire, même si elle s'est épuisée financièrement dans deux guerres de décolonisation, en Indochine puis en Algérie. Les réseaux de la Françafrique maintiennent à cette époque l'influence française sur le continent africain.

Mais cette politique de grandeur s'est progressivement « normalisée ». Selon Georges-Henri Soutou [2018], la fin de la guerre froide a laissé la France sans politique extérieure réellement cohérente. Elle s'est retrouvée privée de l'espace interstitiel qu'elle avait su occuper, à l'abri des vicissitudes internationales, tout en jouant dans la cour des Grands (ce qu'Hubert Védrine nomme la « niche de guerre froide »). Face à la réunification allemande, à la chute de l'URSS, à l'éclatement imminent de la Yougoslavie, François Mitterrand a agi à contretemps et la France est apparue impuissante. Aujourd'hui, la France essaie de faire entendre sa voix dans le « concert des nations », en occupant toujours un poste de membre permanent au Conseil de sécurité de l'ONU, mais ne parvient pas à être décisive sur de grands dossiers, comme le conflit israélo-palestinien, la Syrie, l'Ukraine... Pis, sa place de membre permanent est contestée par l'Allemagne, qui propose en 2018 une transformation de cette place au profit de l'Union européenne (UE). Depuis le Brexit, elle est la seule puissance européenne à représenter l'UE à l'ONU, mais elle n'apparaît pas comme un *leader* naturel, notamment auprès des nouveaux entrants sud- et surtout est-européens (chapitre 18).

Les nouveaux concurrents économiques tirent parfois les dividendes géopolitiques de leur ascension, faisant de l'ombre à la France.

Dans son « pré carré » africain, on assiste ainsi au rétrécissement de l'influence française, dans un espace qui a attiré de nouvelles convoitises, en particulier de la part des émergents, Chine en tête [Glaser, 2018], mais aussi Russie depuis 2017, en Afrique du Nord et au Proche-Orient, grâce à ses exportations de blé. Les interventions françaises sont par ailleurs critiquées : Rwanda en 1994, Côte d'Ivoire en 2002 et 2015, Sahel depuis 2014. Une politique de retour des œuvres d'art vers les pays du continent africain a été engagée en France et pourrait concerner jusqu'à 46 000 œuvres sur les 90 000 que possèdent les musées français, selon le rapport sur la restitution du patrimoine culturel africain, commandé par le président de la République (rapport Savoy-Sarr, 2018). Un levier diplomatique destiné à maintenir de bonnes relations avec le groupe des pays émergents ou en développement, à l'heure où le rôle de « gendarme de l'Afrique » de la France est remis en cause et où le franc CFA est abandonné.

Des Français hantés par l'idée de déclin et les divisions

Le sentiment du déclin en France traverse les époques, depuis la défaite face à la Prusse en 1870 jusqu'aux affres actuelles de la mondialisation, en passant par le rapport Clémentel de 1919, le rapport Philips de 1945 ou encore le rapport Nora de 1967 : toujours le constat d'une France qui accumulerait des retards, ce qui mettrait en cause sa capacité à s'affirmer dans la compétition internationale, notamment face aux États-Unis, comme le souligne aussi Jean-Jacques Servan-Schreiber dans *Le Défi américain* [1967].

Le « déclinisme » est revenu en force dans les années 2000, laissant à penser que la France est incapable de soutenir la compétition internationale : Nicolas Baverez [2003] décrit une France qui serait écrasée de charges, avec un État pléthorique et trop dépensier, incapable de se réformer du fait de puissants corporatismes. Pour Pascal Boniface [1999], les questions portant sur la place de la France dans la compétition internationale cachent mal la peur d'un déclin qui rendrait plus difficile la conservation de son identité. Si bien que d'autres se réjouissent d'une perte du statut de grande puissance par la France, au bénéfice d'une conservation de ses valeurs [Duval, 2015]. Le paradoxe actuel a été formulé de manière limpide par Hervé Le Bras [2019] : « Se sentir mal dans une France qui va bien. »

En conséquence, la France n'échappe pas à une montée des populismes de gauche comme de droite, qui dénoncent les effets néfastes de la mondialisation et de la construction européenne et revendiquent une plus grande fermeture du pays et protection de sa population. Il y a une traduction électorale de ce sentiment d'insécurité et de déclassement dans la mondialisation : percées significatives du

Front national aux élections municipales de 1983 et aux élections européennes de 1984, puis au second tour de la présidentielle en 2002, « non » à la Constitution européenne en 2005, installation du FN au second tour de la présidentielle en 2017, montée du parti de la France insoumise et éclatement du paysage politique selon un schéma gagnants-ouverts/perdants-fermés que Jérôme Fourquet décrit dans *L'Archipel français* [2019] ; dit autrement : un clivage entre élite mondialiste et peuple nationaliste, avec toutes les exagérations que ce schéma manichéen véhicule. Mais la crise des Gilets jaunes a eu pour effet de relancer le débat sur l'existence d'une « France périphérique », perdante de l'ouverture [Guilluy, 2014].

La France, grande puissance... moyenne

La formule attribuée à l'ancien président français Valéry Giscard d'Estaing est passée à la postérité, sans qu'il soit aisé de l'interpréter.

Un rayonnement consolidé à l'étranger

Il est incontestable que la France a bâti une diplomatie culturelle et d'influence hors norme : en ce sens, elle a développé un *soft power* rarement égalé, en jouant d'un rayonnement culturel ancien, mais aussi en investissant le champ du *nation branding* essentiel aux investissements internationaux.

D'abord, elle s'impose dans le monde comme puissance normative, défenseure des grands principes démocratiques (droits de l'homme, paix, multilatéralisme), mais aussi protectrice des biens publics mondiaux (environnement, diversité culturelle).

La France agit en tant que « patrie des droits de l'homme », attachée aux libertés fondamentales et à la laïcité, berceau de la philosophie des Lumières, terre d'accueil et d'immigration. C'est aussi ce qui provoque parfois l'exaspération des autres pays : une prétention française à parler haut et fort, une certaine « arrogance » française souvent décriée... Ses valeurs sont incarnées par son lien avec les pays en développement : par le biais des 70 antennes de l'Agence française de développement (AFD), la France est le quatrième contributeur d'aide au développement au monde, et le deuxième en pourcentage du revenu national. Vestige colonial pour une part, son réseau diplomatique est le troisième au monde avec 178 ambassades et 88 consulats, derrière les États-Unis, et tout juste dépassé par la Chine.

Sa diplomatie culturelle est plus que jamais active, la France disposant du premier réseau d'action culturelle à l'étranger, avec 131 services culturels dans les ambassades et consulats, 386 Alliances

Une diplomatie verte active

Delphine Boissarie

En accueillant et en présidant la COP21 en 2015, la France s'est attachée à soutenir un processus multilatéral de négociations pour aboutir à un nouvel accord international sur le climat, applicable à tous les pays, visant à maintenir le réchauffement mondial à 1,5-2 °C, conformément aux préconisations du Groupe d'experts intergouvernemental sur l'évolution du climat (Giec). La France cherche à faire figure de « puissance verte », sur des bases toujours multilatérales, en étant à l'initiative de plusieurs groupements comme l'Alliance solaire internationale dont elle est cofondatrice avec l'Inde, ou encore le *One Planet Summit* depuis 2017. La France mobilise son réseau diplomatique pour soutenir et financer des projets durables dans les pays en développement. La possession de la deuxième zone économique exclusive (ZEE) au monde la rend également responsable de la protection de plus de 10 % des récifs coralliens, lagons et atolls du monde. La crédibilité de la France dépend de son ancrage historique en tant que puissance européenne dans les différentes Conférences des Parties (COP), comme celle de Kyoto, mais aussi de sa capacité à servir de modèle. Et, sur ce point, elle ne manque pas d'être pointée du doigt par le Giec pour la modestie de ses résultats en matière de réduction des gaz à effet de serre, au moment où une course à la neutralité carbone s'engage entre les puissances.

françaises, 98 instituts culturels, 260 espaces Campus France et 522 établissements d'enseignement dans 139 pays [*Diplomatie*, 2020]. La francophonie est un des principaux vecteurs de l'influence culturelle, mais elle subit une crise de financement, à l'image de la diplomatie française dans son ensemble qui voit ses effectifs et son budget se réduire constamment. Langue de travail de l'ONU et dans l'UE, langue de référence des jeux Olympiques, le français est parlé par 220 millions de personnes, et l'essor démographique de l'Afrique nourrit les dynamiques francophones. Ainsi, la nouvelle secrétaire générale de la Francophonie, Louise Mushikiwabo, est issue du Rwanda, hors de l'ancienne Afrique francophone. Partant, la France demeure la troisième destination mondiale pour les étudiants étrangers (250 000 par an, dont 55 % du Maghreb, 15 % de Chine et le reste essentiellement de l'UE). Un réseau coûteux, mais les pays francophones, la plupart en développement, représentent un marché d'avenir. Néanmoins, malgré tous les efforts fournis, le français recule : en 1963, 43 pays s'exprimaient en français à l'ONU contre 20 aujourd'hui. Avec la crise sanitaire déclenchée en 2020, le développement d'une offre de cours en ligne a réduit la pertinence du réseau physique des Alliances françaises.

La culture française est étroitement liée à un certain « art de vivre », symbolisé notamment par le luxe, le chic, le romantisme et la gastronomie. Les marques de luxe françaises (groupe LVMH, Chanel,

Le patrimoine au service du *soft power* de la France

Hélène Briones-Tellenne

Dans le classement *Soft power 30* de l'université de Californie du Sud, internationalement reconnu, la France est au premier rang depuis plusieurs années. C'est un fait que le pays a une excellente image à travers le monde, notamment à travers sa culture et son patrimoine. Étymologiquement, le patrimoine désigne l'ensemble des biens appartenant au chef de famille et relève ainsi de l'héritage privé. Cette notion s'est progressivement enrichie en passant dans la sphère publique, avec l'idée qu'il existe des biens communs inaliénables. Lors de l'inauguration de l'exposition *Monet* en 1980, le président Giscard d'Estaing en résumait les enjeux : « Il faut que cette idée de patrimoine ne soit pas une idée de simple conservation : c'est l'expression culturelle de la France à travers le temps passé et en vue du temps futur. » Et cette expression culturelle a une vocation universelle…

Depuis le XVIIIe siècle, l'État a mis en place une politique patrimoniale, en trois temps :

1) durant la Révolution française, l'État doit sélectionner les biens patrimoniaux devant être vendus, et ceux qui méritent au contraire d'être conservés. Dès 1790, l'Assemblée nationale a créé la Commission des monuments. Face à la destruction massive des symboles de la monarchie et du clergé à partir de 1792 (statues des rois, tombeaux, églises…), la Convention promulgue un nouveau décret en octobre 1793, interdisant la destruction des monuments d'art et d'histoire ;

2) cette politique se poursuit à partir de 1830 sous le ministère de François Guizot, avec l'inventaire des Monuments historiques (1837) et la création d'un poste d'inspecteur chargé de classer et de répartir les fonds de sauvegarde (3 000 monuments classés en 1849) ;

3) il faut attendre la IIIe République pour que ce classement soit accompagné d'une véritable armature juridique et administrative, avec la loi de 1913 qui reste en vigueur aujourd'hui : le patrimoine est un champ légitime et privilégié de l'intervention de l'État qui affirme ici son rôle centralisateur. Il crée un corps de spécialistes qui prendront soin de cet héritage, de l'École des chartes à l'École du Louvre.

Cette politique atteint son apogée sous la Ve République. D'André Malraux à Jack Lang, le ministère des Affaires culturelles (créé en 1959) joue un rôle clef dans cette politique patrimoniale. L'État contribue à élargir la notion de patrimoine : Malraux fait entrer le peintre Georges Braque (alors vivant) au Louvre, Marc Chagall à l'Opéra Garnier, et soutient la reconnaissance de l'architecture moderne de Le Corbusier (Cité radieuse, villa Savoye). Ce nouveau regard bénéficie aussi à Auguste Perret et au classement du patrimoine urbain du Havre à l'United Nations Educational, Scientific and Cultural Organization (Unesco). Le ministère s'engage pour une démocratisation et une décentralisation de la culture, dont témoignent les journées du Patrimoine, lancées en 1984 par Jack Lang. Parallèlement, les présidents de la Ve République se sont faits bâtisseurs et ont voulu « monumentaliser le pouvoir », dans une longue tradition royale et princière, à l'image de Mitterrand (le Grand Louvre et sa pyramide, l'Opéra Bastille, l'Arche de la Défense).

Le patrimoine est un atout de poids pour l'attractivité du pays : la France est le quatrième pays pour le nombre de sites classés à l'Unesco (et le deuxième d'Europe après l'Italie). L'Unesco joue un rôle majeur dans la valorisation et la défense du patrimoine (chapitre 5), et, partant, pour la notoriété d'un lieu remarquable : ainsi, l'ancien maire de Bordeaux Alain Juppé reconnaissait une hausse de 20 % à 30 % de la fréquentation touristique de la ville depuis son classement à l'Unesco. Le patrimoine est aussi immatériel et vivant, à l'image du « repas gastronomique des Français » : une grande première mondiale. Forte de ces atouts, la France est depuis longtemps le premier pays touristique au monde (7,3 % du PIB) : elle attire autant par la qualité de ses monuments et de ses paysages que par celle de son art de vivre. Paris est la ville la plus visitée au monde, elle peut s'enorgueillir d'avoir maintenu un bel équilibre entre la préservation d'un riche patrimoine culturel et historique, et l'aménagement d'un territoire urbain du XXIe siècle. Malgré ses 25 millions de touristes *intra-muros* (et ses 40 millions de touristes dans le Grand Paris), elle a su éviter l'écueil de la ville-musée, vouée aux touristes, et s'affirme comme une ville mondiale par des fonctions de centre de congrès et de conférences internationaux, ainsi que par la densité des sièges sociaux des grandes entreprises qui s'y localisent. Autre exemple, le château de Versailles et ses 8 millions de visiteurs annuels : au-delà de sa vocation touristique, c'est une des images du luxe à la française (fêtes costumées, grandes eaux, expositions).

Bref, le patrimoine constitue un outil inégalé de *soft power* et représente pour les Français un élément d'unité, dans un pays assez divisé pour le reste, comme le prouvent le succès du « Loto du patrimoine » lancé en 2018 dans le cadre de la mission Bern, ou l'émotion considérable suscitée par l'incendie de la cathédrale Notre-Dame de Paris en 2019.

Hermès, L'Oréal, Ladurée, Hennessy) sont de véritables têtes de pont pour la culture française à l'international, particulièrement en Asie orientale ou au Moyen-Orient. En Chine, Louis Vuitton est réputé être un meilleur vecteur de l'influence globale qu'une exposition dans un musée ou une offre de cours en langue française. Mais ces spécialisations risquent aussi d'enfermer la France dans un art de vivre plutôt passéiste. La France cherche donc à redynamiser son image par le biais du marketing national : Comité Colbert, *Choose France*, *French Tech*, *French Fab*... autant de slogans qui cherchent à redorer l'image de la « nation France » et attirer les investissements (récemment en forte hausse, comme précisé en Introduction). De plus, la France joue à fond la carte des événements internationaux médiatiques, notamment dans le sport, avec coupe du monde de football (1998), l'Euro FIFA (2016), les mondiaux de rugby (2007, 2023), bientôt les JO d'été de Paris (2024), sans compter le traditionnel Tour de France ou encore le Vendée-Globe. En outre, la France produit autant de films que les vingt-sept membres de l'UE réunis. En 2011, le film français *The Artist* rafle cinq oscars. Mais l'appareil médiatique français à l'étranger touche aussi plus de 400 millions de foyers. Alors que la Russie s'est implantée sur le Web francophone avec Russia Today, Israël avec i-24, le Qatar avec une version francophone d'Al Jazeera, l'Arabie saoudite avec le lancement d'Arab News en français, la France doit veiller à rester bien positionnée avec France 24, RFI et Monte Carlo Doualiya qui diffusent dans de nombreuses langues. Des efforts toutefois très dispersés, manquant de coordination, avec un problème récurrent de financement : France 24 a un budget équivalent à seulement 10 % de celui de CNN...

Une autonomie stratégique préservée

La France a mis ses valeurs au service de sa politique étrangère. Comme s'il existait une sorte de « Destinée manifeste » à la française, ce dont témoigne l'intervention de Dominique de Villepin, alors ministre des Affaires étrangères, contre l'intervention américaine en Irak en 2003 : celle d'une puissance de paix et de dialogue. Néanmoins, la diplomatie française a été à géométrie variable : des critiques par Charles de Gaulle de l'ONU (qu'il appelait le « machin »), en passant par l'intervention en Irak en 1991 et le refus de l'intervention en Irak en 2003, la France a oscillé subtilement entre atlantisme et recherche de l'autonomie stratégique. « Alliés mais non alignés » sur les États-Unis, comme le soulignait Hubert Védrine.

Cette posture d'indépendance découle d'une autonomie stratégique que les investissements de l'État ont rendue possible. La France est, par ordre d'importance, la troisième des neuf puissances nucléaires, derrière la Russie et les États-Unis (qui se partagent 90 % du stock mondial de têtes nucléaires). Depuis le Brexit, la France est même le seul pays de l'UE à disposer de la force de frappe. La dissuasion nucléaire française a un coût élevé, 37 milliards d'euros entre 2019 et 2025, ce qui représente 10 % des dépenses militaires totales. La France est au premier rang européen pour les dépenses militaires, tous types d'armement confondus, et, partant, un des cinq premiers marchands d'armes au monde (Dassault, Thalès, Safran, Airbus Group). De quoi équiper la première armée d'Europe, derrière la Russie. En 1996, le service militaire est supprimé, la France renonce aux essais nucléaires et le plateau d'Albion (base militaire) est désarmé. Entre 1991 et 2009, le personnel militaire est passé de 450 000 à 300 000 personnes, tandis que l'accent est mis sur la montée en gamme des armements, dans le cadre de la « révolution dans les affaires militaires » (chapitre 6). Elle dispose, en sus de la force de frappe, d'avions Rafale, de quatre sous-marins nucléaires et d'un porte-avions à propulsion nucléaire (le *Charles-de-Gaulle*), de bases à l'étranger pour ses forces dites « de présence » (Djibouti, Libreville, Abu Dhabi). La deuxième ZEE du monde lui assure une présence importante dans tous les océans du monde, avec des forces dites « de souveraineté », notamment en Indo-Pacifique (Réunion, Polynésie) dont elle fait depuis 2018 une nouvelle frontière géostratégique en s'impliquant dans des missions de surveillance pour la sécurité des mers et la prévention des risques environnementaux ; elle a obtenu l'extension de 7 % de son plateau continental maritime dans l'océan Indien en juin 2020.

Les opérations extérieures (OPEX) sont nombreuses depuis la fin de la guerre froide. Intervenant en Somalie (1992), au Rwanda (1994), lors de la guerre de Bosnie (1992-1995), du Kosovo (1999), en Afghanistan (2002), la France s'est trouvée face à de nouvelles formes de conflictualités et a adapté son *hard power*. Depuis la fin de la guerre froide, la France s'est ainsi intégrée à des structures militaires internationales : brigade franco-allemande en 1989, PESC et Eurocorps en 1992, PESD en 1999 (qui débouche sur des opérations dès 2003 : Concordia en Macédoine, Artémis en République démocratique du Congo — RDC). La France a adopté des positions de plus en plus atlantistes au lendemain du 11 septembre 2001. Dès 2002, elle soutient et participe à l'intervention occidentale en Afghanistan, et le G8 d'Évian annonce un rapprochement avec Washington. Certes, elle marque son refus de la guerre en Irak en 2003, mais, passé ce moment de sursaut pacifique et multilatéraliste, elle vote à l'ONU, derrière les États-Unis, des résolutions concernant l'occupation de l'Irak après la guerre, concernant la souveraineté du Liban et le désarmement du Hezbollah. Avec Nicolas Sarkozy, un tournant néoconservateur met au premier plan la défense de la « famille occidentale », marquée par le retour de la France dans le commandement intégré de l'Otan (effectif en 2009). Dans ce cadre, la France cherche à s'affirmer comme une grande puissance agissant au nom de l'intérêt commun, y compris en recourant à des moyens militaires en vertu de « guerres justes » : intervention militaire en Libye en 2011 contre le régime de Mouammar Kadhafi, au Mali et en Centrafrique en 2013, guerre au Sahel contre le djihadisme à partir de 2015 (opération Barkhane), frappes aériennes en Syrie et en Irak contre Daech.

L'Europe comme relais de puissance

La construction européenne a été vue par Paris comme une manière de redresser l'influence française en se donnant un projet mobilisateur, et de démultiplier sa puissance à l'extérieur (chapitre 18). Mais, dans la compétition économique mondiale, l'UE fait parfois figure de « dilueur » de puissance, voire de frein, comme en témoigne la difficulté à créer des champions européens dans l'industrie (fusions compliquées, comme celle d'Alstom-Siemens en 2019, en raison d'un droit de la concurrence handicapant). La division régionale du travail aurait aussi conduit la France à abandonner l'industrie à l'Allemagne en misant sur les services, les finances, le luxe et quelques filières (défense, agroalimentaire, énergie, transports, automobile), soit une erreur stratégique dans la mondialisation [Quatrepoint, 2015].

Néanmoins, sur le plan géopolitique, l'axe Paris-Berlin apparaît aujourd'hui comme fondamental dans la vision française de l'Europe-puissance, fondée sur la construction d'une souveraineté européenne. La France souhaiterait ainsi relancer plus concrètement le développement d'une « autonomie stratégique » à l'échelle européenne, à l'heure où les États-Unis, trop orientés contre la Russie selon Paris, négocient davantage leur participation à la défense du continent européen. Partisan d'une refondation de l'Europe, *a fortiori* d'une Europe de la défense, Emmanuel Macron veut réinventer la relation bilatérale franco-allemande, à l'heure d'un Brexit qui la rend inévitable, en dépassant le *statu quo* transatlantique incarné par l'Otan.

Malheureusement, la France demeure peu suivie, par exemple en Europe centrale, atlantiste et peu intéressée par la relance d'un dialogue avec la Russie lancé par la France. La France est même contestée par l'Allemagne lorsqu'il s'agit d'évoquer sa place de membre permanent du Conseil de sécurité de l'ONU. Le Brexit représente malgré tout une opportunité pour la France de retrouver une certaine centralité au sein de l'Union. Paris est considérée aujourd'hui comme plus attractive que Londres, et la démographie française est plus dynamique que celle de ses partenaires européens.

Un potentiel de puissance maritime majeure

Le deuxième domaine maritime du monde

La France bénéficie d'un nouvel avantage en termes de puissance du fait de la territorialisation des espaces maritimes opérée par la convention de Montego Bay (1982), dans un contexte de maritimisation de l'économie mondiale. Grâce à ses départements et régions d'outre-mer (DROM), la France est une puissance impliquée sur tous les continents, en étant à la tête de la deuxième ZEE mondiale, bientôt la première puisque, depuis 2015, la France fait reconnaître progressivement par l'ONU l'extension du plateau continental français au large de son littoral ultramarin. Elle a le potentiel d'une puissance maritime de premier plan à un moment où la Chine, la Russie et l'Inde développent cet aspect de la puissance. Le président Macron a ainsi déclaré en 2019 que le XXIe siècle serait maritime et a recréé un ministère de la Mer en 2020.

Carte 1. **La ZEE française, deuxième mondiale**

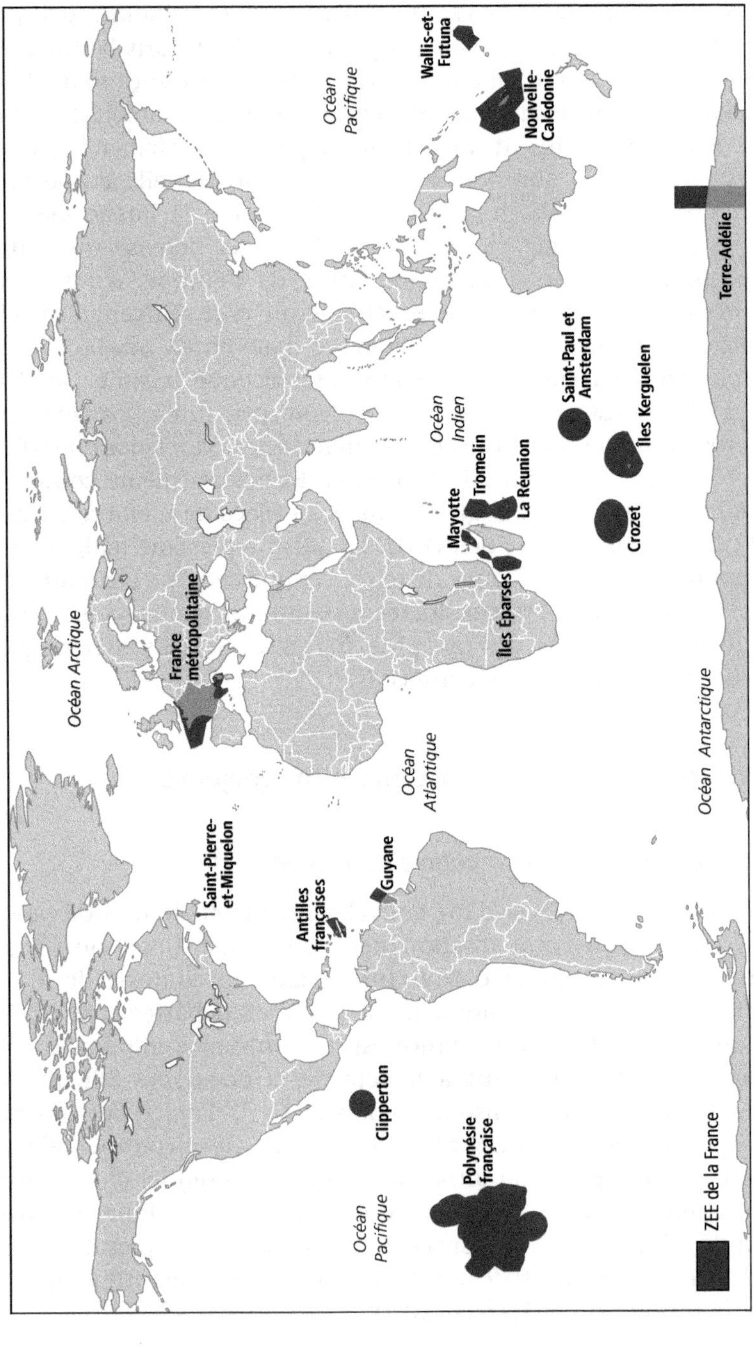

Une capacité majeure de projection de force

La puissance navale de la France entreprend un important effort de modernisation pour éviter d'être distancée. La construction d'un nouveau porte-avions a ainsi été décidée par le président Macron en 2020, pour assurer le remplacement du *Charles-de-Gaulle* à l'horizon 2040 ; la propulsion sera nucléaire, pour entretenir le savoir-faire français en la matière. Néanmoins, pour certains, la France aurait besoin non pas d'un, mais de deux porte-avions pour renforcer ses capacités d'intervention (au-delà du seul symbole politique). Septième marine militaire mondiale par le tonnage, la flotte française compte neuf sous-marins, et toute une série de vaisseaux qui mobilisent 35 000 marins. Elle peut s'adosser à un réseau de bases militaires dans les DROM, mais aussi à Djibouti, au Sénégal et en Côte d'Ivoire.

Pour la protection des intérêts français sur les mers, la marine lutte contre le trafic de drogue dans les Caraïbes, contre les migrations illégales en Méditerranée, contre la piraterie qui gangrène le golfe d'Aden et le golfe de Guinée, contre le déploiement de réseaux terroristes sur les mers, contre les activités illégales de pêche, etc. La France participe ainsi depuis 2012 au Shangri-La Dialogue à Singapour sur les questions régionales de sécurité, et s'intéresse aux jeux géopolitiques déployés en Arctique. Mais elle fait figure de puissance fragile en raison du vieillissement de sa flotte, et de la contestation de sa souveraineté à Clipperton par le Mexique, à Mayotte par les Comores, ou encore sur les îles Éparses par Madagascar.

L'économie bleue, parent pauvre de la puissance française ?

La mer n'est pas qu'une question de projection de force. C'est aussi un enjeu économique et social. Dans ce domaine, malgré son potentiel, l'« économie bleue » ne représente en France que 2 % du PIB, et 80 % de la consommation en produits de la pêche en France sont importés. Quelques groupes français sont néanmoins *leaders* dans leurs domaines : les chantiers de Saint-Nazaire pour la construction de navires de croisière de luxe (*Harmony of the Seas, Queen Mary II*) ; le groupe Bénéteau, numéro un de la construction de voiliers ; CMA-CGM, quatrième armateur mondial ; Naval Group, qui produit des sous-marins et des navires de guerre ; ou encore Total, pour l'exploitation des hydrocarbures en *offshore*. Il existe également un potentiel du côté du Pays basque avec la Surf Valley, autour de groupes comme Quicksilver ou Rip Curl (racheté en 2019 par le Néo-Zélandais Kathmandou).

Mais les ports français sont à l'écart des grandes routes maritimes mondiales et apparaissent peu compétitifs. En 2017, le Premier ministre et ancien maire du Havre, Édouard Philippe, soulignait que « la France n'a pas un trafic maritime digne de sa façade maritime ». Le Havre, premier port conteneurisé de France, est à la 62e place mondiale et à la 12e place européenne. En passe d'être rattrapée par la Grèce (depuis que le géant chinois Cosco s'est implanté au Pirée), la France semble promise à brève échéance à occuper la dernière place du peloton européen. L'isthme français, entre Atlantique et Méditerranée, se traverse difficilement, faute de connexions fluides. La France paraît donc manquer de moyens pour développer son potentiel maritime et combler son retard, y compris sur le plan énergétique (éolien *offshore*, hydroliennes...). 0,1 % de l'électricité française seulement vient de la mer.

À l'international, la France s'attache à travailler son image et préserver son rayonnement, tout en réaffirmant son originalité parmi les puissances. L'influence culturelle française s'organise autour de grands mythes républicains (assimilation, égalité des droits, laïcité) et peut parfois faire figure de handicap lorsqu'elle est mal comprise par les autres puissances ou rapprochée de la trajectoire coloniale de la France. Elle fait cependant le choix dans la durée, dans un monde multipolaire marqué par de nouvelles formes de conflictualités radicales (terrorisme djihadiste), d'affirmer son pouvoir normatif, sans pour autant renoncer à défendre ses intérêts, y compris par la force.

La crise sanitaire forcera la France à reconsidérer sa place dans les réseaux de la mondialisation pour éviter une trop forte dépendance vis-à-vis de l'extérieur. Un des grands enjeux de l'adaptation de la France à la mondialisation réside dans la restauration d'une unité nationale, dans sa capacité à surmonter les nombreuses fractures économiques, sociales et géographiques qui se sont creusées depuis les années 1990, comme en témoigne la montée du vote protestataire, séduisant jusqu'à 40 % des votants en 2017. Le bilan de la pandémie inclura donc une réflexion sur la souveraineté.

Repères bibliographiques

Baverez N. [2003], *La France qui tombe*, Paris, Perrin.

Boniface P. [1999], *La France est-elle encore une grande puissance ?* Paris, Presses de Sciences Po.

Cohen É. [1992], *Le Colbertisme « high tech ». Économie des Télécom et du Grand Projet*, Vanves, Hachette Éducation.

Diplomatie [2020], « Géopolitique de la France », *Les Grands Dossiers*, n° 59, décembre.

Duval G. [2015], *La France ne sera plus jamais une grande puissance ? Tant mieux !* Paris, La Découverte.

Fourquet J. [2019], *L'Archipel français. Naissance d'une nation multiple et divisée*, Paris, Seuil.
Glaser A. [2018], *Arrogant comme un Français en Afrique*, Paris, Fayard.
Guilluy C. [2014], *La France périphérique*, Paris, Flammarion.
Le Bras H. [2019], *Se sentir mal dans une France qui va bien. La société paradoxale*, Paris, L'Aube.
Quatrepoint J.-M. [2015], *Alstom, scandale d'État*, Paris, Fayard.
Servan-Schreiber J.-J. [1967], *Le Défi américain*, Paris, Denoël.
Soutou G.-H. [2018], *La Guerre froide de la France, 1941-1990*, Paris, Tallandier.
Vaïsse M. [2009], *La Puissance ou l'Influence ? La France dans le monde depuis 1958*, Paris, Fayard.
— [2013], *La Grandeur. Politique étrangère du général de Gaulle (1958-1969)*, Paris, Fayard.

V / Géopolitique des puissances dans le monde actuel

20 / Europe : le besoin de puissance ?

Sylvain Kahn

En 2020, la situation géopolitique de l'Europe est bien plus délicate qu'elle ne l'était à l'entrée du XXIe siècle, vingt ans plus tôt. Il suffit d'évoquer l'évolution de l'un des auteurs qui l'analysent avec finesse, Zaki Laïdi. En 2005, il publiait *La Norme sans la force* ; en 2013, *Le Reflux de l'Europe*. Cette évolution dans l'ordre des idées et de l'analyse est symptomatique d'une évolution globale de la situation de l'Union (UE) européenne dans l'espace mondial. Le premier de ces deux livres rend compte d'un moment où les principes qui fondent la construction européenne semblent partagés par un nombre grandissant d'acteurs et s'appliquer à un nombre de situations de plus en plus élevé : la fin de la guerre froide fait place à un monde multipolaire tendanciellement fondé sur le multilatéralisme, l'interdépendance, le droit et la norme plutôt que sur le rapport de force, la domination et le conflit.

De façon aussi rapide que peu anticipée, cette tendance a été battue en brèche dès le début de la décennie 2010. La tendance en cours est au souverainisme. Celui-ci se caractérise par le fait que les gouvernements de la plupart des pays les plus influents (ceux du G20) privilégient des politiques de puissance néonationalistes : elles visent moins l'interdépendance ou, comme du temps de la guerre froide, une vision collective de l'ordre mondial que leurs intérêts particuliers.

Cette évolution prend les Européens à contre-pied : l'UE est fondée sur la conviction que la société a beaucoup plus à perdre qu'à gagner dans la confrontation entre les égoïsmes nationaux. Pour préserver ce projet et le faire prospérer, les Européens se demandent paradoxalement s'ils ne devraient pas à leur tour faire acte de puissance et d'égoïsme. Serait-ce au risque de la perte de leur identité politique et géopolitique ? À ce stade, on constate surtout la volonté collective européenne de ne pas se doter d'une politique de puissance fondée sur le rapport de force. C'est particulièrement visible dans les relations que l'UE entretient tant avec la Chine qu'avec les États-Unis et la Russie. Ce pari est intéressant et osé. S'il réussit, les Européens auront œuvré à un monde plus harmonieux et davantage soucieux de son intérêt général ; s'il échoue, les Européens risquent d'être marginalisés et objets de domination.

La spécificité universaliste de la représentation géopolitique européenne

Le moment européen du monde

Avec le recul, la décennie 1990 a été celle d'un moment européen du monde : diminution de la conflictualité ; vigueur non seulement du multilatéralisme, mais aussi de la régulation du monde par les normes et l'interdépendance dans une vision universaliste : le protocole de Kyoto sur la réduction des gaz à effet de serre fut signé en 1997 ; l'Organisation mondiale du commerce (OMC) fut créée en 1995 ; des tribunaux pénaux internationaux (pour l'ex-Yougoslavie et le Rwanda) furent instaurés, puis la Cour pénale internationale (CPI) fut créée en 2002... Les Européens, au sein de l'Organisation de coopération et de développement économiques (OCDE), appuient le protocole de Kyoto sur la lutte contre le changement climatique ainsi que la création de l'OMC, dont le premier directeur fut l'ancien commissaire européen au Commerce Pascal Lamy. De façon générale, de nombreux régimes autoritaires basculèrent dans la démocratie non seulement dans l'ancienne Europe soviétique, mais aussi en Amérique du Sud, en Asie du Sud-Est et en Asie de l'Est, ainsi qu'en Afrique.

Les Européens n'étaient bien entendu pas les seuls responsables de cette évolution d'ensemble. Mais celle-ci correspondait à leur manière de voir, à leurs valeurs et aux modalités d'action qu'ils cherchaient à promouvoir dans le fonctionnement de l'espace mondial. Ils en étaient des acteurs dynamiques. Pour eux-mêmes et leurs propres affaires, ils développèrent de 1989 (chute du mur de Berlin) à 2007 (crise des *subprimes*) un multilatéralisme tous azimuts liant progression des échanges et progrès de l'État de droit et des droits humains : sommets réguliers UE-Inde, UE-Chine, UE-Amérique latine ; création des accords de partenariat économique (APE, signés à Cotonou, 2000) avec les pays d'Afrique, Caraïbes et Pacifique (ACP) ; « politique de voisinage » avec douze pays du monde arabo-musulman et du Proche-Orient (processus de Barcelone, 1995), ainsi qu'avec six pays anciennement soviétiques (partenariat oriental) ; lancement des négociations qui ont abouti dans la décennie 2010 à plusieurs traités de libre-échange avec la Corée du Sud, le Canada, le Japon, Singapour, le Vietnam...

Le territoire de l'UE, fruit d'une géopolitique inclusive et volontaire

Durant la même période, les Européens mirent en œuvre un processus géopolitique d'une rare ampleur : l'adhésion de seize nouveaux pays à l'Union européenne. Ce processus d'élargissement volontaire d'une entité territoriale supranationale composée d'États membres souverains, la Communauté européenne (CE), visait à réunifier l'Europe divisée par la guerre froide et le totalitarisme soviétique. Les pays de l'Europe de l'Est (nom donné aux six régimes communistes mis en place par l'URSS dans la partie orientale de l'Europe qu'elle avait libérée de l'occupation allemande nazie) candidatèrent à la CE en même temps qu'ils recouvraient leur indépendance et leur retour à la démocratie au tournant des années 1990.

Lors de la chute du communisme en Europe (1989-1991), la Communauté européenne issue du traité de Rome (1957) comprenait douze pays : Belgique, Pays-Bas, Luxembourg, Allemagne de l'Ouest, France, Italie depuis 1957 ; Danemark, Royaume-Uni, Irlande depuis 1973 ; Grèce, Portugal, Espagne depuis 1980 et 1986. Les Allemands de l'Est de l'ex-République démocratique allemande (RDA) rejoignirent l'entité européenne par unification avec l'Allemagne de l'Ouest (la République fédérale d'Allemagne — RFA) ; la Pologne, la République tchèque, la Slovaquie, la Hongrie, la Roumanie, la Bulgarie devinrent membres de l'Union européenne (nouveau nom de la CE depuis le traité de Maastricht de 1992) à l'issue du processus d'adhésion en 2004 et 2007. Trois anciennes républiques socialistes soviétiques, de leur annexion par l'URSS en 1941 à la chute de celle-ci en 1991, adhérèrent également en 2004 : l'Estonie, la Lettonie et la Lituanie. De même que deux anciennes républiques socialistes de l'ex-fédération yougoslave, devenues souveraines à l'issue d'une guerre de cinq ans déclenchée par la République de Serbie que l'UE avait été impuissante à arrêter aussi : la Slovénie (2004) et la Croatie (2013). Dans l'intervalle, trois pays neutres d'Europe occidentale, dont la politique étrangère était limitée par la guerre froide, avaient rejoint l'UE en 1995 : la Finlande, la Suède et l'Autriche. Deux micro-États îliens souvent considérés comme des paradis fiscaux complètent ce tableau : Chypre et Malte (en 2004).

Dans le même temps, l'UE partageait une partie de ses normes, de son marché intérieur et de son espace de mobilité avec plusieurs pays non membres de l'UE, comme l'Islande, la Norvège, la Suisse (trois pays ayant choisi de ne pas rejoindre l'UE) et la Turquie (pays officiellement candidat à l'adhésion à l'UE). Cette dynamique, bien qu'amoindrie par les politiques étrangères de la Russie de l'administration Poutine et de la Turquie de la présidence Erdogan, est toujours à l'œuvre par les accords d'association avec les pays du voisinage oriental et les négociations d'adhésion avec les pays situés dans les Balkans occidentaux.

Le Royaume-Uni de Grande-Bretagne et d'Irlande du Nord, devenu membre en 1973, a décidé par référendum (2016) de quitter l'UE. Cette démarche est restée localisée et n'a pas engendré d'effet domino. La mise en œuvre patiente et négociée de ce Brexit réputé effectif le 31 décembre 2020 témoigne du caractère volontaire et démocratique de l'appartenance à l'UE et de la nature contractuelle et pacifique de cette entité territoriale. Celle-ci, tel un pays singulier au système politique singulier, repose sur le vouloir-vivre ensemble de sa société. C'est pourquoi certains auteurs caractérisent l'UE comme le pays des Européens [Kahn et Lévy, 2019].

L'Union européenne est devenue le principal élément d'une dynamique d'intégration régionale des Européens [Mareï et Richard, 2018]. Ce système territorial et ce projet politique européens rompent nettement avec des siècles de fragmentation, de rivalités, de conquêtes, d'annexions et de guerres. Cette réalité, qui remonte aux années 1950 avec la Communauté européenne du charbon et de l'acier (CECA) puis la Communauté économique européenne (CEE), a fait l'objet d'une reconnaissance symbolique avec la remise du prix Nobel de la paix à l'Union européenne en 2012.

Cette représentation européenne de la géopolitique est devenue moins en phase avec la géopolitique mondiale. Les années 2010 se caractérisent en effet par le recul de la recherche d'un intérêt global dans les motivations des puissances mondiales, et par la montée du souverainisme, c'est-à-dire, selon Laïdi [2013], d'une absence de vision globale du monde et d'une politique extérieure surtout motivée par l'intérêt particulier (national). Ce souverainisme est devenu prégnant dans l'espace mondial au fur et à mesure que la République populaire de Chine (RPC) devenait une puissance non plus régionale et émergente, mais mondiale et émergée. Cet avènement a entraîné la focalisation de la société américaine sur sa relation de compétition et d'interdépendance entre la Chine et les États-Unis, et l'apparition de l'idée d'une sorte de G2 de fait.

Le défi d'une Amérique affaiblissant l'alliance atlantique

La divergence transatlantique

En conséquence, la fin des années 2000 a révélé une divergence entre une Union européenne universaliste et des États-Unis commençant à être travaillés par un souverainisme déjà au pouvoir en Chine, donc, mais aussi en Russie et en Turquie. Or, depuis la Seconde Guerre mondiale, les Européens avaient pris l'habitude de considérer les États-Unis comme leurs indéfectibles alliés. Cette bifurcation s'est manifestée avec éclat lors du sommet sur le climat de Copenhague (2009). Le président américain Barack Obama (2008-2016) et le Premier ministre chinois Wen Jiabao (2003-2013) y ont empêché le renouvellement du protocole de Kyoto qui faisait, depuis 1997, la fierté des Européens. Le pourtant fameux sommet climatique de Paris (2016) a pérennisé cet abandon en tournant le dos à tout mécanisme juridiquement contraignant et supranational de réduction des émissions de gaz à effet de serre.

Au milieu des années 2010, cette conception souverainiste du rôle des États-Unis dans le monde s'est imposée avec l'élection et le mandat de Donald Trump (2016-2020), mais aussi dans la plus grande démocratie de la planète, l'Inde (victoires électorales du Bharatiya Janata Party (BJP) et de Narendra Modi, 2014), et dans la plus grande démocratie d'Amérique latine, le Brésil (élection du président Jair Bolsonaro). Le sommet de Copenhague marque donc le début d'une dissonance entre les alliés américains et européens sur la manière de voir et d'orienter la mondialisation, ces derniers promouvant une régulation universelle multilatérale si possible contraignante à vocation mondiale.

Cette dissonance est devenue divergence durant le mandat de Donald Trump. Sous la présidence de celui-ci, le gouvernement américain ne considérait plus les Européens comme ses alliés ni même comme des partenaires. Si l'élection de Joe Biden en 2020 met fin à la mésalliance, elle ne met pas fin à la dissonance : il fut le vice-président des États-Unis sous le mandat de Barack Obama.

Bien qu'attaché au multilatéralisme, aux alliances et à l'idée d'une responsabilité mondiale des États-Unis, le duo Obama-Biden a, dans les faits, souvent négligé cette dernière pour se centrer sur les intérêts de la société et de l'économie américaines : politique climatique égoïste (alors que les États-Unis sont le plus gros pollueur de la planète), dollar sous-évalué, procès intentés à des dirigeants d'entreprise européens dans le cadre de l'embargo visant l'Iran et d'une politique d'extraterritorialité judiciaire, mise en accusation d'Airbus, désinvestissement de la guerre en Syrie...

Les désaccords avaient certes pu émailler la relation transatlantique durant la guerre froide (1947-1991). Mais, au cours de ce demi-siècle, la convergence des intérêts américains et européens était très forte : ils avaient un ennemi commun, l'URSS. Face à l'impérialisme soviétique, Américains et Européens étaient toujours, *in fine*, d'accord sur l'essentiel. Cette proximité s'est incarnée dans une alliance militaire, l'Organisation du traité de l'Atlantique nord (Otan, fondée en 1949). L'Otan a survécu à la guerre froide alors que la maîtrise de l'impérialisme soviétique et de l'expansion du communisme était sa raison d'être. Depuis la destruction, le 11 septembre 2001, par l'organisation djihadiste Al-Qaïda, du World Trade Center, tours jumelles au cœur de New York, l'Otan a été utilisée en appoint des opérations militaires américaines au Moyen-Orient (Afghanistan, Irak).

La fragilisation de la défense de l'Europe

Les présidents Bush (2000-2008) et Obama ont conforté l'Otan face à l'influence russe dans l'espace post-soviétique. L'administration Poutine (en place depuis 1999) considère celle-ci comme naturelle dans ce qu'elle nomme l'étranger proche de la Russie, tandis que plusieurs des pays européens qui y sont confrontés la considèrent comme une ingérence, voire comme une menace. Tout en poursuivant le redéploiement de leurs soldats du théâtre européen vers le Moyen-Orient et l'Asie, les Américains ont toutefois maintenu l'Otan en Europe. En échange de cette protection, les Européens continuent à se fournir grandement auprès de l'industrie de défense américaine et à prendre à leur charge un financement croissant de l'Otan. C'est le prix à payer pour cet héritage devenu très lourd de la fragmentation de l'industrie de défense en Europe.

Des initiatives sont prises depuis 2017 pour tenter avec lenteur et parcimonie de réduire ce double handicap dans le cadre de la politique européenne de défense et de sécurité. Si cette dernière permet aux Européens de monter des opérations civilo-militaires ponctuelles dans les Balkans et en Afrique subsaharienne, on est très loin d'une capacité des Européens à être autonomes militairement. Les Européens continuent depuis soixante-dix ans de faire le choix de l'Otan pour la sécurité militaire du territoire de l'Union européenne, alliance dont les États-Unis demeurent les pilotes et le principal acteur. Dès lors qu'il y a dissonance entre les Européens et les Américains, et que le souverainisme peut arriver au pouvoir aux États-Unis, cette préférence collective des Européens pour l'Otan rend l'Union européenne vulnérable.

Aujourd'hui, ni les Européens ni les Américains n'ont plus d'ennemis — au sens classique d'un État susceptible de les menacer vitalement, de déclencher une guerre, de les envahir. Les acteurs qui se déclarent ennemis des Occidentaux utilisent les armes des faibles : le terrorisme (Daech, Al-Qaïda) ; le conflit asymétrique ou gelé dans le voisinage de l'Europe (des conflits entretenus par la Russie en Ukraine et en Transcaucasie ; par la Turquie à Chypre, en Libye et au Karabagh ; par l'Iran en Palestine, au Liban et en Syrie). Avec le retour d'un président du Parti démocrate (Joe Biden), le pouvoir de nuisance de ces acteurs est de nature à renforcer le lien transatlantique car il s'en prend aux valeurs qu'Américains et Européens ont en commun. Mais l'élection présidentielle de 2020 a montré la préférence de près de la moitié des électeurs américains (71 millions dont la voix s'est portée sur une réélection de Donald Trump) pour une politique étrangère souverainiste, voire nationaliste. C'est donc structurellement que les Européens sont confrontés non seulement à la prégnance du souverainisme au détriment du multilatéralisme, mais aussi et surtout à l'affaiblissement du lien transatlantique par les Américains. Les Européens devraient donc se départir de l'habitude de compter sur l'alliance indéfectible des États-Unis pour assurer leur sécurité militaire et un ordre compatible avec leurs préférences collectives dans les pays de la Méditerranée orientale et méridionale [Howorth, 2020].

Les Européens font donc face à un double défi géopolitique : faire valoir leur conception universaliste et multilatérale de l'espace mondial dans un monde de puissances souverainistes privilégiant le rapport de force d'une part, et promouvoir leurs intérêts et leur sécurité sans compter sur la protection des États-Unis, tout particulièrement au Proche-Orient, d'autre part. Les relations des Européens avec la Chine confrontent l'Union européenne à sa capacité de relever ou non ce double défi.

Le défi d'une Chine devenue « rivale systémique »

La vision chinoise de l'UE comme ressource à exploiter

À la différence de l'URSS lors de la guerre froide, la Chine n'est pas un ennemi, mais un adversaire des Européens. Aujourd'hui, les dirigeants européens font eux-mêmes de leur politique chinoise menée depuis trois décennies l'analyse d'un échec. Depuis le début des années 1990, les Européens ont considérablement développé leurs échanges avec la Chine. Ils ont œuvré à son entrée à l'OMC. Ils ont accepté que l'implantation d'usines manufacturières à forte intensité de main-d'œuvre à bas coût et l'accès au marché chinois en essor soient conditionnés à d'importants transferts de technologie des entreprises européennes aux entreprises chinoises. Les Européens ont fait le pari que l'émergence de la Chine, son insertion dans la mondialisation et le développement de la société de consommation en son sein pousseraient la dictature communiste chinoise à s'ouvrir au libéralisme politique tant à l'intérieur que dans ses relations internationales.

Cette politique chinoise des Européens s'est révélée une vue de l'esprit. Non seulement elle n'a pas contribué à une telle évolution, mais elle les a aussi pénalisés dans les relations bilatérales sino-européennes, ainsi que dans plusieurs régions du monde, comme l'Afrique. Sur le marché intérieur chinois comme à l'export, les entreprises européennes sont déjà concurrencées par les entreprises chinoises dans plusieurs secteurs à haute valeur ajoutée, comme le nucléaire, les énergies renouvelables, les véhicules électriques, la téléphonie mobile, la bureautique, le ferroviaire à grande vitesse... Dans la crise bancaire et des dettes souveraines dans laquelle s'est enfoncée l'Europe pendant près d'une décennie (2008-2015), les grandes entreprises et les grandes banques chinoises, dont beaucoup sont partiellement ou majoritairement des entreprises d'État, ont investi en Europe et pris des participations dans les infrastructures de communication (chemin de fer, aéroports, ports, ponts). Jusqu'à une date très récente, les Européens n'ont pas éprouvé le besoin de se coordonner entre eux, chaque pays cherchant à encourager ses entreprises à accroître leurs parts de marché en Chine.

Le président Xi Jinping, arrivé au pouvoir en 2012, cherche à exploiter cette situation, non sans succès. Son gouvernement a lancé le projet des « nouvelles routes de la soie » (*Belt and Road Initiative* — BRI). Depuis 2012, un sommet réunit tous les ans la Chine et des pays d'Europe de l'Est, du Sud et du Sud-Est (un groupe « 16 + 1 » devenu « 17 + 1 » avec l'entrée de la Grèce, redevenu « 16 + 1 » après le départ de la Lituanie). Au motif de faciliter et de promouvoir les flux de marchandises fabriqués en Chine, les acteurs chinois proposent aux États affaiblis par la crise de financer et de construire des infrastructures de transport. Ce n'est qu'en mars 2019 que la Commission européenne alors dirigée par Jean-Claude Juncker refusait de caractériser l'économie chinoise d'« économie de marché » et la qualifiait de « concurrent économique » et de « rival systémique » de l'Union européenne [Godement, 2019]. Et c'est seulement sous la présidence d'Ursula von der Leyen en 2021 que la Commission européenne a proposé de remédier aux distorsions de concurrence créées par les subventions publiques au sein d'États tiers, favorisant les investissements de leurs entreprises dans l'Union européenne, les aides d'État étant très contrôlées au sein de l'UE.

La récente perception européenne de la Chine comme rival systémique

De fait, bien des projets d'investissement chinois en Europe dans le cadre de la BRI sont mieux-disants que les offres d'entreprises européennes car ils sont adossés aux banques de l'État chinois ou à un actionnariat de l'État. Il s'agit également de faire face à la concurrence déloyale opérée par les entreprises chinoises sur les marchés publics européens. Et ce d'autant plus que l'administration chinoise dresse bien des obstacles aux investissements européens. Elvire Fabry [2019] déclare ainsi : « Les rapports annuels de la Chambre de commerce européenne en Chine en font clairement état : fermeture des marchés publics et discrimination à l'égard des entreprises étrangères, restrictions à l'investissement, transferts de technologies forcés, implantation en Chine suspendue à une obligation de licence dont l'octroi par les administrations centrales et locales reste discrétionnaire, opacité des réglementations chinoises, etc. » « Le président Xi Jiping est en train de réinventer le capitalisme d'État [...]. Cette "Xinomic", ce mélange d'autocratie et de technologie, pourrait porter la croissance sur plusieurs années. [...] Les États Unis et l'Occident doivent se préparer à une longue confrontation avec Pékin. À l'inverse de l'ex-URSS, la Chine a une économie sophistiquée et intégrée au reste du monde », écrit l'hebdomadaire britannique *The Economist* (repris par *Challenges*, n° 663, 27 août 2020).

La politique européenne de la Chine vise ainsi depuis vingt ans à privilégier des gains unilatéraux plutôt qu'une politique de relations permettant non seulement à la Chine mais aussi à son partenaire européen de s'estimer gagnants. Les Européens ont espéré que l'objectif des dirigeants chinois était de faire de l'économie chinoise une économie de marché avec les pratiques et les règles qui avaient cours en Europe. Ils n'ont pas vu que leurs politiques publiques, dont la politique européenne, pouvaient servir une politique de développement et de renforcement de l'État et du Parti communiste chinois (PCC), laquelle passe par une politique d'utilisation de l'espace mondial au service des intérêts de la Chine. Ceux-ci ne passent pas par la définition d'un nouvel universalisme ou d'une mission mondiale censée profiter à toute l'humanité.

L'Europe figure dans cette vision comme un marché, un bassin touristique et universitaire, un espace productif et d'approvisionnement spécialisé de certains biens et de certains services, un territoire pourvoyeur d'infrastructures de flux, de stockage et de communications. Vue de Chine, l'Europe est un espace de ressources, et le pouvoir chinois cherche à les valoriser à son profit par différents types de réseaux. Cette vision repose notamment sur la représentation que la prospérité des Européens et l'ère de domination occidentale ne seraient pas ce qu'elles sont si les Européens n'avaient détourné et capté les ressources du territoire chinois durant un siècle de colonisation. Le marché chinois compte beaucoup, et de plus en plus, pour l'économie européenne, non seulement par l'importance de son marché de consommateurs mais aussi par sa production de biens intermédiaires présents dans la chaîne de valeur des biens manufacturés européens. Mais les évolutions de la politique chinoise de l'Europe depuis le début de l'année 2019 signalent que les acteurs européens ont pris conscience de cette situation.

La lutte contre la pandémie de Covid-19 a encore davantage mis en évidence le rapport de force. Le régime chinois a en effet développé deux tactiques diplomatiques, dites « des masques » et « des loups combattants », visant à discréditer les politiques publiques sanitaires européennes, à passer sous silence l'aide apportée à la Chine par l'Europe au début de la pandémie, à rejeter l'idée d'une coopération sanitaire multilatérale, et à bâtir le récit d'une politique de santé des autorités chinoises d'une efficacité exceptionnelle à l'intérieur et d'une grande générosité à l'extérieur. La Covid-19 a conforté l'interdépendance de l'Europe et de la Chine, tout en démasquant la démarche du PCC aux yeux des Européens, démarche d'affirmation nationaliste, dénuée de logique de coopération avec l'Europe.

La Chine ne représente pas pour les Européens une menace militaire parce que ces deux régions sont très éloignées l'une de l'autre et que l'État chinois voit l'Europe comme un marché et une ressource économique très attractifs. Pour autant, le risque pour les Européens, s'ils ne défendent pas leur patrimoine et leur créativité économiques avec vigilance, est qu'ils perdent leur autonomie et deviennent la province d'une sphère économique animée par et centrée sur la République populaire de Chine.

Le défi d'une Russie se représentant l'UE comme une nuisance

Un régime russe bafouant le droit dans ses relations avec l'UE

Cette évolution récente des Européens vis-à-vis de la Chine n'est pas sans rappeler une autre expérience éprouvée depuis le début des années 2010 et qui les avait surpris et déroutés : celle de la politique européenne de la Russie, devenue résolument inamicale à partir de 2014.

Cette politique européenne de la Russie se caractérise par la préférence pour le rapport de force et l'usage de la force, la marginalisation et le contournement du droit international, le manque de considération pour la souveraineté populaire. Il s'agit surtout de ne s'inscrire dans aucune des régulations juridiques et diplomatiques qui codifient les relations entre États et garantissent l'autonomie des sociétés. Depuis 2014, le gouvernement russe a ainsi unilatéralement détaché une partie du territoire ukrainien, la Crimée, avant de l'annexer au territoire de la Russie, tout en nourrissant une guerre civile (50 000 morts) et des sécessions dans l'est de l'Ukraine dont il perturbe avec assiduité le fonctionnement et la souveraineté.

De façon plus classique, les autorités russes déclinent leur contournement et leur perversion des règles de droit et des relations de confiance entre pays par la violation régulière et anonymisée des espaces aérien, sous-marin, cyber et politique de l'UE, comme par la production talentueuse de *fake news* et de propagande antilibérale, *via* les réseaux sociaux et certains médias audiovisuels dédiés [Kahn et Lévy, 2019, p. 135-142].

Cette production s'inscrit dans, autant qu'elle nourrit, un débat pour évaluer la responsabilité de la politique européenne de voisinage dans le déclenchement de cette politique de nuisance de l'État russe aux marges orientales de l'UE et au sein de l'UE même. Les dirigeants de l'État russe ont en effet interprété le soutien de l'UE à la révolution ukrainienne du Maïdan (2014) et le projet de traité d'association économique et commercial entre l'UE et l'Ukraine comme une volonté d'affaiblir la Russie, voire de l'encercler. C'est en tout cas le prétexte qu'ils ont utilisé pour fragmenter le territoire ukrainien et violer la souveraineté territoriale des Ukrainiens au nom de la défense de celle-ci.

Ce qui frappe ici, c'est le choix du recours aux politiques du fait accompli, avec pression et intimidation, en lieu et place d'une politique qui viserait à convaincre de son bon droit par l'usage des procédures juridiques, du débat contradictoire et de la négociation à visage découvert. Plusieurs des pans de la politique régionale de la Chine (répression de masse du peuple ouïghour dans le Xinjiang, mise au pas de Hong Kong, intimidation de Taïwan menacée d'invasion, revendications militaires maritimes vis-à-vis du Japon et du Vietnam, affrontements armés sur la frontière avec l'Inde...) évoquent ces caractères de la politique régionale de la Russie.

La politique régionale de l'UE bousculée par ce voisinage russe

Face à cette résolution de la présidence Poutine, l'UE n'a pas abdiqué sa politique de voisinage par laquelle elle formalise et institutionnalise les relations économiques et sociales fortes entre elle et, notamment, l'Ukraine et la Géorgie. Au nom de sa préférence pour l'État de droit et la négociation entre pairs, elle ne reconnaît pas l'annexion de la Crimée, condamne la guerre hybride fomentée par la Russie dans l'est de l'Ukraine ; elle leur oppose un blocus de la Russie sur un grand nombre de marchandises et de services financiers. Elle renforce la présence militaire dissuasive de l'Otan dans les États baltes, en République tchèque et en Pologne.

L'UE est cependant bousculée par les actions hostiles de la Russie. Tandis que le pouvoir russe ne respecte pas les normes du droit international, une frange non négligeable de l'opinion publique européenne, les partis d'extrême droite membres du groupe politique du Parlement européen Identité et Démocratie, et même certains membres du groupe du Parti populaire européen (Démocrates-Chrétiens) prônent une bifurcation de la politique étrangère de l'UE et un rapprochement avec Poutine.

Dans les faits, si les Européens ne modifient pas leur choix ancien de s'approvisionner fortement en gaz russe, l'UE soutient bien moins la révolution en Arménie de 2018 et le mouvement démocratique en Biélorussie en 2020 qu'elle n'a défendu les révolutions de couleur en Géorgie et en Ukraine entre 2003 et 2014. De plus, l'UE a laissé la Russie intervenir militairement et unilatéralement dans la guerre civile syrienne et faire gagner le régime dictatorial baasiste dirigé par Bachar el-Assad.

Si l'UE et la Russie n'utilisent pas la même grammaire géopolitique, les Européens privilégient un certain attentisme face à la détermination de l'administration Poutine d'affirmer unilatéralement la prééminence de sa vision impérialiste de l'espace postsoviétique. L'enclave russe de Kaliningrad dans l'UE et l'entretien d'une importante force nucléaire ne peuvent cependant masquer la réalité, dont les Européens ont du mal à tirer des conclusions pour l'action. La Russie est devenue un pays rentier, à la merci de ses exportations d'énergies fossiles dont il est très dépendant, dont le poids économique ne dépasse plus celui de l'Espagne, qui perd des habitants chaque année, et dont le régime politique a une structure de plus en plus mafieuse et une base sociale de plus en plus friable. Pour l'instant, focalisée sur ses politiques publiques intérieures, l'UE choisit une politique russe plutôt passive : circonscrire et contenir la puissance russe.

Les Européens n'ont rien à y gagner. Ils devraient lier tous les sujets euro-russes entre eux et prendre le gouvernement Poutine au jeu de sa vision diplomatique souverainiste en lui proposant une grande négociation globale sur tous les dossiers qu'ils ont en partage [Kuzniar, 2020].

Ce serait d'autant plus heuristique que la Russie de Vladimir Poutine n'est plus la seule puissance régionale souverainiste dans le voisinage de l'UE. La Turquie du président Erdogan l'est devenue sans ambiguïté depuis le coup d'État échoué de 2016.

Le défi turc

SYLVAIN KAHN

Bien que la Turquie soit l'alliée militaire de vingt et un pays de l'UE au sein de l'Otan, bien qu'elle négocie son adhésion à l'UE depuis 2005, bien qu'elle soit en union douanière avec l'UE depuis 1996, l'administration Erdogan s'oppose ouvertement à l'UE sur de nombreux terrains : son infanterie occupe le nord de Chypre, un pays membre de l'UE ; sa marine transgresse les frontières maritimes gréco-turques comme celles de la zone économique exclusive (ZEE) de l'UE en Méditerranée ; elle fait la guerre aux Kurdes de Syrie membres de la coalition qui a défait Daech ; elle viole l'embargo international sur les ventes d'armes aux belligérants libyens promu par l'UE ; elle a soutenu de façon déterminante la reprise de la guerre par l'Azerbaïdjan contre l'Arménie et sa reconquête d'une grande partie du Haut-Karabagh en septembre 2020.

Embarrassés par ces nuisances et ces provocations à répétition, les dirigeants européens se sont résolus en décembre 2020 à adopter quelques sanctions symboliques à l'encontre de certains dirigeants turcs. En temporisant pour éviter d'entrer dans le rapport de force dans lequel cherche à les entraîner le président Erdogan, les Européens donnent à l'ensemble des acteurs de leur voisinage un sentiment d'irrésolution et de faiblesse. Ils le donnent d'autant plus que, en raison de la dépendance économique, démographique et industrielle de la Turquie à l'UE, les Européens ont des moyens considérables pour faire pression sur le gouvernement turc pour ramener celui-ci sur le registre du dialogue et de la recherche du compromis entre intérêts bien compris.

L'Union européenne est à la fois moins écoutée et moins influente dans l'espace mondial depuis le début des années 2010 qu'elle ne l'était dans les deux décennies qui ont suivi la fin de la guerre froide. Ce fait s'explique davantage par la difficulté des Européens à appréhender la prégnance du souverainisme, qui les contrarie et les bouscule, que par une érosion objective de son poids et de ses atouts. Par son riche et grand marché aux normes exigeantes, par son modèle territorial géopolitique d'adhésion et de mutualisation volontaires, par sa qualité de vie, par sa société qui reste centrée sur le pluralisme, les libertés, l'émancipation de l'individu et la solidarité collective, l'Europe est attractive. Les Européens pourraient faire de ces caractéristiques une force singulière dans le monde s'ils en prenaient vraiment conscience et se décidaient à s'unir autour d'elles plutôt que de donner priorité à leurs différends et leurs difficultés.

Repères bibliographiques

FABRY E. [2019], « Europe-Chine : répondre à la hauteur des enjeux », *Notre Europe*, 8 avril.

GODEMENT F. [2019], « L'Europe face à la Chine : une révolution copernicienne », site de l'Institut Montaigne, 22 mars.

HOWORTH J. [2020], « Sortir de l'impasse euro-américaine », *Politique étrangère*, automne, p. 169-181.

KAHN S. et LÉVY J. [2019], *Le Pays des Européens*, Paris, Odile Jacob.

KUZNIAR R. [2020], « Sur la Russie : penser européen », *Politique étrangère*, printemps, p. 93-103.

LAÏDI Z. [2005], *La Norme sans la force. L'énigme de la puissance européenne*, Paris, Presses de Sciences Po, 2013, 3e édition.

— [2013], *Le Reflux de l'Europe*, Paris, Presses de Sciences Po.

MAREÏ N. et RICHARD Y. (dir.) [2018], *Dictionnaire de la régionalisation du monde*, Paris, Atlande.

21 / Bassin méditerranéen : espace de crises et de rivalités internationales

Philippe Boulanger

Depuis la fin de la guerre froide, en 1991, le centre de gravité géoéconomique et géopolitique mondial s'oriente vers l'Asie orientale. Le bassin méditerranéen ne serait plus le centre du monde comme il l'a été depuis des millénaires en tant que berceau de civilisations. Dans *La Méditerranée au temps de Philippe II*, Fernand Braudel [1949] le considérait comme l'espace de l'« économie-monde » au XVIe siècle. L'ouverture du canal de Suez en 1869 en a fait un axe maritime décisif entre l'Europe et l'Asie tant sur les plans économique et financier que politique et militaire. Il en serait autrement depuis 1991. Le bassin méditerranéen deviendrait un espace marginal pour les grandes puissances mondiales, une aire pacifiée et sans intérêt stratégique majeur.

En réalité, le bassin méditerranéen réunit tous les enjeux et les défis de la mondialisation. Par définition, cet espace correspond à l'étendue de la mer semi-fermée ainsi que ses rives, réunissant 450 millions d'habitants et vingt-deux États riverains. Il connaît de nouveaux déséquilibres géopolitiques et apparaît confronté à un ensemble de risques, menaces et vulnérabilités. Il peut être considéré comme une des zones les plus « crisogènes » au monde. Comment le bassin méditerranéen redevient-il un espace de crises et de rivalités internationales ? Trois aspects seront abordés : les enjeux géopolitiques majeurs du bassin dans la mondialisation ; le bassin en tant qu'espace de rivalités de pouvoirs et de crises entre les États riverains ; la Méditerranée comme terrain d'expression des ambitions de puissances majeures.

Des enjeux géopolitiques majeurs dans la mondialisation

L'espace maritime, enjeu de contestations

Le bassin méditerranéen est considéré comme le foyer de civilisations plurimillénaires, mais il apparaît aussi comme un espace commun fragile. L'importance du trafic des flux, la densité de sa navigation, l'exiguïté de la surface maritime révèlent des enjeux géopolitiques majeurs. La découverte de nouveaux gisements de ressources naturelles réveille de vieux conflits ou antagonismes récurrents entre États riverains. Certains États manifestent le besoin de revendiquer l'extension de leur juridiction sur des espaces non déclarés, faisant surgir des différends territoriaux et contribuant à réduire la liberté des mers. Cette tendance traduit un processus de territorialisation de la mer (comme ailleurs dans le monde) pour défendre des intérêts nationaux à des fins économiques, stratégiques ou de protection de l'environnement (création d'aires marines protégées, par exemple).

Le processus de délimitation des zones économiques exclusives (ZEE) depuis les années 1990, selon la convention des Nations unies sur le droit de la mer (CNUDM) de 1982 appliquée en 1994, conduit à de nombreux problèmes de chevauchement, comme entre la France et l'Espagne ou l'Algérie, ou entre l'Espagne et l'Italie [Tarzi, 2019]. Il oblige à établir des accords de délimitation entre États riverains, tels ceux signés entre la France et l'Italie en mars 2015. Leur finalité est d'éviter d'éventuelles tensions, comme les accords conclus entre l'Égypte et Chypre en 2003, entre Chypre et Israël en 2010 pour la délimitation des limites respectives de leur ZEE en lien avec l'exploitation des hydrocarbures, entre la Libye et la Turquie en novembre 2019 (accord de principe).

Parfois, des projets de coopération sont menés dans leur sillon : accord pour la construction d'un pipeline sous-marin de 645 km entre Le Caire et Nicosie en septembre 2018, accord entre l'Égypte et Israël pour l'exportation du gaz sous-marin commencée en 2019 (par un gazoduc reliant les ports d'Al-Arich et d'Ascalon).

Ailleurs, des tensions naissent [Pellen-Blin *et al.*, 2019]. Le Liban s'oppose aux revendications d'Israël en 2011 sur le tracé de la frontière maritime demandé par Tel Aviv auprès des Nations unies. La Turquie conteste l'accord de démarcation de la frontière maritime entre Chypre et l'Égypte : elle estime en effet qu'une partie de la ZEE chypriote empiète sur le plateau continental turc. Elle s'oppose aussi à l'exploitation des ressources gazières de la zone économique exclusive de la République de Chypre sans un accord préalable de partage des revenus avec la partie turque de l'île. En 2018, la marine turque a ainsi bloqué à deux reprises le passage d'un navire d'exploitation du géant énergétique italien ENI. Parallèlement, l'accord turco-libyen de 2019 empiète sur les ZEE grecque, à proximité des îles égéennes et de la Crète, et chypriote. À la fin 2019, la Turquie poursuit ses explorations gazières dans la ZEE chypriote où ses bâtiments d'exploration sont escortés par des navires de guerre, malgré les protestations de l'Union européenne et de Chypre Sud. Elle n'est toutefois pas membre de la convention des Nations unies sur le droit de la mer et n'applique pas ses règles.

Des ressources maritimes convoitées et source de tensions

La Méditerranée est un des principaux axes commerciaux au monde depuis le XIXe siècle. Cet espace maritime est le cordon ombilical énergétique et économique entre l'Orient et l'Occident à partir du rail reliant le canal de Suez ouvert en 1869 à Gibraltar. Elle ne représente que 1 % de la surface maritime mondiale, mais apparaît comme l'un des carrefours mondiaux du trafic (25 % à 30 % du trafic maritime mondial).

Parallèlement, son espace maritime comprend des ressources diverses. Les ressources anciennes (pêche, transport maritime, énergies fossiles) sont complétées par des ressources nouvelles liées aux nouveaux usages de la mer, comme les énergies marines renouvelables (EMR) avec l'apparition des champs d'éoliennes, ainsi que le développement des loisirs nautiques (grandes croisières). Ce sont surtout les découvertes de nouveaux gisements d'énergies fossiles (gaz) qui suscitent les convoitises et attisent les rivalités entre les États en Méditerranée orientale (MEDOR) que sont Israël, l'Égypte, le Liban, la Turquie, la Grèce et la République de Chypre.

Un ensemble de gisements sont source de tensions et préoccupent. Un premier champ au large de la bande de Gaza est découvert en 1999, mais ne peut être exploité en raison du désaccord entre Israël et l'Autorité palestinienne. D'autres champs sont également identifiés : à Tamar en 2009 (côte israélienne, 320 milliards de m^3 prouvés de gaz), champ Léviathan en 2010 (600 milliards de m^3 de gaz), gisement Aphrodite en 2011 dans les eaux chypriotes (200 milliards de m^3), champ de Zohr (850 milliards de m^3) en 2015 à 150 km de l'Égypte, jouxtant les eaux chypriotes et libanaises. Les prospections annoncent cent vingt années de consommation domestique pour les États concernés. D'autres découvertes sont relevées depuis la fin des années 2010 : Calypso (226 milliards de m^3) au large de Chypre en février 2018, Nour (283 milliards de m^3) au large du Sinaï en Égypte en juin 2018, Glaucus-1 au large de Chypre (227 milliards de m^3)

en février 2019. Selon le *United States Geological Survey*, les réserves en MEDOR sont estimées à 122 milliards de m^3 de gaz naturel et à 107 milliards de barils de pétrole brut. Ces découvertes contribuent à renforcer les postures stratégiques des États concernés : Israël, qui tend à devenir un pays exportateur de gaz ; l'Égypte, qui bénéficie d'infrastructures existantes (terminaux de liquéfaction) et connaît une autosuffisance énergétique [Mazzucchi, 2019]. Elles créent aussi de nouveaux rapports de force entre les sept États riverains liés à la question de la démarcation des frontières maritimes, notamment entre le Liban et Israël, Israël et l'Autorité palestinienne, la Turquie et Chypre.

Des équilibres environnementaux, sécuritaires et sociétaux précaires

Le bassin méditerranéen forme une zone de friction plus générale encore. Il est à la jonction de trois continents (Europe, Afrique, Asie occidentale), de niveaux inégaux de développement entre ses rives sud et nord, et de dynamiques géopolitiques variables (développement démographique des pays d'Afrique du Nord, vulnérabilité sécuritaire des pays arabes, repli protectionniste des États européens après une période d'ouverture dans les années 1990 et 2000). La crise liée à la pandémie ne fait que renforcer cette situation globale.

La dégradation du milieu maritime constitue l'une des sources de déséquilibres. 80 % de la pollution de la Méditerranée sont liés aux activités anthropiques (métaux lourds déversés dans le Nil et le Rhône, par exemple). Dès les années 1990, l'urgence écologique conduit à une prise de conscience de l'opinion publique et à l'adoption de mesures interétatiques. La convention de Barcelone est adoptée en 1995 dans le cadre du plan d'action pour la Méditerranée visant à lutter contre la pollution et à promouvoir le développement durable. Parallèlement, un ensemble de déséquilibres politiques et sociaux contribuent à fragiliser l'espace méditerranéen pourtant perçu comme une aire de développement dans les années 1990. L'un des déséquilibres forts porte sur l'aggravation de la crise migratoire [Tellenne, 2019]. Les États européens apparaissent dépassés (Italie, Grèce, Espagne) malgré la volonté de contrôle de l'Union européenne. Sur 1,5 million d'entrées par an, les trois quarts viennent des pays partenaires méditerranéens (PPM). Entre 2013 et 2019, une forte croissance des flux de réfugiés et migrants clandestins est enregistrée, conduisant à un retour de tensions entre les États de la MEDOR et à des désaccords de gestion de la crise humanitaire. Tous ces facteurs politiques, économiques et sociétaux sont source de vulnérabilité et participent à faire évoluer cet espace, notamment dans sa partie orientale, comme l'une des zones les plus « crisogènes » au monde.

Une « zone crisogène » majeure dans le monde, révélant des rivalités régionales fortes

De nombreux foyers de crise déclarés ou potentiels depuis plus de trente ans

Le bassin méditerranéen connaît un cycle « crisogène » depuis les années 1990, qui touche de manière directe ou indirecte une majorité de ses riverains. Une succession de crises et de fortes rivalités de pouvoirs apparaissent. Dans les années 1990 et 2000, se distinguent principalement les guerres dans les Balkans (ex-Yougoslavie de 1991 à 1995, tensions entre la Grèce et la Turquie en 1998) avec des gestions de crise difficiles, la guerre civile en Algérie (années 1990), les guerres au Proche-Orient, avec une montée de leur internationalisation (influence de l'Iran au Sud Liban). Dans les années 2010, cette tendance s'accentue avec les « révoltes arabes » de 2011 (Libye, Syrie) et leurs conséquences (zones grises, guerre civile), les crises internes récurrentes (tensions entre Grèce et Turquie à propos de Chypre divisé en deux depuis 1974), les revendications autonomistes, comme en Catalogne en Espagne en 2016-2017, la montée en puissance de la Turquie qui entretient des relations conflictuelles avec Chypre, Israël, l'Égypte (rupture diplomatique en 2013) et avec l'Union européenne.

Le déséquilibre Nord/Sud s'accentue dans la dernière décennie [Nonjon *et al.*, 2019]. L'écart de produit intérieur brut (PIB) par habitant entre les deux rives se creuse. En 2015, le PIB par habitant moyen dans les pays du sud et de l'est de la Méditerranée est 2,5 fois inférieur au revenu moyen des pays méditerranéens de l'Union européenne (UE), selon les indicateurs du développement dans le monde de la Banque mondiale, malgré des échanges économiques et financiers intenses. L'Union européenne est le premier fournisseur et le premier investisseur pour les pays de la rive sud qui restent déficitaires (sauf les pays exportateurs d'hydrocarbures et la Turquie). La tendance des échanges est à la baisse pour les pays européens qui se tournent vers l'Est. Ceux-ci restent dépendants des pays de la rive sud pour les importations d'énergie (l'Algérie est le troisième fournisseur de gaz) et les exportations sur certains marchés internes (armement, par exemple).

Les « révoltes arabes »

Philippe Boulanger

Les révoltes arabes de 2011 apparaissent comme la conséquence des mécontentements populaires qui éclatent dès la fin 2010 dans certains États en Afrique du Nord. En Tunisie, le 17 décembre 2010, l'immolation de Mohamed Bouazizi à Sidi Bouzid est suivie le 27 décembre à Tunis de mouvements sociaux contre le chômage et les inégalités. Le 14 janvier 2011 commence la « révolution de Jasmin » pour demander le départ du président Ben Ali. Celui-ci quitte le pouvoir le 27 février suivant. En Égypte, les ouvriers du textile se sont déjà opposés à l'augmentation du coût de la vie en 2008. Les principales manifestations éclatent à partir du 25 janvier 2011 contre la répression policière et pour une amélioration du niveau de vie avec le slogan « Paix, liberté, justice sociale ». Le 27 janvier, le nombre de manifestants passe de 15 000 à 100 000 personnes, à Alexandrie, à Medinat el-Fayan et au Caire. Commence alors une période de répression par la police et d'arrestation des opposants au régime. Le 28 janvier a lieu le « vendredi de la colère », durement réprimé le lendemain. Le nombre des manifestants atteint 2 millions de personnes sur la place Tahrir le 1er février. La contestation générale et la situation révolutionnaire conduisent le président Moubarak à démissionner le 11 février. D'autres États sont touchés également par la montée des mécontentements populaires. En Libye, la crise sociale et politique explose le 15 février et s'achève après la mort de Mouammar Kadhafi le 20 octobre 2011, provoquant alors 10 000 morts. Tunisie, Égypte et Libye voient ainsi leur régime autoritaire renversé. Dans d'autres pays, la contestation prend une orientation soit politique (Yémen), soit sociale (Bahreïn). Au Maroc, en Algérie, en Jordanie, en Arabie saoudite, à Oman, aux Émirats arabes unis (EAU), au Koweït, d'autres troubles éclatent et conduisent, dans certains cas, à l'assouplissement des régimes. Enfin, deux autres pays connaissent une crise profonde qui évolue en guerre civile toujours en cours à ce jour : au Yémen depuis le 16 janvier 2011 et en Syrie depuis le 15 mars 2011.

La compétition économique se surimpose aux frictions géopolitiques

La compétition économique se distingue d'abord dans le secteur de l'exploitation des ressources gazières. Le contexte économique mondial conduit à une croissance de la demande mondiale de gaz naturel, estimée à plus de 50 % au cours des vingt prochaines années, selon l'Agence internationale de l'énergie. Cette tendance favorise la continuité des tensions géopolitiques déjà existantes. La bande de Gaza est privée de ses ressources *offshore* par Israël (surveillance au-delà de 3 milles en 2008). Le Liban, qui a signé des accords bilatéraux en 2007 et 2010 pour délimiter sa ZEE avec Chypre et Israël, est en litige pour une zone maritime de 850 km^2 où sont localisés des gisements de gaz. La course à l'exploitation gazière participe à la résurgence de tensions, comme l'absence d'accord de paix entre le Liban et Israël, ou le différend turco-chypriote. À propos de ce dernier cas, les tensions deviennent plus fortes au fur et à mesure de l'ouverture de nouveaux blocs d'exploration gaziers. Des licences d'exploitation ont été accordées à Total et ENI sur sept des treize blocs chypriotes, tandis que des exercices navals franco-chypriotes, comme le déploiement du navire *Lafayette* en octobre 2019, et italo-chypriotes ont lieu pour soutenir la République de Chypre Sud. En effet, la marine chypriote est alors limitée à trois patrouilleurs de haute mer et quelques patrouilleurs rapides.

La compétition économique prend encore une autre dimension dans le secteur des approvisionnements de gaz de la MEDOR à l'Europe. Le gazoduc TAP traverse déjà l'Adriatique et les Balkans depuis la fin des années 2000. Pour renforcer les approvisionnements vers l'Europe, deux scénarios sont possibles : un gazoduc par la Turquie et un *hub* gazier centré sur Israël et Chypre, exportant vers la Grèce et l'Italie. D'un côté, la Turquie, dépendante de la Russie pour les deux tiers de sa consommation de gaz naturel, fait pression pour contrôler les ressources de Chypre depuis 2016 et se placer comme pays de transit (choisie par l'UE en 2008 comme pays de transit principal). Elle fait face à la résistance d'Israël. D'un autre côté, l'UE défend le projet de gazoduc EastMed, reliant Israël et Chypre à l'Europe (Italie du Sud), avec la Grèce comme pivot. Annoncé en 2018 par les quatre pays, il serait le plus long gazoduc sous-marin au monde, avec 3 000 mètres de profondeur et 2 000 km de parcours, mais présente un défi technique à relever, un coût élevé (7,4 milliards de dollars) et un débit limité. Le projet EastMed a fait l'objet d'un accord en janvier 2020 entre la Grèce, Chypre et Israël. L'Italie a manifesté son intention de le rejoindre. Peu soutenu par les banques, ce projet est en outre concurrencé par l'« option égyptienne » de réexportation du gaz (gazoduc Chypre-Égypte d'un coût d'un milliard de dollars), soutenue par Israël (accord de février 2018 pour la vente à l'Égypte de gaz israélien dont une partie est réexportée vers l'Europe).

La question de l'approvisionnement renforce la compétition entre la Turquie et la Grèce. Les tensions récurrentes entre la Turquie et la Grèce, la Turquie et Chypre, Israël et le Liban sont ravivées. Les pays de la région veulent chacun s'imposer comme le *hub* gazier incontournable. Par exemple, la politique turque de Recep Tayyip Erdogan est plus active depuis 2017 en la matière. Cette situation de tensions participe au renforcement capacitaire des marines des trois États pour défendre leurs intérêts.

L'Union européenne : grande absente du jeu des puissances

Presque tous les États de l'Europe méditerranéenne sont membres de l'UE alors que la candidature turque est en suspens. Des projets de stabilité ont pourtant été lancés. L'UE est une puissance attractive avec des projets financés : développement des ports, contrôle de la pêche, protection de l'environnement, projets visant à encourager les échanges Nord-Sud [Huntzinger, 2009]. Le processus de Barcelone de 1995 (quinze États membres et douze pays méditerranéens) instaure un partenariat euro-méditerranéen pour établir une zone de paix et de stabilité à partir de trois domaines de coopération : politique et sécurité, finances et économie, société et culture. En 2004, l'UE lance la politique européenne de voisinage (dix pays en Afrique du Nord et au Moyen-Orient) pour favoriser les échanges. Cependant, certains États se sentent plus méditerranéens qu'européens. Le projet français de l'Union pour la Méditerranée, comprenant une quarantaine de membres et lancé en 2008, pour relancer le processus de Barcelone, est fragilisé par le manque de volonté politique et abandonné lors des crises des pays arabes de 2011.

L'Union européenne se révèle impuissante face aux crises [Tardis, 2019]. La crise des migrants dans les années 2010 met au jour des divisions au sein des membres de l'UE : fragilisation de l'équilibre Nord-Sud des pays de l'UE, mission militaire Sophia de gestion des migrants impuissante devant l'ampleur de la situation (2015-2020), agence Frontex devenue Agence européenne des garde-frontières et des garde-côtes depuis 2016, accord Turquie-UE de mars 2016 sur le contrôle des migrants en Turquie difficile et mis en cause fin 2019. La situation géopolitique révèle aussi l'impuissance face aux conflits (israélo-palestinien, Libye) et une mobilisation tardive face à l'État islamique en 2014 (huit pays européens).

Dans ce contexte, la Turquie de Recep Tayyip Erdogan, pourtant isolée et à l'écart des découvertes de gaz naturel, a su retrouver une place au centre du jeu géopolitique par le processus puis l'accord d'Astana de mai 2017 à propos de la Syrie (avec Russie et Iran) tout en écartant ses rivaux saoudien et émirati dans la crise syrienne [Gomart, 2019]. Elle apparaît cependant écartelée entre son rôle historique au sein de l'Alliance atlantique, ses relations privilégiées avec les États-Unis (tout en doutant de la fiabilité de la politique américaine) et ses liens d'intérêts avec le Qatar et l'Iran à la fin des années 2010. La Méditerranée est devenue le théâtre de trois enjeux majeurs pour la Turquie qui mène une politique moins idéaliste (politique de voisinage du ministre des Affaires étrangères Ahmet Davutoglu entre 2009 et 2014, qui tend à stabiliser les relations entre la Turquie et les États voisins dans le Caucase, les Balkans et le Moyen-Orient) que pragmatique :

— le premier enjeu porte sur la question migratoire. Le pays est un partenaire clef pour l'UE avec le pacte migratoire de mars 2016 et la gestion mutuelle de la crise en échange d'une aide financière notable ;

— le deuxième enjeu est énergétique. La Turquie veut se placer comme lieu de passage dans le corridor énergétique sud-européen de gazoducs russes (TurkStream, premier tronçon achevé en 2018) et occidentaux (gazoduc TANAP inauguré en 2019 entre l'Azerbaïdjan et l'Europe). Elle envisage de devenir un *hub* dans l'évacuation du gaz en MEDOR vers les marchés européens (lancement de prospections *offshore* pour rechercher des gisements) ;

— le troisième enjeu est stratégique et voit la Turquie s'affirmer sur le plan opérationnel et géostratégique par ses capacités d'intervention militaire : opposition aux milices kurdes en Syrie, soutenues par les États-Unis jusqu'à l'automne 2019, crises d'octobre 2019 et de fin février 2020 avec l'intervention militaire turque sur le territoire frontalier syrien centre et est, rapprochement avec l'Iran et la Russie.

Le bassin méditerranéen, espace de concurrence dans le jeu des grandes puissances (États-Unis, Russie et Chine)

Le retour de la puissance américaine dans l'espace stratégique méditerranéen

Présents dès la Première Guerre mondiale quand ils orientent les peuples arabes contre les colonisateurs, les États-Unis font du bassin méditerranéen un espace stratégique durant la guerre froide pour retenir l'URSS. Depuis 1991, ils mènent une politique d'endiguement de l'Iran puis de la Chine, apportent un appui renforcé à Israël (ambassade transférée de Tel-Aviv à Jérusalem, reconnaissance de l'annexion par Israël du plateau du Golan en mars 2019). Le pays suit deux orientations stratégiques selon le versant occidental ou le versant oriental. Sous la présidence de Donald Trump (2016-2020), la Méditerranée orientale cristallise les tensions autour de la crise syrienne et redevient un enjeu prioritaire pour les États-Unis.

Le bassin méditerranéen demeure un point central des intérêts américains malgré une stratégie de plus en plus orientée vers l'Asie depuis la fin des années 2000. Il redevient une base avancée et un couloir stratégique d'acheminement des flux énergétiques. La région se situe de fait au carrefour de trois commandements : EUCOM pour les pays d'Europe du Sud ; CENTCOM pour la Turquie, Israël, l'Égypte, la Syrie, la Jordanie ; AFRICOM pour l'Afrique du Nord. Si les enjeux pétroliers autour du Golfe sont atténués, les rivalités sont croissantes au sujet de la Russie, de l'endiguement de l'islam radical et du contrôle des flux économiques européens/asiatiques. L'intérêt des États-Unis est de maintenir un axe Washington-Ankara pour répondre aux provocations de Moscou, protéger Israël et l'Arabie saoudite, sécuriser le canal de Suez et l'axe maritime mer Méditerranée-océan Indien, freiner l'approvisionnement énergétique de Pékin. Cette politique conduit au rapprochement de l'administration Trump avec la Grèce (coopération régionale de défense, du commerce et des investissements fin 2018, présence de la VIe Flotte dans les ports grecs pour renforcer la stabilité dans la région), au soutien du développement économique de Chypre aux côtés de l'UE (projet EastMed), à la recherche de liens renforcés avec la Jordanie et l'Égypte.

En termes de puissance globale, les États-Unis disposent d'une avance importante. Leur désengagement dans le bassin méditerranéen n'est pas envisageable, au risque d'un embrasement au Moyen-Orient (Syrie, zone kurde). La priorité est donnée à la stratégie d'endiguement militaire et d'engagement diplomatique vis-à-vis de la Russie.

Les ambitions de la Russie en Méditerranée

Les ambitions de la Russie sont anciennes. Depuis les tsars, la Russie cherche à se ménager un accès aux « mers chaudes », d'où le rapprochement entre l'URSS et les pays du Moyen-Orient (barrage d'Assouan en Égypte, aides militaires à la Syrie, l'Égypte, l'Algérie, la Libye) durant la guerre froide. Sa priorité est de développer un axe Damas-Moscou-Téhéran.

Son implication dans le conflit syrien en 2015, par son soutien au régime de Bachar el-Assad, traduit une stratégie d'accès aux « mers chaudes » remontant au XVIIIe siècle. Elle révèle aussi la recherche d'une posture de grande puissance militaire, une capacité de nuisance et donc d'influence sur les affaires européennes et de lutte contre l'islamisme radical de l'État islamique (EI). La Russie comble une place laissée vide par les États-Unis et l'Union européenne. La relation de dissuasion mutuelle qu'elle a créée avec Israël peut paradoxalement avoir un effet stabilisateur sur le Levant. Disposant de deux bases en Syrie (Tartous et Lattaquié), elle oblige les Irakiens et les Iraniens à négocier l'évacuation de leurs hydrocarbures en direction de la Méditerranée. Elle entretient un lien avec l'Iran pour expulser du Proche-Orient les États-Unis, son rival sur le plan énergétique.

La Russie devient une puissance riveraine de la Méditerranée par le *hard power* et le *soft power* : annexion de la Crimée en mars 2014, présence en Syrie depuis septembre 2015, tentatives pour contrôler la mer d'Azov. La Méditerranée orientale apparaît comme une vitrine de la remontée en puissance de la Russie à l'échelle globale. L'installation de Tartous est devenue une base navale permanente protégée par des missiles S-300. La base aérienne de Lattaquié bénéficie d'aménagements importants pour accueillir des avions de combat parmi les plus modernes. Sur le plan du *soft power*, sa stratégie s'étend à l'ensemble de la Méditerranée : exploitation des vulnérabilités de l'UE (accès aux ports chypriotes de Limassol et Larnaca en 2015 contre l'avis des États-Unis et de l'Organisation du traité de l'Atlantique nord — Otan — par exemple), investissements dans les pays de la rive nord comme dans le sud de la France par les oligarques, renforcement de ses relations avec les États d'Afrique du Nord (accord de partenariat global et de coopération avec l'Égypte en octobre 2018). Dans le cadre de la tournée du ministre des Affaires étrangères Sergueï Lavrov au Maghreb en janvier 2019, la Russie renforce son lien privilégié avec l'Algérie : marine équipée de sous-marins russes de classe Kilo depuis 1986, accord de 2006 pour fournir des avions de chasse, des systèmes de missiles et de chars. Elle met en place de nouvelles relations avec la Turquie depuis fin 2015 en permettant le passage des forces navales russes par les détroits de la mer Noire à la mer Méditerranée, ou par des accords d'armement (livraison de systèmes antimissiles S-400 russes à la Turquie en 2019).

Un espace de premier plan pour la Chine

Le bassin méditerranéen est le point d'aboutissement géographique de la stratégie mondiale que sont les « nouvelles routes de la soie », qui doivent sécuriser les voies d'écoulement des productions chinoises sur le marché européen et éviter le « dilemme de Malacca » — la vulnérabilité aux trafics maritimes par la dépendance à l'égard d'une seule voie de passage. Les ports méditerranéens sont plus proches de la Chine que les grands ports de l'Europe du Nord. Modernisés et avec des capacités augmentées, ils réduisent les délais et les coûts de transport. La Chine consacre des investissements importants aux infrastructures de transport maritime (port grec du Pirée, porte d'entrée de la Chine en Europe depuis 2008, facilité militaire pour les escales de la flotte chinoise), qui représentent le deuxième poste d'investissement en Europe, avec les câbles sous-marins. Elle organise de nouveaux forums régionaux. En 2013, la conférence de Rome a réuni les représentants des ministères de l'Agriculture de l'Italie, de l'Espagne, du Portugal, de la Grèce, de Chypre et de Malte afin de renforcer la coopération dans les domaines de l'agroalimentaire et de la pêche. En novembre 2015, à Xiamen, une nouvelle conférence a rassemblé les mêmes pays pour développer des partenariats, notamment en matière de coopération maritime. Avec 600 milliards d'euros, la relation commerciale entre la Chine et l'UE est la première du monde jusqu'en 2020 : l'Union européenne est le deuxième marché à l'exportation de la Chine et son premier fournisseur. Inversement, la République populaire de Chine est le premier fournisseur de l'Union européenne. Son intérêt vise à apaiser les tensions afin de poursuivre ses investissements économiques. Dès les années 2000, une réflexion stratégique a participé à créer la vision d'un réseau mondial de ports, connectés plaçant Djibouti comme interface stratégique majeure. Un autre enjeu géopolitique se distingue : accéder aux nouvelles portes d'entrée de l'UE, faire gagner des parts de marché aux ports méditerranéens (Le Pirée, construction du port de Cherchell en Algérie, etc.) au détriment des ports d'Europe du Nord.

La Chine mène aussi une stratégie d'influence globale : exercices militaires conjoints en Méditerranée orientale avec la Russie en mars 2015, intentions présentées comme pacifiques et non agressives, prises de participation et investissements dans une dizaine de ports, à Port-Saïd à Alexandrie, dans les ports d'Ashdod et Haïfa en Israël, dans des terminaux à Naples, Gênes et Trieste en Italie. Deux grandes compagnies chinoises — COSCO Shipping Ports (quatrième flotte de conteneurs mondiale) et China Merchant Port Holdings — ont des intérêts dans sept ports méditerranéens, à la fin des années 2010, dont Bilbao, Valence, Gênes, Istanbul et Marseille [Castets, 2019]. COSCO a pris le contrôle du Pirée en 2016. Sa capacité de fret a sextuplé et ses résultats se sont améliorés (passage du 93e au 36e rang, du 4e au 2e rang en Méditerranée entre 2016 et 2019) grâce à de nouveaux aménagements (croisiéristes, connexions aux réseaux ferroviaires). En 2016, COSCO a pris possession de 49,9 % des parts du port italien de Vado (Savone), qui est le principal terminal réfrigéré de la Méditerranée et doit bénéficier d'un nouveau terminal pour conteneurs en 2019. En 2017, COSCO a pris le contrôle de 51 % des parts de la société espagnole Noatum Ports (gérant les ports de Bilbao, Valence, Saragosse, Madrid). En 2018, Bilbao et Valence ont connu une hausse de + 558 % de leur trafic. Le groupe China Merchants Port prend, en 2013, le contrôle de 49 % du capital de la filiale du groupe CGM Terminal Link (opérateur des terminaux à conteneurs de Marseille, Malte et Tanger). En 2018, le Grand Port de Marseille, qui est un *hub* de câbles sous-marins, signe un accord de partenariat avec Shanghai Port pour de nouveaux projets. Avec la Turquie, la Chine s'est entendue pour développer le projet de corridor central connectant par voie ferroviaire Lianyungang à l'est du bassin méditerranéen (premier train en 2018 par Bakou-Tbilissi-Kars). Mais le trajet maritime est le plus compétitif, et COSCO a pris le contrôle du troisième port à conteneurs turc (Kumport, près d'Istanbul) en 2015. Les relations sont toutefois restées complexes entre les deux pays en raison de la question ouïghoure, des pressions américaines et d'un commerce déséquilibré au profit de la Chine.

La Chine constitue dans le bassin méditerranéen un acteur nouveau de la compétition pour la suprématie commerciale, financière, scientifique, technologique, militaire et culturelle. En témoigne le développement de la coopération militaire avec l'Algérie, Israël, l'Égypte et la Syrie. Elle est présente aux deux extrémités de la Méditerranée (Port-Saïd, Tanger). Elle est de plus en plus perçue comme une alternative par les États riverains.

Présenté comme un espace pacifié jusqu'aux années 2000, le bassin méditerranéen redevient un espace de compétition et de concurrence, de crises multiples et d'instabilité. La situation géopolitique s'est tendue surtout après la fin des années 2000 et dans la partie orientale. Aujourd'hui, elle montre différents niveaux de concurrence et de rivalités de pouvoir pour la gestion des crises entre certains États de l'UE, la Turquie et d'autres pays du Proche-Orient, mais aussi pour l'exploitation et l'approvisionnement du gaz selon un axe sud-est/nord-ouest. À un niveau géostratégique, et à une autre échelle géographique, ces rivalités se rencontrent entre les États-Unis, la Russie et la Chine pour la maîtrise des zones d'influence et sur des théâtres de guerre (Syrie, Libye) ou des voies de communication maritime.

Repères bibliographiques

BRAUDEL F. [1949], *La Méditerranée au temps de Philippe II*, Paris, Armand Colin.

CASTETS R. [2019], « Stratégies chinoises sur les rives nord de la Méditerranée », *Revue de Défense nationale*, n° 822, p. 126-129.

GOMART T. [2019], *L'Affolement du monde*, Paris, Tallandier.

HUNTZINGER J. [2009], « La Méditerranée, un avenir en question », *Questions internationales*, n° 36.

MAZZUCCHI N. [2019], « Méditerranée orientale : les hydrocarbures de la discorde », *Revue Défense nationale*, n° 822, p. 27-33.

NONJON A., NAZET M. et BILLARD H. [2019], *Géopolitique des continents*, Paris, Ellipses.

PELLEN-BIN M. (dir.) [2019], « La territorialisation de la Méditerranée à l'origine de nouveaux déséquilibres », *Revue Défense nationale*, n° 822, p. 17-26.

TARDIS M. [2019], « La politique européenne d'immigration », *in* MONTBRIAL T. DE et DAVID D. (dir.), *Ramsès 2020. Un monde sans boussole ?* Paris, Dunod, p. 230-233.

TARZI A. [2019], « Les espaces maritimes du Moyen-Orient », *in* MONTBRIAL T. DE et DAVID D. (dir.), *Ramsès 2020. Un monde sans boussole ?* Paris, Dunod, p. 82-87.

TELLENNE C. [2019], *Introduction à la géopolitique*, Paris, La Découverte, « Repères ».

22 / Russie : la puissance revendiquée

Isabelle Facon

La Russie revendique de longue date d'être reconnue comme une puissance incontournable dans les affaires du monde. Même dans la période de grande faiblesse qu'elle a traversée dans les années 1990, et en dépit d'un reflux très net de son influence sur la scène internationale, elle n'a pas renoncé à cette ambition — cherchant à la faire valider de fait par des projets d'association avec les puissances occidentales, alors *leaders* incontestés de l'ordre international. Cette aspiration, avec l'affirmation très forte de l'attachement à sa souveraineté, structure sa relation au monde.

La Russie, entre obsession de la puissance et sentiment d'insécurité chronique

Bien des auteurs ont cherché à expliquer la revendication de puissance de la Russie, qui apparaît, aujourd'hui comme hier, en décalage avec la situation intérieure de ce pays, dont l'économie a, de tout temps, accusé un important retard de développement sur les puissances occidentales [Sokoloff, 2009].

Les sources de l'exceptionnalisme russe

Pour certains, il découle du tempérament messianique qui motiverait la Russie depuis que, après la chute de Byzance, elle estime être le cœur de l'orthodoxie. Pour d'autres, c'est surtout l'accumulation de territoires au fil de l'expansion de l'Empire russe qui, lui assurant un rayonnement très large (de l'Europe au Pacifique en passant par le Moyen-Orient et le Grand Nord), a alimenté sa quête d'autorité internationale. La longue parenthèse soviétique, pendant laquelle

Moscou occupe la position de deuxième superpuissance et bénéficie d'une ample présence sur tous les continents, alimentera ce tempérament. Au XXIe siècle, les autorités russes invoquent toujours volontiers l'immensité de la Fédération de Russie (17 millions de km^2, onze fuseaux horaires) pour étayer l'idée de l'influence qui revient « naturellement », selon elles, à leur pays dans le jeu international — avec d'autres attributs de puissance tels que le siège de membre permanent qu'il détient au Conseil de sécurité de l'Organisation des Nations unies (ONU) et son arsenal nucléaire (complété, dans les années 2010, par un outil militaire conventionnel restauré, dont les capacités se sont illustrées aussi bien en Ukraine qu'en Syrie).

Cette vision que la Russie a d'elle-même, solidement enracinée, explique que les élites russes aient mal accepté les propos du président américain Barack Obama, qui, en 2014, avait présenté la Russie comme une puissance régionale incapable de promouvoir son influence autrement que par la coercition [Obama, 2014].

Une soif inextinguible de sécurité

Il est cependant troublant de constater que la Russie ressent ces mêmes atouts comme des vulnérabilités qui suscitent la convoitise ou l'agressivité d'autres puissances. Sa démographie, de longue date fragile malgré quelques points d'amélioration [Radvanyi et Laruelle, 2016, p. 40-43], ne lui permet pas d'habiter suffisamment son territoire (surtout dans le Grand Nord et à l'Est, où la population diminue). Cela alimente l'inquiétude des responsables russes sur la possible convoitise d'autres puissances à l'égard des immenses ressources naturelles du pays (pétrole, gaz, charbon, métaux...). Ils sont par ailleurs convaincus que les États-Unis cherchent à soumettre la Russie, dont les capacités nucléaires font peser sur eux une « menace existentielle » [White House, 2017, p. 25], ce qui les amène à développer, dans la vision des Russes, des moyens destinés à en compromettre l'efficacité (défenses antimissiles et armements stratégiques conventionnels).

De fait, un autre trait fort de la culture géopolitique de la Russie réside dans une lecture particulièrement pessimiste de son environnement stratégique, ce pays s'estimant soumis constamment à une menace venant de tous les horizons. Cette perception trouve probablement ses racines dans le fait que son territoire originel était ouvert, sans protections naturelles dissuasives (l'histoire russe est, aussi, une histoire d'invasions), et dans l'accroissement de la longueur des frontières à défendre à mesure de l'expansion territoriale. Cela constitue d'ailleurs un paradoxe, puisque celle-ci correspond en partie, de l'avis de nombreux historiens et de géopolitologues, au désir de repousser toujours plus loin les frontières de la menace extérieure.

De tout temps également, le sentiment de vulnérabilité de Moscou vis-à-vis du monde extérieur, voire sa « relation paranoïaque au monde » [Radvanyi et Laruelle, 2016, p. 7] se sont nourris de la conscience des fragilités internes du pays — qu'il s'agisse, au début du XXIe siècle, de son déclin démographique, qui fait craindre pour son intégrité territoriale, également menacée, vue de Moscou, par l'attraction qu'exerce le monde extérieur sur les territoires situés en bordure de la Fédération de Russie ; de la dépendance récurrente de son économie à l'exportation des ressources du sous-sol ; de son retard technologique et de la fuite des cerveaux (qui a repris au début des années 2010) ; de l'insuffisance manifeste de ses infrastructures et réseaux de communication (routes, voies ferrées, réseau aérien).

L'identité des adversaires potentiels a fluctué, dans la perception des Russes, au fil des siècles, mais au XXIe siècle, ce sont les États-Unis qui, dans leur analyse, font peser la menace la plus aiguë sur les intérêts et la souveraineté de la Russie. Face à eux, celle-ci a cherché des recours, avec une détermination particulière du côté de la Chine, ce qui ne va cependant pas sans inquiétudes stratégiques supplémentaires.

Les États-Unis et la Chine : deux points de référence clefs dans la stratégie de puissance de la Russie

Une relation frustrante aux États-Unis

La Russie, même au plus fort de son déclin dans les années 1990, n'a eu de cesse de chercher à projeter l'image d'une relation sur un pied d'égalité avec les États-Unis, ce qui doit, dans sa perspective, valider sa revendication d'être reconnue comme puissance de premier plan. Elle l'a fait d'abord sur le mode du partenariat, puis, estimant que les États-Unis ne prenaient pas en compte ses intérêts (dans l'espace postsoviétique, dans le domaine nucléaire stratégique, sans parler de la critique de la situation en Russie sur le plan des libertés politiques et des droits humains), sur le mode de l'antagonisme. Le discours de Vladimir Poutine, lors de la conférence de sécurité de Munich en février 2007, marquera ce tournant : il y dénoncera le « recours hypertrophié à la force » par l'Amérique ainsi que, en substance, sa prétention à imposer ses vues au reste du monde.

Le paramètre nucléaire a de tout temps constitué un élément crucial dans la politique de la Russie vis-à-vis des États-Unis, les deux pays détenant de loin les deux principaux arsenaux. La Russie fait valoir que, à ce titre, ils partagent des responsabilités particulières sur des enjeux clefs de la sécurité internationale, en particulier la prolifération des armes de destruction massive. Pour ces raisons de statut, et parce que les armes nucléaires font à ses yeux figure de garantie de sécurité essentielle face à l'hyperpuissance militaire américaine, elle cherche à préserver autant que possible une équivalence numérique en ce domaine avec les États-Unis. Cependant, ces derniers, forts de leur vitalité technologique, tendent à désaccentuer le rôle des armements nucléaires dans leur politique de défense, ce que ne peut se permettre la Russie, au contraire assez fortement dépendante de son arsenal nucléaire pour assurer sa sécurité — du moins jusqu'à ce que la réforme militaire engagée en 2008, soutenue par un important effort financier, lui permette de recréer des outils militaires conventionnels plus solides.

Sans doute encore inspirés par une certaine nostalgie du *condominium* Washington-Moscou de l'ère de la guerre froide, si gratifiant du point de vue de la quête d'un statut de grande puissance, les responsables russes tendent à occulter le fait que les États-Unis, compte tenu du fossé de puissance qui s'est creusé entre les deux acteurs, n'ont plus les yeux rivés sur les faits et gestes de la Russie. Peinant à accepter le déclassement que cela traduit, Moscou interprète fréquemment les initiatives internationales des Américains (qui eux-mêmes ont certainement surestimé l'évolution de la vision du monde de Moscou et sa volonté d'alignement sur l'Occident) comme étant destinées à miner ses intérêts stratégiques. Ces enjeux politiques et symboliques ont encouragé la Russie à cultiver des liens avec des régimes perçus comme problématiques par Washington — de la Syrie au Venezuela en passant par l'Iran.

Après l'annexion de la Crimée en 2014, il existe un large consensus bipartisan, aux États-Unis, sur le fait que la Russie représente un défi d'importance. L'élection, en novembre 2016, de Donald Trump, soupçonné de collusion avec une Russie accusée d'ingérence dans la campagne électorale américaine, n'a rien arrangé. Les sanctions à l'encontre de la Russie se sont multipliées et durcies, alimentant son sentiment d'insécurité face à la pression américaine. Il est probable que la Russie ne déteste pas être présentée dans les documents stratégiques américains comme un *challenger* de la superpuissance américaine [White House, 2017, p. 2]. C'est en effet mobilisable dans un contexte interne devenu plus complexe pour le régime, qui peut ainsi faire valoir à la population qu'il défend la nation russe « punie » pour avoir voulu affirmer une position indépendante sur la scène internationale. Dans le même temps, cela décuple le sentiment d'insécurité de Moscou. La donne ne devrait pas changer sensiblement dans les années à venir : l'administration Biden ne tentera probablement pas un nouveau *reset* des relations avec Moscou. Elle pourrait même restreindre ses marges de manœuvre internationales en rassurant ses partenaires européens, en reprenant place dans des régions où la

Russie a pu affirmer ses positions parce que les États-Unis y étaient moins présents, voire rendre la Russie moins importante aux yeux de la Chine, dans l'hypothèse où le nouveau président américain établirait des rapports plus apaisés avec cette dernière.

Un partenariat inégal avec la Chine

En effet, le partenariat stratégique avec la Chine, établi dès 1996, a été fortement mobilisé par les autorités russes dans leur affirmation de puissance et leur « résistance » aux États-Unis. Au début du XXIe siècle, en 2001, les deux pays ont signé un traité d'amitié pour vingt ans. Alors que l'étoile des Occidentaux semble pâlir, afficher une relation forte avec la deuxième puissance économique mondiale porte l'image de l'importance de la Russie dans le jeu international. Une relation forte mais aussi structurante, suggèrent les officiels russes, qui se plaisent à souligner que les deux États proposent au monde un modèle différent de relations interétatiques, présenté comme plus respectueux des singularités des États que le modèle occidental. Face aux États-Unis, faire équipe avec Pékin constitue un levier intéressant pour Moscou.

Pourtant, la Russie ne peut que constater le fossé de puissance qui s'est creusé entre elle et la Chine au cours du dernier quart de siècle dans de nombreux domaines. Jusqu'au début des années 2010, d'ailleurs, une inquiétude diffuse s'exprimait à ce sujet, dans la presse comme dans la bouche d'officiels russes. L'idée d'une « menace chinoise » se référait à la montée en puissance militaire du grand voisin méridional, à l'impressionnant déséquilibre démographique entre les deux côtés de la frontière bilatérale, à la possibilité qu'à terme la Chine puisse vouloir revenir sur les effets des traités inégaux du XIXe siècle. Quand les États-Unis ont annoncé, en 2011, le *rebalance* vers l'Asie-Pacifique, les politologues russes ont débattu du choix que devrait faire la Russie, certains estimant alors préférable qu'elle se range du côté américain... Après 2014, les coopérations avec la Chine s'intensifient tous azimuts, même dans des domaines où le gouvernement russe avait montré de la prudence car il cherchait à éviter d'aggraver le déséquilibre croissant entre les deux États (armement, énergie...). De fait, sur fond de pression occidentale et d'isolement diplomatique (la Russie a été privée de sa participation au G7), la Russie voit sa relation privilégiée avec Pékin comme une ressource politique essentielle, mais aussi comme un recours pour pallier les effets des sanctions occidentales, qui la privent de financements, de technologies, de marchés... En mai 2015, les présidents russe et chinois ont proclamé la connexion entre l'Union économique eurasiatique (UEE), une organisation d'intégration économique entre la Russie et plusieurs républiques ex-soviétiques, et la *Belt and Road Initiative*. De plus, les coopérations militaires sino-russes prennent de l'ampleur. Des manœuvres navales conjointes se tiennent chaque année depuis 2012 et, pour la première fois, en 2018, des troupes chinoises ont participé à de grands exercices stratégiques sur le territoire russe. En 2019, Vladimir Poutine a annoncé que la Russie allait apporter son assistance à la Chine dans le développement d'un système d'alerte contre les attaques de missiles ennemis.

Pour l'instant, l'affirmation militaire de la Russie, en particulier à travers son intervention en Syrie, contrebalance partiellement le différentiel de puissance entre les deux États, dont un des symptômes est le double déséquilibre qualitatif des échanges commerciaux : la Russie vend principalement à la Chine des matières premières, celle-ci exporte sur le marché russe des machines-outils et des produits manufacturés ; en 2018, la Chine comptait pour 15,5 % du commerce extérieur de la Russie, mais celle-ci ne représentait que 0,8 % de celui de la Chine [Hillman, 2020, p. 2]. Tout indique que Moscou espère que le partenariat politique étroit tissé au cours du dernier quart de siècle lui permettra de canaliser longtemps le risque stratégique chinois et que la Chine sera durablement accaparée par sa rivalité avec les États-Unis, qui contribue à l'intérêt que revêt pour elle la coopération avec Moscou. Cependant, les liens de plus en plus serrés entre les deux acteurs, et surtout le fait que la Chine semble désormais en mesure d'imposer ses conditions à la Russie sur différents sujets compliquent nettement l'effort de Moscou pour renforcer ses positions en Asie, une des priorités affichées de sa politique extérieure sous Vladimir Poutine. De fait, beaucoup de pays asiatiques ressentent que, à terme, la Russie pourrait perdre la capacité de mener une politique en Asie véritablement indépendante de la Chine. Cela amenuise son crédit auprès d'eux (Japon, Corée du Sud, pays de l'Association of South East Asian Nations — ASEAN —, et même Inde, en dépit des relations politiques privilégiées qui l'unissent de longue date à Moscou), déjà limité du fait du manque d'attractivité de son économie, en particulier dans la partie extrême-orientale de son territoire que le Kremlin voudrait tant raccrocher aux dynamiques économiques de l'Asie-Pacifique.

Néanmoins, Moscou poursuivra probablement sa ligne coopérative avec la Chine, car celle-ci est un allié du point de vue de la stabilité du régime — enjeu clef à l'heure où le Kremlin n'écarte pas la possibilité que les États-Unis puissent intervenir dans le jeu politique russe. Pékin est également perçue comme plus déférente que les pays occidentaux envers les intérêts de la Russie dans l'ancienne URSS, territoire qui reste au cœur de ses priorités internationales. Si les responsables chinois ne remettent en effet pas en cause la prééminence de la Russie dans

Tableau 1. **La Russie, les États-Unis et la Chine : quelques critères de puissance**

	Russie	États-Unis	Chine
PIB (2019) [WB]	1 700 Mds $	21 374 Mds $	14 343 Mds $
PIB par habitant PPP en $ (2019) [WB]	29 181,4	65 118,4	16 784,7
Croissance du PIB (2019) [WB]	+ 1,3 %	+ 2,3 %	+ 6,1 %
Population (2019) [WB]	144 373 540	328 239 520	1 397 715 000
Croissance de la population (2019) [WB]	0,1 %	+ 0,5 %	+ 0,4 %
Espérance de vie (2018) [WB]	73 ans	79 ans	77 ans
Nombre de brevets déposés (2018) [WB]	24 926	285 095	1 393 815
Dépenses militaires (2019) [WB]	65 Mds $	731,7 Mds $	261 Mds $
Dépenses militaires en % du PIB (2019) [WB]	3,9 %	3,4 %	1,9 %
Armes nucléaires (2018) [SIPRI]	6 500	6 185	290

PIB : produit intérieur brut.
SIPRI : Stockholm International Peace Research Institute.
WB : World Bank.

cet espace, ils y poussent néanmoins leurs intérêts économiques et commerciaux, en particulier en Asie centrale.

Moscou comme chef de pôle eurasiatique

Peu de temps après l'éclatement de l'Union soviétique, la Russie a manifesté son intention de préserver son influence dans les nouveaux États qui en sont nés.

Une Russie possessive vis-à-vis de ses voisins

Cherchant dans un premier temps à maintenir des forces armées communes à l'échelle de l'ancienne URSS, elle revendique, par la voix de son premier président post-soviétique, Boris Eltsine, un rôle de « gendarme » dans les conflits qui y ont éclaté. En Moldova, en Géorgie, la Russie est à la manœuvre, dans la première moitié des années 1990, pour imposer des cessez-le-feu. Le règlement politique de ces conflits, en revanche, reste en suspens. Cette situation de

« gel » des conflits permet à Moscou de maintenir une emprise sur les États les plus soucieux de s'en détacher en les affaiblissant durablement (au mépris de la souveraineté, Moscou soutient économiquement les entités séparatistes dans ces pays et distribue des passeports russes à une partie de leur population). Plus tard, en 2008 et 2014, elle n'hésite pas à recourir à la force militaire en Géorgie et en Ukraine, espérant compromettre définitivement leur adhésion à l'Organisation du traité de l'Atlantique nord (Otan). Et plusieurs des États ex-soviétiques, même les plus proches de la Russie, ont eu à subir des pressions d'ordre économique et politique à différentes reprises dans leur jeune existence.

De fait, pour la Russie, conserver un rôle prépondérant dans son voisinage correspond à des enjeux de stature internationale et de sécurité. Ces dernières années, Moscou a développé un discours sur la nécessité d'un ordre international polycentrique qui reposerait sur un équilibre entre grands pôles de puissance. La Russie serait à la tête de l'un d'eux, appuyée sur des relations économiques et politiques étroites avec les pays de l'ex-URSS, lui permettant de projeter l'image d'une puissance capable de dominer l'espace eurasiatique [Stronski et Sokolsky, 2020, p. 3]. Différentes organisations incarnent cette logique, en particulier l'UEE et l'Organisation du traité de sécurité collective (OTSC), qui réunissent à peu près les mêmes États. De plus, si la Russie n'envisage plus d'affirmer un contrôle physique sur les espaces voisins de son territoire, elle les considère toujours comme un glacis protecteur. Il lui est donc essentiel que les États qui y sont situés soient contrôlables et aient des positions favorables à la Russie. Enfin, dans le contexte du refroidissement de sa relation avec une bonne partie du monde occidental, Moscou a redéployé un discours sur sa nature eurasiatique. Cela lui rend encore plus indispensable de pouvoir faire valoir un rôle singulier dans la grande masse terrestre située entre Europe et Asie. La création de l'UEE devait satisfaire ce besoin (établie sur la base d'une union douanière, elle donne lieu à une harmonisation progressive des politiques des États membres sur la mobilité du travail, les régulations techniques, les tarifs… [Stronski et Sokolsky, 2020, p. 5]).

Le fait que la présence militaire russe à l'étranger soit déployée principalement dans les États de l'ex-URSS ne doit rien au hasard. La Russie a des bases militaires en Arménie, au Tadjikistan, au Kirghizistan. Elle dispose également d'accès à des infrastructures militaires au Kazakhstan, en Biélorussie. À la suite de la guerre de Géorgie (2008), Moscou, après avoir reconnu l'indépendance des entités séparatistes d'Ossétie du Sud et d'Abkhazie, y a installé d'autres bases et a signé avec elles des accords de défense. Cette empreinte militaire permet à la Russie d'affirmer la spécificité de son rôle dans l'espace ex-soviétique — aucune autre puissance n'y disposant de ce type d'influence —, tout en matérialisant la logique du glacis, incarnée également par l'Organisation du traité de sécurité collective (qui associe la Russie et l'Arménie, la Biélorussie, le Kazakhstan, le Kirghizistan, le Tadjikistan).

Vers une nouvelle méthodologie pour les relations avec les pays du « glacis » ?

Pourtant, dans la dernière partie de 2020, l'apparente passivité de la Russie face aux crises dans plusieurs pays de son voisinage (dont certains membres de l'OTSC) invite à se demander si elle a renoncé à ses ambitions, déjà mises en cause par la réduction de son poids dans les échanges commerciaux de la plupart des républiques ex-soviétiques. La guerre en Géorgie (2008), l'annexion de la Crimée (ravie à l'Ukraine à la suite d'un référendum organisé à la hâte sous pression militaire en 2014) et l'appui aux séparatistes du Donbass ont fortement affecté la situation politique et stratégique de la Russie (sanctions, rupture profonde avec bon nombre de pays occidentaux, prise de distance avec les États voisins). Il est donc probable que Moscou cherche une nouvelle méthodologie pour la gestion de ses relations avec l'« étranger proche ». Privilégiant une position d'observateur passif (élections au Kirghizistan et en Moldova), d'attente (Belarus), de prudence (conflit du Haut-Karabagh), la Russie a préféré doser strictement son investissement à un moment de tension sur le plan interne (deuxième vague de la pandémie Covid-19, situation économique déprimée, montée en puissance du questionnement sur l'après-Poutine). C'est ainsi que, dans le conflit Arménie-Azerbaïdjan, Moscou, sans doute surprise par le degré d'engagement de la Turquie aux côtés de Bakou, s'est gardée d'intervenir militairement, mais est parvenue à s'imposer comme négociatrice de la fin du conflit. Elle y gagnera un surcroît de présence militaire dans le Caucase du Sud (force de maintien de paix au Karabagh) et, du moins l'espère-t-elle, la possibilité d'encadrer la nouvelle présence turque dans la région.

A-t-elle perçu, enfin, l'effet repoussoir du recours fréquent à la pression et à la coercition, qui montre trop clairement qu'elle considère que son poids militaire et économique écrasant justifie que les pays voisins se plient à ses intérêts géopolitiques ? Constate-t-elle les limites de cette posture, qui conditionnent en partie celles des organisations multilatérales censées porter son influence dans l'espace ex-soviétique ? Va-t-elle opter pour des leviers d'influence plus discrets, seront-ils plus constructifs ou plus subversifs ? L'avenir montrera si la Russie est prête à faire preuve de plus de mesure dans son voisinage et d'un plus grand respect de la souveraineté des États qui le composent. En tout état de cause, sa réserve sur le renforcement de l'influence d'acteurs non occidentaux (Chine en Asie centrale, Turquie dans le Caucase du Sud) s'explique avant tout par la valeur qu'elle attribue aux partenariats avec ces acteurs dans la balance de ses intérêts géopolitiques.

Un multilatéralisme instrumental

Dans son action internationale, la Russie met en avant les bienfaits du multilatéralisme, le présentant souvent comme un vecteur privilégié de l'établissement de l'ordre mondial polycentrique plus juste (c'est-à-dire moins dominé par les puissances occidentales) qu'elle appelle de ses vœux. En réalité, son approche du multilatéralisme est très instrumentale, conditionnée par sa quête de puissance et sa soif de sécurité. Consciente des limites intrinsèques de sa puissance, elle entend les compenser en s'appuyant sur des forums internationaux qui lui permettent d'amplifier son autorité dans les affaires du monde et/ou de conforter sa sécurité.

Le Conseil de sécurité de l'ONU : gage de stature et de sécurité

L'ONU lui apporte en théorie les deux : son statut de puissance d'envergure globale y est consacré du fait de sa participation au club de grandes puissances très fermé que constitue le Conseil de sécurité, où elle dispose, comme les quatre autres membres permanents, d'un veto. Ce dernier la prémunit contre des interventions militaires ou des sanctions universelles, exerçant ainsi un effet protecteur face à la pression américaine. Le Conseil de sécurité, où elle fait souvent équipe avec la Chine pour contrer des initiatives des puissances occidentales, lui offre aussi un cadre idéal pour « rappeler » à ces dernières qu'il existe d'autres visions du monde que la leur. D'autres cadres multilatéraux, comme l'association des BRICS (Brésil, Russie, Inde, Chine, Afrique du Sud : États « émergents » revendiquant un rôle plus important dans la gouvernance internationale) ou l'Organisation de coopération de Shanghai (créée en 1996 par la Chine et la Russie afin de stabiliser l'Asie centrale postsoviétique, elle regroupe aujourd'hui, outre ces deux pays, le Kazakhstan, le Kirghizistan, l'Ouzbékistan et, depuis 2017, l'Inde et le Pakistan), portent cette approche, ainsi que son image de Grand de ce monde, indépendamment de leurs réalisations concrètes, souvent limitées (la seconde est aussi censée l'aider à canaliser la montée en puissance de la Chine en Asie centrale). Ces forums sont d'autant plus précieux dans la communication diplomatique russe qu'ils cassent l'idée d'un isolement international de la Russie après ses agissements en Ukraine.

Un multilatéralisme eurasiatique « à la russe »

Quant à la promotion d'organismes multilatéraux dans l'espace ex-soviétique, elle correspond à plusieurs objectifs clefs du Kremlin. Il s'agit de pallier l'échec d'autres structures d'intégration (comme la Communauté des États indépendants — CEI) dans l'ancienne URSS et ainsi d'affirmer son influence dans un espace dont on a souligné l'importance dans ses priorités stratégiques — ce en quoi l'aide le poids économique et militaire démesuré de la Russie au regard de celui des autres membres. Ces structures — UEE, OTSC — contribuent à contraindre les options internationales de ceux de ses voisins qui y participent. L'UEE doit aussi lui permettre d'avoir un « plus gros impact sur le système de gouvernance et commercial global dans lequel son empreinte est actuellement plutôt réduite », ce qui est d'ailleurs quelque peu paradoxal, l'UEE visant surtout à créer un espace économique régional protégé ; cela, et la volonté de diluer l'influence occidentale à l'échelle internationale expliquent le volontarisme déployé par Moscou pour établir des zones de libre-échange entre l'UEE et certains pays ainsi qu'une plus grande coordination entre l'UEE et d'autres organismes multilatéraux (tels que l'Association of South East Asian Nations — ASEAN —, l'OCS, l'Union africaine...) [Stronski et Sokolsky, 2020, p. 5-11].

Depuis le début des années 2010, le Kremlin a recherché, dans une politique de puissance internationale beaucoup plus affirmée, une manière de revigorer le soutien de la population au régime, celui-ci s'essoufflant après une décennie de relative concorde fondée sur une situation politique et économique plus lisible. Cette politique correspond également à la perception des autorités russes que l'environnement international est moins que jamais propice à la sécurité et à la réalisation des intérêts du pays, ce à quoi elles entendent répondre par une diplomatie très active relayée quand il le faut par une puissance militaire régénérée. Le dynamisme de sa politique étrangère lui a valu l'attention, voire le respect d'un certain nombre d'États et d'opinions publiques au-delà du monde occidental, montrant d'ailleurs que la posture de résistance à l'Occident est « monétisable ». Moscou a su mettre à profit l'effacement relatif des puissances occidentales, lié à un certain repli international des États-Unis, à la dilution du lien transatlantique et à la crise multiforme que traverse l'Union européenne, pour pousser ses intérêts et son image de grande puissance incontournable.

Les opportunités pourraient cependant se faire moins nombreuses si l'administration Biden rendait aux États-Unis un rôle plus classique dans les affaires du monde. Une telle évolution pourrait mettre en lumière le caractère relativement artificiel de l'actuelle importance internationale de la Russie, renvoyant à la faiblesse des fondements de sa puissance, qu'il s'agisse de son économie (présente dans les échanges mondiaux surtout grâce aux ressources de son sous-sol) ou de la profondeur de ses partenariats internationaux, qui s'inscrivent dans des cadres multilatéraux qui, souvent, produisent plus de symbolique que de réalisations concrètes majeures. De plus, la Russie, en articulant si fortement sa politique étrangère sur la confrontation avec le monde occidental, dont elle est convaincue qu'il n'a pas souhaité lui donner sa juste place dans les équilibres politiques et de sécurité mondiaux dans l'après-guerre froide, s'est sans doute privée de marges de manœuvre. C'est vrai, en particulier, de ses relations avec la Chine, désormais en position de force pour obtenir de son partenaire russe des avantages et des compromis sans avoir à beaucoup donner en retour. Dans le même temps, tout effort d'anticipation de l'action de la Russie sur la scène internationale devra éviter de s'arrêter à ses faiblesses que pallie en partie sa motivation à défendre son rang. Celle-ci l'amène à se montrer agile et audacieuse, de telle sorte qu'elle n'a certainement pas fini de surprendre la communauté internationale...

Repères bibliographiques

HILLMAN J. E. [2020], *China and Russia. Economic Unequals*, Washington, DC, Center for Strategic & International Studies.

KLEIN M. [2019], « Russia's military policy in the post-Soviet space. Aims, instruments and perspectives », *Research Paper*, Stiftung Wissenschaft und Politik.

OBAMA B. [2014], « *The Economist* interviews Barack Obama, the President on dealing with Russia », *The Economist*, 2 août.

RADVANYI J. et LARUELLE M. [2016], *La Russie. Entre peurs et défis*, Paris, Armand Colin.

SOKOLOFF G. [2009], *La Démesure russe. Mille ans d'histoire*, Paris, Fayard.

STENT A. [2019], *Putin's World. Russia against the West and with the Rest*, New York, Twelve.

STRONSKI P. et SOKOLSKY R. [2020], *Multipolarity in Practice : Understanding Russia's Engagement with Regional Institutions*, Washington, DC, Carnegie Endowment for International Peace.

WHITE HOUSE [2017], *National Security Strategy*, Washington, DC.

23 / États-Unis : entre triomphe et lassitude, quel avenir pour la puissance américaine ?

Laurence Nardon

Le début du XXIe siècle voit une restructuration de la société internationale autour du duopole américano-chinois. Côté États-Unis, cette évolution correspond à l'adoption d'un concept plus restreint de leur rôle et de leur responsabilité dans le monde. Cette volonté de repli, apparue à la fin de la décennie 2000, a été fortement accentuée sous la présidence Trump. Mais l'élection de Joe Biden n'entraînera sans doute pas un retour à l'interventionnisme moral de la guerre froide et de la décennie 1990.

L'avènement du *leadership* américain après 1945

À l'issue de la Seconde Guerre mondiale, les États-Unis se construisent contre ce qui émerge comme un ennemi idéologique clair : l'URSS. Dans la lignée de l'ambition wilsonienne, les États-Unis prennent la tête du « monde libre » et forgent un ordre international libéral et démocratique fondé sur un système d'arbitrage entre les États sous la forme d'institutions comme le Fonds monétaire international (FMI) et la Banque mondiale, créés par les accords de Bretton Woods en 1944, et l'Organisation des Nations unies (ONU), fondée en 1945. Dans un contexte de rivalité soviéto-américaine, les États-Unis consolident leur puissance grâce à leurs nombreux traités d'alliance et bases militaires, leur domination économique et leur influence culturelle et politique.

Une puissance militaire écrasante

Après 1945, la rivalité avec l'URSS pousse les États-Unis à développer leur puissance militaire dans le but de contenir la puissance russe, dans le cadre de la politique d'endiguement (*containment*) que le

Carte 1. **Le monde dans la guerre froide**

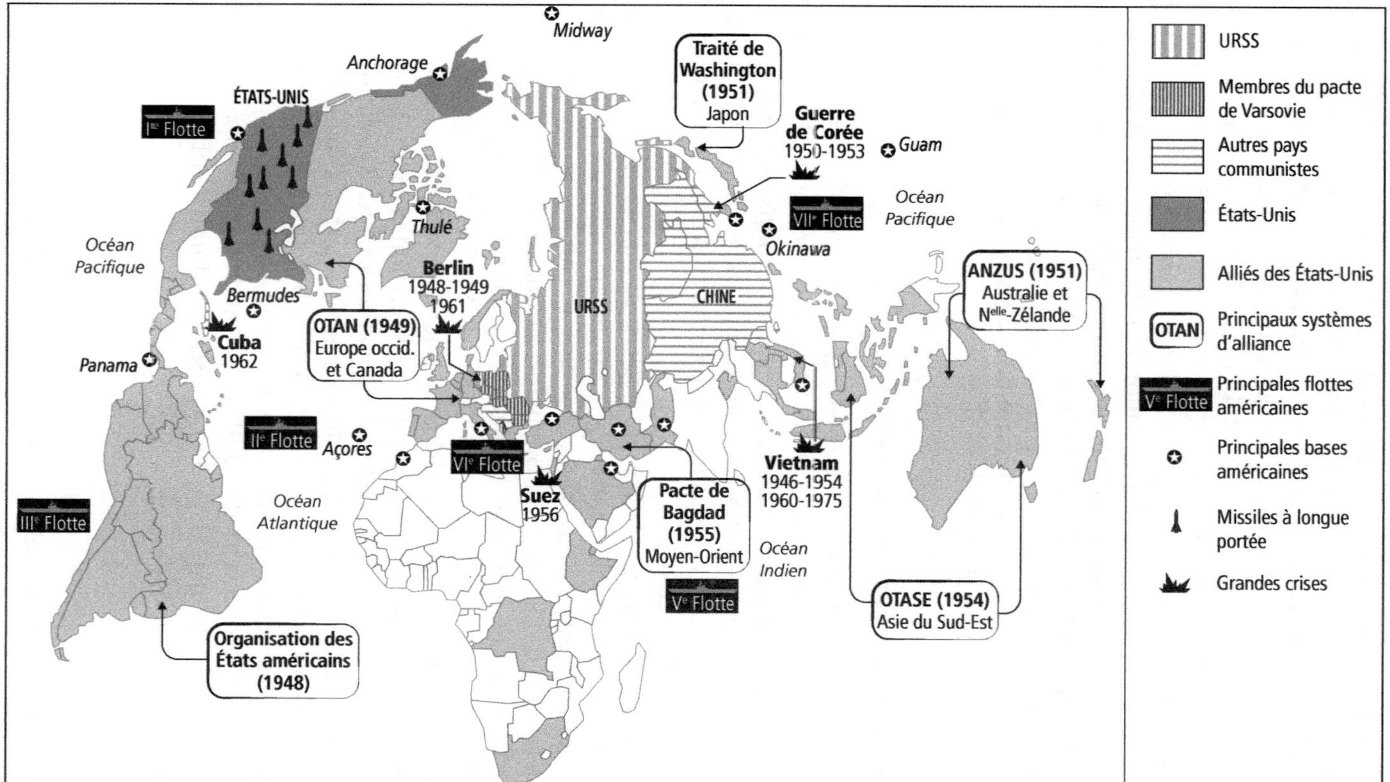

Source : d'après blog Histoire et Géographie Terminales d'E. Augris, novembre 2006.

diplomate américain George Kennan propose dès février 1946 dans un long télégramme. Le volet militaire de cette politique se traduit par la mise en place d'un réseau d'alliances politico-militaires : l'Organisation des États américains est créée en 1948, l'Organisation du traité de l'Atlantique nord (Otan) en 1949, l'*Australia, New Zealand, United States Security Treaty* (ANZUS) en 1951 et l'Organisation du traité de l'Asie du Sud-Est (OTASE) en 1954. Il comprend également le développement d'une force de projection globale permise par la création de bases militaires partout dans le monde (450 bases américaines dans 35 pays et 1 million de soldats américains déployés à l'étranger vers 1950) et un budget militaire en hausse constante (compris entre 5 % et 8 % du produit intérieur brut — PIB — américain en moyenne tous les ans, soit plus de 20 000 milliards de dollars — 2018 USD — dépensés entre 1945 et 1990).

Une hégémonie économique durable

Cette puissance militaire s'appuie sur une économie très forte : de 1950 à 1970, les États-Unis voient leur produit national brut (PNB) doubler. Les accords du *General Agreement on Tariffs and Trade* (GATT) de 1947, qui abaissent les barrières douanières et instaurent le libre-échange à l'échelle mondiale, permettent au commerce extérieur des États-Unis de s'envoler.

Cette économie solide permet également aux États-Unis d'exercer une influence globale contre le communisme, à la fois par des plans de soutien destinés aux alliés américains, comme le plan Marshall qui fournit à l'Europe 13,6 milliards de dollars de 1947 à 1952, et par la diffusion mondiale du modèle de l'*American way of life.*

À la suite des accords de Bretton Woods en 1944, le dollar américain est devenu la monnaie de référence pour les transactions internationales. Même après avoir suspendu la convertibilité du dollar en or, le 15 août 1971 (la convertibilité du dollar en or prend définitivement fin avec l'adoption du régime de changes flottants en mars 1973), les États-Unis maintiennent un « privilège exorbitant » dans le système financier mondial. En effet, beaucoup de pays ont dès lors choisi d'acheter massivement des dollars, permettant ainsi aux États-Unis de financer leur déficit et leur croissance simplement en émettant leur propre monnaie.

Une influence culturelle globale

Outre les atouts du *hard power,* la puissance américaine repose également sur son *soft power,* ou « puissance douce ». Défini par le politiste américain Joseph Nye [1990] comme l'« habileté à séduire et à attirer », le *soft power* est une composante essentielle de la capacité des États-Unis à convaincre le reste du monde de la supériorité de son modèle démocratique et capitaliste. Le *soft power* américain se diffuse grâce à des supports variés, déployés aussi bien par la puissance publique que par la société civile, avec des limites parfois très floues entre produits culturels d'entreprises privées et propagande financée par le gouvernement américain. Films hollywoodiens, revues, publicités, conférences (comme le Congrès pour la liberté de la culture de 1949-1950), programmes philanthropiques mettent en avant le modèle américain et contribuent à l'influence culturelle des États-Unis à l'étranger. Cette diplomatie publique et culturelle, défendant les valeurs libérales et démocratiques, s'inscrit pleinement dans le narratif de la guerre froide, fondé sur la lutte du Bien contre le Mal, qui légitime la superpuissance américaine.

Une puissance impérialiste ?

Moralisme, interventionnisme et multilatéralisme sont donc les maîtres-mots de l'action internationale des États-Unis après 1945. Qualifiées d'« Empire par invitation » pour leur rôle en Europe de l'Ouest [Lundestad, 1986], les interventions américaines en Amérique du Sud, en Asie et dans le Golfe relèvent cependant d'une forme d'interventionnisme plus brutale, que l'on a pu qualifier d'impérialisme. En effet, malgré une rhétorique moralisatrice de défense du monde libre et démocratique, les États-Unis ont, à de nombreuses reprises, soutenu des groupes et régimes non démocratiques par stratégie contre le communisme : appui et aide militaires fournis aux dictatures d'extrême droite en Amérique latine, comme celles d'Anastasio Somoza au Nicaragua ou d'Alfredo Stroessner au Paraguay. Les États-Unis appuient même parfois le renversement de régimes démocratiquement élus, comme en Iran en 1953, au Guatemala en 1954, au Chili au début des années 1970, en République dominicaine en 1965-1966 ou à la Grenade en 1983. Ces interventions, à l'instar des vingt ans de guerre du Vietnam, se révèlent coûteuses économiquement et politiquement pour la puissance américaine, qui risque la « surextension impériale » [Kennedy, 1987].

Dans les années 1970-1980, les États-Unis sont à la fois une superpuissance aux *soft* et *hard powers* inégalés, et un pays confronté à de nombreux défis (chocs pétroliers, chute du dollar, endettement, échec du Vietnam, révolution islamique en Iran, et invasion soviétique de l'Afghanistan). Certains — comme Henry Kissinger (conseiller à la Sécurité nationale [1969-1975] puis secrétaire d'État sous les présidents Nixon et Ford [1973-1977]) et Cyrus Vance (secrétaire d'État sous le président Carter [1977-1980]) — y voient même (à tort) le début d'une perte d'influence imminente et de l'avènement d'un monde multipolaire.

La décennie 1990 : le triomphe du modèle américain

Un nouvel ordre mondial unipolaire

Affaiblie par l'inefficacité de son économie et la chute des recettes pétrolières, l'URSS ne peut suivre face au défi technologique américain, porté notamment par l'Initiative de défense stratégique, le grand programme antimissile balistique des années 1980. Elle s'écroule en 1991.

Pour beaucoup, l'effondrement de l'URSS annonce un « moment unipolaire » où la puissance américaine domine globalement. Dans un article publié quelques mois avant la chute du mur de Berlin, un conseiller de l'administration Reagan, Francis Fukuyama [1992], annonce que la fin de la guerre froide et la victoire occidentale sont en fait la « fin de l'Histoire », le « point final de l'évolution idéologique de l'humanité ». Cette apologie du modèle américain prédit sa diffusion universelle, avec le triomphe du libéralisme économique et politique partout dans le monde et l'avènement d'une ère de paix. C'est décidément l'*hubris* qui caractérise la décennie 1990 à Washington.

Sous les présidences de George H. Bush (1989-1993) puis Bill Clinton (1993-2001), les États-Unis assument pleinement leur rôle de « gendarmes du monde » et de garants d'une *pax americana*. À la suite de l'invasion du Koweït par l'Irak de Saddam Hussein en août 1990, ils interviennent militairement sous l'égide de l'ONU (résolution 678 du Conseil de sécurité) au sein d'une coalition internationale basée en Arabie saoudite et composée des armées américaine, française, britannique et d'une vingtaine d'armées alliées. L'armée américaine intervient également à plusieurs reprises en soutien d'opérations des Nations unies : en Somalie en 1992-1993, en Haïti en 1994-1995, en Bosnie-Herzégovine en 1995 ou encore au Timor oriental en 1999. Au printemps 1999, les États-Unis bombardent la Yougoslavie dans le cadre d'une opération de l'Otan sans l'accord des Nations unies, bloquées par les vetos russe et chinois. Surtout, pendant toute la décennie 1990, la diplomatie américaine accompagne la transition postsoviétique en Europe centrale : réunification de l'Allemagne en octobre 1990, entrée de la quasi-totalité des pays européens de l'ancien pacte de Varsovie dans l'Otan (Allemagne de l'Est en octobre 1990, Hongrie, République tchèque et Pologne en 1999, groupe de Vilnius en 2004...).

Une « hyperpuissance » critiquée

La vision d'une *pax americana* universelle ne fait toutefois pas l'unanimité. Répondant à Francis Fukuyama, Samuel Huntington [1993] défend ainsi l'idée que la fin supposée des idéologies politiques, telles que le communisme, ne signifie pas la fin des conflits. Ceux-ci prendront seulement la forme d'un « choc des civilisations ». Très controversé, l'article de Huntington met en avant l'inévitable importance des facteurs culturels (religion, langue, tradition…) dans les conflits futurs et dénonce l'idée même de « civilisation universelle » comme fondamentalement occidentale.

Les États-Unis sont également accusés d'être devenus une « hyperpuissance », selon le néologisme forgé par le ministre des Affaires étrangères Hubert Védrine en 1998. Andrew Bacevich [2020] explique ainsi que le consensus politique qui domine depuis 1989 se caractérise par un libéralisme économique débridé, des interventions militaires inconsidérées et une morale individualiste excessive, imposés au monde par les États-Unis. Ces excès ont appauvri les classes moyennes et endommagé le contrat social américain, contribuant à la montée du populisme, aux États-Unis et ailleurs. Les failles de la puissance américaine, qu'auguraient déjà certains politologues [Pfaff, 1990], deviennent d'autant plus visibles avec le tournant de 2001.

Le tournant de l'année 2001

L'année 2001 marque la fin du triomphe américain post-guerre froide et annonce les deux principales menaces auxquelles vont désormais faire face les États-Unis.

Les guerres en Afghanistan et en Irak

La première menace relève des forces déstabilisatrices qui ébranlent le monde arabo-musulman et qui se traduisent par des frappes terroristes sur place et en Occident. Elle est tragiquement illustrée par les attaques terroristes du 11 Septembre sur le sol américain. Au matin du 11 septembre 2001, quatre avions de ligne sont détournés par des membres du groupe terroriste sunnite Al-Qaïda. Deux avions percutent les tours jumelles du World Trade Center, dans le quartier de Manhattan à New York, entraînant un écroulement spectaculaire. Un autre s'écrase sur le Pentagone, siège du ministère de la Défense américain situé dans la banlieue de Washington. Le dernier, probablement en route pour le Capitole, s'écrase dans la campagne à la suite de la mutinerie des passagers. Le bilan total est estimé à 2 977 victimes. Par l'importance des cibles choisies et les images choc qui en ont été tournées, cette attaque a sidéré le pays — et le monde entier —, mettant fin à l'image d'invulnérabilité de la superpuissance américaine.

Le président George W. Bush réagit en déclenchant une invasion de l'Afghanistan, où les groupes d'Al-Qaïda sont établis, dès octobre 2001 : c'est le début de l'opération *Enduring Freedom*. Un an et demi après, en mars 2003, George W. Bush lance une intervention militaire en Irak, pour détruire les armes de destruction massive irakiennes (en réalité inexistantes) et abolir la tyrannie de Saddam Hussein. Cette opération, sans mandat de l'ONU, est très controversée : si les États-Unis sont secondés notamment par les forces britanniques et australiennes, la France affiche une opposition résolue, ce qui déclenche un mouvement d'opinion antifrançais aux États-Unis. En Afghanistan comme en Irak, la suprématie militaire des États-Unis se révèle inopérante dans un conflit asymétrique et incapable d'établir un ordre politique stable et démocratique. Les États-Unis ont déployé plus de 2 millions de soldats-an (unité représentant un soldat déployé pour un an — *troop-year*) en Irak et en Afghanistan entre 2001 et 2011, et dépensé environ 4 000 milliards de dollars pour ces deux conflits, du début des opérations à 2019 (incluse). Trente années après la guerre du Vietnam, le bourbier de la « guerre contre le terrorisme » de George W. Bush discrédite l'agenda néoconservateur de promotion de la démocratie. L'attaque terroriste du 11 Septembre a bouleversé la relation des États-Unis avec le monde extérieur, bien au-delà du monde musulman, mêlant présence morale et rôle de gendarme, désir d'isolationnisme et volonté de vengeance.

La montée en puissance du rival chinois

2001 est aussi l'année de l'entrée de la République populaire de Chine (RPC) dans l'Organisation mondiale du commerce (OMC) créée en 1995. Cette admission va avoir un impact immense sur le commerce mondial et l'emploi des classes ouvrières occidentales, fragilisées par la délocalisation de nombreuses industries vers l'« atelier du monde ». En effet, la Chine se voit accorder de bénéficier de « relations commerciales normales permanentes » (*permanent normal trade relations*) au printemps 2000. Cette décision fait suite au rapprochement sino-américain et à la normalisation des relations diplomatiques, car la Chine bénéficiait déjà d'un statut de *normal trade relations* (NTR) renouvelé chaque année depuis 1980, accompagné du soutien de l'entrée de la Chine à l'OMC par les États-Unis. Ceux-ci ont rapidement vu leur déficit commercial avec ce pays augmenter fortement. Selon un rapport de l'Economic Policy Institute, ce déséquilibre a causé la perte de 3,7 millions d'emplois américains entre 2001 et 2018, dont

75,4 % relevaient de l'industrie manufacturière, touchant particulièrement les secteurs exposés aux exportations chinoises.

L'admission de la Chine à l'OMC marque l'entrée sur la scène internationale d'une puissance qui se révèle être également un « concurrent stratégique » des États-Unis sur les plans géopolitique, militaire et technologique. La stratégie d'affirmation internationale de la Chine représente ainsi un second type de défi pour la puissance américaine, celui de la coexistence avec une nouvelle rivale disposant d'un développement économique fulgurant et d'un modèle politique alternatif à la démocratie. Contrairement aux attentes américaines, la libéralisation économique chinoise n'a en effet pas mené à la libéralisation politique de la société. Après 2001, l'âge d'or de la puissance américaine semble terminé.

Obama et la « fatigue de l'empire »

La prise de conscience de la « surextension impériale » des États-Unis et la volonté de désengagement sont renforcées par la crise des *subprimes* de l'été 2007 et la crise bancaire et financière de l'été 2008. Ce choc mondial a particulièrement affecté les États-Unis : le marché boursier américain a perdu 8 000 milliards entre fin 2007 et octobre 2009, le taux de chômage a atteint 10 % en octobre 2009. Les plans de relance engagés par les autorités font atteindre un niveau record à la dette publique américaine : elle dépasse les 10 000 milliards de dollars en 2008.

Leading from behind

Élu en novembre 2008, Barack Obama incarne le retour du réalisme, voire du pragmatisme, dans la politique étrangère américaine. Il est en effet conscient des limites de ce que peuvent accomplir les interventions militaires américaines, dans un monde où les États ne sont plus les principaux acteurs des conflits et où la vigueur économique et l'innovation technologique sont des éléments de puissance presque plus importants que la force militaire. L'administration Obama choisit ainsi de déléguer plus de responsabilités sécuritaires à ses partenaires (notamment européens) afin de « partager le fardeau » [White House, 2015]. Lorsque les intérêts stratégiques et sécuritaires américains ne sont pas directement menacés, Barack Obama défend une doctrine de « *leadership* en retrait, en coulisse » (*leading from behind*), expression née à l'occasion de la crise libyenne de 2011.

Cette attitude se traduit par une défiance à s'engager dans de nouveaux conflits, une préférence pour les interventions ponctuelles des forces spéciales ou aériennes plutôt que pour le déploiement de troupes au sol, et des ambitions de reconstruction prodémocratique beaucoup plus modérées. L'intervention militaire américaine en Libye en 2011 en est un exemple : pas de soldats sur place, remplacés par un appui politique et militaire aux forces d'opposition à Mouammar Kadhafi, et pas d'ingérence dans le processus de transition et reconstruction. Le soutien américain aux vagues prodémocratiques des Printemps arabes en 2011 est également très mesuré et relativement tardif. De même en Syrie en 2013, Barack Obama fait figure de « guerrier réticent » lorsqu'il refuse d'intervenir immédiatement au lendemain de frappes chimiques du gouvernement de Bachar el-Assad sur la population, qui constituent une « ligne rouge » à ne pas franchir selon Barack Obama. Beaucoup d'observateurs étrangers, dont la France qui considérait l'intervention américaine comme justifiée cette fois-ci et se tenait prête à agir aux côtés de Washington, ont reproché à Barack Obama son excès de prudence.

Ces reproches illustrent le paradoxe devant lequel se trouvent les États-Unis au XXIe siècle : « Fustigés, après les attentats du 11 septembre 2001, pour leur hyperpuissance envahissante et unilatérale, ils se voient aujourd'hui critiqués pour leur impuissance et leur extrême prudence en matière de gestion de crises, voire leur inaction, en particulier au Moyen-Orient (Syrie) » [de Hoop Scheffer, 2013]. D'autant plus que, en parallèle de leur rhétorique non interventionniste et de leur rejet du rôle de « gendarmes du monde », les États-Unis continuent de mener une « guerre indirecte » et secrète au Moyen-Orient contre les groupes terroristes islamistes. Celle-ci se caractérise par l'usage de drones armés (540 frappes au total au cours des deux mandats du président Obama), le recours à des forces de substitution locales (soutien aérien aux milices shiites en Irak dans leur lutte contre l'État islamique, par exemple), l'expansion de la présence des forces spéciales américaines dans plus de soixante-quinze pays ou encore le recours à la cyberguerre [Krieg, 2016].

Le « pivot vers l'Asie »

L'investissement continu de Washington au Moyen-Orient freine en outre la réponse américaine à l'autre grande menace, la compétition stratégique avec la Chine, qui prend dès 2011 la forme d'un « pivot vers l'Asie ». Ce rééquilibrage vers l'Asie illustre bien l'approche du *smart power*, défendue par la secrétaire d'État Hillary Clinton lors de ses audiences devant le Sénat en 2009. Elle la définit comme le choix de la bonne combinaison d'instruments (diplomatiques, économiques, juridiques, militaires, politiques et culturels) pour chaque situation [Clinton, 2009]. Se détournant d'un usage jugé excessif du *hard power*, l'administration Obama tente ainsi d'utiliser une combinaison d'instruments propres au *hard power* et au *soft power*. En Asie-Pacifique, cette stratégie consiste à allier rééquilibrage militaire, manœuvres navales, partenariats stratégiques, diplomatie économique (avec le partenariat transpacifique) et diplomatie de haut niveau (sommets avec les dirigeants chinois et des pays de l'Association of South East Asian Nations — ASEAN —, groupes de travail sur des enjeux communs comme le climat, etc.). Les préoccupations géopolitiques liées au Moyen-Orient et les difficultés politiques et budgétaires auxquelles se heurte l'administration Obama à Washington (dont l'arrêt des activités du gouvernement fédéral d'octobre 2012) ont largement entravé le rééquilibrage vers l'Asie.

L'extraterritorialité du droit américain

La stratégie du *smart power* inclut une utilisation renforcée de l'arsenal juridique américain à portée extraterritoriale. Sous couvert de lutte contre la corruption dans les transactions commerciales internationales (*Foreign Corrupt Practices Act* de 1977), la fraude fiscale (*Foreign Account Tax Compliance Act* de 2010), le blanchiment d'argent et le financement du terrorisme (*Patriot Act* de 2001), Washington peut imposer la législation américaine aux entreprises étrangères, du moment qu'une partie de leurs transactions s'effectuent en dollars. L'autre pan de cet arsenal juridique se compose des embargos américains contre des pays ou personnes jugés hostiles aux États-Unis (Cuba, Russie, Iran, Corée du Nord...). Or les entreprises étrangères sont contraintes de respecter elles aussi ces embargos si elles ne veulent pas subir des mesures de rétorsion dites « sanctions secondaires ».

Conscient de la lassitude de l'opinion publique américaine quant aux opérations extérieures, Barack Obama redéfinit enfin la notion de puissance américaine sous l'angle de la santé économique. La stabilité de l'économie, la réduction du déficit public, la poursuite de l'excellence en termes d'innovation technologique, l'éducation ou l'énergie sont mises en avant comme les fondements de la puissance américaine, qu'il est nécessaire de renforcer. Barack Obama déclare même le 13 avril 2011 que « la menace la plus grave à la sécurité nationale des États-Unis est la dette américaine », qui atteint officiellement 100 % du PIB américain en 2013 (soit environ 16 738 milliards de dollars).

Trump et la remise en question de l'ordre international libéral

La politique étrangère du président Trump s'inscrit en partie dans la continuité de celle de son prédécesseur, mais elle porte le retrait américain à un nouveau niveau, prônant un nationalisme débridé, et remettant en question le multilatéralisme ainsi que les alliances traditionnelles des États-Unis.

Les écoles de la politique étrangère américaine, selon Mead

LAURENCE NADON

Walter Russell Mead [2002] a théorisé l'existence de quatre écoles de pensée de la politique étrangère américaine, incarnées respectivement par les présidents Thomas Jefferson, Andrew Jackson et Woodrow Wilson, et par le secrétaire au Trésor Alexander Hamilton.

Selon Mead, Hamilton (1757-1804), réaliste avant l'heure, n'a pas de choix arrêté en ce qui concerne les principes de libre-échange et de protectionnisme : il faut choisir ce qui avantage le pays en fonction des circonstances...

Thomas Jefferson (1743-1826) et ses héritiers ont une préférence pour une politique étrangère qui émane du Congrès (plutôt que de l'exécutif, qui doit être restreint) et cherchent avant tout à défendre la démocratie américaine.

Andrew Jackson (1829-1837) propose un nationalisme de repli (*America first !*) qui se veut non interventionniste, sauf lorsque les intérêts des citoyens américains sont directement en cause.

L'école héritée de Woodrow Wilson (1856-1924) se caractérise par la volonté de créer un ordre international libéral fondé sur des principes pensés comme universels : la démocratie et les droits de l'homme.

Une vision nationaliste et mercantile

La vision de Donald Trump correspond aux positionnements dits « jacksoniens » et « hamiltoniens ». Dans une vision nationaliste, Donald Trump dénonce les alliances qui coûtent cher aux États-Unis et bénéficient selon lui surtout aux autres pays, tout en érigeant au rang de priorité la lutte contre Daech, responsable de plusieurs attentats meurtriers dans le pays. En mettant les questions commerciales au centre de la politique étrangère américaine, Donald Trump incorpore également un élément « hamiltonien » dans sa politique étrangère. Il semble ainsi revenir à la théorie du mercantilisme, dominante du temps d'Alexander Hamilton, dans laquelle la priorité pour un pays est d'exporter au maximum en important au minimum car le commerce n'est jamais gagnant-gagnant. Ainsi, lorsque Donald Trump annonce vouloir renégocier les grands accords commerciaux (Accord de libre-échange nord-américain — Alena — et Accord de libre-échange avec la Corée du Sud) afin d'obtenir un meilleur accord, lorsqu'il dénonce le manque de réciprocité dans les échanges avec la Chine, il se situe dans cette tradition, confirmant sa vision des échanges entre acteurs internationaux comme autant de jeux à somme nulle.

Le refus du multilatéralisme

Le président Trump reprend la vision du monde à l'état de nature telle que développée par Thomas Hobbes. Il conçoit en effet le monde non comme une « communauté » mais comme une « arène dans laquelle les nations, les acteurs non gouvernementaux et les entreprises sont en contact et en compétition pour l'emporter » [McMaster et Cohn, 2017]. Cette vision, reprise lors du discours de Donald Trump à l'Assemblée générale des Nations unies en 2017, prend à rebours le principe d'une organisation raisonnée des relations internationales, d'un « ordre international libéral » tel que mis en place par les Alliés au lendemain de la Seconde Guerre mondiale afin d'empêcher que la seule loi du plus fort règne entre les États.

Cette conception du monde se traduit par une remise en cause explicite du multilatéralisme et un travail de sape des instances internationales. L'administration Trump a ainsi vivement critiqué certaines enceintes des Nations unies, en a même quitté certaines (United Nations Educational, Scientific and Cultural Organization — Unesco — et Conseil des droits de l'homme), et a officiellement annoncé en juillet 2020 vouloir quitter l'Organisation mondiale de la santé (OMS). Par sa préférence marquée pour les accords bilatéraux et les « guerres commerciales » qu'elle a imposés en dehors de tout mécanisme de l'OMC, l'administration Trump fragilise également la gouvernance internationale du commerce. Enfin, sa sortie unilatérale des traités internationaux (accord de Paris, accord sur le nucléaire iranien) porte un coup non seulement à la crédibilité de la parole américaine, mais aussi à celle de toute la communauté internationale.

À partir du printemps 2020, les États-Unis se sont cependant réengagés dans plusieurs institutions chargées des questions économiques et commerciales, proposant des candidats à la direction de l'OMC, de l'Organisation de coopération et de développement économiques (OCDE) ou de la Banque interaméricaine de développement, et nommant un diplomate chargé spécifiquement d'entraver l'avancée des candidats chinois dans les agences de l'ONU. Il ne s'agit toutefois pas d'un changement d'appréciation mais de méthode, la politique de la chaise vide ayant profité à la Chine.

Une politique étrangère sans boussole morale

L'administration Trump rejette donc d'un bloc le rôle de défenseur des valeurs démocratiques et libérales et de « gendarme du monde ». Les questions liées aux droits de l'homme et à la promotion de la démocratie sont délaissées — tant dans les négociations qu'en termes de budget. Les alliances militaires traditionnelles sont considérées comme coûteuses et inutiles. Le président Trump érige en argument de campagne le fait de n'avoir entraîné les États-Unis dans aucun nouveau conflit pendant les quatre ans de son mandat (2017-2020). La réaction du gouvernement américain face à la pandémie est un autre exemple de ce renoncement au *leadership* tout à fait assumé : contrairement à ce qui se serait probablement passé à d'autres époques, Washington n'a pas cherché à mobiliser ni organiser la communauté internationale face à l'épidémie de Covid-19, que ce soit en coordonnant les fermetures de frontières ou dans la recherche d'un vaccin.

Si les États-Unis s'étaient certes déjà détournés de l'interventionnisme néoconservateur depuis plusieurs années, le mandat de Donald Trump marque bien une rupture dans la conception du rôle des États-Unis. Même si le *soft power* américain reste dominant, au travers des films et séries qui transitent désormais par les plateformes de *streaming*, ou par l'importation des débats sociaux et intellectuels liés aux mouvements #MeToo ou Black Lives Matter, le *leadership* moral des États-Unis est abîmé. Ces derniers n'apparaissent plus comme un partenaire fiable sur la scène internationale et, par là, c'est tout le système de gouvernance dont ils s'étaient fait les champions qui est fragilisé. Le modèle démocratique américain a également perdu de son attrait, d'une part car l'élection de Donald Trump a mis en évidence ses dysfonctionnements, et d'autre part à cause de la montée en puissance mondiale de systèmes non démocratiques (régulièrement loués par Donald Trump lui-même).

Reste à voir si la nouvelle administration Biden saura remettre en œuvre un *leadership* américain, et sous quelle forme, à partir de janvier 2021.

Sur les premiers mois de sa présidence, la politique étrangère de Joe Biden tranche avec celle de son prédécesseur : retour d'une pratique diplomatique constructive et du multilatéralisme, volonté de redonner à l'Amérique le rôle d'un modèle moral dans le monde. Il est cependant bien trop tôt pour savoir si cette attitude volontariste va pouvoir rendre ses couleurs à la puissance américaine. Les courants radicaux du Parti démocrate comme du Parti républicain sont en effet durablement favorables à une présence américaine diminuée dans le monde. L'élément décisif sera plutôt la confrontation avec la Chine, qui va être structurante dans les décennies à venir, et pourrait ramener les États-Unis vers un rôle de *leadership* mondial assumé.

Repères bibliographiques

Bacevich A. [2020], *The Age of Illusions*, New York, Metropolitan Books.
Clinton H. [2009], *Transcript of Confirmation Hearing*, Washington DC.
Fukuyama F. [1992], *La Fin de l'histoire et le dernier homme*, Paris, Flammarion.
Golberg J. [2016], « The Obama doctrine », *The Atlantic*, avril.

Haass R. [2014], *Foreign Policy Begins at Home. The Case for Putting America's House in Order*, New York, Basic Books.

Hoop Scheffer A. de [2013], « Les États-Unis, une puissance en crise d'adaptation », *CERISCOPE Puissance*.

Huntington S. [1993], « The clash of civilizations ? » *Foreign Affairs*, été.

Kennedy P. [1987], *The Rise and Fall of the Great Powers. Economic Change and Military Conflict from 1500 to 2000*, New York, Random House.

Krieg A. [2016], « Externalizing the burden of war : the Obama doctrine and US foreign policy in the Middle East », *International Affairs*, vol. 91, n° 2, p. 97-113.

Lundestad G. [1986], « Empire by invitation ? The United States and Western Europe, 1945-1952 », *Journal of Peace Research*, vol. 23, n° 3, p. 263-277.

McMaster H. R. et Cohn G. [2017], « America first doesn't mean America alone », *Wall Street Journal*, 30 mai.

Mead W. R. [2002], *Special Providence. American Foreign Policy and How It Changed the World*, New York, Routledge.

Nye J. [1990], *Le Leadership américain. Quand les règles du jeu changent*, Nancy, PUN, 1992.

Pfaff W. [1990], « Redefining world power », *Foreign Affairs*, vol. 70, n° 1.

White House [2015], *National Security Strategy*, Washington, DC.

24 / Amérique latine : continent sous influence

Hervé Théry

Depuis sa « découverte » par des navigateurs espagnols et portugais, l'Amérique latine a toujours été soumise à des influences externes, et la façon même dont elle est nommée le dit puisque sa désignation lui a été donnée par référence à des ensembles culturels extérieurs (voir encadré *infra*). Il faut donc commencer par mesurer les effets de cinq siècles de dépendance (dont trois comme colonies des pays ibériques, puis comme « arrière-cour » des États-Unis), avant de voir ceux qu'a eus sur le continent une mondialisation plus subie que voulue et qui, dans la période la plus récente, se centre de plus en plus sur des relations difficiles avec la Chine. Mais le continent est loin d'être homogène et il faudra ensuite examiner les situations différentes des pays selon qu'ils sont grands ou petits, plus ou moins bien dotés en ressources naturelles et humaines, et qu'ils ont des trajectoires de développement, de stagnation ou de déclin. Il en résulte une modification des rapports de voisinage entre eux et des évolutions politiques spectaculairement opposées, qu'on ne peut résumer en « basculements » à droite ou à gauche. Tout cela influe de façon parfois contradictoire sur le positionnement du continent dans les logiques de coopération, les organisations multilatérales et les grandes problématiques des relations internationales.

Amérique latine ?

HERVÉ THÉRY

L'expression « Amérique latine », opposant une Amérique catholique et latine à une Amérique anglo-saxonne et protestante, a certes été utilisée pour la première fois par le poète colombien José Maria Torres Caicedo en 1856 et le socialiste chilien Francisco Bilbao, mais tous deux étaient très proches du philosophe français Félicité de La Mennais et marqués par ses idées [Saint-Geours, 2007 ; Bilbao, 1998]. Elle a été reprise par l'entourage de Napoléon III et, en 1861, c'est au nom de la défense de ces pays « latins », comme la France, et du concept de « panlatinité » que l'empereur a envoyé une expédition du Mexique pour promouvoir les ambitions françaises.

Les Espagnols, quant à eux, ont toujours préféré les expressions *Hispanoamérica* ou *Iberoamérica* pour désigner cette partie du monde, et ont fait du 12 octobre (le jour de la commémoration de l'arrivée de Christophe Colomb en Amérique, en 1492) le *Dia de la Hispanidad*, voire *Dia de la Raza* (« Jour de la race »). Cette dénomination avait été créée en 1913 par l'ex-ministre Faustino Rodriguez-San Pedro en tant que président de l'Union ibéro-américaine : la date marquait pour lui la naissance d'une nouvelle identité, produit de la rencontre et de la fusion des peuples originaires du continent américain et des colonisateurs espagnols. Sa célébration a commencé en Argentine en 1917, pour réaffirmer l'identité hispano-américaine face aux États-Unis et à la doctrine Monroe, et a ensuite été instituée comme fête nationale dans plusieurs pays d'Amérique hispanique. Cela provoque régulièrement les protestations des communautés indigènes et de leurs défenseurs et, le 12 octobre 2000, des manifestations dénonçant cette célébration ont lieu en Colombie, au Chili et en Bolivie.

Les Brésiliens ne s'y reconnaissent évidemment pas et semblent surpris quand on leur rappelle qu'ils font partie de l'Amérique latine ; ils ont tendance à utiliser l'expression pour parler des autres pays du continent latino-américain, de la même manière que les Britanniques parlaient déjà de l'Europe avant le Brexit, avec — pour le moins — une certaine distance. Et nombre d'entre eux considèrent que leur environnement géopolitique réel est l'Amérique du Sud, où le *leadership* du Brésil est de plus en plus fort, et plus du tout l'Amérique latine puisque le Mexique et l'Amérique centrale sont, selon eux, passés totalement dans l'orbite des États-Unis.

Cinq siècles de dépendance

Des colonies ibériques pendant trois siècles

L'Amérique latine a été, du tout début du XVIe siècle jusqu'au début du XIXe siècle, colonisée par l'Espagne et le Portugal, et secondairement par d'autres pays européens. Cette longue intimité avec l'Europe et le fait que la majeure partie de sa population était composée de migrants venus du même continent (dominant les survivants des peuples amérindiens et les esclaves africains amenés de force pour travailler dans les plantations et mines) l'ont profondément marquée.

On a pu qualifier l'Amérique latine, par référence et opposition à l'Extrême-Orient, d'« Extrême-Occident » [Rouquié, 1987], tant les héritages culturels européens y sont présents, pour le meilleur et pour le pire.

Aujourd'hui encore, l'Amérique latine fait partie de l'ensemble culturel occidental, à tous points de vue, par ses deux langues principales (espagnol et portugais), ses religions dominantes (catholique et protestante), par le droit qui s'y applique (issu de l'héritage romain et du code Napoléon) et aussi par l'orientation de ses flux économiques. Culture et affaires sont d'ailleurs liées, les entrepreneurs qui ont choisi de s'y installer confient que l'on peut y travailler en confiance, malgré les difficultés de toutes sortes qu'on peut y rencontrer (dont la bureaucratie tatillonne héritée des Espagnols et des Portugais), parce que l'on se comprend entre gens issus du même monde culturel. Ne serait-ce que parce que la parole donnée, le contrat signé y ont une valeur qu'ils n'ont pas toujours en Inde ou en Chine.

L'arrière-cour des États-Unis

L'influence européenne y a pourtant beaucoup diminué après la Première Guerre mondiale, dont le coût a obligé les belligérants à liquider une grande partie de leurs investissements sur ce continent, où ils ont été remplacés par les véritables vainqueurs de la guerre : les États-Unis. Depuis la déclaration du président James Monroe, ceux-ci prétendaient exclure les Européens des affaires américaines à leur profit, mais n'en avaient guère les moyens jusqu'à la fin du XIXe siècle. La guerre hispano-américaine de 1898, à l'issue de laquelle ils avaient définitivement exclu l'Espagne de la région (en s'emparant des restes de son empire, et notamment de Cuba), avait déjà marqué leur montée en puissance, qui est ensuite allée en s'affirmant tout au long du XXe siècle. Elle a atteint son apogée du temps de la guerre froide, qui a bien failli devenir une guerre ouverte lors de la crise des missiles de Cuba (1962), à l'issue de laquelle le *leadership* des États-Unis dans les Caraïbes et toute l'Amérique latine n'a plus été discuté. La peur de voir d'autres pays du continent suivre l'exemple cubain les a même incités à doubler leur domination économique et militaire par des actions sociales destinées à éviter que les très grandes inégalités qui les marquaient ne débouchent sur des révolutions.

Les États-Unis ont trouvé des relais complaisants dans la plupart des pays du continent, notamment au Brésil grâce aux doctrines géopolitiques professées par le général Golbery do Couto e Silva, longtemps l'éminence grise du régime militaire qu'a connu le pays entre 1964 et 1985. Selon lui, le « destin manifeste » du Brésil était de contrôler tout le continent en échange d'un appui inconditionnel à la politique extérieure des États-Unis et de l'ouverture de l'économie à leurs capitaux. En matière de géopolitique régionale, ses écrits des années 1950 soulignaient déjà l'importance stratégique de la région de Santa Cruz et du bassin de la Plata, une « aire de jonction » qui devait être contrôlée pour asseoir la domination brésilienne sur le cœur du continent.

L'influence des États-Unis en Amérique latine est aujourd'hui moins évidente, en partie parce qu'elle a atteint un niveau de développement qui l'en protège en partie et aussi parce que, pour eux, elle a perdu de son intérêt stratégique (ils n'avaient guère de rivaux avant que la Chine ne s'y intéresse) ; ils se préoccupent désormais davantage de l'Asie. L'Amérique latine est loin, elle pèse peu dans le commerce extérieur nord-américain, et même des responsables de haut niveau la connaissent mal : d'après les Brésiliens, beaucoup d'Américains pensent que la capitale de leur pays est Buenos Aires et — symbole de leur ignorance ou de leur méfiance envers le pays — il y a quelques années encore un avion gros-porteur se posait chaque semaine sur l'aéroport de Brasilia pour apporter à l'ambassade américaine nourritures et boissons, y compris de l'eau minérale, comme si cette ville était située dans une jungle malsaine. On dit même que, de retour d'une tournée en Colombie, au Pérou et en Bolivie en 1990, le vice-président Dan Quayle aurait dit : « J'étais récemment en Amérique latine et mon seul regret est de ne pas avoir suffisamment bien appris le latin à l'école pour communiquer avec eux. »

L'arrivée au pouvoir de Donald Trump n'a pas sensiblement changé les choses : tout occupé qu'il était à ses querelles avec la Chine, il a montré encore moins de considération pour l'Amérique latine que pour l'Europe. Il ne s'en est guère préoccupé, malgré l'admiration qu'il a suscitée chez certains dirigeants latino-américains, notamment le président brésilien Jair Bolsonaro, qui s'est totalement aligné sur ses positions et a repris ses méthodes peu orthodoxes de gouvernance et de communication.

Une mondialisation subie

L'Amérique latine s'est donc trouvée prise dans les conflits interzones et leurs ramifications internationales, notamment dans les conflits portant sur le contrôle des ressources, dont elle est relativement bien pourvue dans les domaines agricole et minier. Elle n'a pas été partie prenante de ceux qui concernent la piraterie, laquelle n'a pas affecté — pour le moment du moins — les routes maritimes sur lesquelles elle se situe, ni la prolifération nucléaire, les pays qui la composent n'ayant pas acquis la maîtrise de l'énergie atomique et ayant renoncé solennellement aux armes nucléaires.

Elle est en revanche en première ligne dans les tensions liées au trafic de drogue (puisque la coca est pour l'essentiel produite dans les paysans andins) et dans celles qui concernent le contrôle des migrations, un des principaux courants mondiaux étant celui qui amène des migrants venus d'Amérique centrale et d'Amérique du Sud à tenter de pénétrer aux États-Unis. Dans ces deux cas, des antagonismes opposent l'Amérique latine aux États-Unis ; mais, plus récemment, de nouvelles tensions sont apparues avec la relation problématique à la puissance chinoise, ses manifestations et les réactions qu'elle engendre.

C'est notamment le cas au Brésil, où monte depuis quelques années la crainte que le pays ne soit en voie de « commoditisation ». Ce néologisme a été inventé pour souligner que la part dans ses exportations des minerais et denrées agricoles (*commodities* en anglais) serait en train d'augmenter excessivement, au détriment des exportations industrielles. Cette appréhension n'était pas fondée jusqu'aux années 2000 car, si la proportion des produits de base dans l'exportation augmentait régulièrement, c'était principalement en raison de l'expansion des ventes de minerai de fer et de soja à la Chine, ainsi que grâce au succès mondial des ventes de viande, sucre et café. Mais celles de véhicules, machines, produits sidérurgiques et machines électriques ne faiblissaient pas, c'était donc seulement la proportion des biens manufacturés qui diminuait, pas leur volume réel.

Sergio Amaral [2011], président de la chambre de commerce Brésil-Chine, affirmait déjà au début des années 2010 : « L'émergence économique de la Chine est une réalité et le signe le plus fort que nous nous dirigeons vers un nouveau monde, que beaucoup appellent déjà post-occidental. » Et il indiquait : « Pour nous, la Chine est à la fois une opportunité et une menace. En 2010, ce pays était le principal marché des exportations brésiliennes et le principal investisseur au Brésil. Les exportations ont atteint 30 milliards de dollars, tandis que les importations ont atteint 26 milliards de dollars. » Il craignait cependant le déséquilibre qualitatif des échanges : « En 2009, les produits de base représentaient 77 % des exportations. Du côté chinois, au contraire, plus de 95 % des exportations étaient des biens industrialisés, qui incorporent plus de valeur, créent plus d'emplois et de meilleurs salaires. »

On peut y voir une manifestation claire d'attitude néocoloniale, car la Chine a ouvertement indiqué au Brésil que, pour elle, il était avant tout une source de matières premières, notamment de soja et de fer, mais qu'elle souhaitait acheter l'un sous forme de graines entières et l'autre de minerai brut, et non laisser le Brésil y incorporer de la valeur ajoutée en lui vendant des profilés d'acier ou de la viande (de volailles et de porc). Malgré l'autorisation donnée à quelques abattoirs brésiliens d'exporter de la viande de porc vers la Chine, le bras de fer avec l'Empire du Milieu continue et s'étend à d'autres secteurs.

Selon Lucas Coutinho [2019], « en cinq ans, les Chinois sont devenus les principaux agents non gouvernementaux du secteur électrique brésilien [...]. Le Brésil figure parmi les pays qui ont reçu le plus d'entrées de capitaux chinois [...] avec 64 milliards de dollars [dont] 24 milliards de dollars (38 %) ont été affectés au secteur de l'électricité, principalement par State Grid, China Three Gorges et State Power Investment ». Il ajoute : « Charles Tang, président de la chambre de commerce Brésil-Chine, a déclaré en 2018 qu'au moins six autres grandes entreprises électriques chinoises envisageaient de faire des affaires dans le pays, et que le secteur de l'énergie y reste le principal intérêt chinois. »

Poids et courbes

On ne retrouve pas ce même intérêt pour d'autres pays d'Amérique latine, le Brésil étant le géant d'un continent dont il faut se souvenir qu'il est composé de pays de poids très inégaux et qui ont connu ces dernières décennies des évolutions très différentes.

Des dotations inégales

Le tableau 1 (portant sur les pays de plus de 10 millions d'habitants) permet de rappeler qu'il existe de très grandes différences entre les pays du continent : il donne les principaux indicateurs permettant d'apprécier le poids du pays (population, superficie, produit intérieur brut — PIB — global et par tête, et indice de développement humain — IDH), à la fois en valeur absolue et par un indice égal à 100, représentant la performance du pays qui l'emporte dans le domaine en question et décroissant pour les autres à proportion de leurs performances respectives : la prédominance du Brésil est évidente pour les trois premiers mais beaucoup moins pour les deux derniers, où des pays plus petits font bien mieux que lui (l'indice 100 pour le PIB par tête étant détenu par les Bahamas et celui de l'IDH par le Chili).

Une synthèse cartographique

La carte 1 montre de façon synthétique ces différences statistiques qui révèlent une très grande disparité des concentrations de

Tableau 1. **Poids relatif des principaux pays**

Pays	Population*	*Indice*	Superficie**	*Indice*	PIB***	*Indice*	PIB/tête****	*Indice*	IDH	*Indice*
Brésil	210 302	*100*	8 516	*100*	1 840	*100*	11 122	*40*	0,761	*90*
Mexique	127 318	*61*	1 964	*23*	1 200	*65*	10 276	*37*	0,767	*91*
Colombie	49 892	*24*	1 142	*13*	324	*18*	7 843	*29*	0,761	*90*
Argentine	45 377	*22*	2 780	*33*	450	*24*	9 729	*35*	0,830	*98*
Pérou	32 131	*15*	1 285	*15*	227	*12*	6 487	*24*	0,759	*90*
Venezuela	31 828	*15*	916	*11*	482	*26*	14 025	*51*	0,726	*86*
Chili	19 107	*9*	757	*9*	282	*15*	15 092	*55*	0,847	*100*
Guatemala	18 066	*9*	109	*1*	85,3	*5*	3 413	*12*	0,651	*77*
Équateur	16 803	*8*	256	*3*	107	*6*	5 097	*19*	0,758	*89*
Bolivie	11 524	*5*	1 099	*13*	40,9	*2*	2 580	*9*	0,703	*83*
Cuba	11 281	*5*	110	*1*	100	*5*	6 817	*25*	0,778	*92*
Haïti	10 800	*5*	28	*0,3*	8,5	*0,5*	754	*3*	0,503	*59*
Rép. dominicaine	10 266	*5*	48	*1*	88,9	*5*	8 005	*29*	0,745	*88*

* Milliers d'habitants.
** 1 000 km^2.
*** Milliards de dollars US.
**** Dollars US.

Carte 1. **Lignes de force du continent**

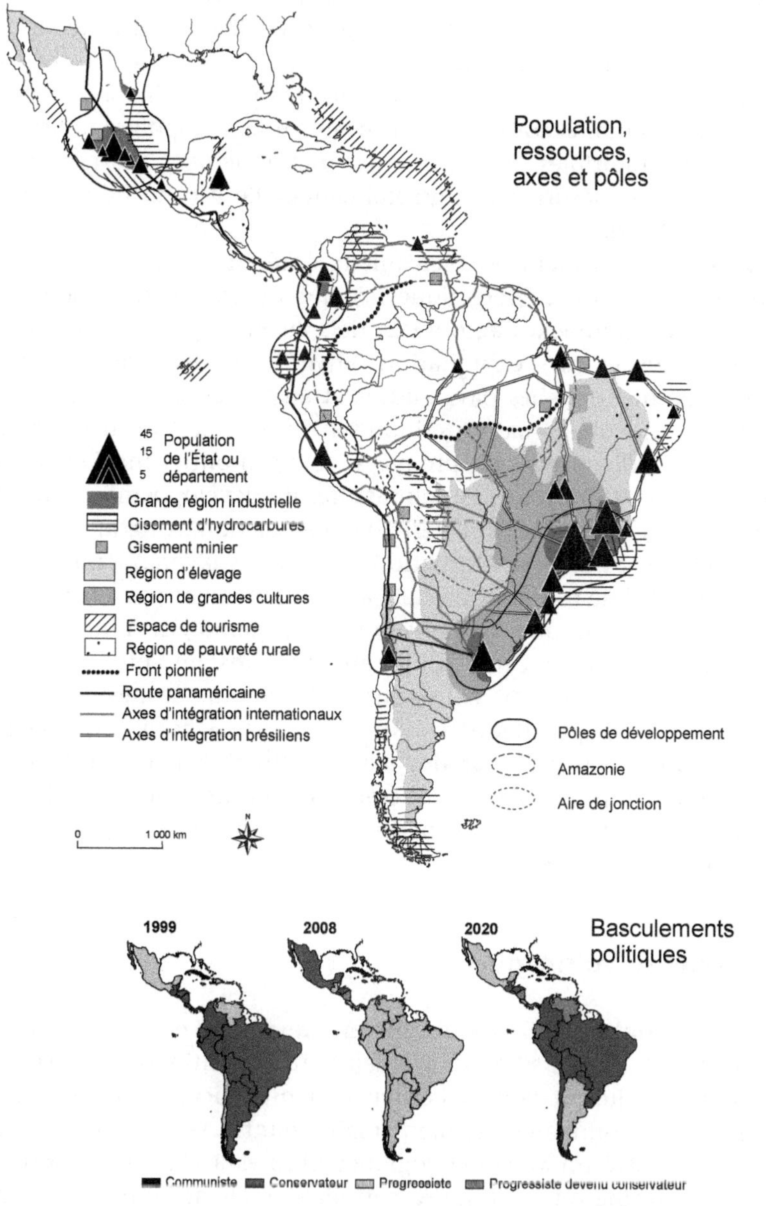

Source : © Hervé Théry, 2021, d'après Xavier Martin.
Fonds de carte cartothèque Sciences Po. Licence CC BY 4.0.

population et des dotations en ressources. L'Amérique latine est un des continents les plus urbanisés, et une partie très importante de sa population se concentre dans de grandes métropoles, notamment dans la mégalopole qui s'est développée de Belo Horizonte jusqu'à Santiago du Chili, et qui se compare aujourd'hui à ses équivalents nord-américains, européens ou japonais. Les pays andins n'ont pas la même intégration et sont chacun centrés sur leurs capitales nationales, uniques ou multiples, tandis que le fonctionnement des métropoles mexicaines est désormais indissolublement lié à celui de son grand voisin du Nord.

Le sud du continent est bien mieux doté en ressources naturelles, agricoles, minières et énergétiques, ce qui a permis le développement de puissants complexes agro-industriels au Brésil et en Argentine, et de pôles centrés sur l'exploitation d'hydrocarbures dans ces mêmes pays, ainsi que dans les pays andins et au Venezuela. Ce dernier est pourtant dans une situation critique, bien qu'il soit un des premiers pays au monde en réserves prouvées, ce qui montre une fois de plus que celles-ci ne suffisent pas pour assurer un développement équilibré et peut même se révéler une véritable malédiction. Amérique centrale et Caraïbes sont dans une situation bien moins favorable que le cône sud et le Brésil, le tourisme ne suffisant certainement pas à leur assurer une base économique stable, comme en témoigne l'immigration massive vers les États-Unis, qui les affaiblit constamment. Il est enfin à noter que le cœur du continent voit toujours se développer des fronts pionniers qui attaquent l'Amazonie sur ses bordures, et celle-ci est désormais traversée par des axes de circulation et d'intégration continentale qui la replacent au cœur du continent alors qu'elle était jusque-là plutôt à l'extrême périphérie de chacun des pays qui en possèdent une partie.

Un nouveau voisinage

Ces rencontres qui s'esquissent en Amazonie ne sont qu'un cas particulier de ce qui se produit ailleurs sur le continent : les pays qui se tournaient jusque-là le dos et regardaient, chacun pour soi, vers les pays qui les dominaient tendent maintenant à se découvrir voisins. Certes, il existe toujours des logiques propres à chacun, expressions du nationalisme ou de la fierté nationale, mais des processus d'intégration sont à l'œuvre, institutionnels, comme le Mercosur (Mercosul en portugais), ou se passant de toute institutionnalisation, comme l'influence croissante du Brésil sur les pays voisins.

Les relations avec leurs *hermanos* (« frères » en espagnol), mot que les Brésiliens utilisent pour désigner — parfois un peu ironiquement — leurs voisins hispanophones, ont changé depuis les années 1990. En témoigne, par exemple, la floraison de cours d'espagnol dans les écoles (privées) de langue, qui ont relégué le français au rang de troisième langue étrangère.

À l'époque coloniale et depuis son indépendance, en 1822, les poussées pionnières du Brésil avaient porté sa volonté de conquête au-delà de ses frontières et, jusqu'au début du XXe siècle, ses diplomates ont toujours réussi à faire reconnaître le fait accompli. Le mouvement se poursuit aujourd'hui, sans volonté d'expansion territoriale, mais avec d'autres moyens et sur une autre échelle, et le poids économique que le pays a atteint depuis trente ans offre de nouveaux moyens de pression. L'influence brésilienne s'accroît nettement, tant sur le plan diplomatique que sur celui des relations économiques. Le Brésil a besoin de matières premières et de marchés : intéressé par le pétrole vénézuélien, équatorien et péruvien, le charbon colombien, le cuivre chilien, il les paie avec ses ventes de véhicules, d'électroménager, de produits agro-industriels que l'on trouve désormais sur tout le continent.

Depuis les années 1980, les concepts et politiques du Brésil à l'égard de l'Amérique du Sud sont donc passés d'un cadre stratégique clairement axé sur l'exercice de l'hégémonie et la concurrence avec les pays voisins (en particulier l'Argentine) à un autre fondé sur les concepts et pratiques de la coopération régionale. C'est un changement profond qui exprime le passage de situations de conflits potentiels et de rivalités à un processus d'intégration dans les domaines de l'économie, de la politique, des infrastructures, de la sécurité et de la défense. Mais il suscite parfois des craintes chez ses voisins : un ministre péruvien en visite confiait ainsi à un journaliste qu'il admirait le Brésil mais qu'il se sentait avec lui comme une souris qui dort dans le même lit qu'un éléphant ; même lorsque les relations sont bonnes, si la grosse bête bouge dans son sommeil, les conséquences peuvent être fatales.

Ce ne sont pourtant pas ces tendances de fond à l'intégration qui retiennent en général l'attention des médias et de l'opinion publique à l'extérieur de l'Amérique latine, où elle tend à se focaliser sur des évolutions politiques qui sont mal comprises quand on essaie de les faire entrer dans les catégories d'analyse qui nous sont familières, mais qui ne fonctionnent pas vraiment sur ce continent.

À gauche toute, à droite toute ?

À en croire les médias, depuis le début de ce siècle, toute l'Amérique latine ou presque aurait successivement basculé de droite à gauche, puis de gauche à droite, comme l'illustre le bas de la carte 1, qui s'inspire de cartes publiées dans le journal *Le Monde*. Il est vrai que s'y sont produits plusieurs changements allant dans le même sens sur tout le continent, comme le retour de la démocratie après un cycle de dictatures militaires qui ont concerné presque tous les pays d'Amérique latine dans les années 1960 et 1970, l'exception étant alors le Venezuela, seul pays resté démocratique...

Des évolutions politiques diverses

Tous ont alors connu une forte poussée des politiques inspirées du néolibéralisme, avec son cortège de privatisations des services publics et d'aggravation des inégalités. Puis le rejet du néolibéralisme s'est traduit par une « vague rose » et, selon *Le Monde* [Montoya, 2020a], après la victoire d'Hugo Chavez au Venezuela, en 1998, les uns après les autres, les gouvernements du Brésil, d'Argentine, de Bolivie, d'Uruguay, d'Équateur, du Nicaragua, du Salvador et du Paraguay sont passés à gauche. Tous ces nouveaux dirigeants ont pu financer, grâce au *boom* des matières premières, des politiques sociales d'assistance comparables et faire sortir des millions de personnes de la pauvreté, puis ces gouvernements « progressistes » n'ont pas résisté à l'usure du pouvoir et à la crise économique qui a débuté en 2008.

C'est alors, selon Angeline Montoya, que « la défaite du péronisme en Argentine, en 2015, et l'arrivée au pouvoir du gouvernement de centre droit de Mauricio Macri ont signé la fin de cette hégémonie de la gauche latino-américaine, cédant le pas, dans presque toute la région, à des régimes plus conservateurs, par la voix des urnes ou par des processus institutionnels plus ou moins légitimes » [Montoya *et al.*, 2020]. De sérieuses nuances sont apportées par l'historien et journaliste argentin Pablo Stefanoni, membre du centre de documentation et de recherche de la culture des gauches de l'université nationale de San Martin. Interviewé par Angeline Montoya [2020a] qui lui demandait : « Que recouvre la notion de populisme en Amérique latine ? », il notait qu'elle n'avait pas la même connotation qu'en Europe, pas plus que les termes « droite » et « gauche », qu'il existait une tradition latino-américaine appelée « nationale-populaire », à laquelle on pouvait rattacher le péronisme en Argentine, l'aprisme au Pérou, le varguisme au Brésil. Selon lui, « [c]e sont ces traditions qui ont été réactivées lors de ce "tournant à gauche", et reprises par

Evo Morales en Bolivie, Nestor Kirchner en Argentine, Rafael Correa en Équateur, Hugo Chavez au Venezuela ». Le mouvement inverse serait venu de ce que « les gouvernements progressistes n'ont pas su proposer une vision de l'avenir, ce qui a permis à la droite de se présenter comme le camp du changement [...]. Le thème de la corruption, qui s'est beaucoup politisé, explique aussi en partie le retour des droites. [...] Il y a enfin un facteur externe : les gouvernements progressistes ont fondé leurs politiques sur le *boom* du prix des matières premières. Lorsque celui-ci a chuté, ils n'ont pas réussi à sortir de la crise ».

C'est donc la « droite » qui est presque partout revenue au pouvoir en Amérique latine, mais s'il faut distinguer plusieurs gauches, qui correspondent bien mal aux catégories européennes, les différences sont également très grandes entre la droite de Jair Bolsonaro au Brésil, de Sebastian Piñera au Chili, ou de Lacalle Pou en Uruguay. Et comment classer Cuba, qui « demeure pour les gauches un idéal sentimental [...], une sorte d'exception, hors des cycles », ou le Venezuela et le Nicaragua, d'abord rangés à gauche puis devenus des régimes autoritaires ?

Dérives du continent

À l'échelle mondiale, la position de l'Amérique latine est tout aussi difficile à situer, à cause de sa situation intermédiaire entre les grandes puissances et les pays jadis dits du « tiers monde », ensuite du « Sud » et plus récemment — pour certains — « émergents ». En témoignent les difficultés de la coopération entre l'Union européenne et le Mercosur, qui achoppe à la fois parce que l'agriculture européenne se sent menacée par les exportations agricoles argentines et brésiliennes, et parce que l'opinion européenne s'émeut du défrichement de l'Amazonie et du sort des populations amérindiennes. Le bloc sud-américain est dans un cas perçu comme un rival, dans l'autre comme une région où le processus de développement est encore en cours et doit être appuyé, quitte à financer des activités qui n'agressent pas (trop) l'environnement mondial.

Il en va de même des relations entre ces pays et les organisations multilatérales. Elles sont encore souvent perçues comme des outils de la domination des pays du « centre », qui font passer les pays d'Amérique latine sous les fourches caudines de la rigueur budgétaire quand ils ont besoin d'aide. Mais elles sont aussi vues comme des tribunes et des lieux où les plus grands pays essaient de conquérir des positions qui leur donnent une stature de puissance sinon mondiale, du moins régionale. C'est ainsi que le Brésil essaie depuis des années d'obtenir un siège au Conseil de sécurité de l'Organisation des Nations unies (ONU), sans succès pour le moment, malgré le fait qu'il ait fait cause commune avec le Japon, l'Allemagne ou l'Inde, qui n'en ont pas davantage. De plus, l'Argentine et le Mexique sabotent ses efforts pour être reconnu *leader* continental, et, après avoir obtenu quelques succès en plaçant des Brésiliens à la tête de la Food and Agricultural Organization (FAO) et de l'Organisation mondiale du commerce (OMC), le Brésil, une fois ces mandats terminés, n'a guère de chances d'en connaître de nouveaux dans la conjoncture politique actuelle.

Plus globalement, comme le note Pablo Stefanoni, « l'Amérique latine est devenue insignifiante au niveau géopolitique » [Montoya, 2020a]. On l'a vu au moment de l'élection le 12 septembre 2020 du président de la Banque interaméricaine de développement, Mauricio Claver-Carone, cooptée par Donald Trump : non seulement la région n'a pas su s'y opposer, mais elle n'a même pas été capable de présenter son propre candidat [Montoya, 2020b]. Cette situation déprimée est aggravée par l'absence de positionnement clair sur les problématiques des relations internationales contemporaines, comme la lutte contre le changement climatique ou celle contre la pandémie de Covid-19. Sur ces questions, les pays du continent n'ont pas de position commune et souffrent même de tiraillements internes : entre les partisans du développement à tout prix et ceux de la préservation de l'environnement ; entre les pays qui craignent une catastrophe démographique et ceux qui redoutent un effondrement économique.

Décidément, on pourrait reprendre ici, à propos de l'interprétation des évolutions actuelles de l'Amérique latine, en l'étendant à l'ensemble du continent, ce que le musicien « père » de la bossa-nova, Tom Jobim, disait de la compréhension du Brésil : *Não é para principiantes* — son analyse « n'est pas pour les débutants ». Parce que les langues parlées par la majeure partie de la population, les religions dominantes, le droit et les principales formes culturelles ont été importés d'Europe (parfois *via* les États-Unis), on peut avoir l'impression que l'on comprend bien la façon de penser et de se comporter de ses habitants. C'est un peu vrai, car nous sommes plus proches d'eux que des habitants de l'Asie ou de l'Afrique, dont les systèmes sociaux, philosophiques et culturels nous sont bien plus difficiles à appréhender.

Mais il faut se méfier de cette apparente transparence, car elle peut être trompeuse pour au moins trois raisons : 1) l'espace démesuré des Amériques a profondément affecté les façons d'organiser les territoires ; 2) ceux-ci ont été conçus, pendant les trois siècles où le continent a été colonisé, de façon à extraire minerais et denrées agricoles pour les expédier vers les métropoles ; 3) on ne doit pas sous-estimer les apports démographiques et culturels des non-Européens du continent

— les « Indiens » qui l'occupaient avant leur arrivée, les esclaves africains qui y ont été transportés de force et les migrants asiatiques qui les ont remplacés après l'abolition de l'esclavage. C'est ce qui rend le continent plus difficile — et plus intéressant — à étudier.

Repères bibliographiques

AMARAL S. [2011], « O desafio da China », *O Estado de S. Paulo,* 23 janvier.

BILBAO V. R. [1998], « Du nominal "latin" pour l'Autre Amérique. Notes sur la naissance et le sens du nom "Amérique latine" autour des années 1850 », *Histoire et sociétés de l'Amérique latine,* n° 7, p. 57-86.

COUTINHO L. [2019], « La pression chinoise sur le secteur électrique brésilien », *Outre-Terre. Revue européenne de géopolitique,* n° 56, p. 277-280.

Le Monde/AFP [2020], « "Jour de la race" : des milliers d'indigènes manifestent dans plusieurs pays d'Amérique latine », 13 octobre.

MONTOYA A. [2020a], « Pablo Stefanoni : "En Amérique latine, les gauches n'ont pas su proposer de vision de l'avenir" », *Le Monde,* 2 octobre.

— [2020b], « Trump réussit à faire élire son candidat à la tête de la Banque interaméricaine de développement », *Le Monde,* 12 septembre.

MONTOYA A., HOLZINGER F., PICARD F. et BRESSANGE C. [2020], « Virage à droite en Amérique latine », *Le Monde,* 2 octobre.

ROUQUIÉ A. [1987], *Amérique latine. Introduction à l'Extrême-Occident,* Paris, Seuil.

SAINT-GEOURS Y. [2007], « L'Amérique latine est le laboratoire du monde », *L'Histoire,* n° 322, p. 8.

THÉRY H. [2012], *Le Brésil,* Paris, Armand Colin, 6e édition.

— [2016], *Le Brésil, pays émergé,* Paris, Armand Colin, « Perspectives géopolitiques ».

25 / Asie : continent en expansion

GUIBOURG DELAMOTTE

L'Asie est gigantesque à maints égards. Elle est la région plus peuplée du monde (60 % de sa population) et la plus importante pour le commerce mondial de marchandises (elle en représente plus du tiers). Elle concentre encore les pays les plus totalitaires du monde. De la haute croissance du Japon à l'émergence chinoise ou indienne, l'Asie a porté la dynamique de croissance mondiale et continue d'être perçue comme un vaste marché et une grande réserve de main-d'œuvre. Mais elle est aussi une zone à risque aujourd'hui, qu'on évalue ce risque comme latent ou avéré. Quelles grandes logiques la gouvernent sur le plan géopolitique ? L'Asie, d'abord définie par les Occidentaux, présente aujourd'hui une unité géopolitique par les parcours nationaux de ses États et par les dynamiques qui en font une communauté de sécurité au sens que Karl Deutsch *et al.* [1957] ont donné à ce terme. Elle est confrontée à la puissance chinoise face à laquelle, autour du Japon, de l'Australie et de l'Inde, les coopérations entre pays de la région s'organisent afin de tirer parti de son essor tout en modérant les inconvénients de ses ambitions.

Une Asie plurielle

De l'Asie-Pacifique à l'Indo-Pacifique, l'Asie imaginée

Si les notions d'Orient et d'Occident renvoient à des points cardinaux et à la course du soleil, celle d'Extrême-Orient, qui précède l'Asie, est relative : c'est par rapport à l'Europe que l'Extrême-Orient est lointain. Le terme apparaît avec ceux de Proche-Orient, Moyen-Orient et Asie, qui englobe l'ensemble, au XIXe siècle. L'Extrême-Orient est aujourd'hui composé de la Chine, du Japon, de la Corée, avec parfois la Mongolie ou le Vietnam [Pelletier, 2011, p. 504 et suiv.]. La notion d'Asie se confondait au début des années 2000, encore, avec celle d'Extrême-Orient pour les Asiatiques eux-mêmes qui, ayant assimilé la vision occidentale, y ont après nous intégré le sous-continent indien. L'Asie comprend plusieurs sous-régions : Asie du Nord-Est, du Sud-Est, du Sud, Asie centrale (laissée de côté ici, car plus proche géopolitiquement des problématiques moyen-orientales ou de la sphère russe).

L'« Asie-Pacifique » est, quant à elle, une expression qui a été utilisée par le Japon dans les années 1960 quand il souhaitait se réengager dans la zone et y lancer des coopérations informelles, sans rappeler ses aspirations de la Seconde Guerre mondiale [Grosser, 2019]. Dans les années 1980, le Japon a travaillé avec l'Australie à des coopérations régionales axées sur l'économie, et l'Asia Pacific Economic Cooperation (APEC) a vu le jour. Elle visait alors à contrer les projets exclusivement asiatiques (dans le but d'évincer les États-Unis) de la Malaisie en portant un discours sur les « valeurs asiatiques », dirigistes, supposées faire pendant aux « valeurs démocratiques » occidentales.

Les principales organisations de coopération régionale naissent alors et le Japon les favorise grandement.

Le terme Asie-Pacifique est progressivement supplanté par celui d'Indo-Pacifique, qui accuse une dimension plus stratégique. La notion d'Indo-Pacifique est ancienne [Sempa, 2015], mais elle est réapparue récemment, d'abord autour d'idées développées par le Japon (premier Quadrilateral Security Dialogue en mai 2007 en marge du sommet de l'ASEAN Regional Forum de Manille ; discours devant le Parlement indien d'Abe Shinzô évoquant l'idée de « confluence des deux mers », août 2007 ; concept d'*Arc of Freedom and Prosperity*, 2007 ; de *Democratic Security Diamond*, 2012), par l'Inde (discours de Manmohan Singh en décembre 2012 lors d'un sommet Inde-ASEAN à Dehli), puis dans le *Defence White Paper* australien de 2013. Ces pays, le Japon en particulier, ont donc été les précurseurs. Abe Shinzô, Premier ministre japonais, a énoncé sa vision d'un *Free and Open Indo-Pacific* (FOIP) en août 2016 qui comporte un volet « promotion de l'État de droit », une dimension visant le développement et la prospérité économiques, un aspect « maintien de la sécurité internationale ». Donald Trump a repris le concept de FOIP en 2017, en en changeant la teneur pour la rendre plus antichinoise [Szechenyi et Yûichi, 2019].

En France, peu après, le terme « Indo-Pacifique » apparaît dans le vocable officiel du ministère des Armées français (*Revue stratégique*, 2017), du président en mai 2018 (Garden Island, Sydney, Australie) et du ministère de l'Europe et des Affaires étrangères (*Stratégie française en Asie-Océanie à l'horizon 2030 : vers un espace asiatique indo-pacifique inclusif*, 2018).

Les organisations de coopération régionale en Asie

Guibourg Delamotte

En 1966, le Japon organise une conférence ministérielle pour le développement économique de l'Asie du Sud-Est dont naissent de premiers instruments de coopération entre pays d'Asie du Sud-Est. La même année est créée la Banque asiatique de développement (BAD), à l'initiative du Japon qui en est le premier contributeur et pourra contribuer au développement de la région.

Cette impulsion donnée, quelques pays d'Asie du Sud-Est fondent l'Association of South East Asian Nations (ASEAN), à laquelle adhèrent ensuite les pays de la péninsule indochinoise, puis le Timor oriental. L'organisation s'institutionnalise : ses sommets se régularisent, elle se dote de dix partenaires de dialogue, d'un forum de sécurité (l'ASEAN Regional Forum, en 1994), double les sommets de rencontres bilatérales avec la Chine, le Japon et la Corée du Sud (ASEAN + 3), devient une zone de libre-échange (ASEAN Free Trade Area — AFTA) en 2002. Autour de l'ASEAN, les *East Asian Summits*, créés en 2005, rassemblent désormais dix-huit membres (dont la Russie et les États-Unis depuis 2011). Une zone de libre-échange s'est constituée avec la signature en marge d'un sommet de l'ASEAN, en novembre 2020, du *Regional Comprehensive Economic Partnership* (RCEP) autour et à l'initiative de l'ASEAN — avec, outre les « 3 », l'Australie et la Nouvelle-Zélande, sans l'Inde et les États-Unis.

L'Asia Pacific Economic Cooperation (APEC), à vocation économique, est distincte. Créée en 1989 à l'initiative du Japon et de l'Australie, elle regroupe vingt et un membres. Il n'y a pas de zone de libre-échange entre ses membres. Certains sont cependant parties au *Comprehensive and Progressive Agreement for Trans-Pacific Partnership* (CPTPP) — qui a remplacé l'accord de partenariat transpacifique (TPP) après que les États-Unis, présidés par Donald Trump, s'en sont retirés, ce qui *de facto* a anéanti le traité, lequel exigeait, pour entrer en vigueur, la ratification des États-Unis et du Japon [Schott, 2018].

Côté européen, l'Asia-Europe Meeting (ASEM) a été créé en 1996, à l'initiative de Jacques Chirac et du Premier ministre singapourien Lee Kuan Yew. Son secrétariat est à Bangkok et ses quarante-huit partenaires se réunissent dans des sommets biennaux qui évoquent des questions politiques, économiques et sociétales. Le prochain prendra place à Phnom Penh en novembre 2021. Une organisation permanente, l'Asia-Europe Foundation (ASEF), dont le secrétariat est à Singapour, met en œuvre une coopération *people-to-people*.

Dans ces organisations, la rédaction du communiqué final, longuement négocié, met en évidence les divergences entre les membres, par exemple sur la manière d'appréhender les droits de l'homme ou les contentieux maritimes avec la Chine.

La *National Security Strategy* (2017) et la *National Defense Strategy* (2018) américaines mentionnent l'Indo-Pacifique pour constater par exemple : « La Chine mise sur la modernisation militaire, les opérations d'influence et l'économie prédatrice pour contraindre les pays voisins à réorganiser la région indo-pacifique à son avantage. » L'*Indo-Pacific Strategy Report* du Département de la défense (juin 2019) lui est

L'Indo-Pacifique pour la France

Guibourg Delamotte

De Djibouti à la Polynésie française, la France a cinq commandements militaires répartis entre trois forces de souveraineté et deux forces de présence ; un réseau de dix-huit attachés de défense, dans trente-trois pays, accompagnés d'attachés de défense adjoints, d'attachés « armement » et de coopérants militaires permanents.

1,6 million de citoyens français vivent dans les départements, collectivités et territoires d'outre-mer, ainsi que 200 000 expatriés dans les États de la région, qui représente 9 des 11 millions de km^2 de notre zone économique exclusive. 7 000 à 8 000 militaires y sont présents en permanence, auxquels s'ajoutent des déploiements aériens et navals ponctuels.

Les ministres français participent aux dialogues sécuritaires régionaux *second track* : le Shangri-La Dialogue à Singapour (le plus important, depuis 2012), le Raisina Dialogue en Inde, le Tokyo Defense Forum, le Seoul Defense Dialogue, le Xiangshan Forum de Pékin, le Dialogue d'Oulan-Bator, et l'Indian Ocean Naval Symposium qu'elle présidera en 2020-2022. Elle prend part annuellement au South Pacific Defense Ministers' Meeting (SPDMM, rassemblant les pays disposant d'une présence militaire dans le Pacifique Sud) et demande depuis 2013 à intégrer l'ASEAN Defense Ministers' Meeting Plus (ADMM +, associant aux ministres de la Défense des pays de l'ASEAN ceux de leurs partenaires).

Source : Diplomatie [2019].

consacré. L'ASEAN a publié un *Outlook on the Indo-Pacific* en juin 2019. Le concept s'est donc généralisé. D'une part parce qu'il évoque les océans perçus comme stratégiques (le *World Oceans Day*, proposé en 1992 au sommet de Rio, était annonciateur), qu'il en associe trois (Austral, Indien, Pacifique), qu'il évoque un rétrécissement du monde et une mondialisation des visions stratégiques à la mesure de celle de la Chine à laquelle on veut répondre.

De fait, la Chine, dans son *Livre blanc sur la coopération régionale dans le domaine de la sécurité* (2017) et dans son *Livre blanc sur la défense* (2019), passe sous silence la notion d'Indo-Pacifique. Elle a, elle, élaboré la tentaculaire *Belt and Road Initiative* (BRI) à laquelle cette coopération dans l'Indo-Pacifique est une forme de réponse.

La BRI a suscité des réactions variées. L'Inde a refusé de participer aux deux forums organisés à Pékin en 2017 et 2019 et dénoncé le Couloir économique Chine-Pakistan (CECP) qui passe par des territoires revendiqués par l'Inde au Cachemire. Le Japon a indiqué qu'il était disposé à s'y associer sous certaines réserves — que les investissements respectent des critères environnementaux et n'endettent pas excessivement les États bénéficiaires des projets, notamment [Abe, 2017] — tout en développant le concept de FOIP. L'Australie a adopté la même démarche prudente (toutefois, l'État du Victoria a signé avec le gouvernement chinois un accord d'investissement en 2017).

Un survol des trajectoires nationales

En Océanie, l'Australie et la Nouvelle-Zélande, proches culturellement de l'Europe occidentale (l'Australie a conservé son lien avec la Couronne britannique), n'en sont pas moins rattachées à l'Asie par leurs économies qui dépendent des importations de matières premières chinoises, et, dans le cas de l'Australie, par une société multiethnique et multiculturelle qui se dit désormais « Asian ». Politiquement, néanmoins, à la faveur des dérives dictatoriales de Xi Jinping, elles ont resserré leurs liens avec les États-Unis et, dans une moindre mesure, le Canada. Le reste de l'Asie a un autre parcours national, né dans l'opposition à l'Occident.

Les Portugais (Macao, conservé jusqu'en 1999), les Néerlandais, les Français et, surtout, les Anglais, avec l'Empire des Indes (ou Hong Kong, rétrocédé en 1997 avec un accord de protection jusqu'en 2047 et l'engagement de la Chine de respecter le principe « un État, deux systèmes »), les États-Unis (après leur victoire contre l'Espagne en 1898) ou le Japon (après sa victoire contre la Russie en 1905 et l'Allemagne en 1918 ou par ses conquêtes à partir de 1910) ont colonisé les (autres) pays d'Asie. Ils y ont laissé une empreinte durable, plus ou moins positive selon la résistance qu'ils ont opposée au processus d'indépendance et le parcours ultérieur des nouveaux États.

Ces indépendances se sont échelonnées sur dix ans après la Seconde Guerre mondiale : la Corée avec la défaite du Japon en 1945, l'Indonésie (les Indes orientales, indépendantes des Pays-Bas) en 1949, les Philippines en 1946, l'Inde et le Pakistan (le Bangladesh s'en scinde en 1971) en 1947, l'Indochine française en 1954, la Malaisie en 1957 (dont Singapour se sépare en 1965) trouvent progressivement leurs frontières au terme, parfois, de déplacements de population gigantesques et de nombreux morts (Inde/Pakistan) ou de longues guerres (Indochine).

Le Japon, l'Australie et la Nouvelle-Zélande font figure d'exceptions par l'ancienneté et la stabilité de leurs démocraties. L'Inde se targue d'être la plus grande démocratie du monde, mais est entre autres confrontée à des problèmes de corruption, d'indépendance de la magistrature, de garantie des droits de la défense, et de respect de la liberté d'expression.

L'Asie a connu des régimes autoritaires (Singapour avec Lee Kuan Yew, et la ville-État reste peu démocratique bien que les élections de juillet 2020 aient vu l'opposition gagner plus de sièges ; les Philippines avec Ferdinand Marcos ; la Malaisie avec Mahathir Mohamad ; Taïwan où les premières élections ont eu lieu en 1991, la première élection présidentielle au Sud en 1996), des dictatures (Laos, Vietnam, Cambodge, Corée du Nord, Chine communiste qui écrase les populations non han — Tibétains, Ouïghours — et menace le système démocratique qu'elle s'était engagée à maintenir à Hong Kong), des dictatures militaires (l'Indonésie avec Sukarno, puis Suharto ; la Corée du Sud jusqu'à Chun Doo-hwan en 1987 ; la Birmanie où la junte est encore toute-puissante ; le Pakistan et la Thaïlande, où l'armée a confisqué le pouvoir et où les forces démocrates font front). Au Pakistan, l'opposition s'est rassemblée en octobre 2020, face à Imran Khan, propulsé par l'armée au poste de Premier ministre en 2018. En Thaïlande, en novembre 2020, la rue, inspirée par l'exemple de Hong Kong, manifeste contre l'armée. Elle a connu des conflits séparatistes, dont certains demeurent actifs, selon des logiques religieuses et/ou ethniques — au Sri Lanka (les Tigres tamouls ont rendu les armes en 2009 après presque quarante ans), en Indonésie (à Aceh, conflit conclu en 2005 après presque trente ans ; en Papouasie occidentale, où, depuis 2018, le mouvement datant de 1965 gagne de l'ampleur), aux Philippines (le Front Moro islamique de libération a signé un accord de paix en 2014 et commencé à déposer les armes en 2019), en Birmanie (Myanmar, où les Rohingyas et les Karens, notamment, sont persécutés).

Certains de ces États sont parvenus à se démocratiser (Corée du Sud, Taïwan) ou sont en transition démocratique (pays d'Asie du Sud-Est, à des degrés divers), d'autres, qui étaient parvenus à un certain degré de démocratie, assistent à un reflux de la dynamique démocratique (Pakistan ou Thaïlande).

Traversée par une guerre civile entre nationalistes et communistes qui a vu la victoire des derniers et le repli des premiers sur Taïwan en 1949, la Chine est rapidement devenue un acteur régional (en Corée, au Vietnam, au Cambodge). Plus que jamais, elle pèse sur l'ensemble des équilibres régionaux : l'Asie est au premier rang de la reconfiguration qu'opère la puissance chinoise sur les équilibres du monde.

L'Asie, épicentre des conflits de puissances

L'Asie est devenue la zone du monde où les principales puissances de la planète voient leurs périmètres se heurter frontalement.

La présence américaine en Asie, ancienne et toujours actuelle

La présence américaine en Asie est importante par l'engagement à la fois humain, matériel et financier qu'elle représente, et pour les garanties qu'elle procure aux alliés sud-coréen et japonais en termes de dissuasion (nucléaire, conventionnelle, politique).

L'Indo-Pacifique dans les effectifs du Department of Defense

GUIBOURG DELAMOTTE

375 000 personnes travaillent au sein de l'Indo-Pacific Command (INDOPACOM, anciennement PACOM, rebaptisé par Donald Trump). Il supervise notamment les forces américaines au Japon (US Forces Japan, rassemblant elles-mêmes environ 20 400 marins, 12 600 aviateurs, 2 600 soldats, 19 600 marines), en Corée (US Forces Korea, comptant 23 000 membres des trois armées et du corps des marines), comporte une force permanente interarmées, le centre opérationnel du renseignement interarmées pour le Pacifique, la défense antimissile balistique pour la région...

Surtout, la US Pacific Fleet dispose de 200 navires (dont 3 groupes aéronavals), 1 100 avions, 130 000 marins et civils, notamment au sein de la VIIe Flotte, basée à Hawaï, et de la IIIe Flotte, en Californie (avec des bases, hormis aux États-Unis, situées au Japon, à Singapour, en Corée du Sud, à Diego Garcia). Le Marine Corps Forces Pacific comprend deux corps expéditionnaires, soit 86 000 *marines* et 640 avions.

46 000 aviateurs et civils et 420 aéronefs relèvent de l'US Pacific Air Forces. Côté armée de terre, la US Army Pacific aligne 106 000 soldats ou officiers et 300 avions. Enfin, 1 200 personnes travaillent pour le commandement des opérations spéciales. 38 000 civils du Department of Defense s'occupent de la zone.

Les contributions de la Corée du Sud et du Japon aux frais des bases américaines (*Special Measures Agreement*) sont renégociées régulièrement, tous les ans pour la Corée du Sud, tous les cinq ans pour le Japon. La Corée a versé près d'un milliard de dollars pour l'année fiscale 2020. Le Japon, entre 2017 et 2021, aura contribué à hauteur de presque 9 milliards de dollars.

Sources : https://www.pacom.mil/ ; https://www.mofa.go.jp/mofaj/files/000098652.pdf.

En effet, durant la guerre froide, les États-Unis ont tissé un réseau d'alliances en Asie. Les traités sur lesquels ils peuvent encore s'appuyer sont principalement ceux signés avec le Japon, la Corée du Sud et l'Australie. Ces alliances ont évolué. Ainsi, face à la puissance chinoise, l'Inde s'est rapprochée des États-Unis, de même que le Vietnam. Donald Trump a repris l'aide militaire au Pakistan (suspendue en raison de l'ambivalence pakistanaise face aux talibans).

Par ailleurs, l'administration Obama a annoncé à l'automne 2011 un « pivot asiatique », une orientation asiatique nouvelle de sa diplomatie. Les attentes ont été déçues. L'accord de partenariat transpacifique (TPP) qui, par son caractère multilatéral et de grande échelle, renforçait les pays d'Asie-Pacifique dans leurs négociations avec des partenaires dominants, a dû être abandonné pour le CPTPP, Donald Trump ayant préféré (re)négocier des accords bilatéraux ou multilatéraux existants. Les bases américaines ont été réorganisées pour permettre une rotation du personnel destinée à la fois à alléger leur poids sur les populations locales (Okinawa) et à renforcer la dissuasion américaine, mais Barack

Obama n'a pas su altérer le rapport de force ou de confiance avec la Chine en faveur des États-Unis ou de leurs partenaires (l'administration Obama n'a par exemple jamais évoqué avec la Chine la décision de la Cour permanente d'arbitrage favorable aux Philippines — voir *infra*).

Par contraste, Donald Trump a affiché une fermeté nouvelle. En 2019, un projet de loi donnant aux États-Unis les moyens de sanctionner des personnes morales ou physiques chinoises en relation avec l'annexion chinoise de la mer de Chine (*South China Sea and East China Sea Sanctions Act*) a été adopté, et l'appui à Taïwan renforcé. Cette fermeté aurait davantage porté si elle s'était accompagnée d'une concertation avec les Européens (divisés alors sur l'attitude à adopter face à la Chine, il faut en convenir) — l'objectif de restauration des emplois industriels américains a été jugé prioritaire.

À l'égard des alliés asiatiques, Donald Trump n'a pas été plus accommodant. Sa campagne électorale en 2016 a été rude pour le Japon. Il a mis en cause la contribution, jugée insuffisante, des alliés sud-coréen et japonais aux bases américaines hébergées par ces pays. Malgré cela, Abe Shinzô, au Japon, est parvenu à établir une relation personnelle avec le président, et l'accord commercial bilatéral signé avec lui n'est pas défavorable au Japon. Avec la Corée du Sud, les liens ont subsisté également (les Sud-Coréens ont accepté de renégocier en 2016 l'accord commercial bilatéral de 2007). Les relations avec les Philippines se sont plutôt améliorées.

Des zones de friction anciennes réactivées

La péninsule coréenne. — Catalyseur en Asie (avec la guerre d'Indochine) de la guerre froide, la guerre de Corée a abouti à la division de la péninsule en 1953 au 38e parallèle nord. Le régime nord-coréen s'est appuyé à la fois sur l'URSS et sur la Chine pour subsister et a bénéficié de la part du Pakistan (lui-même aidé par la Chine) de transferts de technologies qui lui ont permis de se lancer, à partir des années 1980, dans le développement d'un programme nucléaire qui aboutit en 2006. S'y ajoute un programme balistique dont les performances ne font que croître. La Corée du Nord dispose désormais de missiles de portée intercontinentale (13 000 km, mais on ignore avec quel degré de précision), peut lancer des missiles depuis un sous-marin (ce qui accroît théoriquement leur portée, bien que la flotte nord-coréenne soit désuète), produire des missiles de trajectoire aléatoire (ce qui les rend plus difficilement interceptables par les systèmes antimissiles) et probablement y placer des ogives nucléaires (capacité de miniaturisation). Le rapprochement ébauché aux jeux Olympiques de Pyeongchang (hiver 2018) a abouti à une première rencontre entre Donald Trump et Kim Boo-kyumen en juin 2018, sans suite durable compte tenu des avantages que l'arme nucléaire procure encore à la Corée du Nord. C'est sur ce calcul qu'il faut essayer de peser. Dans la mesure où la situation implique des acteurs rationnels, calculateurs, bien que leur jeu soit imprévisible, le degré de risque pour la région est limité. Pour autant, le voisinage d'un tel pays inquiète la Corée du Sud et le Japon qui y sont les premiers exposés. De plus, les tirs de missiles intempestifs et la poursuite d'un programme nucléaire qui n'est plus clandestin sont incompatibles avec le droit et la sécurité internationaux. Enfin, malgré le contrôle exercé par la dictature, un accident n'est jamais à exclure.

Autour de l'Himalaya. — Le Cachemire est convoité par l'Inde et par le Pakistan. Le conflit remonte à la partition de 1947, quand le territoire, après une première incursion pakistanaise, opte pour un rattachement à l'Inde en échange d'un statut particulier sur lequel l'Inde est revenue à l'été 2019. Aux tensions épisodiques entre Inde et Pakistan s'est ajoutée une dimension séparatiste à partir des années 1980. Le conflit est toujours susceptible de renaître après des accalmies. Ainsi, en août 2019, la décision de l'Inde de retirer son autonomie au Jammu-et-Cachemire a produit des tensions avec le Pakistan. La situation est inflammable : elle implique des forces militaires et des acteurs non étatiques (séparatistes ou terroristes). La Chine elle-même cherche à s'imposer au Ladakh (Aksai Chin, à l'est du Cachemire indien) et au Sikkim (entre le Népal et le Bhoutan), où elle se heurte à l'Inde. Une guerre l'a opposée à l'Inde en 1962 et les soldats de part et d'autre en sont venus aux mains en juin 2020, malgré le dispositif d'évitement des conflits (datant de 1996). La méfiance de l'Inde à l'égard de la Chine trouve ses racines dans le phénomène d'encerclement dont elle se sent l'objet. La Chine accroît en effet sa présence dans tout l'océan Indien, de la mer d'Arabie au golfe du Bengale — par ses investissements au Pakistan et au Bangladesh ou par l'installation d'une base à Djibouti.

Taïwan. — C'est un point de tension récurrent depuis 1949, au moment où les nationalistes s'y sont repliés. Dans les années 1990, la posture de la République populaire de Chine (RPC) redevient menaçante dans le contexte de la première élection présidentielle libre sur l'île (troisième crise du détroit de Taïwan en 1996). Après une période de reflux pendant laquelle la RPC a misé sur une annexion *de facto* de l'île par l'économie, elle a, avec Xi Jinping, renoué avec ces tonalités et pourrait viser une reconquête militaire en 2021, année du centième anniversaire de la création du Parti communiste chinois (PCC). La logique acceptée par les États-Unis en 1979 est que le territoire chinois est un, et qu'un seul gouvernement y règne — sans que ce territoire soit précisé. Tout en établissant des relations diplomatiques avec la RPC, ils ont signé avec Taïwan le *Taïwan Relations Act* qui assurait l'île de leur soutien. Ce soutien a été renforcé par l'administration Trump notamment par l'adoption en mars 2020 du *Taïwan Allies International Protection and Enhancement Initiative (TAIPEI) Act*.

Un expansionnisme chinois

L'espace indo-pacifique

La Chine investit en Asie du Sud-Est (Myanmar, Cambodge), du Sud (les ports de Karachi et de Gwadar, point d'entrée du *China-Pakistan Economic Corridor* ; le Bangladesh, le Népal) ou dans le Pacifique Sud (Vanuatu à 2 000 km de l'Australie, Kiribati à 3 000 km de Hawaï, Palau à 1 300 km de Guam), où le risque est moins de la voir établir une base militaire que se concilier les élites [Pryke, 2020]. De fait, en Asie du Sud ou du Sud-Est (notamment, mais le phénomène est observable dans l'Union européenne également), ces investissements massifs, dépassant les capacités de remboursement des États en question, se traduisent par une présence pérenne de la Chine sur place et par une influence accrue sur les prises de position des États en question dans les forums internationaux (on l'observe notamment au sein de l'ASEAN sur la question de la mer de Chine méridionale).

Le déploiement de la puissance maritime en mer de Chine

En mer de Chine méridionale, la Chine a progressivement transformé en bases navales des récifs qui n'étaient pas même des îles au sens du droit international, et qui étaient situés dans des zones revendiquées par l'ensemble des États riverains. Les États-Unis et la France, notamment, s'efforcent de faire respecter le principe de la liberté de navigation des mers (ce qui implique parfois une information des États souverains quand les navires exercent leur droit de passage inoffensif — or la France ne prévient jamais la Chine de son passage dans cette zone, pour souligner son absence de reconnaissance des prétentions chinoises).

La Chine rencontre peu de résistance des États riverains, beaucoup moins armés et dont la capacité de résistance face à la Chine et les stratégies varient. En 2014, le Vietnam a opposé une résistance à l'installation d'une plateforme pétrolière par une entreprise chinoise, et s'est heurté à la marine chinoise. Les Philippines ont opté pour le droit : elles ont saisi la Cour permanente d'arbitrage (en 2016, en vertu de la convention des Nations unies sur le droit de la mer) qui leur a donné raison. Leur président, Rodrigo Duterte, avait opté pour une stratégie de coopération avec Pékin, mais a invoqué la décision à l'Assemblée générale des Nations unies en septembre 2020.

La situation implique un grand nombre d'États dont les moyens sont limités (malgré l'aide que le Japon fournit aux garde-côtes locaux). La Chine a pu avancer sans encombre pour cette raison. Seuls les États-Unis auraient pu lui opposer une résistance : ils se sont fiés à ses engagements. L'agressivité croissante de la Chine rencontre une plus grande fermeté (fin août 2020, elle a ainsi procédé à des tirs de missiles antinavires, missiles qui se sont abîmés dans une zone où, peu avant, le *USS Nimitz* et le *USS Ronald Reagan* avaient effectué des manœuvres), mais la prise de conscience est trop tardive pour espérer chasser la Chine des récifs qu'elle s'est appropriés.

En mer de Chine orientale, le Japon oppose une vigilance constante à la Chine qui multiplie les incursions (militaires ou d'embarcations de pêche appuyées par les garde-côtes chinois) dans les Senkaku, îlots rattachés par le Japon à son territoire depuis le début du XXe siècle, mais que la Chine revendique depuis 1971 (Taïwan, depuis 1970). Le Japon cherche à éviter tout dérapage et maintient ces îlots inoccupés. Pour affirmer sa souveraineté, il patrouille la zone — la Chine cherche, par ses incursions, à faire valoir des prétentions similaires.

En 2013, elle avait déclaré sans consultation préalable une zone de défense anti-aérienne (ADIZ) qui recoupait celle de ses voisins et s'étendait sur toute cette zone litigieuse qu'est la mer de Chine. En droit international, selon la pratique habituelle des États, ces zones ne permettent pas à un État de s'octroyer des pouvoirs de police hors de son territoire aérien. Or la Chine avait annoncé que les aéronefs traversant son ADIZ seraient dans l'obligation de s'identifier sous peine d'être abattus. Peu d'États se sont soumis au *diktat* chinois, mais beaucoup ont recommandé à leurs compagnies civiles de détourner la trajectoire de leurs lignes. De même, la Chine a procédé à l'automne 2020 à une réforme législative de son dispositif de sécurité maritime pour s'octroyer des pouvoirs d'inspection en mer sur l'ensemble des espaces qu'elle intègre à sa zone contiguë ou à sa zone économique exclusive.

Les réactions à l'absence de respect des droits de l'homme à Hong Kong et au Xinjiang

Hong Kong, en vertu de la déclaration conjointe signée entre la Chine et le Royaume-Uni en 1984 (laquelle a été déposée devant le Bureau des traités des Nations unies et a bien valeur de traité international : pour en défendre l'application, le Royaume-Uni pourrait avoir recours à la force), devait bénéficier de son système dérogatoire au sein de la Chine jusqu'en 2047. En 2014, l'opposition à une réforme des modalités d'élection de l'exécutif local (les candidats auraient été présélectionnés selon leur ligne politique) a fait céder le gouvernement central. Dans la perspective des élections législatives de septembre 2020, il a fait adopter une loi dite de sécurité nationale (juillet 2020) destinée à réprimer des manifestations de défense des droits et libertés à Hong Kong. Certains États ont immédiatement réagi avec fermeté : les États-Unis (qui ont en outre adopté le *Hong Kong Autonomy Act* qui ouvre la voie à des sanctions ciblées et révoque le statut privilégié dont jouissait Hong Kong, en juillet 2020), le Royaume-Uni (qui a révoqué son accord d'extradition avec Hong Kong, a autorisé les titulaires d'un passeport de *British national overseas* à bénéficier d'un statut de résident), l'Australie, le Canada et, dans une moindre mesure, la Nouvelle-Zélande.

Le Japon a pour sa part proposé un projet de résolution pour la rencontre des ministres des Affaires étrangères du G7 (avec le haut représentant de l'Union européenne — UE) de juin 2020, qui a été adopté (exprimant leur « vive préoccupation »). Devant le Conseil des droits de l'homme puis l'Assemblée générale de l'Organisation des Nations unies (ONU), vingt-sept et trente-neuf États respectivement (dont la France) ont condamné le non-respect des droits de l'homme par la Chine au Xinjiang et à Hong Kong. Des pays comme la Grèce, le Portugal ou la Corée du Sud, trop soucieux de ménager la Chine, ne s'y étaient pas associés. Toutefois, en mars 2021, l'Union européenne a adopté des sanctions ciblées contre la Chine. Pour sa part, l'opinion internationale est de plus en plus avertie de la situation des droits de l'homme en Chine, une Chine dont l'image internationale a par ailleurs souffert de la propagation de la Covid-19 [Silver *et al.*, 2020].

Le changement des stratégies de sécurité en Asie

Comment se concilier la Chine, et comment la contrer ?

La nécessité d'un dialogue

Le dialogue s'impose parce que le monde ne peut pas se passer de la Chine. Elle représente désormais dans l'économie mondiale un poids tel qu'aucun effort sur le climat, sur l'environnement, sur les normes internationales n'a de sens sans elle. Le monde a besoin d'une Chine stable et respectueuse de l'ordre international et de ses engagements, et besoin d'elle pour avancer sur les grands défis mondiaux. Le monde riche (c'est-à-dire les pays de l'Organisation de coopération et de développement économiques — OCDE) ne l'est plus et est en mal de financement, il nourrit aussi encore l'espoir d'une ouverture des marchés, tandis que le monde qui attend encore la prospérité en a toujours aussi peu.

Dans le même temps, le dialogue à tout prix ne peut être le seul principe d'action : les États ont à défendre des visions adverses de celles de la Chine.

Leurs attitudes face à la Chine diffèrent : les États-Unis et les pays anglo-saxons ont opté pour une fermeté croissante. Les États-Unis ont engagé avec elle un bras de fer commercial visant l'ouverture réciproque du marché chinois, le rétablissement de la souveraineté technologique ou pharmaceutique américaine et la relocalisation des emplois industriels. Une politique favorable à Taïwan a été mise en œuvre dans le même temps. La fermeté américaine s'est manifestée aussi pendant la crise de la Covid-19 (le « virus chinois », 16 mars 2020) ou concernant Hong Kong.

Les pays d'Asie tendent à être plus précautionneux. L'ASEAN est divisée selon les intérêts de ses membres et la nature de leurs relations avec la Chine (le Cambodge, le Laos, la Birmanie ne voulant pas se l'aliéner), et ne parvient pas à faire front commun au sujet de la mer de Chine méridionale. Par défaut, les positions moins proactives, favorables à la Chine, l'emportent. La Corée du Sud s'efforce de la même manière de conserver de bonnes relations avec la Chine qui peut modérer la Corée du Nord.

Au Shangri-La Dialogue (un dialogue *second track* organisé par l'Institut international d'études stratégiques — IISS — de Londres), en juin 2018, le Premier ministre Modi a assuré que son acception de l'Indo-Pacifique était « inclusive ». Dans le même temps, l'Inde exprime son hostilité aux « nouvelles routes de la soie » qui traversent un territoire qu'elle revendique, et est toujours en conflit avec la Chine sur la frontière qu'elles partagent dans l'Himalaya (des heurts en juin 2020 ont causé des victimes). De plus, ses liens avec les États-Unis, inaugurés par la signature en 2002 du *U.S.-India General Security of Military Information Agreement* (GSOMIA), se sont renforcés sous la présidence de Donald Trump (avec la mise en place d'un dialogue « 2 + 2 » qui a abouti à la signature de nouveaux accords dans le domaine de la sécurité et du renseignement).

Le Quad, associant Inde, Australie, Japon et États-Unis dans des exercices navals de manière discontinue depuis 2007, a pris une dimension politique peu après l'arrivée de Joe Biden au pouvoir (avec la première rencontre des ministres des Affaires étrangères des pays du Quad en février 2021).

L'approche japonaise

Le Japon est ouvert au dialogue, mais vigilant. Il n'a jamais opéré les transferts de technologies sensibles auxquels la France a cédé, a tôt diversifié ses partenariats dans le domaine de la défense, musclé sa posture de défense (le système de défense antimissile a été critiqué par la Chine), a diversifié en 2010 la provenance de ses « terres rares ». Dans ses critiques, il s'exprime cependant avec mesure. Abe Shinzô a veillé à améliorer ses relations avec la Chine à partir de 2013. Il a tardé dans la crise de la Covid-19 à fermer ses frontières à la Chine, mais a exprimé sa préoccupation concernant Hong Kong (et le Parti libéral-démocrate — PLD — au pouvoir a demandé l'annulation de la visite de Xi Jinping à Tokyo, pourtant préparée de longue date par le gouvernement).

Sa vision pour un Indo-Pacifique dit « libre et ouvert », contrepoids à la BRI chinoise, se veut inclusive. Il s'agit de favoriser les coopérations entre pays développés tant pour défendre le droit international et préserver la paix internationale que pour démocratiser l'accès aux nouvelles technologies dans le monde et favoriser la « connectivité » des pays en voie de développement pour les insérer à l'économie mondiale, ou apporter à ces pays des « infrastructures de qualité » en formant les populations locales à leur construction et à leur entretien. En filigrane se lit le souhait japonais de stimuler la coopération des puissances libérales et de les voir joindre leurs forces sur tous ces plans, d'offrir une alternative aux moyens déployés par la Chine, et une critique des inconvénients qui les accompagnent : endettement insoutenable, dégradation rapide d'installations de piètre qualité — avec achat ou aliénation des élites locales. Mais la Chine ne peut pas s'en froisser.

Le Japon est cependant central dans le dialogue quadrilatéral de sécurité (les ministres des Affaires étrangères indien, australien et américain se sont réunis à Tokyo en octobre 2020, en dépit du contexte sanitaire) et prend part aux exercices navals de Malabar (qui, en novembre 2020, ont réuni les marines des mêmes États).

En matière économique et commerciale, le Japon a été le maître d'œuvre dans le processus de négociation du CPTPP qui a remplacé le TPP et doit, comme le TPP se le proposait, renforcer les économies de ses membres. Mais il ne s'agit pas là d'un club antichinois, et la Chine pourrait y adhérer. De plus, comme beaucoup de membres de l'ASEAN, le Japon est membre du RCEP entré en vigueur en novembre 2020 et d'initiative chinoise : la logique commerciale mise en œuvre est inclusive. Non seulement la Chine est son premier partenaire commercial (comme elle l'est des pays de l'ASEAN), mais le Japon espère que l'insertion de la Chine dans

Les méga-accords commerciaux auxquels le Japon est partie

GUIBOURG DELAMOTTE

Le Japon est désormais partie à trois méga-accords qu'il a activement promus. Il mise sur le libre-échange contre le protectionnisme pour engendrer de la croissance. Ces méga-accords commerciaux doivent en maximiser les effets. Ils permettent aussi au Japon d'imprimer sa marque sur les normes qui s'imposent en la matière. Le cadre multilatéral a sa préférence parce que, en permettant la formation de coalitions, il renforce les positions de négociation de chacun face aux puissances dominantes (Chine ou États-Unis).

Le Japon a activement contribué à la négociation de l'*Economic Partnership Agreement* (EPA) avec l'Union européenne, dont les négociations se sont accélérées après l'entrée en fonction de Donald Trump. Ce traité conclu en 2017, entré en vigueur l'année suivante, porte sur les biens échangés entre pays européens et Japon : produits agricoles ou alimentaires, maroquinerie de l'UE vers le Japon, voitures et composants, ainsi que produits électroniques, du côté du Japon. La disparition effective des taxes peut prendre dix à quinze ans selon les secteurs.

Le contexte de la crise sanitaire a favorisé la signature du RCEP par le Myanmar, le Cambodge, le Laos, les Philippines, l'Indonésie, la Thaïlande, la Chine, la Corée du Sud, et par des pays qui sont aussi signataires du CPTPP ou TPP11 : Vietnam, Malaisie, Brunei, Singapour, Japon, Australie, Nouvelle-Zélande (soit l'ASEAN + cinq pays). Cette zone de libre-échange entrera en vigueur quand trois pays de l'ASEAN et trois pays hors ASEAN auront ratifié le traité. La libéralisation interviendra ensuite à un rythme variable selon les secteurs (quinze ans maximum). L'Inde, estimant son marché trop fragile, s'est retirée des négociations (qui ont duré huit ans) la dernière année, mais pourra s'intégrer ultérieurement. L'accord porte sur les marchandises (hors produits agricoles), les services et investissements, et réduit les droits de douane mais surtout les barrières non tarifaires aux échanges à travers une règle commune d'appellation d'origine. Il progresse en matière de respect des droits de propriété intellectuelle. Il ne comporte pas de référence à des normes sociales ou environnementales (il ne répond donc pas aux standards des accords de libre-échange européens). Il vise cependant explicitement le développement durable et la création d'emplois, et consolidera les chaînes d'approvisionnement régionales.

Outre les pays déjà mentionnés, le Canada, le Mexique, le Pérou et le Chili sont parties au CPTPP, entré en vigueur fin 2018, après la sixième ratification. Visant à éliminer 98 % des droits de douane, il inclut des produits agricoles et établit lui aussi une règle commune d'origine à laquelle est conditionné le bénéfice du traité. Il renforcera les chaînes de production régionales.

des normes multilatérales l'amènera à aligner ses pratiques — ce qui n'a pas été constaté au sein de l'Organisation mondiale du commerce (OMC) après son adhésion en 2001, mais, d'une part, ces accords sont plus exigeants et supposeraient davantage de réformes, d'autre part, la pression internationale exercée sur elle s'accroît. En effet, la fermeté nouvelle des États-Unis (qui ne sera pas remise en cause par les démocrates) s'accompagne d'un raidissement européen face aux investissements chinois en Europe, accentué par la crise sanitaire.

Dans ses relations bilatérales avec la Chine, le Japon développe désormais un dialogue entre puissances tout en convenant avec elle qu'elle reste un pays en voie de développement [Toshimitsu, 2020]. Le temps du dialogue entre pays à niveaux de développement différents est révolu : sur le climat, l'énergie et la pollution, les deux États discutent depuis quinze ans dans l'optique de dissiper, par un échange de vues sur des questions plus techniques, les tensions entre eux quand elles existent ; en 2018, la visite d'Abe Shinzô à Pékin a été l'occasion de mettre fin au programme d'aide au développement du Japon en faveur de la Chine, réduit depuis 2007, pour poser les bases d'une coopération sur l'innovation qui doit aussi faire avancer la protection en Chine des droits de propriété industrielle — une coopération entre puissances. Le Japon mène ainsi une diplomatie équilibrée et judicieuse face à la Chine et avec elle.

Dans le même temps, les pays, le Japon comme les autres, adaptent à leur échelle leurs équipements de défense sans viser nommément la Chine qui, au demeurant, n'est pas leur unique préoccupation.

Le développement des équipements militaires dans la région

Sans aller jusqu'à parler de course aux armements dans des contextes budgétaires tendus, la zone voit les potentiels militaires croître. L'Inde a désormais un des budgets militaires les plus élevés du monde (encore trois fois inférieur à celui de la Chine). Outre le Pakistan, avec lequel elle s'est lancée dans une compétition nucléaire, elle voit la Chine l'encercler : le Pakistan, le Sri Lanka, le Népal, les Maldives et les Seychelles ont tous reçu d'importants financements chinois qui assurent à la Chine un contrôle sur ces territoires. L'Inde s'est équipée d'un système de défense antimissile S-400 russe et a développé ses relations de sécurité avec les États-Unis, le Japon, l'Australie et Israël. Le Japon (dont le budget de la défense dépasse celui de la France) a lui aussi amélioré ses capacités de défense face à la Corée du Nord et à la Chine, laquelle est pour lui un partenaire commercial de même importance que les États-Unis. Au-delà de l'accroissement des budgets et de l'amélioration des capacités de défense, les stratégies coopératives se développent.

Carte 1. **Forces militaires en Asie en 2020**

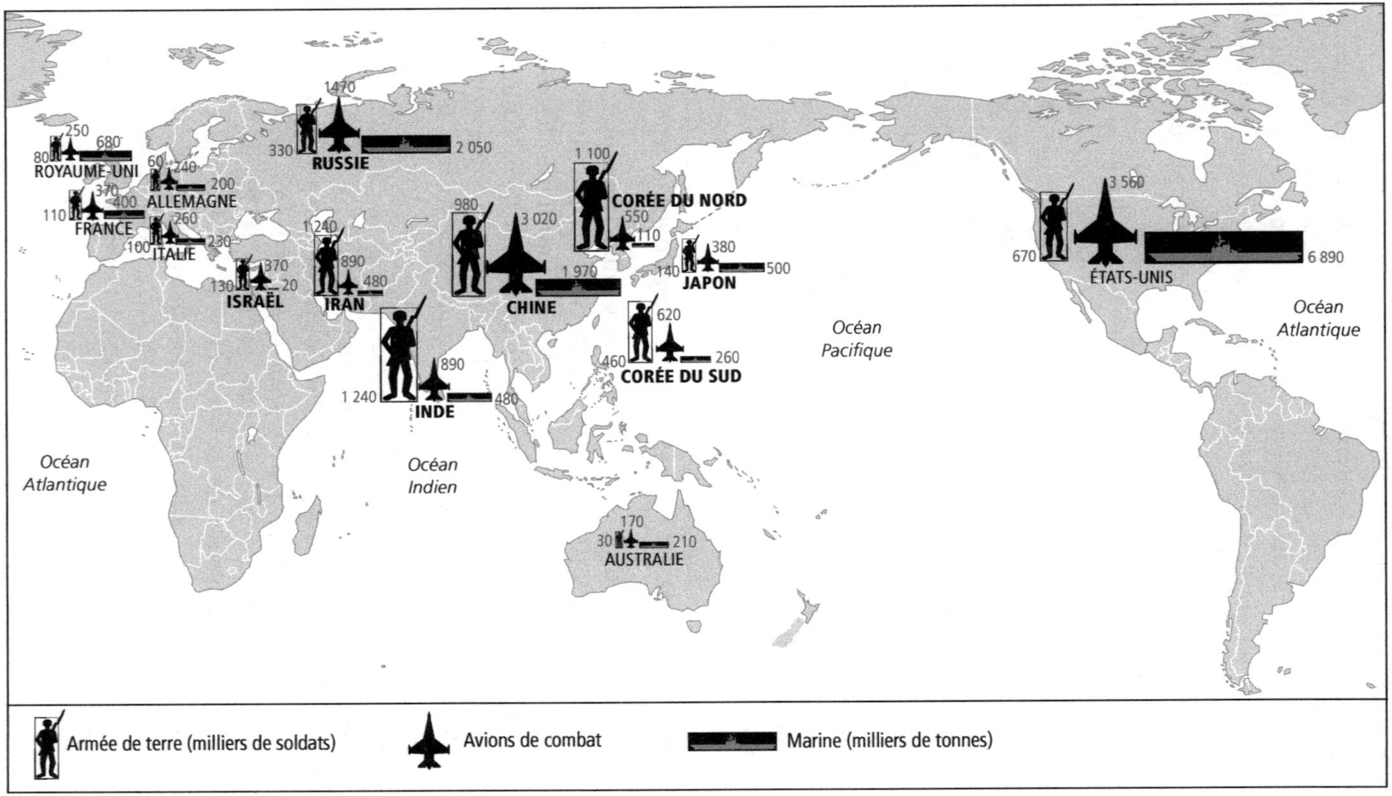

Source : d'après *Livre blanc de la défense du Japon* (2020, p. 44).

L'adaptation des stratégies de sécurité

Nonobstant sa dénonciation des institutions multilatérales et ses méthodes bourrues avec la Corée du Sud, le Japon, le Canada, le Mexique ou l'UE, Donald Trump a préservé les bonnes relations des États-Unis avec l'Australie et fait un effort en direction de Taïwan et du Pacifique Sud (îles qui entretiennent parfois encore des relations diplomatiques avec Taïwan). Il a accru leur soutien à Taïwan, leur présence en mer de Chine méridionale (où ils déploient sans hésiter leurs porte-avions en juillet, août et septembre 2020) et leur soutien financier aux micro-États du Pacifique Sud (à la Micronésie, aux îles Marshall et à Palau, par exemple). Ils sont intervenus dans la région avec l'Australie, le Japon, la Nouvelle-Zélande ou la Papouasie-Nouvelle-Guinée pour lutter contre la pêche illégale, rénover des installations portuaires et même lutter contre le changement climatique [Government of USA, 2019].

De plus, en accord avec le mouvement amorcé dès la seconde moitié des années 2000, la coopération entre les alliés des États-Unis s'est développée. Outre l'amélioration de ses équipements et de l'organisation de ses forces d'autodéfense, le Japon a développé ses partenariats. Le Japon et l'Australie ont ainsi noué depuis 2007 des relations étroites. Les deux pays ont signé un *Acquisitions and Cross-Services Agreement* (ACSA), entré en vigueur en 2013, et achevé de négocier en 2020 un *Reciprocal-Access-Agreement* (RAA). Avec l'UE, le Japon a signé un accord de partenariat stratégique (SPA). Il entame des coopérations industrielles avec le Royaume-Uni et la France. Il collabore avec l'Organisation du traité de l'Atlantique nord (Otan) dans le domaine du renseignement. Il aide également (par le don de navires en particulier) les garde-côtes de Malaisie, des Philippines, d'Indonésie et du Vietnam. Il cherche aussi à contrer les investissements chinois dans les pays vulnérables en proposant des alternatives plus durables, parfois en relation avec ses partenaires. Il s'est par exemple associé à l'Union européenne pour signer un partenariat en faveur d'une connectivité durable et d'infrastructures de qualité (27 septembre 2019) [Delamotte, 2019].

L'Australie, qui partage cette logique coopérative face à une Chine qui est pourtant son premier partenaire commercial pour les biens et les services (ce qui n'a pas empêché le Premier ministre Scott Morrison de demander le premier une enquête internationale sur la responsabilité de la Chine dans la propagation de la Covid-19, exposant l'Australie à des mesures de rétorsion de la Chine), a elle aussi renforcé ses relations avec la France en signant en 2016 un contrat pour l'achat de douze sous-marins. Emmanuel Macron, à Garden Island (Sydney), le 3 mai 2018, a indiqué vouloir être plus

Carte 2. **La situation sécuritaire de l'Asie du Sud-Est insulaire en 2020**

Source : d'après Yoshihide *et al.* [2020].

Une vigilance nouvelle face aux investissements chinois

GUIBOURG DELAMOTTE

La prise de conscience a été tardive, mais semble enclenchée tant dans l'UE qu'en France et aux États-Unis. À partir de 2017, la Commission européenne s'est alarmée de la présence chinoise des secteurs stratégiques des économies des pays membres de l'UE, et les dix-sept qui sont proches de la Chine et espèrent bénéficier de ses investissements se montraient hostiles à une concertation ou à un contrôle accrus en la matière. En mars 2019, un nouveau cadre visant à filtrer les investissements directs à l'étranger (IDE) entrant dans l'Union européenne a été adopté par le Conseil et le Parlement européens. Il permet à la Commission d'émettre un avis, mais les États membres restent compétents pour examiner et, le cas échéant, bloquer les investissements étrangers selon leurs procédures nationales. Un rapport de la Commission sur les investissements étrangers dans l'UE (premier du genre), en juin 2020, propose d'aller plus loin.

En France, le contrôle des investissements étrangers est confié à un bureau de la direction du Trésor au ministère des Finances. Le code monétaire et financier (article R. 151-3) a été modifié à plusieurs reprises à partir de 2014 pour ajouter aux industries de défense d'autres secteurs stratégiques (l'eau, la santé, l'énergie, les transports, les télécommunications, les drones, le spatial, la recherche et développement — R&D — en matière de cybersécurité, la presse écrite, l'information en ligne, la sécurité alimentaire, le stockage d'énergie, les technologies quantiques, les biotechnologies...). L'opération doit porter sur au moins 25 % du capital de l'entreprise visée, un seuil abaissé à 10 % pour les investisseurs hors UE en juillet 2020.

Aux États-Unis, le contrôle des investissements est opéré par le Committee on Foreign Investment in the United States, qui bloque désormais toute acquisition qui offrirait à la Chine une technologie jugée stratégique par sa nature ou par l'accès aux données privées qu'elle rend possible. Les transactions immobilières à proximité d'installations militaires peuvent également être bloquées.

présent auprès de ses alliés dans la zone et évoqué un axe Paris-Dehli-Canberra. En mars 2018, la France a adopté une vision commune avec l'Inde sur l'Indo-Pacifique.

Mieux identifiée désormais comme une puissance du Pacifique, la France a aussi développé sa coopération avec le Japon à travers une *Feuille de route 2019-2023* qui ouvre la porte à des projets communs dans la région, notamment dans le domaine du réchauffement climatique et de la protection de l'environnement.

De plus, entre ces pays qui partagent la même vision de la Chine, les dialogues trilatéraux se sont multipliés : Australie, Inde, Indonésie ; Japon, Australie, Inde... Cette coopération accrue s'étend à des partenaires plus éloignés ayant néanmoins des intérêts à protéger en Asie (la France) ou à contenir la Chine (l'Union européenne). À la faveur de la diplomatie de Donald Trump, qui a mis à mal nombre de partenaires traditionnels des États-Unis, la coopération internationale de ces partenaires entre eux, en Asie, s'est ainsi accrue.

Par la présence de la Chine, du Japon, de l'Inde, la proximité de la Russie, l'implication des États-Unis, l'Asie est une zone où les puissances historiques et émergentes voient leurs périmètres et leurs intérêts se heurter. Donald Trump, en voulant rapatrier des emplois aux États-Unis, a mis en évidence les mauvaises pratiques chinoises, de concurrence déloyale ou de pillage technologique. Le soutien apporté à Taïwan par Donald Trump et sa dénonciation de la négligence de la Chine dans la propagation de la Covid-19, ou de l'absence de respect des droits des habitants de Hong Kong et des normes internationales, ont permis de mettre à l'agenda politique international la nature autoritaire du régime, que les dirigeants avaient tendance à oublier. Les États-Unis mettant par ailleurs en œuvre une politique de défense des seuls intérêts américains, y compris face aux alliés, ils ont incité ces alliés à plus de coopération dans la zone : le Japon et la France, le Japon et l'UE, le Japon, l'Inde et l'Australie se sont ainsi rapprochés. Trump a ainsi poussé ses alliés à aller plus loin dans la logique lancée par Barack Obama, et Joe Biden, tout en changeant de style et de méthode, conservera une ligne ferme (le sommet d'Anchorage avec Xi Jinping, en mars 2021, l'a montré). Chacun affiche cependant face à Pékin une volonté de dialogue et reste souvent prudent dans ses critiques (le Japon, la France, l'UE, l'Asie du Sud-Est).

Repères bibliographiques

Abe S. [2017], « Discours du Premier ministre au banquet de la 23e conférence internationale sur le futur de l'Asie », Los Angeles, World Affairs Council, 5 juin (*Dai 53 kokusaikôryû kaigi, « Ajia no mirai » bansankai Abe naikaku sôri daijin no supîchi*, « Asia's dream : linking the Pacific and Eurasia »).

Delamotte G. (dir.) [2017], *Japan's World Power. Assessment, Vision, Outlook*, Londres, Routledge.

— (dir.) [2019], *Le Japon dans le monde*, Paris, CNRS Éditions.

— [2022], *Géopolitique du Japon*, Paris, La Découverte, « Repères » (à paraître).

Deutsch K. *et al.* [1957], *Political Community and the North Atlantic Area. International Organization in the Light of Historical Experience*, Princeton, Princeton University Press.

Diplomatie [2019], « Entretien avec Alice Guitton », n° 53, novembre.

Government of USA [2019], « Pacific Islands Forum — U.S. engagement in the Pacific Islands », *Factsheet*, Department of State, 17 août.

Grosser P. [2019], « L'Indo-Pacifique, une échelle qui a une histoire », *Diplomatie*, n° 53, p. 8-11.

PELLETIER P. [2011], *L'Extrême-Orient. L'invention d'une histoire et d'une géographie*, Paris, Gallimard.
PRYKE J. [2020], *The Risk of China's Ambitions in the South Pacific*, Washington, DC, Brookings, 20 juillet.
SCHOTT J. [2018], « The TPP after Trump », *Global Asia*, vol. 13, n° 2, juin.
SEMPA F. [2015], « Karl Haushofer and the rise of the monsoon countries », *The Diplomat*, 10 mars.
SILVER L., DEVLIN K. et HUANG C. [2020], *Unfavorable Views of China Reach Historic Highs in Many Countries*, Pew Research Center, 6 octobre.
SZECHENYI N. et YÛICHI H. [2019], « Working toward a free and open Indo-Pacific », *Alliance Policy Coordination Brief*, Carnegie Endowment for Peace, octobre.
TOSHIMITSU M. [2020], « Nichiyôtôron », NHK, 15 novembre.
YOSHIHIDE M., HIDEO T. et YÛKO M. [2020], « Security situation in the Southeast Asian island region », *East Asia Strategic Review 2020*, National Institute for Defense Studies.

26 / Chine : l'ambition de Xi Jinping et le retour de la bipolarité

Mathieu Duchâtel

La rivalité sino-américaine structure aujourd'hui le système international. Deuxième économie mondiale, deuxième budget militaire, puissance technologique innovante, la République populaire de Chine (RPC) présente un défi au *leadership* américain du fait de son hostilité combative envers les valeurs et les systèmes de gouvernance des démocraties occidentales. Depuis l'arrivée au pouvoir de Xi Jinping en 2012, la Chine mène une politique d'affirmation de sa puissance. Elle cherche à imposer ses termes et ses conditions à ses relations internationales, par la coercition si nécessaire. Longtemps défensif et cherchant à empêcher la démocratisation de la Chine, le Parti communiste chinois (PCC) promeut aujourd'hui à l'international un modèle d'ordre autoritaire au service de l'enrichissement individuel, en mettant en avant l'argument de l'efficacité de sa gouvernance.

Or, depuis le mandat de Donald Trump à la présidence américaine (2017-2021), les États-Unis soumettent leur politique chinoise à un diagnostic de compétition stratégique. Cette vision s'accompagne de restrictions des échanges économiques (tarifs douaniers, régulation stricte des transferts de technologie), d'une adaptation plus accentuée du format de l'armée américaine à un futur conflit avec la Chine, et d'un activisme diplomatique contre l'influence grandissante de la Chine dans le monde.

Le durcissement de la rivalité sino-américaine est une contrainte pour la politique étrangère de nombreux États. Il affecte les opérations de nombreuses entreprises. Si l'interdépendance économique (635 milliards de dollars de volume commercial et 116,2 milliards de dollars de stock d'investissements américains en Chine) limite la pertinence de la comparaison avec la guerre froide, l'aggravation de la compétition entre les deux pays a mis fin au moment unipolaire américain né de l'effondrement du bloc soviétique. La géopolitique mondiale tend alors vers un retour à la bipolarité, mais non une bipolarité parfaite puisqu'un espace subsiste encore pour la plupart des États, qui y cherchent une forme d'équilibre plutôt que l'alignement sur la Chine ou les États-Unis. La grande question à l'horizon 2050 est de savoir si cet espace ne risque pas de disparaître au profit d'une conflictualité accrue sur de nombreux points de tension.

Les moyens d'une ambition

La feuille de route de Xi Jinping

La Chine de Xi Jinping est en quête de puissance. Derrière ce qui peut sembler aujourd'hui une évidence se cache une vraie rupture dans le comportement stratégique de la RPC sur la scène internationale. Jusqu'en 2017, deux préceptes de Deng Xiaoping encadraient une politique étrangère qui pratiquait le profil bas avec une certaine virtuosité : « cacher ses talents et attendre son heure », et « ne jamais exercer de *leadership* ». Cette posture de retrait a été la marque de fabrique de la Chine pendant les trois décennies qui ont suivi le lancement des réformes économiques en 1979. Elles ont été marquées par le choix clair, à Tian'anmen en juin 1989, de réaffirmer par la force le système politique de « démocratie concentrée », pour reprendre le terme constitutionnel chinois. Que signifie-t-il ? Selon la formule de Xi Jinping ajoutée à la charte du PCC en 2017, que « le Parti domine tout ». La protection de ce système contre l'influence néfaste de l'Occident est le point de départ de la géopolitique vue de Pékin.

Tant que la Chine ne prétendait pas au *leadership* international et qu'il subsistait une ambiguïté sur la possibilité d'une libéralisation, la pensée dominante aux États-Unis et en Europe misait sur l'engagement [Mann, 2008]. Il visait à encourager la Chine à exercer des responsabilités de gouvernance mondiale à la mesure de son poids économique. Sur l'urgence climatique, sur les grandes crises de sécurité internationale, la Chine est à l'évidence une solution potentielle, capable de faire basculer une tendance par son simple poids. Et les politiques chinoises des États-Unis et de l'Europe espéraient de l'engagement une convergence chinoise avec le modèle occidental de séparation des pouvoirs et de protection des droits individuels. En 2009, l'administration Obama fraîchement en fonction ne caressait-elle pas l'idée d'un G2 sino-américain, par lequel les deux plus grandes puissances coopéreraient à stabiliser le monde ?

Or l'action du dix-septième Comité central du Parti (2007-2012), sous la direction de Hu Jintao, a ébranlé cet espoir de convergence et de coopération, en raison de la politique étrangère plus agressive que la Chine a commencé à conduire dans sa périphérie maritime. Déjà, depuis le milieu des années 1990, la croissance des dépenses militaires de la Chine suggérait des ambitions importantes. Elles pouvaient alors être conçues comme strictement défensives, et centrées sur les différends territoriaux non résolus le long de l'Himalaya, avec l'Inde ; en mer de Chine méridionale, avec le Vietnam, les Philippines, la Malaisie, Brunei et l'Indonésie ; avec le Japon autour des îles Diaoyu/Senkaku et la délimitation de la frontière maritime en mer de Chine orientale ; et autour de Taïwan, île sur laquelle survivent les institutions de la République de Chine depuis sa défaite contre les communistes sur le continent à l'issue de la guerre civile chinoise des années 1930-1940, et où l'existence d'une démocratie prospère est un défi permanent à la RPC.

Xi Jinping fixe le cap de la rupture dans son rapport de travail au dix-neuvième Congrès du PCC en octobre 2017. À l'horizon 2050, l'objectif pour la Chine est d'atteindre une position de « *leader* global en matière de puissance et d'influence internationales ». À cette date, l'Armée populaire de libération (APL) doit être de « classe mondiale » — un terme qui suggère au moins la parité avec les États-Unis, sinon la supériorité. Pour parvenir à cet objectif, Xi Jinping le souligne : « Nous devons être clairvoyants, la technologie est la capacité de combat centrale. Nous devons encourager l'innovation dans les technologies les plus importantes et innover de manière indépendante. »

Le terme autrefois tabou de *leadership* est désormais un objectif assumé. Xi Jinping annonce au dix-neuvième Congrès une « nouvelle ère » pour la République populaire. Depuis sa fondation en 1949, elle en avait connu deux, chacune de trois décennies. Lors de la première période, sous Mao Zedong, le PCC œuvrait au rétablissement d'un État souverain, indépendant, respecté sur la scène internationale après les dévastations des invasions étrangères et de la guerre civile. À partir de 1979, pendant trois décennies de réformes lancées par Deng Xiaoping et approfondies par Jiang Zemin et Hu Jintao, la Chine a connu une ère de croissance effrénée — elle devient officiellement en 2010 la deuxième économie mondiale, dépassant le Japon. La « nouvelle ère » de Xi Jinping ouvre — pour une trentaine d'années ? — une quête assumée de puissance, et donc de transformation de l'ordre international.

Xi Jinping met aussi fin à toute ambiguïté sur la trajectoire politique de la Chine. Le « Parti dirige tout » et la « sécurité politique » — celle du système « socialiste aux caractéristiques chinoises » — priment sur toute autre considération. Le choix du Parti de promouvoir un modèle de gouvernance autoritaire et sa pratique d'un capitalisme d'État qui profite de l'ouverture des économies de marché sans offrir de réciprocité placent sur la défensive de nombreux pays [Godement et Vasselier, 2019].

L'Armée populaire de libération, un outil de politique étrangère

Fondée en 1927 par le PCC, en pleine guerre civile avec le Kuomintang, l'Armée populaire de libération (APL) s'est suffisamment préservée lors de l'invasion japonaise pour conquérir l'ensemble du pays entre 1945 et 1949 et achever ainsi la révolution chinoise. Auréolée de son intervention lors de ce que la Chine nomme la guerre « de résistance aux États-Unis et d'assistance à la Corée » (1950-1953), l'APL de Mao Zedong théorise la « guerre du peuple », misant sur un effet de taille et un esprit de sacrifice individuel pour combler ses faiblesses en matière d'équipement. Elle est longtemps dominée par l'armée de terre et concentrée sur la défense du territoire chinois, en particulier contre la menace soviétique, jusque dans les années 1980. La rupture sino-soviétique de 1960 et la guerre froide empêchent la Chine d'accéder aux technologies étrangères avancées, et son retard économique et scientifique pèse sur ses programmes d'armement — même si elle parvient à l'arme nucléaire dès 1964.

Les années 1990 sont celles de l'électrochoc pour l'APL. Les généraux chinois assistent sidérés à la défaite éclair de l'Irak lors de la première guerre du Golfe, puis au déploiement dissuasif de deux porte-avions américains dans le détroit de Taïwan en 1996, afin de protéger l'île des menaces chinoises alors qu'elle tient sa première élection présidentielle démocratique. Le programme de modernisation est alors accéléré et le rattrapage dans la course technologique devient une priorité. L'APL importe des systèmes d'armes et des technologies russes. Elle se nourrit de la montée du niveau de la Chine en sciences et d'un soutien politique sans faille, financé par la croissance. En 2020, son budget militaire officiel atteint 178 milliards de dollars. L'industrie d'armement du pays conduit ses propres programmes dans toutes les catégories : chasseurs, bombardiers, drones, hélicoptères, sous-marins nucléaires lanceurs d'engins, porte-avions, destroyers, frégates, corvettes... Le dernier rapport du Pentagone sur la modernisation militaire chinoise souligne deux poches d'excellence, les missiles balistiques et de croisière, et la construction navale, dont le rythme et le niveau forcent les États-Unis à repenser leur format de marine, pour passer de 355 grands navires de surface à 500 à l'horizon 2045.

Cet effort de défense a un impact géopolitique. Les voisins de la Chine et des pays plus lointains, comme l'Australie, inquiets de ses finalités politiques, sont contraints d'instaurer entre eux de la coopération de défense et à ajuster leur propre outil militaire pour ne pas se découvrir vulnérables à l'avenir à des pressions chinoises. L'émergence

De l'usine du monde à l'innovation technologique

Mathieu Duchâtel

La Chine est la seule grande économie à ne pas connaître de récession en 2020, grâce à sa gestion plus rapide de la pandémie de Covid-19 née sur son sol. Sa puissance économique n'est plus aujourd'hui tirée par les investissements en Chine de multinationales recherchant une compétitivité-coût pour exporter dans des pays tiers. Certes, les excédents commerciaux demeurent un atout considérable, renforcé par la crise de la Covid-19 : le commerce international a baissé de 10 % en 2020, alors que, entre le troisième trimestre 2019 et le troisième trimestre 2020, les exportations chinoises augmentaient de 10 %. Comme à l'issue de la crise financière de 2008-2009, ce différentiel de croissance va permettre à la Chine de continuer son rattrapage des États-Unis.

Ce succès repose sur ses entreprises et sur sa consommation intérieure. Le système de capitalisme d'État utilise à plein l'échelle du marché chinois pour faire prospérer de grandes entreprises d'État dans des secteurs comme l'énergie, le transport, la construction de logements, l'armement, les télécommunications... Financées à taux préférentiels et bénéficiant de toutes les ressources publiques pour leur recherche et développement (R&D), elles sont à l'avant-garde de l'internationalisation de l'économie chinoise. Des mastodontes innovants issus du privé viennent compléter ce paysage, surtout dans le numérique, comme Alibaba pour l'e-commerce et Huawei pour les réseaux de télécommunication. Or, dans le système chinois, le secteur privé est soumis à la domination du Parti, ce qui freine l'expansion de ces entreprises à l'international où elles ont du mal à répondre aux accusations d'asymétrie et de soumission à des intérêts politiques supérieurs.

Aujourd'hui, l'effort de rattrapage chinois repose sur de véritables politiques industrielles. *Made in China 2025* est le plan le plus connu. Il a involontairement abouti à ce que l'alerte soit lancée en Europe, aux États-Unis et au Japon en réaction à une feuille de route dont les objectifs nécessitent des pratiques prédatrices en matière d'accès aux technologies étrangères. Adopté en 2015, le plan se lit surtout comme une déclaration d'intention. Il affiche une ambition de *leadership* mondial dans dix secteurs à très forte valeur ajoutée : technologies de l'information, robotique, aérospatiale, matériaux avancés, construction navale... Or, si *Made in China 2025* n'est aujourd'hui plus officiellement évoqué, ses objectifs demeurent inchangés. Ainsi le plan quinquennal de 2021 réaffirme le rôle de l'innovation comme poumon de la nouvelle phase de la croissance chinoise et fixe des objectifs d'autonomie stratégique.

La principale faiblesse de la Chine demeure sa dépendance aux sciences et aux technologies occidentales dans des secteurs clefs, comme les semi-conducteurs, essentiels pour toutes les industries à haute valeur ajoutée, du tout-numérique à l'armement, et la propulsion moteur, indispensable à l'aéronautique civile et aux ambitions de l'armée de l'air chinoise. La compétition sino-américaine se noue ainsi autour d'une rivalité technologique très dure, marquée par des restrictions de plus en plus sévères des États-Unis et de leurs alliés aux transferts vers la Chine, une politique menée contre les intérêts des milieux d'affaires qui souhaiteraient bénéficier davantage de cette prochaine vague de croissance chinoise.

du format de coopération quadrilatéral, dit Quad (Australie, États-Unis, Inde, Japon), en est une conséquence directe.

La modernisation à rythme forcené de son armée offre aussi à la Chine des options politiques nouvelles pour régler ses différends de souveraineté. Ses coups de force contre l'Inde et le Bhoutan en 2018 et 2020, la pression forte que son armée de l'air impose à Taïwan en 2019-2020, la construction d'îles artificielles militarisées en mer de Chine du Sud en 2015-2016, l'envoi de patrouilles de garde-côtes à partir de 2012 dans les eaux des îles Diaoyu/Senkaku sont la démonstration la plus visible des options offensives que sa nouvelle puissance militaire offre à la Chine.

Du point de vue chinois, cet effort de défense corrige graduellement un rapport de force défavorable avec les États-Unis et vise à donner à la Chine les moyens de faire plier Taïwan. Comment la Chine se comportera-t-elle lorsque sa puissance militaire approchera de la parité avec les États-Unis ?

Un changement d'échelle

Une puissance continentale en Eurasie

La « nouvelle ère » de Xi Jinping inscrit fermement la géopolitique de la Chine à l'échelle globale, et non plus seulement dans son environnement régional. Il faut prendre la mesure de cette évolution majeure à l'échelle de l'histoire de la RPC. À sa fondation en 1949, elle fixe ses revendications territoriales sur les frontières de la dynastie Qing au moment de sa chute en 1911, à l'exception de la Mongolie, dont elle reconnaît l'indépendance, et de territoires dont elle accepte l'intégration à l'URSS. Elle a alors des conflits frontaliers terrestres avec la Birmanie, le Népal, l'Inde, la Corée du Nord, la Mongolie, le Pakistan, l'Afghanistan, le Bhoutan, le Laos, le Vietnam et l'URSS (puis la Russie, le Kazakhstan, le Kirghizistan et le Tadjikistan) [Fravel, 2008]. Tous aboutissent à des issues négociées, à l'exception de ceux avec l'Inde et le Bhoutan, aujourd'hui encore source de tensions militaires graves.

Pour la Chine, la géopolitique de l'Eurasie est d'abord celle où elle trouve son soutien le plus fiable à l'international : la Russie. La rupture sino-soviétique puis les graves tensions des années 1960, qui ont vu l'URSS envisager un bombardement atomique de la Chine, ne sont aujourd'hui qu'un lointain souvenir. Les deux puissances assoient leur coopération sur un diagnostic similaire de l'ordre international. Toutes deux voient la nécessité de s'opposer à la promotion de la démocratie libérale par les États-Unis et leurs alliés comme

Les nouvelles routes de la soie

MATHIEU DUCHÂTEL

En 2013 au Kazakhstan, en 2014 en Indonésie, Xi Jinping annonce en deux temps son projet de faire revivre les mythiques routes de la soie : par la voie continentale, à travers l'Eurasie, et par voie maritime, de la mer de Chine du Sud à la mer Rouge, jusqu'au commerce avec les pays méditerranéens. Son principal instrument ? Les investissements dans les infrastructures, source de développement économique et de connectivités commerciale et humaine accrues — la Chine n'hésite pas à promettre 1 000 milliards de dollars d'investissement. Ports, aéroports, centrales hydrauliques, réseaux de télécommunications, elle espère profiter de la légende des routes de la soie pour accentuer sa présence en Eurasie et dans l'espace indo-pacifique. Pour Xi Jinping, il s'agit de renouer avec la grandeur mythique des dynasties impériales — il n'hésite pas à qualifier les Nouvelles routes de la soie de « projet du Siècle ».

Du Pakistan au Moyen-Orient, de la Grèce à la Malaisie, les candidats se pressent. Mais le projet rencontre aussi de fortes résistances et essuie de dures critiques. Tout d'abord, plus que d'investissement dans de nouvelles infrastructures, il s'agit le plus souvent de prises d'intérêt dans des infrastructures existantes ou de projets financés par des prêts contractés par l'État tiers auprès de créditeurs chinois. Au Pakistan, au Kenya, au Sri Lanka, au Cambodge, aux Maldives, à Djibouti, on commence à parler de risque de dette souveraine et de perte de contrôle possible sur ces infrastructures, comme c'est le cas pour le port d'Hambantota au Sri Lanka. Ensuite, la pandémie de la Covid-19 pose une question complexe sur l'avenir de la « connectivité ». Un retour à la normale est-il possible ? Dans un premier temps, si le commerce maritime continue de prospérer, les échanges internationaux et les récessions dans la plupart des nations qui confinent leur population relèguent au second plan les ambitions chinoises. En outre, de nombreux pays, échaudés par les interruptions de leurs approvisionnements en équipements médicaux au pic de la pandémie, s'intéressent désormais davantage à la recherche de sources alternatives, afin de limiter leur dépendance envers la Chine. Enfin, des alternatives émergent, en réponse à la Chine. Le Japon s'enorgueillit d'investir davantage que la Chine en Asie du Sud-Est, malgré les routes de la soie — un stock de 367 milliards en 2019, contre 255 milliards pour la Chine.

une priorité, et, pour reprendre leur langage, comme une nécessité dans la préservation de la « stabilité stratégique » du monde. Toutes deux perçoivent avec une inquiétude non feinte le déploiement par les États-Unis de défenses antimissiles qui fragilisent la crédibilité de leur dissuasion nucléaire. Elles y voient une tentative d'acquérir un avantage stratégique décisif qui permettrait aux États-Unis de dicter leurs termes à toutes les négociations internationales. Ce double substrat idéologique et stratégique est un moteur puissant pour le partenariat sino-russe au XXIe siècle [Duchâtel, 2019]. Depuis la réconciliation de 1989, la Russie a apporté à la Chine des bénéfices tangibles sur trois dossiers qui comptent énormément à Pékin : la sécurité énergétique, l'effort de défense et le maintien de la stabilité en Asie centrale.

En revanche, la Chine entretient avec l'Inde, autre grande puissance de l'Eurasie, une relation très conflictuelle, qui a basculé dans les accrochages militaires dans l'Himalaya au cours de l'année 2020. Pourquoi la Chine sacrifie-t-elle sa relation économique avec l'Inde pour des intérêts territoriaux en pleine pandémie ? Le choix de l'affrontement le long de la frontière envoie un message plus large à la communauté internationale sur la détermination de Xi Jinping à accepter la prise de risque et des coûts économiques pour imposer un bras de fer et vaincre dans le rapport de force.

Une puissance maritime en voie de mondialisation

En 2012, le PCC annonce l'objectif de transformer la Chine en « grande puissance maritime ». C'est un statut auquel la dynastie Ming (1368-1644) avait volontairement renoncé après les expéditions de Zheng He (1405-1433) dans l'océan Indien, jusqu'au canal de Mozambique et à la mer Rouge, et dans le Pacifique. Elles avaient démontré la supériorité de la construction navale et des techniques de navigation de la Chine impériale, mais aussi son manque d'intérêt à mener des politiques coloniales, se contentant d'établir des hiérarchies symboliques.

La Chine possède de nombreux atouts. Le commerce maritime a déjà enrichi les provinces côtières plus vite que le reste du pays, au point de faire de Shanghai le premier port du monde en trafic conteneur. Son produit intérieur brut (PIB) bleu, qui agrège l'ensemble de son économie maritime, est calculé à 9 % de son PIB, soit l'équivalent de l'économie du Mexique, la quinzième puissance mondiale. Dans les années 2010, l'investissement massif dans une marine de guerre de classe mondiale commence à porter ses fruits, avec une construction navale décrite en Chine comme une « production de raviolis » tellement elle est rapide — l'équivalent du tonnage de la marine française est mis sur l'eau tous les trois ans pendant cette décennie.

La résolution de la plupart de ses conflits frontaliers continentaux aboutit à placer le centre de gravité de la géopolitique chinoise sur les mers d'Asie orientale. La Chine se conçoit comme enfermée par la première chaîne d'îles qui perlent des Kouriles à Bornéo. Or le réseau d'alliances et de coopérations militaires des États-Unis structure aussi cette région, avec l'alliance nippo-américaine au cœur du dispositif. Les États-Unis maintiennent une présence navale et des vols de surveillance maritime au-dessus de la mer de Chine du Sud qui placent la base sous-marine de Hainan sous pression.

Mais le grand fait de la géopolitique de la Chine à partir des années Xi Jinping est la décision stratégique de se projeter au-delà de la première chaîne d'îles. En 2015, la Chine décide de construire sa première base navale à l'étranger, à Djibouti, alors que l'absence de bases était auparavant un marqueur fort de sa politique étrangère, qu'elle soulignait pour se distinguer des États-Unis et d'autres puissances. Djibouti existe pour contribuer à protéger les intérêts chinois au Moyen-Orient et dans la Corne de l'Afrique, mais aussi comme une expérience stratégique qui pourrait amener à la construction d'autres bases à l'avenir. Sur ce plan, la marine chinoise a un rôle particulièrement stratégique. Sa force de projection doit permettre à la Chine de défendre ses intérêts, par exemple sous la forme d'évacuations de ressortissants ou de présence dissuasive, partout sur les mers du globe. Cette dimension est essentielle à la vision de Xi Jinping pour la Chine en 2050 et suggère la recherche d'une parité avec les États-Unis.

Alors que la Chine de Xi Jinping poursuit un rêve de domination internationale, elle provoque la formation d'une coalition lâche visant à la contrebalancer dans une logique d'équilibre. Au sein de l'espace indo-pacifique, une vision géographique qui s'impose en partie en réaction à l'activisme chinois, l'Inde, l'Australie, les États-Unis, quelques pays européens attachent davantage d'importance à contrer les projets chinois dans un objectif de maintien de l'équilibre, afin d'éviter que des dépendances excessives à la dette chinoise ne créent un réseau d'États clients. Comment cette bipolarité croissante affectera-t-elle la coopération internationale ? L'intérêt supérieur de la lutte contre le changement climatique peut-il survivre à la compétition stratégique ? Ces deux questions structureront la géopolitique des décennies à venir.

Repères bibliographiques

CABESTAN J.-P. [2015], *La Politique internationale de la Chine. Entre intégration et volonté de puissance*, Paris, Presses de Sciences Po, 2e édition.

CHEN J. [2001], *Mao's China and the Cold War*, Chapel Hill, University of North Carolina Press.

DUCHÂTEL M. [2019], *Géopolitique de la Chine*, Paris, PUF, « Que sais-je ? ».

DUCHÂTEL M. et PARELLO-PLESNER J. [2015], *China's Strong Arm. Protecting Chinese Nationals and Assets Abroad*, Londres, Routledge/IISS Adelphi.

FRAVEL M. T. [2008], *Strong Borders, Secure Nation. Cooperation and Conflict in China's Territorial Disputes*, Princeton, Princeton University Press.

GERNET J. [1999], *Le Monde chinois*, Paris, Armand Colin, 5e édition.

GODEMENT F. et VASSELIER A. [2019], *La Chine à nos portes. Une stratégie pour l'Europe,* Paris, Odile Jacob.

Hérodote [2013], « Regards géopolitiques sur la Chine », n° 150.

HUANG Y. [2020], *Toxic Politics. China's Environmental Crisis and its Challenge to the Chinese State,* Cambridge, Cambridge University Press.

MANN J. [2008], *The China Fantasy. Why Capitalism Will Not Bring Democracy to China,* New York, Penguin Books.

27 / Inde : la voie étroite de l'autonomie stratégique

ISABELLE SAINT-MÉZARD

L'Inde indépendante a, pendant des décennies, activement promu les idéaux d'anti-impérialisme, de solidarité Sud-Sud et de non-alignement, tout en étant proche du bloc soviétique. Ces orientations ont néanmoins été remises en cause au début des années 1990, à la suite de la disparition du partenaire soviétique et du lancement d'un programme de réformes structurelles de l'économie indienne. Dans ses efforts d'ouverture et d'intégration au marché mondial, l'Inde s'est alors tournée vers les grands pôles de croissance économique, en Amérique du Nord, en Europe de l'Ouest et surtout en Asie orientale. Son engagement tiers-mondiste et anti-impérialiste d'antan s'est atténué à mesure qu'elle a choisi de se positionner comme un grand marché émergent.

Dans le même temps, l'Inde est restée fidèle à une idée essentielle léguée par ses pères fondateurs, recommandant de protéger sa marge de manœuvre internationale et d'éviter tout alignement contraignant, qui la rendrait trop dépendante d'un seul partenaire. Cette idée, qui s'est longtemps incarnée dans le non-alignement, s'est réinventée dans le principe d'« autonomie stratégique » et, depuis la moitié des années 2010, dans celui de multialignement. Cet attachement à l'autonomie a aussi impliqué d'assurer sa sécurité par ses propres moyens et, notamment, de refuser tout parapluie nucléaire d'un allié plus puissant. L'Inde a ainsi développé un programme nucléaire militaire en marge du régime de non-prolifération et s'est affichée comme État doté *de facto*, en procédant à cinq essais atomiques en 1998.

Si les principes de la politique extérieure ont été pensés par les dirigeants du Congrès national indien, parti historique qui a mené le pays vers l'indépendance et qui a tenu les rênes du pouvoir jusqu'aux années 1990, l'autre grande formation politique qui a gouverné à New Delhi n'y a pas vraiment dérogé. Cette autre formation politique est le Bharatiya Janata Party (BJP — Parti du peuple indien), issu de la mouvance idéologique du nationalisme hindou et situé à droite du spectre politique indien (le Congrès étant de centre gauche). Le BJP a imposé une première alternance entre 1998 et 2004, avant de devenir le parti dominant de la scène politique indienne, sous la houlette de Narendra Modi, Premier ministre de 2014 à 2019, reconduit à son poste en mai 2019. Tout en s'inscrivant dans une certaine continuité sur le plan extérieur, Narendra Modi a favorisé un nationalisme exacerbé, qui s'est traduit par une posture intransigeante face aux voisins problématiques que sont le Pakistan et la Chine.

Un voisinage difficile, voire hostile

L'Inde a toujours dû composer avec un environnement immédiat difficile, historiquement marqué par l'hostilité du Pakistan. Mais c'est la Chine désormais qui, plus encore que le Pakistan, constitue son plus grand défi stratégique.

L'hostilité historique entre l'Inde et le Pakistan

Le conflit qui oppose l'Inde au Pakistan a commencé avant même leur indépendance (1947), dans la rivalité entre le Congrès national indien et la Ligue musulmane, le premier préconisant un seul État pour succéder à l'Empire des Indes britanniques, quand la seconde réclamait une entité politique séparée pour les musulmans du sous-continent. La tragédie de la partition en 1947 et le différend sur le Cachemire, concrétisé par une première guerre dès 1947-1948, ont fait que les deux États sont nés dans des circonstances traumatisantes et conflictuelles. Ils ont ensuite vécu l'essentiel de leur histoire dans un rapport d'hostilité et se sont affrontés au travers de deux autres guerres, en 1965 et 1971, et de nombreuses crises.

Dans les années 1990, deux autres paramètres — le terrorisme et le nucléaire — se sont ajoutés au conflit. Plutôt que de conduire une nouvelle guerre contre l'Inde, l'armée pakistanaise a laissé des milices islamistes armées combattre les forces indiennes déployées au Jammu-et-Cachemire. Ces milices ont, de fait, conduit une guerre d'attrition très dure au Cachemire sous contrôle indien, durant la décennie 1990. Puis, à partir du début des années 2000, les plus radicales d'entre elles ont perpétré des attentats terroristes sur l'ensemble du territoire indien. En retour, l'Inde a tenté par des moyens tantôt coercitifs, tantôt incitatifs d'obtenir des autorités pakistanaises qu'elles démantèlent les réseaux terroristes anti-indiens, mais sans grand résultat. Cette impuissance face à la menace terroriste l'a d'autant plus exaspérée que la nucléarisation du Pakistan (intervenue juste après celle de l'Inde en 1998) a rendu très risquée l'option de représailles militaires à la suite d'un attentat terroriste de grande ampleur. L'Inde redoute, en effet, qu'une guerre conventionnelle ne conduise à une escalade militaire et, ultimement, au seuil nucléaire.

Faute d'éradiquer ce fléau, l'Inde a fait de la lutte contre le terrorisme un dossier prioritaire de sa diplomatie et une condition *sine qua non* pour accepter de dialoguer avec le Pakistan. Le Premier ministre Modi s'est montré intransigeant en la matière et, sous son premier mandat (2014-2019), le dialogue bilatéral a été quasiment réduit à néant. De surcroît, lorsque l'Inde a subi les attaques de groupes terroristes basés au Pakistan, Narendra Modi a ordonné des expéditions punitives contre son voisin [Racine, 2019]. Les armées indiennes ont ainsi conduit une opération commando du côté pakistanais de la frontière qui a fait suite à l'attaque d'une base aérienne en 2016. De façon plus risquée, elles ont commis des frappes aériennes sur des camps terroristes au Pakistan (à Balakot), début 2019, après un attentat contre un bus de paramilitaires au Jammu-et-Cachemire. La bataille aérienne qui s'est ensuivie entre Indiens et Pakistanais a été courte, elle n'en a pas moins alerté la communauté internationale. Sur le plan intérieur, ces frappes punitives ont fortement accru la popularité de Narendra Modi et ainsi aidé à la victoire du BJP aux élections législatives de mai 2019.

Le dossier irrésolu de la frontière avec la Chine

L'Inde et la Chine n'ont jamais réussi à s'accorder sur leur longue frontière himalayenne (près de 3 500 km). La guerre éclair de 1962, liée à cette question, n'a fait qu'ajouter à leur différend, en plus d'infliger une débâcle mémorable côté indien. Dans les années 1990 néanmoins, les deux voisins ont décidé d'instaurer un *statu quo* sur les zones frontalières, de mettre leur différend territorial à l'arrière-plan et de coopérer en matière économique. Cette approche a porté ses fruits. Sans faire disparaître la méfiance réciproque, les deux pays ont noué d'étroits liens commerciaux, et la Chine est même devenue le premier partenaire commercial de l'Inde à partir de 2008 [Krishnan, 2020].

Le différend frontalier est pourtant revenu au premier plan. À partir de la moitié des années 2000, la Chine a durci ses revendications territoriales, et ses troupes ont multiplié les transgressions dans les zones frontalières. Les soldats indiens ont, à leur tour, renforcé leur surveillance de ces zones, augmentant d'autant les risques de se retrouver face à face avec les troupes chinoises. Dans certains cas, lors d'une « rencontre », aucune des deux parties ne voulant céder du terrain sur ce qu'elle estimait être son territoire, les face-à-face ont duré plusieurs semaines, comme en 2013 et 2014. Surtout, à chaque incident, la tension est montée d'un cran. Un premier pic a été atteint lors de l'incident de Doklam de 2017 (voir encadré *infra*). Quant à la crise frontalière qui a éclaté en 2020 dans le contexte troublé de la pandémie de Covid-19, sa gravité est telle que la relation bilatérale dans son ensemble devrait en rester fragilisée bien après sa résolution. L'Inde s'est, d'ailleurs, engagée d'ores et déjà dans un difficile processus de découplage économique avec la Chine, en renforçant les contrôles sur les investissements en provenance de ce pays, notamment dans les secteurs du numérique et des infrastructures.

La Chine, premier défi stratégique de l'Inde

Si l'Inde a pendant longtemps vu le Pakistan comme son principal défi de sécurité, c'est aujourd'hui la Chine qui l'inquiète le plus. En tout état de cause, Chine et Pakistan sont plus proches que jamais. Leur amitié, qui a débuté dans les années 1960 et qui a longtemps privilégié la coopération militaire, s'est enrichie d'une nouvelle dimension, avec le lancement en 2013 du grand projet de Couloir économique Chine-Pakistan (CECP), reliant Kashgar (Xinjiang) à Gwadar (Baloutchistan). L'Inde s'est vivement opposée au CECP car, de son point de vue, il viole ses intérêts de souveraineté. Le projet passe en effet par le Gilgit-Baltistan, une région du Cachemire qui est sous le contrôle du Pakistan, mais qu'elle revendique.

Le resserrement des liens sino-pakistanais conduit ainsi l'Inde à voir son conflit avec le Pakistan de plus en plus à l'aune de sa rivalité générale avec la Chine, comme l'explique l'ancien haut diplomate Shivshankar Menon [2020, p. 16] : « Le problème de l'Inde avec le Pakistan est désormais, pour bonne part, un problème avec la Chine, car c'est la Chine qui renforce les capacités pakistanaises, en l'aidant à talonner l'Inde à chaque étape de ses avancées nucléaires, en construisant sa défense et en s'engageant à long terme dans le Corridor économique Chine-Pakistan. »

Au-delà du Pakistan, c'est la présence grandissante de la Chine en Asie du Sud qui inquiète l'Inde. Le Népal, le Bangladesh, le Sri Lanka et les Maldives ont, certes, toujours joué la carte chinoise pour contrebalancer une influence indienne jugée écrasante. Mais, jusqu'au tournant des années 2000, l'Inde gardait une influence prééminente dans sa région. Or celle-ci est désormais mise à mal car la Chine s'impose souvent comme le premier partenaire des pays d'Asie du Sud (à l'exception du Bhoutan) en matière d'aide au développement, d'investissements et d'échanges commerciaux, ainsi que de transferts d'armes.

Le sentiment de rivalité est très vif concernant les États insulaires du Sri Lanka et des Maldives, où l'Inde et la Chine se disputent les faveurs des dirigeants, les contrats d'infrastructures et l'accès à des sites qui pourraient servir de points d'appui militaires. C'est, plus généralement, l'océan Indien dans son ensemble qui fait l'objet d'une lutte d'influence. L'Inde, qui entend jouer un rôle prééminent dans cet espace, voit avec réticence la présence chinoise s'y déployer, que ce soit par l'intermédiaire de projets portuaires (Gwadar au Pakistan, Kyaukphyu en Birmanie, Hambantota au Sri Lanka), d'une première base militaire outremer (inaugurée en 2017 à Djibouti) ou de ses navires de guerre qui y croisent constamment.

L'Inde a ainsi refusé de participer au grand projet chinois des nouvelles routes de la soie lancé en 2013, d'abord parce qu'il intègre le CECP, inacceptable au regard de ses intérêts de souveraineté, et ensuite parce que son volet maritime promet une présence encore plus forte de la Chine dans l'océan Indien, ce qu'elle ne peut se résoudre à cautionner. Le contexte inédit de la pandémie de Covid-19 n'a pas changé cette dynamique de rivalité généralisée, bien au contraire. L'image de la Chine s'est encore détériorée aux yeux de bien des Indiens et, surtout, les deux États ont rivalisé d'influence pour déployer une diplomatie sanitaire auprès des pays affectés en Asie du Sud et dans l'océan Indien.

Un partenariat toujours plus étroit avec les États-Unis

Le rapprochement stratégique avec les États-Unis constitue sans nul doute le développement le plus marquant du nouveau positionnement géopolitique de l'Inde en ce début de XXIe siècle. Les élites stratégiques indiennes semblent, en effet, de plus en plus convaincues que seule une relation forte avec les États-Unis permettra à leur pays de s'imposer comme une puissance majeure en Asie tout en contenant l'influence chinoise.

La construction du partenariat stratégique

Historiquement, l'Inde a eu avec les États-Unis une relation qui, sans être hostile, était empreinte de méfiance, ce pays étant d'abord et avant tout, de son point de vue, un allié du Pakistan. Cette relation a néanmoins été transformée à la suite des essais nucléaires de 1998. Outragée par ces essais, l'administration Clinton a alors engagé un dialogue spécial avec l'Inde, dans l'espoir de la convaincre de limiter son programme nucléaire militaire. Ironiquement, ce dialogue de deux ans et demi a surtout permis aux deux États de découvrir qu'ils avaient dans leurs perceptions stratégiques bien plus en commun qu'ils ne le pensaient, notamment une même hantise du terrorisme et de mêmes inquiétudes concernant la Chine. Dès l'année 2000, le président Clinton effectue une visite réussie en Inde. Son successeur républicain, George W. Bush, est encore plus enthousiaste à l'idée de promouvoir un rapprochement avec l'Inde, cela d'autant plus que son administration se montre méfiante envers la Chine.

Les deux administrations du président Bush (2000-2008) se consacrent ainsi à construire les bases du rapprochement stratégique avec l'Inde. La coopération progresse vite dans le domaine de la défense, où les deux États multiplient les dialogues de haut niveau et les exercices conjoints. Durant son second mandat (2004-2008), le président Bush et son homologue, le Premier ministre Singh (2004-2014), travaillent de concert à un grand projet, conçu comme la pierre angulaire du partenariat stratégique en construction. Il s'agit pour eux de démanteler le régime de sanctions empêchant les transferts de technologies duales vers l'Inde, et donc de convaincre la communauté internationale d'autoriser la reprise de la coopération dans le nucléaire civil avec elle. George W. Bush et Manmohan Singh arrivent à leurs fins en 2008, et l'Inde bénéficie depuis d'un statut « sur mesure » au regard du régime de non-prolifération.

Même s'il a joué un rôle majeur dans le resserrement des liens avec les États-Unis, le Premier ministre Singh a toujours évité un alignement trop marqué avec la puissance américaine pour ne pas alarmer la Chine. Narendra Modi n'a, lui, pas montré la même inhibition. Dès l'été 2016, il proclame devant le Congrès américain : « Notre relation a aujourd'hui surmonté les hésitations de l'histoire », comme pour annoncer un rapprochement accéléré [Modi, 2016]. De fait, la coopération de défense s'intensifie, notamment pour améliorer l'interopérabilité entre armées et faciliter l'acquisition par l'Inde des armements américains les plus avancés. En 2018, les deux États lancent un « dialogue 2 + 2 », associant leurs chefs de la diplomatie et de la défense. Ce dialogue est devenu le mécanisme moteur pour faire avancer le partenariat et surmonter les points de discorde, liés notamment à la politique commerciale de l'administration Trump et aux restrictions qu'elle a imposées sur la délivrance de visas pour les ingénieurs indiens qualifiés souhaitant travailler aux États-Unis.

Le partenariat stratégique indo-américain bénéficie d'un soutien bipartisan aux États-Unis comme en Inde. L'arrivée de Joe Biden à la Maison-Blanche ne devrait donc pas changer sa dynamique générale, même si l'Inde est traditionnellement plus méfiante à l'égard des administrations démocrates. Celles-ci affichent en effet une plus grande sensibilité aux sujets liés aux droits de l'homme, à la liberté religieuse et à la situation du Cachemire, c'est-à-dire à des questions qui, du point de vue indien, relèvent exclusivement de ses affaires intérieures.

L'inscription dans l'Indo-Pacifique

L'un des aspects les plus importants du partenariat indo-américain est qu'il contribue à une convergence de vues et d'approches sur le maintien de la sécurité en Asie. En 2015, le Premier ministre Modi et le président Obama ont ainsi signé la déclaration *Vision stratégique conjointe pour l'Asie-Pacifique et la région de l'océan Indien*, annonçant une coopération bilatérale accrue pour œuvrer en faveur de la paix et de la sécurité en Asie. Sous l'administration Trump, l'Inde et les États-Unis ont privilégié le nouveau cadre de l'Indo-Pacifique « libre et ouvert », en se fixant pour objectifs d'y défendre la liberté de navigation et d'y inciter la Chine à se comporter de façon moins unilatérale. En somme, même si elle a évité de développer un discours aussi antichinois que celui de l'administration Trump, l'Inde s'est encore rapprochée des États-Unis et de leur stratégie générale pour l'Asie. L'adoption du concept d'Indo-Pacifique par ces deux États a bien traduit leur volonté d'inscrire leur action dans un cadre géopolitique commun pour mieux se positionner face à la Chine, à ses projets de nouvelles routes de la soie comme à ses actions d'intimidation contre ses voisins.

Le partenariat stratégique avec les États-Unis a aussi conduit l'Inde à se rapprocher de leurs alliés en Asie, lesquels se sont aussi révélés être des promoteurs du concept d'Indo-Pacifique. Le Japon est ainsi devenu un très proche partenaire. Les affinités personnelles entre les Premiers ministres Modi et Abe ont, il est vrai, aidé à développer les liens dans le domaine économique (l'Inde est le premier récipiendaire de l'aide au développement nippone), mais aussi de la défense. Le réchauffement des relations avec l'Australie a été plus tardif, mais il s'est finalement concrétisé sous le premier mandat de Narendra Modi (2014-2019). En développant ces partenariats, l'Inde a ainsi contribué à entretenir l'idée d'une coalition des démocraties maritimes asiatiques ou de Dialogue quadrilatéral de sécurité (Quad). Une première expérimentation a été menée en ce sens dès 2007, sous forme de manœuvres navales et de consultations entre les États-Unis, le Japon, l'Australie et l'Inde, avant que la Chine ne s'interpose et n'exige de l'Australie et de l'Inde qu'elles se retirent du projet.

L'idée d'un Quad n'a cependant pas disparu. Tout en veillant à ne pas provoquer la Chine, l'Inde a expérimenté des formats trilatéraux alternatifs, d'abord et surtout avec les États-Unis et le Japon, et, dans une moindre mesure, avec le Japon et l'Australie. Puis elle a finalement accepté de réactiver le Quad, d'abord dans son volet diplomatique

(2017), ensuite dans son volet naval (2020). Les quatre États ont ainsi organisé d'imposantes manœuvres navales dans le golfe du Bengale et en mer d'Arabie fin 2020. La grave crise frontalière qui a opposé l'Inde à la Chine en 2020 semble avoir clairement incité l'Inde à prendre l'option d'un renforcement des liens avec ses partenaires du Quad.

Multilatéralisme, multialignement et multipolarité

Les responsables politiques indiens soulignent régulièrement leur attachement au multilatéralisme, à la multipolarité et, depuis peu, au multialignement. Ces trois thèmes rappellent, chacun, que l'Inde veut se présenter comme une puissance fiable et responsable sur la scène internationale, tout en veillant à défendre ses intérêts nationaux et à s'affirmer comme un grand pôle en Asie et au-delà.

Un multilatéralisme à la carte ?

L'Inde a toujours professé son attachement au multilatéralisme, même si elle n'a pas hésité à refuser de prendre des engagements internationaux importants, notamment dans le cadre du régime de non-prolifération et de la lutte contre le changement climatique. Elle n'a d'ailleurs assoupli sa position sur ces deux dossiers qu'après avoir réussi à protéger ses intérêts nationaux [Nachiappan, 2020]. Elle a ainsi rejoint l'accord de la conférence de Paris pour le climat fin 2015, parce que les parties s'y engageaient à des obligations « déterminées au niveau national » (et non plus international). De même avec le régime de non-prolifération. Après avoir obtenu un statut spécial en tant qu'État doté *de facto*, elle a rejoint divers mécanismes de contrôle des exportations de technologies sensibles (tels le groupe Australie, l'arrangement de Wassenaar et le régime de contrôle de la technologie des missiles ; son entrée au Groupe des fournisseurs nucléaires a, en revanche, été bloquée par la Chine).

Membre fondateur de l'Organisation des Nations unies (ONU), l'Inde réclame par ailleurs une place au Conseil de sécurité et argue, pour ce faire, de son poids démographique et de sa contribution en hommes aux opérations de maintien de la paix. L'Inde est aussi un membre actif du G20 et, depuis la fin des années 2020, elle est même à l'initiative de nouvelles institutions multilatérales, telles l'Alliance solaire internationale, lancée conjointement avec la France en 2018, pour promouvoir le recours massif à cette énergie renouvelable (plus de quatre-vingts États en sont signataires) et la Coalition pour une infrastructure résiliente aux catastrophes, créée en 2019 en collaboration avec les organismes spécialisés des Nations unies (une petite vingtaine d'États en sont membres). Ces deux organisations intergouvernementales sont d'ailleurs basées à New Delhi. En 2019, l'Inde a aussi rejoint l'Alliance pour le multilatéralisme, un groupe informel qui réunit, à l'initiative de la France et de l'Allemagne, des États animés d'un même souhait de réaffirmer la primauté du respect du droit international et la centralité des institutions multilatérales.

Intérêts et limites du multialignement

Pour l'Inde, le multialignement consiste à coopérer avec divers grands partenaires sur des agendas différents et à tirer le meilleur de ces relations à géométrie variable. L'Inde a, dans ce cadre, resserré ses liens avec l'Union européenne, un partenaire avec lequel elle partage une même préférence pour un monde multilatéral fondé sur des règles, avec l'ONU et l'Organisation mondiale du commerce (OMC) en son cœur. En 2020, les deux parties ont lancé un dialogue de sécurité maritime et se sont engagées à explorer les possibilités de développer la connectivité dans l'Indo-Pacifique. Elles ont même envisagé de rouvrir les négociations les plus épineuses de leur partenariat, portant sur un accord de libre-échange (commencées en 2007, ces négociations ont été suspendues en 2013). Parmi les pays européens, la France s'est imposée, de l'aveu même du ministre indien des Affaires étrangères, comme un « partenaire stratégique critique » [Jaishankar, 2019]. La coopération bilatérale recouvre d'importants dossiers pour l'Inde (vente d'armes, lutte contre le terrorisme, projets spatiaux et approche coordonnée de la sécurité dans l'océan Indien, entre autres choses).

La Russie est aussi un interlocuteur essentiel pour maintenir l'objectif d'autonomie stratégique ou de multialignement. Ce pays est d'abord un fournisseur incontournable pour des armées indiennes dont les matériels sont encore à 70 % d'origine russe. Il produit, de surcroît, des armes de tout premier ordre, tel le système de défense antiaérienne et antimissile S-400, que l'Inde a acquis au mépris des menaces de sanctions américaines. Il fournit aussi des technologies qu'aucun autre grand partenaire ne partage. La Russie a en effet aidé l'Inde à concevoir ses sous-marins nucléaires lanceurs d'engins (deux ont déjà été mis en opération) en plus de lui louer un sous-marin nucléaire d'attaque.

Dans le champ diplomatique, l'amitié avec la Russie a conduit l'Inde à participer à des consultations trilatérales régulières avec la Chine depuis la fin des années 1990. En l'espèce, le triangle Russie-Inde-Chine (RIC) a, pour New Delhi, surtout une valeur symbolique car il permet de faire pendant au Quad. La participation de l'Inde au forum des BRICS (Brésil, Russie, Inde, Chine, Afrique du Sud) relève de la même logique : New Delhi y cultive l'amitié de la Russie dans un cadre multilatéral, tout en rééquilibrant un positionnement qui, autrement, pencherait trop du côté des États-Unis et leurs alliés. Le multialignement a néanmoins des limites, car l'Inde constate avec préoccupation que son partenaire russe se rapproche toujours plus de la Chine, et même du Pakistan, à mesure qu'elle-même consolide sa coopération avec les États-Unis.

Le Moyen-Orient fournit peut-être un exemple plus convaincant du multialignement indien. New Delhi y poursuit en effet une politique d'amitié à la fois avec Israël, l'Iran et l'Arabie saoudite, en restant toujours à distance des conflits propres aux relations entre ces trois pays. Si son étroite coopération avec Israël et l'Iran date des années 1990 et répond à des enjeux différents (technologies militaires pour le premier, approvisionnement en énergie et accès à l'Afghanistan pour la seconde), le rapprochement avec l'Arabie saoudite est à mettre au crédit du gouvernement Modi. En l'espèce, il vise à sécuriser les approvisionnements en pétrole, à améliorer les conditions de travail des expatriés indiens dans ce pays et, de façon plus stratégique encore, à saper la vieille amitié pakistano-saoudienne.

Un grand pôle pourvoyeur de connectivité et de sécurité ?

L'Inde se voit comme un grand pôle international, jouant un rôle déterminant dans le maintien de la sécurité et le développement de la connectivité sur son vaste pourtour régional. Cette vision ambitieuse vise d'abord l'océan Indien. Dès 2015, le Premier ministre Modi y a proposé le concept SAGAR (*Security and Growth for All in the Region*, *sagar* signifiant « mer » en hindi) et a accru l'aide au développement à destination des États insulaires de l'océan Indien. Mais ce sont surtout les forces armées indiennes qui y jouent un rôle de premier plan, du fait de leurs multiples opérations partout dans cet espace (au titre notamment de missions de surveillance des routes maritimes, de programmes de formation de personnels militaires et d'opérations d'assistance humanitaire et de secours d'urgence).

En matière de connectivité, l'Inde concentre ses efforts sur son flanc oriental, les possibilités sur le front occidental étant, en tout état de cause, bloquées par le conflit avec le Pakistan. L'Inde construit des corridors de transport avec le Népal et le Bhoutan, et surtout avec le Bangladesh et la Birmanie en vue de développer des axes de communication jusqu'à la Thaïlande, voire à terme jusqu'au Vietnam. Elle débourse à ce titre une aide importante en faveur du Bangladesh et de la Birmanie. Ses efforts de connectivité vers l'Asie centrale ont bien plus de mal à aboutir. Pour contourner le Pakistan et gagner un accès à l'Afghanistan et à l'Asie centrale, l'Inde a misé

Le conflit frontalier sino-indien

ISABELLE SAINT-MÉZARD

Le conflit frontalier sino-indien se répartit en deux grands secteurs. À l'ouest, l'Inde réclame l'Aksai Chin, un haut plateau désertique de 38 000 km^2 contrôlé par la Chine. À l'est, la Chine revendique 90 000 km^2 intégrés à l'État indien de l'Arunachal Pradesh. Les deux voisins sont séparés par une ligne de contrôle effectif qui, faute d'être entièrement démarquée, crée une situation propice aux malentendus entre leurs troupes sur le terrain.

Les zones frontalières ont bénéficié d'un calme relatif de la fin des années 1980 à la fin des années 2000. Mais la modernisation de l'Armée populaire de libération et le développement massif d'infrastructures de transport au Tibet chinois, symbolisé par l'ouverture de la ligne ferroviaire Golmud-Lhassa (2006) et Lhassa-Shigatsé (2014), ont alerté l'Inde. Dès le tournant des années 2010, celle-ci a réactivé des petites bases aériennes très proches de la ligne de contrôle effectif, en plus de renforcer ses capacités de défense et d'améliorer son réseau routier aux abords des zones frontalières.

Ces développements ont conduit à des face-à-face militaires de deux à trois semaines en 2013 et en 2014, puis à des incidents plus préoccupants en 2017 et 2020. La crise de Doklam, en 2017, s'est déroulée sur une zone frontalière non démarquée entre la Chine et le Bhoutan, par ailleurs située à proximité du territoire indien. Elle a éclaté quand l'armée indienne est intervenue au Bhoutan (à sa demande) pour empêcher la Chine de construire une route qui, selon Thimphu, empiétait sur son territoire et qui, surtout, s'avançait dangereusement vers le couloir de Siliguri, un territoire indien difficile à défendre. Au terme d'un face-à-face tendu de plus de deux mois, l'Inde et la Chine ont réussi à sortir de la crise. Mais, parce qu'elle se serait laissé prendre par surprise face à la rapidité et la détermination de l'intervention indienne, la Chine aurait depuis opté pour une posture bien plus ferme sur le différend frontalier.

La crise qui a débuté en avril 2020 présente, de fait, un caractère aggravé, en raison de son ampleur, de sa durée et de l'agressivité inédite des troupes sur le terrain. Pour la première fois depuis quarante-cinq ans, des soldats ont perdu la vie dans des échauffourées (l'Inde a perdu vingt hommes, la Chine n'a pas communiqué le nombre de ses pertes) ; les face-à-face se sont multipliés dans tout le secteur ouest, et les deux voisins ont mobilisé près de 50 000 soldats de chaque côté des zones frontalières au niveau du Ladakh et de l'Aksai Chin. Au neuvième mois de la crise (janvier 2021), ils peinaient toujours à trouver les conditions d'un désengagement.

sur le développement du port de Chabahar en Iran. Mais l'avenir du partenariat indo-iranien reste incertain. À défaut, l'Inde a rejoint l'Organisation de coopération de Shanghai en 2017, en même temps que le Pakistan, dans l'espoir de s'arrimer à l'espace continental eurasiatique et de resserrer les liens avec les républiques centrasiatiques.

En dépit de ses efforts pour s'affirmer en pourvoyeur d'aide et de développement, l'Inde est bien loin d'égaler la Chine et son mégaprojet des nouvelles routes de la soie. Il n'y a guère que l'océan Indien où elle peut encore espérer concurrencer la présence chinoise, surtout si elle est appuyée en cela par ses partenaires américains, japonais, australiens et européens.

Si les élites dirigeantes indiennes s'accordaient depuis longtemps déjà sur l'idée que la Chine constituait leur grand rival stratégique, elles estimaient néanmoins que les risques de conflit militaire avec ce voisin restaient limités, ou en tout état de cause bien moins élevés qu'avec le Pakistan. L'aggravation des tensions frontalières depuis la crise de Doklam en 2017 et le basculement dans la violence depuis juin 2020 ont sérieusement altéré cette évaluation, et la menace militaire chinoise n'a jamais semblé aussi « apparente et réelle » [Hooda et Jacob, 2020]. Dans le même temps, la situation sur la ligne de contrôle face au Pakistan a, elle aussi, continué de se dégrader, avec des violations du cessez-le-feu toujours plus fréquentes. Même si le gouvernement Modi cultive un chauvinisme belliciste qui donne l'impression à de nombreux Indiens que leur pays n'a jamais été aussi fort face à ses ennemis, beaucoup au sein de la communauté stratégique craignent de voir le scénario tant redouté du double front — face au Pakistan et à la Chine — se réaliser. Sur le plan diplomatique, la dégradation marquée des relations avec la Chine a conduit l'Inde à se tourner toujours plus vers des partenaires considérés comme « de confiance », donc à renforcer les liens avec les États-Unis et leurs alliés en Asie, ainsi qu'à réactiver le Quad. Cette orientation soulève néanmoins deux questions de fond. La première pourrait se formuler comme suit : comment s'aligner toujours plus avec les États-Unis, sans amoindrir sa propre marge de manœuvre internationale, ni déroger au principe essentiel d'autonomie stratégique ou de multi-alignement ? La seconde touche à la singularité géographique de l'Inde, dont le territoire s'avance profondément dans l'océan Indien, tout en s'encastrant, au nord, dans l'espace continental asiatique. En s'engageant toujours plus auprès des États-Unis et de leurs alliés en Asie, et même d'un très proche partenaire comme la France, l'Inde se positionne comme une puissance maritime incontournable dans l'espace indo-pacifique. Mais ces partenariats et coalitions sur le théâtre océanique de l'Indo-Pacifique pourront-ils l'aider à défendre sa sécurité sur ses frontières continentales himalayennes, lesquelles sont redevenues son front prioritaire ?

Repères bibliographiques

HOODA D. S. et JACOB H. [2020], « Dealing with India's two-front challenge », *The Hindu*, 29 décembre.

JAISHANKAR S. [2019], *External Affairs Minister's Speech at the 4th Ramnath Goenka Lecture*, 14 novembre.

KRISHNAN A. [2020], « Following the money : China Inc.'s growing stakes in India-China relations », *Brookings India Impact Series*, mars.

MENON S. [2020], « India's Foreign Affairs strategy », *Brookings India Impact Series*, mai.

MODI N. [2016], *Prime Minister's Remarks at the U.S. Congress*, 8 juin.

NACHIAPPAN K. [2020], « Redirecting multilateralism : will India seize the opportunity ? », *Heinrich-Böll-Stiftung*, 15 janvier.

RACINE J.-L. [2019], « Y a-t-il une géopolitique du nationalisme hindou ? », *Hérodote*, n° 173, p. 7-28.

28 / Afrique : maillon faible de la mondialisation ou puissance en puissance ?

Géraud Magrin

La géopolitique du continent africain est indissociable de l'histoire de son intégration asymétrique dans la mondialisation, dans le cadre de la première mondialisation et de la traite à l'époque moderne, de la colonisation européenne (fin XIXe siècle-charnière des années 1960) puis des dynamiques ultérieures marquées par la guerre froide et, depuis la décennie 1990, par la mondialisation contemporaine. Les structures économiques et territoriales en portent les stigmates. Les premières sont marquées par l'extraversion : les économies africaines demeurent globalement, soixante ans après les indépendances, tributaires de l'exportation de matières premières brutes et sont très vulnérables aux variations de leurs prix. Les secondes sont caractérisées par la fragmentation politique en cinquante-quatre États, aux histoires souvent marquées par l'instabilité, voire la violence, et par les difficultés de l'intégration régionale. Le mal-développement en résulte : en 2020, l'Afrique compte trente-deux des quarante-six pays moins avancés (PMA) définis par les Nations unies, et les données du développement y sont, quels que soient les indicateurs, les plus faibles du monde [Magrin *et al.*, 2018].

Ces faits ont des conséquences géopolitiques. Les faiblesses internes exposent à l'influence des autres [Hugon, 2006] et le continent africain, depuis longtemps, apparaît comme un horizon possible d'affirmation internationale pour une grande diversité d'acteurs. Cela n'exclut cependant jamais une marge d'autonomie des acteurs politiques africains et une importante variété de leurs interactions avec ces puissances [Whitaker et Clark, 2018]. Les relations extérieures sont aujourd'hui dominées par l'aide au développement, des investissements centrés sur l'exploitation des ressources naturelles et les infrastructures, des interventions militaires et humanitaires. Depuis le début des années 2000, l'irruption massive de la Chine et d'autres pays émergents en Afrique a complexifié ce système de relations, sans faire disparaître les anciens partenaires occidentaux (Europe, Amérique du Nord). En interne, la stabilité des États est relative et leur souveraineté parfois contestée par des groupes armés aux motivations variables. Les puissances africaines sont limitées dans leur influence régionale par de profondes faiblesses intérieures. En Afrique plus qu'ailleurs, la puissance est relative, l'influence partagée. La « puissance de la faiblesse » [Badie, 2018] s'exerce.

Des dynamiques récentes modifient ce tableau : on observe depuis les années 2000 des progrès de l'intégration régionale, l'émergence de marchés intérieurs liée à la puissante poussée démographique et urbaine, à la progressive densification des infrastructures, et des prémices de diversification économique favorisés par la diffusion du numérique. Comment les interpréter ? Une bascule de l'Afrique sur le versant asiatique de la mondialisation, dans le sillon de l'émergence chinoise, constituerait-elle autre chose qu'un changement de partenaire dominant dans une matrice impérialiste inchangée, synonyme de dépendance et de vulnérabilité accrue, alors que la vigueur de la croissance démographique et la violence du changement climatique promettent des chocs internes majeurs ? Ou bien ces dynamiques peuvent-elles provoquer de profonds changements qualitatifs internes, qui verraient la montée en puissance de quelques pôles africains moteurs appuyer l'émergence d'une nouvelle puissance mondiale, fondée sur le potentiel démographique de ses 2,5 milliards d'habitants en 2050 ?

Les bases de la puissance/l'impuissance : un continent aux vulnérabilités multiformes

Sédimentation nationale de sociétés sous tension

Entre 1957 et 1962, la plupart des pays africains accèdent à la souveraineté internationale — les décolonisations s'achevant avec l'indépendance de la Namibie en 1990. Les cinquante-quatre États africains actuels sont, à deux exceptions près (Liberia, Éthiopie), le produit territorial d'une histoire coloniale. À la fin du XIXe siècle, le continent africain a en effet été l'objet d'une rivalité opposant sept puissances européennes (Royaume-Uni, France, Allemagne, Belgique, Portugal, Italie, Espagne). Elles y ont importé, avec les adaptations imposées par les (faibles) moyens administratifs et matériels disponibles, les conceptions de frontières linéaires exclusives qui avaient cours en Europe. Les indépendances ont rassemblé dans ces frontières des peuples divers (environ 2 000 langues sont parlées en Afrique).

Les jeunes États ont été sommés de donner naissance à des nations. Contre toute attente, des États-nations se sont consolidés. Quoi qu'on ait dit sur le caractère artificiel d'une statogenèse exogène à partir de frontières qui l'étaient tout autant, soixante ans d'indépendance ont forgé de puissants sentiments d'appartenance au territoire [Pourtier, 2002]. La culture souvent, une langue nationale parfois, le sport toujours, et notamment le football, y ont contribué, de même que le ciment fourni par une histoire nationale partagée, qu'elle soit irénique ou tragique.

Pour autant, l'Afrique demeure une des aires mondiales à plus forte sismicité politique. L'échec du projet de développement des années 1960, qui promettait une amélioration rapide des moyens d'existence, se lit dans la pauvreté de masse. Celle-ci est rendue insupportable par une croissance démographique d'une rapidité et d'une ampleur inédites. La transition démographique est lente au sud du Sahara : si la mortalité infantile baisse depuis les années 1950, la natalité ne fléchit que très lentement et demeure supérieure à cinq enfants par femme. Le solde naturel frôle 3 % par an, la population double en vingt ans. Deux tiers de la population ont moins de 20 ans. 25 millions de jeunes entrent en 2020 sur le marché du travail, d'après les prospectives des Nations unies. En Afrique australe et en Afrique du Nord, ces processus ont eu lieu plus tôt et la croissance démographique est moindre, mais le sous-emploi chronique des jeunes mine les sociétés.

Que les régimes politiques soient démocratiques ou autoritaires, les institutions sont fragiles. La pauvreté est d'autant plus mal acceptée que les inégalités ont explosé depuis 2000 et que le pouvoir demeure souvent gérontocratique, au niveau local comme au niveau national.

Dépendance et heurts d'une économie néolibérale extravertie

L'intégration de l'Afrique dans la mondialisation s'est opérée historiquement dans le cadre d'une extraversion fragilisant l'économie et les structures politiques : la traite esclavagiste, qui s'intensifie du XVIIe au XIXe siècle, a été relayée par une économie coloniale reposant sur l'exportation de matières premières brutes et l'importation de produits manufacturés. Les États indépendants ont prolongé ces trajectoires. Les sources de rente agricoles ou extractives ont été confortées, diversifiées. Il en résulte une forte exposition à la « malédiction des ressources naturelles » : dépendance et fragilités macroéconomiques, dysfonctionnements de gouvernance, conflits internes pour les rentes [Magrin, 2013].

L'industrialisation, qui devait sous-tendre le projet de développement des États indépendants, a échoué — à cause de l'exiguïté des marchés intérieurs, du coût de l'énergie, de l'absence de capitaux nationaux, de l'instabilité des cadres politico-institutionnels. Entre 1975 et 2013, d'après l'Organisation de coopération et de développement économiques (OCDE), la part du secteur industriel dans le produit intérieur brut (PIB) des pays subsahariens recule de 17,5 % à 10 % — elle passe dans le même temps de 13 % à 16 % en Afrique du Nord, et augmente fortement en Asie.

Les agricultures africaines ont répondu à l'augmentation de la demande alimentaire par l'extension des superficies cultivées. Or ce modèle est voué à muter du fait de la densification démographique et de la saturation foncière. Les mégapoles dépendent de manière croissante des importations alimentaires. Les émeutes de la faim de 2008 (Casablanca, Le Caire, Dakar, Ouagadougou, Abidjan, Douala, Maputo) illustrent leur vulnérabilité.

Durant les décennies 1980-1990, le ralentissement des économies occidentales s'est traduit par une baisse des cours des matières premières et par une crise profonde en Afrique. Incapables de rembourser leurs dettes, les États ont dû s'inscrire dans le « consensus de Washington » (1987). Leur accès à l'aide internationale était conditionné à des réformes pilotées par le Fonds monétaire international (FMI) et la Banque mondiale, visant à réduire la place de l'État dans l'économie et à promouvoir le secteur privé (libéralisation, privatisation). Les institutions de Bretton Woods et quelques autres acteurs (Union européenne, donateurs bilatéraux, grandes organisations non gouvernementales — ONG) jouent un rôle central dans l'élaboration de politiques publiques néolibérales.

À partir du début des années 2000, la tendance haussière du prix des matières premières et les cadres fiscaux attractifs favorisent des investissements dans l'agriculture et l'exploitation des ressources minérales. Ceux-ci ont pour origine autant les investisseurs occidentaux traditionnels que de nouveaux acteurs émergents (Chine, Inde, Brésil, pays du Golfe). Les acquisitions foncières à grande échelle, qualifiées de *land grabbing* par leurs détracteurs, culminent avant la crise financière de 2008. L'agriculture d'entreprise progresse au détriment d'agricultures familiales en crise.

Un *boom* extractif nourri par des investissements occidentaux et chinois dynamise les vieilles régions productrices (golfe de Guinée et Sahara pétroliers, Copperbelt de la RDC et de Zambie, bauxite de Guinée...) et en ouvre de nouvelles (pétrole du Soudan, Tchad, Ghana, Ouganda). Les mines d'or d'entreprises canadiennes se multiplient en Afrique de l'Ouest. Des Grands Lacs au Sahel atlantique, des ruées vers l'or, le diamant ou des minerais sollicités par le *boom* numérique mondial (coltan, cassitérite du Kivu) mettent en mouvement des millions de creuseurs artisanaux.

Le *land grabbing* : une nouvelle ruée vers l'Afrique ?

Géraud Magrin

La hausse des prix du pétrole et des matières premières déclenche des acquisitions foncières à grande échelle au début des années 2000, sur un continent présenté comme la dernière réserve mondiale de terres vacantes. Les acquéreurs sont divers : fonds souverains de pays pétroliers, entreprises publiques ou privées de pays émergents (Inde, Malaisie, Singapour, Chine, Afrique du Sud), transnationales du Nord. Les gouvernements africains les promeuvent au nom de la modernisation agricole pour la sécurité alimentaire, tout en convoitant de nouvelles rentes. Cette dynamique suscite de fortes oppositions de populations locales et d'ONG, qui dénoncent spoliation foncière et impacts multiples sur la sécurité alimentaire, l'emploi, l'environnement. À Madagascar, l'annonce d'un achat de terres par le Coréen Daewoo fait chuter le président Ravalomanana (2008-2009). Un petit nombre d'États concentrent l'essentiel des transactions, en nombre et en superficie. Il s'agit souvent de grands pays à gouvernement autoritaire, qui sécurisent ainsi des investissements étrangers (Angola, Mozambique, Soudan, République démocratique du Congo — RDC). Si de nombreuses annonces ne se concrétisent pas, la dynamique se poursuit au cours des années 2010. Des régulations naissent, comme l'initiative Landmatrix (2009) contre l'opacité des transactions, ou les directives volontaires sur la gouvernance foncière de la FAO (2012). Dans un continent en pleine poussée démographique, les enjeux fonciers sont au cœur des équilibres sociopolitiques.

Ces dynamiques sont ambivalentes. Elles se traduisent par des taux de croissance élevés jusqu'en 2014 (+ 5 % en moyenne), moins soutenus ensuite (2015-2020) [AFD, 2020], qui permettent aux États requinqués après les purges de l'ajustement structurel de piloter à nouveau leur développement. Mais cette croissance est faiblement inclusive : les inégalités explosent et les heurts sont nombreux entre les investisseurs mondialisés appuyés par les États et les institutions de Bretton Woods, et des populations pauvres, qui défendent leurs droits fonciers et leur accès aux ressources.

L'urbanisation (43,5 % des Africains vivent en ville en 2020, selon l'Organisation des Nations unies — ONU) voit progresser fortement le nombre de villes millionnaires, qui passe d'une en 1960 à soixante en 2020. Cependant, les métropoles africaines pèsent très peu à l'échelle mondiale : dans le classement *Global World Cities* (GaWC), qui prend en compte le rayonnement des villes (sièges mondiaux d'organisations publiques ou privées, activités financières, innovation et recherche, culture...), seule Johannesburg paraît dans les cinquante métropoles mondiales ; parmi les cent quarante et une premières villes, l'Afrique ne place que huit métropoles. Kinshasa est un gros village de près de 10 millions d'habitants presque sans influence au-delà de sa région administrative.

L'injustice climatique

Le continent africain est celui qui a émis et émet le moins de CO_2, mais il est celui qui sera le plus affecté par le changement climatique. D'une part, l'augmentation des températures et l'élévation du niveau marin, ainsi que les phénomènes extrêmes (sécheresses, inondations, cyclones) y seront particulièrement marqués. Le stress hydrique menace l'Afrique australe et l'Afrique du Nord. D'autre part, la vulnérabilité de populations pauvres — citadins des quartiers précaires, et ruraux dépendant des ressources naturelles — y sera d'autant plus forte que la capacité des États à gérer les aléas y est faible. Les risques pour l'agriculture et l'alimentation sont élevés : les rendements céréaliers moyens devraient baisser de 13 % d'ici 2050 en Afrique de l'Ouest et du Centre selon le scénario le plus pessimiste du Groupe d'experts intergouvernemental sur l'évolution du climat (Giec), alors que la population va doubler.

Encore peu influent dans les instances globales où l'on discute du changement climatique malgré de récents efforts pour y défendre des positions communes, le continent est censé bénéficier de programmes d'adaptation massifs d'un montant équivalent à l'aide au développement (environ 150 milliards de dollars par an). Ils tardent néanmoins à se concrétiser. Les initiatives destinées à capter la rente de l'adaptation au changement climatique — comme le projet panafricain de Grande Muraille verte lancé en 2007, qui vise à lutter contre la désertification par l'édification d'un bandeau arboré de Dakar à Djibouti, ou le projet de transfert d'eau interbassins destiné à la sauvegarde du lac Tchad, réactivé depuis 2010 — n'atteignent pas les résultats attendus. Ils achoppent autant sur la difficulté à convaincre les bailleurs de fonds internationaux de leur pertinence que sur les différences d'intérêts entre pays concernés pour soutenir ces projets.

Une géopolitique interne marquée par la fragmentation

Contestations territoriales et conflits

Les conflits de frontières sont dans l'ensemble peu nombreux étant donné le caractère récent et exogène de l'ensemble des frontières africaines. Quelques tentatives sécessionnistes ont avorté au prix de conflits sanglants largement internationalisés : Katanga au Congo en 1960-1965 (première intervention de l'ONU en Afrique) ; Biafra au Nigeria en 1967-1970 (création de Médecins sans frontières et naissance du champ moderne de l'humanitaire). D'autres ont réussi : séparation de l'Érythrée de l'Éthiopie en 1993 ; du Soudan du Sud du Soudan en

2011 — faisant perdre à Khartoum deux tiers de ses ressources pétrolières. Certaines sont dormantes, comme la rébellion casamançaise au Sénégal. D'autres ont été récemment réactivées, comme au Cameroun anglophone. Une grave crise s'y est déclarée fin 2016, la déclaration d'indépendance d'un État de l'Ambazonie répondant à l'intransigeance des autorités nationales face aux demandes d'autonomie et à la violence de la répression. Quelques différends frontaliers entre États ont été réglés à l'amiable ou avec l'appui de la Cour internationale de justice de La Haye : « guerre des pauvres » d'Agacher entre Mali et Burkina (1985) ; bande d'Aozou contestée par la Libye au nord du Tchad (1973-1994) ; frontières entre Cameroun et Nigeria (1993-2008).

Le cas du Sahara-Sahel est complexe : dans des États sahéliens pauvres ayant parfois maltraité les populations de leurs marges sahariennes, la région a été déstabilisée par le déplacement de maquis islamistes algériens à la fin des années 1990, par l'arrivée d'un trafic de cocaïne sud-américaine vers l'Europe au début des années 2000, puis par les conséquences de la chute du régime de Mouammar Kadhafi en Libye en 2011, mettant en mouvement armes et mercenaires vers le sud. En 2020 s'y entremêlent revendication d'indépendance de l'Azawad par des Touaregs du Mali, insécurité entretenue par des bandits et trafiquants, et projets alternatifs portés par des groupes armés djihadistes. Ceux-ci visent tantôt la « restauration » d'un califat du Sokoto transcendant les frontières nationales, tantôt l'instauration d'États islamiques dans les frontières héritées de la colonisation. Depuis 2019, le Groupe de soutien à l'islam et aux musulmans (GSIM), affilié à Al-Qaïda au Maghreb islamique (AQMI), s'oppose aussi à des groupes qui revendiquent leur adhésion à l'État islamique, au Sahara et dans la région du lac Tchad (Boko Haram). Les violences et l'arbitraire qui accompagnent les tentatives de sécurisation des États trahissent leur faiblesse et entretiennent le ressentiment, faisant le lit des insurrections.

Deux imbroglios territoriaux demeurent : après le retrait de l'Espagne en 1975, le Sahara occidental est disputé entre le Front Polisario (appuyé par l'Algérie et la Libye), qui défend l'indépendance d'une République arabe sahraouie démocratique (RASD), et le Maroc, qui en revendique la souveraineté. Le conflit est gelé depuis 1993, dans l'attente d'un référendum d'autodétermination de l'ONU sans cesse repoussé. Fin 2020, la reconnaissance de la souveraineté marocaine sur le Sahara occidental par les États-Unis marque une nouvelle étape. Le Somaliland et le Puntland ont émergé comme proto-États indépendants de fait, sur les ruines de l'interminable guerre civile qui affecte la Somalie depuis 1991. En 2020, le Somaliland fonctionne comme un État démocratique, mais il n'est pas reconnu par l'Union africaine.

Violences et conflits armés qui résultent de ces fragilités géopolitiques structurelles, plus souvent internes qu'externes, ont fait plus de 10 millions de morts en Afrique entre 1960 et 2020. En 2018, 18 millions de personnes (déplacés internes et réfugiés) relèvent des compétences du Haut Commissariat des Nations unies pour les réfugiés (HCR). Elles vivent souvent dans des camps, proches des frontières. L'Afrique est concernée, depuis 1980, par plus de la moitié de la soixantaine d'interventions de maintien de la paix de l'ONU [Magrin *et al.*, 2018].

Des puissances africaines fragiles

Quelques pays se distinguent comme des puissances régionales, mais des fragilités internes brident leur influence.

L'Afrique du Sud présente depuis longtemps une économie diversifiée, une agriculture et une industrie puissantes, des services modernes et des métropoles mondiales, dont Johannesburg, première place boursière africaine. La transition pacifique post-*apartheid* sous le *leadership* de Nelson Mandela (1994-1999) n'a pas peu contribué à son aura continentale. Les entreprises sud-africaines se lancent alors à la conquête de marchés dans la périphérie proche, les pays anglophones, et au-delà (RDC) : supermarchés Shoprite, téléphonie MTN, mines, sécurité privée... Le pays joue un rôle central dans plusieurs opérations de maintien de la paix, comme en RDC et en République centrafricaine — RCA. L'Afrique du Sud a cependant des faiblesses : le rattrapage socio-économique post-*apartheid* est trop lent pour répondre à la demande sociale de la majorité noire. L'économie demeure dépendante du complexe minéralo-industriel et vulnérable aux retournements de prix. L'industrie textile est concurrencée par l'Asie, l'économie est plombée par la quasi-faillite du géant public de l'électricité Eskom. Plusieurs vagues d'émeutes xénophobes depuis 2008 visant les immigrés subsahariens ternissent le lustre panafricain de la nation arc-en-ciel.

Le Nigeria est le géant aux pieds d'argile par excellence. Ce pays qui regroupe la moitié de la population d'Afrique de l'Ouest (207 millions d'habitants en 2020) est le premier producteur de pétrole depuis les années 1950 et la première économie d'Afrique depuis 2013. Son marché intérieur aspire les produits agricoles des pays voisins (bétail, poisson, arachide, poivron, piment, etc.), où il exporte des produits industriels. Poids lourd politique et militaire de la Communauté économique des États de l'Afrique de l'Ouest (CEDEAO), il rétablit l'ordre en Sierra Leone et au Liberia, meurtris par une terrible guerre civile au début des années 2000, en pilotant la force régionale de l'Ecomog. Son *soft power* repose notamment sur Nollywood, troisième cinéma mondial. Cependant, les inégalités régionales et sociales abyssales entretiennent les violences. L'insécurité est permanente dans la région pétrolière des bouches du fleuve Niger depuis les années 1990, où se mêlent revendications citoyennes pour le développement, banditisme et piraterie. Dans le Nord-Est, l'insurrection dite Boko Haram a causé depuis 2009 2 millions de réfugiés et de déplacés, et ruiné l'économie d'échanges transfrontaliers autrefois florissante autour du lac Tchad. Partout, corruption de l'État et brutalité des forces de l'ordre nourrissent révoltes et violence diffuse.

Le Maroc, excentré sur le continent, a été longtemps marginal sur la scène africaine après avoir quitté l'Organisation de l'unité africaine (OUA) en 1984 à cause du conflit du Sahara occidental. Depuis 2000, le royaume chérifien s'affirme grâce à une politique volontariste qui valorise sa position d'interface entre l'Europe et l'Afrique. Il reçoit à ce titre d'importants investissements européens, mais aussi chinois, visant le marché européen. Le port (premier d'Afrique pour les conteneurs) et la plateforme industrielle de Tanger-Med, développés depuis 2004, servent aux relations avec l'Europe et au cabotage avec de nombreux ports ouest-africains. Depuis les années 2010, les investissements marocains se multiplient en Afrique de l'Ouest, dans la banque (Attijariwafa), la téléphonie mobile, le secteur du bâtiment et des travaux publics (BTP : marina d'Abidjan), le secteur minier. Le puissant Office chérifien des phosphates (OCP), gros producteur d'engrais, développe depuis 2016 une stratégie africaine, à travers OCP Africa, visant à soutenir l'intensification des agricultures tout en s'assurant des débouchés. Le Maroc a réintégré l'Union africaine en 2017 et demandé en 2018 l'adhésion à la CEDEAO. L'accueil initial, enthousiaste, masque l'appréhension de milieux d'affaires, notamment au Nigeria et en Côte d'Ivoire, craignant un concurrent redoutable. Fin 2020, le processus paraissait loin d'aboutir. Malgré sa taille réduite (37 millions d'habitants en 2020), le Maroc semble être un émergent solide. La force de l'institution royale du Makhzen, la qualité des infrastructures, l'économie diversifiée (agriculture, tourisme bénéficiant de la proximité européenne et d'un savoir-faire ancien, industrie dopée par les investissements récents, services modernes), la position entre Europe et Afrique de l'Ouest sont des atouts sérieux. Les contestations politiques (démocratiques ou islamistes) fondées sur les inégalités sociales, le stress hydrique croissant lié au changement climatique ou encore la dépendance de l'économie envers les conjonctures européennes en forment les talons d'Achille.

L'aventurisme pétrolier du Tchad est d'une autre teneur. Ce pays sahélien a longtemps été parmi les plus pauvres de l'Afrique centrale. Il a été miné par des conflits internes de construction de l'État (1965-2008), réactivant des fractures précoloniales tout autant qu'un champ d'influences de ses puissants voisins (Libye, Soudan). L'exploitation du pétrole qui commence en 2003 en fait un pays relativement riche. Le militarisme du président Idriss Déby, au pouvoir depuis 1990 (et mort le 20 avril 2021), et l'efficacité de son armée, dont le noyau dur est constitué de petits groupes saharo-sahariens de son ethnie (Zaghawa) ou d'alliés (Toubou), permettent au pays de s'affirmer comme la puissance militaire de l'Afrique centrale. L'armée tchadienne intervient en RDC en soutien au président Kabila en 1998, puis mène une guerre par procuration avec le Soudan dans le courant des années 2000. Le Tchad intervient ensuite de manière plus ou moins directe dans les crises qui secouent la RCA depuis le début des années 2000, et aboutissent à son effondrement en 2013. La même année, l'armée tchadienne intervient en supplétive de l'armée française lors de l'opération Serval contre les groupes djihadistes du Nord Mali, après qu'ils ont menacé Bamako. En 2015, le Tchad est en pointe dans la *Multinational Joint Task Force* (MJTF), mobilisant les pays riverains du lac Tchad contre Boko Haram. Le Tchad est une puissance paradoxale, puisque le pays demeure parmi les plus pauvres du monde : en 2019, il était classé au 187e rang sur 189 de l'indicateur du développement humain (IDH) du Programme des Nations unies pour le développement (Pnud). La rente pétrolière a financé le clan présidentiel, l'armée et quelques grands travaux dans la capitale. La situation financière est des plus précaire, alors que l'État s'est endetté auprès du *trader* Glencore pour acquérir des actifs pétroliers et que le retournement des cours mondiaux depuis 2014 ne lui permet pas d'honorer ses créances. La stabilité du régime est suspendue à la santé du chef de l'État, garant des équilibres entre les alliés qui le soutiennent.

Le Rwanda est un petit pays (26 000 km^2, 13 millions d'habitants) très densément peuplé, parfois présenté comme émergent, voire comme modèle à suivre par des régimes autoritaires. Il a été le théâtre d'un génocide d'avril à juillet 1994, visant la communauté tutsi et faisant plus de 800 000 morts (Tutsi et Hutu opposants au régime dominé par les extrémistes tenants du *Hutu power*). Le pays a connu une transformation profonde depuis 1995. Outre le remplacement du français par l'anglais comme langue officielle — qui sanctionne l'aide apportée par la France à l'ancien régime —, elle est marquée par l'urbanisation, l'essor de services modernes et de l'économie numérique, grâce notamment au retour de la diaspora tutsi. Le régime autoritaire de Paul Kagame s'est montré très habile à mobiliser des financements étrangers (États-Unis, Royaume-Uni, Israël, fondations internationales), jouant sur la culpabilité de la communauté internationale pour son inaction lors du génocide. Le miracle rwandais a sa part d'ombre. Le pays est massivement intervenu dans les guerres du

Le Nil, enjeu hydropolitique majeur

GÉRAUD MAGRIN

Un mégaprojet, le grand barrage de la Renaissance éthiopien, est appelé à soutenir l'émergence éthiopienne en fournissant l'électricité dont l'industrie nationale a besoin, et en favorisant l'agriculture irriguée pour nourrir la population croissante. Les travaux débutent en 2013 et sont censés s'achever en 2022, pour une production hydroélectrique de 6 000 MW (plus grand barrage et plus forte production hydroélectrique du continent). Fait original, le barrage est autofinancé par les Éthiopiens, diaspora comprise. Ce projet cause de vives tensions avec l'Égypte, car le barrage est situé sur le Nil bleu, qui commande plus de 70 % du débit du Nil. Or l'agriculture égyptienne dépend presque entièrement des eaux du grand fleuve. Le barrage éthiopien remet en cause des accords de 1929 et 1959 entre l'Égypte et le Soudan sur l'utilisation des eaux du Nil, que l'Éthiopie n'a jamais reconnus. Le barrage rapproche cependant l'Éthiopie du Soudan, alors que ces pays s'opposaient frontalement sur une base politico-religieuse depuis le début des années 1990. Car le Soudan espère obtenir une électricité bon marché dont il a aussi besoin, et les évolutions libérales de l'Éthiopie (2018) et de la révolution soudanaise (2019) permettent une convergence qui contraste avec la contre-révolution égyptienne (2014) du maréchal Sissi.

Congo (1996-1997 et 1998-2003), sous couvert de protéger sa frontière et de poursuivre les anciens génocidaires hutu. Plusieurs centaines de milliers de personnes, combattants et civils mêlés, ont disparu dans la forêt congolaise en 1997-1998 à la suite de son intervention armée. Le Rwanda a joué un rôle majeur dans les conflits des Grands Lacs en contribuant activement au pillage des ressources (coltan, or) de la RDC, dont le blanchiment a contribué à la prospérité rwandaise, et *via* le soutien à de nombreux groupes armés, qui continue en 2020.

Dans la Corne de l'Afrique, l'émergence de l'Éthiopie remet en cause les équilibres régionaux. Ce pays de 114 millions d'habitants (2020) a bénéficié d'une forte croissance économique (8-10 % par an depuis 2010), qui repose sur la construction d'infrastructures et des investissements industriels, notamment chinois. À tel point que l'agence Bloomberg (2014) voyait ce pays devenir la « Chine de la Chine » : une destination privilégiée des investissements d'industries de main-d'œuvre chinoises, confrontées à la hausse du coût du travail en Chine et attirées par l'abondance de la main-d'œuvre, le bas coût de l'énergie et la stabilité politique associée à un régime autoritaire. Or l'émergence éthiopienne demeure tributaire des précaires équilibres internes d'un État fédéral. La libéralisation entamée sous l'égide du Premier ministre Abiy Ahmed, prix Nobel de la paix 2019 pour avoir mis un terme au conflit avec l'Érythrée, s'accompagne d'une affirmation de la majorité Oromo longtemps écartée du pouvoir. Les tensions ont crû entre le Front de libération des peuples du Tigré

(TPLF), qui contrôlait le pouvoir et l'appareil sécuritaire fédéral de 1991 à 2018, et le nouveau gouvernement d'Addis-Abeba, au point de déclencher une opération militaire d'envergure de l'armée fédérale en novembre 2020 pour réduire la dissidence tigréenne.

L'intégration régionale « à pas de caméléon »

L'intégration régionale, longtemps peu effective, a connu depuis 2015 des progrès significatifs. De nombreuses organisations régionales ont été créées en Afrique après les indépendances. Elles devaient, suivant le modèle européen, surmonter la balkanisation politique du continent et élargir les marchés. Longtemps, les résultats ont été limités par des superpositions entre organisations et des différences d'intérêts entre États. On voit cohabiter des échanges transfrontaliers informels dominants et des intégrations officielles de papier, produisant des textes non appliqués déconnectés des réalités sociales. En 2014, les échanges extérieurs des États africains se font à seulement 16 % avec les autres pays africains.

Cependant, les échanges internes progressent. En 2015, la CEDEAO inaugure son union douanière, en même temps que vingt-six États d'Afrique de l'Est et australe créent une zone de libre-échange du Cap au Caire. L'accord de Kigali pour une zone de libre-échange continentale africaine (Zleca), signé en 2018, associe les huit communautés économiques reconnues par l'Union africaine. Beaucoup reste cependant à faire pour le développement des marchés intérieurs, qui se fait « à pas de caméléon » [Banégas, 2003].

L'élargissement des partenariats extérieurs et l'enjeu chinois

L'émergence chinoise : nouvel impérialisme ou clef du développement africain ?

La montée en puissance de la Chine en Afrique est un changement majeur des deux dernières décennies. La Chine était présente mais discrète depuis les années 1950 sur la scène géopolitique africaine. Elle a appuyé les luttes de libération nationale avec le Mouvement des non-alignés, puis mené des coopérations agricole et sanitaire dans le cadre d'une rivalité avec l'URSS et Taïwan. Au cours des années 1990, la diplomatie du portefeuille (budget de coopération contre reconnaissance internationale) oppose encore les deux Chine. Cette histoire est en train de s'achever. Avec la reconnaissance par le Burkina Faso de Pékin en mai 2018, il ne reste plus que l'Eswatini (nouveau nom du Swaziland) qui reconnaisse Taïwan en Afrique.

Après 1999, quand la Chine de Deng Xiao Ping intègre l'Afrique à sa stratégie d'internationalisation, le commerce entre la Chine et l'Afrique s'envole, de 10 milliards de dollars en 2000 à 208 milliards en 2019. La Chine est alors de loin le premier partenaire commercial du continent, et les échanges Afrique-Asie dépassent ceux avec l'Europe. L'Afrique pèse cependant peu dans les investissements chinois (2 % des stocks en 2019).

Les forums de coopération Afrique-Chine (Focac), qui réunissent tous les trois ans les dirigeants chinois et africains, jouent un rôle important. Le premier se tient en 2000, le septième en 2018. Le « consensus de Pékin » (2004) remplacerait le consensus de Washington. Outre l'appartenance commune à l'ancien tiers monde, sont mis en avant les principes de non-ingérence dans les affaires politiques internes des pays africains (contrastant avec les conditionnalités des institutions de Bretton Woods), les accords gagnant-gagnant (*win-win*) et la promotion d'un modèle de développement à la chinoise reposant d'abord sur les infrastructures. Durant la décennie 2000, le besoin pour la Chine de sécuriser ses approvisionnements en matières premières est central. Les *package deals* scellent la coopération sino-africaine : dons et prêts chinois en échange d'accès à des matières premières africaines pour des entreprises chinoises. L'opacité qui entoure ces accords les expose à des critiques et parfois à des renégociations, comme en RDC dans le secteur minier (2007-2009). Après 2010, la recherche de marchés pour des entreprises chinoises de toutes tailles (publiques et privées, nationales et provinciales) devient une motivation majeure et concerne des secteurs variés (mines, hydrocarbures, énergie, BTP et infrastructures, textile, forêt, pêche, agriculture). 10 000 entreprises chinoises seraient actives en Afrique en 2018. Parallèlement, la projection militaire chinoise — ouverture de la première base à l'étranger à Djibouti en 2017 et participation à des opérations de maintien de la paix de l'ONU — contribue à sécuriser ses intérêts.

Quels sont les effets de la présence chinoise en Afrique ? Les perceptions sont ambivalentes, en Afrique comme en Occident.

Pour les uns, l'activisme chinois incarne un nouvel impérialisme. Les investissements chinois masqueraient des prêts, facteurs d'un réendettement massif de l'Afrique, à rebours des annulations de dette du Club de Paris consenties au début des années 2000. Les contrats léonins financeraient des éléphants blancs. Une nouvelle diplomatie de la dette remplacerait l'ancienne diplomatie du portefeuille [Pairault, 2020]. En captant une large part des marchés (50 % dans les infrastructures en 2018), les Chinois seraient de redoutables concurrents. Cela vaut aussi du point de vue des bailleurs de fonds : les barrages de Méroé (2009) au Soudan et de Bui au Ghana (2009-2013) ont été construits sur prêts chinois, alors que la Banque mondiale avait refusé de les financer du fait de leur impact environnemental. La révélation en 2018 d'une fuite massive de données vers Shanghai depuis le siège de l'Union africaine à Addis-Abeba, financé et construit par une entreprise chinoise en 2012, symbolise ces doutes.

Pour d'autres, la Chine fournirait une alternative aux anciennes puissances coloniales. Ses financements seraient bienvenus pour contribuer au rattrapage des infrastructures et au décollage industriel. Ils contribuent au retour d'un État développementaliste, après l'ajustement structurel [Kernen, 2014]. Palais présidentiel, stades, ports et aéroports, centres de conférences, chemins de fer marquent les territoires. La Chine a rénové en 2017 les lignes ferroviaires Addis-Abeba-Djibouti et Mombasa-Nairobi, initialement construites par la France et le Royaume-Uni. L'Afrique représente ainsi une extension naturelle des nouvelles routes de la soie maritimes de la Chine, qui intègrent l'est du continent (Djibouti, Kenya, Éthiopie, Égypte), avant de s'étendre depuis 2017 à l'Afrique du Nord (Tunisie, Maroc) ou de l'Ouest (Sénégal) [Pairault, 2020]. Enfin, les produits chinois sont appréciés des consommateurs africains pour leurs prix accessibles et leurs technologies simples adaptées à des pays en développement.

D'anciennes puissances inégalement concernées

La forte visibilité chinoise ne doit pas faire oublier la permanence des anciennes puissances en Afrique [Pourtier, 2017]. Les investissements états-uniens et britanniques représentent plus de la moitié du stock des investissements directs à l'étranger (IDE) en Afrique du Sud, ceux de la France dominent largement au Sénégal, en Côte d'Ivoire, au Gabon, mais aussi en Angola et au Nigeria. En 2016, en stock, les investissements européens en Afrique représentent sept fois ceux de la Chine [Pairault, 2020].

Pour la France, l'Afrique porte toujours des enjeux majeurs : au-delà des approvisionnements (Total, Orano — ex-Areva — pour l'uranium du Niger) et des marchés pour certaines entreprises (Orange, Société générale, agroalimentaire), les vingt voix des pays d'Afrique francophone font rarement défaut à l'ONU. La francophonie apparaît comme un relais d'influence et de *soft power* d'avenir : les 300 millions de francophones en 2018 seront 800 millions en 2050, à 85 % en Afrique. Les liens humains et migratoires comptent.

L'Union européenne demeure un acteur majeur de l'aide au développement, aux préoccupations migratoires croissantes. L'externalisation des frontières de l'Union européenne, généralisée depuis 2014, se traduit par des accords dans de nombreux pays africains, afin d'essayer de contrôler les voies migratoires, dont les principales sont sahariennes (du Niger vers la Libye), depuis la Corne de l'Afrique ou le long du Sahel atlantique (vers les Canaries).

La France essaie aussi de mobiliser avec elle l'Union européenne dans la gestion de la menace terroriste, avec un succès limité. Les opérations Serval (2013) au Mali puis Barkhane (2014) dans la bande sahélienne visent à contenir la menace djihadiste et à stabiliser l'Afrique de l'Ouest. Elles mobilisent une part importante des moyens de l'armée française (5 000 soldats en opération), pour des résultats qui, en 2020, paraissent au mieux mitigés. L'option militaire est insuffisante face à l'incapacité des États à procurer justice et développement. Du point de vue français, accompagner l'Afrique doit permettre d'ici 2050 la formation d'un marché de 2,5 milliards de consommateurs de plus en plus urbanisés et éviter qu'un continent de toutes les catastrophes (où les chocs climatiques aggraveraient les crises alimentaires, sanitaires, politiques) ne fragilise davantage l'Europe qui en est proche.

Les États-Unis de Donald Trump (2016-2020) étaient en retrait de la scène africaine. Après le fiasco de l'opération Restore Hope en Somalie (1992-1993), la doctrine consiste à sous-traiter les enjeux de sécurité aux alliés dans la lutte contre l'islamisme. L'appui aux armées kényane et éthiopienne dans la lutte contre les Shebabs en Somalie depuis 2011 s'inscrit dans cette perspective, de même que l'aide logistique accordée à la France dans ses opérations au Sahel, à partir notamment d'une grande base de drones opérationnelle à Agadez (Niger) depuis 2019. L'*American Growth and Opportunity Act* (AGOA) de 2000, qui associe aide et accord de libre-échange bilatéraux, a été suivi après les attentats du 11 septembre 2001 d'une hausse des importations de pétrole africain pour réduire la dépendance au Moyen-Orient. Après 2010, l'importance de la production de pétrole et gaz de schiste aux États-Unis diminue l'intérêt du pétrole africain [Augé, 2015]. Les intérêts états-uniens pour l'Afrique se sont étiolés.

Émergents et revenants

L'Afrique a aussi été le théâtre d'autres émergences. Moins spectaculaires et ubiquistes que celle de la Chine, elles reflètent les liens culturels avec certains territoires et des spécialisations économiques : le Brésil s'est affirmé dans les pays lusophones (Angola, Mozambique), à travers des investissements extractifs (le pétrolier Petrobras, le minier Vale) ou dans l'agro-industrie, couplés à une politique d'aide. L'Inde vend ses produits dans toute l'Afrique, à partir surtout des pays anglophones à fortes communautés indiennes (Afrique du Sud, Kenya, Ouganda). Elle exporte son savoir-faire dans les transports (montage automobile Tata au Sénégal, vente d'autorickshaws en Égypte, au Soudan, en RDC, au Nigeria).

La Turquie a utilisé le réseau de ses écoles Gülen comme outil de *soft power*, facilitant la densification du réseau d'ambassades et des dessertes de Turkish Airlines... avant la détérioration des relations de Recep Tayyip Erdogan avec Fethullah Gülen entre 2013 et 2016. Depuis la tentative de coup d'État de 2016 à Ankara, les ambassades turques, dont le réseau s'est densifié, œuvrent à fermer ces écoles. Reflet du durcissement politique intérieur, la Turquie a apporté une aide militaire décisive au gouvernement d'union nationale libyen fin 2019 (drones et transferts de miliciens syriens), ajoutant à l'internationalisation du conflit [Chegraoui *et al.*, 2020].

Enfin, depuis 2014, la Russie engage une coopération sécuritaire dans une vingtaine de pays africains (vente d'armes, sociétés privées), qui relèvent souvent de l'ancienne aire d'influence soviétique (Guinée, Mali, Angola), mais pas toujours (RCA), en lien parfois avec des intérêts extractifs. Après la crise ukrainienne, la Russie exploite les fragilités géopolitiques de l'Afrique pour se positionner en rival systémique d'un Occident perçu comme affaibli [Sukhankin, 2020].

L'intégration de l'Afrique en mode dominé dans la mondialisation explique à la fois bien des fractures internes et la propension du continent à subir la mondialisation des autres. Depuis 2000, les liens extérieurs se sont densifiés, dans un contexte néolibéral favorable à des investissements issus d'acteurs traditionnels et de nouveaux venus émergents. Cette dynamique a souligné la diversité croissante des trajectoires de développement entre des pays qui s'enfoncent dans des économies de guerre et d'autres qui se renforcent.

Deux dynamiques donnent à l'Afrique une position à part au début du XXIe siècle : le continent est la dernière partie du monde à connaître une croissance démographique (et urbaine) aussi spectaculaire. Les prévisions démographiques annoncent 2,5 milliards d'Africains en 2050 et même autour de 4 milliards en 2100, sur une humanité stabilisée à 10 milliards. L'Afrique est aussi le continent où le choc du changement climatique sera le plus brutal, alors même qu'il en est le moins responsable. Cette situation justifie une revendication forte du continent pour obtenir deux postes de membres permanents au Conseil de sécurité (et deux membres non permanents au lieu d'un), alors que sept des treize opérations de maintien de la paix de l'ONU en 2020 ont lieu sur le continent, et qu'il occupe une place importante dans les discussions du Conseil. La difficulté à obtenir satisfaction dit à la fois les divisions internes et les résistances d'un ordre international hérité de 1945, que les émergences multiples rendent obsolète.

Repères bibliographiques

Agence française de développement (AFD) [2020], *L'Économie africaine 2020*, Paris, La Découverte, « Repères ».

Augé B. [2015], « Le pétrole en Afrique. Une géopolitique de l'extraversion. L'indépendance pétrolière américaine et ses conséquences en Afrique », *in* Montbrial T. de (dir.), *Ramsès 2016. Climat : une nouvelle chance ?* Paris, Dunod, p. 94-97.

Badie B. [2018], *Quand le Sud réinvente le monde. Essai sur la puissance de la faiblesse*, Paris, La Découverte.

Banégas R. [2003], *La Démocratie à pas de caméléon. Démocratie et imaginaires politiques au Bénin*, Paris, Karthala.

Chegraoui K., Lyammouri K. et Skah M. [2020], *Emerging Powers in Africa. Key Drivers, Differing Interests, and Future Perspectives*, Rabat, Policy Center for the New South.

Hugon P. [2006], *Géopolitique de l'Afrique*, Paris, Armand Colin, 2016, 4e édition.

Kernen A. (dir.) [2014], « L'Afrique face à la puissance économique de la Chine », *Politique africaine*, n° 134, p. 5-19.

Magrin G. [2013], *Voyage en Afrique rentière. Une lecture géographique des trajectoires du développement*, Paris, Publications de la Sorbonne.

Magrin G., Dubersson A. et Ninot O. [2018], *Atlas de l'Afrique. Un continent émergent ?* Paris, Autrement.

Pairault Th. [2020], « Examining the importance of the New Silk Roads for Africa and for global governance », *in* Carrai M. A., Defraigne J.-Ch. et Wouters J. (dir.), *The Belt and Road Initiative and Global Governance*, Cheltenham, Edward Elgar Publishing, p. 155-180.

Pourtier R. [2002], « Espace et nation en Afrique centrale. La dimension oubliée », *Historiens et Géographes*, n° 379, p. 163-169.

— [2017], *Géopolitique de l'Afrique et du Moyen-Orient*, Paris, Nathan.

Sukhankin S. [2020], « Sociétés militaires privées russes en Afrique subsaharienne. Atouts, limites, conséquences », *Notes de l'Ifri*, n° 120, septembre.

Whitaker B. E. et Clark J. F. [2018], *Africa's Inter-National Relations. Balancing Domestic & Global Interests*, Boulder, Lynne Rienner Publishers.

29 / Moyen-Orient : une région en transition forcée

Dorothée Schmid

La décennie qui s'est ouverte au début de l'année 2011 avec les révoltes dites des « Printemps arabes » a transformé le Moyen-Orient : si les revendications démocratiques n'ont pas toutes abouti, ce mouvement de contestation, qui engendre régulièrement des répliques, a mis en évidence les failles des États et les profonds clivages qui traversent des sociétés très inégalitaires. La hiérarchie régionale des puissances en est aussi affectée : la lutte pour l'influence met désormais aux prises des puissances régionales qui se réapproprient leur voisinage (Turquie, Arabie saoudite, Émirats arabes unis — EAU —, Égypte), en concurrence avec des acteurs extérieurs dont la marge d'intervention évolue : marginalisation progressive des Occidentaux, présence accrue des Russes et hésitations chinoises.

Une géographie « orientée » : la concurrence des récits au Moyen-Orient

Le Moyen-Orient est un concept géopolitique typique : la réalité géographique ainsi désignée depuis la fin du XIXe siècle correspond à un projet d'influence des nations européennes, colonisatrices tardives du monde arabe aux dépens de l'Empire ottoman. Plusieurs récits historiques s'affrontent dans cette géographie conventionnellement tracée, travaillée par de puissantes pulsions identitaires.

Des appellations variées qui traduisent des visions politiques

Le terme « Moyen-Orient » est d'origine britannique [Crouzet, 2016] : depuis le XIXe siècle, le *Middle East* désigne pour le Foreign Office un espace intermédiaire, situé entre, d'une part, la Méditerranée et, d'autre part, l'Asie, à l'époque envisagée au prisme de l'Empire des Indes, l'Extrême-Orient prenant l'appellation de *Far East* (Asie de l'Est et du Sud-Est). Les territoires concernés sont alors *stricto sensu* la Mésopotamie, la péninsule Arabique, le golfe Arabo-Persique et la Perse. Le *Near East*, ou Proche-Orient, complète cette première carte : il couvre de façon large les Balkans, l'Anatolie, le Levant ainsi que l'Égypte.

Ces désignations n'ont de sens qu'au regard des ambitions coloniales anglaises : ce sont autant de jalons marqués sur la route des Indes. Les visées géopolitiques françaises sont quant à elles centrées, dès l'expédition de Napoléon Ier en Égypte (1798-1801), sur l'espace méditerranéen. La colonisation du Maghreb entre le XIXe siècle et le début du XXe confirme cette préférence ; après la Première Guerre mondiale, la présence française s'étend au « Levant », terme qui correspond, depuis la signature des capitulations au XVIe siècle, aux territoires de l'Empire ottoman situés à l'est de l'Italie, avec lesquels s'est organisé le « commerce du Levant ». La direction géographique du ministère français des Affaires étrangères en charge de cet espace s'appelle aujourd'hui « Afrique du Nord et Moyen-Orient » (ANMO), et comprend trois sous-directions : « Afrique du Nord », « Égypte-Levant » et « Moyen-Orient », qui couvre plus précisément les pays du golfe Arabo-Persique. La direction ANMO inclut ainsi l'Iran, mais exclut la Turquie, traitée par la direction des Affaires européennes.

Ces dénominations concurrentes et qui se chevauchent dressent une géographie orientée, modelée par les politiques étrangères des puissances européennes. Les mots *Machrek* (en arabe, « où le soleil se lève ») et *Maghreb* (« où le soleil se couche ») ont partiellement pris la relève depuis les indépendances. Monde arabe, monde turc, monde iranien se tiennent aussi en respect dans cet espace où s'est inséré Israël et où les Kurdes quêtent toujours un État.

Une unité relative

Le Moyen-Orient est traversé depuis toujours par des courants de circulation humaine et de marchandises, l'itinéraire ancien des caravanes entre Afrique, Asie et Europe étant remis au goût du jour par le projet chinois des « nouvelles routes de la soie ». L'unité de la région tient à une série de traits en partie communs. Elle a subi des périodes de domination politique successives : Perses, Grecs, Romains, Arabes, Ottomans, Britanniques et Français s'y sont relayés. Sa géographie combine des espaces cloisonnés, reliefs montagneux et déserts, et des zones urbaines très anciennes et parfois très densément peuplées, situées dans les oasis et sur les littoraux de la mer Méditerranée, de la mer Rouge et du golfe Arabo-Persique. Le climat y évolue entre une relative douceur méditerranéenne et l'aridité la plus extrême.

Du point de vue culturel, cette aire, qui est considérée comme le berceau des monothéismes, a été largement islamisée à partir du VIIe siècle. L'islam sunnite y domine, mais avec différentes écoles d'interprétation ; seuls l'Iran, l'Irak et Bahreïn sont majoritairement chiites. La région ANMO compte environ 450 millions d'habitants, pour moitié arabes, les populations berbères, turciques, kurdes, perses et juives constituant pour l'essentiel l'autre moitié. Le Levant et l'Anatolie abritent aussi depuis l'Antiquité une myriade de minorités ethniques et religieuses (chrétiens d'Orient, zoroastriens, yézidis...), dont la mosaïque fond aujourd'hui sous l'effet des conflits : la cohabitation entre les communautés, plus ou moins aisée en temps de paix, est toujours menacée par les guerres qui libèrent des pulsions de purification ethnique [FMSH/IPEV, 2020].

Face aux États arabes majoritaires, trois puissances marquent leur singularité : la Turquie, héritière de l'Empire ottoman dont la présence a imprégné durablement tout le périmètre ; la République islamique d'Iran, théocratie qui étend son influence à travers les communautés chiites de la région ; Israël, dernier État-nation implanté en 1948 en Palestine, dont l'existence même reste contestée par certains de ses voisins.

Les séquelles du rapport colonial

À l'exception de l'Égypte, émancipée par les Britanniques dès 1922, la décolonisation de la région a eu lieu dans la seconde moitié du XXe siècle : elle s'étale entre 1946 (fin du mandat français sur la Syrie) et 1971 (Bahreïn, les EAU et le Qatar sont les derniers à se détacher de la Couronne britannique). Les rapports entre les nouveaux États et leurs anciennes tutelles portent encore les stigmates de la domination passée. L'orientalisme, ce biais cognitif identifié par l'historien palestinien Edward Saïd [1980], qui institue le Moyen-Orient comme un « autre » définitif et le négatif de l'Occident, marque encore les esprits du Nord, face à un revanchisme anti-impérialiste toujours vivant au Sud et à l'Est. La France cherche depuis le général de Gaulle à préserver par sa « politique arabe » une relation privilégiée empreinte d'une forme de paternalisme inégalitaire. Elle se heurte aujourd'hui à un autre récit historique récemment ravivé : le néo-ottomanisme assumé du président turc Recep Tayyip Erdoğan [Yavuz, 2020] trouve un écho favorable dans nombre de sociétés arabes, qui admirent la capacité de la Turquie contemporaine à concilier tradition et modernité, piété islamique et soif de consommation.

Contrastes et logique rentière : un système économique hors norme

Le Moyen-Orient est l'une des régions les plus inégalitaires au monde. Marquée par le modèle rentier, qui enracine des logiques politiques clientélistes, son économie participe aux jeux de puissance.

Une géographie de la pénurie qui abrite des richesses colossales

La région Afrique du Nord et Moyen-Orient est sous tension climatique. Le climat méditerranéen des littoraux s'y dégrade vers le Sud et l'Est jusqu'à devenir désertique — le Sahara est le plus grand désert chaud du monde et l'Arabie saoudite comprend l'une des plus grandes étendues de sable, le Rub al-Khali. Le Koweït détient depuis 2016 le record de chaleur mondial (54 °C), et les moyennes régionales continuent de monter.

Le réchauffement climatique, qui affecte fortement ces espaces en stress hydrique permanent, est même considéré comme l'une des causes de l'instabilité régionale [Blanc, 2020] : la raréfaction des précipitations réduit les terres agricoles et provoque l'appauvrissement des régions rurales, enclenchant *in fine* migrations de grande ampleur, contestations sociales et conflits. L'ancien secrétaire général de l'Organisation des Nations unies (ONU) Ban Ki-moon a ainsi décrit la guerre du Darfour, qui a fait, depuis 2003, 300 000 morts et 2 millions de déplacés, comme la « première guerre du changement climatique ».

Dans les replis des déserts, mais aussi au large des côtes, se cachent cependant des ressources en hydrocarbures d'une ampleur exceptionnelle : les estimations de 2017 attribuent au Moyen-Orient plus de la moitié des réserves mondiales prouvées et récupérables de pétrole, et plus de 40 % des réserves de gaz. L'Arabie saoudite abrite à elle seule 33,1 % du pétrole de la région, d'excellente qualité : son coût d'extraction est le moins cher au monde, ce qui fait de l'Arabie la première économie du Moyen-Orient et la vingtième mondiale. Le Qatar possède 31,8 % du gaz de la région, dotation remarquable rapportée à sa taille et à sa population, qui le place en tête du classement mondial en termes de produit national brut (PNB) par habitant. L'Iran, qui détient les deuxièmes plus importantes réserves de pétrole de la région et se classe premier pour le gaz, ne peut en revanche pas mettre ses ressources en valeur du fait des sanctions qui pèsent sur son économie. L'Irak arrive en troisième position pour le pétrole, mais l'insécurité endémique y complique aussi l'extraction et l'acheminement.

Retard économique et malédiction de la rente

Cette dotation naturelle explique les paradoxes de l'économie régionale. Elle a longtemps été marquée par le sous-développement, que les auteurs arabes attribuent à l'exploitation ottomane, avec son héritage d'inefficacité et de corruption. Les puissances européennes ont introduit au XIXe siècle une modernisation partielle, mettant l'Empire ottoman sous tutelle financière (la fameuse dette ottomane) avant d'obtenir des mandats directs sur ses provinces arabes.

La découverte et l'exploitation des hydrocarbures ont fait la fortune de compagnies étrangères dès le premier tiers du XXe siècle. Les ressources ont été nationalisées après les indépendances, les autorités nationales confisquant alors la rente qui en découle. Le concept d'« État rentier », qui veut que l'État tire l'essentiel de ses revenus de la vente de ses ressources naturelles, a par la suite été créé pour caractériser les pays du golfe Arabo-Persique [Beblawi et Luciani, 1987]. Leurs formidables rentes se sont consolidées avec l'augmentation des prix des hydrocarbures, au gré des trois grands chocs pétroliers (1973, 1979, 2008). Le pétrole et/ou le gaz représentent ainsi aujourd'hui entre 70 % et 98 % des recettes budgétaires de l'Algérie, la Libye, l'Irak, l'Iran, l'Arabie saoudite et des différents émirats du Golfe. Certains pays accumulent différents types de rentes : l'Égypte est un pays multirentier qui engrange à la fois les droits de passage du canal de Suez (jusqu'à 6 milliards de dollars annuels), les envois de fonds de ses travailleurs expatriés dans le Golfe, les bénéfices de son patrimoine touristique et une importante aide américaine depuis qu'elle a signé la paix avec Israël.

Cette richesse obère cependant l'évolution économique, sociale et politique de la région, au point que l'on parle de malédiction de la rente. Elle entretient un développement de surface, largement improductif, autour d'un secteur public pléthorique et peu efficace, avec une comptabilité assez opaque. La captation de la rente et sa redistribution sans contrepartie permettent aux régimes d'acheter la paix sociale et de conforter le *statu quo* politique en entretenant des clientèles. Ce système, qui bride l'évolution économique, est donc aussi considéré comme l'un des principaux freins à l'installation de la démocratie dans la région.

La perspective de l'inévitable épuisement des hydrocarbures, combinée à la préoccupation climatique croissante, force cependant partout la réflexion sur l'après-rente. Tous les pays arabes du Golfe se sont dotés de plans de développement prévoyant libéralisation et diversification économiques ; leur mise en œuvre, à l'image de la « Vision 2030 » saoudienne, se heurte à des inerties bien ancrées. La gestion de plus en plus efficace des fonds souverains, immenses réserves financières accumulées au fil des ans, permet cependant d'adoucir la transition : six fonds souverains du Golfe se classent parmi les quinze premiers du monde, et leurs stratégies d'investissement s'affinent à chaque crise financière.

L'économie comme facteur de puissance

Les pays faiblement dotés en ressources naturelles (Tunisie, Jordanie) deviennent en parallèle les affidés des pays rentiers, dont les subventions viennent renflouer les caisses en cas de besoin. La symbiose politique des monarchies de l'Afrique du Nord et du Moyen-Orient s'explique ainsi largement, au-delà des similitudes de régime, par la diplomatie du chéquier que pratiquent les pays arabes du Golfe envers le Maroc et la Jordanie.

Les cagnottes rentières ont aussi été mobilisées au service des luttes politiques après les Printemps arabes : le Qatar a largement financé les mouvements Politiques proches de la mouvance des Frères musulmans en Égypte et en Tunisie, tandis que l'Arabie saoudite et les EAU prenaient parti pour les factions politiques traditionnelles, conservatrices. Le *soft power* économique des pays du Golfe devient ainsi chaque année plus offensif, et l'usage des sanctions se généralise pour neutraliser des ennemis ou des compétiteurs. Du simple *boycott* (décrété en 2020 par l'Arabie saoudite sur les produits turcs) au blocus complet (le Qatar isolé entre 2017 et 2021 par ses pairs des pays du Conseil de coopération du Golfe), en passant par les sanctions internationales (sur l'Iran, la Syrie), l'économie, mise au service des logiques politiques, est vue comme une arme [Benbernou et Schmid, 2020].

La puissance des fonds souverains du Moyen-Orient

DOROTHÉE SCHMID

Les fonds souverains des monarchies du Golfe, immenses cagnottes épargnées au fil du temps grâce aux revenus de la rente pétrolière, bénéficient d'une gestion plus dynamique que par le passé : entre recherche de rentabilité et quête d'influence extérieure, leur vocation politique s'impose petit à petit.

Des sommes énormes accumulées sur plusieurs décennies

La région ANMO abrite plus de la moitié des réserves prouvées de pétrole et de gaz du monde ; cette ressource naturelle jusqu'ici indispensable au fonctionnement des industries mondiales engendre d'énormes revenus pour les pays qui en sont dotés. Depuis le premier choc pétrolier de 1973, l'accumulation des « pétrodollars » est particulièrement spectaculaire dans les pays arabes du Golfe et dépasse de loin les capacités de dépense des gouvernements. Ce constat est à l'origine de la création des fonds souverains, fonds financiers d'État dont la vocation est de placer une partie des revenus pour assurer l'avenir des générations futures.

Le Moyen-Orient concentre sept des quinze premiers fonds souverains du monde, représentant le tiers des actifs mondiaux ; leur volume exact est mal connu et probablement sous-évalué, dans un contexte où les finances publiques et les biens des familles royales se confondent souvent. Le premier fonds souverain de l'histoire a précisément été établi au Koweït : la Kuwait Investment Authority, créée en 1953, est devenue aujourd'hui le cinquième plus important fonds souverain de la planète, gérant plus de 500 milliards de dollars d'actifs. Les EAU sont dotés de trois grands fonds : Mubadala, Emirates Investment Authority (EIA) et Abu Dhabi Investment Authority (ADIA, 1977), ce dernier étant le plus important avec près de 900 milliards de dollars d'actifs. Le Public Investment Fund saoudien (PIF, 1971) gère environ 360 milliards de dollars, en appui de la puissante Saudi Arabian Monetary Agency (SAMA), créée dans les années 1950. La Qatar Investment Authority, fondée en 2005, serait dotée à hauteur de plus de 100 milliards. Bahreïn, Oman, l'Iran mais aussi l'Égypte et la Libye ont leur propre fonds ; seul le Fonds de régulation des recettes algérien n'est pas autorisé à investir à l'étranger.

Une gestion de plus en plus professionnelle

La gestion des fonds souverains arabes est devenue plus professionnelle et dynamique avec le temps. Les variations des prix des hydrocarbures, qui font subir de réels chocs exogènes aux économies mono-exportatrices, mais aussi la crise financière de 2008, qui a exposé l'incohérence de certains portefeuilles, ont mis la pression sur les autorités qui s'étaient longtemps contentées d'une gestion de bon père de famille en comptant sur les bons du Trésor américains. La passivité n'est plus de mise et

Autoritarisme et contestations : une dynamique politique instable

Fragilité des États et fermeté des régimes : cette imbrication problématique a longtemps obéré toute progression démocratique en Afrique du Nord et au Moyen-Orient, où l'autoritarisme avait deux visages, la réputation d'amateurisme relatif des premiers temps, héritée de la mythologie des pétrodollars, ne tient plus : les objectifs de rentabilité, généralement doublés d'une perspective stratégique, sont de plus en plus exigeants. Les équipes, initialement constituées de personnel anglo-saxon, intègrent de plus en plus de financiers locaux ; la gouvernance devient plus transparente. La finance islamique, laissée aux acteurs privés, représente une part minime des placements.

Ceux-ci ont toujours eu pour fonction de lisser les errements des cours des matières premières. La mission des fonds à long terme, préparer l'avenir, se précise avec l'objectif partout affiché de la transition postpétrolière. Certains fonds investissent ainsi massivement dans les infrastructures domestiques pour augmenter le potentiel de croissance — le PIF est explicitement associé au plan saoudien de réformes « Vision 2030 ». S'y ajoute la préoccupation conjoncturelle de soutenir l'activité en cas de crise et de combler d'éventuels déficits budgétaires, hypothèse longtemps inédite que le yoyo des revenus pétroliers rend désormais crédible ; le fonds souverain qatari a aussi pu réinjecter massivement des liquidités dans l'économie nationale depuis 2017 pour pallier les effets du blocus imposé par l'Arabie saoudite et les Émirats.

L'enjeu géopolitique des investissements arabes

Les portefeuilles étrangers se sont diversifiés, du secteur financier aux industries classiques et à l'*entertainment*, jusqu'à l'acquisition de terres agricoles en Afrique. L'orientation géographique des investissements vient souvent consolider des affinités politiques, voire sceller des alliances implicites : l'Europe et l'Amérique du Nord représentent environ les trois quarts des actifs de l'ADIA, tandis que le Qatar possède des participations minoritaires dans beaucoup de grandes entreprises françaises, dont Total, LVMH et Vivendi.

En Europe, les fonds souverains arabes inspirent fascination et méfiance. S'ils représentent une manne de financement potentiel, à même de jouer un rôle stabilisateur dans les périodes difficiles, on n'oublie plus qu'ils appartiennent à des États qui ont leurs propres priorités nationales. L'entrée massive de capitaux étrangers dans certains secteurs stratégiques (fleurons industriels, infrastructures nodales...) inquiète. En 2020, l'hyperactivisme du PIF a suscité beaucoup de commentaires aux États-Unis : en pleine pandémie de Covid-19, le fonds saoudien a profité de la chute spectaculaire de la Bourse américaine pour racheter en quelques mois 8 milliards de dollars d'actions, de Boeing à Facebook, Disney, Starbucks ou la Bank of America. Conçus au départ comme de simples instruments d'épargne et de protection, les fonds souverains deviennent finalement des instruments de puissance. Leur stratégie d'investissement peut appuyer directement des objectifs politiques : de colossales ressources venues d'Arabie, des Émirats et du Qatar se sont déversées en Tunisie et en Égypte après les « Printemps arabes » pour y façonner le marché électoral.

des monarchies conservatrices (Maroc, Jordanie, pays du Golfe), côtoyant des dictatures se présentant comme progressistes (Algérie, Égypte, Syrie ou Irak). Mais la région semble être entrée depuis 2009 (année de la première révolte post-électorale en Iran) et surtout 2011 (Printemps arabes) dans un cycle de contestations durable, entraînant une instabilité chronique.

La faiblesse des États

La faiblesse des États du Moyen-Orient tient à une accumulation de défauts [Schmid, 2018]. Les processus d'affirmation nationale de la fin du XIXe siècle, inspirés par les modèles européens, ont accouché d'entités inadaptées à la réalité géographique et sociale de la région. Les frontières sont issues de découpages arbitraires, qui ont pu fragmenter des espaces humainement homogènes. Les accords de Sykes-Picot, qui ont partagé le Proche-Orient entre Anglais et Français après la Première Guerre mondiale, sont souvent présentés comme la source des tensions intralibanaises ou de la guerre civile syrienne [Wright, 2016]. De même, le conflit libyen redécoupe aujourd'hui le pays suivant les limites des provinces romaines, devenues ottomanes : Tripolitaine, Cyrénaïque et Fezzan. La segmentation tardive des petits émirats du golfe Arabo-Persique, au début des années 1970, explique la rivalité actuelle entre la fédération des EAU et le Qatar qui a refusé de s'y rattacher.

Les institutions qui gèrent ces États se sont ensuite ajustées à des sociétés fondées sur des solidarités ethniques, familiales et religieuses, qui restent plus fortes que l'idée de contrat social et de citoyenneté. Pour assurer leur survie, les régimes entretiennent des clientèles communautaires ; ce communautarisme peut même être institutionnalisé, comme au Liban, dont le système de partage des pouvoirs est dit « consociationaliste ». Le morcellement ethnique et religieux des sociétés est généralement vécu sur le mode du rapport de force ; c'est parfois la minorité qui s'impose à la tête de l'État, maintenant un système d'oppression d'autant plus dur qu'elle se pense elle-même menacée. La minorité sunnite irakienne est ainsi restée aux commandes d'un Irak ultra-centralisé tant qu'a duré la dictature de Saddam Hussein, et le clan alaouite minoritaire des Assad continue de diriger la Syrie à l'issue d'une guerre civile qui a aggravé la fragmentation du pays.

L'administration, désorganisée et inégalitaire, peine à remplir ses missions de base, notamment sociales : éducation et santé. La confiance dans les institutions est partout faible, entre privatisation de l'État et luttes pour l'appropriation du pouvoir. Faute de transparence, le complotisme imprègne les sociétés, qui guettent les manifestations de l'« État profond », les agissements des factions censées tirer les ficelles en coulisses. Les guerres civiles hâtent ces dérives, produisant des quasi-États faillis ou des systèmes à la carte, telle la fragile fédération irakienne, qui légitime derrière une façade unitaire la séparation *de facto* des communautés ethniques (kurdes et arabes) et religieuses (sunnites et chiites).

Pour conjurer cette dégradation, les militants progressistes réclament désormais, de l'Irak à l'Algérie en passant par le Liban, l'avènement du *dawla madania*, l'« État civique » : ce concept recouvre la double exigence d'un État sécularisé et démilitarisé, pour débarrasser la société de la contrainte religieuse, mais aussi du pouvoir des militaires qui ont kidnappé les indépendances.

L'invariant autoritaire et la montée des contestations violentes

Poursuivant la réflexion des Lumières sur le despotisme oriental, les politistes du XXe siècle ont longtemps parlé de réflexe autoritaire en Afrique du Nord et au Moyen-Orient. Archaïsme ou fatalité, celui-ci rendrait la démocratie impossible, la région ayant notamment échappé à la grande vague de démocratisation des années 1990.

La question démocratique s'est pourtant imposée au Moyen-Orient au début du XXIe siècle, en plusieurs étapes. À la suite des attentats du 11 septembre 2001, programmés sur le territoire américain par des terroristes venus du Moyen-Orient, l'administration néoconservatrice de George W. Bush s'est donné pour objectif de réformer la région. Les États-Unis se sont alors lancés dans une campagne de démocratisation agressive à l'échelle du *Broader Middle East and North Africa* (« De Marrakech au Bangladesh »), avec, pour point de départ en 2003, la mise au pas du dictateur irakien Saddam Hussein, accusé de produire des armes de destruction massive. Ce passage en force démocratique a fait long feu : la guerre d'Irak s'est éternisée, et les processus électoraux enclenchés dans d'autres pays ont favorisé, lorsqu'ils n'étaient pas truqués (Égypte, 2005), des factions islamistes (le Hamas dans les territoires palestiniens en 2006).

L'usure du pouvoir et le durcissement des conditions économiques continuent cependant de fragiliser les régimes autoritaires. En 2009, la contestation post-électorale du « mouvement vert » en Iran est matée sans pitié par le régime des mollahs. Et c'est en 2011 que commence en Tunisie le grand mouvement de contestation des Printemps arabes, qui aboutit à la chute du dictateur tunisien Zine el-Abidine Ben Ali, puis de l'Égyptien Hosni Moubarak. Une expédition militaire menée à l'initiative des Français, sous l'égide de l'ONU, hâte ensuite la chute de Mouammar Kadhafi en Libye. La révolte s'étend à la Syrie, au Yémen et même au petit émirat de Bahreïn, où elle est écrasée par une intervention saoudienne. Partout, les sociétés se lèvent pour demander le départ des hommes forts, réclamer plus de libertés et de justice sociale. Les élections organisées dans la foulée de ces protestations révolutionnaires portent des partis islamistes au pouvoir en Tunisie et en Égypte, tandis que s'enclenchent des guerres civiles en Libye, au Yémen et en Syrie.

Dix ans après ces insurrections refondatrices, le bilan est inégal [Yahya, 2019]. Si la Tunisie poursuit cahin-caha sa transition démocratique, c'est un régime fort qui a repris la main en Égypte à la suite d'un coup d'État militaire sous la houlette du maréchal Sissi, et le dictateur Bachar el-Assad s'est maintenu en Syrie, à l'issue d'une guerre d'usure et avec le soutien appuyé de la Russie. Les conditions socio-économiques particulières qui ont déclenché la contestation en 2011 sont toujours là : crise économique endémique, inégalités, chômage massif des jeunes, auxquels s'ajoute la violence de nouveaux conflits ouverts qui font des millions de déplacés et de réfugiés. L'année 2019 a vu un retour des mobilisations au Liban et en Irak, tandis que l'Algérie, épargnée par le Printemps de 2011, connaissait tardivement son *hirak* (mouvement), forçant le président Abdelaziz Bouteflika à quitter le pouvoir après vingt ans de présence interrompue.

Nationalisme, islamisme et conservatisme

Les processus électoraux qui se multiplient désormais dans la région voient s'affronter de vraies forces politiques. Deux grands courants idéologiques se développent : les nationalismes arabes et turc connaissent une nouvelle jeunesse, et l'islam s'affirme comme une ressource politique majeure [Burgat, 2020]. Le spectre islamiste est large, entre des partis légaux qui se coulent plus ou moins dans les institutions démocratiques, tels le Parti de la justice et du développement (PJD) marocain ou le Parti de la justice et du développement (AKP) turc, et les radicaux prônant une révolution théocratique par la violence, débouchant sur le terrorisme d'Al-Qaïda ou Daech.

Inquiètes pour leur propre stabilité, les monarchies conservatrices du Golfe (Arabie, EAU) poursuivent une lutte d'influence sans pitié avec la mouvance complexe des Frères musulmans, qui a inspiré depuis l'Égypte des générations de contestataires islamistes. La mobilisation antifrériste caricature les enjeux, marginalisant davantage les courants progressistes qui ne parviennent plus à se structurer.

Une conflictualité endémique grave

Les lignes de fracture qui traversent l'Afrique du Nord et le Moyen-Orient y entretiennent une forte conflictualité, alimentée par la compétition des puissances régionales et l'intervention d'acteurs extérieurs. Aux conflits insolubles hérités du XXe siècle viennent s'ajouter depuis dix ans de nouvelles guerres.

La place des militaires dans les sociétés

Au Moyen-Orient, les armées sont des acteurs sociaux de premier plan. Elles tirent leur légitimité des guerres d'indépendance (Algérie, Turquie), des révolutions « progressistes » qui ont amené des changements de régime (les officiers libres de Gamal Abdel Nasser en Égypte, l'armée libyenne), des guerres de défense nationale (les forces de sécurité iraniennes, ou Tsahal, l'armée israélienne). Dans certains pays (Israël, Égypte), les militaires font encore de brillantes carrières politiques.

L'importance des dépenses militaires dans les budgets nationaux confirme cette légitimité. Elles représentaient 5 % du produit intérieur brut (PIB) des pays d'Afrique du Nord et du Moyen-Orient en 2013, plaçant la région en tête du classement mondial. Les pays arabes du Golfe, où le rôle social de l'institution militaire est pourtant moins évident, sont entrés dans une véritable course aux armements, accumulant d'impressionnants stocks défensifs et offensifs, qui leur donnent une capacité de projection à l'extérieur de leurs frontières. Le budget militaire de l'Arabie saoudite est aujourd'hui le quatrième du monde ; le Qatar et les EAU acquièrent eux aussi en continu des armes de dernière génération. Ces armées arabes suréquipées sont cependant, à l'exception de l'Égypte, moins performantes que les forces israéliennes, iraniennes et turques, mieux entraînées [Global Firepower, 2020].

Conflits anciens et nouveaux

Un affrontement central a longtemps polarisé toute la région : le conflit israélo-arabe, qui oppose deux prétentions nationales sur le territoire de l'ancienne Palestine. Si les accords de Camp David, préparant en 1978-1979 la paix entre Israël, l'Égypte et la Jordanie, ont diminué le risque d'embrasement général, l'abandon progressif de la cause palestinienne par les autres puissances arabes pousse désormais l'Iran et la Turquie en première ligne. Les accords d'Abraham ont normalisé en 2020 les relations entre les EAU, Bahreïn et Israël, allégeant encore significativement la pression sur l'État hébreu. La portée symbolique de la lutte de libération palestinienne reste cependant forte auprès des peuples arabes et plus largement des musulmans dans le monde ; la nature de l'affrontement avec Israël, de nationale, est progressivement devenue religieuse.

Trois autres conflits du XXe siècle ont récemment évolué sans pour autant trouver de règlement. Le Maroc a gagné en 2020 le soutien des Américains pour obtenir le rattachement du Sahara occidental à son territoire, au grand dam de l'Algérie. Deux problèmes ressurgissent

Carte 1. **Les conflits au Moyen-Orient en 2020**

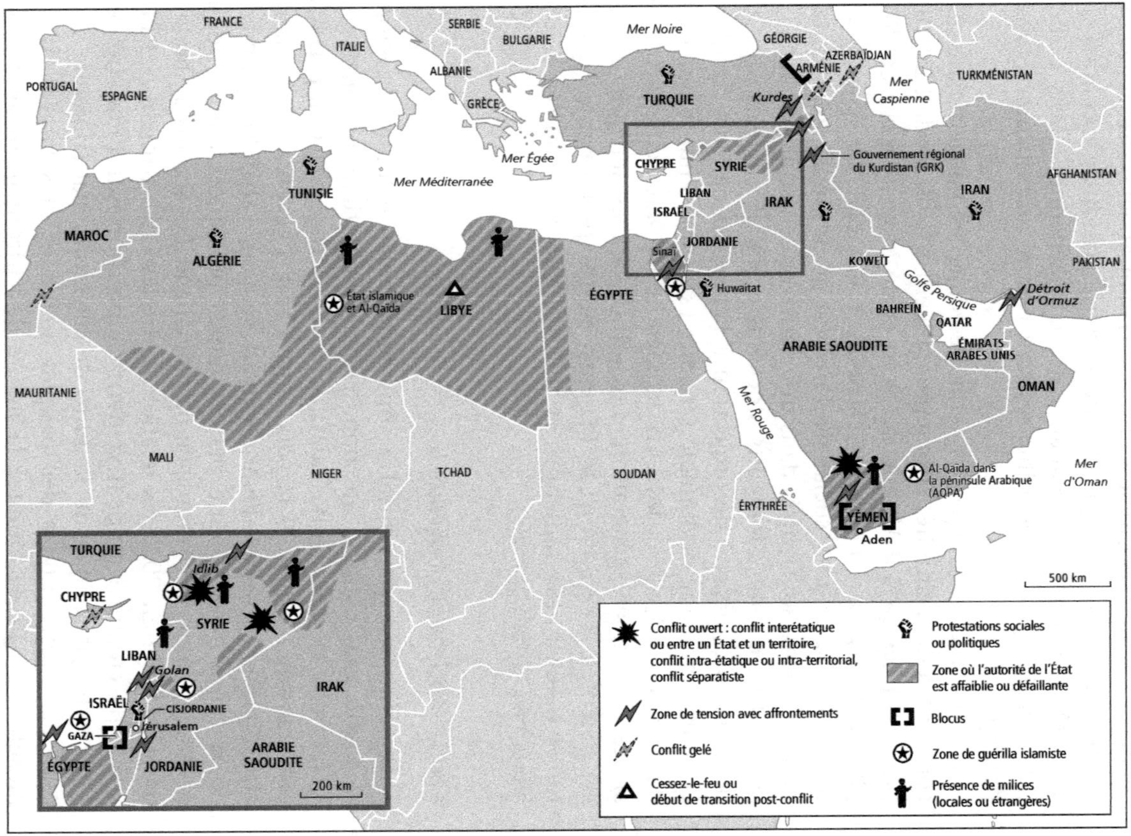

en Méditerranée orientale du fait de l'activisme turc : la dispute entre la Grèce et la Turquie pour la délimitation de leurs eaux maritimes, et la division de Chypre.

Ce sont surtout trois nouveaux conflits majeurs qui ont éclaté dans le sillage des Printemps arabes. Les contestations politiques ont débouché sur des guerres civiles en Libye, au Yémen et en Syrie, puis se sont transformées en conflits interétatiques par procuration. Ces guerres mettent aux prises des belligérants nombreux, pour beaucoup non étatiques, les armées nationales affrontant des factions rebelles avec une forte composante mercenaire. Le conflit syrien a facilité la montée en puissance d'un radicalisme islamique redoutable à partir d'une souche locale de l'organisation terroriste Al-Qaïda : le phénomène Daech, défait militairement en Irak et en Syrie par une intervention occidentale, mais qui a essaimé ailleurs au Moyen-Orient et continue d'organiser des attentats, notamment en Europe. Au Yémen, une coalition surpuissante menée par les Saoudiens combat sans succès des rebelles chiites, les Houthis, théoriquement soutenus par l'Iran, sur fond de séparatisme dans le sud du pays. La Libye est restée plusieurs années scindée en deux, entre un gouvernement légitimé par l'ONU à Tripoli et un parlement alternatif à Benghazi, dont les forces s'affrontaient sur le terrain à grand renfort de miliciens.

Interférences et alliances

Plusieurs puissances extérieures sont présentes militairement dans la région. En temps de paix, Américains, Européens et Russes maintiennent des bases terrestres et navales en Méditerranée et dans le Golfe. Les rapports de force militaires dans les guerres actuelles sont fortement tributaires d'interventions étrangères. La Russie est ainsi venue au secours de Bachar el-Assad en Syrie et soutient en Libye le maréchal Haftar, dissident qui assiège le gouvernement de Tripoli. Les armées occidentales se sont engagées *a minima* en Syrie pour y combattre Daech. Ni les Américains ni les Européens ne parviennent à définir une position viable sur l'avenir du pays ; ils ont été marginalisés *de facto* par les négociations de paix organisées sous égide russe, ouvertes à l'Iran et à la Turquie, deux puissances régionales très actives [Bauchard, 2016].

La Turquie, après avoir combattu Bachar el-Assad en Syrie et mené trois interventions armées pour y contrôler la présence kurde, s'est rangée aux côtés de Moscou. Mais Ankara affronte parallèlement Haftar, donc indirectement les Russes, en Libye. L'Iran est impliqué à la fois aux côtés de Bachar el-Assad et des Houthis au Yémen. Les monarchies du Golfe poursuivent aussi des stratégies régionales de puissance au travers de ces conflits : le Qatar est aligné sur la Turquie en Syrie et en Libye, tandis que les EAU soutiennent Haftar ; ces

La région ANMO face à la pandémie de Covid-19 : la résistance des régimes

DOROTHÉE SCHMID

La pandémie de Covid-19, qui immobilise partiellement le monde depuis 2020, a dans un premier temps relativement épargné la région Afrique du Nord et Moyen-Orient. L'impact sanitaire a été inégal, fonction des écarts de richesse et d'équipement ; mais la crise a partout permis aux régimes de resserrer leur emprise sur des sociétés fragiles.

Fragilités structurelles et réflexes de protection

La première vague épidémique a déferlé au Moyen-Orient depuis l'Iran, initialement contaminé par des travailleurs chinois. La dissémination du virus a ensuite suivi les itinéraires classiques de circulation dans la région : plusieurs lieux saints chiites irakiens, le Bahreïn, le Liban ont d'abord été touchés, ainsi que la Turquie et le Koweït.

La position géographique du Moyen-Orient, zone de transit entre l'Europe et l'Asie, soit les deux foyers initiaux les plus actifs de l'épidémie, laissait présager une circulation rapide et large du virus : le trafic humain lié aux migrations de travail, religieuses, ou au tourisme est une cause de contagion à grande échelle. D'autres paramètres structurels incitaient au pessimisme : systèmes de santé insuffisants, concentration de populations vulnérables du fait des conflits (blessés, réfugiés et déplacés), capacité de planification dégradée, faible confiance dans les institutions étatiques. Le niveau élevé de la pratique religieuse est aussi facteur de risque : la célébration des cultes, les pèlerinages entraînent des concentrations humaines ; le repli communautaire et la prévalence des superstitions compliquent la prévention.

Plusieurs réflexes ont cependant joué pour juguler dans un premier temps la pandémie. Les autorités des pays de la région, familiarisées avec d'autres virus venus d'Asie (le H5N1 associé à la grippe aviaire en 2005 ; le MERS, coronavirus à syndrome respiratoire qui a frappé la péninsule Arabique en 2012), ont rapidement fermé les frontières et commencé à surveiller les déplacements sur leur territoire ; l'Arabie saoudite a suspendu les pèlerinages à La Mecque. Des confinements plus ou moins sévères ont été tôt décidés. Les sociétés, sensibilisées aux problématiques sanitaires et n'attendant pas des États une gestion de crise efficace, ont adopté d'elles-mêmes quelques précautions d'hygiène essentielles : port auto-imposé du masque, usage du gel hydroalcoolique. À fin mai 2020, on comptait moins de 15 000 morts et 600 000 malades pour vingt pays en Afrique du Nord et au Moyen-Orient, tandis que l'Europe méditerranéenne (Italie, puis Espagne, France) sombrait.

Accentuation des inégalités

Fin février 2021, un an après le début de la pandémie, le Moyen-Orient dépas-

derniers sont également présents au Yémen, en délicatesse avec leurs alliés saoudiens, et soupçonnés de collusion avec des factions salafistes qaïdistes. Ces interférences et retournements dessinent implicitement une nouvelle géographie des alliances : on voit se former un axe conservateur dont les piliers sont l'Arabie saoudite, les EAU et Israël, face à l'axe révisionniste qui réunit la Turquie, le Qatar et l'Iran.

sait tout juste les 100 000 morts pour plus de 600 millions d'habitants, devenant la cinquième région la plus touchée dans le monde. Le paysage y était en fait contrasté, en fonction des inégalités d'équipement. Les systèmes de santé publics sont partout défaillants, sauf dans le Golfe, où les gouvernements intègrent l'accès à la santé comme facteur de paix sociale — le Qatar dispose du meilleur système sanitaire de la région. L'offre privée, développée en parallèle, cible les riches et les classes moyennes urbaines. La Turquie, où la santé est devenue une priorité politique et qui s'est récemment dotée d'hôpitaux ultramodernes, a plutôt bien résisté.

Certains pays sont en revanche particulièrement sous-équipés et fragiles, tels l'Iran sous sanctions, l'Irak, la Syrie, le Yémen et la Libye, exsangues après des années de conflits, ou le Liban, plongé dans une crise économique profonde avant l'alerte sanitaire. Des émeutes de la pauvreté se sont produites en Tunisie ; la baisse des prix pétroliers, aggravée par la chute de la croissance mondiale, handicape l'Algérie, frappée par le virus au moment d'une mobilisation anti-régime sans précédent, entraînant une paralysie décisionnelle *de facto*. Partout, les économies sont à l'arrêt ; seuls les pays rentiers les plus riches peuvent vraiment amortir le choc grâce à leurs fonds souverains. Les économies du Golfe ont ainsi bénéficié de plans de soutien massifs, tandis que les travailleurs immigrés provisoirement inactifs y étaient parqués dans des logements de fortune ou renvoyés dans leur pays d'origine.

Une gestion politique opportuniste de la crise sanitaire

Les régimes arabes, fragilisés depuis les soulèvements de 2011, ont profité de la crise sanitaire pour mettre à nouveau au pas les sociétés. Les contestations qui secouaient l'Algérie, le Liban ou l'Irak ont été enrayées par les mesures de confinement. Dans le Golfe et en Israël, le traçage des populations au prétexte de la prévention parachève un modèle de gestion technocratique autoritaire. Le contrôle de l'expression sur les réseaux sociaux s'est aussi généralisé pour éviter la diffusion des « fausses nouvelles ».

Dans les pays en conflit, le chaos s'est confirmé après une accalmie provisoire. En Libye, une offensive turque a remis en selle à l'été 2020 le gouvernement de Tripoli. En Irak, les opérations des milices chiites contre la présence américaine ont repris ; elles ont poussé l'administration Biden à frapper préventivement début 2021 en Syrie, où le regain d'activité de Daech inquiète.

La pandémie a aussi permis à certains gouvernements de reprendre la main sur le plan diplomatique. Turquie, EAU et Qatar ont rivalisé dans la diplomatie sanitaire, offrant leur aide à des pays émergents en manque critique d'équipements. La Chine, partenaire économique essentiel, en sort aussi gagnante : c'est son vaccin qui est le plus utilisé par les pays arabes, en compétition avec le vaccin russe — tandis qu'Israël a médiatisé un partenariat spectaculaire avec Pfizer, permettant une campagne de vaccination à grande échelle menée tambour battant.

Comment reconstruire ?

Les retombées des guerres sont très lourdes. L'ONU qualifie la crise yéménite de « pire catastrophe humanitaire au monde » ; le conflit syrien a fait près de 400 000 morts, les deux tiers de la population étant déplacés ou réfugiés à l'extérieur du pays, dont 4 millions de personnes en Turquie. Les destructions massives provoquées par les combats coulent des économies déjà fragiles : les besoins financiers pour reconstruire la Syrie sont estimés à plusieurs centaines de milliards de dollars, et les bailleurs ne se pressent pas pour investir dans un contexte instable et miné par la corruption, sur fond de sanctions internationales. Les sociétés déjà clivées sont durablement traumatisées : le Liban peine encore, trente ans après la fin de la guerre civile, à rétablir la confiance entre ses communautés, tandis que l'Irak n'est jamais sorti d'une forme d'anarchie entretenue par les rivalités encore sanglantes entre groupes ethniques et religieux.

Le Moyen-Orient a souvent été décrit comme une région refermée sur elle-même, à l'écart de la mondialisation. Elle demeure en effet marginale dans les échanges commerciaux, et sa capacité de représentation dans les instances multilatérales est réduite : seules l'Arabie saoudite et la Turquie sont aujourd'hui membres du G20. La coopération intrarégionale est également faible, et ses institutions largement dysfonctionnelles, à l'image de l'Union du Maghreb arabe, plombée par la rivalité algéro-marocaine, ou du Conseil de coopération du Golfe, scindé depuis 2017 par la dispute entre l'Arabie, les EAU et le Qatar. La Ligue arabe, également handicapée par les rivalités interétatiques, est peu efficace en matière de médiation.

La position géographique du Moyen-Orient, entre Europe et Asie, et celle du Maghreb, à l'interface africaine, sont pourtant des atouts décisifs dans la course à la connectivité. Le développement remarquable du secteur aérien le prouve : dans le sillage de Dubaï, dont l'aéroport est le troisième plus fréquenté au monde, le nouvel aéroport d'Istanbul tente de s'installer comme plateforme de transit entre Occident et Asie, en s'appuyant sur le dynamisme remarquable de Turkish Airlines. La Chine a inscrit le Moyen-Orient sur ses nouvelles routes de la soie, manifestant son intérêt pour les ports en mer Rouge et en Méditerranée, ainsi que les infrastructures ferroviaires et routières en Iran et en Turquie, ouvrant la voie à des accords de coopération sectoriels détachés des logiques sécuritaires [Watanabe, 2019]. D'autres partenariats se dessinent avec l'Inde, la Corée ou le Japon, tous fortement importateurs d'énergie. Symétriquement, la quête de ressources, y compris en terres agricoles, et d'autres opportunités d'investissement élargit l'horizon des fonds souverains arabes, vers l'Afrique et jusqu'à l'Océanie. Les diasporas du Moyen-Orient, réparties aux quatre coins du monde, sont les relais de cet esprit commerçant qui a fait en d'autres temps la richesse de la région [Banque mondiale, 2016].

Nouveau paradoxe, la région ANMO est restée relativement à l'abri de la pandémie de Covid-19 : la catastrophe sanitaire que l'on pouvait craindre au vu de certains paramètres structurels (inégalités sociales, faiblesse des États, conflictualité) n'a pas eu lieu. Mais la fermeture du monde a réveillé les réflexes de repli nationaux, et partout l'on constate une poussée d'autoritarisme, exacerbant les logiques d'affrontement interne. Le cycle du changement politique violent semble relancé, sans perspective d'apaisement à court terme.

Repères bibliographiques

AÏSSA TOUAZI F. [2019] « Les fonds souverains du Golfe », étude réalisée pour la Fondation pour la recherche stratégique, février.

BADIE B. et VIDAL D. (dir.) [2021], *Le Moyen-Orient et le monde. L'état du monde 2021*, Paris, La Découverte, p. 47-54.

BANQUE MONDIALE [2016], « Mobiliser la diaspora de la région Moyen-Orient et Afrique du Nord pour promouvoir l'intégration économique et l'entrepreneuriat », *Document de travail*, n° 111806.

BAUCHARD D. [2016], « Arabie saoudite, Iran, Turquie à la poursuite d'un *leadership* régional », *in* BANQUE MONDIALE, « Mobiliser la diaspora de la région Moyen-Orient et Afrique du Nord pour promouvoir l'intégration économique et l'entrepreneuriat », *Document de travail*, n° 111806.

BEBLAWI H. et LUCIANI G. [1987], *The Rentier State*, Londres/New York, Croom Helm.

BENBERNOU A. et SCHMID D. [2020], « Moyen-Orient : l'économie dans la course à la puissance », *Étude de l'Ifri*, mars.

BLANC P. [2020], « L'eau et la terre aux racines de la conflictualité moyen-orientale », *Questions internationales*, n° 103-104, dossier spécial « Moyen-Orient. Des guerres sans fin ».

BURGAT F. [2020], « Un bilan des islamistes au pouvoir : religion et politique à l'épreuve des soulèvements arabes », *Revue internationale et stratégique*, n° 117, p. 109-118.

CROUZET G. [2016], « Les Britanniques et l'invention du Moyen-Orient : essai sur des géographies plurielles », *Esprit*, mai, p. 31-46.

FONDATION DE LA MAISON DES SCIENCES DE L'HOMME (FMSH)/INTERNATIONAL PANEL ON EXITING VIOLENCE (IPEV) [2020], *Rapport final*.

GLOBAL FIREPOWER [2020], *2020 Military Strength Ranking*, GFP, Annual Ranking.

SAÏD E. [1980], *L'Orientalisme. L'Orient créé par l'Occident*, Paris, Seuil, 2003.

SCHMID D. [2018], « Les États au Moyen-Orient : crise et retour », *Politique étrangère*, vol. 83, n° 1, p. 51-62.

WATANABE L. [2019], « Le Moyen-Orient et la nouvelle route de la soie », *Analyses du CSS*, n° 254.

WRIGHT R. [2016], « How the curse of Sykes-Picot still haunts the Middle East », *The New Yorker*, 30 avril.

YAHYA M. [2019], « The Middle East's lost decades. Development, dissent, and the future of the Arab world », *Foreign Affairs*, octobre.

YAVUZ H. [2020], *Nostalgia for the Empire. The Politics of Neo-Ottomanism*, Oxford, Oxford University Press.

Annexe / Méthodologie de la dissertation

Delphine Boissarie et Cédric Tellenne

La dissertation est un exercice classique qui garde toute son importance dans les études supérieures françaises. Il s'agit d'une *démonstration* argumentée, et illustrée par des connaissances précises, qui progresse vers la résolution d'un problème. Celui-ci doit être exposé dès l'introduction et servir de fil directeur. Le correcteur juge par ce biais la capacité du candidat à mobiliser des connaissances en sachant les trier, les hiérarchiser et les relier dans une construction logique et cohérente pour répondre à la problématique posée. La dissertation révèle ainsi les qualités de réflexion, autant que la maîtrise des connaissances. Elle ne se limite en aucune façon à de la récitation, qui devient même un risque majeur : celui du *hors-sujet*. Le correcteur juge la capacité à manifester une capacité de raisonnement, faire apparaître un minimum d'esprit critique par rapport à un discours convenu. Il y a toujours une « prime » à l'originalité, mais dans un cadre académique et scientifique : on ne se lance jamais sans filet.

Les grands éléments de la dissertation

L'introduction

C'est la première impression que vous donnez au correcteur : elle est souvent décisive. Ainsi, rédigez l'introduction au brouillon avant de la recopier. Elle répond à un canon précis et s'articule en quatre temps :

— l'accroche (un fait, un contexte) qui permet d'amener directement le sujet ;

— l'exposé et l'analyse des termes clés du sujet à définir explicitement, à partir desquels vous devez dégager les enjeux du sujet.

Le correcteur doit pouvoir retrouver le libellé du sujet sans le connaître (ce qui suppose que vous ayez utilisé les termes mêmes du sujet !) ;

— la problématique : il s'agit de trouver un angle d'attaque du sujet, de dégager un fil directeur qui vous permettra de structurer votre réflexion et de bâtir une démonstration. Elle peut être exprimée sous forme interrogative ou affirmative. Elle est obligatoire ;

— l'annonce du plan : elle doit être très claire et correspondre précisément aux trois parties que vous allez développer. Les titres des parties peuvent être simplifiés, mais non transformés.

Le développement

Il comporte en général deux ou trois parties, divisées en paragraphes équilibrés. Chaque partie commence par un titre de partie présenté sous forme de phrase : ce titre doit être entièrement rédigé et correspondre à celui annoncé dans l'introduction...

Les titres de partie doivent avoir un rapport explicite avec le sujet posé : vous réutilisez les mots précis du sujet pour bâtir une démonstration correspondant au sujet posé. Sinon, vous encourez le risque de traiter un autre sujet, même si vous êtes dans le bon thème. Chaque paragraphe doit démontrer quelque chose et non être un récit du cours : il doit donc s'organiser autour d'une idée, illustrée par des exemples précis.

La conclusion

Un devoir sans conclusion, ou à la conclusion bâclée, est inenvisageable car c'est là que vous répondez à la problématique. La conclusion se prépare donc dès le début. Elle comporte deux parties :

— d'abord, en deux ou trois phrases, une synthèse de la démonstration qui permet de répondre à la problématique ;

— ensuite, une ouverture du sujet sur la période suivante, sur une question d'actualité, sur un problème voisin ou connexe.

Les étapes de la réflexion

L'analyse des termes et le cadrage du sujet

Il faut y consacrer du temps car c'est la clef d'une démonstration réussie.

Tous les mots du sujet doivent être analysés : concepts, notions, mots communs, noms propres, dates, mots de liaison, ponctuation...

Certains mots du sujet ont plus d'importance que d'autres, guident la réflexion, mais tous doivent être pris en considération.

Il faut analyser et déterminer leurs différents sens, leur ordre dans le libellé du sujet et leurs liens. Une attention particulière doit être portée aux mots de liaison qui peuvent conduire à des problématiques différentes : « et » (comparaison, mise en relation, relation de cause à effet), « ou » (comparaison, exclusion), « face à » (confrontation, mise au défi), « entre » (aller de l'un à l'autre, au milieu, pont) et « dans » (place et rôle dans une relation, dans un ensemble).

Le cadrage du sujet est nécessaire : il s'agit de bien définir les limites du sujet (chronologiques, géographiques) et les champs thématiques qu'il recouvre : économiques, sociaux, culturels, diplomatiques, militaires, environnementaux... Avant de débuter, il faut « balayer » largement le spectre du sujet, comme le ferait un radar.

Outre la dimension historique qui permet la « mise en contexte » mais aussi et surtout la « mise en perspective » de plus long terme, la dimension géographique est toujours à valoriser : raisonner aux différentes échelles (de la ville au continent, approche multiscalaire), rappeler le rôle de la distance, du relief, des frontières, la diversité des espaces, à travers des exemples concrets de lieux, de territoires.

Il peut être intéressant de réfléchir à des intitulés « faux amis », c'est-à-dire proches mais induisant une problématique différente et qu'il faudra éviter de traiter. Bref, traiter le sujet que l'on vous a donné et non celui que vous auriez aimé que l'on vous donne.

La problématique

La problématique est l'art de poser les problèmes, de trouver la question sous-jacente au sujet, celle qui lui donne son intérêt et son extension. Commencez par vous demander pourquoi le jury a posé ce sujet, quelles sont ses intentions, quel débat ou question d'actualité a pu l'inspirer ou quels sont les intérêts, les enjeux du sujet.

Une problématique dégage souvent un paradoxe ou une contradiction, une difficulté à mettre en valeur : soit une contradiction entre deux notions, deux processus antithétiques, soit un décalage entre une perception et une réalité, un décalage dans le temps. La problématique peut ainsi s'exprimer sous la forme « pourquoi..., alors que... ? » ou « comment expliquer que..., alors que... ? ».

Une bonne problématique est celle qui apporte une interprétation et pose un vrai problème. Mais elle doit rester simple et intelligible. Des défauts sont ainsi à éviter :

— des pseudo-problématiques qui sont une paraphrase du sujet ; éviter le « dans quelle mesure ? » ou « peut-on dire que ? » ;

Les différents types de plans

Le *plan chronologique* : il est adapté à des périodes de temps longues, avec des ruptures historiques claires et indiscutables, que l'on justifie dès l'introduction. Il peut se révéler fastidieux et peu démonstratif, donnant lieu à une récitation des connaissances.

Le *plan thématique* : il peut se décliner sous plusieurs formes :

— analytique : pourquoi, comment, jusqu'où *ou* fondements-aspects-conséquences/limites ;

— dialectique : il s'impose lorsque le sujet est à la forme interrogative, mais il se décline pour beaucoup d'autres sujets en fonction de la problématique choisie. Il articule la réponse la plus évidente (thèse), les nuances à apporter à cette thèse (antithèse), puis le dépassement de la problématique en troisième partie ;

— comparative : lorsque vous devez comparer deux pays, deux époques, deux lieux, deux personnages, c'est-à-dire mettre en avant des points communs et des différences.

Le *plan thématique-chronologique* : il comporte une première partie sur les héritages (à la fois les fondements et le point de départ chronologique), une deuxième sur les mutations (englobant une période large) et une troisième sur le bilan actuel et les perspectives.

Le *plan géographique* par échelles : il est déconseillé en géopolitique. Mais une typologie est souvent attendue dans la dernière partie, elle permet d'affiner la démonstration sur un sujet en opérant un classement, en distinguant différentes catégories et/ou espaces en fonction de critères soigneusement indiqués. Les typologies peuvent être faites par espaces, par niveaux d'échelle (approche multiscalaire), par thèmes, par acteurs.

— de fausses problématiques : des problématiques trop vagues ou dont la réponse est trop évidente ;

— des problématiques confuses ou trop compliquées (« charabia ») ;

— des questions nombreuses et qui partent dans tous les sens (s'en tenir au plus à deux questions) ;

— des problématiques « à la marge » : elles peuvent être appréciées quand elles sont précises et concrètes, et permettent de « tirer » l'ensemble des thèmes du sujet.

Le plan

Il existe à chaque fois, pour tout sujet, différents plans possibles, mais le bon plan est celui qui articule des parties qui s'enchaînent avec logique et simplicité, et progressent vers la résolution du problème posé. Pour ce faire, les titres des parties doivent être des phrases rédigées qui, mises bout à bout, donnent la structure articulée de la pensée.

Il est conseillé de privilégier les connecteurs logiques qui expriment une conséquence (« ainsi », « par conséquent », « aussi », « donc », « alors », « si bien que »...) ou une restriction ou une opposition (« mais », « cependant », « toutefois », « néanmoins ») pour structurer votre plan. Les « tout d'abord, ensuite, enfin » ou « premièrement, deuxièmement, enfin », « de plus », qui expriment une énumération ou une addition, sont à éviter. Proscrivez enfin les troisièmes parties « donneuses de leçon », du style « il faudrait que », « il devrait faire ceci »...

Il existe quatre grands types de plans dans lesquels vous pouvez puiser votre inspiration (voir encadré *supra*). Mais il n'y a pas de recette miracle, pas de dogmatisme, uniquement de la pratique... À force d'utiliser différents types de plans, vous saurez intuitivement celui qui convient le mieux.

Conseils généraux

La présentation et le style

Il faut rendre la copie agréable à lire pour le correcteur : l'encre pâle est à proscrire, soignez l'écriture, aérez votre devoir. Lorsque le correcteur regarde votre copie, il doit pouvoir distinguer visuellement les grandes composantes de la dissertation (introduction, parties et paragraphes, conclusion).

Les copies doivent être écrites dans un français correct et un style soutenu : pas d'abréviations, pas d'anglicismes ; un trop grand nombre de fautes d'orthographe est sanctionné. Attention à l'usage des majuscules et des minuscules. Il faut être le plus rigoureux possible : par exemple, on n'écrit pas pour les dates 39, 45 mais 1939, 1945... Attention à la césure des mots ; ne pas placer de virgule en début de ligne...

Il faut bannir le futur historique (aller + infinitif) dans la rédaction des développements. Le temps de l'histoire est le passé ou le présent. Le futur historique est toléré dans les transitions ou en fin de conclusion.

Un style simple mais rigoureux est attendu : ne faites pas de phrases trop longues, de périphrases. Affirmez des choses précises : évitez le verbe « sembler », le conditionnel « semblerait », l'adjectif « certains ».

Le titre d'un ouvrage, d'un journal ou d'une revue doit être souligné ; le titre d'un article est mis entre guillemets.

La politesse veut qu'une personne encore vivante ne soit pas désignée par son seul nom de famille. On dit « de Gaulle », « Mitterrand », mais F. ou François Hollande, N. ou Nicolas Sarkozy...

L'organisation du temps

À titre indicatif, voici des pistes pour optimiser vos quatre heures de composition. Toutefois, c'est à vous d'adapter ces éléments à votre rythme personnel.

Pour une dissertation en quatre heures sans exercice cartographique :

Analyse du sujet	20-30 minutes
Rédaction de l'introduction	20-30 minutes
Rédaction du développement	2 h 30 à 3 heures
Conclusion	10-15 minutes
Relecture	10 minutes

Pour une dissertation en quatre heures avec carte à réaliser (à diviser par deux pour les dissertations en deux heures) :

Analyse du sujet et plan de la légende	30-35 minutes Il est conseillé d'élaborer la légende de la carte en même temps que le plan du développement.
Rédaction de l'introduction	20-30 minutes
Rédaction du développement	2 heures à 2 h 30
Conclusion	10-15 minutes
Réalisation de la carte	20-30 minutes
Relecture	10 minutes

La carte

La carte est une traduction visuelle de votre réflexion sur le sujet. Elle montre votre capacité à changer de langage, à situer, à classer, à hiérarchiser. Voici les éléments à ne pas négliger :

— titre obligatoire, éclairant un aspect essentiel du sujet ;

— légende organisée sur une seule page, non surchargée ;

— les renvois à la carte dans la dissertation sont appréciés ;

— des noms de territoires bien choisis (en rapport avec le sujet), et à différentes échelles, sont attendus ;

— des figurés ponctuels et linéaires permettant de localiser des phénomènes et spatialiser des flux et des dynamiques. Combien faut-il représenter de figurés ? Au minimum une quinzaine et au maximum une vingtaine. Il ne s'agit pas de proposer une carte trop détaillée, difficile à lire. Les intitulés doivent être concis ;

— une typologie des espaces (plages de couleur) est essentielle.

Table des matières

Sommaire 5

Avant-propos GUIBOURG DELAMOTTE ET CÉDRIC TELLENNE 7

Introduction / Puissance et géopolitique FRÉDÉRIC MUNIER 9

La nature de la puissance 10

Un essai de définition, 10

Les trois facettes de la puissance, 11

Hard power et *soft power* : deux formes de puissance pour un spectre d'attitudes, 13

Les usages de la puissance 14

Un spectre des comportements et des ressources associées, selon Nye, 14

Une matrice pour analyser l'exercice de la puissance, 16

Des acteurs multiples à l'importance variée, 17

□ Encadré : *Les principales théories des relations internationales, 18*

Les débats liés à la puissance 21

Des oppositions anciennes et leur actualité, 21

La transition de puissance et ses conséquences, 24

Impuissance de la puissance, puissance de la faiblesse ? 25

PREMIÈRE PARTIE

LA PUISSANCE DANS UN MONDE EN MUTATION (XXe-XXIe SIÈCLES)

DIRECTION : CÉDRIC TELLENNE

I Géopolitique et relations internationales 33

1 Tableau géopolitique du monde et de la France au premier XXe siècle

1. Tableau géopolitique du monde de 1913 à 1945
CÉDRIC TELLENNE 35

Un choc des nationalismes et des impérialismes européens au début du XXe siècle 36
Une suprématie européenne écrasante dans le monde, 36
Naissance de la *Geopolitik* et montée des antagonismes entre puissances européennes, 37
Hors d'Europe, de nouvelles puissances émergentes, 38
Les deux guerres mondiales, périodes charnières 39
La Première Guerre mondiale et ses conséquences : le premier de tous les cataclysmes du XXe siècle, 39
Les dictatures à l'assaut de l'ordre libéral, 41
1945, un bilan effroyable, 43
1945 : l'espoir d'un nouvel ordre mondial 44
Les conférences de paix : Yalta et Potsdam, 44
La mise sur pied d'une gouvernance internationale, 45
Nuremberg : le procès des crimes nazis, 46

2. La France de 1914 à 1945 : une puissance dépassée ?
PIERRE ROYER 49

Une puissance meurtrie 49
Un sentiment de déclassement depuis la défaite de 1870, 49
Rayonnement mondial et capacité d'innovation, 51
1918 : une victoire à la Pyrrhus ? 53
□ Encadré : *Les conséquences démographiques de la Première Guerre mondiale, 54*
Une puissance bloquée 55
Une démocratie paralysée, 55
Les fruits de la victoire contestés, 56
Entre reconstruction et langueur économique, 58
Une puissance miraculée : de l'abîme à la renaissance 59
Une stratégie inadaptée, 59
Une débâcle militaire et politique, 60
La France miraculée, 64

2 Géopolitique de la guerre froide, 1947-1991 STÉPHANIE LEU

□ Encadré : *Quand débute la guerre froide ? 67*
Une « guerre de cinquante ans » 68
La première guerre froide (1947-1952) : ordonner et accumuler des alliés, 68
Une longue paix chaude (1956-1975) : de la terreur nucléaire au retour de la stratégie territoriale, 70
Vers la victoire américaine (1975-1989), 72
Un ordre bipolaire en trompe l'œil 73
La bipolarité, une nécessité géopolitique pour les deux Grands, 73
□ Encadré : *Les services secrets américains et soviétiques durant la guerre froide, 76*
De la bipolarité à la « bimultipolarité », 77
Sous l'ordre, le « désordre », 78
□ Encadré : Le Nouveau Désordre mondial *selon Milza, 79*
La fin du monde westphalien ? 81
Le « pouvoir des gens ordinaires », 81
La « reconfessionnalisation » des relations internationales, 82
L'ère du partisan, 83

3 Des empires coloniaux à l'émergence du tiers monde : conflits et recompositions DELPHINE BOISSARIE

Les motivations des puissances colonisatrices 87
Affirmer et conforter la puissance, 87
Saisir les opportunités de conquête, 88
L'influence des groupes de pression colonialistes, 89
Un partage du monde inégal 90
Des rivalités fortes à l'origine des crises coloniales, 90
Un contrôle inégal des territoires, 93
Différents modèles impériaux, 94
Les empires coloniaux : des refuges économiques 95
La « mise en valeur » des territoires colonisés, 95
Des marchés quasiment captifs, 96
L'empire colonial : une bonne affaire..., 97
... ou un compagnon des mauvais jours, 97
Les puissances coloniales face à la décolonisation, entre affaiblissement géopolitique et renforcement économique 99
Une domination contestée, 99
Décolonisation et déclin des puissances européennes, 100
La décolonisation, une bonne affaire pour les métropoles, 100
De lourds défis pour les nouveaux États indépendants, 101

4 Tableau géopolitique du monde au début du XXIe siècle : un nouvel ordre mondial ? FRÉDÉRIC MUNIER ET CÉDRIC TELLENNE

D'un ordre mondial à l'autre, mais lequel ? 105
La décennie de l'hyperpuissance américaine (1991-2001) : un moment unipolaire, 105

Le nouveau siècle : un rééquilibrage des puissances dans un monde en crise, 107
Ordre ou désordre mondial ? 108
Une géopolitique mondiale entre intégrations et fragmentations 109
Une scène géopolitique mondiale très fragmentée, 109
Crise des États, affirmation des nations, 111
La grande panne du multilatéralisme, 112
Les mutations de la guerre et des conflictualités 113
Des guerres régulières aux guerres asymétriques, 113
Les réfugiés, victimes collatérales du nouveau désordre mondial, 116
L'extension du domaine de la guerre : l'économie, 118

5 Recherche de gouvernance et de paix dans le monde depuis 1945 Olivier David et Jean-Luc Suissa

Le multilatéralisme en construction, de 1945 à 1990 122
Les fondements d'un multilatéralisme pacificateur en 1945, 122
Réussites et échecs du multilatéralisme durant la guerre froide, 123
□ Encadré : *L'Unesco et le patrimoine mondial de l'humanité, 124*
Des limites majeures, 124
Les espoirs déçus du multilatéralisme depuis la fin de la guerre froide 126
Un espoir de paix universelle, 126
Les désillusions du multilatéralisme, 127
Une crise de plus en plus profonde, 128
Les facteurs d'un déclin paradoxal 129
Les responsabilités des États-Unis, 129
Une triple crise de la gouvernance multilatérale, 130
Des États concurrencés par le sans-frontiérisme des acteurs privés, 131
Une gouvernance internationale en plein renouvellement 133
Le néomultilatéralisme, 133
Le « minilatéralisme » de coalition, 133
Un nouveau pacte entre firmes et ONG, 134

6 Les mutations de la guerre. Géostratégie et conflits armés dans le monde Philippe Boulanger

De la géographie militaire à la géostratégie 136
L'approche militaire de la géographie des grands espaces, 136
□ Encadré : *Géostratégie et géopolitique : débats et controverses, 139*
Un raisonnement géographique spécifique, 139
L'analyse des espaces de crise, 140
Les mutations des espaces de guerre dans la mondialisation 143
Des conflits plus complexes, 143
Des espaces de guerre dans les flux de la mondialisation, 146
Les grands axes géostratégiques des conflits, 147
Le grand retour des puissances militaires 149
L'outil militaire, attribut de puissance, 149

Des puissances militaires en transformation, 149
□ Encadré : *Le classement mondial des puissances militaires par le Global Firepower, 150*
Les défis géostratégiques en cours, 152

II Aux fondements de la géoéconomie : croissance, développement et mondialisation 157

7 Croissance et crises, XXe-XXIe siècles : une histoire de temps long CLAIRE JOIGNEAUX-DESPLANQUES

La croissance et ses fluctuations 160
Et la croissance fut..., 160
Une croissance cyclique, 161
Des rythmes de croissance différenciés, 162
□ Encadré : *Les « faits stylisés » de la croissance selon Kaldor, 164*
Les crises et leurs manifestations 164
La crise de l'entre-deux-guerres, 164
La crise des années 1970, 166
2001 et 2008, le retour des crises américaines : dot.com et *subprimes*, 167
Les déterminants des fluctuations de la croissance 169
Les ressources : utiles, mais pas suffisantes, 169
□ Encadré : *La productivité du travail et ses promesses, 170*
Les innovations au cœur de la dynamique du capitalisme, 170
Les institutions : un rôle décisif pour l'innovation, 172
Les promesses de la croissance 173
L'amélioration des conditions de vie, 173
Les effets incertains sur les inégalités internes, 175
La perspective de convergence des niveaux de vie dans le monde, 177
Une convergence parfois bloquée, 178

8 Le développement. Stratégies et inégalités de développement dans le monde CLÉMENT HENRAT-LEMÉE

Le développement : un concept polysémique 183
Définitions, 183
□ Encadré : *L'URSS et son modèle de développement, 184*
Mesures et indicateurs, 186
Les principales théories du développement économique 187
La théorie standard : une approche linéaire du développement, 187
Une traduction de la théorie standard : le consensus de Washington, 189
Les théories néomarxistes de la dépendance internationale, la « troisième voie » du développement, 190
La nouvelle économie du développement, 191

Heurts et malheurs des politiques de développement 193
L'enjeu démographique : de la crainte malthusienne à l'optimisme populationniste, 193
□ Encadré : *Démographie et puissance, 194*
L'enjeu institutionnel : les institutions comme condition de développement, 195
L'enjeu industriel : de l'industrialisation par substitution des importations aux industries industrialisantes, 196
L'enjeu commercial : libre-échange, protectionnisme et développement, 197
L'impératif du développement durable, 199

9 De l'internationalisation à la « globalisation » de l'économie PIERRE ROYER

Les choix fondateurs de l'internationalisation (1945-années 1970) 205
Les leçons de l'avant-guerre, 205
Les mutations technologiques, 206
Une progression encore limitée des échanges, 207
La mondialisation comme réponse à la « crise » (années 1970-années 1990) 209
La crise et les tentations protectionnistes, 209
Le « retour » du libéralisme ? 210
L'élargissement des acteurs du commerce mondial, 211
De l'hypermondialisation à la démondialisation ? 213
La « nouvelle économie », 213
□ Encadré : *Internet et GPS : les piliers de la « nouvelle économie », 214*
Les nouveaux rapports de force géopolitiques, 214
Une remise en cause de la mondialisation ? 217
□ Encadré : *Les contestations de la mondialisation, de la gauche « altermondialiste » à la droite « démondialiste », 219*

10 La mondialisation financière : de l'efficience à l'instabilité CLÉMENT HENRAT-LEMÉE

Mondialisation financière et émergence d'un marché mondial du capital 223
Définitions et mesures, 223
De l'économie d'endettement à l'économie des marchés financiers, 224
Les vertus de la mondialisation financière, 224
Paradoxes et asymétries de la mondialisation financière 226
Un objet de débats entre économistes, 226
Les grands paradoxes de la mondialisation financière, 226
Mondialisation financière et puissance géopolitique, 227
Quand la mondialisation financière devient dangereuse et nuisible 230
Une relation finance-croissance non linéaire, 230
Le retour des crises : une instabilité financière accentuée, 230

La crise de 2007-2008, conséquence de la mondialisation financière, 231
□ Encadré : *La titrisation au cœur de la crise des* subprimes, *232*
L'impératif de la régulation internationale 234
Politiques microprudentielles et macroprudentielles, 234
□ Encadré : *Les accords de régulation bancaire dits « de Bâle », 235*
Les normes comptables : un problème toujours en suspens, 235
La question des paradis fiscaux et bancaires, 237
□ Encadré : *La mondialisation du marché de l'art, 238*

11 Géopolitique du développement durable et du réchauffement climatique EMMANUEL NAQUET ET CÉDRIC TELLENNE

□ Encadré : *Le développement durable et la question des externalités, 244*
Le développement durable, nouvelle « nature du développement » 244
La prise de conscience des limites de la croissance et du développement, 245
□ Encadré : *La « tragédie » des biens communs, 246*
Naissance d'une géopolitique du développement durable, 247
Le développement durable en débat, 249
Le réchauffement climatique et la « sixième extinction » 250
Un phénomène longtemps mal connu, 250
Un processus irrémédiable aux conséquences désastreuses, 251
Des dispositifs internationaux jusqu'ici insuffisants, 253
□ Encadré : *Le protocole de Kyoto, un échec ? 254*
La prévalence des égoïsmes nationaux, 254

III Acteurs, territoires et enjeux de la géopolitique mondiale 257

12 Les États et leurs frontières : puissance et souveraineté dans la mondialisation ALEXANDRE SAINTIN

□ Encadré : *État-nation et frontières, 260*
Le recul de la souveraineté et de la puissance de l'État face à la mondialisation 260
Mondialisation et retrait de l'État, 261
□ Encadré : *Moins ou plus d'État ? Consensus de Washington* versus *consensus de Pékin, 262*
L'État et ses frontières débordés par les marchés, 263
L'État affaibli dans les nouvelles relations « transnationales », 264
La redéfinition des prérogatives de l'État et du rôle des frontières au début du XXIe siècle 265
Un indéniable pouvoir de contrôle et d'encadrement des marchés, 265
Le retour de l'État-stratège, 266
Le « retour » des frontières, 268

La diversité des États dans le nouvel ordre mondial 270
Différents types d'État dans le monde, 270
Des États affaiblis et faillis, facteurs de désordre international, 271
Un État occidental résistant, 272

13 Les grandes firmes dans la mondialisation : enjeux géoéconomiques et géopolitiques CÉDRIC TELLENNE

La mondialisation des firmes, par-delà les frontières étatiques 276
Les premières firmes internationales, 276
De la firme internationale à la firme multinationale, 277
Vers la firme globale, 279
La montée en puissance des firmes face aux États 281
États gagnants et États perdants de la mondialisation des firmes, 281
Des États sous l'influence des firmes, 283
Une nouvelle volonté de régulation publique, 284
Les firmes dans la guerre économique 285
États-stratèges et firmes combattantes, 285
Des marchés hyperconcurrentiels, 287
□ Encadré : *Uber et l'ubérisation, 288*
Vers une démondialisation des firmes ? 289

14 Le poids des acteurs non étatiques dans le système mondial : des humanitaires aux gangsters EMMANUEL NAQUET ET CÉDRIC TELLENNE

Les ONG, entre engagement éthique et volonté de puissance 293
Les ONG : définitions et statuts, 293
La prolifération du phénomène ONG, 294
Une indépendance en question, 296
Gangstérisme, criminalité organisée et mondialisation interlope 297
L'internationalisation du crime organisé et des mafias, 298
Des multinationales du crime, 299
L'implication de la finance de l'ombre, 300
Des liens étroits avec les milieux politiques et d'affaires, 301
Les insuffisances de la gouvernance politique, 302

15 Nouveaux espaces et nouvelles frontières de la mondialisation

1. De l'Océan mondial à la territorialisation des espaces maritimes LAURENT ADAM DE VILLIERS 305

Des espaces d'expression de la souveraineté et de la puissance 306
La territorialisation des espaces maritimes, 306
□ Encadré : *La mer de Chine méridionale, nouvelle poudrière ? 307*
La puissance navale et ses outils, 308
Les bases navales, entre points d'appui et moyens de dissuasion, 310
Les détroits, zones de tensions géopolitiques, 311

Les ressources océaniques, un nouvel eldorado convoité 312
La mer, nourricière, 312
L'extension maritime de la quête énergétique, 313
Les ressources d'avenir, 314
Des enjeux écologiques majeurs, 315
Les océans, traits d'union du commerce mondialisé 315
La croissance du trafic maritime mondial, 315
□ Encadré : *La révolution du conteneur et de la conteneurisation, 316*
□ Encadré : *L'enjeu des pavillons de complaisance, 318*
Les grandes routes maritimes, 319
□ Encadré : *Arctique, nouvelle frontière économique et stratégique, 320*
Les ports, de la projection vers la mer à la dépendance maritime, 322
Les flux de données : les enjeux géopolitiques des câbles sous-marins, 322

2. La conquête de l'espace, terrain des rivalités entre grandes puissances CÉDRIC TELLENNE 325
La compétition spatiale au cœur de la guerre froide 326
Le choc du *Spoutnik* et ses conséquences, 326
Les États-Unis, maîtres de l'espace, 327
Une compétition asymétrique, mais de plus en plus ouverte, 328
Des rivalités de puissance de plus en plus fortes au XXIe siècle 329
L'hyperpuissance spatiale américaine face à des compétiteurs ambitieux, 329
Militarisation et arsenalisation de l'espace, 330
De nouveaux acteurs privés pour un marché en expansion rapide, 332
L'espace, terrain de coopérations internationales abouties 332
De multiples coopérations entre États, 332
Un manque de réglementation et de gouvernance, 333
□ Encadré : *L'espace aérien, enjeux géopolitiques, 334*

3. Cyberespace, « nouvelle frontière » géopolitique
JULIEN NOCETTI 337
Définir le cyberespace : une approche géopolitique 338
Le cyberespace est une représentation, 338
Les trois couches du cyberespace, 339
Des rapports de force géopolitiques dans le cyberespace, 341
Des frontières dans le cyberespace 342
Vers une territorialisation du cyberespace ? 342
Des frontières multidimensionnelles dans le cyberespace, 343
Quels acteurs pour quelles frontières ? 344
Expansion de la cybermenace et conflictualité numérique 345
Des cybermenaces plus diffuses et nombreuses, 345
Les manipulations de l'information, 346
Réseaux sociaux : des amplificateurs de révolte, 347

16 Les compétitions et rivalités pour les ressources naturelles dans un monde globalisé

1. Les ressources agricoles et alimentaires dans la géopolitique mondiale DELPHINE BOISSARIE ET VÉRONIQUE THIBAULT 351

La sécurité alimentaire et ses enjeux 352
Un triple enjeu pour l'État, 352
La mondialisation : une nouvelle donne alimentaire, 353
Une volonté renouvelée de limiter la dépendance extérieure, 355
La sécurisation des ressources agricoles, une arène de la puissance 356
Guerres agricoles et luttes d'influence, 356
La ruée vers les terres et l'eau, 357
Gagnants et perdants de la mondialisation agroalimentaire, 358
Une sécurité alimentaire globale menacée ? 360
Les risques sanitaires et environnementaux, 360
La pression démographique, 361
Le repli protectionniste, fausse bonne idée, 361

2. Les ressources énergétiques dans la géopolitique mondiale CÉDRIC TELLENNE 364

□ Encadré : *L'énergie, les énergies : définitions, 365*
L'énergie, un enjeu géopolitique très disputé 365
Un vecteur de croissance et de développement, 365
□ Encadré : *L'Arabie saoudite et sa « Vision 2030 », 366*
Une force de destruction au service des capacités militaires, 367
Un objet de rivalités et de convoitises internationales, 369
□ Encadré : *La Russie et la géopolitique du gaz, 370*
Une transition énergétique lente et incertaine 371
La résistance des énergies fossiles, 371
□ Encadré : *La consommation d'énergie primaire dans le monde, 372*
Un développement des énergies renouvelables encore entravé, 373
Le nucléaire civil, clef du développement et de la puissance, 374
Les acteurs et outils de la transition écologique, 375
Un nouveau « grand jeu » énergétique mondial 377
Des marchés en profonde recomposition, 377
Les grandes puissances mondiales, rivales pour la domination énergétique, 378
Les grands consommateurs, un poids géopolitique incontestable, 380

3. Les ressources en eau, entre concurrences économiques et hydroconflits EMMANUEL NAQUET 384

L'eau sur la Terre, entre abondance et rareté 385
Une répartition contrastée en fonction des milieux, 385
Une disponibilité très inégale pour les populations, 386
Une ressource intensément exploitée et gaspillée, 387
Rivalités et compétitions pour les usages de l'eau 389
Des compétitions intenses entre secteurs économiques, 389
Des rivalités géopolitiques croissantes, 390
□ Encadré : *À qui appartient l'eau des grands fleuves ? 391*

□ Encadré : *Le projet de « grand barrage de la Renaissance » éthiopien, 392*
Vers une gouvernance de l'eau 392
Une ancienne diplomatie de l'eau, 392
Le temps de la sécurisation pour tous ? 393
La nécessité de règles collectives, 394

SECONDE PARTIE
UN MONDE DE PUISSANCES DIRECTION : GUIBOURG DELAMOTTE

IV La France : les recompositions d'une puissance moyenne aux ambitions mondiales 399

17 La France, un modèle entre héritages, crises et transformations depuis 1945 ANNE-SOPHIE LETAC

La France et son modèle : une synthèse et un compromis 402
Les héritages d'une puissance exceptionnelle, 402
□ Encadré : *Les territoires français, 404*
Un étatisme au service du libéralisme, 404
Le « mythe gaullien » au cœur du modèle français, 407
□ Encadré : *Syndicalisme et droit de grève en France, 409*
Un modèle français en porte-à-faux avec la mondialisation 410
Une inflexion libérale à pas comptés, 410
Le spectre de la désindustrialisation, 412
La crainte du déclassement provoque un rejet de la mondialisation, 413
Un modèle difficilement réformable 415
Des stratégies gouvernementales peu lisibles, 415
La France entre atouts et faiblesses, 416
Une France entre protection de l'emploi et précarisation du travail, 418
Des fractures françaises préoccupantes, 419

18 La France, une puissance en Europe MATTHIEU OSMONT

Le choix européen de la France sous la IVe République, confirmé par de Gaulle 424
L'Europe : une réponse française à un constat d'impuissance après 1945, 424
□ Encadré : *Les grands traités européens (de la CECA à l'UE), 425*
De Gaulle et le projet d'Europe-puissance, 426
Le partenariat franco-allemand dans les années 1960 : succès et limites, 427
La France, moteur de l'intégration européenne aux côtés de l'Allemagne, des années 1970 aux années 1990 428
Pompidou et Giscard d'Estaing : entre approfondissement et élargissement, 428

L'impulsion décisive de Mitterrand, 429
Achèvement de l'Union et premiers doutes post-Maastricht, 430
Une Europe en crise et des questionnements français au XXIe siècle 432
Les inquiétudes des Français face à l'Europe, 432
Une relation franco-allemande déséquilibrée, 433
□ Encadré : *L'Union pour la Méditerranée (UpM), 434*
Quel rôle pour une France en crise dans une Europe en crise (2008-2020) ? 435

19 La France, puissance mondiale et maritime Delphine Boissarie

Une puissance française menacée de déclassement 439
Un déclassement économique et technologique incontestable, 439
La menace de déclassement géopolitique, 441
Des Français hantés par l'idée de déclin et les divisions, 442
La France, grande puissance... moyenne 443
Un rayonnement consolidé à l'étranger, 443
□ Encadré : *Une diplomatie verte active, 444*
□ Encadré : *Le patrimoine au service du* soft power *de la France, 445*
Une autonomie stratégique préservée, 447
L'Europe comme relais de puissance, 448
Un potentiel de puissance maritime majeure 449
Le deuxième domaine maritime du monde, 449
Une capacité majeure de projection de force, 451
L'économie bleue, parent pauvre de la puissance française ? 451

V Géopolitique des puissances dans le monde actuel 455

20 Europe : le besoin de puissance ? Sylvain Kahn

La spécificité universaliste de la représentation géopolitique européenne 458
Le moment européen du monde, 458
Le territoire de l'UE, fruit d'une géopolitique inclusive et volontaire, 459
Le défi d'une Amérique affaiblissant l'alliance atlantique 461
La divergence transatlantique, 461
La fragilisation de la défense de l'Europe, 462
Le défi d'une Chine devenue « rivale systémique » 463
La vision chinoise de l'UE comme ressource à exploiter, 463
La récente perception européenne de la Chine comme rival systémique, 465
Le défi d'une Russie se représentant l'UE comme une nuisance 466
Un régime russe bafouant le droit dans ses relations avec l'UE, 466
La politique régionale de l'UE bousculée par ce voisinage russe, 467
□ Encadré : *Le défi turc, 469*

21 Bassin méditerranéen : espace de crises et de rivalités internationales PHILIPPE BOULANGER

Des enjeux géopolitiques majeurs dans la mondialisation 472
L'espace maritime, enjeu de contestations, 472
Des ressources maritimes convoitées et source de tensions, 473
Des équilibres environnementaux, sécuritaires et sociétaux précaires, 474
Une « zone crisogène » majeure dans le monde, révélant des rivalités régionales fortes 475
De nombreux foyers de crise déclarés ou potentiels depuis plus de trente ans, 475
□ Encadré : *Les « révoltes arabes », 476*
La compétition économique se surimpose aux frictions géopolitiques, 476
L'Union européenne : grande absente du jeu des puissances, 478
Le bassin méditerranéen, espace de concurrence dans le jeu des grandes puissances (États-Unis, Russie et Chine) 479
Le retour de la puissance américaine dans l'espace stratégique méditerranéen, 479
Les ambitions de la Russie en Méditerranée, 480
Un espace de premier plan pour la Chine, 481

22 Russie : la puissance revendiquée ISABELLE FACON

La Russie, entre obsession de la puissance et sentiment d'insécurité chronique 484
Les sources de l'exceptionnalisme russe, 484
Une soif inextinguible de sécurité, 485
Les États-Unis et la Chine : deux points de référence clefs dans la stratégie de puissance de la Russie 486
Une relation frustrante aux États-Unis, 486
Un partenariat inégal avec la Chine, 488
Moscou comme chef de pôle eurasiatique 490
Une Russie possessive vis-à-vis de ses voisins, 490
Vers une nouvelle méthodologie pour les relations avec les pays du « glacis » ? 492
Un multilatéralisme instrumental 493
Le Conseil de sécurité de l'ONU : gage de stature et de sécurité, 493
Un multilatéralisme eurasiatique « à la russe », 494

23 États-Unis : entre triomphe et lassitude, quel avenir pour la puissance américaine ? LAURENCE NARDON

L'avènement du *leadership* américain après 1945 496
Une puissance militaire écrasante, 496
Une hégémonie économique durable, 498
Une influence culturelle globale, 498
Une puissance impérialiste ? 499
La décennie 1990 : le triomphe du modèle américain 500
Un nouvel ordre mondial unipolaire, 500
Une « hyperpuissance » critiquée, 501

Le tournant de l'année 2001 501
Les guerres en Afghanistan et en Irak, 501
La montée en puissance du rival chinois, 502
Obama et la « fatigue de l'empire » 503
Leading from behind, 503
Le « pivot vers l'Asie », 504
L'extraterritorialité du droit américain, 505
Trump et la remise en question de l'ordre international libéral 505
□ Encadré : *Les écoles de la politique étrangère américaine, selon Mead, 506*
Une vision nationaliste et mercantile, 506
Le refus du multilatéralisme, 506
Une politique étrangère sans boussole morale, 507

24 Amérique latine : continent sous influence HERVÉ THÉRY

□ Encadré : *Amérique latine ? 511*
Cinq siècles de dépendance 511
Des colonies ibériques pendant trois siècles, 511
L'arrière-cour des États-Unis, 512
Une mondialisation subie 513
Poids et courbes 515
Des dotations inégales, 515
Une synthèse cartographique, 515
Un nouveau voisinage 518
À gauche toute, à droite toute ? 520
Des évolutions politiques diverses, 520
Dérives du continent, 521

25 Asie : continent en expansion GUIBOURG DELAMOTTE

Une Asie plurielle 524
De l'Asie-Pacifique à l'Indo-Pacifique, l'Asie imaginée, 524
□ Encadré : *Les organisations de coopération régionale en Asie, 526*
□ Encadré : *L'Indo-Pacifique pour la France, 527*
Un survol des trajectoires nationales, 528
L'Asie, épicentre des conflits de puissances 529
La présence américaine en Asie, ancienne et toujours actuelle, 529
□ Encadré : *L'Indo-Pacifique dans les effectifs du Department of Defense, 530*
Des zones de friction anciennes réactivées, 531
Un expansionnisme chinois 533
L'espace indo-pacifique, 533
Le déploiement de la puissance maritime en mer de Chine, 533
Les réactions à l'absence de respect des droits de l'homme à Hong Kong et au Xinjiang 534
Le changement des stratégies de sécurité en Asie 535
La nécessité d'un dialogue, 535
L'approche japonaise, 537
□ Encadré : *Les méga-accords commerciaux auxquels le Japon est partie, 538*
Le développement des équipements militaires dans la région, 539

L'adaptation des stratégies de sécurité, 541
□ Encadré : *Une vigilance nouvelle face aux investissements chinois, 543*

26 Chine : l'ambition de Xi Jinping et le retour de la bipolarité MATHIEU DUCHÂTEL

Les moyens d'une ambition 547
La feuille de route de Xi Jinping, 547
L'Armée populaire de libération, un outil de politique étrangère, 549
□ Encadré : *De l'usine du monde à l'innovation technologique, 550*
Un changement d'échelle 551
Une puissance continentale en Eurasie, 551
□ Encadré : *Les nouvelles routes de la soie, 552*
Une puissance maritime en voie de mondialisation, 553

27 Inde : la voie étroite de l'autonomie stratégique ISABELLE SAINT-MÉZARD

Un voisinage difficile, voire hostile 557
L'hostilité historique entre l'Inde et le Pakistan, 557
Le dossier irrésolu de la frontière avec la Chine, 558
La Chine, premier défi stratégique de l'Inde, 559
Un partenariat toujours plus étroit avec les États-Unis 560
La construction du partenariat stratégique, 560
L'inscription dans l'Indo-Pacifique, 562
Multilatéralisme, multialignement et multipolarité 563
Un multilatéralisme à la carte ? 563
Intérêts et limites du multialignement, 564
Un grand pôle pourvoyeur de connectivité et de sécurité ? 565
□ Encadré : *Le conflit frontalier sino-indien, 566*

28 Afrique : maillon faible de la mondialisation ou puissance en puissance ? GÉRAUD MAGRIN

Les bases de la puissance/l'impuissance : un continent aux vulnérabilités multiformes 570
Sédimentation nationale de sociétés sous tension, 570
Dépendance et heurts d'une économie néolibérale extravertie, 571
□ Encadré : *Le* land grabbing *: une nouvelle ruée vers l'Afrique ? 573*
L'injustice climatique, 574
Une géopolitique interne marquée par la fragmentation 574
Contestations territoriales et conflits, 574
Des puissances africaines fragiles, 576
□ Encadré : *Le Nil, enjeu hydropolitique majeur, 579*
L'intégration régionale « à pas de caméléon » 580
L'élargissement des partenariats extérieurs et l'enjeu chinois 580
L'émergence chinoise : nouvel impérialisme ou clef du développement africain ? 580
D'anciennes puissances inégalement concernées, 582
Émergents et revenants, 583

29 Moyen-Orient : une région en transition forcée DOROTHÉE SCHMID

Une géographie « orientée » : la concurrence des récits au Moyen-Orient 586
Des appellations variées qui traduisent des visions politiques, 587
Une unité relative, 587
Les séquelles du rapport colonial, 588
Contrastes et logique rentière : un système économique hors norme 589
Une géographie de la pénurie qui abrite des richesses colossales, 589
Retard économique et malédiction de la rente, 590
L'économie comme facteur de puissance, 591
□ Encadré : *La puissance des fonds souverains du Moyen-Orient, 592*
Autoritarisme et contestations : une dynamique politique instable 592
La faiblesse des États, 594
L'invariant autoritaire et la montée des contestations violentes, 595
Nationalisme, islamisme et conservatisme, 596
Une conflictualité endémique grave 596
La place des militaires dans les sociétés, 597
Conflits anciens et nouveaux, 597
Interférences et alliances, 599
□ Encadré : *La région ANMO face à la pandémie de Covid-19 : la résistance des régimes, 600*
Comment reconstruire ? 601

Annexe / Méthodologie de la dissertation DELPHINE BOISSARIE ET CÉDRIC TELLENNE 605

Auteurs et autrices

Laurent Adam de Villiers — Géographe, professeur d'histoire et géographie au collège Stanislas (Paris).

Delphine Boissarie — Agrégée et docteure en histoire contemporaine, professeur en classes préparatoires ECG au lycée Sainte-Geneviève (Versailles).

Philippe Boulanger — Spécialiste de géopolitique, géostratégie et géographie militaire, professeur des universités à Sorbonne Université, directeur du master « Géopolitique-Geoint » de Sorbonne Université.

Hélène Briones-Tellenne — Conférencière nationale, guide culturelle et patrimoniale indépendante (Paris).

Olivier David — Agrégé d'histoire, diplômé de Sciences Po, professeur d'histoire et de géopolitique en classes préparatoires (ECS et hypokhâgne) au lycée Stanislas (Paris).

Guibourg Delamotte — Maître de conférences habilitée à diriger les recherches en science politique au département d'études japonaises de l'Inalco (Institut national des langues et civilisations orientales), chercheuse à l'Institut de recherches sur l'Asie de l'Est (Inalco, université de Paris, CNRS).

Mathieu Duchâtel — Docteur en science politique de Sciences Po Paris, directeur du programme « Asie » de l'Institut Montaigne.

Isabelle Facon — Spécialiste de la Russie, directrice adjointe de la Fondation pour la recherche stratégique, chargée d'enseignement à l'École polytechnique (séminaire « Géopolitique de l'Eurasie »).

Clément Henrat-Lemée — Économiste, maître de conférences à Sciences Po Paris, enseignant à l'université Paris 1 Panthéon-Sorbonne ainsi qu'en classes préparatoires aux grandes écoles, responsable du cours magistral de microéconomie de l'entreprise à l'université Paris 3 Sorbonne-Nouvelle.

Claire Joigneaux-Desplanques — Agrégée de sciences sociales, diplômée de Sciences Po Paris, professeure de sciences sociales en classes préparatoires en khâgne BL au lycée Jacques-Amyot (Melun).

Sylvain Kahn — Docteur en géographie et professeur agrégé d'histoire à Sciences Po, chercheur au CHSP.

Anne-Sophie Letac — Agrégée d'histoire, professeur de chaire supérieure en géopolitique en classes préparatoires au lycée Lavoisier (Paris).

Stéphanie Leu — Docteure et agrégée d'histoire, enseignante d'histoire, géographie et géopolitique en classes préparatoires ECG aux lycées Carnot et Chaptal (Paris).

Géraud Magrin — Agrégé de géographie, professeur des universités en géographie à l'université Paris 1 Panthéon-Sorbonne (UMR Prodig).

Frédéric Munier — Agrégé d'histoire, professeur de chaire supérieure en géopolitique au lycée Saint-Louis (Paris).

Emmanuel Naquet — Docteur en histoire, chercheur associé à Sciences Po Paris, professeur de géopolitique au lycée Saint-Jean (Douai).

Laurence Nardon Docteure en science politique, responsable du programme « Amérique du Nord » à l'Institut français des relations internationales (Ifri).

Julien Nocetti Enseignant-chercheur à l'Académie militaire de Saint-Cyr Coëtquidan, chercheur associé à l'Institut français des relations internationales (Ifri), chercheur au centre GEODE (Géopolitique de la datasphère — université Paris 8), titulaire de la chaire « Cybersécurité » à Rennes School of Business.

Matthieu Osmont Docteur et agrégé d'histoire, directeur de l'Institut français de Bonn.

Pierre Royer Agrégé d'histoire, diplômé de Sciences Po Paris, professeur d'histoire-géographie-géopolitique au lycée Claude-Monet (Paris).

Alexandre Saintin Docteur en histoire contemporaine, agrégé d'histoire, professeur de géopolitique au lycée Alexandre-Dumas (Saint-Cloud), chercheur associé au Centre d'histoire sociale des mondes contemporains de l'université Paris 1-CNRS, membre du Lab. Industries, Cultures & Arts de l'École de droit et management de l'université Paris 2 Assas.

Isabelle Saint-Mézard Spécialiste de l'Inde, maître de conférences en géopolitique à l'Institut français de géopolitique de l'université Paris 8.

Dorothée Schmid Docteure en science politique, directrice du programme « Moyen-Orient/Turquie » à l'Institut français des relations internationales (Ifri).

Jean-Luc Suissa Agrégé d'histoire, professeur d'histoire et de géopolitique en classes préparatoires (ECS et khâgne) au lycée Stanislas (Paris).

Cédric Tellenne Professeur de géopolitique et d'économie en classes préparatoires au lycée Stanislas (Paris).

Hervé Théry Géographe, directeur de recherche émérite au CNRS-Creda et professeur à l'université de São Paulo (USP-PPGH).

Véronique Thibault Agrégée d'histoire, professeure en classes préparatoires ECG au lycée Sainte-Geneviève (Versailles).

Collection

R E P È R E S

Créée par Michel FREYSSENET et Olivier PASTRÉ (en 1983).

Dirigée par Jean-Paul PIRIOU (1987-2004), puis par Pascal COMBEMALE,

avec Serge AUDIER, Stéphane BEAUD, André CARTAPANIS, Jean-Paul DELÉAGE, Françoise DREYFUS, Yannick L'HORTY, Dominique MERLLIÉ, Philippe RIUTORT, Cédric TELLENNE et Franck-Dominique VIVIEN.

Coordination et réalisation éditoriale : Marieke JOLY.

Le catalogue complet de la collection *REPÈRES* est disponible sur notre site :

www.collectionreperes.com

CPI
FIRMIN-DIDOT
27650 Mesnil-sur-l'Estrée

Composition Facompo, Lisieux.
Achevé d'imprimer par CPI Firmin Didot
à Mesnil-sur-l'Estrée en octobre 2021.
Dépôt légal : octobre 2021
Numéro d'imprimeur : 166267
Imprimé en France